U0606184

列宁年谱

第二卷

1905—1912年

中共中央党史和文献研究院编译

人民出版社

前　言

弗拉基米尔·伊里奇·列宁是伟大的无产阶级革命家和思想家，列宁主义创始人，苏联共产党和苏维埃社会主义国家的主要创建者。

列宁原姓乌里扬诺夫，1870年4月22日（俄历4月10日）出生于俄国伏尔加河畔的辛比尔斯克市（今乌里扬诺夫斯克市），当时恰逢俄国历史上最黑暗的时期。年少时，列宁目睹家乡的城市贫民和附近农民的困苦生活和悲惨遭遇，内心激起了对劳动群众的深切同情和对社会现状的强烈不满。他广泛阅读进步书籍，特别是俄国革命民主主义者别林斯基、车尔尼雪夫斯基等人的著作，深受革命民主主义思想的影响。中学时，列宁开始接触马克思主义著作，积极寻求社会变革的真理。在大学时代，他积极参加进步学生运动，深入工人群众，开展反对沙皇专制的宣传鼓动工作，因此受到反动当局的迫害，被捕流放。在艰苦卓绝的斗争中，他系统深入地学习和钻研马克思主义著作，积极投身革命运动，经过斗争实践的淬炼，逐步成长为坚定的马克思主义者和杰出的无产阶级革命家。

1895年12月，列宁领导成立了彼得堡工人阶级解放斗争协会，第一次在俄国实现了马克思主义同工人运动的结合；1903年筹备召开了俄国社会民主工党第二次代表大会，倡议并参与制定党纲草案，形成以列宁为首的布尔什维克派。列宁创造性地运用马克思主义基本原理，深刻阐明新型无产阶级政党的指导思想、根本宗旨、斗争策略和组织原则，批判孟什维克的机会主义，与第二国际修正主义等各种错误思潮作坚决斗争，捍卫马克思主义立场和原则，为俄国无产阶级革命指明方向。在列宁的领导下，布尔什维克党在思想上和组织上得到巩固和发展，成为领导俄国革命的核心力量。

1917年11月（俄历10月），列宁领导布尔什维克党举行武装起义，率领俄国人民取得十月革命的伟大胜利，创建了世界上第一个社会主义国家。这场伟大的革命实现了一次历史性飞跃，使科学社会主义从理论变成现实，不仅开创了俄国历史的新纪元，而且开创了世界历史的新纪元。

苏维埃政权建立后，列宁领导俄国人民浴血奋战，打败了外国武装干涉，平定了国内反革命武装叛乱，捍卫和巩固了年轻的苏维埃政权。列宁对社会主义建设道路进行了艰苦的、卓有成效的探索，制定并实施了新经济政策，发展商品经济，利用国家资本主义发展生产力，成功实现了向社会主义过渡。列宁晚年是在同疾病的顽强斗争中度过的。在备受病痛折磨的情况下，列宁从未停止过对经济社会发展相对落后的俄国如何建设社会主义的思考。他在病床上口授了一系列书信和文章，对执政党建设、苏维埃国家建设中的一系列重大问题发表了许多精辟见解。

列宁始终高度重视科学理论的指导作用。在领导俄国无产阶级革命和社会主义建设的实践中，他坚持把马克思主义的精髓与具体实际相结合，根据新的时代特征和斗争需要，提出新的战略思想和新的理论观点，丰富和发展了马克思主义，把马克思恩格斯创立的科学理论体系推进到列宁主义阶段。列宁在理论上的一系列重大建树，构成了列宁主义的核心内容：

列宁创立了**关于帝国主义的理论**，他深刻地总结了马克思《资本论》问世以来世界资本主义的最新变化，考察了资本主义从自由竞争向垄断的历史性转变，阐明了帝国主义的本质和特征，揭示了帝国主义时代经济和政治发展不平衡的规律，指出帝国主义是无产阶级社会主义革命的前夜。

列宁提出了**建立新型无产阶级政党的理论**，系统科学地阐述了无产阶级政党建设的基本原则、根本宗旨、组织原则和奋斗目标。列宁强调无产阶级政党执政后，必须适应自己地位的变化，不断加强自身建设。要建立和健全党的监督制度，防止党员特别是党的领导干部产生官僚主义和脱离群众的倾向，始终保持党的先进性和纯洁性。

列宁丰富和发展了马克思恩格斯创立的**无产阶级革命理论**，首次提出“社会主义可能首先在少数甚至在单独一个资本主义国家内获得胜利”的科学论断；在领导俄国十月革命的伟大斗争中，他又进一步阐明了从民主革命向社会主义革命转变的理论和策略，不仅切实地推动了俄国革命的进程，而且极大地促进了世界各国人民的革命运动。

列宁捍卫和发展了**马克思主义国家学说和无产阶级专政理论**，在与第二国际机会主义者的斗争中全面系统地阐发了马克思主义国家学说，深刻揭示了国家的基本特征、主要职能及其产生和消亡的规律，阐明了无产阶级民主和资产阶级民主的根本区别，全面论述了无产阶级专政的实质和使命，以及共产主义两个阶段的学说。

列宁深入考察民族关系和殖民地人民的反抗斗争，形成了**关于民族和殖民地问题的理论**。他充分肯定被压迫民族解放运动的意义，强调这个运动是世界社会主义运动的组成部分，是改变世界格局的重要因素。他号召全世界无产者和被压迫民族联合起来，组成反对剥削阶级、反对帝国主义的联合战线，共同推进全人类的进步事业。

列宁对经济社会发展相对落后国家的社会主义发展道路进行深入探索，提出**关于社会主义建设的理论观点**。他对社会主义发展道路的特殊性和多样性问题作了深刻论述，指出各国在进行社会主义革命和建设时，既要遵循共同规律，又要注重把马克思主义同本国具体情况相结合。列宁强调，无产阶级夺取政权后要把主要力量转向经济建设，努力提高全社会的劳动生产率。他深刻论述了坚持工人阶级政党的领导和巩固的工农联盟对于建设社会主义事业的重大意义；阐明了思想文化建设对于巩固社会主义阵地的极端重要性；提出了加强国家政权建设和发展社会主义民主的具体措施；强调必须对经济基础和上层建筑的各个环节经常采取改革措施，以促进社会主义经济、政治、文化的全面发展。

"十月革命一声炮响，给我们送来了马克思列宁主义。"在中国人民和中华民族的伟大觉醒中，在马克思列宁主义同中国工人运动的紧密结合中，中国共产党应运而生，中国的历史发展揭开了崭新的一页。中国共产党自成立之日起，就坚持以马克思列宁主义为旗帜，坚持把马克思主义基本原理与中国具体实际相结合，同中华优秀传统文化相结合，团结带领中国人民经过艰苦卓绝的斗争，取得了中国革命、建设和改革的伟大成就。

中国共产党非常重视马克思列宁主义的传播。20 世纪 50 年代至今相继出版了《列宁全集》中文第一版(39卷)、中文第二版(60卷)以及中文第二版增订版(60卷),四卷本《列宁选集》第一版、第二版、第三版以及第三版修订版,五卷本《列宁专题文集》,《列宁文稿》(17卷)以及列宁著作的各种选读本和单行本。列宁著作中文版的出版发行,对于我国广大干部群众学习研究马克思列宁主义理论起了极其重要的作用。

为深入推进列宁著作和思想的学习、研究与宣传,中共中央党史和文献研究院决定依据苏共中央马克思列宁主义研究院(简称为苏共中央马列主义研究院)编写、苏联国家政治书籍出版社1970—1985年出版的《弗拉基米尔·伊里奇·列宁年谱》,编译出版中文版《列宁年谱》,共13卷(第13卷为索引卷),各卷涉及的时期和主要内容如下:

第1卷:1870年4月22日(俄历4月10日)至1905年1月21日(俄历1月8日),涵盖列宁的童年、中学、大学时代,早期的革命活动、在国外创办《火星报》以及为创建新型无产阶级革命政党而斗争的过程。

第2卷:1905年1月22日(俄历1月9日)至1912年5月5日(俄历4月22日),涵盖1905年俄国革命爆发到《真理报》面世期间列宁的生活和革命活动。在列宁领导下,布尔什维克党在思想上和组织上得到巩固和发展,成为领导俄国革命的核心力量。

第3卷:1912年5月5日(俄历4月22日)至1917年3月15日(俄历3月2日),涵盖列宁在国外为批判第二国际修正主义和机会主义、反对帝国主义战争、捍卫和发展马克思主义而进行的革命实践活动以及理论研究工作。

第4卷:1917年3月15日(俄历3月2日)至1917年11月7

日(俄历10月25日),是俄国二月革命后到十月革命胜利时期。详细记述了列宁从国外回到彼得格勒,领导俄国人民取得了十月革命胜利的全过程。

第5卷:1917年11月8日(俄历10月26日)至1918年7月29日,记叙十月革命胜利后列宁领导布尔什维克党和俄国人民建立世界上第一个社会主义国家、为建设和巩固年轻的苏维埃政权而进行的斗争。

第6卷:1918年7月29日至1919年3月18日,涵盖列宁领导党和人民应对国内战争、反对外国武装干涉、创建共产国际等重要活动。

第7卷:1919年3月18日至1919年11月6日,涵盖俄共(布)第八次代表大会到十月革命两周年纪念日这一时期。记述列宁领导党和人民为彻底战胜国内外反革命力量、捍卫和巩固苏维埃政权进行的艰苦卓绝的斗争,列宁对国际共产主义运动的关注以及对俄国社会主义建设一系列重大理论问题和实践问题的探索。

第8卷:1919年11月7日至1920年6月9日前后,列宁领导党和人民取得国内战争和反对外国武装干涉的决定性胜利,并从理论上、实践上引导和推进社会主义经济建设,同时对国际共产主义运动中的机会主义与"左"倾思潮进行了批判和斗争。

第9卷:1920年6月10日至1921年1月22日,列宁领导党和人民取得国内战争和反对外国武装干涉的彻底胜利,并对俄国如何建设社会主义进行探索。

第10卷:1921年1月23日至1921年7月12日,列宁从当时俄国的政治和经济的实际情况出发,果断地作出停止施行战时共产主义政策、改行新经济政策的重大决策，开始从理论上和实践上解决社会主义建设的许多复杂问题。

第11卷：1921年7月12日至1921年11月30日，列宁对实行新经济政策半年多来的成就以及经验教训进行了总结，并对存在的问题提出了进一步调整的措施。

第12卷：1921年12月1日至1924年1月31日，列宁晚年在健康状况越来越恶化的情况下，仍在继续领导党和国家的工作，思考党和国家机关改革，总结俄国社会主义革命和建设的经验，并探索进一步发展的道路。

本年谱收录的列宁生平活动史实条目近39 000条，内容翔实，史料丰富。不仅全面详细记录和反映了列宁的生平事业、理论贡献、人格风范，重点记述了列宁创建和领导布尔什维克党从小到大、从弱到强以及夺取政权、保卫政权，探索社会主义建设道路的奋斗历程，而且详细记述了列宁撰写许多重要著作的背景和过程，对于我们深入研究列宁的生平活动、深刻领会列宁提出的思想理论观点及其历史地位、深刻感悟列宁的崇高风范，具有重要的启示作用和史料价值。

年谱的记述按年代顺序编排。1918年2月14日以前俄国通用俄历，年谱中采用俄历和公历两种历法标注日期时，括号内的日期是公历。两种历法所标日期，1900年2月以前相差12天（如俄历为1日，公历为13日），从1900年3月起相差13天。1918年2月14日及以后，所标注的日期均为公历。个别资料来源中报刊出版日期公历在前，俄历在后，编译时未作调整。

年谱对史实的叙述，首先记载有确切日期的具体事件，然后记载一般的、综合性的事件。凡经历数天、数月或数年的事件，都按这些事件开始的日期排列。一日之内的各项事件，按事件发生的时间顺序先后排列。有些事件时间跨度或具体日期无法确定，则采用某月某日以前、某月某日以后或某月某日和某月某日之间，或采用不早于、不晚于某月某日等表述形式。

正文条目和资料来源中的人名、地名、组织机构名称，原则上与《列宁全集》中文第二版增订版中的译名作了统一。《列宁全集》中文第二版增订版中没有的，则按通行的原则译出。正文条目中的列宁著作引文，均与《列宁全集》中文第二版增订版的最新译文作了统一。有些地名、组织机构在历史上发生过变化，编译时按原文译出，未作任何解释或改动。需要特别说明的是，部分国家名、城市名、街道名、图书馆名等标注的现名，系俄文版编辑出版时的名称。

年谱各卷均附有人名索引（部分卷次还附有列宁的笔名和党内化名索引）、地名索引、组织机构索引。人名索引、地名索引不含书名、文章标题、出版社、建筑物、工矿企业名称中出现的人名和地名。组织机构索引不含书名、文章标题中出现的组织和机构。

我们在编译年谱第 1—4 卷时，参考了生活・读书・新知三联书店 1984 年出版的中译本，特此致谢。

中共中央党史和文献研究院

2021 年 12 月

弗·伊·列宁

（1910年）

《列宁全集》中文第 2 版增订版第 9 卷第 164 页;《前进报》,日内瓦,1905 年 1 月 24 日(11 日),第 3 号。

1 月,10 日(23 日)以后

列宁收到谢·伊·古谢夫 1905 年 1 月 9 日(22 日)自彼得堡寄来的信,信上注明:“给列宁的私人信件”。信中告知 1 月 9 日社会民主党人的行动计划,谈到布尔什维克向孟什维克提出在当前革命事件时期暂时联合的建议。古谢夫确信加邦是“世界上最大的奸细,因为在他背后有着许多奸细”。古谢夫还报告了 1 月 9 日流血事件的详细情况。

《列宁全集》中文第 2 版增订版第 45 卷第 12—13 页;苏共中央马列主义研究院中央党务档案馆,第 2 号全宗,第 5 号目录,第 82 号保管单位。

列宁对从彼得堡寄给《前进报》编辑部的描述 1 月 9 日亚历山大花园附近大屠杀情况的信件进行编辑加工并编写页码。

苏共中央马列主义研究院中央党务档案馆,第 2 号全宗,第 1 号目录,第 1457 号保管单位。

列宁收到亚·米·斯托帕尼的来信,信中说明多数派委员会高加索常务局的立场,谈到巴库委员会组织了罢工,印发了传单,并请求说明为什么俄国社会民主工党中央委员会不批准成立多数派国外出版社。

《无产阶级革命》杂志,1925 年,第 5 期,第 33—37 页。

1 月 10 日和 18 日(23 日和 31 日)之间

列宁写评论彼得堡 1 月 9 日事件的一组文章:《俄国发生了什么事情?》、《加邦神父》、《彼得堡作战计划》、《“慈父沙皇”和街垒》、《头几步》、《流血星期日的前夕》、《死伤人数》、《街垒战》,总标题为《革命的日子》。

《列宁全集》中文第 2 版增订版第 9 卷第 189—208 页;《前进报》,日内瓦,1905 年 1 月 31 日(18 日),第 4 号。

1 月 10 日和 5 月 5 日(1 月 23 日和 5 月 18 日)之间

列·米·米哈伊洛夫写信给列宁,说他给《前进报》寄来了他本人的文章,题目为《二十世纪是属于我们的》;谈到为出版报纸募集经费的情况;谈到需要用德文写一本描写俄国革命日子的小册子,同时请求寄去布尔什维克向阿姆斯特丹代表大会提出的报告和弗·伊·列宁的《进一步,退两步。尼·列宁给罗莎·卢森堡的答复》一文。

苏共中央马列主义研究院中央党务档案馆,第 2 号全宗,第 5 号目录,第 83 号保管单位。

1 月,11 日(24 日)以前

列宁审阅关于 1904 年 12 月 23 日(1905 年 1 月 5 日)库兹涅佐夫工厂工人举行游行示威的里加通讯稿的校样,并作标注:“第一篇”。这则通讯稿作为第一篇文章刊登在 1905 年 1 月 11 日(24 日)《前进报》第 3 号“工人运动”栏中。

苏共中央马列主义研究院中央党务档案馆,第 2 号全宗,第 1 号目录,第 1462 号保管单位;《前进报》,日内瓦,1905 年 1 月 24 日(11 日),第 3 号。

列宁阅读俄国社会民主工党中央委员会高加索代表的声明的校样,该声明确认受到党总委员会非议的俄国社会民主工党巴库委员会现有的机构是合法的。这一声明刊登在《前进报》第 3 号的“党内生活”栏里。

苏共中央马列主义研究院中央党务档案馆,第 2 号全宗,第 1 号目录,第 1463 号保管单位;《前进报》,日内瓦,1905 年 1 月 24 日(11 日),第 3 号。

1905 年 1 月 1 日《火星报》第 82 号上的一篇诽谤性的声明

说，似乎《前进报》编辑部攻击了没有参加1904年11月28日（12月11日）游行示威的彼得堡工人（这一游行示威被孟什维克破坏了）。列宁在米·斯·奥里明斯基就这篇声明而写的短评上加写标题《新火星派的论战》。

苏共中央马列主义研究院中央党务档案馆，第2号全宗，第1号目录，第1464号保管单位；《前进报》，日内瓦，1905年1月4日（12月22日），第1号；1月24日（11日），第3号。

列宁对弗·弗·菲拉托夫（弗·谢韦尔采夫）的《让步政策》一文进行编辑加工并计算印刷符号。这篇文章发表在1905年1月11日（24日）《前进报》第3号上。

苏共中央马列主义研究院中央党务档案馆，第2号全宗，第1号目录，第1465号保管单位；《前进报》，日内瓦，1905年1月24日（11日），第3号。

列宁撰写《工人民主派和资产阶级民主派》一文：起草文章提纲，写题为《关于同自由派的协议》的提要，草拟题为《社会民主派与自由派》的提纲，写文章正文。

《列宁全集》中文第2版增订版第9卷第165—174、372—373页；《列宁文集》俄文版第5卷第64—71页。

列宁撰写《从民粹主义到马克思主义》一文，起草文章提纲，研究刊登在1904年5月5日（18日）《革命俄国报》第46号上的社会革命党人的纲领草案，并写出对这一纲领草案的批评意见。

《列宁文集》俄文版第16卷第43页；《前进报》，日内瓦，1905年1月24日（11日），第3号。

1月11日（24日）

列宁的《工人民主派和资产阶级民主派》（社论）、《从民粹主义到马克思主义（第一篇文章）》、《俄国革命》、《彼得堡的罢工》和《我们的达尔杜弗们》等文章在《前进报》第3号上发表。

《列宁全集》中文第2版增订版第9卷第158—161、164—184页;《前进报》,日内瓦,1905年1月24日(11日),第3号。

1月,11日(24日)以后

列宁收到O.科马罗夫斯卡娅1月11日(24日)寄来的信,信中告知在苏黎世的俄国社会民主党人的情绪,谈到苏黎世社会民主党小组开会的情况,以及为《前进报》募集经费的情况。

苏共中央马列主义研究院中央党务档案馆,第2号全宗,第5号目录,第84号保管单位。

列宁阅读波利卡尔普论卡·考茨基的小册子《议会主义和社会主义》的通讯稿。列宁在稿件上批注:“**留作备用稿**”。

苏共中央马列主义研究院中央党务档案馆,第2号全宗,第1号目录,第1470号保管单位。

列宁收到格罗斯瓦尔德1905年1月4日(17日)寄来的信,信中说同意列宁的建议,把巴黎印刷所改为党的企业,谈到印刷所的工作质量,并说印刷所规模小,询问为什么迟迟没有把《前进报》送交给M.B.斯托亚诺夫斯基。

苏共中央马列主义研究院中央党务档案馆,第2号全宗,第5号目录,第103号保管单位。

1月12日(25日)

列宁写《俄国革命的开始》一文,号召准备武装起义。

《列宁全集》中文第2版增订版第9卷第185—188页。

1月,12日(25日)以后

列宁收到署名“尤里”的来信,信中谈到高加索各地方委员会对俄国社会民主工党中央委员会的态度。列宁批注:“退回”。

苏共中央马列主义研究院中央党务档案馆,第2号全宗,第1号目录,第23563号保管单位。

列宁阅读《泰晤士报》驻北京记者的文章《自旅顺口内。“屈辱的投降"》。这篇文章揭露阿·米·斯特塞尔将军于 1905 年 1 月 25 日(公历)在该报发表的关于为什么放弃旅顺口的谈话是虚伪的。列宁摘录文章中有关旅顺口放弃前的情况。

《列宁文集》俄文版第 26 卷第 251 页;《泰晤士报》,伦敦,1905 年 1 月 25 日,第 37613 号。

1 月 13 日(26 日)

列宁出席布尔什维克和孟什维克为俄国革命事件在兰溪马戏院举行的群众大会。大会开始前,列宁同阿·瓦·卢那察尔斯基就他的大会发言的性质进行谈话。费·伊·唐恩违反事先的约定,在发言中对布尔什维克发起论战,这时列宁和到会的全体布尔什维克退出会场。

《列宁文集》俄文版第 37 卷第 11 页;潘·尼·勒柏辛斯基:《在转折关头》,1955 年,第 208—211 页;苏联中央国家十月革命和社会主义建设档案馆,警察司全宗,特别处,1905 年,第 451 号案卷,第 82 张。

1 月,13 日(26 日)以后

列宁翻阅 1905 年 1 月 26 日(公历)《新自由报》,并摘录报道彼得堡皇宫广场 1 月 9 日事件的文章《目睹者谈星期日事件》。列宁在摘录上所作的"小号铅字"的批注表明了这一摘录是为《前进报》第 4 号准备的,这号《前进报》发表了一系列类似的简讯和通讯,标题是《流血日》、《大屠杀的一段情节》、《在皇宫广场》,然而这篇短文却没有在报纸上刊登出来。

《列宁文集》俄文版第 26 卷第 254 页。

1 月,14 日(27 日)以后

列宁从 1 月 27 日(公历)《晨报》上和 1905 年 1 月 26 日(公历)《法兰克福报》上摘录(用法文和德文)《每日电讯》驻彼得堡记

者狄龙关于自由派 1 月 9 日前的行为的报道。

《列宁文集》俄文版第 26 卷第 252—253 页。

列宁写短文《自由派和工人》的开头部分，短文引用英国《每日电讯》记者关于 1 月 8 日（21 日）傍晚、流血日前夕彼得堡事件的报道。

《列宁文集》俄文版第 16 卷第 56—57 页。

1 月，15 日（28 日）以后

列宁就德国《福斯报》1905 年 1 月 28 日（公历）刊登的有关里加死伤人数的 1 月 14 日（27 日）电讯，写短评《里加》。

苏共中央马列主义研究院中央党务档案馆，第 2 号全宗，第 1 号目录，第 1514 号保管单位；《福斯报》，柏林，1905 年 1 月 28 日，第 47 号，上午版。

列宁从《泰晤士报》1905 年 1 月 28 日（公历）刊登的关于 1 月 9 日以后运动发展情况和士兵情绪的短评《德国关于骚动的消息》中作摘录。

《列宁文集》俄文版第 26 卷第 254—255 页；《泰晤士报》，伦敦，1905 年 1 月 28 日，第 37616 号。

1 月 16 日（29 日）

列宁收到谢·伊·古谢夫于 1905 年 1 月 10 日（23 日）自彼得堡寄来的关于 1 月 9 日事件第二天该市事态的信，并在信上注明："1905 年 1 月 29 日收到"。

苏共中央马列主义研究院中央党务档案馆，第 2 号全宗，第 1 号目录，第 1477 号保管单位。

列宁翻看与国内来往信件登记表，这一登记表是由统计一切来往信件的娜·康·克鲁普斯卡娅编制的。

《列宁全集》中文第 2 版增订版第 45 卷第 12 页。

列宁写信给多数派委员会常务局书记马·马·李维诺夫，对拉赫美托夫（亚·亚·波格丹诺夫）未从国内寄稿给《前进报》表示不满；同时谈到千万不要相信孟什维克，并坚持要全面地、坚决地同他们决裂。

《列宁全集》中文第2版增订版第45卷第12页。

1月16日和25日（1月29日和2月7日）之间

列宁写短文《胜利果实》，在编入短文的通讯和号召书上作标注、进行修改和编写页码。

《列宁文集》俄文版第26卷第130页；苏共中央马列主义研究院中央党务档案馆，第2号全宗，第1号目录，第1499号保管单位；《前进报》，日内瓦，1905年2月7日（1月25日），第5号。

1月，16日（29日）以后

列宁从1905年1月29日（公历）《福斯报》上摘录格·瓦·普列汉诺夫对俄国革命持久性问题所持的怀疑主义观点。

《列宁文集》俄文版第26卷第252—253页；《福斯报》，柏林，1905年1月29日，第49号，上午版。

1月17日（30日）

列宁起草给И.达维德松的信，向他指出同两个派别（孟什维克和布尔什维克）工作的策略方法，以及在苏黎世停留的时间。

《列宁全集》中文第2版增订版第45卷第380页。

1月，不早于17日（30日）

列宁收到埃米尔·德莫兰1月17日（30日）自巴黎寄给《前进报》编辑部的信，信中告知，汇去法国社会主义者为1月9日被枪杀的牺牲者募集的捐款。

《弗·伊·列宁收到的国外来信》，1969年，第31页。

1 月，18 日（31 日）以前

列宁准备付印《彼得堡社会民主党人的来信》：撰写标题，并进行编辑加工。这些信件发表在 1905 年 1 月 18 日（31 日）《前进报》第 4 号“革命的日子”一栏内。

《列宁文集》俄文版第 26 卷第 111—113 页；《前进报》，日内瓦，1905 年 1 月 31 日（18 日），第 4 号。

列宁利用外国记者的报道，为《前进报》第 4 号写《流血日》、《对军队深恶痛绝》、《大屠杀的一段情节（特罗伊茨基桥附近）》和《在涅瓦大街和在亚历山大花园附近》等短文。后两篇短文未在报上发表。

《列宁文集》俄文版第 26 卷第 114—119、120—121、123—124、125 页；《前进报》，日内瓦，1905 年 1 月 31 日（18 日），第 4 号。

列宁写关于 1 月 9 日事件的短文《在皇宫广场（一个目击者的来信）》。

《列宁文集》俄文版第 26 卷第 126—128 页；《前进报》，日内瓦，1905 年 1 月 31 日（18 日），第 4 号。

列宁编辑 1 月 9 日事件的目击者和参加者的来稿《一个彼得堡大学生的来信》，这封信刊登在 1905 年 1 月 18 日（31 日）《前进报》第 4 号上。

《列宁文集》俄文版第 26 卷第 121—123 页；《前进报》，日内瓦，1905 年 1 月 31 日（18 日），第 4 号。

列宁对米·斯·奥里明斯基的文章《彼得堡事件在国外的反响》进行编辑加工，并对这篇文章作补充：报道布列斯特罢工工人的游行示威、瑞士各城市的声援和抗议集会，报道社会主义者议员米拉别利在意大利议会发表的支持争取自由的俄国战士的演说。这篇文章刊登在《前进报》第 4 号上。

《列宁文集》俄文版第 26 卷第 128—129 页;《前进报》,日内瓦,1905 年 1 月 31 日(18 日),第 4 号。

列宁在准备发排《前进报》第 4 号时,曾在“革命的日子”一栏的最后一页手稿背面,统计了拟定刊登在该报第 5 号上的稿件的印刷符号。

苏共中央马列主义研究院中央党务档案馆,第 2 号全宗,第 1 号目录,第 1480 号保管单位,第 49 张背面。

1 月 18 日(31 日)

列宁写的社论《俄国革命的开始》和列宁写的以《革命的日子》为总标题的一组文章及简讯:《俄国发生了什么事情?》、《头几步》、《加邦神父》、《流血星期日的前夕》、《死伤人数》、《彼得堡作战计划》、《“慈父沙皇”和街垒》、《流血日》、《在皇宫广场(一个目击者的来信)》、《对军队深恶痛绝》发表在《前进报》第 4 号上。

《列宁全集》中文第 2 版增订版第 9 卷第 189—208 页;《列宁文集》俄文版第 26 卷第 114—119、125 页;《前进报》,日内瓦,1905 年 1 月 31 日(18 日),第 4 号。

列宁在给俄国社会民主工党莫斯科委员会的信中,揭露孟什维克在俄国革命进程中进行分裂和瓦解活动,揭露他们妄图诋毁进行大量革命工作的各布尔什维克委员会。列宁询问了莫斯科委员会的情况,请他们把委员会印发的传单和有关莫斯科革命事件过程的详细材料寄来。

《列宁文集》俄文版第 37 卷第 11—12 页。

列宁给彼·阿·克拉西科夫(别利斯基)写证明信(用法文),证明《前进报》编辑部授权克拉西科夫在巴黎代表多数派委员会的利益和观点。

《列宁全集》中文第 2 版增订版第 45 卷第 376—377 页。

列宁在彼得堡一无名作者记述 1 月 9 日事件印象的稿件上注明:“1905 年 1 月 31 日收到”。

苏共中央马列主义研究院中央党务档案馆,第 2 号全宗,第 1 号目录,第 1485 号保管单位。

1 月,不早于 18 日(31 日)

列宁收到谢·伊·古谢夫于 1 月 17 日(30 日)从彼得堡写来的信,信中谈到给《前进报》寄稿事宜,谈到在莫斯科、罗兹、华沙、利巴瓦、基辅、赫尔辛福斯和萨拉托夫等地发生的事件。

苏共中央马列主义研究院中央党务档案馆,第 2 号全宗,第 5 号目录,第 86 号保管单位。

1 月 18 日和 25 日(1 月 31 日和 2 月 7 日)之间

列宁写《失败的策略》一文。文章汇集了《泰晤士报》军事评论员叙述阿·尼·库罗帕特金将军企图在浑河一带对日军转入反攻的有关通讯。这篇文章是为《前进报》第 5 号写的,但未发表。

《列宁文集》俄文版第 16 卷第 50—55 页。

列宁写短文《致军官书》,转述了自由经济学会在抗议警察和士兵 1 月 9 日暴行大会上通过的号召书。这篇短文略经改动,发表在 1905 年 1 月 25 日(2 月 7 日)《前进报》第 5 号上,其中引用了号召书全文。

《列宁文集》俄文版第 16 卷第 48—49 页;《前进报》,日内瓦,1905 年 2 月 7 日(1 月 25 日),第 5 号。

1 月 18 日(31 日)以后

列宁摘录(用法文)1905 年 1 月 31 日(公历)《时报》关于 1 月 9 日以后彼得堡事态的消息。

《列宁文集》俄文版第 26 卷第 144 页。

列宁从《里加巷战》一文中作摘录。该文发表在 1905 年 1 月 31 日(公历)《福斯报》上,谈因阿·马·高尔基被捕而引起的里加综合技术学校的学生运动。

《列宁文集》俄文版第 26 卷第 255 页;《福斯报》,柏林,1905 年 1 月 31 日,第 51 号,上午版。

列宁在《前进报》编辑部的传单《彼得堡流血星期日的受害者》(法文)的草稿上,统计印刷符号。

苏共中央马列主义研究院中央党务档案馆,第 2 号全宗,第 1 号目录,第 1489 号保管单位,第 1 张。

列宁写《彼得堡作战计划》一文的补充。

《列宁全集》中文第 2 版增订版第 9 卷第 196 页。

1 月 19 日(2 月 1 日)

列宁写《沙皇的和平》一文。

《列宁全集》中文第 2 版增订版第 9 卷第 211 页。

1 月 19 日(2 月 1 日)以后

列宁从《警察向工人开枪》一文中作摘录。该文发表在 1905 年 2 月 1 日(公历)《泰晤士报》上,谈警察枪杀彼得堡工人的情况。

《列宁文集》俄文版第 26 卷第 255 页;《泰晤士报》,伦敦,1905 年 2 月 1 日,第 37169 号。

列宁摘录(用德文)1905 年 2 月 1 日(公历)《法兰克福报》有关俄国 1 月事件的消息,并写批注:"注意:《法兰克福报》持怀疑态度。其结论颇有意味!!"

《列宁文集》俄文版第 26 卷第 256—261 页。

1 月,20 日(2 月 2 日)以后

列宁收到 C.莫诺斯宗 1 月 21 日(2 月 2 日)[①]自柏林寄来的信,

① 原文如此,当为"20 日"之误。——译者注

信中说他将于 3 月初去维尔纳，在地方党组织进行工作，担任宣传员。写信人请求列宁把小组活动计划和有关书目以及在群众集会上发表演说的提纲寄给他；他还要求寄去有关一系列问题的参考书。

苏共中央马列主义研究院中央党务档案馆，第 2 号全宗，第 5 号目录，第 88 号保管单位。

列宁收到谢·伊·古谢夫 1 月 20 日（2 月 2 日）自彼得堡寄来的信，信上注明："给列宁的私人信件"。信中告知，由于社会民主运动广泛发展和党的工作规模巨大，所以人力和书刊均感不足；说必须召开党的第三次代表大会，信中还谈到对多数派委员会常务局宣言进行辩论的情况。

《无产阶级革命》杂志，1922 年，第 3 期，第 167—169 页；1925 年，第 2 期，第 26—29 页。

1 月 20 日或 21 日（2 月 2 日或 3 日）

列宁读 1905 年 1 月 19 日（2 月 1 日）瑞士社会民主党人海·格罗伊利希就俄国社会民主工党分裂问题写给《前进报》编辑部的信。

《列宁全集》中文第 2 版增订版第 9 卷第 212 页；苏共中央马列主义研究院中央党务档案馆，第 2 号全宗，第 1 号目录，第 1493 号保管单位。

1 月 21 日（2 月 3 日）

列宁收到弗·弗·菲拉托夫（弗·谢韦尔采夫）自巴黎寄来的信，信中告知寄来莫斯科一位激进派律师的一封信以及 1 月 11 日（24 日）莫斯科高等法院律师助理会议就彼得堡和莫斯科事件所作出的决议，菲拉托夫在信中请求将这一决议刊登在《前进报》上（这一决议发表在 1905 年 2 月 1 日（14 日）《前进报》第 6 号上）。

苏共中央马列主义研究院中央党务档案馆，第 2 号全宗，第 5 号目录，第 90 号保管单位；《前进报》，日内瓦，1905 年 2 月 14 日（1 日），第 6 号。

列宁在给瑞士社会民主党人海·格罗伊利希的信中,叙述俄国社会民主工党分裂简况。《前进报》编委列宁、瓦·瓦·沃罗夫斯基、阿·瓦·卢那察尔斯基、亚·亚·波格丹诺夫以及俄国多数派委员会常务局驻国外全权代表亚·马·埃森在信上签名。

《列宁全集》中文第2版增订版第9卷第213—218页;苏共中央马列主义研究院中央党务档案馆,第2号全宗,第1号目录,第1493号保管单位。

1月21日和2月2日(2月3日和15日)之间

列宁准备公布1月21日(2月3日)给海·格罗伊利希的信,并为该信写附言。

《列宁全集》中文第2版增订版第9卷第212—213页。

1月,21日(2月3日)以后

列宁对给海·格罗伊利希的信的德译文进行文字修改并加注释。

《列宁文集》俄文版第16卷第271页。

1月22日(2月4日)

克鲁普斯卡娅受列宁的委托,就亚·西·沙波瓦洛夫1905年1月14日(27日)的来信写复信,寄往叶卡捷琳诺斯拉夫。由于叶卡捷琳诺斯拉夫多数派委员会被撤销,信中就如何摆脱这一处境提出建议;告知派去了新的工作人员,指出《火星报》毫无原则,并说明多数派在党内的状况。

《弗·伊·列宁及其领导的党的国外机关同乌克兰社会民主党组织通信集》,基辅,1964年,第496—498、510—511页。

1月,22日(2月4日)以后

列宁阅读《经济学家》杂志1905年1月21日和2月4日(公历)刊登的两篇文章:《俄国的国家预算》和《俄国贸易的衰落》。列宁写道:**“这两篇都可用来写短评”**。

《列宁文集》俄文版第26卷第262页;《经济学家》杂志,伦敦,1905年1月21日,第3204期;2月4日,第3206期。

列宁从1905年2月4日(公历)《福斯报》晚上版社论《俄国革命的前景》一文中作摘录(用德文)。

《列宁文集》俄文版第16卷第55—56页;《福斯报》,柏林,1905年2月4日,第60号,晚上版。

1月,不晚于24日(2月6日)

列宁写信给弗·弗·菲拉托夫,建议他写一本关于战术、筑垒和巷战中街垒战术的通俗小册子(这封信没有找到)。

《列宁全集》俄文第5版第9卷第413页;苏共中央马列主义研究院中央党务档案馆,第2号全宗,第5号目录,第95号保管单位。

列宁对米·斯·奥里明斯基写的关于彼得堡1月9日事件的反响的文章《第一声雷鸣》进行编辑加工,列宁在文中增加了国外报纸电讯稿关于莫斯科罢工人数的资料和关于在维尔纳、戈梅利、布良斯克、基辅、叶卡捷琳诺斯拉夫、梯弗利斯和纳尔瓦等地举行罢工的简要报道。这篇文章发表在《前进报》第5号上。

《列宁文集》俄文版第26卷第132—133页;《前进报》,日内瓦,1905年2月7日(1月25日),第5号。

列宁利用国外报纸电讯稿和《福斯报》的通讯为《前进报》第5号写简讯《华沙》,谈该市总罢工的发展情况和革命活动。

《列宁文集》俄文版第26卷第139—142页;《前进报》,1905年2月7日(1月25日),第5号。

列宁根据各种外国报纸的电讯稿为《前进报》第5号编写长篇述评,谈波罗的海沿岸边疆区总罢工的发展情况和革命活动。

列宁对米·斯·奥里明斯基写的两篇短小的简讯《里加》和

《雷瓦尔》进行编辑加工。这两篇简讯发表在1905年1月25日(2月7日)《前进报》第5号上。

《列宁文集》俄文版第26卷第133—138页;《前进报》,日内瓦,1905年2月7日(1月25日),第5号。

列宁编制《前进报》第5号的计划,开列已有的稿件,注出举行罢工和游行示威的各个城市,为发排稿件统计栏数、行数和字数。

《列宁文集》俄文版第16卷第45—46页。

列宁确定《前进报》第6号社论的题目,写《动员无产阶级的军队》一文札记和提纲,这些札记和提纲成为《新的任务和新的力量》一文的准备资料。

《列宁全集》中文第2版增订版第9卷第386—388页。

1月24日(2月6日)

列宁收到M.B.斯托亚诺夫斯基的来信,信中告知他为《前进报》寄来一篇文章,并告知运送人员和书刊的情况。

苏共中央马列主义研究院中央党务档案馆,第2号全宗,第5号目录,第92号保管单位。

列宁收到奥·倍倍尔1905年2月3日(公历)的来信,信中建议设立仲裁法庭以消除俄国社会民主工党内的分裂。列宁在信上注明:“1905年2月6日收到”。

《列宁文集》俄文版第5卷第169—170页。

1月,24日(2月6日)以后

列宁收到谢·伊·古谢夫1月24日(2月6日)自彼得堡寄来的信,信上注明:“给列宁的私人信件”。信中热情称赞《前进报》第1、2号,告知将要寄来的文章及通讯稿的性质和题目,谈到正在改善条件以便有可能召开党的第三次代表大会,并报告彼得堡党组织的状况。

《无产阶级革命》杂志，1922 年，第 3 期，第 169—173 页；1925 年，第 2 期，第 29—33 页。

列宁收到尼·亚·阿列克谢耶夫 1 月 24 日(2 月 6 日)自伦敦寄来的信，信中告知，他和康·米·塔赫塔廖夫一起拜访英国劳工代表委员会书记拉·麦克唐纳，商谈在俄国各社会民主党组织中间分配在英国募集的援助 1 月 9 日受害者和支持俄国革命运动的捐款问题。阿列克谢耶夫在信中请求把同英国劳工代表委员会进行谈判的党的正式委托书寄给他。

《老布尔什维克》文集，第 1 辑，1933 年，第 99—100 页。

1 月 25 日(2 月 7 日)

列宁的文章《1 月 9 日后的彼得堡》、《特列波夫执掌大权》以及列宁的短评《胜利果实》、《华沙》、《罗兹的总罢工》、《赫尔辛福斯》、《里加》、《自由派中的情况》和《致军官书》发表在《前进报》第 5 号上。

《列宁全集》中文第 2 版增订版第 9 卷第 219—224 页；《列宁文集》俄文版第 26 卷第 130、132—148 页；《前进报》，日内瓦，1905 年 2 月 7 日(1 月 25 日)，第 5 号。

列宁出席在日内瓦举行的报告会。会上米·斯·奥里明斯基作题为社会民主党内的机会主义的报告，报告批判了作为机会主义的变种的孟什维主义。列宁记录报告的基本论点，并就其内容作了一些批注。

《列宁文集》俄文版第 5 卷第 86—89 页。

列宁起草(用德文)给奥·倍倍尔的信的初稿，回答他提出的关于为《火星报》拥护者和《前进报》拥护者设立仲裁法庭的建议。列宁在信中声明，关于这一问题必须交由党代表大会决定，并且告知，就俄国社会民主工党分裂问题已写信给海·格罗伊利希和德国社会民主党执行委员会。

《列宁文集》俄文版第 5 卷第 172—175 页。

1 月,25 日(2 月 7 日)以后

列宁收到弗·弗·菲拉托夫的信,信中告知,他接受列宁的建议,写一本关于战术和筑垒的通俗小册子。菲拉托夫在信中简要说明自己关于这一问题的想法,并开列了有关本题的书目。

苏共中央马列主义研究院中央党务档案馆,第 2 号全宗,第 5 号目录,第 95 号保管单位。

列宁收到谢·伊·古谢夫 1 月 25 日(2 月 7 日)自彼得堡寄来的信,信上注明:“给列宁的私人信件”。信中报告彼得堡的情况和为召开党的第三次代表大会而进行的宣传鼓动工作。

《无产阶级革命》杂志,1922 年,第 3 期,第 173—175 页。

1 月 26 日(2 月 8 日)

列宁致函(用德文)奥·倍倍尔,拒绝他提出的在布尔什维克和孟什维克之间设立仲裁法庭的建议。弗拉基米尔·伊里奇向倍倍尔写道:“您的建议只能转达给这次党代表大会了。”同时,列宁告知,1 月 21 日(2 月 3 日)曾经写信给海·格罗伊利希,叙述了俄国社会民主工党分裂简况,并且告知,将把此信抄寄德国社会民主党执行委员会。

《列宁全集》中文第 2 版增订版第 45 卷第 13—14 页。

1 月,27 日(2 月 9 日)以后

列宁收到罗·彼·阿夫拉莫夫 1 月 27 日(2 月 9 日)自柏林寄来的信,信中详细叙述了“各派委员会”召开会议,讨论在俄国各社会民主党组织之间分配德国支援俄国革命捐款的情况。写信人告知,孟什维克小组被开除出该委员会,因为它破坏了委员会一致通过的决议。

苏共中央马列主义研究院中央党务档案馆,第2号全宗,第5号目录,第96号保管单位。

1月28日(2月10日)

列宁收到马·马·李维诺夫的来信,信中告知多数派委员会常务局拟定了关于召开俄国社会民主工党第三次代表大会的宣言,谈到关于统一的中央的争论以及关于修改代表大会章程草案的争论。李维诺夫在信中就某些多数派拥护者对孟什维克的中央机构——中央机关报和中央委员会表示忠顺的问题,征求列宁的意见。

《列宁全集》中文第2版增订版第9卷第226页;《无产阶级革命》杂志,1925年,第4期,第14—15页。

列宁给亚·亚·波格丹诺夫和谢·伊·古谢夫拍电报,为加快工作进程,表示同意多数派委员会常务局对列宁拟定的关于成立组织委员会和召开俄国社会民主工党第三次(例行)代表大会的通知草案所作的修改(这封电报没有找到)。

《列宁全集》中文第2版增订版第9卷第225页;《无产阶级革命》杂志,1925年,第4期,第14—15页。

1月28日和2月15日(2月10日和28日)之间

列宁写关于豪·斯·张伯伦《十九世纪的农业》(1904年慕尼黑版)一书的札记。

《列宁文集》俄文版第26卷第268—271页。

1月28日(2月10日)以后

列宁从一篇关于远东战事的通讯报道中作摘录。该通讯报道寄自俄国,原来发表在1905年2月10日(公历)《比利时独立报》上。

《列宁文集》俄文版第26卷第266—267页。

列宁收到M.科马罗夫斯基从苏黎世寄回的致海·格罗伊利希的信的德译文，这一译文寄给他是为了请他校正错误。

《列宁全集》俄文第5版第9卷第458页；苏共中央马列主义研究院中央党务档案馆，第2号全宗，第5号目录，第99号保管单位。

列宁针对1月9日以后彼得堡警察当局的暴行写短评，在短评中引用了从1905年2月10日（公历）《时报》上摘录的关于俄国警察当局在审讯中使用暴力的消息。

《列宁文集》俄文版第26卷第262—267页。

1月29日（2月11日）

列宁收到维拉从顿河畔罗斯托夫寄来的信，信中说，顿河地区的工人非常爱读列宁写的《给同志们的信》，因此罗斯托夫委员会准备用胶版翻印这一信件（后来该信曾在顿河畔罗斯托夫印成传单）。

苏共中央马列主义研究院中央党务档案馆，第2号全宗，第5号目录，第159号保管单位；《1905年革命中的党》，1934年，第297—298页；弗·伊·列宁：《给同志们的信（关于党内多数派机关报的出版）》，传单，顿河畔罗斯托夫，1905年，胶版印刷，未注明作者。

列宁致函在彼得堡的亚·亚·波格丹诺夫和谢·伊·古谢夫，号召为召开党的第三次代表大会、为立即同孟什维克断绝一切关系进行公开的和坚决的斗争；由于经费问题，列宁反对在伦敦召开代表大会的计划。列宁在信中建议“更广泛和更大胆地、更大胆和更广泛地、再更广泛和再更大胆地吸收青年参加工作……整个斗争的结局都将取决于青年，取决于青年大学生，尤其是青年工人”。

《列宁全集》中文第2版增订版第9卷第225—230页。

1月29日(2月11日)以后—2月初

列宁收到加·达·莱特伊仁1905年1月29日(2月11日)从尼姆寄来的信,信中报告说,在法国各城市(布尔日、波尔多、图卢兹、尼姆)胜利地召开了社会民主党人的会议,并答应为《前进报》写有关这些会议的报告。

苏共中央马列主义研究院中央党务档案馆,第2号全宗,第5号目录,第100号保管单位。

1月底—2月8日(21日)以前

列宁收到斯·格·邵武勉的来信和一篇关于亚美尼亚小资产阶级民族主义政党公察克党保加利亚支部的新刊物《未来》的短评。这篇短评发表在1905年2月8日(21日)《前进报》第7号上。

《斯·邵武勉书信集》,埃里温,1959年,第21页;《前进报》,日内瓦,1905年2月21日(8日),第7号。

1月

列宁收到奥·伊·维诺格拉多娃寄来的信,信中告知俄国社会民主工党下诺夫哥罗德组织的情况,说地方委员会缺少人力和刊物,并谈到布尔什维克和孟什维克关系紧张。写信人阐述了她的关于围绕《前进报》成立新的党组织的计划,并征求列宁对这一问题的意见。

苏共中央马列主义研究院中央党务档案馆,第2号全宗,第5号目录,第104号保管单位。

列宁的《俄国革命的开始》一文由俄国社会民主工党尼古拉耶夫委员会、萨拉托夫委员会和敖德萨委员会以传单形式刊印。

《红色文献》杂志,1941年,第1期,第38页。

列宁参与为《前进报》编辑部购置铅字一事。

《革命年鉴》杂志,1923年,第5期,第42—51页。

不早于1月

列宁收到敖德萨采石工人集体写来的信，信中表示决心要把斗争进行到底，直到取得全面胜利。娜·康·克鲁普斯卡娅回忆说："伊里奇多次地反复读着这封信，在屋子里踱来踱去地沉思着。"

《回忆弗·伊·列宁》，第1卷，1968年，第289—290页。

1月—2月

在马卡罗夫-亚尔村（叶卡捷琳诺斯拉夫省）和乌法进行搜捕时，发现了列宁的《怎么办？（我们运动中的迫切问题）》一书。

《红色文献》杂志，1941年，第1期，第39页。

1月—4月12日（25日）以前

每星期一、星期三和星期五，列宁在《前进报》编辑部值班。

苏共中央马列主义研究院中央党务档案馆，第32号全宗，第1号目录，第4号保管单位，第1—2张。

列宁经常同布尔什维克在"兰多尔特"咖啡馆聚会，讨论俄国的革命事件和工作计划。

《回忆弗·伊·列宁》，第1卷，1968年，第298页；第2卷，1969年，第157页；《无产阶级革命》杂志，1931年，第2—3期，第116页。

1月以后

一位不知名的投稿人写了一封短信给《前进报》，请求将他的材料以论文形式，而不是以通讯形式在报上发表，列宁在短信上标注：**"注意。重要"**。

苏共中央马列主义研究院中央党务档案馆，第2号全宗，第1号目录，第1521号保管单位。

2月1日（14日）以前

列宁撰写《最初的几点教训》一文：拟定了几种提纲稿，写了文章要点和文章的开头部分，列宁在这里对20年来（1885—1905年）的俄国工人运动进行了总结，并号召准备武装起义。这篇文章没有写完，亦未发表；这篇文章为《两种策略》一文提供了材料。

《列宁全集》中文第2版增订版第9卷第231—245、381—383页；《列宁文集》俄文版第5卷第73—74页，第16卷第44页。

列宁收到彼得堡工人的传单《公民们！》，这份传单是1905年1月10日（23日）在合法印刷所印刷的，传单号召举行武装起义。列宁校订这份传单，并在他写的《两种策略》一文中引用了这份传单。列宁在传单上为排字工人注明拣排这份传单的字号。

《列宁全集》中文第2版增订版第9卷第241—242页；苏共中央马列主义研究院中央党务档案馆，第2号全宗，第1号目录，第1518号保管单位；《前进报》，日内瓦，1905年2月14日（1日），第6号。

列宁准备付印俄国社会民主工党叶卡捷琳诺斯拉夫委员会给彼得堡无产者的致敬传单。这份传单的一些重要部分以《致彼得堡工人》为题，发表在1905年2月1日（14日）《前进报》第6号上。

苏共中央马列主义研究院中央党务档案馆，第2号全宗，第1号目录，第1519号保管单位；《前进报》，日内瓦，1905年2月14日（1日），第6号。

列宁在1903年8月7日（20日）刻赤罢工案起诉书的抄件上统计印刷符号。这份材料发表在1905年2月1日（14日）《前进报》第6号上。

苏共中央马列主义研究院中央党务档案馆，第2号全宗，第1号目录，第1520号保管单位，第52张；《前进报》，日内瓦，1905年2月14日（1日），第6号。

2月初

列宁收到谢·伊·古谢夫从彼得堡寄来的信，信上注明：“给列宁的私人信件”。信中报告普梯洛夫工厂和波罗的海公司车辆制造厂举行新的罢工的详细情况，询问多数派对国家工人保险委员会和对施德洛夫斯基委员会的态度，这封信曾经部分地发表在《前进报》第 8 号上。

苏共中央马列主义研究院中央党务档案馆，第 2 号全宗，第 5 号目录，第 102 号保管单位；《前进报》，日内瓦，1905 年 2 月 28 日（15 日），第 8 号。

2 月 1 日（14 日）

列宁在《前进报》编辑部公文纸上用法文给彼·阿·克拉西科夫（别利斯基）写证明书，证明他为俄国社会民主工党多数派委员会中央常务局驻巴黎的唯一代表。这一证明书授权克拉西科夫参加法国支援俄国革命捐款分配委员会。

《列宁全集》中文第 2 版增订版第 45 卷第 376—377 页。

列宁的《两种策略》一文作为社论载于《前进报》第 6 号。

《列宁全集》中文第 2 版增订版第 9 卷第 236—245 页；《前进报》，日内瓦，1905 年 2 月 14 日（1 日），第 6 号。

2 月，1 日（14 日）以后

列宁阅读 1905 年 1 月份的《莫斯科新闻报》，并从中作摘录。

《列宁文集》俄文版第 5 卷第 91—92 页。

2 月 1 日和 8 日（14 日和 21 日）之间

施泰因贝格在一封信中摘录了亚·李·帕尔乌斯发行的 1903 年 11 月 30 日（公历）《世界政策问题小报》，列宁在这封信上两次批注：**“重要”**，并划重点和标线。列宁在《我们是否应当组织革命？》一文的提纲和正文中利用了标线划出的地方。

列宁为《前进报》第 7 号撰写《我们是否应当组织革命？》一文。他在制定文章提纲时拟了三个标题：《我们的特略皮奇金们》、《特略皮奇金们的下场(惨败)》和《糊涂人糊涂了》,从帕尔乌斯发表在《火星报》第85号上的《总结与展望》一文中抄录引文,并写自己文章的正文。

《列宁全集》中文第2版增订版第9卷第246—255页;《列宁文集》俄文版第5卷第82页;苏共中央马列主义研究院中央党务档案馆,第2号全宗,第1号目录,第1532号保管单位;《火星报》,日内瓦,1905年1月27日,第85号。

2月1日和23日(2月14日和3月8日)之间

列宁写作《当务之急》一文,拟定该文的几种提纲草稿。

《列宁全集》中文第2版增订版第9卷第389—390页;《列宁文集》俄文版第5卷第99—100页;《前进报》,日内瓦,1905年3月8日(2月23日),第9号。

列宁读弗·奥拉尔写的《法国革命政治史》(1901年巴黎版)一书,并抄录玛·罗兰回忆录中关于革命时期缺乏人才的一段引文。列宁在《新的任务和新的力量》一文中用了这一段引文。

《列宁全集》中文第2版增订版第9卷第288页;《列宁文集》俄文版第16卷第60页。

2月2日(15日)

俄国社会民主工党伯尔尼协助小组以单页的形式印行出版了列宁给海·格罗伊利希的信和这封信的前言,题为《俄国社会民主工党分裂简况》,同时要求国外的同志们把这封信转寄回俄国去。

《列宁全集》中文第2版增订版第9卷第212—218页;弗·伊·列宁:《俄国社会民主工党分裂简况》,单页,伯尔尼,[俄国社会民主工党《前进报》伯尔尼协助小组出版],1905年2月15日,油印,3页,未注明作者。

列宁致函在彼得堡的谢·伊·古谢夫,感谢他多次来信,同时要求他不要仅限于简述转到他手中的材料或报道,而一定要把这些材料和报道全部转寄给列宁,并建议加强和扩大《前进报》编辑部同工人小组，特别是同青年的直接联系。

《列宁全集》中文第2版增订版第45卷第14—15页。

列宁收到瓦西里（Г.С.米哈伊洛夫）1905年1月22日（2月4日）自基辅寄来的信，信中叙述了俄国社会民主工党基辅委员会同组织内部拥护多数派的成员之间的派别斗争。写信人向列宁报告，在组织内部对党内状况的不满情绪在增长，对中央机关报持怀疑态度，并对孟什维克的中央委员会完全不信任。写信人说，弗·伊·列宁写的小册子和《前进报》创刊号极受欢迎，说必须组织多数派的中央。2月8日（21日）《前进报》第7号在《地方委员会的混乱》一文中部分地公布了这封信。

《弗·伊·列宁及其领导的党的国外机关同乌克兰社会民主党组织通信集》，基辅，1964年，第512—515页；《前进报》，日内瓦，1905年2月21日（8日），第7号。

2月3日（16日）

列宁收到H.安德列耶夫自斯特拉斯堡（法国）的来信，信中告知寄来针对1905年1月9日《火星报》第85号社论所写的一篇文章，请求在最近一号《前进报》上予以发表。写信人表示愿意成为《前进报》的撰稿人，并要求寄去列宁最新的小册子《关于中央机关与党决裂的资料和文件》。

苏共中央马列主义研究院中央党务档案馆，第2号全宗，第5号目录，第106号保管单位。

2月，4日（17日）以前

列宁会见格·阿·加邦，同他就社会民主党和社会革命党准备起义反对沙皇制度的战斗协议问题进行谈话。

《列宁全集》中文第2版增订版第9卷第256—264页，第10卷第175—176页；《回忆弗·伊·列宁》，第1卷，1968年，第291—292页。

列宁收到格·阿·加邦的《给俄国各社会主义政党的公开信》，信中号召立即相互达成协议，并着手准备反对沙皇制度的武装起义。列宁在信上标注："a 15"，并开列了可能与之达成起义的战斗协议的各个政党和集团的名单。后来，列宁在自己的《关于起义的战斗协议》一文中引用了这封信。

《列宁全集》中文第2版增订版第9卷第261页；苏共中央马列主义研究院中央党务档案馆，第2号全宗，第1号目录，第1527号保管单位。

列宁起草《关于起义的战斗协议》一文的提纲草稿。

《列宁文集》俄文版第5卷第84页；苏共中央马列主义研究院中央党务档案馆，第2号全宗，第1号目录，第1526号保管单位，第1张。

2月4日(17日)

列宁为《前进报》第7号写社论《关于起义的战斗协议》。

《列宁全集》中文第2版增订版第9卷第256—264页；《前进报》，日内瓦，1905年2月21日(8日)，第7号。

2月4日和8日(17日和21日)之间

列宁为自己的《我们是否应当组织革命?》一文写附注。

《列宁全集》中文第2版增订版第9卷第249—250页；《前进报》，日内瓦，1905年2月21日(8日)，第7号。

2月4日和3月20日(2月17日和4月2日)之间

列宁接到参加俄国各社会主义组织代表会议的邀请信。

《列宁全集》中文第2版增订版第9卷第260—264页，第10卷第175—180页；苏共中央马列主义研究院中央党务档案馆，第2号全宗，第1号目录，第1803号保管单位，第1030张；《革命俄国报》，日内瓦，1905年4月25日，第65号。

2月6日和10日(19日和23日)之间

列宁收到尼·亚·阿列克谢耶夫1905年2月6日(19日)自

伦敦寄来的信,信中请求给他寄去代表多数派参加定于 1905 年 2 月 23 日(公历)举行的劳工代表委员会会议的委任书。

苏共中央马列主义研究院中央党务档案馆,第 2 号全宗,第 5 号目录,第 107 号保管单位。

列宁致电在伦敦的尼·亚·阿列克谢耶夫,委派他代表党同英国劳工代表委员会进行谈判。

《老布尔什维克》文集,第 1 辑,1933 年,第 102 页。

2 月,不晚于 7 日(20 日)

列宁给一位无名作者从彼得堡寄来的谈 1905 年 1 月 7—9 日(20—22 日)事件的通讯加上题目:《工人来信》,写引言,编排页码,并作文字修改。这封信发表在 1905 年 2 月 8 日(21 日)《前进报》第 7 号上。

《前进报》,日内瓦,1905 年 2 月 21 日(8 日),第 7 号;苏共中央马列主义研究院中央党务档案馆,第 2 号全宗,第 1 号目录,第 1531 号保管单位。

2 月 7 日(20 日)

列宁收到弗拉·阿基莫夫的《关于俄国社会民主工党发展的资料》(1905 年日内瓦版),列宁在封面上注明:"1905 年 2 月 20 日。寄给《前进报》编辑部"。

《克里姆林宫的弗·伊·列宁藏书》,1961 年,第 139 页。

列宁收到亚·瓦·阿姆菲捷阿特罗夫的小册子《论法俄同盟》(给让·饶勒斯的信)(1905 年罗马版)。列宁在封面上注明:"1905 年 2 月 20 日作者寄来"。

《克里姆林宫的弗·伊·列宁藏书》,1961 年,第 602 页。

列宁收到《格奥尔吉·加邦致彼得堡工人及全俄无产阶级的号召书》,注明:"1905 年 2 月 20 日作者寄来",并编排号召书的页码。

苏共中央马列主义研究院中央党务档案馆，第 2 号全宗，第 1 号目录，第 1530 号保管单位。

2 月，7 日（20 日）以后

列宁收到谢·伊·古谢夫自彼得堡寄来的信，信上注明：**“给列宁的私人信件”**。信中报告彼得堡委员会同中央委员会彼得堡小组达成协议的情况、孟什维克的混乱状态和哈尔科夫的情况，并告知多数派委员会常务局最近将公开答复奥·倍倍尔，拒绝他提出的关于设立仲裁法庭的建议。

苏共中央马列主义研究院中央党务档案馆，第 2 号全宗，第 5 号目录，第 108 号保管单位；《前进报》，日内瓦，1905 年 3 月 23 日（10 日），第 11 号。

2 月 8 日（21 日）

列宁的文章《关于起义的战斗协议》（社论）和《我们是否应当组织革命？》发表在《前进报》第 7 号上。这两篇文章要求党注意准备起义的技术工作和组织工作。

《列宁全集》中文第 2 版增订版第 9 卷第 246—255、256—264 页；《前进报》，日内瓦，1905 年 2 月 21 日（8 日），第 7 号。

2 月，8 日（21 日）以后

列宁摘录（用德文）《俄国革命》一文。该文发表在 1905 年 2 月 21 日（公历）《前进报》上，评论即将召开的国民代表会议，揭露人民代表机关的虚伪性。列宁在文章上划标线，并注明：“注意”。

《列宁文集》俄文版第 26 卷第 268—269 页。

2 月 9 日（22 日）

列宁以多数派委员会常务局委员的名义，就奥·倍倍尔提出的要为布尔什维克和孟什维克进行调解的问题，起草给倍倍尔的信。列宁在信中另附多数派委员会常务局关于召开俄国社会民主工党第三次代表大会通知的德译文，以便在德国社会民主党的刊物上发表。

《列宁全集》中文第 2 版增订版第 45 卷第 15—16 页。

列宁收到弗·德·邦契-布鲁耶维奇自莫斯科寄来的信，信中讲述了自由派由于谢尔盖·罗曼诺夫公爵被刺死而出现的情绪，并说，可能得到经费出版通俗的宣传鼓动书刊。列宁在信上注明："1905 年 2 月 22 日"。

苏共中央马列主义研究院中央党务档案馆，第 2 号全宗，第 1 号目录，第 1535 号保管单位。

2 月 10 日和 24 日（2 月 23 日和 3 月 9 日）之间

列宁收到布尔什维克 Л.罗辛 1905 年 2 月 10 日（23 日）自哈尔科夫寄来的信，信中谈到在哈尔科夫成立了多数派的独立小组，并谈到小组同工人、手工业者以及大学生之间的联系。

《弗·伊·列宁及其领导的党的国外机关同乌克兰社会民主党组织通信集》，基辅，1964 年，第 531—533、544 页。

2 月 12 日（25 日）

列宁收到马·尼·利亚多夫自俄国寄来的信，信中报告说，在一次会议上孟什维克中央委员会的一个代表声明：中央委员会全体委员同意召开党的第三次代表大会。这一短讯在 1905 年 2 月 15 日（28 日）《前进报》第 8 号上发表，并附有米·斯·奥里明斯基写的后记《编者按语》。列宁对后记作了补充，号召俄国国内党的工作者不要相信孟什维克。

《列宁全集》中文第 2 版增订版第 45 卷第 17 页；《前进报》，日内瓦，1905 年 2 月 28 日（15 日），第 8 号。

列宁致函谢·伊·古谢夫,建议多数派委员会常务局的委员们不要相信孟什维克的中央委员会表示同意召开党的代表大会,要多数派委员会常务局在筹备和召开党的第三次代表大会时保持完全的独立性。

《列宁全集》中文第 2 版增订版第 45 卷第 17 页。

2 月,13 日(26 日)以前

列宁起草《关于召开党的第三次代表大会的通知》的编者按语提纲,规定代表大会议事日程中保密的议事项目,并统计孟什维克《火星报》的出版号数。

列宁根据提纲撰写编者按语《关于召开党的第三次代表大会》,并将文章寄往《前进报》印刷所,请求排字工人尽快排出,并于当天将校样寄回。

《列宁全集》中文第 2 版增订版第 9 卷第 265—267 页;《列宁全集》俄文第 5 版第 9 卷第 461 页;《列宁文集》俄文版第 26 卷第 209 页;《前进报》,日内瓦,1905 年 2 月 28 日(15 日),第 8 号。

2 月 14 日(27 日)

列宁致函英国劳工代表委员会书记拉姆赛·麦克唐纳,告知收到了他 1905 年 2 月 24 日(公历)的来信,表示同意根据委员会的条件分配英国工人向 1 月 9 日遇害者家属提供的 80 英镑的捐款。

《列宁全集》中文第 2 版增订版第 45 卷第 18 页;《列宁文集》俄文版第 16 卷第 58 页。

2 月,15 日(28 日)以前

列宁在多数派委员会常务局通知召开党的第三次代表大会的号召书上写标题:《**关于召开第三次代表大会的通知**》,并注明:“小

号铅字”。

苏共中央马列主义研究院中央党务档案馆，第 2 号全宗，第 1 号目录，第 1540 号保管单位；《前进报》，日内瓦，1905 年 2 月 28 日（15 日），第 8 号。

列宁在准备出版《前进报》第 8 号时，审阅了关于赞成召开党的第三次代表大会的各地方委员会的决议的综合报道，写编辑说明：“**小号铅字。列入‘党的生活’栏**”，对文稿作了补充：“我们得知圣彼得堡委员会也通过了类似的决议”。

苏共中央马列主义研究院中央党务档案馆，第 2 号全宗，第 1 号目录，第 1541 号保管单位；《前进报》，日内瓦，1905 年 2 月 28 日（15 日），第 8 号。

列宁收到谢·伊·古谢夫来信，信上注明：“给列宁的私人信件”。信中报告彼得堡委员会针对施德洛夫斯基委员会的选举所做的工作，谈到彼得堡工人的情绪和彼得堡委员会同意多数派委员会常务局关于召开党的第三次代表大会的宣言。

《列宁全集》中文第 2 版增订版第 9 卷第 389—390、391 页；苏共中央马列主义研究院中央党务档案馆，第 2 号全宗，第 5 号目录，第 111 号保管单位；《前进报》，日内瓦，1905 年 2 月 28 日（15 日），第 8 号。

2 月，不早于 15 日（28 日）

列宁收到谢·伊·古谢夫自彼得堡寄来的信，信上注明：“**给列宁的私人信件**”。信中报告了关于同意召开党的第三次代表大会的各地方组织的消息。

苏共中央马列主义研究院中央党务档案馆，第 2 号全宗，第 5 号目录，第 110 号保管单位。

2 月 15 日（28 日）

列宁在《前进报》第 8 号上发表《关于召开党的第三次代表大会（编者按语）》一文，号召全体党员积极参加起草和准备代表大会的各项报告和决议的工作。列宁还发表了短评《新火星派阵营内部情况》，揭露孟什维克一贯欺骗党的行为。

《列宁全集》中文第2版增订版第9卷第265—267、268—269页；《前进报》，日内瓦，1905年2月28日(15日)，第8号。

列宁写《致俄国国内各组织》，要求立即着手筹备党的第三次代表大会，建议吸收所有的小组，特别是工人小组参加这一工作，并在信中通报了代表大会最重要的议程。

《列宁全集》中文第2版增订版第9卷第270—271页。

2月15日和23日(2月28日和3月8日)之间

列宁写《当务之急》一文。由于对这篇文章的内容不满意，列宁起草这篇文章的修改提纲，并写文章提要。后来列宁起草了一篇新的文章的提纲草稿，改写文章，并题名为《新的任务和新的力量》。

《列宁全集》中文第2版增订版第9卷第277—288、391—394页；《列宁文集》俄文版第5卷第97—99、103—113页，第16卷第61—62页；《前进报》，日内瓦，1905年3月8日(2月23日)，第9号。

2月15日和3月5日(2月28日和3月18日)之间

列宁从《莫斯科新闻》(1905年第1—4号)上就日俄战争和俄国国内状况问题作摘录。

《列宁文集》俄文版第26卷第250—251页；苏共中央马列主义研究院中央党务档案馆，第2号全宗，第1号目录，第1511号保管单位；《莫斯科新闻》，1905年1月1—4日，第1—4号。

2月，15日(28日)以后

列宁从1905年2月28日(公历)《福斯报》上抄录(用德文)一段关于制定俄国“宪法”的引文。

《列宁文集》俄文版第26卷第272—273页；《福斯报》，柏林，1905年2月28日，第99号，上午版。

2月，18日(3月3日)以前

列宁写《给在敖德萨的T.同志的信》(这封信没有找到)。

《列宁全集》俄文第5版第47卷第312页；苏共中央马列主义研究院中央党务档案馆，第2号全宗，第5号目录，第113号保管单位。

列宁致函在巴黎的M.B.斯托亚诺夫斯基，询问1905年1月18日《火星报》第84号报道孟什维克同印刷工人协会达成协议的一篇简讯的情况，请他告知，孟什维克在莫斯科是否有“秘密”组织(这封信没有找到)。

苏共中央马列主义研究院中央党务档案馆，第2号全宗，第5号目录，第112号保管单位，第1张背面；《火星报》，日内瓦，1905年1月18日，第84号。

2月18日(3月3日)

克鲁普斯卡娅受列宁的委托，写信给在哈尔科夫的Л.罗辛和Д.И.德沃伊列斯，谈孟什维克对布尔什维克所采取的斗争方法。信中要求寄来更多有关哈尔科夫的通讯稿，并对当地成立单独的布尔什维克小组表示欢迎。

苏共中央马列主义研究院中央党务档案馆，第25号全宗，第1号目录，第245号保管单位；《弗·伊·列宁及其领导的党的国外机关同乌克兰社会民主党组织通信集》，基辅，1964年，第534、538、544页。

2月18日和25日(3月3日和10日)之间

列宁收到俄国社会民主工党中央委员会直属彼得堡小组印发的关于布里根委员会的传单抄件。

苏共中央马列主义研究院中央党务档案馆，第2号全宗，第5号目录，第115号保管单位。

2 月,18 日(3 月 3 日)以后

列宁收到 M.B.斯托亚诺夫斯基来信,信中报告了莫斯科委员会的情况,告知印刷工人协会中心小组即将把对于 1905 年 1 月 18 日孟什维克《火星报》第 84 号发表的捏造消息的正式辟谣稿寄给《前进报》。信中报告了莫斯科委员会为武装工人所采取的措施和社会民主党大学生组织的情况。

苏共中央马列主义研究院中央党务档案馆,第 2 号全宗,第 5 号目录,第 112 号保管单位。

列宁收到奥·伊·维诺格拉多娃 1905 年 2 月 18 日(3 月 3 日)自敖德萨寄来的信,信中谈到俄国社会民主工党下诺夫哥罗德组织的工作条件以及手工业者基层党组织的类型问题。

《列宁全集》中文第 2 版增订版第 45 卷第 35—36 页;苏共中央马列主义研究院中央党务档案馆,第 2 号全宗,第 5 号目录,第 113 号保管单位。

2 月 18 日(3 月 3 日)以后—3 月上半月

列宁收到俄国社会民主工党巴库委员会印发的传单《致全体公民》的抄件,传单号召团结在俄国社会民主工党的周围,为推翻专制制度而斗争;这份传单是谢·伊·古谢夫寄来的,上面注明:"国民给列宁"。

苏共中央马列主义研究院中央党务档案馆,第 2 号全宗,第 5 号目录,第 123 号保管单位;《致全体公民》,传单[巴库],巴库委员会快速印刷所,1905 年 2 月 18 日,1 页(俄国社会民主工党);《布尔什维克组织在 1905—1907 年俄国第一次革命中的传单》,第 1 册,1956 年,第 687—688 页。

2 月,20 日(3 月 5 日)以前

列宁编制《调查表(供党的第三次代表大会用)》——给在俄国工作的同志们,请求回答有关组织方面的一系列问题。

《列宁全集》中文第2版增订版第9卷第272—273页。

2月20日(3月5日)

列宁参加布尔什维克日内瓦俱乐部组织小组会议，听取亚·马·埃森(斯捷潘诺夫)关于在非无产阶级居民阶层(学生、士兵和农民)中工作情况的报告。在会上，列宁就筹备俄国社会民主工党第三次代表大会问题作了三次发言。

《列宁全集》中文第2版增订版第9卷第274—276页。

2月21日和3月2日(3月6日和15日)之间

列宁收到弗·弗·菲拉托夫自巴黎寄来的信，信中说成立了布尔什维克俱乐部，告知已将他的评国民代表会议的文章寄给《前进报》，并谈到给报纸寄通讯稿的问题。写信人向列宁报告自己的工作计划，并答应在近期写完关于巷战中街垒战术的小册子。

列宁对弗·弗·菲拉托夫的《国民代表会议和我们的政策》一文进行编辑加工，并写该文的编后记，在菲拉托夫手稿的其中一页背面统计字数和行数。这篇文章发表在1905年3月2日(15日)《前进报》第10号上。

苏共中央马列主义研究院中央党务档案馆，第2号全宗，第5号目录，第116号保管单位；《列宁文集》俄文版第26卷第337页；《前进报》，日内瓦，1905年3月15日(2日)，第10号。

2月21日(3月6日)以后—3月上半月

列宁收到谢·伊·古谢夫自彼得堡寄来的信，信上注明："国民给列宁"。信中转述了工人向大奥赫塔手工工厂行政部门提出的要求，以及工厂行政部门对这些要求的答复。

苏共中央马列主义研究院中央党务档案馆，第2号全宗，第5号目录，第117号保管单位。

2月21日(3月6日)以后

列宁收到H.安德列耶夫从斯特拉斯堡寄来的信,信中告知寄来一本为农民写的小册子《沙皇和人民》,并答应写一本关于立宪会议的小册子。

苏共中央马列主义研究院中央党务档案馆,第2号全宗,第5号目录,第121号保管单位。

2月,不早于22日(3月7日)

列宁收到安·伊·乌里扬诺娃-叶利扎罗娃1905年2月16日(29日)寄来的信,信中摘录了两封谈到巴库暴行的私人信件。列宁在信封上注明:“巴库”。

苏共中央马列主义研究院中央党务档案馆,第2号全宗,第1号目录,第1544号保管单位。

2月,23日(3月8日)以前

列宁致函在彼得堡的谢·伊·古谢夫,告知听到消息说彼得堡的布尔什维克和孟什维克有某种联合,建议彼得堡委员会不要相信孟什维克(这封信没有找到)。

《无产阶级革命》杂志,1925年,第2期,第41—42、47、72页。

列宁收到谢·伊·古谢夫来信,信上注明:“给列宁的私人信件”。信中告知彼得堡布尔什维克和孟什维克达成的暂时协议,谈到同孟什维克的斗争前景、第三次代表大会的准备情况以及在选举施德洛夫斯基委员会的活动中布尔什维克的策略。这封信的部分内容经列宁修改后作为通讯发表在1905年2月23日(3月8日)《前进报》第9号上。

《列宁文集》俄文版第26卷第335页;《无产阶级革命》杂志,1925年,第2期,第41—46页;《前进报》,日内瓦,1905年3月8日(2月23日),第9号。

2月下半月，不晚于23日(3月8日)

列宁收到多数派委员会常务局在俄国国内印发的关于起义的第1份传单，传单将一些最重要的策略问题提交全党讨论。列宁在准备将这一传单刊登在《前进报》时，以《迫切的问题》为题写了简短的引言，并作批注：“**小号铅字**”、“**小号铅字**”。这一传单发表在1905年2月23日(3月8日)《前进报》第9号上。

列宁收到多数派委员会常务局在俄国国内印发的关于对自由派的态度的第2份传单，并准备将这一传单在《前进报》上发表。这一传单发表在1905年3月2日(15日)《前进报》第10号上，题为《俄国社会民主工党对自由派的态度》。

《列宁全集》中文第2版增订版第45卷第20页；苏共中央马列主义研究院中央党务档案馆，第2号全宗，第1号目录，第1552号保管单位；《前进报》，日内瓦，1905年3月8日(2月23日)，第9号；3月15日(2日)，第10号。

列宁在给多数派委员会常务局委员谢·伊·古谢夫的信中指出，“水妖”(马·尼·利亚多夫)在对待中央委员会同意召开代表大会问题上抱乐观态度是危险的，建议采取措施，不仅要使多数派委员会，而且还要使少数派委员会和著作家集团派代表出席代表大会。

《列宁全集》中文第2版增订版第45卷第19—21页。

列宁在娜·康·克鲁普斯卡娅写的简讯《信箱》一文上批注：“**全部顶格排……**”。这篇简讯发表在1905年2月23日(3月8日)《前进报》第9号上。

苏共中央马列主义研究院中央党务档案馆，第2号全宗，第1号目录，第1554号保管单位；《前进报》，日内瓦，1905年3月8日(2月23日)，第9号。

2月23日(3月8日)

列宁的社论《新的任务和新的力量》发表在《前进报》第9号上,列宁在这篇文章里第一次提出了布尔什维克在资产阶级民主革命中的战略口号——建立无产阶级和农民的革命民主专政。这一号报纸还发表了列宁的《解放派和新火星派,保皇派和吉伦特派》一文。

《列宁全集》中文第2版增订版第9卷第277—288、289—290页;《前进报》,日内瓦,1905年3月8日(2月23日),第9号。

2月,24日(3月9日)以前

列宁起草《俄国社会民主工党第三次代表大会的任务》报告的简要提纲。

《列宁全集》中文第2版增订版第45卷第21—22页。

2月24日(3月9日)

列宁在一封给某人写的信中,回答该人的问题,并告知筹备俄国社会民主工党第三次代表大会的工作进程。

《列宁全集》中文第2版增订版第45卷第21—22页。

2月24日(3月9日)以后

列宁写《无休的托词》一文,评党总委员会拒绝召开第三次代表大会。这篇文章没有写完。

《列宁全集》中文第2版增订版第9卷第291—292页。

2月26日(3月11日)

列宁收到谢·伊·古谢夫从彼得堡寄来的第10号、第11号两封信。古谢夫在第10号信中报告施德洛夫斯基委员会的选举活动情况,选举人号召举行总罢工的情况,以及孟什维克在这一活动中所扮演的角色,并谈到彼得堡的情况。古谢夫在第11号信中表示，希望可以平静地同孟什维克谈妥关于召开俄国社会民主工党第三次代表大会的问题。

列宁在给古谢夫的回信中，建议不要相信孟什维克，告知党总委员会2月23日(3月8日)作出反对召开第三次代表大会的决定，号召对孟什维克展开坚决的斗争。

《列宁全集》中文第2版增订版第45卷第23—24页；《无产阶级革命》杂志，1925年，第2期，第46—49、50—53页。

2月26日(3月11日)以后—3月

列宁收到谢·伊·古谢夫从彼得堡寄来的第2号[①]信，信上注明：**"给列宁的私人信件"**，信中叙述了维堡区和彼得堡市区会议关于俄国社会民主工党第三次代表大会的决议。写信人向列宁报告了他巡视各委员会的情况，谈了自己对列宁的《新的任务和新的力量》一文的看法，说这篇文章回答了他最关心的问题。

《列宁全集》中文第2版增订版第9卷第277—288页；《无产阶级革命》杂志，1925年，第2期，第62—64页。

2月28日(3月13日)

列宁在给俄国社会民主工党彼得堡委员会的信中告知，《前进报》编辑部收到英国劳工代表委员会援助1月9日遇害工人家属、支援起义的捐款。列宁在把捐款寄给彼得堡委员会时，请求将此次捐助情况通知党的所有工人组织，使它们能够协助合理地分配捐款。列宁希望工人们自己能够将收到捐款的情况告知他们的英国同志。

《列宁全集》中文第2版增订版第45卷第25—26页。

---

① 原文如此，应为"第12号"之误。——译者注

2 月底—3 月 2 日(15 日)以前

列宁写《警察司司长洛普欣的报告书》小册子序言，这本小册子由弗·邦契-布鲁耶维奇和尼·列宁出版社出版。

《列宁全集》中文第 2 版增订版第 9 卷第 314—317 页；《前进报》，日内瓦，1905 年 3 月 15 日(2 日)，第 10 号；《俄国社会民主工党第三次代表大会》，1959 年，第 525 页。

列宁写《无产阶级和资产阶级民主派》一文。这篇文章发表在 1905 年 3 月 2 日(15 日)《前进报》第 10 号上。

《列宁全集》中文第 2 版增订版第 9 卷第 321—323 页；《前进报》，日内瓦，1905 年 3 月 15 日(2 日)，第 10 号。

2 月底—3 月 5 日(18 日)以前

列宁在准备关于巴黎公社的报告时，研究加布里埃尔·阿诺托的《法国现代史(1871—1900)》(第 1 卷，梯也尔政府出版，1903 年版)一书，并摘录有关 1870—1871 年间梯也尔的情况；起草《关于公社的演讲提纲》。

《列宁全集》中文第 2 版增订版第 9 卷第 308—311 页；《列宁文集》俄文版第 26 卷第 59—60 页。

2 月

列宁收到谢·伊·古谢夫从彼得堡寄来的信，信上注明："给列宁的私人信件"。信中报告了 1 月 9 日以后彼得堡的事件和情况、在工人小组中同孟什维克辩论的情况以及工人对党的第三次代表大会的态度。古谢夫谈到对列宁发表在《前进报》第 4 号上的《加邦神父》一文的意见，告知寄出多数派委员会常务局的《通知》，并谈到罗·萨·捷姆利亚奇卡和马·尼·利亚多夫去巡视各委员会一事。

《无产阶级革命》杂志，1925 年，第 2 期，第 33—40 页。

列宁起草俄国社会民主工党第三次代表大会的工作和决议的总提纲，其中包括代表大会议程草案、各项决议目录以及除秘密决议以外的其他各项决议的提要；起草代表大会四项决议：关于孟什维克或新火星派的瓦解行为的决议、关于普列汉诺夫在党内危机中的行为的决议、关于新火星派的根本立场的决议和关于社会民主党内工人和知识分子的关系的决议。

《列宁全集》中文第 2 版增订版第 9 卷第 293—304 页。

列宁写《对党章中关于中央机关一项的修改》一文。

《列宁全集》中文第 2 版增订版第 9 卷第 305—307 页。

列宁在一篇从彼得堡寄给《前进报》的关于学生运动和逮捕大学生和著作家的通讯稿上批注：**“36 信”**。

苏共中央马列主义研究院中央党务档案馆，第 2 号全宗，第 1 号目录，第 1559 号保管单位。

警察在乌法进行搜查时发现了列宁的著作《从何着手?》。

《红色文献》杂志，1941 年，第 1 期，第 39 页。

警察在莫斯科和尼古拉耶夫进行搜捕时发现了列宁的著作《就我们的组织任务给一位同志的信》。

《红色文献》杂志，1941 年，第 1 期，第 39、40 页。

在尼古拉耶夫进行搜捕时发现了列宁的《给〈火星报〉编辑部的信》。

《红色文献》杂志，1941 年，第 1 期，第 40 页。

警察在乌法和彼得堡进行搜捕时发现了列宁的《进一步，退两步(我们党内的危机)》一书。

《红色文献》杂志，1941 年，第 1 期，第 39、40 页。

不早于 2 月

列宁作关于他自己写的小册子《俄国社会民主党人的任务》(1902 年日内瓦第 2 版)的笔记,题为《"第 1 点"和"第 3 点"的比较》,并写关于俄国社会民主工党对恐怖手段的态度的札记。

苏共中央马列主义研究院中央党务档案馆,第 2 号全宗,第 1 号目录,第 1575 号保管单位。

2 月—3 月

列宁起草《起义的战斗协议和建立战斗委员会》一文的提纲。

《列宁文集》俄文版第 5 卷第 93—94 页。

2 月—4 月 7 日(20 日)

由于卡·考茨基在发表于 1904—1905 年《新时代》杂志第 21 期上的《农民和俄国革命》一文中错误地阐述了马克思和恩格斯的观点,列宁研究马克思和恩格斯对土地问题和农民运动的看法。

《列宁全集》中文第 2 版增订版第 9 卷第 325—326 页;《新时代》杂志,斯图加特,1904—1905,第 23 年卷,第 1 卷,第 21 期,第 670—677 页。

3 月 2 日(15 日)以前

列宁读俄国社会民主工党巴库委员会的传单,并在传单上批注:"在《前进报》第 10 号上转载"。

苏共中央马列主义研究院中央党务档案馆,第 2 号全宗,第 1 号目录,第 1576 号保管单位;《前进报》,日内瓦,1905 年 3 月 15 日(2 日),第 10 号。

列宁编辑阿·瓦·卢那察尔斯基的《警察制度的破产》一文,这篇文章在 1905 年 3 月 2 日(15 日)《前进报》第 10 号上发表。

《列宁文集》俄文版第 26 卷第 336 页;《前进报》,日内瓦,1905 年 3 月 15 日(2 日),第 10 号。

列宁对通讯稿《在农民当中(一个社会民主党人的信)》进行编

辑加工，这篇通讯稿在 3 月 2 日(15 日)《前进报》第 10 号上发表。

《列宁文集》俄文版第 26 卷第 338 页;《前进报》,日内瓦,1905 年 3 月 15 日(2 日),第 10 号。

列宁为多数派委员会常务局印发的传单写标题和引言，该传单在 3 月 2 日(15 日)《前进报》第 10 号上转载。

《列宁文集》俄文版第 26 卷第 425 页;《前进报》,日内瓦,1905 年 3 月 15 日(2 日),第 10 号。

3 月 2 日(15 日)

列宁的文章《无产阶级和资产阶级民主派》和《他们想骗谁?》在《前进报》第 10 号上发表。

《列宁全集》中文第 2 版增订版第 9 卷第 318—320、321—323 页;《前进报》,日内瓦,1905 年 3 月 15 日(2 日),第 10 号。

3 月 3 日(16 日)

列宁致函在彼得堡的谢·伊·古谢夫，告知俄国各社会主义组织的代表会议延期举行;要求亚·亚·波格丹诺夫必须立即从俄国启程前往瑞士，解决布尔什维克参加这次代表会议的问题;询问有关以东部地区各委员会署名的传单的出版情况;对没有将召开党的第三次代表大会一事通知所有的地方委员会表示不满。

《列宁全集》中文第 2 版增订版第 45 卷第 26—28 页。

列宁读孟什维克于 1905 年 3 月 1 日(14 日)发出的信，信中表示拒绝参加俄国各社会主义组织的代表会议。

《列宁全集》中文第 2 版增订版第 10 卷第 176 页;《列宁文集》俄文版第 16 卷第 81 页。

3 月,3 日(16 日)以后

娜·康·克鲁普斯卡娅受列宁委托，写信给叶卡捷琳诺斯拉夫的布尔什维克们，告知筹备俄国社会民主工党第三次代表大会的情况，建议同工人建立联系，并建议若该市成立了布尔什维克小组，便由小组派代表出席代表大会，代表最好是工人；告知收到了他们寄来的信件。

《弗·伊·列宁及其领导的党的国外机关同乌克兰社会民主党组织通信集》，基辅，1964 年，第 555—556 页。

3 月 4 日（17 日）

列宁就孟什维克发出的关于拒绝参加俄国各社会主义组织代表会议的信件写意见。后来，列宁在俄国社会民主工党第三次代表大会 1905 年 4 月 23 日（5 月 6 日）关于同社会革命党缔结实际协议问题的发言中，提到这一意见。

《列宁全集》中文第 2 版增订版第 10 卷第 176 页；《列宁文集》俄文版第 16 卷第 81 页。

1905 年 1 月俄国社会民主工党、崩得、拉脱维亚社会民主工党和乌克兰革命党的代表会议通过《致全俄无产阶级》号召书，党总委员会就号召书发出信件，并建议对此号召书不予公开发表。列宁读这封信，并批注："1905 年 3 月 17 日。非常重要！**保存**"。

苏共中央马列主义研究院中央党务档案馆，第 2 号全宗，第 1 号目录，第 1578 号保管单位，第 2 张背面；《火星报》，日内瓦，1905 年 2 月 24 日，第 89 号。

娜·康·克鲁普斯卡娅受列宁委托写信给马·尼·利亚多夫，请他报告他巡视国内各地方委员会的结果，询问他既然知道这些委员会的工人反对孟什维克，为什么不邀请他们参加代表大会。信中指出，邀请工人参加代表大会"具有重大意义"。

《1905 年革命中的党》，1934 年，第 248—249 页。

3 月，4 日（17 日）以后

列宁收到谢·伊·古谢夫来信，信上注明："给列宁的私人信件”。信中告知彼得堡的布尔什维克立场坚定，告知各地方委员会筹备召开俄国社会民主工党第三次代表大会的情况。古谢夫在信中建议给流放的同志们寄去书刊，谈到必须就组织问题、同时专门就吸收工人参加委员会问题作出决议。

《无产阶级革命》杂志，1925 年，第 2 期，第 58—60 页；《俄国社会民主工党第三次代表大会》，1959 年，第 14、17 页。

列宁收到谢·伊·古谢夫来信，信上注明：“给列宁的私人信件”，信中告知多数派委员会常务局和俄国社会民主工党中央委员会就召开党的代表大会问题举行预备性谈判的情况，谈到它们必须签署协定并予以公布。

《无产阶级革命》杂志，1925 年，第 2 期，第 53—55 页；《俄国社会民主工党第三次代表大会》，1959 年，第 14、17 页。

3 月，5 日（18 日）以前

列宁致函在敖德萨的亚·瓦·绍特曼（这封信没有找到）。

《弗·伊·列宁及其领导的党的国外机关同乌克兰社会民主党组织通信集》，基辅，1964 年，第 556 页。

列宁写便条给在彼得堡的弗·德·邦契-布鲁耶维奇，感谢他寄来大量稿件（这张便条没有找到）。

《弗·德·邦契-布鲁耶维奇选集》，第 2 卷，1961 年，第 489 页。

3 月，不早于 5 日（18 日）

列宁从 1905 年 3 月 18 日（公历）《法兰克福报》上就俄国自由派运动和 A.利佩将军论军队民兵制的著作的问题，作了摘录。

《列宁文集》俄文版第 26 卷第 272—277 页。

3 月 5 日（18 日）

列宁在日内瓦俄国政治流亡者居住区的会议上作关于巴黎公

社的报告。

《列宁全集》中文第 2 版增订版第 9 卷第 308—311 页;《红色史料》杂志,1927 年,第 1 期,第 28—29 页。

3 月,6 日(19 日)以后

列宁收到 1905 年 3 月 6 日(19 日)俄国社会民主工党中央委员会给多数派委员会常务局的信的正本,同时附有谢·伊·古谢夫的意见,古谢夫还请求列宁把对这一文件的意见告诉他。

《列宁全集》中文第 2 版增订版第 9 卷第 351 页;《无产阶级革命》杂志,1925 年,第 2 期,第 55—56 页。

3 月,7 日(20 日)以后

列宁收到 1905 年 3 月 7 日(20 日)弗·德·邦契-布鲁耶维奇从特维尔寄来的信,信中报告特维尔委员会的状况,请求派一位有经验的同志到北方委员会去,并请求以多数派委员会常务局的名义派代表到伊万诺沃-沃兹涅先斯克党组织和科斯特罗马党组织去。

《1905 年革命中的党》,1934 年,第 249—252 页。

3 月,8 日(21 日)以后

列宁收到 1905 年 3 月 8 日(21 日)弗·德·邦契-布鲁耶维奇从图拉寄来的信,信中告知该地方委员会同意召开俄国社会民主工党第三次代表大会。邦契-布鲁耶维奇说委员会委员们和工人们给《前进报》以极高的评价,报告在图拉保存有大量的武器,告知缺乏经费和书刊,并要求筹划一项基金,以便于组织地方上的职业革命家开展工作。

《1905 年革命中的党》,1934 年,第 252—254 页。

列宁收到 1905 年 3 月 8 日(21 日)一位姓名不详的社会民主

党人从梯弗利斯寄来的信，信中报告俄国社会民主工党高加索联合会的状况，告知在格鲁吉亚有布尔什维克的书刊和《前进报》。信中谈到列宁的《我们是否应当组织革命？》一文在格鲁吉亚大受欢迎，并说想把列宁的以《革命的日子》为总标题的一组文章用格鲁吉亚文翻印出版。

《无产阶级革命》杂志，1925年，第5期，第48—50页；В.Г.艾萨伊阿什维利：《弗·伊·列宁和格鲁吉亚》，第比利斯，1970年，第157—158页。

3月，不晚于9日（22日）

列宁收到雅·纳·勃兰登堡斯基自敖德萨寄来的信，信中告知在叶卡捷琳诺斯拉夫多数人跟着孟什维克跑，并说在那里由于大部分布尔什维克被逮捕，所以缺少技术手段、缺少积极的领导人，因此不得不暂时放弃组织布尔什维克的独立小组。

《弗·伊·列宁及其领导的党的国外机关同乌克兰社会民主党组织通信集》，基辅，1964年，第557—558、565页。

3月9日（22日）

娜·康·克鲁普斯卡娅受列宁的委托，致函在哈尔科夫的Д.И.德沃伊列斯和Л.罗辛，告知筹备俄国社会民主工党第三次代表大会的情况，并开列了表示赞成召开代表大会的各委员会名单。

《弗·伊·列宁及其领导的党的国外机关同乌克兰社会民主党组织通信集》，基辅，1964年，第564—565页。

3月10日（23日）以前

列宁仔细研究准备武装起义的问题：钻研卡·马克思和弗·恩格斯关于革命和起义的所有论述，阅读军事专家的著作，全面考虑武装起义的技术问题和武装起义的组织问题。

《回忆弗·伊·列宁》，第1卷，1968年，第293页。

3 月,10 日(23 日)以前

列宁编辑俄国社会民主工党托木斯克委员会印发的关于 И.Е.科诺诺夫之死的传单。这份传单发表在 1905 年 3 月 10 日(23 日)《前进报》第 11 号上。

苏共中央马列主义研究院中央党务档案馆,第 2 号全宗,第 1 号目录,第 1588 号保管单位,第 1 张;《前进报》,日内瓦,1905 年 3 月 23 日(10 日),第 11 号。

列宁致函加·达·莱特伊仁,了解巴黎公社将军古·克吕泽烈的传记材料,询问有关法国社会党代表大会的情况(这封信没有找到)。

《列宁全集》中文第 2 版增订版第 9 卷第 330—331 页;《列宁全集》俄文第 5 版第 9 卷第 413—414 页;《前进报》,日内瓦,1905 年 3 月 23 日(10 日),第 11 号;苏共中央马列主义研究院中央党务档案馆,第 2 号全宗,第 5 号目录,第 130 号保管单位,第 1 张。

列宁写巴黎公社将军古·克吕泽烈的传略,校订《克吕泽烈将军回忆录》一书中《巷战》一章的俄译文,为这一章写编者前言。前言、传记和经列宁修改的文章,以《论巷战(公社的一个将军的意见)》为题,在 3 月 10 日(23 日)《前进报》第 11 号上发表。

《列宁全集》中文第 2 版增订版第 9 卷第 330—331 页;《前进报》,日内瓦,1905 年 3 月 23 日(10 日),第 11 号;《列宁文集》俄文版第 26 卷第 353—365 页。

列宁对瓦·瓦·沃罗夫斯基的文章《蛊惑宣传的产物》进行编辑加工。这篇文章发表在 3 月 10 日(23 日)《前进报》第 11 号上。

《列宁文集》俄文版第 26 卷第 338—339 页;《前进报》,日内瓦,1905 年 3 月 23 日(10 日),第 11 号。

列宁起草《无产阶级和农民》一文的提纲。

《列宁全集》中文第 2 版增订版第 9 卷第 397—398 页;《列宁文集》俄文版第 5 卷第 116 页。

列宁写题为《信箱》的简讯，感谢尼古拉耶夫和敖德萨的工人寄来稿件；告知奥·伊·维诺格拉多娃(叫花子)，收到了她寄来的报告和信件，请她继续寄来所需的消息。列宁在这一页的背面统计《前进报》第11号各篇文章的字数和行数。

《列宁文集》俄文版第26卷第426页；苏共中央马列主义研究院中央党务档案馆，第2号全宗，第1号目录，第1589号保管单位，第1张—第1张背面；《前进报》，日内瓦，1905年3月23日(10日)，第11号。

3月10日(23日)

列宁的文章《无产阶级和农民》(社论)和《第一步》发表在《前进报》第11号上。在这一号报纸上，作为瓦·瓦·沃罗夫斯基《蛊惑宣传的产物》一文的附注，还发表了列宁的短评《关于党纲的历史》以及他写的简讯《信箱》。

《列宁全集》中文第2版增订版第9卷第324—329、332—337、338页；《列宁文集》俄文版第26卷第426页；《前进报》，日内瓦，1905年3月23日(10日)，第11号。

列宁致函英国劳工代表委员会书记，感谢寄来捐款，帮助1月9日遇害工人的家属。

《列宁全集》中文第2版增订版第45卷第28—29页。

娜·康·克鲁普斯卡娅受列宁的委托，写信给科斯特罗马的俄国社会民主工党组织，告知筹备俄国社会民主工党第三次代表大会的情况。信中列出赞成召开代表大会的各委员会名单，并要求将这些消息转告伊万诺沃-沃兹涅先斯克和雅罗斯拉夫尔的同志们。克鲁普斯卡娅告知，工人们开始寄来大量的信件，并要求北方边疆区的工人们也给《前进报》编辑部写信来。

《1905年革命中的党》，1934年，第299—300页。

3 月 10 日(23 日)夜至 11 日(24 日)凌晨

在维什特涅茨(苏瓦乌基省)附近,运送书刊被截获,列宁的《俄国社会民主党人的任务》、《地方自治运动和〈火星报〉的计划》以及小册子《告贫苦农民》和《进一步,退两步》被边境卫队没收。

《红色文献》杂志,1941 年,第 1 期,第 41 页。

3 月 10 日和 14 日(23 日和 27 日)

警察在叶卡捷琳诺斯拉夫和顿河畔罗斯托夫进行搜捕时,发现印成单页的列宁的《俄国革命的开始》一文。

《红色文献》杂志,1941 年,第 1 期,第 41 页。

3 月 10 日和 4 月 6 日(3 月 23 日和 4 月 19 日)之间

列宁收到加·达·莱特伊仁的信,信中提出要为报纸写一篇文章,告知法国社会党代表大会将于 1905 年 4 月 22 日(公历)开幕,并请求给他寄去组织委员会签发的出席这次代表大会的委托书。

《列宁全集》中文第 2 版增订版第 9 卷第 330—331 页,第 45 卷第 36—37 页;苏共中央马列主义研究院中央党务档案馆,第 2 号全宗,第 5 号目录,第 130 号保管单位,第 1 张。

3 月 11 日(24 日)

1905 年 3 月 9 日(22 日)劳工代表委员会书记助理自英国来信,要求回信证实是否收到 1905 年 2 月 24 日(3 月 9 日)和 3 月 1 日(14 日)从该委员会的俄国基金中寄来的 80 英镑和 90 英镑的支票。列宁在这封信上写道:“已用明信片回复(再次)。1905 年 3 月 24 日”。

《列宁文集》俄文版第 16 卷第 58 页。

3 月 12 日(25 日)

弗·德·邦契-布鲁耶维奇写信给《前进报》编辑部,谈到在哈尔科夫有大量工作要做，并请求列宁给他一份书面的身份证明。

《弗·伊·列宁及其领导的党的国外机关同乌克兰社会民主党组织通信集》，基辅，1964年，第574—575、587页。

列宁参加多数派委员会常务局和中央委员会建立的筹备俄国社会民主工党第三次代表大会的组织委员会。

《列宁全集》中文第2版增订版第9卷第50—54页；《俄国社会民主工党第三次代表大会》，1959年，第14—15、684—685页；《火星报》，日内瓦，1905年3月31日，第95号；《列宁传》，第4版，1970年，第118—119页。

列宁致函俄国社会民主工党敖德萨委员会，谈选派代表参加党的第三次代表大会问题，建议把委托书给予瓦·瓦·沃罗夫斯基和丹·伊·基里洛夫斯基-诺沃米尔斯基。列宁在信中询问是否吸收了工人参加委员会，强调这样做是绝对必要的，要求使《前进报》编辑部能直接同工人取得联系，建议扩大工人通讯员网。

《列宁全集》中文第2版增订版第45卷第29—30页。

3月，12日（25日）以后

列宁收到谢·伊·古谢夫自彼得堡寄来的信，信上注明："给列宁的私人信件"。古谢夫在信中报告了筹备代表大会的工作进程。

《1905年革命中的党》，1934年，第255—257页。

3月13日（26日）

列宁阅读谢·伊·古谢夫起草的俄国社会民主工党第三次代表大会议程草案，在草案上批注："1905年3月13日（26日）**收到**"。

苏共中央马列主义研究院中央党务档案馆，第2号全宗，第1号目录，第1593号保管单位，第1张—第3张背面。

3月14日(27日)

工人们在奥尔洛沃-叶列涅夫斯克矿(叶卡捷琳诺斯拉夫省斯拉维亚诺谢尔布斯克县)1号矿井发现了列宁的小册子《俄国社会民主党人的任务》和《告贫苦农民》。

《红色文献》杂志,1941年,第1期,第41页。

3月15日(28日)以前

叶卡捷琳诺斯拉夫的工人们研究列宁的《地方自治运动和〈火星报〉的计划》一文的单行本。

《弗·伊·列宁及其领导的党的国外机关同乌克兰社会民主党组织通信集》,基辅,1964年,第575—576页。

3月上半月

列宁致函弗·弗·菲拉托夫,对他推迟作关于起义的技术准备问题的报告表示不满(这封信没有找到)。

《列宁全集》俄文第5版第47卷第313页;苏共中央马列主义研究院中央党务档案馆,第2号全宗,第5号目录,第133号保管单位,第1张。

列宁收到弗·弗·菲拉托夫自巴黎寄来的信,信中说菲拉托夫随时可以作关于起义的技术准备问题的报告。

苏共中央马列主义研究院中央党务档案馆,第2号全宗,第5号目录,第133号保管单位,第1张。

3月,16日(29日)以前

列宁编辑特维尔的一位工人关于对1月9日事件的反应的来信。该信发表在1905年3月16日(29日)《前进报》第12号上。

苏共中央马列主义研究院中央党务档案馆,第2号全宗,第1号目录,第1597号保管单位,第126—128张;《前进报》,日内瓦,1905年3月29日(16日),第12号。

列宁读给《前进报》寄来的评《我们组织内的工人和知识分子》这本小册子的信，该信署名“工人普拉夫金”。列宁编辑该信，并加标题《工人来信》。这封信发表在3月16日(29日)《前进报》第12号上。

苏共中央马列主义研究院中央党务档案馆，第2号全宗，第1号目录，第1598号保管单位，第146—152张；《前进报》，日内瓦，1905年3月29日(16日)，第12号。

列宁编辑自顿河畔罗斯托夫寄来的关于该市情况的稿件，并在稿件上加写“**顿河畔**”字样。

苏共中央马列主义研究院中央党务档案馆，第2号全宗，第1号目录，第1599号保管单位，第1张；《前进报》，日内瓦，1905年3月29日(16日)，第12号。

列宁在《前进报》第12—14号稿件选题计划上加写：《短评》、《他们顽固不化》、《关于土地纲领》、《小品文》。

苏共中央马列主义研究院中央党务档案馆，第2号全宗，第1号目录，第1599号保管单位，第2张；《前进报》，日内瓦，1905年3月29日(16日)，第12号。

列宁在《前进报》的“信箱”栏里写了一条告白，说收到一封署名“伊克斯”并注明“列宁收”的信，信中谈到有关一位同志人身安全的重要问题。列宁要求“伊克斯”告知自己的真实姓名。

《列宁全集》中文第2版增订版第45卷第31页；苏共中央马列主义研究院中央党务档案馆，第2号全宗，第1号目录，第1596号保管单位，第1张—第1张背面。

3月16日(29日)

列宁的《关于我们的土地纲领(给第三次代表大会的信)》一文在《前进报》第12号上发表。

《列宁全集》中文第2版增订版第9卷第339—343页；《前进报》，日内瓦，1905年3月29日(16日)，第12号。

3月16日和17日(29日和30日)

列宁写《波拿巴分子的鬼把戏》一文。

《列宁全集》中文第2版增订版第9卷第344—348页。

3月,不早于16日(29日)

列宁从1905年3月29日(公历)的《泰晤士报》工程附刊上摘录有关电力供应集中化、电话和电报增多以及钟表工业发展的消息。

《列宁文集》俄文版第26卷第277—281页。

3月17日(30日)

列宁读拉脱维亚社会民主工党代表弗·罗津自伯尔尼寄来的信,信中请求告知对定于1905年3月20日(4月2日)召开的各社会主义政党代表会议的看法。列宁在信封上注明:"1905年3月30日已复"。

苏共中央马列主义研究院中央党务档案馆,第2号全宗,第1号目录,第1600号保管单位,第1张—第2张背面。

列宁阅读一位姓名不详的作者写来的题为《在兵营里》的文章,在文章上标注:"**1905年3月30日**",并在最后一页的背面用数字计算印刷符号。这篇文章发表在1905年5月5日(18日)《前进报》第18号上。

苏共中央马列主义研究院中央党务档案馆,第2号全宗,第1号目录,第1601号保管单位,第34张—第38张背面;《前进报》,日内瓦,1905年5月18日(5日),第18号。

3月18日(31日)

列宁收到伊·伊·施瓦尔茨自叶卡捷琳诺斯拉夫寄来的信,信中报告说在叶卡捷琳诺斯拉夫有可能建立布尔什维克小组。

《弗·伊·列宁及其领导的党的国外机关同乌克兰社会民主党组织通信集》,基辅,1964年,第585—587页。

3月,不早于18日(31日)

列宁复函在叶卡捷琳诺斯拉夫的伊·伊·施瓦尔茨,建议由多数派选派代表参加俄国社会民主工党第三次代表大会,或者致函代表大会,反对孟什维克把持的叶卡捷琳诺斯拉夫委员会并表示要求参加代表大会的工作。

《列宁全集》中文第2版增订版第45卷第31—32页;《弗·伊·列宁及其领导的党的国外机关同乌克兰社会民主党组织通信集》,基辅,1964年,第585—587页。

3月20日(4月2日)

列宁在俄国各社会主义组织代表会议开幕之前会见拉脱维亚社会民主工党代表弗·罗津,商谈对派出代表参加代表会议的某些组织应持何种态度。

《列宁全集》中文第2版增订版第10卷第178页;苏共中央马列主义研究院中央党务档案馆,第271号全宗,第1号目录,第206号保管单位,第3、5张;《拉脱维亚革命者回忆列宁》,里加,1969年,第12页。

列宁当选为敖德萨党组织出席俄国社会民主工党第三次代表大会的代表。

《列宁文集》俄文版第5卷第217页;《无产阶级革命》杂志,1925年,第7期,第37—39、41、51页;《弗·伊·列宁及其领导的党的国外机关同乌克兰社会民主党组织通信集》,基辅,1964年,第587—589、609、627页。

3月20日—21日(4月2日—3日)

列宁出席格·阿·加邦在日内瓦召集的俄国各社会主义组织代表会议。列宁看到代表会议是"社会革命党手中的玩具",而且许多工人政党未被邀请参加会议,就退出了代表会议。

《列宁全集》中文第2版增订版第10卷第175—180页;《过去的年代》,1908年,第7期,第40页;《革命俄国报》,日内瓦,1905年4月25日,第65号;格·克拉莫尔尼科夫:《俄国社会民主工党第三次代表大会》,第2版,1931年,第28页。

3月,21日(4月3日)以后

列宁收到莉·米·克尼波维奇1905年3月21日(4月3日)自敖德萨寄来的信,信中说敖德萨委员会决定将出席俄国社会民主工党第三次代表大会的委托书交给列宁。

《弗·伊·列宁及其领导的党的国外机关同乌克兰社会民主党组织通信集》,基辅,1964年,第587—589页。

3月22日(4月4日)

列宁给谢·伊·古谢夫回信,坚决劝他离开彼得堡到外省去,以免被捕,要他安排一些青年助手接替他,要求更加努力地筹备第三次代表大会和增加代表人数。

《列宁全集》中文第2版增订版第45卷第32—33页;《无产阶级革命》杂志,1925年,第2期,第53—55页。

3月,22日(4月4日)以后

列宁收到马·马·李维诺夫1905年3月22日(4月4日)自里加寄来的信,信中说俄国社会民主工党多数派委员会常务局和中央委员会达成召开俄国社会民主工党第三次代表大会的协议,并谈到党总委员会和孟什维克的《火星报》编辑部因此而"大丢其丑"。李维诺夫在信中就布尔什维克和孟什维克在代表大会上的力量对比作了估计;并且告知,里加委员会已将出席代表大会的委托书交给了他,他很快即可到达日内瓦。

《1905年革命中的党》,1934年,第257—258页。

3月,23日(4月5日)以前

列宁对瓦·瓦·沃罗夫斯基的《自由派的原则和反动派的作风》一文进行编辑加工,这篇文章发表在1905年3月23日(4月5

日)《前进报》第 13 号上。

《列宁文集》俄文版第 26 卷第 340 页;《前进报》,日内瓦,1905 年 4 月 5 日(3 月 23 日),第 13 号。

列宁起草《社会民主党和临时革命政府》一文的提纲。

《列宁全集》中文第 2 版增订版第 10 卷第 343—344 页;《列宁文集》俄文版第 5 卷第 119—120 页。

列宁就《社会民主党和临时革命政府》一文的前半部分写一条注释,并且标明:“**注释**。加在这篇小品文**之后**”。

《列宁全集》中文第 2 版增订版第 10 卷第 9—10 页;苏共中央马列主义研究院中央党务档案馆,第 2 号全宗,第 1 号目录,第 1607 号保管单位,第 39 张。

列宁读亚·亚·波格丹诺夫代表多数派委员会常务局起草的给俄国社会民主工党第三次代表大会的关于修改党章的报告草案,并校订同样是波格丹诺夫起草的《关于在社会民主党组织中工人和知识分子的关系》的决议草案。这两份草案发表在 1905 年 3 月 23 日(4 月 5 日)《前进报》第 13 号上,题为《组织问题》(题目系列宁所加)。

《列宁文集》俄文版第 26 卷第 217—218 页;苏共中央马列主义研究院中央党务档案馆,第 2 号全宗,第 1 号目录,第 1610 号保管单位,第 26、30、36—38 张;《前进报》,日内瓦,1905 年 4 月 5 日(3 月 23 日),第 13 号。

列宁起草《关于战争的短评》,作为《欧洲资本和专制制度》一文的提纲,并在这一提纲前加写标题《欧洲人论俄国财政》。

《列宁全集》中文第 2 版增订版第 9 卷第 354—361 页;《列宁文集》俄文版第 5 卷第 117 页,第 26 卷第 72 页。

列宁读北方委员会 Ю.Ю.1905 年 3 月 10 日(23 日)自雅罗斯拉夫尔寄来的第 6 号信件,并在信上批注:“**列入文件**”。在 1905 年 3 月 23 日(4 月 5 日)《前进报》第 13 号“信箱”栏中通知:“**Ю.**

Ю.第 6 号收到”。

苏共中央马列主义研究院中央党务档案馆，第 2 号全宗，第 1 号目录，第 1612 号保管单位，第 1 张—第 2 张背面；《前进报》，日内瓦，1905 年 4 月 5 日(3 月 23 日)，第 13 号。

列宁对下诺夫哥罗德的来信《致第三次代表大会的代表们》进行编辑加工，编排这一信件的页码，并统计印刷符号。这封信发表在 1905 年 3 月 23 日(4 月 5 日)《前进报》第 13 号上。

苏共中央马列主义研究院中央党务档案馆，第 2 号全宗，第 1 号目录，第 1611 号保管单位，第 40—43 张；《前进报》，日内瓦，1905 年 4 月 5 日(3 月 23 日)，第 13 号。

列宁收到谢·伊·古谢夫寄来的赞成召开党的第三次代表大会的俄国社会民主工党阿尔汉格尔斯克委员会所作的决议全文。

《无产阶级革命》杂志，1925 年，第 2 期，第 62 页；《前进报》，日内瓦，1905 年 4 月 5 日(3 月 23 日)，第 13 号。

3 月 23 日(4 月 5 日)

列宁的文章《欧洲资本和专制制度》(社论)、《第二步》和《社会民主党和临时革命政府》(前一部分)发表在《前进报》第 13 号上。

《列宁全集》中文第 2 版增订版第 9 卷第 349—353、354—361 页，第 10 卷第 1—10 页；《前进报》，日内瓦，1905 年 4 月 5 日(3 月 23 日)，第 13 号。

列宁致函在巴黎的彼·阿·克拉西科夫，说还不知道俄国社会民主工党第三次代表大会开幕的准确时间，但要求克拉西科夫抓紧准备国外组织委员会要向代表大会提交的报告。

《列宁全集》中文第 2 版增订版第 45 卷第 33—34 页。

3 月，不早于 23 日(4 月 5 日)

列宁的《波拿巴分子的鬼把戏》一文印成单页(《前进报》第 13 号的抽印本)。

《列宁全集》中文第2版增订版第9卷第344—348页；弗·伊·列宁：《波拿巴分子的鬼把戏》，单页，[日内瓦，1905年3月17—23日]，2页（第13号《前进报》的抽印本），未注明作者。

3月24日（4月6日）

娜·康·克鲁普斯卡娅受列宁委托分别致函俄国社会民主工党里加委员会和叶卡捷琳诺斯拉夫委员会，对里加委员会优异的工作表示满意，告知俄国社会民主工党中央委员会和多数派委员会常务局就召开党的第三次代表大会问题达成协议，希望能有尽量多的工人同《前进报》编辑部通信，并谈到"给《火星报》写信的工人人数从来没有像给《前进报》这样多"。克鲁普斯卡娅在信中告知，《前进报》第13号刊载了列宁的文章《社会民主党和临时革命政府》，批判亚·马尔丁诺夫的小册子《两种专政》。

《1905年革命中的党》，1934年，第300—301页；《弗·伊·列宁及其领导的党的国外机关同乌克兰社会民主党组织通信集》，基辅，1964年，第598—599页。

3月,24日（4月6日）以后

列宁收到Л.罗辛1905年3月24日（4月6日）自哈尔科夫寄来的信，信上注明："给列宁"；信中告知，该地布尔什维克小组内发生冲突，妨碍工作，希望派人到那里去。

《前进报》，日内瓦，1905年4月20日（7日），第15号①；《弗·伊·列宁及其领导的党的国外机关同乌克兰社会民主党组织通信集》，基辅，1964年，第601—604、610、614页。

3月25日和30日（4月7日和12日）之间

列宁收到弗·弗·菲拉托夫的信，信中附有战斗组织的章程草案，并请求对草案提出意见。菲拉托夫在信中建议邀请他以军

---

① 报纸上的日期为4月21日（7日）。——俄文编者注

事问题专家的身份出席俄国社会民主工党第三次代表大会,并提议建立直属俄国社会民主工党中央委员会的特别战斗组织,负责领导武装起义、出版军事技术书刊、准备武器弹药以及筹办保存武器弹药的仓库。列宁在第4次会议上向代表大会报告了菲拉托夫的这一请求。

《1905年革命中的党》,1934年,第321—324页;《俄国社会民主工党第三次代表大会》,1959年,第80—81页。

3月26日(4月8日)

列宁复函在敖德萨的奥·伊·维诺格拉多娃,谈关于在手工业者中间建立党的基层组织问题。

《列宁全集》中文第2版增订版第45卷第35—36页;《弗·伊·列宁及其领导的党的国外机关同乌克兰社会民主党组织通信集》,基辅,1964年,第604—605页。

列宁阅读俄国社会民主工党莫斯科委员会写的关于该委员会支持《劳动呼声报》的短文,列宁给这篇短文加写标题《声明》,并批注:"1905年4月8日收到"、"列入'党内生活'栏"。这一声明发表在1905年3月30日(4月12日)《前进报》第14号上。

苏共中央马列主义研究院中央党务档案馆,第2号全宗,第1号目录,第1615号保管单位,第1张;《前进报》,日内瓦,1905年4月12日(3月30日),第14号。

3月,不早于28日(4月10日)

列宁从1905年4月10日(公历)《泰晤士报》金融和商业附刊摘录有关钟表工业发展的情况。

《列宁文集》俄文版第26卷第280—282页。

3月29日(4月11日)

列宁读Э.施勒德尔自慕尼黑写来的信(德文),信中请求把有关他的《二十世纪是属于我们的》一文的手稿情况转告列·米·米哈伊洛夫。列宁在信上注明："1905 年 4 月 11 日已复"。

苏共中央马列主义研究院中央党务档案馆，第 2 号全宗，第 1 号目录，第 1617 号保管单位，第 1 张—第 2 张背面。

3 月，30 日（4 月 12 日）以前

列宁草拟《前进报》第 14 号专页附刊的选题计划和署名"《前进报》编辑部"的按语。列宁在按语中说明在该报上将要对党章草案和其他在俄国社会民主工党第三次代表大会上要解决的问题展开讨论。出版附刊的预告发表在 1905 年 3 月 30 日（4 月 12 日）《前进报》第 14 号上。专页附刊随 1905 年 4 月 7 日（20 日）《前进报》第 15 号发表。

《列宁文集》俄文版第 26 卷第 429 页；《前进报》，日内瓦，1905 年 4 月 12 日（3 月 30 日），第 14 号；4 月 20 日（7 日），第 15 号，专页附刊。

列宁写《无产阶级和农民的革命民主专政》一文：拟定提纲、写札记并起草文章的正文。在文章手稿最后一页的背面，列宁统计文章的印刷符号。

《列宁全集》中文第 2 版增订版第 10 卷第 18—28、345—348 页；《前进报》，日内瓦，1905 年 4 月 12 日（3 月 30 日），第 14 号；苏共中央马列主义研究院中央党务档案馆，第 2 号全宗，第 1 号目录，第 1620 号保管单位，第 1 张—第 27 张背面。

列宁写《嫁祸于人》一文，这篇文章准备在《前进报》第 14 号上刊用。

《列宁全集》中文第 2 版增订版第 10 卷第 32—41 页。

列宁对瓦・瓦・沃罗夫斯基的文章《争取罢工权的斗争》进行编辑加工。这篇文章发表在 1905 年 3 月 30 日（4 月 12 日）《前进报》第 14 号上。

苏共中央马列主义研究院中央党务档案馆，第 2 号全宗，第 1

号目录，第1623号保管单位，第18—30页；《前进报》，日内瓦，1905年4月12日(3月30日)，第14号。

列宁对阿·瓦·卢那察尔斯基的小册子《彼得堡的工人是怎样向沙皇请愿的》进行编辑加工。

《列宁全集》俄文第5版第10卷第411页；《前进报》，日内瓦，1905年4月12日(3月30日)，第14号；苏共中央马列主义研究院中央党务档案馆，第2号全宗，第1号目录，第1624号保管单位，第1—20张。

列宁和米·斯·奥里明斯基就圣彼得堡五金工厂工人小组的决议写《前进报》编辑部按语。该决议谈到党的统一的必要性。

《列宁全集》中文第2版增订版第10卷第31页；《前进报》，日内瓦，1905年4月12日(3月30日)，第14号。

3月30日(4月12日)

列宁的文章《无产阶级和农民的革命民主专政》(社论)、《社会民主党和临时革命政府》(后一部分)、《法国和俄国的“贿赂”之风》和关于圣彼得堡五金工厂工人小组决议的《前进报》编辑部按语发表在《前进报》第14号上。后来，《无产阶级和农民的革命民主专政》一文曾由俄国社会民主工党高加索联合会委员会用俄文、格鲁吉亚文和亚美尼亚文出版过单行本。

《列宁全集》中文第2版增订版第10卷第10—17、18—28、29—30、31页；《前进报》，日内瓦，1905年4月12日(3月30日)，第14号；《弗·伊·列宁著作编年索引》，上册，1959年，第179页。

3月，不早于30日(4月12日)

列宁从1905年4月12日(公历)《福斯报》上摘录有关米·亚·巴枯宁和卡·福格特的材料、有关C.维尔涅尔翻译的题为《愤怒》的书信集以及米·安·雷斯涅尔的小册子的出版消息。

《列宁文集》俄文版第26卷第282—283页。

3月底

列宁会见米·伊·瓦西里耶夫-尤任，向他询问彼得堡党内的情况和巴库的事件。

《回忆弗·伊·列宁》，第2卷，1969年，第184—187页。

列宁抄录日内瓦—巴黎和巴黎—伦敦的路线、火车时刻表和票价。

《列宁全集》中文第2版增订版第45卷第34页；苏共中央马列主义研究院中央党务档案馆，第2号全宗，第1号目录，第1627号保管单位，第1张—第1张背面；第1628号保管单位，第1张—第1张背面。

列宁写短信给俄国社会民主工党第三次代表大会，要求给代表翻印50份俄国社会民主工党第二次代表大会的议程和大会通过的决议、党章和党纲，以及党的第三次代表大会的会议日程草案和向代表大会提交的部分决议；短信列出报告的题目和预定报告人的姓名。

《俄国社会民主工党第三次代表大会》，1959年，第676—677页。

列宁与来到日内瓦的尼·瓦·多罗申科相识，多罗申科告诉列宁，刚刚从俄国来的一些布尔什维克和孟什维克打算召开联席会议，以澄清和消除党内的分歧。多罗申科回忆说，列宁不赞成这一提议。联席会议并未取得良好的结果。

在以后的多次会见中，列宁同多罗申科就革命所提出的实际问题交换意见。

《列宁全集》中文第2版增订版第45卷第68—69页；《红色史料》杂志，1927年，第3期，第144、147—149页。

3月底—4月初

列宁写《告全党书》一文。

《列宁全集》中文第2版增订版第9卷第365—366页。

3月底—4月7日(20日)以前

列宁会见布尔什维克叶卡捷琳诺斯拉夫委员会委员雅·纳·勃兰登堡斯基。当列宁知道勃兰登堡斯基对俄国社会民主工党的土地纲领感兴趣时,便建议他准备关于这一问题的报告。他在列宁的指导下准备并宣读了这一报告。

《回忆弗·伊·列宁》,1963年,第30—32页;《回忆弗·伊·列宁》,第2卷,1969年,第184—185页;《弗·伊·列宁及其领导的党的国外机关同乌克兰社会民主党组织通信集》,基辅,1964年,第613页。

3月

列宁多次会见为筹备俄国社会民主工党第三次代表大会而从俄国来到日内瓦的普·伊·库利亚布科,向她询问俄国国内党的工作情况。

《回忆弗·伊·列宁》,第1册,1956年,第270—271页。

列宁要求亚·马·埃森(日内瓦布尔什维克互助会出纳员)给一位同志以经济补助,使他能到巴黎去。

《回忆弗·伊·列宁》,第1册,1956年,第270—271页。

3月—4月12日(25日)以前

列宁在党的第三次代表大会开幕前不久,几乎每天都到《前进报》印刷所去。

《革命年鉴》杂志,1923年,第5期,第47—48页;《回忆弗·伊·列宁》,第2卷,1969年,第157页。

列宁在日内瓦布尔什维克会议上作报告,谈俄国社会民主工党第三次代表大会的筹备情况和代表大会的日程问题。

《回忆弗·伊·列宁》,第2卷,1969年,第157页;《红色史料》杂志,1927年,第3期,第151页。

3 月—4 月

列宁写《1789 年式的革命还是 1848 年式的革命?》一文。

《列宁全集》中文第 2 版增订版第 9 卷第 362—364 页,第 10 卷第 6 页。

列宁会见俄国社会民主工党喀山委员会委员弗·维·阿多拉茨基,同他就党内事务交换意见。列宁在谈话中回想起 1887 年在喀山大学闹学潮期间同逮捕他的一个警察局长的一次对话,警察局长对他说:“青年人,你怎么要造反,要知道这是一堵墙!”列宁回答警察局长说:“是一堵墙,但却是一堵糟朽的墙,手指一戳,就会倒塌下来!”

《回忆弗·伊·列宁》,第 2 卷,1969 年,第 171—173 页。

4 月 2 日(15 日)

列宁写《宪法交易》一文。

《列宁全集》中文第 2 版增订版第 10 卷第 67—71 页;苏共中央马列主义研究院中央党务档案馆,第 2 号全宗,第 1 号目录,第 1699 号保管单位,第 2 张。

4 月 5 日(18 日)

列宁在日内瓦出席筹备召开党的第三次代表大会的组织委员会的会议。

《列宁文集》俄文版第 5 卷第 208—210 页。

娜·康·克鲁普斯卡娅受列宁委托致函在敖德萨的莉·米·克尼波维奇,请求尽快给列宁寄来党的敖德萨委员会和尼古拉耶夫委员会出席俄国社会民主工党第三次代表大会的正式委托书。

《弗·伊·列宁及其领导的党的国外机关同乌克兰社会民主党组织通信集》,基辅,1964 年,第 609—610 页。

4 月 6 日(19 日)

列宁在给《前进报》工作人员加·达·莱特伊仁的信中委托他

代表编辑部在法国社会党代表大会上致贺词；建议他揭露卡·考茨基在《新时代》杂志第 29 期上对布尔什维克与孟什维克分歧的实质的歪曲；请他告知有关代表大会的消息；并说加·达·莱特伊仁评论尔·马尔托夫刊登在 1905 年 3 月 25 日《火星报》第 94 号上的一篇文章的短评将要发表。

《列宁全集》中文第 2 版增订版第 45 卷第 36—37 页；《新时代》杂志，斯图加特，1904—1905 年，第 23 年卷，第 2 卷，第 29 期，第 68—79 页。

4 月，7 日（20 日）以前

列宁草拟《自由派的土地纲领》一文的提纲。

《列宁全集》中文第 2 版增订版第 10 卷第 42—49、349—352 页；《前进报》，日内瓦，1905 年 4 月 20 日（7 日），第 15 号。

列宁写《马克思论美国的"土地平分"》一文：摘录反对海·克利盖的通告，写文章正文。

《列宁全集》中文第 2 版增订版第 10 卷第 50—56 页；《列宁文集》俄文版第 5 卷第 125—127 页；《前进报》，日内瓦，1905 年 4 月 20 日（7 日），第 15 号。

列宁为敖德萨的一篇通讯稿写《前进报》编辑部按语。通讯稿报道了将列宁关于在大工厂和小手工工厂建立基层党组织的计划付诸实施的情况。

《列宁文集》俄文版第 26 卷第 341 页；《前进报》，日内瓦，1905 年 4 月 20 日（7 日），第 15 号。

列宁校订瓦·瓦·沃罗夫斯基的《在科科夫佐夫委员会》一文，这篇文章发表在 1905 年 4 月 7 日（20 日）《前进报》第 15 号上。

苏共中央马列主义研究院中央党务档案馆，第 2 号全宗，第 1 号目录，第 1642 号保管单位，第 59—68 页；《前进报》，日内瓦，1905 年 4 月 20 日（7 日），第 15 号。

4月7日(20日)

列宁的文章《自由派的土地纲领》(社论)、《马克思论美国的“土地平分”》、《嫁祸于人》、《被揭穿的总委员会》和为敖德萨通讯稿所加的报纸编辑部按语发表在《前进报》第15号上。

《列宁全集》中文第2版增订版第10卷第32—41、42—49、50—56、57—62页;《前进报》,日内瓦,1905年4月20日(7日),第15号。

4月,8日(21日)以前

列宁复函在萨马拉的阿·安·普列奥布拉任斯基,祝贺布尔什维克没有让孟什维克强占布尔什维克地下印刷所;列宁要求同农民建立定期的通信联系;告知党的第三次代表大会即将召开,而格·瓦·普列汉诺夫的立场尚未彻底明朗。

《列宁全集》中文第2版增订版第45卷第37—38页;《俄国社会民主工党第三次代表大会》,1959年,第19—22页。

4月,8日(21日)以后

列宁收到弗·德·邦契-布鲁耶维奇给他寄来的美国小资产阶级经济学家和政论家亨·乔治写的一本书。

苏共中央马列主义研究院中央党务档案馆,第2号全宗,第5号目录,第141号保管单位,第1—3张。

4月,9日(22日)以后

列宁收到加·达·莱特伊仁寄来的一封告知法国社会党代表大会情况的信件。

苏共中央马列主义研究院中央党务档案馆,第2号全宗,第5号目录,第142号保管单位,第1张。

4月10日(23日)

列宁以俄国社会民主工党中央委员会的名义写《给俄国社会民主工党总委员会主席普列汉诺夫同志的公开信》,信中说明:截至 4 月 4 日(17 日),赞成召开代表大会并选派代表出席会议的共有 21 个党组织。信中揭露党总委员会反党的分裂政策,并且说明必须尽快召开第三次代表大会的原因。

《列宁全集》中文第 2 版增订版第 10 卷第 72—80 页。

尼古拉耶夫工人组织者通知俄国社会民主工党第三次代表大会:1905 年 4 月 9 日(22 日)工人会议一致赞成列宁提出的党章第 1 条条文。

《弗·伊·列宁及其领导的党的国外机关同乌克兰社会民主党组织通信集》,基辅,1964 年,第 618—619 页。

4 月 10 日和 17 日(23 日和 30 日)之间

列宁写的《给俄国社会民主工党总委员会主席普列汉诺夫同志的公开信》印成单页。

弗·伊·列宁:《给俄国社会民主工党总委员会主席普列汉诺夫同志的公开信》,单页,未注明出版地,中央委员会印刷所,1905 年,4 页,(俄国社会民主工党),未注明作者;《前进报》,日内瓦,1905 年 4 月 30 日(17 日),第 16 号。

4 月,不晚于 11 日(24 日)

列宁起草俄国社会民主工党第三次代表大会组织委员会关于俄国社会民主工党高加索联合会、克列缅丘格委员会、叶卡捷琳诺斯拉夫委员会、喀山委员会和库班委员会的代表资格的决定草案和组织委员会关于代表大会的组成的决议草案。这两个文件在 1905 年 4 月 11 日(24 日)组织委员会最后一次会议上通过。

《列宁全集》中文第 2 版增订版第 10 卷第 83—86、87—88 页;《俄国社会民主工党第三次代表大会》,1959 年,第 28—32 页。

4 月 11 日(24 日)

列宁出席筹备召开俄国社会民主工党第三次代表大会的组织

委员会的会议。

《列宁全集》中文第2版增订版第10卷第83—86页;《俄国社会民主工党第三次代表大会》,1959年,第28—32页。

4月,12日(25日)以前

列宁出席雅·纳·勃兰登堡斯基关于俄国社会民主工党土地纲领的报告会。

《回忆弗·伊·列宁》,1963年,第32页。

列宁读俄国社会民主工党里加委员会第一区的决议,删去签字名单,并加写:"(下有30人签名)"。该委员会的成员在决议中要求党的第三次代表大会恢复党的统一并通过列宁提出的党章第1条条文。

《俄国社会民主工党第三次代表大会(文件和资料集)》,1955年,第127—128页;苏共中央马列主义研究院中央党务档案馆,第2号全宗,第1号目录,第1650号保管单位,第1张。

列宁读格·阿·加邦寄来的信和在俄国社会主义组织代表会议上通过的两个宣言,加邦请求在俄国社会民主工党第三次代表大会上宣读这两个宣言。列宁在信上注明:"加邦(在列宁赴代表大会前夕)交列宁转告代表大会",并在宣言上划重点和批注。列宁在俄国社会民主工党第三次代表大会上,在4月23日(5月6日)关于同社会革命党缔结协定问题的发言中宣读了这些文件。

《列宁全集》中文第2版增订版第10卷第178—179页;苏共中央马列主义研究院中央党务档案馆,第2号全宗,第1号目录,第1803号保管单位。

列宁拟定《五一节》传单的提纲,并写传单的正文。传单由多数派委员会常务局和《前进报》编辑部印行。

《列宁全集》中文第2版增订版第10卷第63—66、353—354页;弗·伊·列宁:《五一节》,传单,未注明出版地,1905年,1

页,(俄国社会民主工党),未注明作者;苏共中央马列主义研究院中央党务档案馆,第2号全宗,第5号目录,第143号保管单位,第1张。

列宁收到亚·亚·波格丹诺夫的来信,信中建议改写列宁起草的《五一节》传单。波格丹诺夫在信中讲述了自己对前来参加俄国社会民主工党第三次代表大会的代表们的初步印象。

苏共中央马列主义研究院中央党务档案馆,第2号全宗,第5号目录,第143号保管单位,第1张。

列宁收到亚·西·沙波瓦洛夫自敖德萨寄来的信,信中谈工作情况并请求中央机构给予支持。

《弗·伊·列宁及其领导的党的国外机关同乌克兰社会民主党组织通信集》,基辅,1964年,第621—627页。

列宁收到库尔斯克委员会和敖德萨委员会寄来的出席俄国社会民主工党第三次代表大会的代表委托书。列宁作为敖德萨委员会的代表出席代表大会。

《列宁文集》俄文版第5卷第217页;《1905年革命中的党》,1934年,第394页;《弗·伊·列宁及其领导的党的国外机关同乌克兰社会民主党组织通信集》,基辅,1964年,第587—589、609、627页;《俄国社会民主工党第三次代表大会》,1959年,第469页;《回忆弗·伊·列宁》,第2卷,1969年,第158页。

列宁出席阿·瓦·卢那察尔斯基关于起义问题的报告会。

《革命年鉴》杂志,1923年,第5期,第47—49页;《回忆弗·伊·列宁》,第II册,1925年,第76—77页;苏共中央马列主义研究院中央党务档案馆,第4号全宗,第2号目录,第1586号保管单位。

列宁同前来参加俄国社会民主工党第三次代表大会的代表交谈代表大会的工作;向他们了解俄国国内党的工作情况;同他们商谈代表大会议程中的主要问题。这些谈话是在日内瓦、尔后又在伦敦进行的。

《回忆弗·伊·列宁》,第1册,1956年,第346—347页;《红色史料》杂志,1927年,第3期,第151—152页;《永生的列宁》,1965年,第30—33页。

列宁同俄国社会民主工党下诺夫哥罗德委员会出席党的第三次代表大会的代表瓦·阿·杰斯尼茨基谈话,详细询问有关阿·马·高尔基的情况,要求对他加以保护;关心地方上的党内关系、革命情绪、地下工作条件、革命运动的发展等问题;听说索尔莫沃的同志们在农村进行宣传鼓动工作取得成效,非常高兴。

《永生的列宁》,1965年,第30—34页。

列宁在一次有从俄国来的大会代表和党的工作者参加的会议上,尖锐地批判了此前不久印成单页的《给第三次代表大会代表的公开信》。

《列宁全集》中文第2版增订版第45卷第68—69页;《红色史料》杂志,1927年,第3期,第151—152页;《给第三次代表大会代表的公开信》,单页,未注明地点,[1905年4月],2页。

列宁离开日内瓦前往伦敦,出席俄国社会民主工党第三次代表大会。

《回忆弗·伊·列宁》,第1卷,1968年,第298页;第2卷,1969年,第158页;《回忆弗·伊·列宁》,第1册,1956年,第346页。

列宁拟订党的第三次代表大会议事日程,同多数派委员会常务局委员以及《前进报》编辑部成员开会协商。

马·利亚多夫:《1903—1907年党的生活》,1956年,第81页;格·克拉莫尔尼科夫:《俄国社会民主工党第三次代表大会》,第2版,1931年,第11页。

列宁会见米·格·茨哈卡雅,同他谈高加索的情况,谈工作的前景。

《回忆弗·伊·列宁》,第2卷,1969年,第206页。

根据列宁的提议,组织委员会请年纪最大的代表米·格·茨哈卡雅宣布代表大会开幕。

《俄国社会民主工党第三次代表大会》,1959年,第8—9页;《回忆弗·伊·列宁》,第2卷,1969年,第206页;《回忆列宁文集》,1925年,第55—56页。

列宁为米·格·茨哈卡雅起草代表大会开幕词(开幕词的文稿没有找到)。

《回忆列宁文集》,1925年,第55—56页;苏共中央马列主义研究院中央党务档案馆,第157号全宗,第1号目录,第50号保管单位,第21—22张。

列宁关心前来参加代表大会的代表们的安置情况。

苏共中央马列主义研究院中央党务档案馆,第4号全宗,第2号目录,第1586号保管单位。

列宁为俄国社会民主工党第三次代表大会的代表用英文抄写地址,在纸的背面注明这些字的俄文拼音。

《回忆弗·伊·列宁》,1963年,第38页。

列宁同马·尼·利亚多夫谈话,在谈到俄国社会民主工党中央委员列·波·克拉辛和阿·伊·柳比莫夫所持的立场时,认为在讨论俄国社会民主工党中央委员会的报告时必须彻底批判他们的活动。

马·利亚多夫:《1903—1907年党的生活》,1956年,第81页。

4月,不晚于12日(25日)

列宁阅读斯摩棱斯克委员会的代表于4月9日(22日)提出的关于请求撤销其俄国社会民主工党第三次代表大会代表称号的声明,在声明上注明:“交代表资格审查委员会”,并在个别字句上划了着重线。

苏共中央马列主义研究院中央党务档案馆,第 2 号全宗,第 1 号目录,第 1658 号保管单位,第 12—14 张。

列宁撰写《关于第三次代表大会问题》一文。

《列宁全集》中文第 2 版增订版第 10 卷第 81—82 页。

4 月 12 日—27 日(4 月 25 日—5 月 10 日)

列宁领导俄国社会民主工党第三次代表大会的工作,主持代表大会的会议,作为主席发言达百次以上,写代表大会主席日志,参加决议起草委员会,起草几个基本问题的决议,作报告,并就代表大会议程的一系列问题发言。

列宁在党的第三次代表大会休会期间同代表们一起参观伦敦的名胜古迹。

《列宁全集》中文第 2 版增订版第 10 卷第 83—188、355—371 页;《俄国社会民主工党第三次代表大会》,1959 年,第 782 页;马·利亚多夫:《1903—1907 年党的生活》,1956 年,第 81 页;《回忆弗·伊·列宁》,1963 年,第 39—40 页;《回忆弗·伊·列宁》,第 1 册,1956 年,第 347—348 页;苏共中央马列主义研究院中央党务档案馆,第 142 号全宗,第 1 号目录,第 21 号保管单位,第 40 张。

4 月 12 日(25 日)

代表大会开幕,列宁当选为代表大会主席。

在代表大会第 1 次会议上,列宁作为主席,提议在讨论党的第三次代表大会的议程时以俄国社会民主工党第二次代表大会的议程为基础(提议获得通过)。列宁对瓦·瓦·沃罗夫斯基针对俄国社会民主工党第三次代表大会的议程第 7 条关于有发言权的代表的票数的统计办法提出的补充案作修正(经列宁修正的补充案获得通过)。有人建议,凡未经报告人写成书面稿的发言和报告,均责成秘书负责记录。列宁将这一提案付诸表决。列宁建议就首先讨论大会议程还是首先听取组织委员会的报告进行表决(表决结果是首先听取组织委员会的报告)。

列宁宣读关于组织委员会报告的讨论办法的决议,并在决议上作批注。

列宁在记录草稿的背面注明:“第1次会议记录”,并在信封上写明:“第1次和第2次会议记录”。

在这次会议上代表们领到列宁早在二月份起草的问题调查表。

列宁和代表大会其他代表一起签署给代表资格审查委员会的声明,建议邀请布尔(亚·马·埃森)作为有发言权的代表参加代表大会。

列宁宣读《叶卡捷琳诺斯拉夫布尔什维克委员会委员就叶卡捷琳诺斯拉夫党组织问题致党的第三次代表大会的信》,并注明:“交代表资格审查委员会。叶卡捷琳诺斯拉夫委员会委员叶夫根尼同志的报告”。

《列宁全集》中文第2版增订版第9卷第272—273页;苏共中央马列主义研究院中央党务档案馆,第2号全宗,第1号目录,第1652、1653、1654、1655号保管单位;《俄国社会民主工党第三次代表大会》,1959年,第9—11、15、30—31、519、690—694页;《回忆弗·伊·列宁》,1963年,第39—40页;《回忆弗·伊·列宁》,第1册,1956年,第348页。

4月,13日(26日)以前

叶卡捷琳诺斯拉夫市布良斯克工厂工人核心小组成员在致俄国社会民主工党第三次代表大会的贺信中写道,只有代表大会才能结束党内的混乱。他们请求代表大会通过列宁提出的党章第1条条文,并“把马尔托夫的提法装进棺材里去”。贺信说:“我们认为,仅仅为了使全党团结一致,代表大会也不应向机会主义让步。”

《俄国社会民主工党第三次代表大会》，1959 年，第 37—38 页；《弗·伊·列宁及其领导的党的国外机关同乌克兰社会民主党组织通信集》，基辅，1964 年，第 636—637 页。

4 月 13 日（26 日）

在代表大会第 2 次会议上，列宁作为主席提议由代表资格审查委员会报告工作。列宁宣读叶卡捷琳诺斯拉夫布良斯克工厂工人致俄国社会民主工党第三次代表大会的贺信；将俄国社会民主工党中央委员会关于邀请达·波·梁赞诺夫出席代表大会的建议提付表决（建议被多数票否决）；在别利斯基（彼·阿·克拉西科夫）就组织委员会的报告进行发言时，列宁两次打断发言人发言，要求发言人措辞要审慎些；列宁记录代表大会第 2 次会议和第 3 次会议所有发言人的姓名，严格掌握使同志们不超过限定的时间；在发言人名单上的每一姓名旁边标明发言时间；建议选出一个委员会研究提交代表大会的各项文件。

列宁起草《致代表大会代表资格审查委员会的声明》，建议邀请俄国社会民主工党喀山委员会委员弗·维·阿多拉茨基出席代表大会，因为在代表大会上没有他们的正式代表；列宁就代表资格审查委员会关于喀山委员会出席代表大会代表资格的报告发言，对代表资格审查委员会关于这一问题的提案提出修改意见。

《列宁全集》中文第 2 版增订版第 10 卷第 89、90、100 页；《俄国社会民主工党第三次代表大会》，1959 年，第 33、35、37—38、40—41、510—511 页。

在代表大会第 3 次会议上，列宁作为主席建议只从形式方面讨论组织委员会的报告，即从代表大会的合法性方面讨论报告，而不涉及党内危机的原因；草拟关于组织委员会报告的决议的初稿和草案（决议获得一致通过），以及草拟关于代表大会组成问题的决议提纲;将奥·倍倍尔关于组织以他为首的仲裁法庭以结束俄国社会民主工党党内斗争的建议付诸表决(在讨论中,代表们发言拒绝奥·倍倍尔的建议,代表大会就此问题未作任何决定,以此表示同意多数派委员会常务局所作的否定的回答);马·尼·利亚多夫提出关于代表大会同意多数派委员会常务局给奥·倍倍尔的回信的建议草案,列宁在建议草案上注明:“利亚多夫”。

列宁就代表大会合法性问题发言,并写关于这一问题的发言提要,宣读彼·阿·克拉西科夫、扎尔科夫(M.C.列辛斯基)和库兹涅佐夫(马·马·李维诺夫)在列宁写的提纲和草案的基础上拟定的关于代表大会组成问题的决议,并批注:“关于代表大会组成问题的决议”,修正菲力波夫(彼·彼·鲁勉采夫)对这一决议的补充案,记录季明(列·波·克拉辛)在讨论决议时发言的部分论述。

巴尔索夫(米·格·茨哈卡雅)提出必须翻印列宁代表俄国社会民主工党中央委员会写给俄国社会民主工党总委员会主席格·瓦·普列汉诺夫的公开信,列宁在这一提案上注明:“收回”;在关于列·波·克拉辛解释孟什维克对待召开党的第三次代表大会的态度的论述的一项声明上,列宁批注:“实质性的意见”。

代表大会转入讨论列宁拟定的大会议程草案。这一草案曾发给代表征求意见,略加文字修改后,作为由列宁、李维诺夫和马克西莫夫(亚·亚·波格丹诺夫)署名的草案,在代表大会上宣读。(除这一草案外,列宁还起草了几个大会议程方案。)在讨论大会议程草案时,列宁发言 7 次。他所拟定的草案,略加修改后被代表大会通过。

列宁在讨论代表大会工作程序时发言,反对建立多个委员会,并提出只选举两个委员会的决议草案,以便:(1)审阅代表的报告;

(2)起草各项决议。(这一决议以多数票获得通过)

列宁被选入决议起草委员会。

《列宁全集》中文第 2 版增订版第 10 卷第 87—88、91、92、93—94、95—96、97、98、99、355—359 页,第 45 卷第 57—58 页;《俄国社会民主工党第三次代表大会》,1959 年,第 42—43、46—47、48、50、52、60—61、63—66、68、69、70、501、709 页;《列宁文集》俄文版第 16 卷第 99、100 页,第 26 卷第 213—214 页;苏共中央马列主义研究院中央党务档案馆,第 2 号全宗,第 1 号目录,第 1664、1666、1669 号保管单位。

4 月,14 日(27 日)以前

列宁把关于武装起义问题以及俄国社会民主工党对武装起义的态度问题的报告的要点交给阿·瓦·卢那察尔斯基,并修改他关于这个问题的报告。

《无产阶级革命》杂志,1925 年,第 11 期,第 54—55 页;《俄国社会民主工党第三次代表大会》,1959 年,第 98—106 页。

4 月 14 日(27 日)

在代表大会第 4 次会议上,在代表资格审查委员会报告了俄国社会民主工党高加索联合会问题之后,米·格·茨哈卡雅提请代表大会将委员会报告中有关高加索联合会已经形成一种“办事‘杂乱无章’”的作风的话删掉。列宁作为主席解释说,由代表大会讨论决定的是代表资格审查委员会的提案,而不是这些提案的依据,并补充说,报告不能改动。之后,列宁通知说,巴统委员会决定将根据中央委员会的立场指派出席代表大会的代表。列宁就此提出关于巴统委员会代表资格的决议草案(决议获得一致通过)。列宁对马·马·李维诺夫的关于明斯克小组代表资格的决议草案提出修改意见。

列宁参加记名投票,表决邀请波·尼·克里切夫斯基和涅夫佐罗夫(尤·米·斯切克洛夫)作为有发言权的代表出席代表大会的问题。

列宁转告代表大会,弗·弗·菲拉托夫请求准许他以武装起义技术问题专家的身份,作为有发言权的代表出席代表大会,列宁并就此问题起草申请书,提交代表资格审查委员会(代表大会认为不能邀请菲拉托夫)。

列宁在讨论代表资格审查委员会一系列提案时作批注:在关于承认列·波·克拉辛和列特尼奥夫(阿·伊·柳比莫夫)代表俄国社会民主党中央委员会出席代表大会的决议上注明“一致通过”;在关于不邀请弗·弗·菲拉托夫出席代表大会的决议原件上注明“通过”;在瓦·瓦·沃罗夫斯基提出的关于邀请弗·弗·菲拉托夫出席代表大会的决议草案上注明“被否决”;在关于否决邀请波·尼·克里切夫斯基和尤·米·斯切克洛夫的提案的决议上注明“通过,即**邀请被否决**”。列宁宣读代表资格审查委员会关于瓦·瓦·沃罗夫斯基代表资格的提案,并在原始记录材料中注明:“代表大会批准尼古拉耶夫委员会发给该同志的代表委托书。6票弃权,**其余人同意**”。

列宁在讨论代表资格审查委员会的报告时发言,并表示自己不同意卡姆斯基(弗·米·奥布霍夫)的意见。卡姆斯基声称,赋予国外组织委员会以及同孟什维克委员会平行开展工作的各布尔什维克小组以表决权“在实质上和在形式上就是政变”。

《列宁全集》中文第2版增订版第10卷第100—101、102—103页;《俄国社会民主工党第三次代表大会》,1959年,第71、73、74、75、77、78、79、80—81、85、87、88、89、496、710页;苏共中央马列主义研究院中央党务档案馆,第2号全宗,第1号目录,第1680号保管单位。

代表大会第 5 次会议继续讨论代表资格审查委员会的报告。在讨论过程中，列宁就喀山委员会和库班委员会是否享有全权的问题发言，并向会议提出决议草案，提议在确定代表大会的组成时不算这两个委员会，但批准它们为将来的享有全权的委员会（决议获得通过）。列宁参加记名投票，表决在确定代表大会的组成是否算库班委员会和喀山委员会的问题时，列宁投票"不算"；并在某人交到代表资格审查委员会谈库班委员会和喀山委员会的代表参加第三次代表大会是否有表决权问题的条子上批注："注意。克列缅丘格、喀山、库班"。

列宁提出关于在代表大会上表决问题的程序的决议草案，决议以绝大多数票对两票获得通过。

提格罗夫（波・瓦・阿维洛夫）提出的决议指责西伯利亚委员会和斯摩棱斯克委员会的代表没有出席代表大会。列宁就此指出，党总委员会和中央机关报比这些委员会更应承担责任。

列宁发言反对彼得罗夫（O. A. 克维特金）提出的关于代表大会组成问题的决议案的修正案。

列宁作为大会主席解释彼・彼・鲁勉采夫关于代表大会组成问题的决议案的修正案，并宣读阿・伊・柳比莫夫对这一修正案的保留意见。

代表大会前几次会议审议代表大会的组成问题和召开代表大会的合法性问题。在第 5 次会议上，列宁作为主席庄严宣告俄国社会民主工党第三次代表大会最后组成；代表们对这一宣告鼓掌欢迎。列宁在当天的大会主席日志上注明："最后组成"。

列宁作为主席请第一位报告人沃伊诺夫（阿・瓦・卢那察尔斯基）就武装起义和俄国社会民主工党对武装起义的态度问题

发言。

阿·瓦·卢那察尔斯基将列宁起草的关于俄国社会民主工党对武装起义的态度的决议草案提交大会讨论。

《列宁全集》中文第 2 版增订版第 10 卷第 102—104、105、106、107—108 页;《俄国社会民主工党第三次代表大会》,1959 年,第 51、91—93、94—95、96、97、98、104、504 页;《列宁文集》俄文版第 16 卷第 101 页。

4 月 15 日(28 日)

弗·德·邦契-布鲁耶维奇受列宁委托,同阿·马·高尔基会见,商谈组织国外出版社问题。

《新世界》杂志,1928 年,第 5 期,第 189 页。

在代表大会第 6 次会议上,列宁作为主席提议开始讨论武装起义问题。

列宁就武装起义问题发言。

列宁在莫萨利斯基(格·英·克拉莫尔尼科夫)关于武装起义问题发言记录的背面批注意见:“请记录委员会认真考虑克拉莫尔尼科夫本人记录的克拉莫尔尼科夫本人的发言”,下面署名的是:“列宁、文特尔、维尔涅尔”(文特尔——列·波·克拉辛,维尔涅尔——亚·亚·波格丹诺夫)。

《列宁全集》中文第 2 版增订版第 10 卷第 109 页;《列宁文集》俄文版第 26 卷第 216 页;《俄国社会民主工党第三次代表大会》,1959 年,第 115、118、124—125、713 页。

在代表大会第 7 次会议上,列宁作为主席提请参加讨论武装起义报告的发言者们严格掌握限定的时间,不要离开报告的中心议题。

《俄国社会民主工党第三次代表大会》,1959 年,第 132、133、135 页。

4月,不晚于16日(29日)

列宁起草关于武装起义的补充决议草案,这一决议草案并未宣读,在代表大会上没有进行讨论,但曾发给代表们,以便了解。

《列宁全集》中文第2版增订版第10卷第110页;《俄国社会民主工党第三次代表大会》,1959年,第163、499—500、665页。

4月16日(29日)

列宁在代表大会第8次会议上就武装起义问题发言;起草关于武装起义的决议的基本原则提纲,撰写决议中第2、3、4、5条条文,对某人起草的关于这个问题的决议草案提出批评意见。

《列宁全集》中文第2版增订版第10卷第111—112页;《列宁文集》俄文版第5卷第244—245页;《俄国社会民主工党第三次代表大会》,1959年,第158页。

代表大会第9次会议对列宁提出的关于武装起义的决议稍加修改,予以通过。

列宁作为主席宣布,代表大会转入讨论议程第一部分的第2项:在革命前夕和革命时期对待政府政策的问题;列宁通知说,决议审阅和起草委员会推荐了两位报告人(列宁和彼·彼·鲁勉采夫),因此提议把问题分作两部分:(1)在革命前夕对待政府的政策以及(2)在革命时期对待政府的政策(通过了这一提议)。鉴于米哈伊洛夫(德·西·波斯托洛夫斯基)的发言,列宁对彼·彼·鲁勉采夫起草的关于在革命前夕和革命时期对待政府的政策的决议案提出补充。

德·西·波斯托洛夫斯基在代表大会第9次会议上建议转入宣读第1次会议和第2次会议的记录,列宁在提出建议的条子上注明:“亚历山德罗夫”(德·西·波斯托洛夫斯基);萨布林娜

（娜·康·克鲁普斯卡娅）就工人对待武装起义的态度问题发言，列宁在索斯诺夫斯基（瓦·阿·杰斯尼茨基）对这一发言的修改意见上写道："实质性的意见"。

列宁在信封上注明："第9次会议。第9次会议记录"。

《列宁全集》中文第2版增订版第10卷第113—114、117页；苏共中央马列主义研究院中央党务档案馆，第2号全宗，第1号目录，第1694、1695、1697号保管单位；《俄国社会民主工党第三次代表大会》，1959年，第161—164、169、170页。

娜·康·克鲁普斯卡娅在给米·斯·奥里明斯基的信中述说自己关于代表大会的感想，说孟什维克给代表大会寄来一封"充满咒骂"的信，而代表大会的布尔什维克代表在"局部会议上"听到了这封信，并"想审慎地给予答复"。克鲁普斯卡娅请求赶快告知，《前进报》是否刊出了列宁的《给俄国社会民主工党总委员会主席普列汉诺夫同志的公开信》。

《1905年革命中的党》，1934年，第20—21页。

4月16日和19日（4月29日和5月2日）之间

列宁为决议起草委员会撰写对彼·彼·鲁勉采夫关于俄国社会民主工党的公开政治活动问题的决议草案的意见。

《列宁全集》中文第2版增订版第10卷第360—361页；《俄国社会民主工党第三次代表大会》，1959年，第168—169、214—215页。

4月，17日（30日）以前

列宁对阿·瓦·卢那察尔斯基的《正教会的复活》一文进行校订。这篇文章发表在1905年4月17日（30日）《前进报》第16号上。

《列宁文集》俄文版第26卷第341页；《前进报》，日内瓦，1905年4月30日（17日），第16号。

4 月 17 日(30 日)

列宁的《宪法交易》一文和《给俄国社会民主工党总委员会主席普列汉诺夫同志的公开信》发表在《前进报》第 16 号上。

《列宁全集》中文第 2 版增订版第 10 卷第 67—71、72—80 页；《前进报》，日内瓦，1905 年 4 月 30 日(17 日)，第 16 号。

4 月，18 日(5 月 1 日)以前

列宁起草关于社会民主党参加临时革命政府的决议草案。这一草案曾发给代表大会代表，以便了解。

《列宁全集》中文第 2 版增订版第 10 卷第 119—120 页；《俄国社会民主工党第三次代表大会》，1959 年，第 185、500—501 页。

列宁准备关于社会民主党参加临时革命政府问题的报告，摘录报告所要引用的卡·马克思和弗·恩格斯著作中的论述，写报告要点和决议提纲，写对格·瓦·普列汉诺夫的《论夺取政权问题》一文的意见以及报告的简要提纲。

《列宁全集》中文第 2 版增订版第 10 卷第 121—135、362—369 页；《列宁文集》俄文版第 5 卷第 254—257 页；《俄国社会民主工党第三次代表大会》，1959 年，第 185 页。

列宁给一位尚未查明的收信人写信，提出必须把弗·恩格斯的《德国维护帝国宪法的运动》一文翻译成俄文并出版单行本。列宁在自己关于社会民主党参加临时革命政府问题的报告中引用了这一著作。

《列宁全集》中文第 2 版增订版第 10 卷第 132—135、364—365 页，第 47 卷第 38 页；《俄国社会民主工党第三次代表大会》，1959 年，第 194—196 页。

4 月 18 日(5 月 1 日)

列宁在宣布第 10 次会议开始时说，继续讨论关于在革命前夕对待政府政策的报告，列举已经收到的对这一报告提出的决议案和修正案，就把决议案和修正案交给委员会的问题进行表决（这一提议获得一致通过），列宁建议彼·彼·鲁勉采夫不要作总结发言，因为这一问题已经转给委员会。

列宁就革命前夕对待政府的策略问题发言，提出将所有关于这一问题的决议草案都交给决议草案起草委员会，同时扩充这一委员会的班子。

雷布金在发言时说道，工人们要让“没有工人参加的国民代表会议见鬼去吧！”当时，列宁即席大声说：“好极了！”

《列宁全集》中文第2版增订版第10卷第118页；《俄国社会民主工党第三次代表大会》，1959年，第171、177、180、181—182、183—184页。

在代表大会第11次会议上，列宁作关于社会民主党参加临时革命政府问题的报告，并提出关于临时革命政府的决议草案。

《列宁全集》中文第2版增订版第10卷第121—135、136—137页；《俄国社会民主工党第三次代表大会》，1959年，第185—197页。

4月，不晚于19日（5月2日）

列宁对关于临时革命政府的决议案提出补充意见。

《列宁全集》中文第2版增订版第10卷第138页；《俄国社会民主工党第三次代表大会》，1959年，第212页。

4月19日（5月2日）

代表大会第12次会议听取了列宁提出并经列·波·克拉辛修改的关于参加临时革命政府的决议草案（决议经讨论后一致通过）。

列宁就修改关于临时革命政府的决议草案一事发言，提出对第2、3项和决定部分的第一、二、三项的修改意见，在决议原稿第

3页上批注“文特尔”(列·波·克拉辛)。

列宁作为主席提议讨论决议草案的标题,并且自己提出一个标题《关于临时革命政府的决议》(建议获得通过)。关于马·尼·利亚多夫针对决议草案第二项所提出的问题,列宁解释说,实际上这不是问题,而是修正案,并请求用书面形式提出来。

《列宁全集》中文第2版增订版第10卷第136—137、139—140页;《俄国社会民主工党第三次代表大会》,1959年,第201—202、208—209、211、719页。

在代表大会第13次会议上,列宁作为主席建议选出由马·马·李维诺夫、列·波·克拉辛和基塔耶夫(亚·马·埃森)等3人组成的秘密委员会,安排运送代表去俄国事宜;列宁批注“第13次会议。5月2日,星期二,午饭以后”;在17名代表向代表大会主席团提出的建议严格遵守代表大会规程的声明稿上,列宁注明签字人数。

列宁起草关于俄国社会民主工党的公开政治活动问题的决议。代表大会把彼·彼·鲁勉采夫起草、经列宁修改的决议草案作为列宁和鲁勉采夫的共同草案,加以讨论,稍加改动后由代表大会一致通过。列宁在讨论这一草案时发了言。

列宁审定关于革命前时期对待政府的策略的集体决议草案,在讨论这一集体决议草案时两次发言,在草案原文的末尾注明:“通过(第13次会议),5月2日”。

列宁记录发言人的发言,并标出每个人的发言时间。

列宁作为主席宣布,大会转入讨论第三项议程:对农民运动的态度。

列宁在封套上注明:“第13次会议记录”。

列宁作关于支持农民运动的决议案的报告。

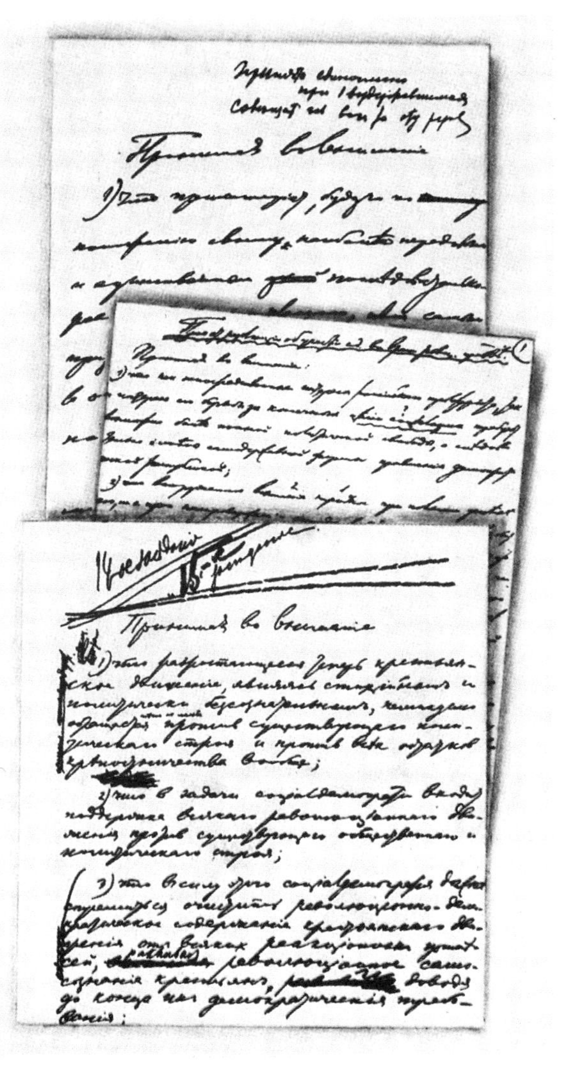

1905年4月列宁为俄国社会民主工党第三次代表大会拟的《关于武装起义的决议》、《关于临时革命政府的决议》和《关于支持农民运动的决议》的草案

《列宁全集》中文第 2 版增订版第 10 卷第 141—142、143、144、145—149 页；《俄国社会民主工党第三次代表大会》，1959 年，第 214—216、217、218、219、222、224—228、511—512、719 页；苏共中央马列主义研究院中央党务档案馆，第 2 号全宗，第 1 号目录，第 1713、1714、1716 号保管单位。

4 月，不晚于 20 日（5 月 3 日）

列宁写《关于各级党组织的两周报告制》一文。

《列宁全集》中文第 2 版增订版第 10 卷第 189—190 页；《俄国社会民主工党第三次代表大会》，1959 年，第 273 页。

4 月 20 日（5 月 3 日）

在代表大会第 14 次会议上，列宁作为主席请第二个报告人米·格·茨哈卡雅就农民问题发言；列宁说，已将关于支持农民运动的决议草案（这一草案是列宁起草的）分发给代表，以便了解，它可以使意见统一起来；列宁在草案抄件上两处作标注："第 14 次会议"，编排页码，并在单页纸上注明："关于第 14 次会议{旧文件}"；列宁宣布，有人提议把关于支持农民运动的决议草案的一切修正案交给调解委员会（建议获得通过）。

列宁阅读关于支持农民运动的决议草案的所有修正案和各项建议，并作各种不同的批注。

阿·瓦·卢那察尔斯基在讨论决议草案时发言，其间列宁插话。

康斯坦丁诺夫（米·康·弗拉基米罗夫）在讨论中说，应该在现正讨论的决议草案中去掉（在剥夺地主土地的问题上）"不停步"这几个字，并问道："什么时候停步呢？"列宁即席回答："什么时候也不停步！"弗拉基米罗夫又问道："也就是说，应该号召没收。"列宁回答："这也不坏。"

《列宁全集》中文第 2 版增订版第 10 卷第 150—151 页；《俄国

社会民主工党第三次代表大会》，1959 年，第 229、238—239、242—243、244、245、246、247、249、721 页；苏共中央马列主义研究院中央党务档案馆，第 2 号全宗，第 1 号目录，第 1727、1728、1729 号保管单位。

列宁审定奥尔洛夫斯基（瓦·瓦·沃罗夫斯基）关于俄国社会民主工党对农民运动态度的发言稿。

苏共中央马列主义研究院中央党务档案馆，第 2 号全宗，第 1 号目录，第 1981 号保管单位；《俄国社会民主工党第三次代表大会》，1959 年，第 241—242 页。

代表大会第 15 次会议继续讨论列宁起草的、并经他亲自审定的关于支持农民运动的决议草案（代表大会以《关于对农民运动的态度的决议》为题一致通过了这一决议）。列宁在决议上批注：**“第 14 次会议”**、**“第 15 次会议”**，**“第 15 次会议**一致通过”。

列宁审定《关于社会民主党组织中工人和知识分子的关系》的决议草案。

列宁作为大会主席宣布，代表大会转入讨论第四项议程：党组织中工人和知识分子的关系，列宁请马克西莫夫（亚·亚·波格丹诺夫）作报告。

列宁写条子给代表大会主席团，说他认为作出关于工人和知识分子的关系的决议是适时的；列宁写关于社会民主党组织中工人和知识分子的关系问题的发言提要，并就这一问题发言；列宁在自己的发言中说明：“吸收工人参加委员会不仅是一个教育任务，而且是一个政治任务。工人有阶级本能，工人只要有一点政治修养，就能相当快地成为坚定的社会民主党人。我很赞成在我们各委员会的构成中知识分子和工人的比例是二比八。”

在讨论这一问题的决议草案时，列宁数次即席插话。一位报告人发言反对通过决议，理由是党组织内不存在这一问题，列宁不同意他的看法,并说:“存在!”当弗·米·奥布霍夫说必须吸收工人参加委员会时,列宁回答说:“完全正确!”

列宁在奥谢特罗夫(A.A.阿里斯塔尔霍夫)讨论决议草案的发言稿上批注:“第15次会议”,在彼·阿·克拉西科夫建议停止发言人报名的字条上批注:“通过”,在瓦·阿·杰斯尼茨基等人关于恢复讨论的建议书上批注:“否决”;在米·康·弗拉基米罗夫拒绝所提出的修正案的声明上批注:“第15次会议”,并在封面上写上:“第15次会议记录”。

在第15次会议结束时,列宁参加记名投票,赞成通过关于社会民主党组织中工人和知识分子的关系问题的决议(多数票要求将问题推延到通过党章时解决)。

列宁作为主席宣布,代表大会转入讨论第五项议程:讨论党章草案;列宁请报告人发言,并在转述党章草案的《组织问题》一文上批注:“注意”。

《列宁全集》中文第2版增订版第10卷第152—155、156—157、158、370页;《列宁文集》俄文版第26卷第217—218、219页;苏共中央马列主义研究院中央党务档案馆,第2号全宗,第1号目录,第1731、1733、1734、1737、1739号保管单位;《俄国社会民主工党第三次代表大会》,1959年,第250—253、255、259、262—263、267、268、269、722—723页。

4月21日(5月4日)

第16次会议继续讨论党章草案。

代表大会一致通过列宁的党章第1条条文。

列宁在讨论党章草案时六次发言:总的发言,讨论第2条时的三次发言,对第4条进行文字修改的发言以及维护第6条初稿的发言。

列宁作为主席宣读彼·阿·克拉西科夫关于党的出版物的决议。

在讨论党章草案时，彼·阿·克拉西科夫在自己的发言中引用了法国社会党党章，引文是列宁给他译成俄文的。

列宁修改《关于中央委员会全体会议》的决议，并作批注："维尔涅尔。列入第16次会议。不得公布"。

列宁在彼·阿·克拉西科夫关于党的出版物的决议的背面作批注："第16次会议"，并在瓦·阿·杰斯尼茨基关于中央机关报迁至俄国出版的决议草案上写道："不得公布"。

《列宁全集》中文第2版增订版第10卷第159—162页；《列宁文集》俄文版第26卷第221页；《俄国社会民主工党第三次代表大会》，1959年，第276、277—278、279、284、286、287、288、289、723页。

第17次会议继续讨论党章草案。

列宁就这一问题七次发言：关于第9条条文的发言以及对这一条进行修改的发言，讨论第7条时的发言，反对马·马·李维诺夫对第10条的修改的发言，支持亚·马·埃森对第11条的修改的发言，关于中央委员会的补选问题（第12条）的发言，赞成删去党章草案第13条的发言。在代表大会第16、17次会议上讨论俄国社会民主工党党章草案关于外层组织对委员会的关系时作标记。

在讨论关于党章的补充决议时，列宁提议不要通过关于在物质上支援党的补充决议，并在这一决议上作批注："通过"，列宁主张通过关于中央委员会全体会议的决议（这一决议作为不得公布的决议通过）。

在讨论党章草案第7条时，彼·阿·克拉西科夫在自己的发言中再一次引用列宁为他翻译的法国社会党党章的内容。列宁写引文内容和标题《**别利斯基**关于党章的发言》。

列宁审定彼·阿·克拉西科夫关于俄国社会民主工党国外组织委员会的决议草案。

列宁参加记名投票,赞成在党章草案中保留第8条。

列宁审阅有关党章草案某些条的提案和修正案,并在列·波·克拉辛和亚·亚·波格丹诺夫关于第7条的提案上作批注:"第17次会议。文特尔和维尔涅尔";在彼·彼·鲁勉采夫关于第7条的修正案上作批注:"第17次会议";在代表大会第17次会议记录中关于亚·马·埃森对第11条提出修正案的记录稿上作批注:"在第17次会议文件中有";在关于第12条的修正案上批注:"第17次会议"和"通过";在第17次会议记录第6页背面和封面上写道:"第17次会议"。

《列宁全集》中文第2版增订版第10卷第163、164页;苏共中央马列主义研究院中央党务档案馆,第2号全宗,第1号目录,第1749、1751、1753、1755张;《俄国社会民主工党第三次代表大会》,1959年,第290—291、292、295、298—299、300、301、303、305、513—514、724页。

4月22日(5月5日)

在第18次会议上,列宁作为主席建议听取代表资格审查委员会关于新到代表的报告,听取代表大会收信和收文审阅委员会的报告,请求委员会报告人向代表大会介绍梯弗利斯委员会致代表大会主席的信、彼尔姆小组的抗议书;列宁向刚到会的俄国社会民主工党乌拉尔联合会代表弗·尤·弗里多林了解选举出席党的第三次代表大会代表的该联合会代表大会的组成情况,请他宣读该联合会关于党的第三次代表大会的决议;列宁将喀山委员会出席代表大会的代表资格问题的决议草案付诸表决,提议批准第8次和第9次会议记录。

因喀山委员会代表伊·阿·萨美尔的到来,代表资格审查委员会作关于喀山委员会出席代表大会的代表资格问题的报告,列宁就这一报告发言,并提议代表资格审查委员会邀请亚布洛奇金作为有发言权的代表出席代表大会。

列宁初次会见俄国社会民主工党高加索联合会出席第三次代表大会的代表哥卢宾(普·阿·贾帕里泽),他是在第18次会议期间来到的。

列宁翻阅会议材料,并在材料上作批注。在这次会议材料的文件袋上注明:“实际修正案”;在关于赋予明斯克小组代表发言权的决议背面注明:“代表资格审查委员会决议。第18次会议。经代表大会通过”;在波·瓦·阿维洛夫提出的关于赋予新到的喀山委员会代表表决权的建议上注明:“否决。第18次会议”;在格·李·什克洛夫斯基提出的关于博勃鲁伊斯克小组对党的第三次代表大会态度问题的实际修正案背面写:“实际修正案。第18次会议”;在瓦·阿·杰斯尼茨基对列·波·克拉辛关于多数派书刊运输问题的发言的实际修正案上注明:“第18次会议”;在文件袋上注明:“第18次会议记录”和“第18次会议”。

《列宁全集》中文第2版增订版第10卷第165页;苏共中央马列主义研究院中央党务档案馆,第2号全宗,第1号目录,第1757、1763号保管单位;《俄国社会民主工党第三次代表大会》,1959年,第307、314、315—316、317、318、725页;В.Г.艾萨伊阿什维利:《弗·伊·列宁和格鲁吉亚》,第比利斯,1970年,第213页。

在第19次会议上,列宁作为主席宣布:主席团收到11位代表的提案,他们提议修改代表大会所作的关于中央委员的补选和除名须经一致同意的决议,列宁作批注:在这项提案上注明“第19次会议。否决。$\begin{array}{r}10" \\ +\ 1 \\ \hline 11\end{array}$；在主席日志中注明“修改决议被否决”；在瓦·瓦·沃罗夫斯基提出的从代表大会记录中删去11名代表提案的建议背面注明“第19次会议。否决”；在瓦·瓦·沃罗夫斯基提出的关于中央必须将党内工作情况通知各地方组织并重视它们的呼声的决议背面注明“第19次会议。审议”和“**通过**”；在亚·马·埃森提出的关于各委员会对外层组织的关系的决议背面注明“第19次会议(审议)”。

列宁支持代表资格审查委员会关于允许亚布洛奇金作为有发言权的代表出席代表大会的提议(这一提议获得一致通过)。

在这次会议上代表大会重新讨论社会民主党组织中工人和知识分子的关系问题。列宁起草并由列宁和亚·亚·波格丹诺夫一起提出的草案成为讨论这一问题的基础。列宁就这一问题三次发言。他在一次发言中说:“有人说,能胜任委员会委员的工人是没有的,我听到这话感到很不安。问题挂起来了;显然党内出了毛病。委员会里应当吸收工人。”

列宁参加记名投票,赞成作出关于社会民主党组织中工人和知识分子的关系的决议,翻阅有关讨论这一决议草案的材料,并作各种批注:在关于作出这一决议是否适时问题的记名投票名单上注明“**第19次会议**”;在提议停止讨论这一问题的便条上注明“否决”;在M.C.列辛斯基提出的关于这一决议草案第二项的修正案原文上注明“第15次会议。第19次会议。审议”;在A.A.阿里斯塔尔霍夫、尼·瓦·罗曼诺夫和马·尼·利亚多夫的决议草案原文背面注明“第19次会议。{审核}”,并在他们的决议草案背面作批注“第19次会议。**通过**”。

德·西·波斯托洛夫斯基主张通过这一决议,指出:“决议的主要意义在于:号召各地方委员会扩大组织范围并由工人充实这些委员会……　代表大会不会发现美洲新大陆,它只是引出党的生活的结论”,并对改期讨论这一问题表示反对。列宁即席插话说:“完全正确!”

列宁关于社会民主党组织中工人和知识分子的关系问题的提议在关于宣传和鼓动的决议中得到体现。

在讨论6名代表就党章而提出的关于各种组织的定期代表会议的补充决议案时,列宁两次发言,提出修正案(修正案除一票弃权外一致通过),在这一决议案的原文上作批注:“忘记了!! 以后提出。第19次会议,7时15分提出”;在尼·瓦·罗曼诺夫讨论6名代表补充决议案的发言稿上作批注:“并且中央委员会同党隔绝”;在有关这一决议的提案原文上作批注:“第19次会议。否决”,并在记录封面上写明:“实际修正案。第19次会议”。

列宁对关于党内分裂出去的部分的决议草案提出修正案。经列宁修改后的草案,在第19次会议上进行了讨论,并在第20次会议上以多数票通过。

列宁在格·英·克拉莫尔尼科夫讨论这一决议草案的发言原文上作批注:“第19次会议。克拉莫尔尼科夫本人记录,经秘书瓦连卡(弗·尤·弗里多林)核准”,并在米·格·茨哈卡雅讨论草案的发言原文上注明:“共9页”。

《列宁全集》中文第2版增订版第10卷第166—167、168—169、170页;苏共中央马列主义研究院中央党务档案馆,第2号全宗,第1号目录,第1777、1780、1783、1785、1787号保管单位;《列宁文集》俄文版第26卷第222—223、224页;《俄国社会民主工党第三次代表大会》，1959 年，第 323、325、326—327、328—329、332、333、334、336、337、341—342、362、457、507、725—726 页。

4 月 22 日(5 月 5 日)

列宁收到斯·格·邵武勉的来信，信中说孟什维克在格鲁吉亚用格鲁吉亚文出版了《社会民主党人报》，请求在下一号《前进报》上刊登简讯，对该报第 16 号上刊载的脱离大学生联合会的亚美尼亚大学生的宣言进行更正。信中说波·米·克努尼扬茨越狱。

《斯·格·邵武勉选集》，第 1 卷，1957 年，第 28—29 页。

4 月 22 日(5 月 5 日)夜至 23 日(5 月 6 日)凌晨

列宁的书信单行本《就我们的组织任务给一位同志的信》和《致〈火星报〉编辑部》，以及他的《第一步》一文，同社会民主党的秘密书刊一起在尤佐夫卡被没收。

《红色文献》杂志，1941 年，第 1 期，第 43 页。

4 月 22 日和 27 日(5 月 5 日和 10 日)之间

在俄国社会民主工党第三次代表大会休会期间，列宁同明斯克小组代表格·李·什克洛夫斯基谈在党的第二次代表大会上分裂的原因。

《无产阶级革命》杂志，1927 年，第 1 期，第 11 页；《俄国社会民主工党第三次代表大会》，1959 年，第 307、446 页。

4 月 23 日(5 月 6 日)夜至 24 日(5 月 7 日)凌晨

列宁的小册子《俄国社会民主党人的任务》同一批秘密书刊一起在沃尔科维什基市(苏瓦乌基省)被边防警卫队没收。

《红色文献》杂志，1941 年，第 1 期，第 43 页。

4月23日(5月6日)

在第20次会议上继续讨论关于党内分裂出去的部分的决议草案。列宁作为主席,请秘书在记录中写明党的敖德萨委员会有发言权的代表尼·阿·斯克雷普尼克出席了这次会议。德·西·波斯托洛夫斯基在维护讨论中的草案时发言说:“起草决议的人注意到了党内的知识分子部分,而没有注意到工人也分成了‘多数派’和‘少数派’”,这时,列宁即席插了一句话:“听着,听着”,而当A.A.阿里斯塔尔霍夫补充说:“有不少工人站在‘少数派’一边,而我们应当把他们引导到党内来”,列宁即席肯定说:“完全正确”。

列宁翻阅有关这一草案的修正案和其他材料,并作批注:在彼·阿·克拉西科夫对草案提出修正案的纸条原文上注明“**第20次会议**。否决”,在波·瓦·阿维洛夫的决议草案上注明“沃尔柯夫”、“第20次会议。否决”,在尼·阿·斯克雷普尼克的修正案原文上注明“否决”,在以列宁和亚·亚·波格丹诺夫的名义于第19次会议上提出的关于党内分裂出去的部分的决议原文背面注明“第19次**会议**提出。第20次会议**表决**”,并注明表决结果。

列宁作为主席宣布,主席团收到了由亚·马·埃森和罗·萨·捷姆利亚奇卡签署的关于党内分裂出去的部分的决议草案(这一草案是列宁亲手写的)。(代表大会通过了这一决议)在讨论这一草案时,列宁作了说明:这一决议不会让孟什维克知道,因为它将不予公布。

列宁就彼·彼·鲁勉采夫提出的关于党内分裂出去的部分的决议作了发言,并在鲁勉采夫决议的第一部分原文上注明:“第一部分被否决”。决议的第二部分通过的是列宁和亚·亚·波格丹诺夫的方案，将不予公布。

《列宁全集》中文第2版增订版第10卷第171、172页；《列宁文集》俄文版第26卷第228页；《俄国社会民主工党第三次代表大会》，1959年，第337、345、347、348、349、351、359、362、363、726页；苏共中央马列主义研究院中央党务档案馆，第2号全宗，第1号目录，第1793号保管单位。

列宁作为主席宣布第21次会议开始，说明会议日程是讨论对各民族社会民主党组织的态度问题。

列宁翻阅讨论过程中提交的材料，并在瓦·瓦·沃罗夫斯基的决议草案的背面和封面上注明："第21次会议。见第Ⅱ页"，在米·康·弗拉基米罗夫的发言稿上注明：**"第21次会议"**。

列宁发言反对德·西·波斯托洛夫斯基对瓦·瓦·沃罗夫斯基的决议草案提出的修正案。

代表大会转到审议议事日程的下一问题：对自由派的态度。

列宁就对自由派的态度问题发言，针对阿·瓦·卢那察尔斯基所提供的关于莫斯科地方自治机关代表大会的情况，列宁引用1905年5月6日（公历）的英国《泰晤士报》刊登的题为《莫斯科地方自治机关代表大会。目标和前景》这篇莫斯科通讯稿中的材料。列宁并就自己的发言注明："见第14页：（列宁发言中的）《泰晤士报》的具体引文将另行补记"，翻阅与这一问题有关的材料，并在瓦·瓦·沃罗夫斯基的报告和决议案中、在格·英·克拉莫尔尼科夫和弗·尤·弗里多林的发言稿中作批注，划重点；在彼·彼·鲁勉采夫关于红十字会的活动的发言稿中加写最后一句话："自由派利用这笔经费同工人建立单独的联系"，并在下面注明："见第**15页**。第21次会议"。

列宁就同社会革命党人达成实际协议问题发言，校订自己发言的记录稿，编排页码，标出发言中需要加写引证资料的地方；在参加俄国社会主义组织代表会议的 18 个组织的名单上批注："第 21 次会议"、"注意"；在格·阿·加邦发来的邀请参加这次代表会议的请柬上批注："见关于社会革命党人的报告。见第 18 页"，在加邦要求在代表大会上宣读代表会议的两项宣言的来信上作批注；宣读阿·瓦·卢那察尔斯基拟定的决议草案，并对该草案提出修正案，在阿·瓦·卢那察尔斯基的决议草案上批注："沃伊诺夫"、"第 21 次会议"、"见第 23 页"。

列宁翻阅第 21 次会议记录，注明："第 21 次会议"，编排页码，并作了一些增补。

《列宁全集》中文第 2 版增订版第 10 卷第 173、174、175—180 页；苏共中央马列主义研究院中央党务档案馆，第 2 号全宗，第 1 号目录，第 1796、1798、1800、1801、1802、1803、1804 号保管单位；《列宁文集》俄文版第 26 卷第 229—231 页；《俄国社会民主工党第三次代表大会》，1959 年，第 365、371—372、376、378—382、389、726、727 页。

列宁同出席代表大会第 21 次会议的俄国社会民主工党乌拉尔联合会的代表弗·尤·弗里多林进行长时间的谈话，弗里多林在会上说："已经到了不要再把乌拉尔看做落后、沉睡地区的时候了，……乌拉尔正处在大规模革命运动的前夕。"

《回忆弗·伊·列宁》，第 1 卷，1968 年，第 302—303 页；《俄国社会民主工党第三次代表大会》，1959 年，第 376—377 页。

4 月 25 日（5 月 8 日）

在代表大会第 22 次会议上，列宁作为主席宣布，将讨论宣传和鼓动问题，但在讨论这个问题之前，由于党的特维尔委员会的新到代表出席大会，所以请代表资格审查委员会主席发言。

在讨论关于宣传和鼓动的决议草案时，列宁发言主张各个党组织每两周应向俄国社会民主工党中央委员会报告一次工作，并对1、3、4项进行修改和补充（修正案获得通过）。

列宁参加记名投票，赞成在决议草案中增加德·西·波斯托洛夫斯基拟定的新的第4项，并在原文上注明："记名投票，以13票对10票通过"。

列宁读尼·阿·斯克雷普尼克等人的修正案，并在修正案原文背面作批注："否决"。

代表大会开始讨论中央机关报问题。

列宁在5名代表关于中央机关报《无产者报》的决议草案上注明："第十项议事日程以后。以一票弃权的多数**通过**"，在彼·阿·克拉西科夫提出的不称中央机关报为《无产者报》而称《前进报》的提案原文背面注明："否决。3票赞成，8票弃权，其余反对（11/13）"，并在马·马·李维诺夫提出的关于授权中央委员会选定中央机关报名称的提案原文背面注明："否决"。

列宁在**A.A.**阿里斯塔尔霍夫提出的关于变更议事日程、在报告之前就选举中央委员会的提案原文背面计算票数，并注明："否决"。

《列宁全集》中文第2版增订版第10卷第371页；《俄国社会民主工党第三次代表大会》，1959年，第391、401、403、404、405、406、728页；苏共中央马列主义研究院中央党务档案馆，第2号全宗，第1号目录，第1807、1810、1811号保管单位。

列宁拟定在代表大会第22次和第23次会议上的发言人名单。

《列宁文集》俄文版第26卷第236页；《俄国社会民主工党第三次代表大会》，1959年，第512—513页。

在第23次会议上代表资格审查委员会报告人宣读了关于尼

古拉耶夫委员会的代表资格的信件，列宁作为主席向报告人了解：彼得罗夫代表认为自己是该委员会哪一部分的代表（是布尔什维克的，还是孟什维克的），并建议把尼古拉耶夫委员会致党的第三次代表大会的信件和尼古拉耶夫市码头工人及修船厂工人关于召开第三次代表大会的决议附在关于该委员会代表资格的决议上。

当列·波·克拉辛作关于俄国社会民主工党中央委员会工作报告时，列宁对马·尼·利亚多夫说，列·波·克拉辛如此有分寸地避开了自己的调和主义并如此坚决地抨击孟什维克，应该把他选入中央委员会。

列宁宣读关于中央委员会报告的决议草案，并在波·瓦·阿维洛夫的决议草案原文上注明："否决，第23次会议"，在瓦·阿·杰斯尼茨基的决议草案原文上注明："通过，11票弃权。第23次会议"。

列宁草拟自己关于中央委员会工作报告的发言提纲，并就这一问题两次发言。

列宁作为主席宣布议事日程第十一项结束，下面将由代表们作报告，列宁在A.A.阿里斯塔霍夫关于更改代表大会议事日程的提案原文上记录表决结果。

列宁就选举中央委员会的程序问题六次发言，并对列·波·克拉辛起草的选举程序草案第4、6、7项进行补充（代表大会通过了经列宁修改的草案），在O.A.克维特金的提案原文上注明："否决。第23次会议"，在米·格·茨哈卡雅提案原文上注明："第23次会议"。

列宁拟定选举中央委员会的计票委员会名单，并在名单上注明："通过，1票反对"。

列宁参加选举中央委员会成员的不记名投票，并交了记有中央委员候选人的选票。

列宁被选为党中央委员会委员。

代表大会一致通过了列宁起草的关于中央委员会行使职权时间的决议草案。

列宁作为主席提议选举代表大会记录校订委员会，并就出版会议记录的程序问题发言，登记党的第三次代表大会选出的记录委员会成员名单。代表大会通过了列宁提出的关于记录出版程序和关于出版第三次代表大会简要通知并附党纲、党章和各项决议全文的决议草案。

《列宁全集》中文第2版增订版第10卷第181—182、183、184、185、186页；《列宁文集》俄文版第26卷第233、234、235页；苏共中央马列主义研究院中央党务档案馆，第2号全宗，第1号目录，第1817号保管单位；《俄国社会民主工党第三次代表大会》，1959年，第408、428、429、433—435、436、437—438、466、503、694—697、698—699、729页；马·尼·利亚多夫：《党的生活（第一次革命前夜和第一次革命时期）》，1926年，第77页；苏共中央马列主义研究院中央党务档案馆，第4号全宗，第2号目录，第1586号保管单位。

4月，26日（5月9日）以前

列宁尽管肩负着代表大会的大量领导工作，但仍然履行着《前进报》的编辑职责，列宁在会议休会期间审阅该报第17号的稿件，并在致米·斯·奥里明斯基的信中说明自己的意见。

《无产阶级革命》杂志，1923年，第11期，第99页；《前进报》，日内瓦，1905年5月9日（4月26日），第17号；《回忆弗·伊·列宁》，1963年，第44页；苏共中央马列主义研究院中央党务档案馆，第12号全宗，第2号目录，第43号保管单位，第3张。

列宁审阅阿·瓦·卢那察尔斯基的文章《欧洲无产阶级革命

斗争的历史纲要。四、饥饿妇女向凡尔赛进军》。这篇文章发表在1905年4月26日(5月9日)《前进报》第17号上。

苏共中央马列主义研究院中央党务档案馆,第2号全宗,第1号目录,第1826号保管单位,第34—42张;《前进报》,日内瓦,1905年5月9日(4月26日),第17号。

4月26日(5月9日)

代表大会第24次会议批准第14次和第15次会议记录,列宁在代表大会主席日志上注明:“10时15分宣读并批准会议记录:第14次(批准),批准第15次”。

《俄国社会民主工党第三次代表大会》,1959年,第439、508页。

代表大会第25次会议批准第10—13、19、20次会议记录,列宁在代表大会主席日志中注明:“3时10分宣读会议记录:批准第19次,批准第13次,批准第10次”。

列宁作为主席通知代表:谁希望阅读党的地方委员会向俄国社会民主工党第三次代表大会提出的报告,可以与记录委员会接洽,列宁在列·波·克拉辛提出的关于全党均可阅读各地方委员会代表的书面报告的决议上注明:“通过”。

列宁对米·格·茨哈卡雅关于高加索事件的决议草案提出修正案;在讨论过程中,这一修正案作为列宁和米·格·茨哈卡雅的决议案被代表大会通过。在讨论这一草案时列宁两次发言,并在O.A.克维特金对这一决议草案提出的修正案原文上注明:“通过”。

《列宁全集》中文第2版增订版第10卷第187、188页;《俄国社会民主工党第三次代表大会》,1959年,第440、441—442、443、509、729页。

列宁写记事,说明第16—18、21—26次会议记录准备送审,并作批注:“星期二晚6时半。记录的情况”。

《列宁文集》俄文版第16卷第105页;《俄国社会民主工党第三次代表大会》,1959年,第445、446、514—515页。

4月,27日(5月10日)以前

列宁指示格·英·克拉莫尔尼科夫和普·阿·贾帕里泽,职业革命者在非法的环境中应该怎样行动,建议他们去参观巴黎卢森堡博物馆中奥·罗丹创作的雕像《思想者》。

《回忆弗·伊·列宁》,1963年,第45—46页;B.Г.艾萨伊阿什维利:《弗·伊·列宁和格鲁吉亚》,第比利斯,1970年,第213—214页。

列宁在党的第三次代表大会闭幕会议的记录上注明:“第26次会议记录”。

苏共中央马列主义研究院中央党务档案馆,第2号全宗,第1号目录,第1831号保管单位。

4月27日(5月10日)

下午1时,列宁宣布党的第三次代表大会闭幕。

《俄国社会民主工党第三次代表大会》,1959年,第446页。

列宁主持党的第三次代表大会选出的中央委员会的第1次会议。

《列宁文集》俄文版第5卷第277—282页。

中央委员会委任列宁为党中央机关报《无产者报》主编和中央委员会驻国外代表。

《列宁文集》俄文版第5卷第280、281页;《1905年革命中的党》,1934年,第133、303页。

列宁拟定中央委员会国外委员和国内委员职责分工计划,拟定各中央委员相互联系的暗号、密码和代号,制定党的组织工作细则和拨款办法。

《列宁文集》俄文版第5卷第277—282页。

列宁把俄国社会民主工党第三次代表大会的代表按“鼓动员、宣传员、组织员”分组，编写名单。

《俄国社会民主工党第三次代表大会》，1959年，第510页。

列宁列出中央委员会的开支并统计库存的现款和近期将有的进款，算出赤字；拟定经日内瓦回俄国的代表名单。

《俄国社会民主工党第三次代表大会》，1959年，第509—510页。

列宁在文件袋上注明：“代表大会的各种材料”。

苏共中央马列主义研究院中央党务档案馆，第2号全宗，第1号目录，第1833号保管单位，第1张。

4月，不早于27日(5月10日)

根据俄国社会民主工党中央委员会1905年4月27日(5月10日)的决定，列·波·克拉辛代表俄国社会民主工党中央委员会在委托书上签字，委任列宁为中央委员会驻国外代表，任期至下一次中央委员会全体会议为止。

《1905年革命中的党》，1934年，第133页；《列宁文集》俄文版第5卷第280页。

4月，27日(5月10日)以后

列宁同第三次代表大会代表一起到伦敦海格特公墓参谒马克思墓。

《回忆弗·伊·列宁》，第2卷，1969年，第206—207页。

离开伦敦之前，列宁同米·格·茨哈卡雅、娜·康·克鲁普斯卡娅和罗·萨·捷姆利亚奇卡一起去英国自然历史博物馆和动物园参观。

《回忆弗·伊·列宁》,第2卷,1969年,第206—207页;《回忆弗·伊·列宁》,1925年,第57页;В.Г.艾萨伊阿什维利:《弗·伊·列宁和格鲁吉亚》,第比利斯,1970年,第205页。

列宁自伦敦返回日内瓦途经巴黎时,同米·格·茨哈卡雅、娜·康·克鲁普斯卡娅和罗·萨·捷姆利亚奇卡一起参谒巴黎公社战士被枪杀的地方——贝尔-拉雪兹公墓"公社战士墙";参观埃菲尔铁塔和卢浮宫。

《回忆弗·伊·列宁》,第2卷,1969年,第207页;《回忆弗·伊·列宁》,1925年,第57页;В.Г.艾萨伊阿什维利:《弗·伊·列宁和格鲁吉亚》,第比利斯,1970年,第205页。

在法国边境布洛涅市,法国警察以查看是否私运烟草为借口决定检查列宁一行的箱子。列宁解释说,他们不是商人,因此取消了检查。

《回忆弗·伊·列宁》,第2卷,1969年,第207页。

4月27日(5月10日)以后—5月初

返抵日内瓦后,米·格·茨哈卡雅在该市停留数日。列宁照顾和关心他,让他阅读自己同俄国各地方党委员会的大量通信。

《回忆弗·伊·列宁》,1925年,第57—58页;苏共中央马列主义研究院中央党务档案馆,第157号全宗,第50号保管单位,第127张背面—第128张,第134张。

列宁委托米·格·茨哈卡雅去看望因病在柏林附近疗养院治疗的弗·菲·哥林。

苏共中央马列主义研究院中央党务档案馆,第157号全宗,第1号目录,第56号保管单位,第84—85、150—151张;第351号全宗,第1号目录,第20号保管单位,第1张。

列宁派米·格·茨哈卡雅去俄国社会民主工党彼得堡委员会完成党交给的任务。

《回忆弗·伊·列宁》,1925年,第58页;《1905年革命中的党》,1934年,第302页。

4月27日(5月10日)以后

俄国社会民主工党第三次代表大会以后,战斗技术组转归中央委员会领导。根据列宁的建议,决定由中央委员列·波·克拉辛担任该组领导职务。

《列宁文集》俄文版第5卷第279页;《彼得堡人回忆伊里奇》,1970年,第116—117页。

列宁同侨居意大利的阿·瓦·卢那察尔斯基通信,请他为《无产者报》写文章(大部分信件没有找到)。

《回忆弗·伊·列宁》,第2卷,1969年,第198页。

4月27日和5月14日(5月10日和27日)之间

列宁委托阿·瓦·卢那察尔斯基写一组关于群众性政治罢工的文章,并指明写稿所必需的资料。

苏共中央马列主义研究院中央党务档案馆,第142号全宗,第1号目录,第307号保管单位,第31—35张;《无产者报》,日内瓦,1905年5月27日(14日),第1号。

4月29日(5月12日)

列宁阅读意大利来信,信中说,寄出了俄国革命运动所需的经费,列宁在信上注明:“170法郎。已回复。5月12日”。根据来信人的请求,1905年4月26日(5月9日)《前进报》第17号刊登了关于意大利同志捐助钱款的报道。

《弗·伊·列宁收到的国外来信》,1969年,第33页;《前进报》,日内瓦,1905年5月9日(4月26日),第17号。

4月

列宁读《前进报》编辑部为奥·倍倍尔的小册子《基督教和社会主义》一书所写的序言,并在序言上加写:“1905年4月”。

苏共中央马列主义研究院中央党务档案馆,第2号全宗,第1号目录,第1837号保管单位,第1—2张。

列宁记下亚瑟·哈里斯的地址。

苏共中央马列主义研究院中央党务档案馆,第2号全宗,第1号目录,第1651号保管单位,第15张。

4月—5月

俄国社会民主工党巴库委员会、莫斯科委员会、里加委员会、捷列克-达吉斯坦委员会、叶卡捷琳诺斯拉夫委员会、波列斯克委员会、下诺夫哥罗德委员会和俄国社会民主工党雷宾斯克小组印行列宁的传单《五一节》。

《列宁全集》中文第2版增订版第10卷第63—66页;《弗·伊·列宁著作编年索引》,上册,1959年,第182页;《弗·伊·列宁著作的出版和传播》,1960年,第109页。

5月2日(15日)

娜·康·克鲁普斯卡娅受列宁委托写信给党的各地方委员会,通报召开了俄国社会民主工党第三次代表大会,简要介绍代表大会的情况,告知通过了列宁拟定的党章第1条,列举了派遣代表出席代表大会的享有全权的委员会的名单。信中说,最近即将发表列宁关于俄国社会民主工党第三次代表大会的通知、党章和代表大会通过的各项决议,这些决议大部分是列宁起草的,说所有代表已经顺利回到俄国,他们"怀着满意的心情和尽快投入工作的愿望"分赴各地。

《弗·伊·列宁及其领导的党的国外机关同乌克兰社会民主党组织通信集》,基辅,1964年,第638—640页;《1905年革命中的党》,1934年,第302—304页。

5月2日和10日(15日和23日)

警察在涅韦尔市(维捷布斯克省)和在赫拉尼策车站进行搜

查，截获一批秘密书刊，发现有列宁的小册子《俄国社会民主党人的任务》。

《红色文献》杂志，1941 年，第 1 期，第 43 页。

5 月,4 日(17 日)以后

列宁翻阅 1905 年 5 月 17 日(公历)《法兰克福报》第 136 号，并摘录这一号报纸发表的关于布兰克博士谈社会民主党人选民中工人数量一文的评论文章。

《列宁文集》俄文版第 26 卷第 282—283 页。

5 月 5 日(18 日)以前

弗・弗・菲拉托夫通知列宁寄出了自己为《前进报》所写的文章《各级组织在群众运动中的作用》。

苏共中央马列主义研究院中央党务档案馆，第 2 号全宗，第 5 号目录，第 150 号保管单位，第 1 张；《前进报》，日内瓦，1905 年 5 月 18 日(5 日)，第 18 号。

5 月 5 日(18 日)

列宁的文章《政治诡辩》和《俄国的旁观者》发表在《前进报》第 18 号上。

《列宁全集》中文第 2 版增订版第 10 卷第 191—199 页；《列宁文集》俄文版第 16 卷第 67—69 页；《前进报》，日内瓦，1905 年 5 月 18 日(5 日)，第 18 号。

列宁读 Ф.罗格涅尔的来信，信中请求寄去 30 法郎，列宁在信的背面给俄国社会民主工党中央委员会总务委员会写批条，指示尽快把钱如数寄给来信人。

苏共中央马列主义研究院中央党务档案馆，第 2 号全宗，第 1 号目录，第 1842 号保管单位，第 1 张—第 1 张背面。

5 月 7 日(20 日)

列宁出席党中央机关报——《无产者报》编辑部工作人员会

议,会上讨论了编辑部的工作计划;编委会成员和工作人员共12人出席会议。这次会议讨论了文章的选题,并把选题分给各个作者。列宁承担第14个选题《社会革命党人的土地纲领》。

《1905年革命中的党》,1934年,第351—352页;《苦役与流放》杂志,1928年,第12期,第19页。

列宁用英文写信给英国劳工代表委员会书记,感谢寄来捐款(25英镑),救济在争取自由的斗争中牺牲的工人的家属,告知已给委员会寄去公布捐款的那几份《前进报》。列宁告知委员会书记,已寄信给俄国社会民主工党彼得堡委员会,请他们把捐款的消息转告所有的工人组织,说还把这事委托给了从日内瓦前往彼得堡的同志。列宁说,劳工代表委员会1905年4月9日(22日)的来信也将寄给彼得堡委员会。

《列宁全集》中文第2版增订版第45卷第39—40页。

列宁主持俄国社会民主工党中央委员会会议,会议通过决议,任命格·瓦·普列汉诺夫为党的学术机关报主编和俄国社会民主工党驻社会党国际局代表。

《列宁文集》俄文版第5卷第292页。

列宁签署俄国社会民主工党中央委员会关于任命格·瓦·普列汉诺夫为党的学术机关报主编和俄国社会民主工党驻社会党国际局代表的决定。中央委员会委托列宁执行这两项决定,其条件是普列汉诺夫承认党的第三次代表大会及其各项决议的合法性。

《列宁全集》中文第2版增订版第11卷第310—312页;《列宁文集》俄文版第5卷第292页。

5月10日和14日(23日和27日)之间

列宁代表俄国社会民主工党中央委员会起草给俄国革命社会

民主党人国外同盟的信，信中说给同盟寄去了关于俄国社会民主工党第三次代表大会的通知；要求在两星期内告知他们对党的第三次代表大会决议及代表大会产生的党的中央机关的态度。

《列宁全集》中文第2版增订版第10卷第299页，第45卷第40页；苏共中央马列主义研究院中央党务档案馆，第17号全宗，第1号目录，第437号保管单位，第1—2张；《无产者报》，日内瓦，1905年5月27日(14日)，第1号。

5月，10日(23日)以后

列宁收到德·西·波斯托洛夫斯基1905年5月10日(23日)从柏林的来信，信中说在柏林的调和派对俄国社会民主工党第三次代表大会关于《火星报》的决议采取否定态度，他们也不满意亚·亚·波格丹诺夫关于代表大会的报告。波斯托洛夫斯基在信中介绍了自己的报告的提纲，并请列宁把对这一提纲的意见告诉他。

《1905年革命中的党》，1934年，第134—135页。

5月，12日(25日)以前

列宁写信给在柏林的德·西·波斯托洛夫斯基(这封信没有找到)。

《1905年革命中的党》，1934年，第140页。

5月12日(25日)

德·西·波斯托洛夫斯基向列宁讲述自己给柏林小组作关于第三次代表大会的报告和列·米·欣丘克作关于孟什维克代表会议的报告的情况；请列宁指示如何同孟什维克作斗争，并说明自己对这一问题的意见；建议利用柏林运输小组承担中央委员会交给的工作；告知收到了列宁的来信。

《1905年革命中的党》，1934年，第136—140页。

5月,不早于13日(26日)

列宁用德文就罗·亨特的《贫穷》一书的书评写札记,上述书评刊登在1905年5月26日(公历)《前进报》的第3附页上。列宁在自己的短评中写道:"这是一本令人震惊的描写合众国(纽约、芝加哥等地)贫穷状况的书…… 对儿童的残酷剥削,恶劣的居住条件,庞大的潜在失业工人队伍,等等,等等。"

《列宁文集》俄文版第26卷第284—285页;《前进报》,柏林,1905年,第122号,5月26日,第3附页。

5月,14日(27日)以前

列宁拟定《第三次代表大会》一文的提纲。

《列宁全集》中文第2版增订版第10卷第207—213页;《列宁文集》俄文版第5卷第298页;《无产者报》,日内瓦,1905年5月27日(14日),第1号。

就《无产者报》的编排问题,列宁向《无产者报》编辑部和印刷所工作人员作指示。

《革命年鉴》杂志,1923年,第5期,第50页。

列宁为发表俄国社会民主工党第三次代表大会通过的党章和决议作准备工作:写标题,删去不公布的决议,编排页码等等。这些文件发表在1905年5月14日(27日)《无产者报》第1号上。

苏共中央马列主义研究院中央党务档案馆,第2号全宗,第1号目录,第1848号保管单位,第1—24张;《无产者报》,日内瓦,1905年5月27日(14日),第1号。

列宁在《前进报》公用笺上写国外联系地址,准备在《无产者报》第1号上发表并请求来信时在信封上标明:给中央机关报,给中央委员会,给发行部门,以及其他等等。

《无产者报》,日内瓦,1905年5月27日(14日),第1号。

列宁读维·加里宁(维·阿·卡尔宾斯基)的《农民运动》一

文，并在文章原稿上作批注："文章标题"。

苏共中央马列主义研究院中央党务档案馆，第 2 号全宗，第 1 号目录，第 1851 号保管单位，第 46—56 张；《无产者报》，日内瓦，1905 年 5 月 27 日（14 日），第 1 号。

列宁读俄国社会民主工党萨拉托夫委员会的《领导农民小组工作计划》，加写标题和前言。

《列宁文集》俄文版第 19 卷第 466 页，第 26 卷第 430 页；《无产者报》，日内瓦，1905 年 5 月 27 日（14 日），第 1 号。

列宁在《关于代表大会的组成》的决议上批示："**立即发排**"，他在决议第 2 页注明："背面"。

《列宁全集》中文第 2 版增订版第 10 卷第 205—206 页；苏共中央马列主义研究院中央党务档案馆，第 2 号全宗，第 1 号目录，第 1849 号保管单位，第 1 张—第 2 张背面。

5 月，不晚于 14 日（27 日）

列宁研究 1905 年 3 月俄国社会民主工党国外组织成立大会制定的国外组织章程草案，并写自己对这一文件的意见。

《列宁文集》俄文版第 16 卷第 115 页。

5 月 14 日（27 日）

列宁主编的党中央机关报——布尔什维克报纸《无产者报》创刊号出版。创刊号发表了列宁写的《关于俄国社会民主工党第三次代表大会的通知》（社论）、《第三次代表大会》一文、对《关于代表大会的组成》决议的注解，以及俄国社会民主工党第三次代表大会的主要决议，其中大部分是列宁起草的，同时还公布了国外联系地址。

《列宁全集》中文第 2 版增订版第 10 卷第 113—114、136—137、141—142、152—155、200—204、205—206、207—213 页；《无产者报》，日内瓦，1905 年 5 月 27 日（14 日），第 1 号。

5 月,14 日(27 日)以后

俄国社会民主工党里加委员会用俄文和拉脱维亚文印行了列宁的《关于俄国社会民主工党第三次代表大会的通知》一文的单页。

《列宁全集》中文第 2 版增订版第 10 卷第 200—204 页;《弗·伊·列宁著作编年索引》,上册,1959 年,第 203 页。

列宁审阅自彼得堡寄给《无产者报》的关于党的地方刊物的通讯稿,并在通讯稿上批注:"不适用,编辑部存档。"

苏共中央马列主义研究院中央党务档案馆,第 2 号全宗,第 1 号目录,第 1854 号保管单位,第 1 张—第 2 张背面。

5 月 14 日(27 日)以后

列宁写信给尤·米·斯切克洛夫,邀请他担任俄国社会民主工党中央机关报——《无产者报》的撰稿人(这封信没有寄出)。

《列宁全集》中文第 2 版增订版第 45 卷第 41—42 页;《无产者报》,日内瓦,1905 年 5 月 27 日(14 日),第 1 号。

5 月 14 日(27 日)和 11 月初之间

列宁每星期一、星期三和星期五在《无产者报》编辑部值班。

苏共中央马列主义研究院中央党务档案馆,第 32 号全宗,第 1 号目录,第 4 号保管单位,第 1—2 张;《无产者报》,日内瓦,1905 年 5 月 27 日(14 日),第 1 号;尼·叶·布勒宁:《难忘的年代(回忆录)》,1967 年,第 83 页。

5 月,15 日(28 日)以前

列宁拍电报并写信给莉·亚·福季耶娃,说自己打算在巴黎作关于俄国社会民主工党第三次代表大会及其决议的报告,请她选择报告地点并及时通知他(电报没有找到)。

《列宁全集》中文第 2 版增订版第 45 卷第 42—43 页;《列宁全集》俄文第 5 版第 47 卷第 313 页;《回忆弗·伊·列宁》,第 2 卷,1969 年,第 158—159 页;《第一次全俄党的工作者代表会议》，第 100 号《火星报》专页附刊，日内瓦，党的印刷所，1905 年，31 页，（俄国社会民主工党）。

列宁写关于俄国社会民主工党第三次代表大会及其决议的报告提纲，并在日内瓦作关于这一题目的报告。

《列宁全集》中文第 2 版增订版第 10 卷第 372—374 页，第 45 卷第 42—43 页；《第一次全俄党的工作者代表会议》，第 100 号《火星报》专页附刊，日内瓦，党的印刷所，1905 年，31 页，（俄国社会民主工党）。

5 月 15 日（28 日）

俄国社会民主工党巴库委员会把列宁的《宪法交易》一文印成单页出版。

《列宁全集》中文第 2 版增订版第 10 卷第 67—71 页；弗·伊·列宁：《宪法交易》，单页，[巴库]，巴库委员会快速印刷所，1905 年 5 月 15 日，2 页，（俄国社会民主工党高加索联合会），未注明作者；《弗·伊·列宁著作的出版和传播》，1960 年，第 124 页。

5 月上半月

列宁结识从西伯利亚流放地顺利逃出的职业革命家谢·伊·莫伊谢耶夫。在 1905 年 11 月莫伊谢耶夫回俄国前，多次同他会面。

《我们的伊里奇——莫斯科人忆列宁》，1969 年，第 71—83 页。

列宁撰写关于俄国社会民主工党第三次代表大会的报告提纲。

《列宁文集》俄文版第 5 卷第 285—286 页；《我们的伊里奇——莫斯科人忆列宁》，1969 年，第 72—74 页；《1905 年革命中的党》，1934 年，第 302 页。

列宁两次作关于俄国社会民主工党第三次代表大会的报告。第一次是内部的、指导性的报告，是为布尔什维克侨民和派往地方党组织的代表所作的;第二次报告是公开的,孟什维克也出席了报告会。在第二次报告的讨论过程中,列宁记下持不同意见的尔·马尔托夫的发言。

《列宁文集》俄文版第5卷第285—289页;《回忆弗·伊·列宁》,第2卷,1969年,第189页;《回忆弗·伊·列宁》,1963年,第32页;《我们的伊里奇——莫斯科人忆列宁》,1969年,第72—74页;《1905年革命中的党》,1934年,第302页;《〈报纸的文学形式〉大纲工作材料》,1932年,第24页。

列宁同经日内瓦回俄国去的代表大会代表举行会议。

苏共中央马列主义研究院中央党务档案馆,第157号全宗,第56号保管单位,第82、149张;《1905年革命中的党》,1934年,第302页;格·克拉莫尔尼科夫:《俄国社会民主工党第三次代表大会》,第2版,1931年,第44页。

5月,17日(30日)以前

列宁自日内瓦启程去巴黎。

《列宁全集》中文第2版增订版第45卷第42页;苏共中央马列主义研究院中央党务档案馆,第14号全宗,第1号目录,第131号保管单位,第17张—第17张背面;第142号保管单位,第2张;苏联中央国家十月革命和社会主义建设档案馆,警察司全宗,特别处,1905年,第1259号案卷,第7张。

5月17日(30日)

列宁在巴黎作关于党的第三次代表大会及其决议的专题报告。

《列宁全集》中文第2版增订版第45卷第42页;苏共中央马列主义研究院中央党务档案馆,第14号全宗,第1号目录,第131号保管单位,第17张—第17张背面;第142号保管单位,第2张;苏联中央国家十月革命和社会主义建设档案馆,警察司全宗,特别处,1905年,第1259号案卷,第7张。

5月17日—19日(5月30日—6月1日)

列宁在巴黎停留期间去大歌剧院和女神游乐厅。

苏共中央马列主义研究院中央党务档案馆，第 14 号全宗，第 1 号目录，第 131 号保管单位，第 17 张—第 17 张背面；第 142 号保管单位，第 2 张；《回忆弗·伊·列宁》，第 2 卷，1969 年，第 158—159 页；苏联中央国家十月革命和社会主义建设档案馆，警察司全宗，特别处，1905 年，第 1259 号案卷，第 7 张；让·弗雷维尔：《列宁在巴黎》，1969 年，第 74 页。

5 月，19 日（6 月 1 日）以前

列宁自巴黎写信给在夏洛滕堡的列·波·克拉辛，这封信可能谈的是持调和主义立场的柏林运输小组（这封信没有找到）。

《1905 年革命中的党》，1934 年，第 140—141 页；《回忆弗·伊·列宁》，第 2 卷，1969 年，第 158—159 页。

5 月，19 日（6 月 1 日）以后

列宁收到列·波·克拉辛 1905 年 5 月 19 日（6 月 1 日）从夏洛滕堡寄来的信，信中报告同柏林运输小组谈判的情况，并说打算同它签订运送布尔什维克书刊的协议。

《1905 年革命中的党》，1934 年，第 140—141 页。

列宁从巴黎返抵日内瓦。

苏共中央马列主义研究院中央党务档案馆，第 14 号全宗，第 1 号目录，第 131 号保管单位，第 17 张—第 17 张背面；第 142 号保管单位，第 2 张；苏联中央国家十月革命和社会主义建设档案馆，警察司全宗，特别处，1905 年，第 1259 号案卷，第 7 张；《回忆弗·伊·列宁》，第 2 卷，1969 年，第 158—159 页。

5 月 20 日（6 月 2 日）

列宁致函社会党国际局，说党的第三次代表大会已经开过，大会决定《无产者报》为俄国社会民主工党中央机关报。列宁在信中告知代表大会决议的法译本和德译本小册子即将出版，还通知社会党国际局，根据新党章的规定，俄国社会民主工党中央委员会是党的唯一的中央机关，中央委员会要求今后同中央委员会的代表列宁联系。

《列宁全集》中文第 2 版增订版第 10 卷第 216 页。

5月,21日(6月3日)以前

列宁摘录英国《泰晤士报》关于地方自治人士的报道,他在《保守派资产阶级的忠告》一文中引用了这一摘录。

《列宁全集》中文第2版增订版第10卷第217—220页;《泰晤士报》,伦敦,1905年5月8日,第37701号;5月13日,第37706号。

列宁写《论临时革命政府》一文,写文章开头部分的草稿,拟提纲,写笔记,摘录格·瓦·普列汉诺夫的文章《论夺取政权问题》。

《列宁全集》中文第2版增订版第10卷第221—240、375页;《列宁文集》俄文版第5卷第301、302—306页;《无产者报》,日内瓦,1905年6月3日(5月21日),第2号。

5月21日(6月3日)

列宁的《保守派资产阶级的忠告》一文发表在《无产者报》第2号上。

《列宁全集》中文第2版增订版第10卷第217—220页;《无产者报》,日内瓦,1905年6月3日(5月21日),第2号。

5月21日和27日(6月3日和9日)

列宁的《论临时革命政府》一文发表在《无产者报》第2号和第3号上。

《列宁全集》中文第2版增订版第10卷第221—240页;《无产者报》,日内瓦,1905年6月3日(5月21日),第2号;6月9日(5月27日),第3号。

5月,21日(6月3日)以后

列宁收到列·波·克拉辛于1905年5月21日(6月3日)从柏林寄来的信,克拉辛在信中说他拜访了卡·考茨基和罗·卢森堡,并同他们就布尔什维克与孟什维克的分歧问题、就奥·倍倍尔打算发表讲话呼吁布尔什维克与孟什维克统一的问题进行了谈话。

《1905 年革命中的党》,1934 年,第 141—143 页。

5 月 23 日和 6 月 4 日(6 月 5 日和 17 日)之间

列宁对叶·德·斯塔索娃的来信进行编辑加工,信中谈到由于季·彼·罗热斯特文斯基海军中将的舰队在对马岛附近覆灭,知识分子在巴甫洛夫斯克市举行游行示威,反对日俄战争。这封信发表在《无产者报》第 4 号上。

苏共中央马列主义研究院中央党务档案馆,第 2 号全宗,第 1 号目录,第 1884 号保管单位,第 94 张—第 96 张背面;《无产者报》,日内瓦,1905 年 6 月 17 日(4 日)①,第 4 号。

5 月,不早于 25 日(6 月 7 日)

列宁摘录法国《时报》所载关于地方自治机关选民代表举行会议的情况以及法国汽车和自行车的数量。

苏共中央马列主义研究院中央党务档案馆,第 2 号全宗,第 1 号目录,第 1863 号保管单位,第 1 张;第 1875 号保管单位,第 1 张—第 1 张背面。

5 月 26 日(6 月 8 日)夜至 27 日(6 月 9 日)凌晨

警察在国境线上扎莫斯特基村(苏瓦乌基省)附近进行搜捕时,发现了列宁的《进一步,退两步》一书和他的文章《答对我们纲领草案的批评》及《革命冒险主义》。

《红色文献》杂志,1941 年,第 1 期,第 44 页。

5 月 26 日(6 月 8 日)以后

列宁就 1905 年 6 月 8 日(公历)《人道报》第 417 号刊登的彼·伯·司徒卢威给让·饶勒斯的公开信写札记。列宁在自己的

① 报纸上的日期为 6 月 17 日(3 日)。——俄文编者注

《社会民主党在民主革命中的两种策略》一书中提到了这封信。

《列宁全集》中文第2版增订版第11卷第79—80页;《列宁文集》俄文版第16卷第156页;《人道报》,巴黎,1905年6月8日,第417号。

5月,27日(6月9日)以前

列宁拟定传单或文章《**工人们,组织起来!**》的提纲。列宁在《革命斗争和自由派的渔利行为》和《革命无产阶级的民主主义任务》这两篇文章中阐述了这个提纲所提出的原理。

《列宁全集》中文第2版增订版第10卷第245—253、258—264页;《列宁文集》俄文版第26卷第79页。

列宁写有关《革命斗争和自由派的渔利行为》一文的笔记;计算文章手稿的字数,考虑文章标题(文章最初的标题是《有组织的自由派》)。

《列宁全集》中文第2版增订版第10卷第376—378页;《列宁文集》俄文版第26卷第190—191页。

列宁阅读里加委员会庆祝五一节的传单《致里加全体工人》。

苏共中央马列主义研究院中央党务档案馆,第2号全宗,第1号目录,第1870号保管单位,第1张;《无产者报》,日内瓦,1905年6月9日(5月27日),第3号;《布尔什维克组织在1905—1907年俄国第一次革命中的传单》,第1册,1956年,第401—403页。

5月27日(6月9日)

列宁签署《无产者报》印刷所财产保险单。

苏共中央马列主义研究院中央党务档案馆,第2号全宗,第1号目录,第23566号保管单位,第1张—第2张背面。

列宁的文章《覆灭》(社论)和《革命斗争和自由派的渔利行为》发表在《无产者报》第3号上。

《列宁全集》中文第2版增订版第10卷第241—244、245—

253 页;《无产者报》,日内瓦,1905 年 6 月 9 日(5 月 27 日),第 3 号。

5 月 27 日(6 月 9 日)以后

列宁就 1905 年 6 月 9 日(公历)《法兰克福报》关于日俄和谈的报道及《人道报》上彼・伯・司徒卢威给让・饶勒斯的信写札记。

《列宁文集》俄文版第 16 卷第 156 页。

5 月 28 日(6 月 10 日)夜至 29 日(6 月 11 日)凌晨

列宁的《无产阶级和农民》一文经俄国社会民主工党彼得堡委员会印成传单,散发在彼得堡禁卫军莫斯科团的营房大院里。

《红色文献》杂志,1941 年,第 1 期,第 44 页。

5 月,不早于 29 日(6 月 11 日)

列宁用法文写信给亚・德鲁索,请他把保・拉法格关于社会民主党参加临时革命政府问题的讲话寄来。

《列宁全集》中文第 2 版增订版第 45 卷第 43—44 页;苏共中央马列主义研究院中央党务档案馆,第 2 号全宗,第 1 号目录,第 1871 号保管单位,第 8 张背面。

5 月 29 日(6 月 11 日)

列宁读一篇不知名作者寄给《无产者报》的论地方社会民主党人工作方法的文章,并在上面作批注:"1905 年 6 月 11 日收到于日内瓦"。

苏共中央马列主义研究院中央党务档案馆,第 2 号全宗,第 1 号目录,第 1871 号保管单位,第 1—8 张。

5 月 29 日(6 月 11 日)以后—6 月初

列宁收到彼得堡委员会书记叶・德・斯塔索娃 1905 年 5 月 29 日(6 月 11 日)写来的信,信中说明委员会工作的困难情况,请求派有经验的工作人员前往萨拉托夫、雅罗斯拉夫尔、高加索，并请求寄去整套的《前进报》、《火星报》等。

《1905年革命中的党》，1934年，第184—186页。

列宁收到亚·马·埃森1905年5月29日(6月11日)从基辅寄来的信，信中谈到当地委员会的工作情况以及在基辅存在一个同布尔什维克一致行动的《前进报》小组。

《弗·伊·列宁及其领导的党的国外机关同乌克兰社会民主党组织通信集》，基辅，1964年，第651—652、656页。

5月31日(6月13日)

列宁代表俄国社会民主工党中央委员会起草(用德文)并签署任命奥·阿·皮亚特尼茨基为俄国社会民主工党中央委员会特派员的证件，请一切组织协助皮亚特尼茨基的工作。

《列宁全集》中文第2版增订版第45卷第378页；《列宁文集》俄文版第16卷第289—290页。

警察在尼古拉耶夫进行搜捕时，发现了列宁撰写的《关于俄国社会民主工党第三次代表大会的通知》。

《红色文献》杂志，1941年，第1期，第44页。

5月底

列宁写《告犹太工人书》一文。这篇文章作为依地文小册子《关于俄国社会民主工党第三次代表大会的通知》的序言发表。

《列宁全集》中文第2版增订版第10卷第254—257页；《1905年革命中的党》，1934年，第187页；《无产阶级革命》杂志，1925年，第11期，第20页。

不晚于5月

列宁读弗·弗·菲拉托夫给彼得堡同志们的信，信中谈到关于建立新的俄国舰队问题以及布尔什维克必须加强在建筑工人中进行工作的问题。

苏共中央马列主义研究院中央党务档案馆，第 2 号全宗，第 1 号目录，第 1876 号保管单位，第 1 张—第 1 张背面；《苏联史》，第 2 卷，1965 年，第 396—397 页。

不早于 5 月

列宁起草关于党内斗争各个主要阶段的提纲，题为《党内分裂概况》。

《列宁全集》中文第 2 版增订版第 10 卷第 379—380 页，第 45 卷第 69—70 页。

列宁读寄到日内瓦的一封信，信中谈到社会民主党人和社会革命党人在莫斯科的几次关于土地问题的争论，说必须由列宁或格·瓦·普列汉诺夫就这一问题写一本通俗小册子。列宁在信的第一页上划掉几个字，并在信上注明："莫斯科"。

苏共中央马列主义研究院中央党务档案馆，第 2 号全宗，第 1 号目录，第 1877 号保管单位，第 1—2 张；《无产者报》，日内瓦，1905 年 5 月 27 日(14 日)，第 1 号。

5 月—6 月 10 日(23 日)以前

列宁撰写《社会民主党在民主革命中的两种策略》一书，拟写书名的最初几种方案，写各节标题，写关于个别问题的札记和关于本书第 10 节的注解。

《列宁全集》中文第 2 版增订版第 10 卷第 307—308 页，第 11 卷第 1—124、393—394 页；《列宁文集》俄文版第 5 卷第 315—318 页；苏共中央马列主义研究院中央党务档案馆，第 26 号全宗，第 1 号目录，第 213 号保管单位，第 1 张；《弗·伊·列宁及其领导的党的国外机关同乌克兰社会民主党组织通信集》，基辅，1964 年，第 665 页；《俄国社会民主工党第三次代表大会》，1959 年，第 446 页；《第一次全俄党的工作者代表会议》，《火星报》第 100 号专页附刊，日内瓦，党的印刷所，1905 年，31 页，(俄国社会民主工党)；《回忆弗·伊·列宁》，第 2 卷，1969 年，第 158—159 页。

5 月—6 月 12 日(25 日)以前

列宁组织出版《关于俄国社会民主工党第三次代表大会的通知》和代表大会主要决议的德文本和法文本。

《列宁全集》中文第 2 版增订版第 10 卷第 200—204 页,第 11 卷第 203—204 页;《无产者报》,日内瓦,1905 年 5 月 27 日(14 日),第 1 号;《1905 年革命中的党》,1934 年,第 187 页;《无产阶级革命》杂志,1925 年,第 11 期,第 20 页;《社会主义者报》,[巴黎],1905 年 6 月 25 日—7 月 2 日,第 8 号,第 8 号增刊;《关于俄国社会民主工党第三次代表大会的通知和代表大会主要决议》,慕尼黑,比尔克公司,1905 年 6 月,第 3—7 页(俄国社会民主工党)。

5 月—6 月

列宁安置从流放地逃出来的同志们。

苏共中央马列主义研究院中央党务档案馆,第 4 号全宗,第 2 号目录,第 1586 号保管单位。

列宁请前往彼得堡的马·尼·利亚多夫给当时住在彼得堡附近萨布林诺车站的亲属带去一封信(这封信没有找到)。

苏共中央马列主义研究院中央党务档案馆,第 4 号全宗,第 2 号目录,第 1586 号保管单位;《乌里扬诺夫家书集》,1969 年,第 157 页。

列宁撰写《胜利的革命》一文。

《列宁全集》中文第 2 版增订版第 10 卷第 214—215 页;《无产者报》,日内瓦,1905 年 6 月 3 日(5 月 21 日),第 2 号。

列宁向格·李·什克洛夫斯基作指示,什克洛夫斯基就共同工作问题同格·瓦·普列汉诺夫进行谈判。

《列宁文集》俄文版第 5 卷第 292 页;《无产阶级革命》杂志,1927 年,第 1 期,第 12—17 页。

列宁电召列·波·克拉辛前来参加俄国社会民主工党中央委员会代表同孟什维克组织委员会代表举行的会议,目的是要使布尔什维克和孟什维克统一起来。

《无产阶级革命》杂志,1927年,第1期,第16—17页。

5月—11月初

列宁编辑俄国社会民主工党中央机关报《无产者报》创刊号至第24号。

《列宁全集》俄文第5版第10卷第411页,第11卷第435页,第12卷第417页;《列宁文集》俄文版第5卷第281页;阿·瓦·卢那察尔斯基:《回忆与印象》,1968年,第110、118—120页;《无产者报》,日内瓦,1905年5月27日(14日)—11月7日(10月25日),第1—24号。

不晚于6月1日(14日)

列宁收到马·马·李维诺夫的信,信中建议终止同柏林运输小组的协定。李维诺夫在信中答应妥善安排运送布尔什维克书刊越过德国国境,无需柏林运输小组参加。

《1905年革命中的党》,1934年,第213—214、216页。

6月1日(14日)

娜·康·克鲁普斯卡娅受列宁委托,写信告诉列·波·克拉辛,关于俄国社会民主工党第三次代表大会的通知的德文本已经出版,依地文本(有列宁的序言)和法文本正在排印,信中请求告知哪些代表在哪些委员会作了关于党的第三次代表大会的报告。

《1905年革命中的党》,1934年,第186—187页。

6月,2日(15日)以后

列宁收到马·马·李维诺夫1905年6月2日(15日)的来信,信中请求立即将组织运输布尔什维克书刊通过德国国境的委托书和任命奥·阿·皮亚特尼茨基为俄国社会民主工党中央委员会代办员的证件(德文的)寄给他。

《1905 年革命中的党》,1934 年,第 217—219 页。

6 月 2 日和 8 日(15 日和 21 日)之间

列宁用德文从《法兰克福报》上午第 2 版和法国《晨报》上摘录关于地方自治人士代表团晋谒沙皇的消息。列宁在《资产阶级背叛的头几步》一文中部分地利用了这些摘录。

《列宁全集》中文第 2 版增订版第 10 卷第 277—283 页;《列宁文集》俄文版第 26 卷第 286 页。

6 月 2 日和 9 日(15 日和 22 日)之间

列宁将俄国社会民主工党中央委员会签发的负责秘密运输布尔什维克书刊的委托书寄给在柏林的俄国社会民主工党中央委员会代办员马·马·李维诺夫。

《1905 年革命中的党》,1934 年,第 189、217、220、225 页。

6 月 3 日(16 日)

娜·康·克鲁普斯卡娅受列宁委托写信给在敖德萨的莉·米·克尼波维奇,告知 6 名原中央委员同俄国社会民主工党第三次代表大会选出的俄国社会民主工党中央委员会团结一致,格·瓦·普列汉诺夫退出党总委员会和《火星报》编辑部。

《弗·伊·列宁及其领导的党的国外机关同乌克兰社会民主党组织通信集》,基辅,1964 年,第 655—656 页。

6 月,4 日(17 日)以前

列宁对阿·瓦·卢那察尔斯基的文章《群众政治罢工。第二篇文章》和米·伊·瓦西里耶夫-尤任的文章《自由派资产者和俄国教师》进行编辑加工。这两篇文章发表在 1905 年 6 月 4 日(17 日)《无产者报》第 4 号上。

苏共中央马列主义研究院中央党务档案馆，第 2 号全宗，第 1 号目录，第 1881 号保管单位，第 17—48 张；第 1882 号保管单位，第 82—86 张；《无产者报》，日内瓦，1905 年 6 月 17 日（4 日），第 4 号。

列宁在《无产者报》第 4 号第 1 版校样上进行校改。

苏共中央马列主义研究院中央党务档案馆，第 2 号全宗，第 1 号目录，第 1883 号保管单位，第 91 张；《无产者报》，日内瓦，1905 年 6 月 17 日（4 日），第 4 号；《列宁文集》俄文版第 26 卷第 192 页。

列宁读俄国社会民主工党特维尔委员会、明斯克小组和科斯特罗马小组的报告，以及从叶卡捷琳诺斯拉夫、特维尔和伊万诺沃-沃兹涅先斯克寄来的通讯，在报告和通讯上作批注并画线。

苏共中央马列主义研究院中央党务档案馆，第 2 号全宗，第 1 号目录，第 1885 号保管单位，第 98—103 张；第 1886 号保管单位，第 105—106 张；第 1888 号保管单位，第 123—126 张；《无产者报》，日内瓦，1905 年 6 月 17 日（4 日），第 4 号。

列宁研究俄国解放联盟中央委员会的号召书和章程，编排页码，在这两个文件的一些地方画线和划重点。列宁在自己的《新的革命工人联合会》一文中使用了这些材料。

《列宁全集》中文第 2 版增订版第 10 卷第 265—276 页；苏共中央马列主义研究院中央党务档案馆，第 2 号全宗，第 1 号目录，第 23567 号保管单位；《无产者报》，日内瓦，1905 年 6 月 17 日（4 日），第 4 号。

6 月 4 日（17 日）

列宁的文章《革命无产阶级的民主主义任务》（社论）和《新的革命工人联合会》发表在《无产者报》第 4 号上。

《列宁全集》中文第 2 版增订版第 10 卷第 258—264、265—276 页；《无产者报》，日内瓦，1905 年 6 月 17 日（4 日），第 4 号。

6月4日和9日(17日和22日)之间

列宁收到马·马·李维诺夫的信,信中感谢列宁给他寄去了委托书,并说他在柏林委派了一个布尔什维克小组负责运输工作。

《1905年革命中的党》,1934年,第220、221页。

6月5日(18日)

列宁以中央委员会国外代表的身份批准了俄国社会民主工党国外组织章程。

《列宁文集》俄文版第16卷第116页。

6月7日(20日)

警察在巴统进行搜捕时发现了列宁的小册子《地方自治运动和〈火星报〉的计划》。

《红色文献》杂志,1941年,第1期,第44页。

6月8日(21日)

针对俄国社会民主工党波列斯克委员会提出的询问,列宁解释应该怎样理解自治制的组织和自治制的地方组织,在俄国社会民主工党第三次代表大会通过的党章第12条里曾经谈到过这些组织。

苏共中央马列主义研究院中央党务档案馆,第26号全宗,第1号目录,第61号保管单位,第1—2张。

列宁撰写《资产阶级背叛的头几步》一文。在写作过程中他改换文章标题,文章最初叫做《拍板成交》。

《列宁全集》中文第2版增订版第10卷第277—283页;苏共中央马列主义研究院中央党务档案馆,第2号全宗,第1号目录,第1890号保管单位,第1张。

列宁的《俄国革命的开始》一文的单页在尼古拉耶夫市附近被警察发现,前一天俄国社会民主工党地方组织曾在该地举行过群众集会。

《红色文献》杂志，1941 年，第 1 期，第 44 页。

6 月，8 日(21 日)以后

列宁收到亚·马·埃森 1905 年 6 月 8 日(21 日)从敖德萨寄来的信，信中报告尼古拉耶夫和敖德萨委员会的工作情况，并且谈到打算召开南方各委员会的代表会议。

《弗·伊·列宁及其领导的党的国外机关同乌克兰社会民主党组织通信集》，基辅，1964 年，第 664—665 页。

6 月 8 日(21 日)以后—7 月

列宁翻阅 6 月份的《黎明报》，从报上摘录有关地方自治人士代表团晋谒沙皇的消息，并在《奴颜婢膝的典型》的标题下写评注。列宁在自己的《社会民主党在民主革命中的两种策略》一书中评价了该报发表的材料，认为这是“按资产阶级精神伪造社会民主主义的把戏，是用机会主义来歪曲和曲解阶级斗争概念的伎俩”。

《列宁全集》中文第 2 版增订版第 11 卷第 103—104 页；《列宁文集》俄文版第 16 卷第 152—154 页；《黎明报》，1905 年 6 月 8、11、12、14 日，第 89、92、93、95 号。

6 月，9 日(22 日)以后

马·马·李维诺夫 1905 年 6 月 9 日(22 日)把他给列·波·克拉辛的信寄到列宁处，信中详细叙述了终止克拉辛同柏林运输小组所签定的协定的经过。李维诺夫在给列宁的附信中，请求迅速将信转寄克拉辛，因为他自己不知道克拉辛的地址。

《1905 年革命中的党》，1934 年，第 222—226 页。

6 月 10 日(23 日)

列宁撰写《带白手套的“革命家”》一文(文章最初叫做《革命联系和白手套》)。

《列宁全集》中文第 2 版增订版第 10 卷第 284—288 页；苏共

中央马列主义研究院中央党务档案馆，第2号全宗，第1号目录，第1893号保管单位，第1张。

娜·康·克鲁普斯卡娅受列宁委托写信给叶卡捷琳诺斯拉夫布尔什维克委员会，告知列宁写的小册子《社会民主党在民主革命中的两种策略》即将出版，请求尽量多寄一些通讯稿来。

《弗·伊·列宁及其领导的党的国外机关同乌克兰社会民主党组织通信集》，基辅，1964年，第665页。

6月，10日（23日）以后

列宁收到叶·德·斯塔索娃1905年6月10日（23日）从彼得堡寄来的信，信中请求把组织工作计划寄给她，并详细告诉其职责范围。

《1905年革命中的党》，1934年，第187—188页。

列宁收到亚·亚·波格丹诺夫1905年6月10日（23日）自彼得堡的来信，信中说俄国社会民主工党中央委员会出版了第1号传单，并告知中央委员会的财政情况，说许多委员会站到俄国社会民主工党第三次代表大会一边，孟什维克在这些委员会中遭到了失败。

《1905年革命中的党》，1934年，第150—151页。

6月11日和27日（6月24日和7月10日）之间

列宁翻阅1905年6月11日（24日）和12日（25日）的《俄罗斯新闻》，并摘录有关沙皇接见地方自治人士代表团的材料；在《革命军队和革命政府》一文中利用了这些材料。

《列宁全集》中文第2版增订版第10卷第381—382页；《列宁文集》俄文版第16卷第161—162页，第26卷第288—289页；《俄罗斯新闻》，1905年6月11日，第155号；6月12日，第156号；《无产者报》，日内瓦，1905年7月10日（6月27日），第7号。

6 月,12 日(25 日)以后

列宁写《给〈莱比锡人民报〉编辑部的公开信》,信中抗议卡·考茨基歪曲俄国社会民主工党党内的情况,反对企图用抵制党的第三次代表大会的决议和关于代表大会的通知的德文小册子的办法,来封锁布尔什维克在德国社会民主党的报刊上的声音。

《列宁全集》中文第 2 版增订版第 10 卷第 289—291 页;《社会主义者报》,[巴黎],1905 年 6 月 25 日—7 月 2 日,第 8 号,第 8 号增刊。

列宁翻阅 1905 年 6 月 25 日(公历)的资产阶级自由派的《福斯报》,并摘录关于地方自治人士和贵族代表大会的预想的结果。

《列宁文集》俄文版第 26 卷第 290 页;《福斯报》,柏林,1905 年 6 月 25 日,第 293 号。

6 月,13 日(26 日)以前

列宁对瓦·瓦·沃罗夫斯基的文章《资产阶级和罢工。第二篇文章》、弗·弗·菲拉托夫和瓦·瓦·沃罗夫斯基的文章《革命斗争和政治领导》、俄国社会民主工党莫斯科委员会关于莫斯科党代表会议同意俄国社会民主工党第三次代表大会决议的传单进行审定。这两篇文章和传单的一部分发表在 1905 年 6 月 13 日(26 日)《无产者报》第 5 号上。

苏共中央马列主义研究院中央党务档案馆,第 2 号全宗,第 1 号目录,第 1896 号保管单位,第 1 张—第 14 张背面;第 1897 号保管单位,第 19—30、32 张;第 1898 号保管单位,第 1 张;《无产者报》,日内瓦,1905 年 6 月 26 日(13 日),第 5 号。

列宁写信给尼·亚·阿列克谢耶夫(这封信没有保存下来)。

苏共中央马列主义研究院中央党务档案馆,第 26 号全宗,第 1 号目录,第 77 号保管单位,第 1 张。

6 月 13 日(26 日)

列宁的文章《资产阶级背叛的头几步》和《带白手套的"革命

家”》发表在《无产者报》第5号上。

《列宁全集》中文第2版增订版第10卷第277—283、284—288页；《无产者报》，日内瓦，1905年6月26日(13日)，第5号。

6月，13日(26日)以后

列宁收到马·马·李维诺夫的来信，信中说他已安排好通过德国国境运输布尔什维克书刊，请求把运费寄去。

《1905年革命中的党》，1934年，第226—227页。

6月14日(27日)

娜·康·克鲁普斯卡娅受列宁委托写信给德·西·波斯托洛夫斯基，告知收到了他从俄国寄来的全部信件，其中有德文斯克小组和西北委员会关于承认俄国社会民主工党第三次代表大会及代表大会通过的党章的合法性的决议。克鲁普斯卡娅写道，格·瓦·普列汉诺夫退出了党总委员会，但他声明，如果两派都同意，那么他可以继续担任俄国社会民主工党驻社会党国际局的代表；克鲁普斯卡娅还告知将要出版列宁的小册子《社会民主党在民主革命中的两种策略》。

《1905年革命中的党》，1934年，第188—190页。

6月15日(28日)

列宁写《无产阶级的斗争和资产阶级的奴颜婢膝》一文。

《列宁全集》中文第2版增订版第10卷第292—298页。

6月上半月

列宁收到列·波·克拉辛从彼得堡寄来的信，信中报告了俄国社会民主工党中央委员会的财务情况、在俄国筹建党的出版社的情况，并报告说俄国社会民主工党第三次代表大会的一位代表被捕。

《1905 年革命中的党》,1934 年,第 147—150 页。

6 月,15 日(28 日)以后

列宁收到谢·伊·古谢夫 1905 年 6 月 15 日(28 日)从敖德萨寄来的信,信中报告了敖德萨的革命事件和“波将金”号装甲舰举行起义的情况。

《弗·伊·列宁及其领导的党的国外机关同乌克兰社会民主党组织通信集》,基辅,1964 年,第 669—670 页。

列宁收到亚·马·埃森 1905 年 6 月 15 日(28 日)从哈尔科夫寄来的信,信中报告了叶卡捷琳诺斯拉夫的情况,并请求批准叶卡捷琳诺斯拉夫布尔什维克小组和哈尔科夫《前进报》小组。

《弗·伊·列宁及其领导的党的国外机关同乌克兰社会民主党组织通信集》,基辅,1964 年,第 668—669 页。

列宁收到阿·瓦·卢那察尔斯基从维亚雷焦(意大利)寄来的信,信中告知给《无产者报》编辑部寄来了几篇文章,并请求寄去他所需要的书籍。

苏共中央马列主义研究院中央党务档案馆,第 2 号全宗,第 5 号目录,第 169 号保管单位,第 1—2 张。

列宁对阿·瓦·卢那察尔斯基的文章《罗马庆祝马志尼一百周年诞辰》进行校订。

苏共中央马列主义研究院中央党务档案馆,第 2 号全宗,第 1 号目录,第 1892 号保管单位,第 1—6 张;第 2 号全宗,第 5 号目录,第 169 号保管单位,第 1—2 张。

6 月 16 日(29 日)以前

列宁起草的《关于俄国社会民主工党第三次代表大会的通知》的拉脱维亚文和俄文单页在里加散发。

《红色文献》杂志,1941年,第1期,第45页。

6月16日和29日(6月29日和7月12日)之间

列宁经叶·德·斯塔索娃收到俄国社会民主工党中央委员会关于补充中央委员会委员和任命中央委员会代办员的决定。斯塔索娃请求列宁通知那些被任命为俄国社会民主工党中央委员会代办员的同志。

《列宁全集》中文第2版增订版第45卷第50—53页;《列宁文集》俄文版第5卷第471—472页。

6月17日(30日)

根据列宁的提议,俄国社会民主工党派米·伊·瓦西里耶夫-尤任作为中央委员会的代办员前往敖德萨,同领导黑海舰队起义和"塔夫利达公爵波将金"号装甲舰起义的社会民主党组织建立联系。

行前列宁同瓦西里耶夫-尤任进行谈话,指示他特别需要取得农民的积极支持,行动要坚决、勇敢和迅速,要武装工人,夺取城市。

瓦西里耶夫-尤任没有能够同装甲舰取得联系。当他到达敖德萨时,装甲舰已经从敖德萨港驶往罗马尼亚。

《列宁全集》中文第2版增订版第10卷第317—318页;《回忆弗·伊·列宁》,第2卷,1969年,第190—191页;《1905年革命中的党》,1934年,第191、198页;《回忆弗·伊·列宁》,1963年,第32页;《苏联史》,第2卷,1965年,第413—414页。

娜·康·克鲁普斯卡娅受列宁委托给在彼得堡的叶·德·斯塔索娃写信,请求详细告知关于俄国社会民主工党中央委员会国内部分的工作情况、关于各委员会的人员分配情况以及俄国社会民主工党中央委员会国内部分同国外部分在这个问题上行动协调一致的情况。信中列举了从国外派去人员和运去书刊的各个委员会,谈到已派米·伊·瓦西里耶夫-尤任去敖德萨,告知在瑞士购买武器遇到困难。克鲁普斯卡娅在信中询问,巴库印刷所和彼得堡是否在印行列宁起草的关于俄国社会民主工党第三次代表大会的通知。

《1905年革命中的党》,1934年,第191—192页。

6月,18日(7月1日)以后

列宁从1905年7月1日(公历)英国《经济学家》杂志上摘录关于"波将金"号装甲舰起义的资料。

《列宁文集》俄文版第26卷第291—292页;《经济学家》杂志,伦敦,1905年7月1日,第3227期。

6月18日和27日(7月1日和10日)之间

列宁从1905年7月1日(公历)瑞士自由派报纸《日内瓦日报》摘录关于自由派对布里根国家杜马草案的态度;在《资产阶级向专制制度讨价还价,专制制度向资产阶级讨价还价》一文和《革命军队和革命政府》一文的提纲中利用了这一材料。

《列宁全集》中文第2版增订版第10卷第331—333、381—382页;《列宁文集》俄文版第16卷第162—164页;《无产者报》,日内瓦,1905年7月10日(6月27日),第7号。

6月,19日(7月2日)以后

列宁收到阿·瓦·卢那察尔斯基从维亚雷焦寄来的信,信中感谢寄去了书,并请求把载有卢那察尔斯基的《群众政治罢工》一组文章的那几号《无产者报》寄给他,因为他想把这几篇文章编成小册子。

苏共中央马列主义研究院中央党务档案馆,第2号全宗,第5号目录,第175号保管单位,第1张。

6月,20日(7月3日)以前

列宁修改自己的《倒退的第三步》一文的手稿。在工作过程中更改文章标题(文章最初叫做《关于党内分裂出去的部分》)。列宁在手稿最后一页背面计算印刷符号和行数。

《列宁全集》中文第2版增订版第10卷第299—308页;《列宁文集》俄文版第26卷第193—194页;《无产者报》,日内瓦,1905年7月3日(6月20日),第6号。

列宁对尼·费·纳西莫维奇(尼·丘扎克)的文章《军队里发生了什么事》进行校订,编辑并审定尼·费·纳西莫维奇按照列宁建议拟定的提交各地方党组织的关于在军队里开展鼓动工作的调查表。列宁在调查表的最后一页计算印刷符号,并在文章末尾作批注:"见编辑部按语第12页"。调查表是放在一篇题为《编辑部按语》的文章后面的。这些材料刊登在1905年6月20日(7月3日)《无产者报》第6号上。

苏共中央马列主义研究院中央党务档案馆,第2号全宗,第1号目录,第1904号保管单位,第29张—第40张背面;《无产者报》,日内瓦,1905年7月3日(6月20日),第6号;《苏共历史问题》杂志,1965年,第11期,第25页;《苦役与流放》杂志,1928年,第12期,第21—22页;《在沙皇兵营里》,1929年,第19、23页。

6月20日(7月3日)

列宁的文章《无产阶级的斗争和资产阶级的奴颜婢膝》(社论)和《倒退的第三步》发表在《无产者报》第6号上。

《列宁全集》中文第2版增订版第10卷第292—298、299—308页;《无产者报》,日内瓦,1905年7月3日(6月20日),第6号。

列宁收到社会党国际局书记的来信,信中通知说给格·瓦·普列汉诺夫寄去5049法郎,作为俄国社会民主工党在俄国开展革命活动的费用。

《列宁全集》中文第2版增订版第45卷第44—45页；苏共中央马列主义研究院中央党务档案馆，第2号全宗，第5号目录，第172号保管单位，第1张。

列宁代表俄国社会民主工党中央委员会给社会党国际局书记回信（用法文），告知从俄国社会民主工党第三次代表大会开始，格·瓦·普列汉诺夫不再是党驻社会党国际局的代表，在中央委员会未派专任代表参加社会党国际局期间，一切事务应同中央委员会代表列宁联系，请书记通知普列汉诺夫，让他将寄给他的钱款的一半转交中央委员会。

《列宁全集》中文第2版增订版第45卷第44—45页；苏共中央马列主义研究院中央党务档案馆，第2号全宗，第5号目录，第172号保管单位，第1张。

列宁读俄国社会民主工党国外组织洛桑小组关于1905年5月19日（6月1日）至6月18日（7月1日）的工作报告，并在报告上作批注："已答复。1905年7月3日"。

苏共中央马列主义研究院中央党务档案馆，第2号全宗，第1号目录，第23568号保管单位，第37张。

6月20日和27日（7月3日和10日）之间

列宁从1905年7月3日（公历）《晨报》上摘录有关6月15日（28日）和16日（29日）城市和地方自治机关代表会议拟定的立宪要求；在《资产阶级向专制制度讨价还价，专制制度向资产阶级讨价还价》一文和《革命军队和革命政府》一文的提纲中利用了摘录的材料。

《列宁全集》中文第2版增订版第10卷第331—333、381—382页；《晨报》，巴黎，1905年7月3日，第7799号；《无产者报》，日内瓦，1905年7月10日（6月27日），第7号。

6 月 21 日(7 月 4 日)

列宁收到从柏林给《无产者报》编辑部的电报,电报要求通知社会党国际局:俄国政府已经请求各强国帮助它恢复国内秩序。

《列宁全集》中文第 2 版增订版第 10 卷第 309 页;苏共中央马列主义研究院中央党务档案馆,第 2 号全宗,第 5 号目录,第 251 号保管单位,第 1 张。

列宁代表俄国社会民主工党中央委员会写信(用法文)给社会党国际局,请求向全世界工人发表呼吁书,制止各强国帮助沙皇政府镇压革命,防止欧洲各国人民充当扼杀俄国自由的角色。

《列宁全集》中文第 2 版增订版第 10 卷第 309—310 页;苏共中央马列主义研究院中央党务档案馆,第 2 号全宗,第 5 号目录,第 251 号保管单位,第 1 张。

6 月 21 日(7 月 4 日)以后

列宁撰写小册子《社会民主党在民主革命中的两种策略》的补充说明,起草补充说明第 2 章的提纲和简短的纲要。

《列宁全集》中文第 2 版增订版第 11 卷第 98—124、393—394 页;《火星报》,日内瓦,1905 年 6 月 21 日,第 103 号;《列宁文集》俄文版第 5 卷第 318 页,第 16 卷第 155 页。

6 月 23 日(7 月 6 日)

列宁撰写《俄国沙皇寻求土耳其苏丹的保护以抵御本国人民》一文;从英文、法文、德文报纸《泰晤士报》、《法兰克福报》、《晨报》和《柏林日报》上摘录有关沙皇政府请求罗马尼亚和土耳其派警察帮助镇压起义水兵的消息,写文章正文。

《列宁全集》中文第 2 版增订版第 10 卷第 325—329 页;苏共中央马列主义研究院中央党务档案馆,第 2 号全宗,第 1 号目录,第 1910 号保管单位,第 12、16 张;《泰晤士报》,伦敦,1905 年 7 月 4 日,第 37750 号;《晨报》,巴黎,1905 年 7 月 5 日,第 7801 号。

6月24日(7月7日)

列宁写的《三种宪法或三种国家制度》由《无产者报》印成传单;在1905年期间,俄国社会民主工党高加索联合会(用俄文、格鲁吉亚文和亚美尼亚文)、下诺夫哥罗德委员会、维亚特卡委员会、里加委员会(用俄文和拉脱维亚文)、阿斯特拉罕委员会、鄂木斯克委员会、喀山委员会及俄国社会民主工党奔萨小组翻印了这一传单。

《列宁全集》中文第2版增订版第10卷第311—313页;弗·伊·列宁:《三种宪法或三种国家制度》,传单,未注明出版地,《无产者报》出版[1905年6月24日],1页(俄国社会民主工党),未注明作者;《弗·伊·列宁著作编年索引》,上册,1959年,第208—209页。

6月24日或25日(7月7日或8日)

列宁收到社会党国际局书记处1905年6月23日(7月6日)关于俄国社会民主工党在社会党国际局的代表权问题的来信。

《列宁全集》中文第2版增订版第45卷第45—46页。

6月24日和29日(7月7日和12日)之间

列宁收到德·西·波斯托洛夫斯基的来信,信中报告了高加索的局势、在格鲁吉亚学习列宁的著作《怎么办?》和《进一步,退两步》的情况,请求对俄国社会民主工党高加索联合会给予物质上的帮助,以维持印刷所的日常工作。

《1905年革命中的党》,1934年,第151—152、192—193、194页。

6月24日(7月7日)以后

列宁收到叶·德·斯塔索娃1905年6月24日(7月7日)从彼得堡寄来的信,告知关于俄国社会民主工党中央委员会国内部分的情况及力量分布情况。

《1905年革命中的党》,1934年,第192—193页。

6 月 25 日(7 月 8 日)

列宁致函社会党国际局书记处,说明在中央委员会任命新代表代替格·瓦·普列汉诺夫以前俄国社会民主工党同社会党国际局的联系办法。

《列宁全集》中文第 2 版增订版第 45 卷第 45—46 页。

列宁在比尔(瑞士比安)作专题报告。

苏共中央马列主义研究院中央党务档案馆,第 14 号全宗,第 1 号目录,第 142 号保管单位,第 2 张;苏联中央国家十月革命和社会主义建设档案馆,警察司全宗,特别处,1905 年,第 1169 号案卷,第 8 张。

警察在戈梅利查封非法书刊时,发现了列宁起草的《关于俄国社会民主工党第三次代表大会的通知》。

《红色文献》杂志,1941 年,第 1 期,第 45 页。

列宁代表俄国社会民主工党中央委员会致函社会党国际局书记卡·胡斯曼,告知收到了卡·胡斯曼寄给俄国社会民主党人的钱款的一半。列宁在信中提醒说,格·瓦·普列汉诺夫不再是俄国社会民主工党驻社会党国际局的代表,并请求一切与布尔什维克有关的问题只同作为俄国社会民主工党中央委员会代表的列宁联系。

《列宁全集》中文第 2 版增订版第 45 卷第 47 页。

6 月,25 日(7 月 8 日)以后

列宁从 1905 年 7 月 8 日(公历)法文报纸《时报》和 7 月 7 日(公历)英文报纸《泰晤士报》上摘录有关提名大地主、地方自治运动著名活动家德·尼·希波夫为内务大臣候选人的消息。

《列宁全集》中文第 2 版增订版第 10 卷第 314—315 页;《泰晤士报》,伦敦,1905 年 7 月 7 日,第 37753 号;《时报》,巴黎,1905 年 7 月 8 日,第 16090 号。

列宁撰写《特列波夫搞专制独裁和希波夫被提名上台》一文的提纲和未完草稿。

《列宁全集》中文第2版增订版第10卷第314—315页;《列宁文集》俄文版第16卷第157—158页;《泰晤士报》,伦敦,1905年7月7日,第37753号。

6月25日(7月8日)以后—7月

列宁同来自日内瓦的水兵阿·尼·马秋申科谈话,他是"波将金"号装甲舰起义的领导者之一。

《回忆弗·伊·列宁》,第1卷,1968年,第296页;《苏联史》,第2卷,1965年,第413—414页;《苦役与流放》杂志,1925年,第5期,第17页。

列宁接见书库售货员,他带着党的任务从莫斯科来。

《回忆弗·伊·列宁》,第1卷,1968年,第296页。

6月26日和29日(7月9日和12日)之间

列宁经叶·德·斯塔索娃收到俄国社会民主工党中央委员会关于任命格·瓦·普列汉诺夫为俄国社会民主工党驻社会党国际局代表和党的学术性机关报主编的决定、关于批准叶卡捷琳诺斯拉夫委员会的决定和关于帮助俄国社会民主工党维尔纳小组的决定。中央委员会在通过关于格·瓦·普列汉诺夫的两项决定时曾经提出一个条件:只有在中央委员会国外部分的代表列宁认为这两项决定是正确的并可以公布时,方可将这两项决定分发各个委员会。

《列宁全集》中文第2版增订版第45卷第50—53页;《列宁文集》俄文版第5卷第473—475页。

6月,27日(7月10日)以前

列宁对弗·弗·菲拉托夫的小册子《战术和筑城术在人民起义中的运用》的手稿进行校订。

苏共中央马列主义研究院中央党务档案馆，第 2 号全宗，第 1 号目录，第 1919 号保管单位，第 1—33 张；《无产者报》，日内瓦，1905 年 7 月 10 日(6 月 27 日)，第 7 号。

列宁写《革命军队和革命政府》一文的两个提纲。

《列宁全集》中文第 2 版增订版第 10 卷第 381—385 页；《无产者报》，日内瓦，1905 年 7 月 10 日(6 月 27 日)，第 7 号。

6 月 27 日(7 月 10 日)

列宁阅读社会民主党书刊出版人格·阿·库克林关于他将俄国无产阶级文库印刷所和社会民主主义团体生活社的全部藏书转交俄国社会民主工党中央委员会的声明，并对声明作文字修改。

苏共中央马列主义研究院中央党务档案馆，第 2 号全宗，第 1 号目录，第 23569 号保管单位，第 109 张；《无产者报》，日内瓦，1905 年 7 月 10 日(6 月 27 日)，第 7 号。

列宁的下列文章：《革命军队和革命政府》(社论)、《俄国沙皇寻求土耳其苏丹的保护以抵御本国人民》、《资产阶级向专制制度讨价还价，专制制度向资产阶级讨价还价》和《最后消息》发表在《无产者报》第 7 号上。

《列宁全集》中文第 2 版增订版第 10 卷第 316—324、325—329、330、331—333 页；《无产者报》，日内瓦，1905 年 7 月 10 日(6 月 27 日)，第 7 号。

6 月 28 日(7 月 11 日)

列宁致函俄国社会民主工党中央委员会，说许多国内来信以及同国内来的同志谈话使他确信中央委员会的工作组织得不好。为了在革命高涨的复杂形势下执行正确的策略路线，列宁建议加强思想领导，印发关于党和政治问题的传单，建议补充中央委员会的成员，增加中央委员会的代办员，提请注意 1905 年 4 月 27 日(5 月 10 日)中央委员会第一次全体会议所作的关于 1905 年 9 月 1

日(14 日)在日内瓦召开下一次全会的决议。

《列宁全集》中文第 2 版增订版第 45 卷第 48—50 页。

6 月 28 日(7 月 11 日)以后—7 月初

列宁阅读一个姓名不详的作者寄给《无产者报》的通讯稿，通讯稿讲的是 1905 年 6 月敖德萨的革命事件，列宁为通讯稿加标题:《敖德萨(一个偶然的投稿者的来稿)》。

苏共中央马列主义研究院中央党务档案馆，第 2 号全宗，第 1 号目录，第 1921 号保管单位，第 1 张—第 2 张背面。

在科斯特罗马即将举行北方委员会各小组的代表会议，亚·马·埃森 1905 年 6 月 28 日(7 月 11 日)从科斯特罗马寄信给列宁，告知代表会议的议事日程草案，并报告雅罗斯拉夫尔的情况，请求在《无产者报》上刊登阐述俄国社会民主工党土地纲领的文章。

《1905 年革命中的党》，1934 年，第 261—262 页。

列宁收到米·格·茨哈卡雅 1905 年 6 月 28 日(7 月 11 日)从梯弗利斯寄来的信，信中谈到高加索的情况以及俄国社会民主工党高加索联合会的工作情况。信中说，格鲁吉亚工人支持俄国社会民主工党第三次代表大会的决议。

苏共中央马列主义研究院中央党务档案馆，第 2 号全宗，第 5 号目录，第 176 号保管单位，第 1—7 张；В.Г.艾萨伊阿什维利:《弗·伊·列宁和格鲁吉亚》，第比利斯，1970 年，第 45、96—97、157、195 页。

6 月,29 日(7 月 12 日)以前

列宁收到社会党国际局的来信，信中询问有关俄国社会民主工党驻社会党国际局的代表权问题，并提到奥·倍倍尔提出的进行调解以促成布尔什维克和孟什维克统一的建议。

《列宁全集》中文第 2 版增订版第 45 卷第 51—52 页。

列宁会见俄国社会民主工党中央委员会战斗技术组的成员尼·叶·布勒宁，谈解决从国外获得武器的实际问题。

尼·叶·布勒宁：《难忘的年代（回忆录）》，1967 年，第 79—82、290 页；《1905 年革命中的党》，1934 年，第 194、198 页；《文学与生活》周报，1960 年 9 月 7 日，第 106 号。

6 月 29 日（7 月 12 日）

列宁致电彼得堡俄国社会民主工党中央委员会，同意增补彼·彼·鲁勉采夫为中央委员会委员（这封电报没有找到）。

《列宁全集》俄文第 5 版第 47 卷第 313 页；《1905 年革命中的党》，1934 年，第 194 页。

列宁写信给俄国社会民主工党中央委员会，告知除两项决定外，同意中央委员会通过的其他决定。列宁反对委任彼·格·斯米多维奇为中央委员会代办员，推荐伊·克·拉拉扬茨代替他；对中央委员会任命不承认党的第三次代表大会的合法性的格·瓦·普列汉诺夫为俄国社会民主工党驻社会党国际局代表感到愤慨。列宁请求将俄国社会民主工党驻社会党国际局的代表问题推至 1905 年 9 月 1 日（14 日）中央全会时解决；询问中央委员会对中央委员会给孟什维克组织委员会的《公开信》问题保持沉默的原因，公开信建议举行谈判，讨论布尔什维克和孟什维克在保持思想独立性的情况下实现统一的问题；对国内直到现在没有把关于俄国社会民主工党第三次代表大会的通知的全文登载出来感到愤慨；感谢寄来了决定、各地方委员会的信件和传单；请求能经常使他了解所有事务。

《列宁全集》中文第 2 版增订版第 45 卷第 50—53 页；《列宁文集》俄文版第 5 卷第 471—475 页；《1905 年革命中的党》，1934 年，第 198—199 页。

6 月 29 日(7 月 12 日)以后—7 月初

列宁收到列·波·克拉辛 1905 年 6 月 29 日(7 月 12 日)从彼得堡寄来的信,信中告知国内没有关于俄国社会民主工党第三次代表大会的文献,也缺少有经验的工作人员。克拉辛写到必须运用伊万诺沃-沃兹涅先斯克罢工和"波将金"号装甲舰起义的经验,告知财务情况和出版情况,请求尽可能多地派人和寄书刊来。

《1905 年革命中的党》,1934 年,第 153—154 页。

不早于 6 月 30 日(7 月 13 日)—7 月

列宁同自己的家属住在日内瓦近郊的别墅里,他每周去市里工作 3 次,有时 4 次。

《列宁全集》中文第 2 版增订版第 45 卷第 64 页;《乌里扬诺夫家书集》,1969 年,第 157 页。

6 月下半月

根据俄国社会民主工党中央委员会的决定,雅·纳·勃兰登堡斯基和其他同志被派往国内,到党的地方委员会去工作。列宁对他们作指示,说明当前局势的特点、战争的情况、"波将金"号装甲舰事件,详细分析了俄国社会民主工党第三次代表大会的决议和孟什维克日内瓦代表会议的决议。

《回忆弗·伊·列宁》,1963 年,第 32—33 页。

6 月

列宁拟定《谈谈政治同教育的混淆》一文的提纲并撰写正文。

《列宁全集》中文第 2 版增订版第 10 卷第 334—337 页;《列宁文集》俄文版第 5 卷第 307 页;《最后消息》,伦敦—日内瓦,1905 年 6 月 12 日(5 月 30 日),第 235 期。

列宁写札记《临时革命政府图景》,并在手稿第 1 页上计算印刷符号。

《列宁全集》中文第 2 版增订版第 10 卷第 240、338—340 页；苏共中央马列主义研究院中央党务档案馆，第 2 号全宗，第 1 号目录，第 1935 号保管单位，第 1 张。

列宁阅读已经出版的载有列宁撰写的《关于俄国社会民主工党第三次代表大会的通知》、代表大会通过的主要决议和党章的小册子，在小册子上作批注，并在正文各页划重点。

《克里姆林宫的弗·伊·列宁藏书》，1961 年，第 128 页；《红色文献》杂志，1941 年，第 1 期，第 45 页。

列宁会见从俄国来的阿·伊·雅柯夫列夫，他是德·伊·乌里扬诺夫的同志，向他询问莫斯科的情况和来自满洲的消息。

《历史杂志》，1942 年，第 1—2 期，第 161 页；《苏维埃俄罗斯报》，1969 年 11 月 24 日，第 275 号。

列宁同意为海燕出版社校订卡·马克思的小册子《法兰西内战》第 2 版。

《1905 年革命中的党》，1934 年，第 394 页；《俄国印刷出版业 400 年(1564—1964)。1917 年前的俄国印刷出版业》，[第 1 卷]，1964 年，第 558 页；《弗·伊·列宁及其领导的党的国外机关同乌克兰社会民主党组织通信集》，基辅，1964 年，第 733—734 页。

列宁收到德·西·波斯托洛夫斯基从维尔纳寄来的信，信中说明俄国社会民主工党维尔纳组织的困难情况，告知同该组织通信的地址。

《1905 年革命中的党》，1934 年，第 143—144 页。

俄国社会民主工党喀山委员会出版了列宁起草的、俄国社会民主工党第三次代表大会通过的关于对农民运动的态度的决议案的传单。

《列宁全集》中文第 2 版增订版第 10 卷第 152—155 页；弗·伊·列宁：《俄国社会民主工党第三次代表大会通过的关于对农民运动的态度的决议案》，传单，未注明出版地，喀山委员会印刷所，1905 年 6 月，2 页，未注明作者。

列宁在日内瓦听尔·马尔托夫作关于武装起义的报告，并作了记录。

《列宁文集》俄文版第 26 卷第 80—81 页；《回忆弗·伊·列宁》，第Ⅱ册，1925 年，第 18 页。

6 月—7 月

列宁收到阿·马·高尔基来信，信中请求列宁阅读他写给格·阿·加邦的信，如果认为合适，就转交给加邦。

《弗·伊·列宁和阿·马·高尔基》，增订第 3 版，1969 年，第 13 页。

6 月—10 月

俄国社会民主工党中央委员会、莫斯科委员会、彼得堡委员会和高加索联合会（用俄文、格鲁吉亚文和亚美尼亚文）在国内再版了俄国社会民主工党中央委员会 1905 年 6 月在日内瓦印行的载有列宁《关于俄国社会民主工党第三次代表大会的通知》一文的小册子。

《列宁全集》中文第 2 版增订版第 10 卷第 200—204 页；《弗·伊·列宁著作编年索引》，第 1 册，1959 年，第 203—204 页；《红色文献》杂志，1941 年，第 1 期，第 45 页。

7 月 1 日（14 日）

《无产阶级斗争报》第 6 号用亚美尼亚文转载了列宁的《革命无产阶级的民主主义任务》一文。

《列宁全集》中文第 2 版增订版第 10 卷第 258—264 页；《无产阶级斗争报》，梯弗利斯，1905 年 7 月 1 日（14 日），第 6 号，亚美尼亚文。

列宁写便条给潘·尼·勒柏辛斯基，请他代为在俄国社会民主工党伯尔尼协助小组为庆祝攻占巴士底狱纪念日而举行的晚会上发言(列宁的便条未找到)。

苏共中央马列主义研究院中央党务档案馆,第14号全宗,第1号目录,第131号保管单位,第79、80、82张;第351号全宗,第1号目录,第43号保管单位,第28张;第21号保管单位,第5、6张;潘·尼·勒柏辛斯基:《在转折关头》,1955年,第229页。

俄国社会民主工党高加索联合会的报纸用俄文、亚美尼亚文和格鲁吉亚文转载了列宁的《第三次代表大会》一文。

《列宁全集》中文第2版增订版第10卷第207—213页;《无产阶级斗争报》,[梯弗利斯],1905年7月1日(14日),第1号;《无产阶级斗争报》,梯弗利斯,1905年7月1日(14日),第9号,格鲁吉亚文;《无产阶级斗争报》,梯弗利斯,1905年7月1日(14日),第6号,亚美尼亚文。

7月2日(15日)

娜·康·克鲁普斯卡娅受列宁委托给在敖德萨的"叔叔"(莉·米·克尼波维奇)写信,谈在俄国社会民主工党敖德萨组织内党的领导干部的配置问题。

《弗·伊·列宁及其领导的党的国外机关同乌克兰社会民主党组织通信集》,基辅,1964年,第694—695页。

娜·康·克鲁普斯卡娅受列宁委托给在彼得堡的迭尔塔(叶·德·斯塔索娃)写信,谈充实干部以加强地方党组织的领导问题。

《1905年革命中的党》,1934年,第197—198、199—200页。

列宁致函(或致电)卡·胡斯曼,告知格·瓦·普列汉诺夫不再是俄国社会民主工党驻社会党国际局的代表(这封信没有找到)。

《列宁全集》俄文第5版第47卷第313页;《列宁和卡米耶·胡斯曼通信集。1905—1914》,巴黎,1963年,第28页。

7月,3日(16日)以后

列宁得知格·瓦·普列汉诺夫曾于1905年6月3日(16日)去信给社会党国际局,普列汉诺夫在信中错误地硬说俄国社会民主工党内两派都授权他担任驻这个机构的代表。

《列宁全集》中文第2版增订版第11卷第310—312页,第45卷第53—57页。

7月4日(17日)以前

列宁对《巴黎公社和民主专政的任务》一文的原稿进行编辑加工;写该文的结尾部分。这一材料发表在1905年7月4日(17日)《无产者报》第8号上。

《列宁全集》中文第2版增订版第11卷第125页;苏共中央马列主义研究院中央党务档案馆,第2号全宗,第1号目录,第1938号保管单位,第15—21张;《无产者报》,日内瓦,1905年7月17日(4日),第8号。

列宁阅读从基辅寄来的、叙述士兵反抗情绪的通讯稿,在通讯稿上注明:**"基辅"**。这则通讯刊登在《无产者报》第8号上。

苏共中央马列主义研究院中央党务档案馆,第2号全宗,第1号目录,第1941号保管单位,第68张背面;《无产者报》,日内瓦,1905年7月17日(4日),第8号。

列宁收到敖德萨来信。写信人请求《无产者报》编辑部刊登他附上的号召恢复俄国社会民主工党内部统一的呼吁书《致全体觉悟工人同志书》。这封来信以及编辑部所加的按语刊登在《无产者报》第8号上。

苏共中央马列主义研究院中央党务档案馆,第2号全宗,第1号目录,第1942号保管单位,第2张背面;《无产者报》,日内瓦,1905年7月17日(4日),第8号。

列宁对瓦·瓦·沃罗夫斯基的文章《工会运动和社会民主党》和弗·谢韦尔采夫(弗·弗·菲拉托夫)的文章《塔夫利达的"波将

金公爵”号装甲舰》的原稿进行编辑加工;在通讯稿《一次会议的片断》(作者不详)上计算印刷符号。这些材料发表在《无产者报》第8号上。

《列宁全集》中文第2版增订版第11卷第127—128页;苏共中央马列主义研究院中央党务档案馆,第2号全宗,第1号目录,第1939、1940号保管单位;《列宁文集》俄文版第26卷第342页;《无产者报》,日内瓦,1905年7月17日(4日),第8号。

列宁对尼·丘扎克(尼·费·纳西莫维奇)的文章《军队里发生了什么事》的原稿第二部分进行编辑加工,对文章作了多处修改,并写了关于完善其内容的建议。这篇文章发表在《无产者报》第8号上。

《列宁文集》俄文版第26卷第343页;《无产者报》,日内瓦,1905年7月17日(4日),第8号。

7月4日和13日(17日和26日)之间

列宁写《革命教导着人们》一文:在孟什维克《火星报》编辑部的题为《革命的第一个胜利》的传单上作批注和划重点,拟这篇文章的提纲并撰写文章正文。

《列宁全集》中文第2版增订版第11卷第126—135页;《列宁文集》俄文版第5卷第328页;《无产者报》,日内瓦,1905年7月17日(4日),第8号;7月26日(13日),第9号。

7月6日(19日)

娜·康·克鲁普斯卡娅受列宁委托写信给在科列兹(克里木)的施泰纳(巴尔斯卡娅),说日内瓦的“全部思想活动集中在俄国沸腾的事件周围”,询问塞瓦斯托波尔和费奥多西亚的情况。

《弗·伊·列宁及其领导的党的国外机关同乌克兰社会民主党组织通信集》,基辅,1964年,第702—703页。

列宁收到阿·瓦·卢那察尔斯基从维亚雷焦(意大利)寄来的信,信中谈给《无产者报》寄文章的问题。

《1905 年革命中的党》,1934 年,第 365 页。

7 月,6 日(19 日)以后

列宁收到维尔涅尔(亚·亚·波格丹诺夫)1905 年 7 月 6 日(19 日)从彼得堡寄来的信,信中告知给列宁寄来了俄国社会民主工党中央委员会的两个月的工作总结报告,内容是谈在出版党的宣传书刊方面所做的工作、著作家—宣传员代表大会就这一问题所作的决议以及各小组的党的教育工作。

《1905 年革命中的党》,1934 年,第 155—156 页。

7 月,7 日(20 日)以后

列宁读菲奥克拉(Б.С.佩列斯)1905 年 7 月 7 日(20 日)从敖德萨寄来的信,信中谈到沙皇政府在镇压"波将金"号装甲舰起义时,破坏了当地的布尔什维克组织,情况危急。列宁在信上作批注:**"不刊印"**。

苏共中央马列主义研究院中央党务档案馆,第 2 号全宗,第 1 号目录,第 1943 号保管单位;《1905 年革命中的党》,1934 年,第 197—198 页。

7 月,9 日(22 日)以后

列宁读布尔(亚·马·埃森)从彼得堡寄给《无产者报》编辑部的信。信中告知举行了北方委员会各小组的代表会议,并谈到他们对俄国社会民主工党中央委员会的工作的态度等等。列宁在信上注明:**"不刊印"**。

苏共中央马列主义研究院中央党务档案馆,第 2 号全宗,第 1 号目录,第 1944 号保管单位;《1905 年革命中的党》,1934 年,第 263 页。

7月,11日(24日)以前

列宁收到社会党国际局1905年6月28日(公历)从布鲁塞尔(比利时)寄来的信和附来的奥·倍倍尔的信,以及格·瓦·普列汉诺夫给社会党国际局的信的抄件。

《列宁全集》中文第2版增订版第11卷第310—312页,第45卷第53—56页;《红色史料》杂志,1925年,第1期,第117页。

7月11日(24日)

列宁致函布鲁塞尔社会党国际局书记处,揭露孟什维克的分裂行径,驳斥格·瓦·普列汉诺夫就俄国社会民主工党第三次代表大会向社会党国际局所作的关于党内情况的错误报告;告知已将奥·倍倍尔的关于"干预"俄国社会民主工党事务的建议信寄给党中央委员会;指出德国社会民主党的刊物站在孟什维克一边,对俄国社会民主工党队伍的分裂问题阐述得很片面,很不真实。

《列宁全集》中文第2版增订版第11卷第310—312页,第45卷第53—57页。

7月11日和15日(24日和28日)之间

列宁委托马·尼·利亚多夫向俄国社会民主工党中央委员会报告格·瓦·普列汉诺夫的不体面的行为,普列汉诺夫在给社会党国际局的信中声明,俄国社会民主工党内两派都授权他在社会党国际局内代表他们,这是不符合事实的。

《列宁全集》中文第2版增订版第45卷第53—54、59—60页。

7月11日(24日)以后—8月

列宁1905年7月24日(公历)致布鲁塞尔社会党国际局书记

处的信用法文和俄文印成传单。

《列宁全集》中文第2版增订版第45卷第53—57页；《弗·伊·列宁著作编年索引》，上册，1959年，第212页；《亲爱的同志们！给你们寄去下列文件……》，传单，未注明出版地，[孟什维克组织委员会出版，1905年7—8月]，胶版，第4—6页。

列宁1905年6月2日（公历）为通知举行了俄国社会民主工党第三次代表大会而写的信《致社会党国际局》印成传单发表，署名是："代表俄国社会民主工党中央委员会 **尼·列宁（弗·乌里扬诺夫）**"。

《列宁全集》中文第2版增订版第10卷第216页；《亲爱的同志们！给你们寄去下列文件……》，传单，未注明出版地，[孟什维克组织委员会出版，1905年7—8月]，胶版，第7页。

7月，不晚于12日（25日）

列宁读从敖德萨寄来的信，信中报告了在载有起义水兵的"塔夫利达公爵波将金"号装甲舰停留港口、城内发生革命事件期间当地资产阶级的活动。列宁在信上写上："必须付排，为本期用。**立即**"。这封信发表在1905年7月13日（26日）《无产者报》第9号上。

苏共中央马列主义研究院中央党务档案馆，第2号全宗，第1号目录，第1954号保管单位，第42张背面；《无产者报》，日内瓦，1905年7月26日（13日），第9号；《苏共历史问题》杂志，1965年，第11期，第25页。

7月，12日（25日）以后

列宁在一位不知名的作者的一篇短评上写标题《论〈君主会晤〉》。这篇短评中有该作者从1905年7月25日（公历）《前进报》刊载的《帝王团结一致》一文中所作的摘录。

苏共中央马列主义研究院中央党务档案馆，第2号全宗，第1号目录，第1947号保管单位；《前进报》，柏林，1905年7月25日，第171号。

7月,13日(26日)以前

列宁拟定《无产者报》第9号和第10号的稿件分配计划,计算稿件的篇幅。

苏共中央马列主义研究院中央党务档案馆,第2号全宗,第1号目录,第1948号保管单位;《无产者报》,日内瓦,1905年7月26日(13日),第9号。

列宁对盖季斯特(加·达·莱特伊仁)的《城市的革命》一文进行编辑加工,编排页码,计算文章的篇幅,指示将这一材料刊登在《无产者报》第9号上。文章发表在该号报纸上。

《列宁全集》中文第2版增订版第11卷第127—128页;苏共中央马列主义研究院中央党务档案馆,第2号全宗,第1号目录,第1953号保管单位;《无产者报》,日内瓦,1905年7月26日(13日),第9号。

列宁对一封来自彼得堡的信件进行编辑加工,信中说彼得堡工人的革命情绪在不断高涨,谢缅尼科夫工厂举行大规模群众集会,首都车辆制造厂举行罢工。信件发表在1905年7月13日(26日)《无产者报》第9号上。

苏共中央马列主义研究院中央党务档案馆,第2号全宗,第1号目录,第1956号保管单位;《无产者报》,日内瓦,1905年7月26日(13日),第9号。

列宁在一篇叙述由于"塔夫利达公爵波将金"号装甲舰起义而引起的黑海舰队的革命事件的通讯稿上写标题《**敖德萨**(过路人来信摘录)》,进行修改,并作批注:"必须全文排入这一号"。这则通讯稿发表在1905年7月13日(26日)《无产者报》第9号上。

苏共中央马列主义研究院中央党务档案馆,第2号全宗,第1号目录,第1955号保管单位;《无产者报》,日内瓦,1905年7月26日(13日),第9号;《苏共历史问题》杂志,1965年,第11期,第25页。

列宁写《色厉内荏》一文,摘录弗·恩格斯在《流亡者文献》一文中引用的亨利希·海涅《宗教辩论》一诗中的诗句。列宁认为，这句诗恰恰说明了马尔托夫分子们的行为。

《列宁全集》中文第2版增订版第11卷第136—140页;《列宁文集》俄文版第16卷第127—128页;《马克思恩格斯全集》中文第1版第18卷第582页。

就新火星派分子在《社会主义者报》上登载吹嘘他们在有组织的工人中间的拥护者比支持布尔什维克的人多得多的统计资料一事,列宁写短评《我们的赫列斯塔科夫们》。

《列宁全集》中文第2版增订版第11卷第203—204页;《列宁文集》俄文版第16卷第128—129页;《无产者报》,日内瓦,1905年7月26日(13日),第9号。

7月13日(26日)

列宁的文章《革命教导着人们》(社论)、《色厉内荏》以及短评《我们的赫列斯塔科夫们》发表在《无产者报》第9号上。

《列宁全集》中文第2版增订版第11卷第126—135、136—140页;《列宁文集》俄文版第16卷第128—129页;《无产者报》,日内瓦,1905年7月26日(13日),第9号。

7月,不早于13日(26日)

列宁对A.Ли-г《谈街垒战问题》一文的手稿进行文字修改。

苏共中央马列主义研究院中央党务档案馆,第2号全宗,第1号目录,第1982号保管单位。

列宁为自己的小册子《社会民主党在民主革命中的两种策略》撰写序言。

《列宁全集》中文第2版增订版第11卷第1—4页,第45卷第62—63页;《无产者报》,日内瓦,1905年7月26日(13日),第9号;8月9日(7月27日),第11号。

不早于7月13日(26日)—不晚于15日(28日)

列宁编辑阿布拉莫夫(罗·彼·阿夫拉莫夫)对一个敖德萨工

人关于俄国社会民主工党分裂的来信所写的复信手稿，对手稿进行修改，并编排页码。

《列宁全集》中文第2版增订版第11卷第397—398页，第45卷第59—60页；苏共中央马列主义研究院中央党务档案馆，第2号全宗，第1号目录，第1959号保管单位；《无产者报》，日内瓦，1905年7月26日(13日)，第9号；8月2日(7月20日)，第10号；А.Ф.别列日诺伊和С.В.斯米尔诺夫：《革命战士》，1969年，第16页。

列宁写《工人论党内分裂》一书序言的初稿。

《列宁全集》中文第2版增订版第11卷第397—398页，第45卷第59—60页。

7月，13日(26日)以后

列宁收到维尔涅尔(亚·亚·波格丹诺夫)1905年7月13日(26日)从彼得堡寄来的信。信中告知，俄国社会民主工党中央委员会决定暂时成立党的非正式的出版社，并组织出版合法的报纸。

《1905年革命中的党》，1934年，第156页。

7月14日(27日)

列宁收到俄国社会民主工党中央委员会关于在《无产者报》上发表俄国社会民主工党中央委员会致孟什维克组织委员会《公开信》的说明。这封《公开信》的内容是谈同孟什维克统一的问题。

《列宁全集》中文第2版增订版第45卷第52、60页；《无产者报》，日内瓦，1905年8月9日(7月27日)，第11号；《1905年革命中的党》，1934年，第155、198页。

7月，14日(27日)以后

列宁收到阿·亚·卢那察尔斯基1905年7月14日(27日)从意大利寄来的信，信中告知给《无产者报》寄去了一首诗。

苏共中央马列主义研究院中央党务档案馆，第2号全宗，第5号目录，第188号保管单位，第1张。

7 月 15 日(28 日)

列宁的《革命无产阶级的民主主义任务》一文转载于俄国社会民主工党高加索联合会的报纸——《无产阶级斗争报》俄文版第 2 号和格鲁吉亚文版第 10 号。

《列宁全集》中文第 2 版增订版第 10 卷第 258—264 页;《无产阶级斗争报》,[梯弗利斯],1905 年 7 月 15 日(28 日),第 2 号;《无产阶级斗争报》,梯弗利斯,1905 年 7 月 15 日(28 日),第 10 号,格鲁吉亚文。

列宁致函俄国社会民主工党中央委员会,告知已给社会党国际局去信批驳格·瓦·普列汉诺夫在给社会党国际局的信中所阐述的关于党内情况的错误报告。列宁在信中谈到不能任命普列汉诺夫担任俄国社会民主工党驻社会党国际局的代表,建议在普列汉诺夫承认俄国社会民主工党第三次代表大会各项决议的条件下可以让他主办党的一个学术刊物,主张同意社会党国际局关于召开布尔什维克和孟什维克代表会议的建议,列宁提醒说二者合并的条件应提交俄国社会民主工党第四次代表大会批准。

《列宁全集》中文第 2 版增订版第 45 卷第 57—60 页。

7 月,15 日(28 日)以后

列宁从 1905 年 7 月 28 日(公历)的《法兰克福报》上抄录阿尔图尔·菲尔克斯著《人口学说及人口政策》(1898 年莱比锡版)一书的书名。

《列宁文集》俄文版第 26 卷第 298、299—300 页。

列宁阅读第 105 号《火星报》,特别注意这一号的社论《不是转折的开始吗?》。

《列宁全集》中文第 2 版增订版第 11 卷第 151—152 页,第 45 卷第 63 页;《火星报》,日内瓦,1905 年 7 月 15 日,第 105 号。

列宁写《工人论党内分裂》一书序言的最后定稿。

《列宁全集》中文第2版增订版第11卷第151—157页；苏共中央马列主义研究院中央党务档案馆，第2号全宗，第1号目录，第1979号保管单位。

7月16日和20日(7月29日和8月2日)之间

列宁对《俄国自由派会议》这篇通讯的手稿进行编辑加工，通讯是根据国外报刊关于"协会联合会"代表大会的报道编写的。列宁写了新标题：《**自由派知识分子代表大会**》。这篇通讯稿发表在7月20日(8月2日)《无产者报》第10号上。

《列宁全集》中文第2版增订版第11卷第141—150页；苏共中央马列主义研究院中央党务档案馆，第2号全宗，第1号目录，第1971号保管单位；《无产者报》，日内瓦，1905年8月2日(7月20日)，第10号。

列宁写《无产阶级在进行斗争，资产阶级在窃取政权》一文：摘录《泰晤士报》、《福斯报》、《时报》、《法兰克福报》以及《解放》杂志第73期，分析这些摘录，编写企业家、商人和资产阶级知识分子分别召开的代表大会的特点对照表，拟定这篇文章的几个提纲草稿，并撰写正文。

《列宁全集》中文第2版增订版第11卷第141—150、395—396页；《列宁文集》俄文版第5卷第331—333页，第16卷第164—169页，第26卷第293—294、295、296—299页；《无产者报》，日内瓦，1905年8月2日(7月20日)，第10号；《解放》，巴黎，1905年7月19日(6日)，第73期；《泰晤士报》，伦敦，1905年7月19日，第37763号；7月20日，第37764号；7月21日，第37765号；7月22日，第37766号；7月24日，第37767号；7月25日，第37768号。

7月，不早于17日(30日)

列宁摘录(用德文)刊登在《法兰克福报》1905年7月30日(公历)上午第2版和第5版上的一篇通讯：《地方自治和城市活动

家莫斯科代表大会印象记》。

《列宁文集》俄文版第 26 卷第 296—299 页。

7 月 18 日(31 日)

列宁为弗·德·邦契-布鲁耶维奇写证明书,证明他"被任命为俄国社会民主工党在日内瓦的印刷所经理",并签字:"俄国社会民主工党中央委员会国外代表**尼·列宁**"。列宁将证明书寄往日内瓦,交弗·德·邦契-布鲁耶维奇,并通知他,为了避免可能产生的摩擦,暂时不宜委派他参加俄国社会民主工党中央委员会总务委员会;建议他"碰到什么变动时,应该讲究策略和谨慎从事"。

《列宁全集》中文第 2 版增订版第 45 卷第 61、378—379 页。

7 月 18 日和 8 月 3 日(7 月 31 日和 8 月 16 日)之间

列宁写《抵制布里根杜马和起义》一文:用《自由派的马尼洛夫精神和革命派的马尼洛夫精神》为标题拟定文章提纲,就布尔什维克和孟什维克对待这一杜马的不同策略拟草稿,并且撰写文章的正文。列宁在文章手稿上作批注:"第 12 号**社论**"。

《列宁全集》中文第 2 版增订版第 11 卷第 160—167、399—400、416—417 页;《列宁文集》俄文版第 5 卷第 336—338 页;《无产者报》,日内瓦,1905 年 8 月 16 日(3 日),第 12 号;《火星报》,日内瓦,1905 年 7 月 18 日,第 106 号;苏共中央马列主义研究院中央党务档案馆,第 2 号全宗,第 1 号目录,第 1987 号保管单位。

7 月,19 日(8 月 1 日)以前

列宁交给俄国社会民主工党日内瓦图书馆 400 余册有关土地问题、农业统计和俄国手工业问题、哲学、法学等方面的书籍,条件是当这个图书馆关闭时,书籍退还原主。

苏共中央马列主义研究院中央党务档案馆,第 2 号全宗,第 5

号目录,第201号保管单位;第32号全宗,第1号目录,第13号保管单位。

7月19日(8月1日)

列宁致函在维亚雷焦的阿·瓦·卢那察尔斯基,说自己打算写《格·普列汉诺夫的新言论》一文;指出没有卢那察尔斯基经常的和密切的合作,写政论是困难的;告知自己的小册子《社会民主党在民主革命中的两种策略》和俄国社会民主工党第三次代表大会的记录即将出版。

《列宁全集》中文第2版增订版第45卷第62—63页。

7月,不早于19日(8月1日)

列宁收到弗·德·邦契-布鲁耶维奇的来信,信中拒绝根据提出的条件掌管俄国社会民主工党印刷所。邦契-布鲁耶维奇给列宁写道,他认为对他来说最重要的是在困难情况下能向列宁请教,因为列宁的意见对于他永远是重要的和必要的。

《列宁文集》俄文版第16卷第291页。

列宁读俄国社会民主工党敖德萨组织的成员写来的信,信中揭露了孟什维克的论断:他们在《火星报》第106号上公布的、要求在组织上统一俄国社会民主工党的决议似乎是根据工人的倡议通过的。列宁在来稿上写标题《敖德萨》。

苏共中央马列主义研究院中央党务档案馆,第2号全宗,第1号目录,第1963号保管单位;《火星报》,日内瓦,1905年7月18日,第106号。

列宁收到阿·瓦·卢那察尔斯基从维亚雷焦(意大利)的来信,信中报告他的写作情况,他希望早一点知道列宁关于布里根杜马问题的计划,请求告诉他有关海军部和国民教育部预算的资料以及俄国识字人数的百分比。

《1905 年革命中的党》,1934 年,第 366—367 页。

7 月,20 日(8 月 2 日)以前

列宁为萨拉托夫委员会就如何对待俄国社会民主工党第三次代表大会关于农民运动的决议问题作出的一项决议写《编者按语》。这些材料发表在 1905 年 7 月 20 日(8 月 2 日)《无产者报》第 10 号上。

《列宁文集》俄文版第 16 卷第 130 页;《无产者报》,日内瓦,1905 年 8 月 2 日(7 月 20 日),第 10 号。

7 月 20 日(8 月 2 日)

列宁的《无产阶级在进行斗争,资产阶级在窃取政权》(社论)一文,以及他为萨拉托夫委员会关于俄国社会民主工党第三次代表大会的决议所写的《编者按语》在《无产者报》第 10 号上发表。

《列宁全集》中文第 2 版增订版第 11 卷第 141—150 页;《列宁文集》俄文版第 16 卷第 129—130 页;《无产者报》,日内瓦,1905 年 8 月 2 日(7 月 20 日),第 10 号。

列宁写信给在意大利的阿·瓦·卢那察尔斯基,说俄国社会民主工党第三次代表大会以后同孟什维克的斗争进入了新阶段;指出在国内外党的工作中存在着严重缺点;强调要竭尽全力为维护党而斗争。列宁建议卢那察尔斯基从意大利来日内瓦亲自参加演讲宣传工作。弗拉基米尔·伊里奇写道:"个人的影响和会议上的发言在政治上有极大的作用。没有这些就没有政治活动……"。

《列宁全集》中文第 2 版增订版第 45 卷第 63—65 页;《1905 年革命中的党》,1934 年,第 365—366 页。

7 月 20 日和 27 日(8 月 2 日和 9 日)之间

列宁为俄国社会民主工党国外组织代表会议决议写《编者按语》。

《列宁全集》中文第2版增订版第11卷第168页;《列宁文集》俄文版第26卷第434页;《无产者报》,日内瓦,1905年8月2日(7月20日),第10号;8月9日(7月27日),第11号;8月16日(3日),第12号。

7月20日(8月2日)以后—8月初

列宁收到阿·瓦·卢那察尔斯基从维亚雷焦寄来的信,信中请求将卢那察尔斯基的题为《欧洲无产阶级革命斗争史纲要》的一组文章和最近两月的《晨报》寄去。

苏共中央马列主义研究院中央党务档案馆,第2号全宗,第5号目录,第173号保管单位,第1张—第1张背面。

7月20日和9月1日(8月2日和9月14日)之间

列宁写《社会民主党对农民运动的态度》一文。

《列宁全集》中文第2版增订版第11卷第217—225页;《无产者报》,日内瓦,1905年9月14日(1日),第16号。

7月21日(8月3日)

俄国社会民主工党中央委员会决定通知列宁,说成立了中央委员会出版事务委员会,并请他"在没有同设在圣彼得堡的委员会商定之前,暂不要采取任何措施将版权卖给任何出版人,不要把全权交给任何人,也不要进行有关的谈判"。

《列宁文集》俄文版第5卷第535、536页;《1905年革命中的党》,1934年,第202页。

7月22日(8月4日)

娜·康·克鲁普斯卡娅受列宁委托,写信给俄国社会民主工党叶卡捷琳诺斯拉夫委员会,希望能得到关于委员会内部情况的更全面的介绍,以便知道应如何帮助该委员会;信中还告知,日内将寄去关于国外情况和党内情况的信。

《弗·伊·列宁及其领导的党的国外机关同乌克兰社会民主

党组织通信集》，基辅，1964年，第707—708页。

娜·康·克鲁普斯卡娅受列宁委托，给在彼得堡的莉·亚·福季耶娃复信，要求她为《无产者报》编辑部组稿，并协助敦促俄国社会民主工党彼得堡委员会回答附上的给许多党组织寄去的问题。

《1905年革命中的党》，1934年，第264页。

7月23日(8月5日)

娜·康·克鲁普斯卡娅受列宁委托，写信给俄国社会民主工党中央委员会责任宣传员因萨罗夫(伊·克·拉拉扬茨)，请他为《无产者报》写文章谈谈自己的工作，并向党的地方组织的宣传员转达同样的要求，同时向他指出哪些是极需加以阐明的问题。

《1905年革命中的党》，1934年，第155、265页；《无产者报》，日内瓦，1905年10月17日(4日)，第21号。

7月,23日(8月5日)以后

列宁收到卡·胡斯曼从布鲁塞尔(比利时)寄来的复信，信中说社会党国际局执行委员会对俄国社会民主党事务的干预“只是道义上的影响”。

《列宁全集》中文第2版增订版第45卷第122页。

7月24日或25日(8月6日或7日)

列宁写信给在彼得堡的安·伊·乌里扬诺娃-叶利扎罗娃(这封信没有找到)。

《列宁全集》中文第2版增订版第11卷第433页；《乌里扬诺夫家书集》，1969年，第158—159页。

7月25日(8月7日)

列宁的小册子《社会民主党在民主革命中的两种策略》由俄国

N. Lenin. Deux tactiques.

Prix: 1 fr. 25 cts. — 1 mk. — 18 ch. — 25 cent.

Россійская Соціальдемократическая Рабочая Партія.

Пролетаріи всѣхъ странъ соединяйтесь!

Н. ЛЕНИНЪ.

Двѣ тактики соціальдемократіи въ демократической революціи.

Изданіе Центр. Ком. Р. С. Д. Р. П.

ЖЕНЕВА
Типографія Партіи. 3, rue de la Colline 3.
1905.

1905年列宁《社会民主党在民主革命中的两种策略》一书封面

社会民主工党中央委员会在日内瓦出版。

《列宁全集》中文第2版增订版第11卷第1—124页;弗·伊·列宁:《社会民主党在民主革命中的两种策略》,俄国社会民主工党中央委员会出版,日内瓦,党的印刷所,1905年,VIII页,108页,(俄国社会民主工党),书名前标明作者:尼·列宁;苏共中央马列主义研究院中央党务档案馆,第26号全宗,第1号目录,第208、213号保管单位;《无产者报》,日内瓦,1905年8月9日(7月27日),第11号。

7月,25日(8月7日)以后

列宁收到瓦·瓦·沃罗夫斯基1905年7月25日(8月7日)寄来的信,信中说已将文章寄回。这篇文章可能是列宁寄给他进一步修改的。

苏共中央马列主义研究院中央党务档案馆,第2号全宗,第5号目录,第195号保管单位。

列宁收到谢·伊·古谢夫1905年7月25日(8月7日)自敖德萨寄来的信,信上标明:"给列宁的私人信件",信中报告了俄国社会民主工党地方组织的情况。

《弗·伊·列宁及其领导的党的国外机关同乌克兰社会民主党组织通信集》,基辅,1964年,第714—715页。

7月,不晚于26日(8月8日)

列宁对瓦·瓦·沃罗夫斯基的文章《资产阶级和君主制度》、《工会运动的开始阶段》的手稿以及维·加里宁(维·阿·卡尔宾斯基)的文章《农民运动》的手稿进行编辑加工。这三篇文章发表在1905年7月27日(8月9日)《无产者报》第11号上。

《列宁文集》俄文版第16卷第272页,第26卷第342—344页;《无产者报》,日内瓦,1905年8月9日(7月27日),第11号。

7月,26日(8月8日)以后

列宁收到瓦·瓦·沃罗夫斯基的来信,信中说已寄回经沃罗夫斯基校订的卡·马克思的小册子《〈黑格尔法哲学批判〉导言》的俄译本。

《1905年革命中的党》,1934年,第355页。

7月28日(8月10日)

娜·康·克鲁普斯卡娅受列宁委托写信给在敖德萨的谢·伊·古谢夫,说派了几位同志到俄国社会民主工党敖德萨组织去工作。

《弗·伊·列宁及其领导的党的国外机关同乌克兰社会民主党组织通信集》,基辅,1964年,第719—720页。

7月30日和8月3日(8月12日和16日)之间

列宁写信给托木斯克、里加、萨马拉、喀山和莫斯科的党的地方委员会。可能同时还把这封信的抄件寄给了俄国社会民主工党中央委员会(这封信没有找到)。

《列宁全集》俄文第5版第11卷第433页;苏共中央马列主义研究院中央党务档案馆,第26号全宗,第1号目录,第195号保管单位,第13张。

7月,31日(8月13日)以前

列宁写俄国社会民主工党第三次代表大会记录出版委员会关于代表大会的票数和表决程序的按语。这一按语刊载于1905年出版的《俄国社会民主工党第三次例行代表大会。记录全文》一书。

《列宁全集》中文第2版增订版第45卷第62、67页;苏共中央马列主义研究院中央党务档案馆,第2号全宗,第1号目录,第1980号保管单位;《俄国社会民主工党第三次例行代表大会。记录全文》,中央委员会出版,日内瓦,党的印刷所,1905年,第8页;《1905年革命中的党》,1934年,第308页。

7月31日(8月13日)

列宁收到康斯坦丁·谢尔盖耶维奇(尼·瓦·多罗申科)的来

信和“声明”，谈他被俄国社会民主工党彼得堡委员会错误地解除了工作。

《列宁全集》中文第 2 版增订版第 45 卷第 68—69 页；苏共中央马列主义研究院中央党务档案馆，第 26 号全宗，第 1 号目录，第 264 号保管单位；第 2 号全宗，第 5 号目录，第 196 号保管单位。

7 月底—8 月 3 日（16 日）以前

列宁对阿·瓦·卢那察尔斯基的《群众政治罢工。文章之四》和《日本的胜利和社会民主党。文章之二》两篇文章的手稿进行编辑加工。这两篇文章发表在 1905 年 8 月 3 日（16 日）《无产者报》第 12 号上。

苏共中央马列主义研究院中央党务档案馆，第 2 号全宗，第 1 号目录，第 1989、1990 号保管单位；《无产者报》，日内瓦，1905 年 8 月 16 日（3 日），第 12 号。

7 月底—不晚于 8 月 6 日（19 日）

列宁收到阿·瓦·卢那察尔斯基从意大利寄来的信，信中说已经寄出了自己的《欧洲无产阶级革命斗争史纲要》的下一部分以及《纲要》的后记。卢那察尔斯基在信中对科斯特罗夫（诺·尼·饶尔丹尼亚）的小册子《“多数派”还是“少数派”?》发表了否定的意见；说他还没有读完列宁的小册子《社会民主党在民主革命中的两种策略》。

《列宁全集》中文第 2 版增订版第 45 卷第 62、69—71 页；《1905 年革命中的党》，1934 年，第 367 页；《政府新闻》，1905 年 8 月 6 日（19 日），第 169 号。

7 月

列宁撰写《传单草稿》，文中谈到高加索、波兰、敖德萨以及其他城市的革命事件，建立革命军队的必要性，革命政府的口号和目的。

《列宁全集》中文第2版增订版第11卷第158—159页。

列宁收到迭尔塔(叶·德·斯塔索娃)从彼得堡寄来的信,信中谈到俄国社会民主工党中央委员会和彼得堡委员会的工作。

《1905年革命中的党》,1934年,第195—197页。

列宁审定卡·马克思的小册子《法兰西内战》的俄译本。

《列宁全集》俄文第5版第11卷第435—436页;《马克思恩格斯著作遗产》,1969年,第52页;《苏共历史问题》杂志,1964年,第6期,第45—52页;《1905年革命中的党》,1934年,第395页;《弗·伊·列宁及其领导的党的国外机关同乌克兰社会民主党组织通信集》,基辅,1964年,第733—734页。

列宁审定奥尔洛夫斯基(瓦·瓦·沃罗夫斯基)在俄国社会民主工党第三次代表大会第14次会议上关于党对农民运动的态度的发言记录。这一发言记录于1905年发表在《俄国社会民主工党第三次例行代表大会。记录全文》一书中。

《列宁全集》中文第2版增订版第45卷第62、67页;苏共中央马列主义研究院中央党务档案馆,第2号全宗,第1号目录,第1981号保管单位,第610张背面;《俄国社会民主工党第三次例行代表大会。记录全文》,中央委员会出版社,日内瓦,党的印刷所,1905年,第215—216页。

列宁对阿·瓦·卢那察尔斯基的小册子《欧洲无产阶级革命斗争史纲要》进行编辑加工。这本小册子由俄国社会民主工党中央委员会出版社于1905年在日内瓦出版。

《列宁全集》中文第2版增订版第45卷第62页;《1905年革命中的党》,1934年,第367页;阿·瓦·卢那察尔斯基:《欧洲无产阶级革命斗争史纲要》,日内瓦,党的印刷所,1905年,2、38页,(俄国社会民主工党),有俄文和德文标题。

7月—8月

警察在莫斯科、希格雷市(库尔斯克省)和里加进行搜捕时发现了列宁的小册子《进一步,退两步》。

《红色文献》杂志,1941 年,第 1 期,第 46、47—48 页。

7 月—10 月

列宁在他收到的各号《火星报》的文章上划记号并写批注。

苏共中央马列主义研究院中央党务档案馆,第 2 号全宗,第 1 号目录,第 2141 号保管单位。

7 月—12 月

警察在莫斯科、里加、喀山、沃洛格达、科斯特罗马、阿斯特拉罕、华沙地区、莫斯科—喀山铁路阿拉特里站、彼得堡、彼尔姆、敖德萨、雅罗斯拉夫尔、文达瓦、卡韦里村(沃罗涅日省)发现了列宁的传单《三种宪法或三种国家制度》。

《红色文献》杂志,1941 年,第 1 期,第 45、46、48、49、50—53 页。

警察在叶卡捷琳诺斯拉夫、科斯特罗马、莫斯科、华沙、伊丽莎白格勒、里加、斯摩棱斯克、伊万诺沃-沃兹涅先斯克、上沃洛乔克、敖德萨、彼尔姆、新谢利齐(比萨拉比亚省)附近的边境站、喀山、彼得堡、奔萨和基辅进行搜捕时,发现了载有列宁所著的《关于俄国社会民主工党第三次代表大会的通知》的小册子。

《红色文献》杂志,1941 年,第 1 期,第 45、46、47、48、49、50—52 页。

8 月 1 日(14 日)

列宁阅读刊登在《火星报》第 107 号上的俄国社会民主工党中央委员会代表和孟什维克中央——组织委员会的代表于 1905 年 7 月 12 日(25 日)就统一问题举行会议的记录。

《列宁全集》中文第 2 版增订版第 45 卷第 66 页;《火星报》,日内瓦,1905 年 7 月 29 日,第 107 号。

尼·瓦·多罗申科对他由于在一个背叛了布尔什维克的人所写的《公开信》上签名而被解除党内职务一事提出申诉。列宁就此事写信给中央委员会和彼得堡委员会的成员。弗拉基米尔·伊里奇由于本身知道申诉人是一个好的党的工作者，并且考虑到事件的全部情况，于是发表维护申诉人的意见。

《列宁全集》中文第2版增订版第45卷第68—69页；苏共中央马列主义研究院中央党务档案馆，第26号全宗，第1号目录，第264号保管单位；第2号全宗，第5号目录，第196号保管单位。

列宁致函俄国社会民主工党中央委员会，批评中央委员会委员（列·波·克拉辛、亚·亚·波格丹诺夫等人）由于1905年7月俄国社会民主工党中央委员会和孟什维克组织委员会举行会议而在同孟什维克统一问题上采取调和主义立场。列宁提醒说，解决这一问题必须严格遵循俄国社会民主工党第三次代表大会关于合并的条件应由党的下一次代表大会批准的决议。列宁请求告知，原定的中央委员的会议是否召开。

《列宁全集》中文第2版增订版第45卷第66—67页。

8月，不早于2日（15日）

列宁阅读格·瓦·普列汉诺夫出版的《社会民主党人日志》第2期并在上面划重点。

《列宁全集》中文第2版增订版第45卷第69—71页；苏共中央马列主义研究院中央党务档案馆，第2号全宗，第1号目录，第2054号保管单位；《1905年革命中的党》，1934年，第308—309页。

8月2日和6日（15日和19日）之间

鉴于出版了诺·饶尔丹尼亚的小册子《“多数派”还是“少数派”？》以及《火星报》发表了尔·马尔托夫、亚·尼·波特列索夫等孟什维克的文章，列宁在给阿·瓦·卢那察尔斯基的复信中建议写两篇文章来回答这些文章：第一，写一篇通俗的俄国社会民主工党分裂情况简述，“附上各种精确的文件”，从经济主义说起；第二，写一篇生动、尖锐、透彻和详尽的剖析这些文章的文学批评式的述评，戳穿孟什维克的愚蠢谎言和揭露他们在反对布尔什维克的斗争中手段的“丑行与毒害”。列宁说，他想在将来写第一个题目，而最近时期正“着手”答复刊登在《社会民主党人日志》第 2 期上的格·瓦·普列汉诺夫的文章《与友人通信选录（给〈无产者报〉编辑部的信）》，其次还想写一本通俗小册子《工人阶级和革命》。弗拉基米尔·伊里奇在信中建议卢那察尔斯基承担拟定的两个题目中的第二个题目。

《列宁全集》中文第 2 版增订版第 45 卷第 69—71 页；《1905 年革命中的党》，1934 年，第 308—309、367 页；《政府通报》，1905 年 8 月 6 日（19 日），第 169 号。

8 月 2 日和 10 日（15 日和 23 日）之间

列宁在给瓦·瓦·沃罗夫斯基的信中建议他写一篇文章（可能是关于国家杜马的小册子），并告诉他说，自己打算写文章批判格·瓦·普列汉诺夫的《与友人通信选录（给〈无产者报〉编辑部的信）》一文（列宁的信没有找到）。

《列宁全集》俄文第 5 版第 11 卷第 434 页；《列宁全集》中文第 2 版增订版第 45 卷第 64 页；《1905 年革命中的党》，1934 年，第 356—357 页；苏共中央马列主义研究院中央党务档案馆，第 17 号全宗，第 1 号目录，第 569 号保管单位；第 26 号全宗，第 1 号目录，第 346 号保管单位；《无产者报》，日内瓦，1905 年 10 月 3 日（9 月 20 日），第 19 号。

8 月，2 日（15 日）以后

列宁收到阿·瓦·卢那察尔斯基从维亚雷焦寄来的信，信中说他同意写文章揭露孟什维克,并告知自己的写作情况。

《列宁全集》中文第2版增订版第45卷第69—70、71—73页;《1905年革命中的党》,1934年,第368—369页。

为答复格·瓦·普列汉诺夫的《与友人通信选录(给〈无产者报〉编辑部的信)》,列宁撰写《普列汉诺夫和新〈火星报〉》一文(或小册子),拟定文章提纲,撰写该文的两种序言草稿。这篇文章(或小册子)没有完成。

《列宁全集》中文第2版增订版第45卷第70页;《列宁文集》俄文版第5卷第360—366页,第16卷第186—187页;《1905年革命中的党》,1934年,第308—309页。

8月3日(16日)以前

列宁在阿·瓦·卢那察尔斯基的诗作《纪念1月9日》的手稿上作批注:"付排,一定发在第12号上"。这首诗发表在1905年8月9日(22日)《无产者报》第13号上。

苏共中央马列主义研究院中央党务档案馆,第2号全宗,第1号目录,第1997号保管单位;《无产者报》,日内瓦,1905年8月16日(3日),第12号;8月22日(9日),第13号。

8月3日(16日)

列宁的《抵制布里根杜马和起义》(社论)一文和为俄国社会民主工党国外组织代表会议决议加的按语发表在《无产者报》第12号上。

《列宁全集》中文第2版增订版第11卷第160—167、168页;《列宁文集》俄文版第26卷第434页;《无产者报》,日内瓦,1905年8月16日(3日),第12号。

8月,3日(16日)以后

列宁收到拉赫美托夫(亚·亚·波格丹诺夫)从彼得堡寄来的信,这封信是对列宁1905年7月15日(28日)寄给俄国社会民主工党中央委员会的信的答复。信中说俄国社会民主工党中央委员会同意出席社会党国际局建议召开的同孟什维克和解的代表会议。还说即将召开俄国社会民主党组织讨论对国家杜马的态度问题的代表会议，同时告知已给列宁寄来《工人报》第1号和中央委员会《快报》第3号。

《列宁全集》中文第2版增订版第45卷第57—60页；《1905年革命中的党》，1934年，第157页。

列宁收到瓦·瓦·沃罗夫斯基1905年8月3日(16日)寄来的信，信中说他给列宁寄来了自己的手稿。这篇稿件为盖季斯特(加·达·莱特伊仁)的《城市革命》一文进行辩护，驳斥尔·马尔托夫的攻击。

《1905年革命中的党》，1934年，第356页。

列宁收到米·斯·奥里明斯基1905年8月3日(16日)的来信，信中谈到在《无产者报》上发表文章的问题。

《列宁全集》中文第2版增订版第45卷第68—69、70页；《1905年革命中的党》，1934年，第356、373页。

8月，不早于5日(18日)

列宁收到阿·瓦·卢那察尔斯基从维亚雷焦寄来的信，信中高度称赞列宁的小册子《社会民主党在民主革命中的两种策略》。

《1905年革命中的党》，1934年，第368页。

8月，不早于6日(19日)

列宁对П.尼古拉耶夫的小册子《俄国革命》的手稿进行编辑加工，编写注释和拟定扉页的措辞。这本小册子于1905年在日内瓦由俄国社会民主工党中央委员会出版。

《列宁全集》中文第2版增订版第11卷第169页;《列宁全集》俄文第5版第11卷第437页;《列宁文集》俄文版第26卷第345页;П.尼古拉耶夫:《俄国革命》,俄国社会民主工党中央委员会出版,日内瓦,党的印刷所,1905年,30页,(俄国社会民主工党)。

列宁把自己对斯·斯·(帕·尼·米留可夫)的《参加还是不参加国家杜马?》一文的感想告诉娜·康·克鲁普斯卡娅和谢·伊·莫伊谢耶夫,作者在这篇文章中"泄露了地主和资本家的隐秘的'杜马'①"。

《列宁全集》中文第2版增订版第11卷第192、240、406页;《苏共历史问题》杂志,1960年,第6期,第165—166页;《解放》杂志,巴黎,1905年8月19日(6日),第75期。

列宁写《做君主派资产阶级的尾巴,还是做革命无产阶级和农民的领袖?》一文的部分提纲的简要草稿。

《列宁全集》中文第2版增订版第11卷第192—193页;《列宁文集》俄文版第16卷第183—184页;《解放》杂志,巴黎,1905年8月19日(6日),第75期。

8月7日(20日)

娜·康·克鲁普斯卡娅受列宁委托写信给在彼得堡的尼·瓦·多罗申科,信中说列宁已经写信给中央委员会和彼得堡委员会,对他的"声明"作了答复。

《列宁全集》中文第2版增订版第45卷第68—69页;苏共中央马列主义研究院中央党务档案馆,第26号全宗,第1号目录,第264号保管单位;第2号全宗,第5号目录,第196号保管单位。

8月,不早于7日(20日)

列宁写《我国自由资产者希望的是什么,害怕的是什么?》一文。

---

① 俄文ДУМА在这里是双关语,同时有"思想"的意思。——译者注

《列宁全集》中文第2版增订版第11卷第226—231页;《我们的生活报》,1905年8月7日(20日),第200号。

8月7日和16日(20日和29日)之间

列宁写《"沙皇与人民和人民与沙皇的一致"》一文:从俄文报纸和外文报纸以及其他资料中就布里根杜马的选举问题作摘录,统计复选人的人数和社会成分,拟文章提纲,写有关本题的批注和文章正文。

《列宁全集》中文第2版增订版第11卷第172—180、401—404页;《列宁文集》俄文版第5卷第340—341页,第16卷第170—176、183—184页,第26卷第301页;《无产者报》,日内瓦,1905年8月29日(16日),第14号;《俄罗斯报》,1905年8月6日(19日),第180号。

8月,7日(20日)以后

列宁收到格尔曼(尼·叶·布勒宁)1905年8月7日(20日)的来信,信中谈有关从国外得到武器的问题。

《1905年革命中的党》,1934年,第324—325页。

8月8日(21日)

娜·康·克鲁普斯卡娅受列宁委托写信给在叶卡捷琳诺斯拉夫的M.亚历山德罗夫,信中说已将他的关于加强地方党组织的领导的要求转告俄国社会民主工党中央委员会。

《弗·伊·列宁及其领导的党的国外机关同乌克兰社会民主党组织通信集》,基辅,1964年,第724、725页。

8月,9日(22日)以前

俄国社会民主工党中央委员会出版社在日内瓦出版了列宁作序的《工人论党内分裂》小册子。

《列宁全集》中文第2版增订版第11卷第151—157、397—398页;《无产者报》,日内瓦,1905年8月22日(9日),第13号;《工人论党内分裂》,俄国社会民主工党中央委员会出版社,日内瓦,党的印刷所,1905年,VIII、9、IV页(俄国社会民主工党)。

列宁对瓦·瓦·沃罗夫斯基的《欧洲革命和欧洲反动势力》一文的手稿进行编辑加工。这篇文章发表在1905年8月9日(22日)《无产者报》第13号上。

苏共中央马列主义研究院中央党务档案馆,第2号全宗,第1号目录,第1996号保管单位;《无产者报》,日内瓦,1905年8月22日(9日),第13号。

列宁对从下诺夫哥罗德和索尔莫沃寄来的谈这两个城市罢工、工人集会和镇压情况的通讯稿进行编辑加工,作批注说这一材料已经准备好,可以刊登在《无产者报》"社会生活"栏。列宁在一封来自索尔莫沃的信上以及尚在合成一篇短评的第一组信件上签了字,给俄国社会民主工党中央机关报编辑部工作人员尼·费·纳西莫维奇附去下列批语:"季尔克斯同志!这一份和下一份稿件已经完全**准备好了**,我同意。应**立即**登载。请费心妥善及时制定好**计划**,不要耽误出刊!""首先排**下诺夫哥罗德**,其次是**索尔莫沃**(所有索尔莫沃的稿件)。"这些材料发表在1905年8月9日(22日)《无产者报》第13号上。

《列宁全集》中文第2版增订版第11卷第181页;苏共中央马列主义研究院中央党务档案馆,第2号全宗,第1号目录,第1998号保管单位,第70张,第74张背面;第1999、2000、2001号保管单位;《无产者报》,日内瓦,1905年8月22日(9日),第13号。

列宁对从叶卡捷琳诺斯拉夫寄来的稿件进行编辑加工,稿件谈到在布尔什维克领导下该地社会民主党人举行活动反对本市的排犹暴行。列宁在稿件上作批注:"**叶卡捷琳诺斯拉夫**","已经准备好!登'**社会生活**'**栏**。**一定**刊登在这一号"。这一材料发表在《无产者报》第13号的"社会生活"一栏里。

《列宁全集》中文第 2 版增订版第 11 卷第 183 页;苏共中央马列主义研究院中央党务档案馆,第 2 号全宗,第 1 号目录,第 2002 号保管单位,第 82—86 张;《无产者报》,日内瓦,1905 年 8 月 22 日(9 日),第 13 号。

列宁对从巴库寄来的稿件进行编辑加工,稿件谈到巴拉汉俄国社会民主工党区委会的成立及其在工作中取得的初步成就。列宁指示将这一材料刊登在《无产者报》"工人活动"一栏。这一稿件发表在该报第 13 号上。

苏共中央马列主义研究院中央党务档案馆,第 2 号全宗,第 1 号目录,第 2003 号保管单位;《无产者报》,日内瓦,1905 年 8 月 22 日(9 日),第 13 号。

8 月 9 日(22 日)

列宁的《米·尼·波克罗夫斯基〈专业知识分子和社会民主党人〉一文按语》和《〈无产者报〉编辑部答"一个工人"同志问》发表在《无产者报》第 13 号上。

《列宁全集》中文第 2 版增订版第 11 卷第 170、171 页;《无产者报》,日内瓦,1905 年 8 月 22 日(9 日),第 13 号。

警察在拉扎列夫卡村(明斯克省)从一个农民手里没收了列宁的小册子《革命青年的任务》。

《红色文献》杂志,1941 年,第 1 期,第 47 页。

8 月 9 日和 16 日(22 日和 29 日)之间

列宁写《黑帮分子和组织起义》一文。

《列宁全集》中文第 2 版增订版第 11 卷第 181—185 页。

列宁写短评《"自由派"地方自治人士已经变卦了吗?》。

《列宁全集》中文第 2 版增订版第 11 卷第 187 页。

8 月,9 日(22 日)以后

列宁收到阿·瓦·卢那察尔斯基从维亚雷焦寄来的信,信中告知正在写《马克思主义的哲学前提》一文，并打算写《朴次茅斯的悲喜剧》一文。

苏共中央马列主义研究院中央党务档案馆，第 2 号全宗，第 5 号目录，第 211 号保管单位，第 1—2 张。

列宁从《日内瓦日报》上摘录一个俄国高级官员反对大赦的言论。列宁后来在自己的《做君主派资产阶级的尾巴，还是做革命无产阶级和农民的领袖？》一文中引用了这一材料。

《列宁全集》中文第 2 版增订版第 11 卷第 197 页；《列宁文集》俄文版第 26 卷第 302—303 页。

8 月 10 日和 12 日（23 日和 25 日）之间

列宁写信给俄国社会民主工党彼得堡委员会罗·萨·捷姆利亚奇卡（这封信没有找到）。

《列宁全集》俄文第 5 版第 11 卷第 434 页；苏共中央马列主义研究院中央党务档案馆，第 26 号全宗，第 1 号目录，第 195 号保管单位，第 13 张。

8 月，不晚于 11 日（24 日）

列宁根据中央委员会的指示同铁锤出版社商谈再版自己的小册子《告贫苦农民》。

《弗·伊·列宁及其领导的党的国外机关同乌克兰社会民主党组织通信集》，基辅，1964 年，第 734 页；《1905 年革命中的党》，1934 年，第 156、202 页。

列宁委托俄国社会民主工党中央委员会负责出版自己的著作。

《弗·伊·列宁及其领导的党的国外机关同乌克兰社会民主党组织通信集》，基辅，1964 年，第 734 页；《1905 年革命中的党》，1934 年，第 202 页。

8 月 11 日和 23 日（8 月 24 日和 9 月 5 日）之间

列宁读 1905 年 8 月 24 日（公历）《工人报》刊登的尔·马尔托

夫的《俄国无产阶级和杜马》一文，这篇文章是《火星报》关于社会民主党参加布里根杜马选举的计划的发展。据娜·康·克鲁普斯卡娅说，弗拉基米尔·伊里奇在阅读这篇文章时“非常激动，并准备论证这个‘计划’是完全荒谬的”。他翻译和抄录这篇文章的基本内容，并为文章加上标题《新〈火星报〉及其杜马运动计划》。后来，弗拉基米尔·伊里奇又翻译并抄录了1905年8月26日（公历）《前进报》关于这篇文章的概述，写标题《〈前进报〉是怎样概述〈火星报〉计划的》。此外，列宁摘录了尔·马尔托夫这篇文章的基本论点并对这些论点进行批判，题为《新〈火星报〉的新计划或当代的吉伦特派》；拟定文章的两种提纲，标题为《新火星派的杜马运动计划》和《新〈火星报〉及其杜马运动计划》。看来，列宁由于新资料的出现，针对马尔托夫仅写了一篇短评《对最混乱的计划所作的最清楚的说明》，然后便开始就同一主题、但却从更广阔的角度撰写文章，题为《做君主派资产阶级的尾巴，还是做革命无产阶级和农民的领袖？》。

《列宁全集》中文第2版增订版第11卷第188—199、200—202、405—408、409—410页，第45卷第79页；《列宁文集》俄文版第5卷第345—358页，第16卷第183—184页，第26卷第195—196、302—303页；《1905年革命中的党》，1934年，第271页；《工人报》，维也纳，1905年8月24日，第233号；《弗·伊·列宁及其领导的党的国外机关同乌克兰社会民主党组织通信集》，基辅，1964年，第738页。

8月12日（25日）

娜·康·克鲁普斯卡娅受列宁委托，告诉在敖德萨的谢·伊·古谢夫，收到了他的信件；告诉古谢夫，列宁将自己的著作《土地问题上的“批评家”先生们》交给敖德萨海燕出版社再版，并为该社校订了卡·马克思的《法兰西内战》一书的译文。克鲁普斯卡娅还在信中告知，根据俄国社会民主工党中央委员会的指示，列宁同铁锤出版社商定再版自己的小册子《告贫苦农民》，并委托俄国社会民主工党中央委员会负责出版自己的著作。

《列宁全集》中文第2版增订版第5卷第84—244页；《弗·伊·列宁及其领导的党的国外机关同乌克兰社会民主党组织通信集》，基辅，1964年，第733—734页。

8月12日和23日(8月25日和9月5日)之间

列宁写《俄国的财政和革命》一文的编者按语，在写按语时列宁利用了自己从1905年8月25日(公历)《泰晤士报》和1905年8月27日(公历)《法兰克福报》上所作的关于鲁道夫·马丁《俄国和日本的未来。德国的数十亿钱款处于危险中》(1905年柏林版)一书的英文、德文和俄文摘录。

《列宁全集》中文第2版增订版第11卷第205页；《列宁文集》俄文版第16卷第181—183页；《无产者报》，日内瓦，1905年9月5日(8月23日)，第15号。

8月，12日(25日)以后

娜·康·克鲁普斯卡娅受列宁委托写信给在彼得堡的叶·德·斯塔索娃，请求告知关于俄国社会民主工党彼得堡委员会的组成情况以及该委员会同尼·瓦·多罗申科之间的冲突结局如何。

《列宁全集》中文第2版增订版第45卷第68—69页；《1905年革命中的党》，1934年，第203页。

列宁收到罗·彼·阿夫拉莫夫的来信，信中说已把从列宁那里拿来的书转交给了另外一个人。

苏共中央马列主义研究院中央党务档案馆，第2号全宗，第5号目录，第208号保管单位。

列宁收到谢·伊·古谢夫1905年8月12日(25日)从敖德

萨寄来的信,信上注明:“给列宁的私人信件”。古谢夫在信中告知南俄一些党的工作者的所在地点,并且谈到俄国社会民主工党地方组织财务困难的情况。

《弗·伊·列宁及其领导的党的国外机关同乌克兰社会民主党组织通信集》,基辅,1964年,第734—735、737页。

8月,13日(26日)以后

列宁写《四八年革命运动参加者斯蒂凡·波尔恩回忆录》(1898年莱比锡版)一书的批语;从这本书和其他材料中摘录关于斯蒂凡·波尔恩生平的资料。

《列宁全集》中文第2版增订版第11卷第123—124页;《列宁文集》俄文版第16卷第177—181页;《火星报》,日内瓦,1905年8月13日,第108号。

列宁往柏林写信,询问斯蒂凡·波尔恩的准确姓名(这封信没有找到)。

《列宁全集》中文第2版增订版第11卷第123—124页;苏共中央马列主义研究院中央党务档案馆,第26号全宗,第1号目录,第365号保管单位;第2号全宗,第5号目录,第213、234号保管单位;《列宁文集》俄文版第16卷第177、180—181页;《火星报》,日内瓦,1905年8月13日,第108号。

列宁在一位姓名不详的人摘录格·瓦·普列汉诺夫文章的笔记上写道:“存档”。普列汉诺夫的这篇文章刊登在《曙光》杂志第1期,题为《略论最近一次巴黎国际社会党代表大会》,谈社会党人参加资产阶级政府问题。

苏共中央马列主义研究院中央党务档案馆,第2号全宗,第1号目录,第2012号保管单位;《曙光》杂志,斯图加特,1901年,第1期,第238页。

8月14日(27日)

娜·康·克鲁普斯卡娅受列宁委托写信给在彼得堡的玛·

伊·乌里扬诺娃，请求“尽快”将1905年《俄国财富》杂志第6期和《十九世纪德国史纲要》(第1卷，1905年圣彼得堡版)寄来。

《1905年革命中的党》，1934年，第270—271页；《俄国财富》，1905年，第6期；《十九世纪德国史纲要》，第1卷，1905年。

8月14日和20日(8月27日和9月2日)之间

列宁收到俄国社会民主工党中央委员会和孟什维克的执行机关组织委员会关于双方分配国外各社会党和工人组织支援俄国革命的钱款的协议草案(法文本)，对草案进行文字修改。

《列宁全集》中文第2版增订版第45卷第79、88—89页；苏共中央马列主义研究院中央党务档案馆，第2号全宗，第1号目录，第2015号保管单位；第17号全宗，第1号目录，第526、533号保管单位；《1905年革命中的党》，1934年，第203页。

8月，15日(28日)以前

列宁给俄国社会民主工党日内瓦协助小组成员作专题报告(报告题目没有查明)。

《列宁全集》中文第2版增订版第11卷第434页；苏共中央马列主义研究院中央党务档案馆，第2号全宗，第5号目录，第210号保管单位。

8月15日(28日)

列宁1905年6月2日(公历)给社会党国际局的信和7月24日(公历)给社会党国际局书记处的信由俄国社会民主工党南方省局印成传单发行。

《列宁全集》中文第2版增订版第10卷第216页，第45卷第53—57页；《第9号信件》，传单，未注明出版地，[南方省局出版]，[1905年]8月15日，胶版，第1—2页。

8月，不早于15日(28日)

列宁收到俄国社会民主工党中央委员会国外部分发行委员会成员莉·巴·克鲁奇宁娜、A.伊琳娜和Φ.伊琳娜写来的关于她们同俄国社会民主工党国外组织日内瓦小组发生冲突一事的信件。

《列宁全集》中文第2版增订版第45卷第73—75页;苏共中央马列主义研究院中央党务档案馆,第2号全宗,第5号目录,第210号保管单位。

列宁致函在维亚雷焦的阿·瓦·卢那察尔斯基,对他要写的小册子《三次革命》的提纲表示赞同,并进一步阐明该书内容的基本方向,详细说明在前一封信中已经提出的关于写一篇反对孟什维克的简明的述评文章的建议。

《列宁全集》中文第2版增订版第45卷第71—73页;《1905年革命中的党》,1934年,第368—369页。

8月,16日(29日)以前

列宁拟定《无产者报》第14号排稿计划,并计算字数。

苏共中央马列主义研究院中央党务档案馆,第2号全宗,第1号目录,第2016号保管单位;《无产者报》,日内瓦,1905年8月29日(16日),第14号。

列宁写《第三次代表大会在受高加索孟什维克的审判》一文的编者后记。

《列宁全集》中文第2版增订版第11卷第186页;《无产者报》,日内瓦,1905年8月29日(16日),第14号。

列宁审阅俄国社会民主工党敖德萨委员会市区组织员关于1905年6月7日(20日)至7月4日(17日)期间的报告。列宁在报告末尾就必须充实委员会的力量并由俄国社会民主工党中央委员会给该委员会以协助的问题增写了一句话。列宁为这份报告撰写按语如下:“**编者按**:在摘要刊印敖德萨一位同志写得极好的报告材料时,我们再次提醒所有组织的全体同志,必须坚持不懈地努力执行第三次代表大会关于两周交一次报告的决定,不要因为受到挫折和有所间断而感到畏难”。并作批注:“顶格排印”。这一材料发表在1905年8月16日(29日)《无产者报》第14号上。

苏共中央马列主义研究院中央党务档案馆,第2号全宗,第1号目录,第2004号保管单位;《无产者报》,日内瓦,1905年8月29日(16日),第14号。

列宁对瓦·瓦·沃罗夫斯基《妥协还是革命?》一文的手稿进行编辑加工,并写脚注如下:"这篇文章是8月6日以前写成的。然而,我们在前面谈到的总督杜尔诺沃的讲话正是针对预定在8月24日召开的地方自治人士代表大会而发表的。"这篇文章和按语发表在1905年8月16日(29日)《无产者报》第14号上。

苏共中央马列主义研究院中央党务档案馆,第2号全宗,第1号目录,第2022号保管单位,第31张—第31张背面;《无产者报》,日内瓦,1905年8月29日(16日),第14号。

列宁对从敖德萨寄来的关于俄国社会民主工党地方组织的党的工作的通讯稿进行编辑加工,并在稿件上注明:已经作好付排准备,列入《无产者报》"工人运动"栏。这一稿件发表在该报第14号上。

苏共中央马列主义研究院中央党务档案馆,第2号全宗,第1号目录,第2023号保管单位;《无产者报》,日内瓦,1905年8月29日(16日),第14号。

列宁阅读原俄国社会民主工党敖德萨委员会驻起义的"波将金"号装甲舰的代表И.П.拉扎列夫给《无产者报》编辑部的来信。这封信谈到社会民主党的地方组织曾试图领导"波将金"号的起义。弗拉基米尔·伊里奇在信上作批注:"**已经编好**。发'**社会生活**'栏"。这一信件发表在该报第14号的"社会生活"栏中。

苏共中央马列主义研究院中央党务档案馆,第2号全宗,第1号目录,第2024号保管单位;《无产者报》,日内瓦,1905年8月29日(16日),第14号;《弗·伊·列宁及其领导的党的国外机关同乌克兰社会民主党组织通信集》,基辅,1964年,第673—684页。

列宁对《彼得堡委员会工作汇报摘录》的原稿进行编辑加工，在原稿上作批注：“**已经编好。发‘党的生活’栏**”。这一材料发表在《无产者报》第14号上。

苏共中央马列主义研究院中央党务档案馆，第2号全宗，第1号目录，第2025号保管单位；《无产者报》，日内瓦，1905年8月29日（16日），第14号。

列宁对从特维尔寄来的稿件进行编辑加工。稿件谈到地方自治人士企图假借共同讨论“人民群众的迫切要求”为名求得地方的社会民主党人以及社会革命党人支持他们的政治路线。这一稿件发表在《无产者报》第14号上。

苏共中央马列主义研究院中央党务档案馆，第2号全宗，第1号目录，第2026号保管单位；《无产者报》，日内瓦，1905年8月29日（16日），第14号。

8月，不晚于16日（29日）

列宁写《黑帮分子和组织起义》一文：拟定提纲，并撰写文章正文。

《列宁全集》中文第2版增订版第11卷第181—185、209页；苏共中央马列主义研究院中央党务档案馆，第2号全宗，第1号目录，第2019号保管单位；《列宁文集》俄文版第5卷第342页；《无产者报》，日内瓦，1905年8月29日（16日），第14号。

8月16日（29日）

列宁的《“沙皇与人民和人民与沙皇的一致”》（社论）、《黑帮分子和组织起义》、《“自由派”地方自治人士已经变卦了吗？》以及《〈第三次代表大会在受高加索孟什维克的审判〉一文编者后记》等文章发表在《无产者报》第14号上。

《列宁全集》中文第2版增订版第11卷第172—180、181—185、186、187页；《无产者报》，日内瓦，1905年8月29日（16日），第14号。

列宁收到俄国社会民主工党国外组织日内瓦小组给俄国社会民主工党中央委员会国外部分的发行委员会的原信抄件和发行委员会给党的国外组织的复信抄件，信件中谈到他们之间所发生的冲突。

《列宁全集》中文第2版增订版第45卷第73页。

列宁写《中央委员会国外代表的**决定**》，并把该决定寄给俄国社会民主工党国外组织日内瓦小组代理书记奥林（潘·尼·勒柏辛斯基）。弗拉基米尔·伊里奇在这一文件中指明消除日内瓦小组同党的发行委员会之间的冲突的方法，并指出今后不允许再发生这种冲突。

《列宁全集》中文第2版增订版第45卷第73—75页。

列宁就他所写的关于俄国社会民主工党国外组织日内瓦小组和党的发行委员会之间发生冲突的《中央委员会国外代表的**决定**》，写信（本市邮件）给潘·尼·勒柏辛斯基。列宁在信中指出，每一个党的工作人员都有缺点，因此建议“在批评缺点或向党的各个中央机构分析这些缺点时，应当慎重、注意分寸，否则就成为搬弄是非”。

《列宁全集》中文第2版增订版第45卷第76页。

8月16日和23日（8月29日和9月5日）之间

列宁写《做君主派资产阶级的尾巴，还是做革命无产阶级和农民的领袖？》一文：在这篇文章中运用了一部分为未完成的著作《新〈火星报〉及其杜马运动计划》所准备的材料，拟定文章提纲，撰写文章正文，并进行修改。

《列宁全集》中文第2版增订版第11卷第188—199、405—408、409—410页，第45卷第78—79页；《列宁文集》俄文版

第5卷第343—357页,第16卷第183—184页,第26卷第195—196、302—303页。

8月,16日(29日)以后

列宁收到阿·瓦·卢那察尔斯基从维亚雷焦寄来的信,信中告知给列宁寄去叙事诗《两名自由派》,并告知即将寄出马上要写完的《论群众性政治罢工》一文,请求寄去小册子《工人论党内分裂》。

《1905年革命中的党》,1934年,第369页;《无产者报》,日内瓦,1905年9月14日(1日),第16号。

8月17日(30日)

娜·康·克鲁普斯卡娅受列宁委托通知在敖德萨的谢·伊·古谢夫,说他的来信收到了。鉴于孟什维克宣传说他们在该市和乌克兰其他城市的工人中间的影响占据优势,还向他询问了敖德萨的情况。

《弗·伊·列宁及其领导的党的国外机关同乌克兰社会民主党组织通信集》,基辅,1964年,第737页。

娜·康·克鲁普斯卡娅写信给在敖德萨的菲奥克拉(Б.С.佩列斯),代列宁询问赫尔松市布尔什维克组织的地址。

《弗·伊·列宁及其领导的党的国外机关同乌克兰社会民主党组织通信集》,基辅,1964年,第738页。

8月18日(31日)以后

列宁阅读1905年8月31日(公历)《人道报》登载的刻赤杜马就不久前城内发生的反犹大暴行通过的决议。列宁在《时评》一文中运用了这一材料。

《列宁全集》中文第2版增订版第11卷第272—273页;《列宁全集》俄文第5版第11卷第522页;《人道报》,巴黎,1905年8月31日,第501号。

8 月 19 日和 26 日(9 月 1 日和 8 日)之间

列宁致信在达沃斯(瑞士)的阿·弗·卡扎科夫,赞同他提出的为《无产者报》写一篇关于德国社会民主工党耶拿代表大会的报告一事,询问他是否有可能去耶拿,请他查明并寄来斯蒂凡·波尔恩的真实姓名(列宁的这封信没有找到)。

苏共中央马列主义研究院中央党务档案馆,第 2 号全宗,第 5 号目录,第 212、214 号保管单位;第 17 号全宗,第 1 号目录,第 541 号保管单位。

8 月,19 日(9 月 1 日)以后

列宁写关于国家杜马选举的情况统计(或传单提纲)。

《列宁全集》中文第 2 版增订版第 11 卷第 418 页;《列宁文集》俄文版第 5 卷第 357—358 页;《最新消息》,日内瓦,1905 年 9 月 1 日(8 月 19 日),第 247 号。

列宁制定关于论临时革命政府的文集的计划。

《列宁文集》俄文版第 5 卷第 373—374 页。

列宁写《自然发生论》一文。

《列宁全集》中文第 2 版增订版第 11 卷第 232—237 页,第 45 卷第 78—79 页;《无产者报》,日内瓦,1905 年 9 月 14 日(1 日),第 16 号;《最新消息》,日内瓦,1905 年 9 月 1 日(8 月 19 日),第 247 号。

列宁收到 9 月 1 日(公历)由柏林寄来的信,信中问列宁已经采取和将要采取什么措施来支持前进出版社,还建议列宁为出版社撰稿。

苏共中央马列主义研究院中央党务档案馆,第 2 号全宗,第 5 号目录,第 213 号保管单位;《列宁文集》俄文版第 16 卷第 180—181 页。

8 月 20 日(9 月 2 日)

列宁给布鲁塞尔社会党国际局寄去俄国社会民主工党中央委

员会和孟什维克组织委员会就国外组织赠给俄国革命的捐款问题所达成的协议全文。

《列宁全集》中文第2版增订版第45卷第88—89页。

8月,20日(9月2日)以后

列宁收到阿·弗·卡扎科夫自达沃斯寄来的信,信中谈到他为查明斯蒂凡·波尔恩的真实姓名所采取的办法。

苏共中央马列主义研究院中央党务档案馆,第2号全宗,第5号目录,第212、214号保管单位;第17号全宗,第1号目录,第541号保管单位;党史文件全宗,第5号目录,第582号保管单位。

8月21日(9月3日)

在里加进行搜查时,发现了列宁的著作:《就我们的组织任务给一位同志的信》、《给〈火星报〉编辑部的信》、《地方自治运动和〈火星报〉的计划》、《关于中央机关与党决裂的声明和文件》、《关于俄国社会民主工党第三次代表大会的通知》。

《红色文献》杂志,1941年,第1期,第47—48页。

不早于8月21日(9月3日)—9月初

列宁收到谢·伊·古谢夫从敖德萨寄来的信,信中告知俄国社会民主工党地方组织已经恢复的消息。

《弗·伊·列宁及其领导的党的国外机关同乌克兰社会民主党组织通信集》,基辅,1964年,第745—749页。

8月,不晚于22日(9月4日)

列宁写《向国际社会民主党报告我们党内的情况》一文,文中引用了他写的短评《我们的赫列斯塔科夫们》一文中的材料。

《列宁全集》中文第2版增订版第11卷第203—204页;《列宁文集》俄文版第16卷第128—129页;《1905年革命中的党》,1934年,第203页。

列宁对一篇未查明作者的题为《南方委员会代表会议》的简讯进行编辑加工，在手稿上编排页码并批注："（发'**党内生活**'栏）（!! 不分段!! …）"。这一稿件发表在1905年8月23日（9月5日）《无产者报》第15号上。

苏共中央马列主义研究院中央党务档案馆，第2号全宗，第1号目录，第2035号保管单位；《无产者报》，日内瓦，1905年9月5日（8月23日），第15号。

列宁对从维尔纳寄来的关于该市皮革工人在俄国社会民主工党地方小组领导下举行罢工的稿件进行编辑加工。列宁在稿件上作批注："维尔纳"，并指示在《无产者报》的"工人运动"栏中发表。这一稿件刊登在该报第15号上。

苏共中央马列主义研究院中央党务档案馆，第2号全宗，第1号目录，第2034号保管单位；《无产者报》，日内瓦，1905年9月5日（8月23日），第15号。

8月，22日（9月4日）以后

列宁收到彼·阿·克拉西科夫1905年8月22日（9月4日）从彼得堡寄来的信。写信人谈到自己对于俄国社会民主工党中央委员会的工作的印象。

《列宁全集》中文第2版增订版第45卷第80—83页；《1905年革命中的党》，1934年，第273—274、275页。

8月23日（9月5日）

列宁的《做君主派资产阶级的尾巴，还是做革命无产阶级和农民的领袖？》（社论）、《对最混乱的计划所作的最清楚的说明》、《向国际社会民主党报告我们党内的情况》以及《〈俄国的财政和革命〉一文按语》等文章发表在《无产者报》第15号上。

《列宁全集》中文第2版增订版第11卷第188—199、200—202、203—204、205页；《无产者报》，日内瓦，1905年9月5日

(8月23日),第15号。

8月,23日(9月5日)以后

列宁收到谢·伊·古谢夫从敖德萨寄来的信,信中说他读了列宁的小册子《社会民主党在民主革命中的两种策略》并了解了《无产者报》第11—15号的内容以后,他所关心的全部问题都找到了答案,他在信中还报告了关于采取措施巩固俄国社会民主工党敖德萨党组织的情况。

《弗·伊·列宁及其领导的党的国外机关同乌克兰社会民主党组织通信集》,基辅,1964年,第757—759页。

8月,不早于24日(9月6日)

列宁从1905年9月6日的《泰晤士报》上摘录有关在远东的俄军的材料。

《列宁文集》俄文版第26卷第302、303页;《泰晤士报》,伦敦,1905年9月6日,第37805号。

8月24日和9月2日(9月6日和15日)之间

列宁收到《工人报》第1号和俄国社会民主工党中央委员会根据他的要求寄来的钱款。

《列宁全集》中文第2版增订版第45卷第83页;《1905年革命中的党》,1934年,第169、171、275、276页。

列宁收到俄国社会民主工党中央委员会8月24日(9月6日)寄来的由亚·亚·波格丹诺夫、德·西·波斯托洛夫斯基和列·波·克拉辛三位中央委员署名的信,这封信是对列宁1905年8月1日(14日)的信的回复。

《列宁全集》中文第2版增订版第45卷第66—67、83—88页;《1905年革命中的党》,1934年,第169—171页。

8月,24日(9月6日)以后

列宁收到从科斯特罗马寄来的署名“伊万诺夫”的来信,信中谈到同中央委员会联系薄弱、党的书刊不足，并谈到筹备召开俄国社会民主工党北方委员会代表会议的情况。

苏联中央国家十月革命和社会主义建设档案馆，警察司全宗，特别处，1905年，第5号案卷，第51册，A类，第96—97张；苏共中央马列主义研究院中央党务档案馆，第2号全宗，第5号目录，第168号保管单位。

8月25日（9月7日）

列宁从国内得知，俄国社会民主工党中央委员会同意参加俄国各社会民主主义组织就国家杜马选举问题召开的代表会议。

《列宁全集》中文第2版增订版第45卷第78页。

列宁在给俄国社会民主工党各中央委员的信中，坚决要求及时向中央机关报《无产者报》编辑部通报中央委员会的工作情况，批判崩得和新火星派分子在对待布里根杜马问题上的立场，告知就这一问题将在《无产者报》第16号上写一篇文章（《自然发生论》一文）；建议不要允许“**崩得的走卒**”“亚美尼亚社会民主联盟”参加俄国各社会民主主义组织代表会议。

《列宁全集》中文第2版增订版第45卷第78—79页。

8月30日（9月12日）

列宁在日内瓦作专题报告（报告题目未查明）。

《列宁全集》俄文第5版第11卷第434页；苏共中央马列主义研究院中央党务档案馆，第351号全宗，第8号目录，第35456号保管单位，第11张背面。

8月底

列宁收到《给中央委员会和在农村工作的同志的公开信》，这封公开信是俄国社会民主工党莫斯科郊区组织用胶版印成传单出版的。

《列宁全集》中文第2版增订版第11卷第218—220页；《无产

者报》,日内瓦,1905年9月14日(1日),第16号。

列宁写《社会民主党对农民运动的态度》一文,以答复莫斯科的来信。来信要求解释党的第三次代表大会关于社会民主党人对农民运动态度的决议。

《列宁全集》中文第2版增订版第11卷第217—225页;《无产者报》,日内瓦,1905年9月14日(1日),第16号。

列宁对著作家宣传员(俄国社会民主工党中央委员会直属小组)代表大会通过的决议和高级班及初级班学习小组的教学大纲草案进行编辑加工。列宁在决议上加写标题《**宣传任务**》,在文件上作批注,并指示排版付印。决议发表在1905年9月1日(14日)《无产者报》第16号上。

苏共中央马列主义研究院中央党务档案馆,第2号全宗,第1号目录,第2044号保管单位;《无产者报》,日内瓦,1905年9月14日(1日),第16号。

列宁对从敖德萨寄来的署名"多数派一工人"的一篇通讯稿进行编辑加工,该稿件报道了当地孟什维克企图用欺骗方法吸引工人站到他们一边。这一稿件发表在《无产者报》第16号上。

苏共中央马列主义研究院中央党务档案馆,第2号全宗,第1号目录,第2048号保管单位;《无产者报》,日内瓦,1905年9月14日(1日),第16号。

列宁对瓦·瓦·沃罗夫斯基的小品文《历史的一页》进行编辑加工,为该文写结尾的一段:"俄国革命的彻底胜利只有在这种情况下才能得到完全保证,即无产阶级发动并联合农民群众,将革命的命运掌握在自己手中。这是艰巨而伟大的任务,工人们为完成这一任务将以十倍的精力去进行斗争,直到流尽最后一滴血。"这篇文章发表在《无产者报》第16号上。

苏共中央马列主义研究院中央党务档案馆,第2号全宗,第1

号目录，第 2045 号保管单位；《无产者报》，日内瓦，1905 年 9 月 14 日(1 日)，第 16 号。

列宁对从塔甘罗格寄来的关于俄国社会民主工党地方组织工作情况的通讯稿进行编辑加工，在稿上批注："付排"。这则通讯稿发表在《无产者报》第 16 号上。

苏共中央马列主义研究院中央党务档案馆，第 2 号全宗，第 1 号目录，第 2046 号保管单位；《无产者报》，日内瓦，1905 年 9 月 14 日(1 日)，第 16 号。

列宁对《积极抵抗的芬兰党》一文手稿进行编辑加工，书面指示"全文不分段"刊登在《无产者报》"社会生活"栏。这篇文章发表在该报第 16 号上。

《列宁文集》俄文版第 26 卷第 435 页；《无产者报》，日内瓦，1905 年 9 月 14 日(1 日)，第 16 号。

列宁对俄国社会民主工党科斯特罗马委员会《公报》第 3 号进行编辑加工。《公报》报道了当地工厂主企图采取同工人中易于让步的(由工厂主选定的)代表进行谈判的办法来欺骗工人。这篇报道发表在《无产者报》第 16 号上。

苏共中央马列主义研究院中央党务档案馆，第 2 号全宗，第 1 号目录，第 2047 号保管单位；《无产者报》，日内瓦，1905 年 9 月 14 日(1 日)，第 16 号。

8 月底—不晚于 9 月 2 日(15 日)

列宁收到俄国社会民主工党中央委员会关于积极抵制布里根杜马的决议。决议刊登在《无产者报》第 19 号上，题为《中央委员会论国家杜马》。

《列宁全集》中文第 2 版增订版第 45 卷第 84 页；《无产者报》，日内瓦，1905 年 10 月 3 日(9 月 20 日)，第 19 号。

列宁收到署名"里加的宣传员"的来信，信中说必须制定一个全党的宣传纲领。

苏共中央马列主义研究院中央党务档案馆,第 2 号全宗,第 1 号目录,第 2059 号保管单位;《无产者报》,日内瓦,1905 年 9 月 14 日(1 日),第 16 号。

8 月下半月

列宁收到阿·瓦·卢那察尔斯基从维亚雷焦寄来的信,他在信中对弗拉基米尔·伊里奇赞同他的小册子《三次革命》的提纲表示非常高兴,他答应把《群众性政治罢工》一组文章中的最后一篇写完,并且寄来。

《列宁全集》中文第 2 版增订版第 45 卷第 71—73 页;苏共中央马列主义研究院中央党务档案馆,第 26 号全宗,第 1 号目录,第 534 号保管单位,第 13 张。

8 月

《无产者报》编辑部收到柏林来信,信中说收到了列宁的信,并说前进出版社选举列宁作为仲裁人,解决该社同海燕出版社的冲突。

苏共中央马列主义研究院中央党务档案馆,第 26 号全宗,第 1 号目录,第 365 号保管单位;第 17 号全宗,第 1 号目录,第 559 号保管单位;《列宁文集》俄文版第 16 卷第 180—181 页。

列宁写他的小册子《〈俄国社会民主党人的任务〉第三版序言》。

《列宁全集》中文第 2 版增订版第 11 卷第 206—207 页。

列宁对阿·瓦·卢那察尔斯基的《自由派争吵的绝妙之处》一文手稿进行编辑加工。

苏共中央马列主义研究院中央党务档案馆,第 2 号全宗,第 1 号目录,第 2051 号保管单位;《1905 年革命中的党》,1934 年,第 368—369 页。

列宁拟定《工人阶级和革命》小册子的提纲。

《列宁全集》中文第2版增订版第11卷第208—209页，第45卷第71页。

列宁的《土地问题上的"批评家"先生们。第一组论文》一书由敖德萨海燕出版社印成单行本出版，题为《土地问题和"马克思的批评家"》，印数5000份。

《列宁全集》中文第2版增订版第5卷第84—244页；弗·伊·列宁：《土地问题和"马克思的批评家"》，敖德萨，海燕出版社，1905年，49页，标题前作者：尼·列宁：《1905年俄国出版的书籍目录》，圣彼得堡，1906年，第762页。

列宁校订的马克思的《法兰西内战(1870—1871)》一书俄文第2版印行出版，这一版较第1版更为完整。印数5000份，由敖德萨海燕出版社出版。

《列宁全集》俄文第5版第11卷第435—436页；卡·马克思：《法兰西内战(1870—1871)》，弗·恩格斯导言，译自德文，尼·列宁校订，第2版，敖德萨，海燕出版社，1905年，71页；《苏共历史问题》杂志，1964年，第6期，第45—52页；《马克思和恩格斯著作遗产》，1969年，第52页；《1905年俄国出版的书籍目录》，圣彼得堡，1906年，第847页。

8月—12月

警察在里加、彼尔姆、新谢利齐(比萨拉比亚省)附近边境线、喀山、苏瓦乌基、奥伦堡和塔甘罗格等地发现了列宁著的小册子《社会民主党在民主革命中的两种策略》。

《红色文献》杂志，1941年，第1期，第48、50、52、53页。

夏季

列宁研究在国外购置武器运往俄国的问题。

《回忆弗·伊·列宁》，第1卷，1968年，第294—295页；《1905年革命中的党》，1934年，第194、212、228、324—325、343页；《俄国社会民主工党(布)中央委员会战斗小组(1905—1907年)》，文章和回忆录，1927年，第77—78页；《彼得堡人回忆伊里奇》，1970年，第117—118页；尼·叶·

布勒宁:《难忘的年代(回忆录)》,1967 年,第 79—82 页。

9 月初

列宁阅读俄国社会民主工党莫斯科委员会 1905 年春夏季的工作报告,在报告文稿上作批注:"党内情况。莫斯科。全文刊载。这是我们党的一个优秀的委员会所写的一份极有教育意义的工作报告。"

《1905 年春季和夏季俄国革命运动》,第 1 册,1957 年,第 366 页。

9 月 1 日(14 日)

列宁的《社会民主党对农民运动的态度》(社论)、《我国自由派资产者希望的是什么,害怕的是什么?》和《自然发生论》等文章发表在《无产者报》第 16 号上。

《列宁全集》中文第 2 版增订版第 11 卷第 217—225、226—231、232—237 页,第 45 卷第 78 页;《无产者报》,日内瓦,1905 年 9 月 14 日(1 日),第 16 号。

列宁致函在彼得堡的彼·阿·克拉西科夫,指出必须巩固俄国社会民主工党的各个地方委员会并把重点放到地方工作上;建议在俄国社会民主工党彼得堡委员会和《无产者报》编辑部之间建立更加密切的事务联系;高度评价地下刊物《工人报》第 1 号和俄国社会民主工党中央委员会在俄国出版的《快报》;建议更广泛地印发传单,很好地开展鼓动工作。

《列宁全集》中文第 2 版增订版第 45 卷第 80—83 页。

9 月,1 日(14 日)以后

列宁摘录卡·马克思《路易·波拿巴的雾月十八日》一书的第一节,在《决不要撒谎!我们的力量在于说真话!》一文中运用了这些摘录。

《列宁全集》中文第2版增订版第11卷第330、332页；《列宁文集》俄文版第16卷第188—190页；《马克思恩格斯文集》第2卷第475页。

列宁写给《无产者报》编辑部信的草稿《决不要撒谎！我们的力量在于说真话！》。这封信未在报上发表。

《列宁全集》中文第2版增订版第11卷第329—333页。

9月2日(15日)

列宁致函俄国社会民主工党中央委员会，祝贺秘密刊物《工人报》第1号出版；说这份报纸"给人的印象很好"；建议"多谈一些有关**社会主义**的问题"，"把战斗的政治口号同第三次代表大会的**决议**，以及同我们革命的社会民主党的策略的总精神更密切、更直接地联系起来"；提醒中央委员会在一些极其重要的政治问题上要及时向《无产者报》编辑部通报；阐述党在执行积极抵制布里根杜马策略时所面临的任务；指出俄国社会民主工党中央委员会在关于党的统一问题上给孟什维克组织委员会的答复中所犯的错误，以及中央委员会在向中央机关报《无产者报》支付经费问题上所采取的错误立场；建议准备召开俄国社会民主工党第四次代表大会。

《列宁全集》中文第2版增订版第45卷第83—88页。

9月，不早于2日(15日)

列宁写《地主谈抵制杜马》一文。

《列宁全集》中文第2版增订版第11卷第299—302页；《解放》杂志，巴黎，1905年9月15日(2日)，第76期。

9月2日和13日(15日和26日)之间

列宁写《朋友见面了》一文：摘录1905年9月16、17、18日(公历)的《福斯报》、《法兰克福报》、《泰晤士报》等报纸，拟定文章提纲，撰写文章正文。

《列宁全集》中文第 2 版增订版第 11 卷第 238—246 页；《列宁文集》俄文版第 5 卷第 375 页；第 26 卷第 304—309 页；《无产者报》，日内瓦，1905 年 9 月 26 日(13 日)，第 18 号。

9 月 3 日(16 日)

列宁致函布鲁塞尔社会党国际局书记卡·胡斯曼，告知俄国社会民主工党中央委员会同意社会党国际局关于召开代表会议解决俄国社会民主工党内部分歧的建议，但有一个条件，就是这个会议的性质应该只是一次预备会议。

《列宁全集》中文第 2 版增订版第 45 卷第 88—89 页；苏共中央马列主义研究院中央党务档案馆，第 2 号全宗，第 1 号目录，第 2065 号保管单位。

俄国社会民主工党运输小组从柏林向敖德萨运送《无产者报》第 11—16 号、列宁写的传单《三种宪法或三种国家制度》、列宁的《社会民主党在民主革命中的两种策略》一书，以及列宁作序的《工人论党内分裂》一书。

苏共中央马列主义研究院中央党务档案馆，第 17 号全宗，第 1 号目录，第 551 号保管单位；《1905 年革命中的党》，1934 年，第 225、228 页。

9 月 3 日(16 日)以后

列宁 1905 年 9 月 16 日(公历)给在布鲁塞尔的卡·胡斯曼的信的法文本被制成胶版，印成传单发行(传单没有保存下来)。

《列宁全集》中文第 2 版增订版第 45 卷第 88—89 页；苏共中央马列主义研究院中央党务档案馆，第 2 号全宗，第 1 号目录，第 2065 号保管单位。

9 月 5 日(18 日)

列宁在日内瓦作专题报告(报告题目没有查明)。

《列宁全集》俄文第 5 版第 11 卷第 434 页；苏共中央马列主义研究院中央党务档案馆，第 351 号全宗，第 8 号目录，第 35456 号保管单位，第 11 张背面。

9月5日和27日(9月18日和10月10日)之间

列宁写《生气的回答》一文。

《列宁全集》中文第2版增订版第11卷第306—307页;《无产者报》,日内瓦,1905年10月10日(9月27日),第20号;《最新消息》,日内瓦,1905年9月5日(18日),第249号。

9月,不晚于7日(20日)

列宁收到俄国社会民主工党敖德萨委员会书记谢·伊·古谢夫致《无产者报》编辑部的信。

《列宁全集》中文第2版增订版第11卷第313页,第45卷第89—90页;《弗·伊·列宁及其领导的党的国外机关同乌克兰社会民主党组织通信集》,基辅,1964年,第749—753页。

9月7日(20日)

列宁在给谢·伊·古谢夫的信中指出,俄国国内党的工作者就布尔什维克的策略问题以及这一策略的实际贯彻问题向《无产者报》编辑部提供情况非常重要。

《列宁全集》中文第2版增订版第45卷第89—90页。

9月7日和13日(20日和26日)之间

列宁写《玩议会游戏》一文:以《议会前的克汀病》为题拟定文章提纲,写文章正文。

《列宁全集》中文第2版增订版第11卷第250—266页;《列宁文集》俄文版第5卷第376—377页;《无产者报》,日内瓦,1905年9月26日(13日),第18号。

9月,7日(20日)以后

列宁收到谢·伊·古谢夫从敖德萨寄来的该地俄国社会民主工党地方委员会关于工会问题的决议,古谢夫请求在《无产者报》上给予刊载。

《列宁全集》中文第2版增订版第45卷第107页;《无产阶级

革命》杂志，1925 年，第 12 期，第 6、60—63 页；《弗·伊·列宁及其领导的党的国外机关同乌克兰社会民主党组织通信集》，基辅，1964 年，第 765—766 页。

列宁收到谢·伊·古谢夫从敖德萨寄来的信，信中通报了俄国社会民主工党该地方组织的人数、社会成分和工作情况。古谢夫说，列宁的小册子《社会民主党在民主革命中的两种策略》为大家所熟知，希望这部书能最广泛地流传，并且谈到地方上缺乏布尔什维克书刊。

《弗·伊·列宁及其领导的党的国外机关同乌克兰社会民主党组织通信集》，基辅，1964 年，第 764—767 页。

9 月，不晚于 8 日（21 日）

列宁准备关于党对布里根杜马策略的材料。他阅读刚刚印出的《火星报》第 110 号亚·李·帕尔乌斯《社会民主党和国家杜马》一文的抽印本。帕尔乌斯在这篇文章中反对布尔什维克的抵制杜马的策略。列宁拟定关于这一问题的专题报告的提纲。

《列宁全集》中文第 2 版增订版第 11 卷第 419—420 页；《苏共历史问题》杂志，1960 年，第 6 期，第 165—166、175 页。

9 月 8 日（21 日）

列宁作关于布尔什维克对待布里根杜马的策略问题的专题报告，记录对这一报告的讨论情况，作总结发言。

《列宁全集》中文第 2 版增订版第 11 卷第 419—420 页；《列宁文集》俄文版第 26 卷第 85—87、88 页；苏共中央马列主义研究院中央党务档案馆，第 14 号全宗，第 1 号目录，第 131 号保管单位，第 58、59、72、76 张；第 351 号全宗，第 1 号目录，第 59 号保管单位，第 3 张；《苏共历史问题》杂志，1960 年，第 6 期，第 165—166、175 页。

9 月 9 日和 13 日（22 日和 26 日）之间

列宁读 1905 年 9 月 22 日（公历）《时报》上关于拉脱维亚革命

者武装袭击里加中央监狱并解救两名政治犯的电讯稿。

《列宁全集》中文第2版增订版第11卷第269—271页;《时报》,巴黎,1905年9月22日,第16165号。

列宁写信给在里加的马·马·李维诺夫,请他告知拉脱维亚革命者武装袭击里加中央监狱的详细情况(这封信没有找到)。

《列宁全集》中文第2版增订版第11卷第269—271页;《列宁全集》俄文第5版第11卷第434页;苏共中央马列主义研究院中央党务档案馆,第2号全宗,第5号目录,第224号保管单位;第26号全宗,第1号目录,第694号保管单位。

列宁写《由防御到进攻》一文。

《列宁全集》中文第2版增订版第11卷第269—271页;《无产者报》,日内瓦,1905年9月26日(13日),第18号。

9月10日(23日)

列宁收到俄国社会民主工党高加索联合会书记致《无产者报》编辑部的信。写信人请求寄去介绍德国社会民主工党耶拿代表大会的文章。

苏共中央马列主义研究院中央党务档案馆,第26号全宗,第1号目录,第300号保管单位,第4张背面;第383、445号保管单位。

9月10日和13日(23日和26日)之间

列宁写《策略可以争论,但请提出明确的口号!》一文。

《列宁全集》中文第2版增订版第11卷第247—249页;《无产者报》,日内瓦,1905年9月26日(13日),第18号;《火星报》,日内瓦,1905年9月10日,第110号。

9月10日和27日(9月23日和10月10日)之间

列宁校订《德国社会民主党耶拿代表大会》一文手稿。这篇文章发表在1905年9月27日(10月10日)《无产者报》第20号上。

苏共中央马列主义研究院中央党务档案馆,第2号全宗,第1

号目录,第2104号保管单位;《无产者报》,日内瓦,1905年10月10日(9月27日),第20号。

9月,10日(23日)以后

列宁根据俄国社会民主工党高加索联合会的要求,撰写《德国社会民主工党耶拿代表大会》一文。这篇文章没有写完。

《列宁全集》中文第2版增订版第11卷第324—328页;苏共中央马列主义研究院中央党务档案馆,第26号全宗,第1号目录,第300号保管单位,第4张背面;第383、445号保管单位。

由于列宁询问有关拉脱维亚革命者袭击里加监狱的情况,费利克斯(马·马·李维诺夫)回信说,他没有关于此事的确切消息。

苏共中央马列主义研究院中央党务档案馆,第2号全宗,第5号目录,第224号保管单位;第26号全宗,第1号目录,第300、694号保管单位。

9月12日和10月4日(9月25日和10月17日)之间

列宁从1905年9月12日(25日)的《莫斯科新闻》上摘录有关工会运动和工人政治运动的资料。

《列宁全集》中文第2版增订版第11卷第373页;《列宁文集》俄文版第16卷第191—192页;《无产者报》,日内瓦,1905年10月17日(4日),第21号。

9月,13日(26日)以前

列宁编辑瓦·瓦·沃罗夫斯基的《自由派协会和社会民主党》一文,在文章中加了一段话。这篇文章发表在1905年9月13日(26日)《无产者报》第18号上。

《列宁全集》中文第2版增订版第11卷第267—268页;苏共中央马列主义研究院中央党务档案馆,第2号全宗,第1号目录,第2080号保管单位;《列宁文集》俄文版第26卷第346页;《无产者报》,日内瓦,1905年9月26日(13日),第18号。

9月，不晚于13日（26日）

列宁审阅《莫斯科律师助理团的声明》，《声明》说，他们支持俄国革命政党的纲领。列宁在声明上批注：**"论文"，"!! 不分段!!"**。这一声明刊登在《无产者报》第17号上。

苏共中央马列主义研究院中央党务档案馆，第2号全宗，第1号目录，第2061号保管单位；第26号全宗，第1号目录，第195号保管单位，第11张；《无产者报》，日内瓦，1905年9月14日（1日），第17号①；9月26日（13日），第18号。

列宁编辑弗·弗·菲拉托夫的《军队与人民》一文的手稿。这篇文章发表在《无产者报》第17号上。

苏共中央马列主义研究院中央党务档案馆，第2号全宗，第1号目录，第2062号保管单位；《无产者报》，日内瓦，1905年9月14日（1日），第17号；9月26日（13日），第18号。

列宁编辑瓦·瓦·沃罗夫斯基的《和平与反动势力》一文的手稿。这篇文章发表在《无产者报》第17号上。

《列宁文集》俄文版第16卷第272—275页；《无产者报》，日内瓦，1905年9月14日（1日），第17号；9月26日（13日），第18号。

9月13日（26日）

列宁的《朋友见面了》（社论）、《策略可以争论，但请提出明确的口号！》、《玩议会游戏》、《由防御到进攻》和《时评》等文章发表在《无产者报》第18号上。

《列宁全集》中文第2版增订版第11卷第238—246、247—249、250—266、269—271、272—273页；《无产者报》，日内瓦，1905年9月26日（13日），第18号。

9月13日和10月6日（9月26日和10月19日）之间

列宁的《策略可以争论，但请提出明确的口号！》一文由俄国社

---

① 该报纸第16、17两号的出刊日期为同一天。——编者注

会民主工党彼得堡委员会大学生联合组织翻印成传单,文字略有修改。

《列宁全集》中文第 2 版增订版第 11 卷第 247—249 页;《无产者报》,日内瓦,1905 年 9 月 26 日(13 日),第 18 号;弗·伊·列宁:《策略可以争论,但请提出明确的口号!》传单,圣彼得堡,1905 年,1 页,(俄国社会民主工党),未注明作者。

9 月,13 日(26 日)以后

列宁从 1905 年 9 月 13 日(26 日)的《新时报》上摘录有关奥古斯特·倍倍尔论俄国的讲话的资料。

《列宁文集》俄文版第 16 卷第 192 页;《新时报》,1905 年 9 月 13 日(26 日),第 10608 号。

列宁从 1905 年 9 月 13 日(26 日)的《俄罗斯报》上摘录关于学生集会、资产阶级自由派报纸《法学》对待抵制布里根杜马的态度、政府在地方自治人士、大学生面前退却等资料。

《列宁文集》俄文版第 16 卷第 191—192 页;《俄罗斯报》,1905 年 9 月 13 日(26 日),第 218 号。

9 月中

列宁写的致党的所有组织的《俄国社会民主工党中央机关报编辑部的信》发表在俄国社会民主工党中央委员会的秘密机关报《工人报》第 2 号上,这封信提出了改进报刊的宣传鼓动工作的办法。

《列宁全集》中文第 2 版增订版第 11 卷第 322—323 页;《1905 年革命中的党》,1934 年,第 173、182 页;《俄国期刊手册》,1957 年,第 84 页;《工人报》,1905 年 9 月,第 2 号。

9 月 16 日(29 日)

列宁在日内瓦作专题报告(报告题目不详)。

《列宁全集》俄文第 5 版第 11 卷第 434 页;苏共中央马列主义研究院中央党务档案馆,第 351 号全宗,第 8 号目录,第 35456

号保管单位,第 6 张背面、第 12 张背面。

9 月,不早于 16 日(29 日)

列宁从 1905 年 9 月 29 日和 30 日(公历)的《泰晤士报》、《时报》和《法兰克福报》等报上摘录关于地方自治人士对待国家杜马选举的态度的报道。

《列宁文集》俄文版第 16 卷第 193—196 页;《泰晤士报》,伦敦,1905 年 9 月 29 日,第 37825 号。

9 月 16 日和 20 日(9 月 29 日和 10 月 3 日)之间

列宁写作《地方自治人士代表大会》一文:从 1905 年 9 月 27 日、28 日和 29 日(公历)的外文报刊上摘录有关在莫斯科召开的地方自治和城市活动家代表大会的报道;运用这些材料以及其他材料,拟定文章提纲,写文章正文并进行修改。

《列宁全集》中文第 2 版增订版第 11 卷第 276—282 页;《列宁文集》俄文版第 5 卷第 378—379 页,第 26 卷第 198 页;《无产者报》,日内瓦,1905 年 10 月 3 日(9 月 20 日),第 19 号。

9 月,不晚于 17 日(30 日)

列宁、维・米・韦利奇金娜、瓦・瓦・沃罗夫斯基、弗・德・邦契-布鲁耶维奇就出版他们翻译和编辑的书籍和小册子同玛・马蕾赫出版社订立合同草案。

《列宁全集》中文第 2 版增订版第 45 卷第 91、97 页;苏共中央马列主义研究院中央党务档案馆,第 2 号全宗,第 5 号目录,第 225 号保管单位;第 26 号全宗,第 1 号目录,第 337 号保管单位;《书籍(论著和资料)》,第 6 册,1962 年,第 185 页。

9 月 17 日(30 日)

列宁收到雷涅尔特(亚・亚・波格丹诺夫)1905 年 9 月 12 日(25 日)从彼得堡的来信。信中谈到关于积极抵制国家杜马的策略的意见,告知由于财政困难将缩小《工人报》的规模,以及伊・

阿·萨美尔和伊·克·拉拉扬茨被增补进俄国社会民主工党中央委员会。

《列宁全集》中文第2版增订版第45卷第91—92页;《列宁文集》俄文版第5卷第507页;《1905年革命中的党》,1934年,第172—173页。

列宁把同合法的玛丽亚·马蕾赫出版社订立的合同草案寄交俄国社会民主工党中央委员会审批。

《列宁全集》中文第2版增订版第45卷第91页。

列宁写信给俄国社会民主工党中央委员会,信中告知已将同玛·马蕾赫出版社订立的合同草案寄交中央委员会,请求批准合同,建议设法使这一出版社同意服从布尔什维克的思想领导,要求尽快指派代表参加社会党国际局为统一俄国社会民主工党而建议召开的代表会议。

娜·康·克鲁普斯卡娅在信末的附记中写道,列宁同意增补伊·阿·萨美尔和伊·克·拉拉扬茨进入俄国社会民主工党中央委员会。

《列宁全集》中文第2版增订版第45卷第91—92页;苏共中央马列主义研究院中央党务档案馆,第2号全宗,第5号目录,第225号保管单位;《列宁文集》俄文版第5卷第507页。

9月,18日(10月1日)以后

列宁草拟《社会主义政治的主要任务》一文提纲。

《列宁全集》中文第2版增订版第11卷第274—275页;《我们的生活报》,1905年9月18日(10月1日),第272号。

列宁在米·斯·奥里明斯基编写的10月1日(公历)以前未向当地的俄国社会民主工党协助小组会计处还清借款的人员名单的背面写批注:“已编好。发‘社会生活’栏”。

苏共中央马列主义研究院中央党务档案馆,第2号全宗,第1

号目录,第 2118 号保管单位。

9 月,不晚于 19 日(10 月 2 日)

列宁对瓦·瓦·沃罗夫斯基的《革命和反革命》一文的手稿进行编辑加工。这篇文章发表在 1905 年 9 月 20 日(10 月 3 日)《无产者报》第 19 号上。

苏共中央马列主义研究院中央党务档案馆,第 2 号全宗,第 1 号目录,第 2085 号保管单位;《无产者报》,日内瓦,1905 年 10 月 3 日(9 月 20 日),第 19 号。

9 月,19 日(10 月 2 日)以后

列宁写《吃得饱饱的资产阶级和馋涎欲滴的资产阶级》一文,文章中利用了《俄罗斯新闻》、《新时报》和《时报》等报纸的资料。

《列宁全集》中文第 2 版增订版第 11 卷第 293—299 页;《时报》,巴黎,1905 年 10 月 2 日,第 16175 号。

列宁收到 Б.С.佩列斯的来信,信中谈到俄国社会民主工党彼得堡委员会和敖德萨委员会进行宣传鼓动工作的情况。

《列宁全集》中文第 2 版增订版第 45 卷第 104 页;《1905 年革命中的党》,1934 年,第 279—281 页。

《无产者报》编辑部收到玛·伊·乌里扬诺娃自彼得堡写的信,信中告知,收到了编辑部寄去的信件并已转给俄国社会民主工党中央委员会,说俄国社会民主工党彼得堡委员会赞同列宁所写的文章《做君主派资产阶级的尾巴,还是做革命无产阶级和农民的领袖?》。

《列宁全集》中文第 2 版增订版第 11 卷第 188—199 页;苏共中央马列主义研究院中央党务档案馆,第 26 号全宗,第 1 号目录,第 410 号保管单位。

9 月,不晚于 20 日(10 月 3 日)

列宁同刚刚从西伯利亚流放地来到日内瓦的布尔什维克伊·

阿·泰奥多罗维奇会见并交谈。弗拉基米尔·伊里奇建议泰奥多罗维奇担任《无产者报》编辑部秘书职务。

《无产者报》,日内瓦,1905年10月3日(9月20日),第19号;《青年农民杂志》,1927年,第1期,第6页。

列宁委派瓦·瓦·沃罗夫斯基去柏林,同德国社会民主工党领导人以及其他同情社会民主运动的人进行商谈、讨论政治问题和经济问题以及协助向俄国运送书刊和武器等问题。

《列宁全集》中文第2版增订版第45卷第94—98页;《1905年革命中的党》,1934年,第281、357—364页。

9月20日(10月3日)

列宁致函在国内的中央委员会,告知已收到俄国社会民主工党中央委员会印发的《快报》第2号,指出必须定期出版中央委员会简报。

《列宁全集》中文第2版增订版第45卷第93页。

列宁致函在国内的中央委员会,告知由于《无产者报》编辑人员不在,所以不能按规定日期到达芬兰参加中央委员会的会议;请求尽快指派代表参加社会党国际局召集的代表会议;指出加强地方党组织的任务;强调应当尽快召开俄国社会民主工党第四次代表大会。

《列宁全集》中文第2版增订版第45卷第94—98页。

列宁会见从彼得堡到达日内瓦的叶·德·斯塔索娃,听她详细讲述俄国国内的情况和俄国布尔什维克对待地方自治自由派运动的态度。

《列宁全集》中文第2版增订版第45卷第94、100页;《回忆弗·伊·列宁》,第2卷,1969年,第212页。

列宁的《地方自治人士代表大会》一文发表在《无产者报》第

19 号上。

《列宁全集》中文第 2 版增订版第 11 卷第 276—282 页;《无产者报》,日内瓦,1905 年 10 月 3 日(9 月 20 日),第 19 号。

《无产者报》第 19 号刊载列宁的小册子《俄国社会民主党人的任务》新版(第 3 版)的发行广告。

《无产者报》,日内瓦,1905 年 10 月 3 日(9 月 20 日),第 19 号。

9 月 20 日或 21 日(10 月 3 日或 4 日)

列宁收到米·安·雷斯涅尔从柏林来的信,写信人提出同自由派妥协的计划,条件是他们拒绝参加任何杜马选举,并立即同其他政党一起,在普遍、平等、直接和无记名投票的基础上组织立宪会议的选举。

《列宁全集》中文第 2 版增订版第 45 卷第 99 页;苏共中央马列主义研究院中央党务档案馆,第 2 号全宗,第 5 号目录,第 236 号保管单位;《1905 年革命中的党》,1934 年,第 357—360、362—363 页。

9 月,不早于 20 日(10 月 3 日)

列宁帮助叶·德·斯塔索娃准备向在日内瓦的侨民作报告,介绍俄国的局势、俄国布尔什维克同自由派的斗争情况;列宁主持了斯塔索娃的报告会。

《回忆弗·伊·列宁》,第 2 卷,1969 年,第 212 页。

列宁从 1905 年 10 月 3 日(公历)的《泰晤士报》上用英文摘录关于俄国的一些城市正筹备在莫斯科召开工人代表大会的消息,并注明,关于这一问题其他外国报纸也有所报道。

《列宁文集》俄文版第 5 卷第 467 页;《泰晤士报》,伦敦,1905 年 10 月 3 日,第 37828 号。

9 月,20 日(10 月 3 日)以后

列宁写关于武装小队袭击拉多姆(波兰)煤矿仓库的短评,可能是准备在《无产者报》上发表;写标题:《应该怎样获取武器》,并注明:"列入'社会生活'栏"。

《列宁文集》俄文版第5卷第467页。

列宁收到费利克斯(马·马·李维诺夫)1905年9月20日(10月3日)的来信,信中谈到俄国社会民主工党中央委员会的工作情况和获得武器的困难情况。

《1905年革命中的党》,1934年,第342—344页。

9月20日和10月11日(10月3日和24日)之间

列宁写短评《国外青年和俄国革命》,谈青年的政治教育问题以及他们参加俄国国内革命工作问题。

《列宁全集》中文第2版增订版第11卷第391页;《无产者报》,日内瓦,1905年10月3日(9月20日),第19号;10月24日(11日),第22号。

9月21日(10月4日)

列宁自俄国获悉,1905年9月7—9日(20—22日)各社会民主主义组织在里加举行代表会议,通过了积极抵制布里根杜马的策略。

《列宁全集》中文第2版增订版第12卷第7—15页,第45卷第99页;《无产者报》,日内瓦,1905年10月31日(18日),第23号。

列宁致函在柏林的米·安·雷斯涅尔,告知在抵制国家杜马问题上不能同立宪民主党人妥协,同时建议与激进派达成关于由他们提供经费以武装彼得堡工人的协议,信中还告知了各社会民主主义组织在里加举行代表会议的消息。

《列宁全集》中文第2版增订版第45卷第99页。

傍晚,列宁在日内瓦作关于德国社会民主党于1905年9月

17 日至 23 日(公历)在耶拿举行代表大会的专题报告。

《列宁全集》俄文第 5 版第 11 卷第 434 页;苏共中央马列主义研究院中央党务档案馆,第 145 号全宗,第 1 号目录,第 43063 号保管单位。

不早于 9 月 21 日(10 月 4 日)

列宁从 1905 年 10 月 4 日(公历)的《福斯报》上摘录(用德文)关于地方自治人士代表大会问题的资料。

《列宁文集》俄文版第 16 卷第 197—198 页。

9 月 21 日和 28 日(10 月 4 日和 11 日)之间

列宁读 1905 年 10 月 4 日(公历)《莱比锡人民报》题为《政治口角和俄国革命》的社论。这篇社论之所以引起列宁的注意,用列宁本人的话说,是因为"社论中嘲笑了地方自治人士的九月代表大会,说他们'玩宪制游戏',假装**已经**是议员等等,等等"。

《列宁全集》中文第 2 版增订版第 45 卷第 104—105 页;《莱比锡人民报》,1905 年 10 月 4 日,第 230 号。

9 月 22 日(10 月 5 日)

列宁收到雷涅尔特(亚·亚·波格丹诺夫)从彼得堡寄来的信,来信建议他去芬兰参加俄国社会民主工党中央委员会会议。

《列宁全集》中文第 2 版增订版第 45 卷第 100—102 页;《1905 年革命中的党》,1934 年,第 182 页。

列宁在给中央委员会的信中告知,他可以前往参加中央委员会会议;为安全起见,建议这次会议不要在原定的芬兰,而在斯德哥尔摩;要求将会议日期通知他。

《列宁全集》中文第 2 版增订版第 45 卷第 100—102 页。

9 月 23 日(10 月 6 日)

列宁为弗·德·邦契-布鲁耶维奇签署介绍信(俄文、德文、法文和英文),他被派往伦敦、柏林和巴黎办理平民出版社的事务。

《列宁全集》中文第2版增订版第45卷第379页。

9月,不早于23日(10月6日)

列宁编写日程表,列出同俄国社会民主工党中央委员会就筹备和召开中央委员会委员斯德哥尔摩会议问题交换信件的日期,并估计召开会议的时间。

《列宁全集》中文第2版增订版第45卷第100—102、103页;《回忆弗·伊·列宁》,第1卷,1968年,第304页。

9月24日(10月7日)以前

列宁校订弗·恩格斯所著《行动中的巴枯宁主义者。关于1873年夏季西班牙起义的札记》一文的俄译本,这一著作由《无产者报》一部分撰稿人负责出版。经列宁校订的译文由俄国社会民主工党中央委员会出版社在日内瓦印成单行本。

《列宁全集》中文第2版增订版第11卷第106页;《列宁全集》俄文第5版第11卷第436页;弗·恩格斯:《行动中的巴枯宁主义者。关于1873年夏季西班牙起义的札记》,俄国社会民主工党中央委员会出版社,日内瓦,党的印刷所,1905年,31页,(俄国社会民主工党);苏共中央马列主义研究院中央党务档案馆,第2号全宗,第5号目录,第212号保管单位。

9月24日(10月7日)

列宁写信给布鲁塞尔社会党国际局书记卡·胡斯曼。列宁在信中指出,与六月的报告相反,他未被委派担任驻社会党国际局的代表;并写明党的准确名称(这封信没有找到)。

《列宁全集》俄文第5版第47卷第314页;《列宁和卡米耶·胡斯曼通信集。1905—1914》,巴黎,1963年,第34页。

娜·康·克鲁普斯卡娅受列宁委托,写信给在彼得堡的玛·伊·乌里扬诺娃,信中说,列宁请求转告克列希(И.И.比比科夫):

他的文章收到了,将发表在《无产者报》第 21 号上。

苏共中央马列主义研究院中央党务档案馆,第 26 号全宗,第 1 号目录,第 426 号保管单位。

9 月,24 日(10 月 7 日)以后

列宁收到瓦・瓦・沃罗夫斯基 1905 年 9 月 24 日(10 月 7 日)从柏林的来信,信中谈到他同米・安・雷斯涅尔会见的初步印象、雷斯涅尔的政治观点和他打算近期去日内瓦等等。

《1905 年革命中的党》,1934 年,第 357—360 页。

列宁写短评《社会民主主义的宝贝儿》,回答亚・尼・波特列索夫(斯塔罗韦尔)的小品文《我们的厄运》。

《列宁全集》中文第 2 版增订版第 11 卷第 283 页;《火星报》,日内瓦,1905 年 9 月 24 日,第 111 号。

列宁收到瓦・瓦・沃罗夫斯基从柏林的来信。信中告知他同奥古斯特・倍倍尔就社会民主党对国家杜马的态度和他从德国社会民主工党执行委员会获得经济援助进行了谈话。

《1905 年革命中的党》,1934 年,第 360—361 页。

9 月,不晚于 25 日(10 月 8 日)

列宁收到胶印的孟什维克南俄成立代表会议决议。

《列宁全集》中文第 2 版增订版第 11 卷第 308、372 页;《弗・伊・列宁及其领导的党的国外机关同乌克兰社会民主党组织通信集》,基辅,1964 年,第 759 页;[《俄国社会民主工党南俄成立代表会议决议。1905 年 8 月》],传单,未注明出版地点,[1905 年],8 页,胶印版。

9 月 25 日(10 月 8 日)

列宁致函在国内的俄国社会民主工党中央委员会,告知孟什维克南俄成立代表会议指派格・瓦・普列汉诺夫担任社会党国际局的代表,列宁建议指派瓦・瓦・沃罗夫斯基为布尔什维克驻社会党国际局的代表。

《列宁全集》中文第 2 版增订版第 45 卷第 102—103 页。

9 月,不早于 25 日(10 月 8 日)

列宁从外国报刊上摘录有关莫斯科政治罢工开始和发展情况的资料,拟定摘录莫斯科事件的笔记的内容提纲。

《列宁全集》中文第 2 版增订版第 11 卷第 314—319、347—355 页;《列宁文集》俄文版第 16 卷第 202—215 页。

9 月 26 日(10 月 9 日)

娜·康·克鲁普斯卡娅受列宁委托,写信给在巴黎的加·达·莱特伊仁,告知《新生活报》将从 1905 年 10 月 19 日(11 月 1 日)起在彼得堡出版和该报编辑部的组成,并以编辑部名义请莱特伊仁担任该报在法国的常驻记者。

苏共中央马列主义研究院中央党务档案馆,第 434 号全宗,第 1 号目录,第 29181 号保管单位。

列宁写《社会主义和农民》一文:拟定文章提纲,起草批判波兰社会党土地纲领草案的评语,写文章正文。

《列宁全集》中文第 2 版增订版第 11 卷第 284—292、421—422 页;《列宁文集》俄文版第 5 卷第 390—393 页。

列宁和娜·康·克鲁普斯卡娅询问在里加的马·马·李维诺夫,能否将《无产者报》及时运往俄国。

《1905 年革命中的党》,1934 年,第 227 页。

列宁草拟并写成关于俄国社会民主工党中央委员会和孟什维克组织委员会会议文件和注释的《**编者按语**》,总标题为《关于党的统一问题》。

《列宁全集》中文第 2 版增订版第 11 卷第 304—305 页;《列宁文集》俄文版第 26 卷第 437 页;《无产者报》,日内瓦,1905 年

10月10日(9月27日),第20号。

列宁编辑来自彼得堡的通讯稿,该稿谈到布尔什维克代表和孟什维克代表就俄国社会民主工党统一问题在工人集会上的讲话、工人对国家杜马选举之前的鼓动工作的态度和工人们强烈希望了解政治生活。列宁为这篇来稿加写了标题:《**彼得堡**。(8月29日)》。这一材料发表在1905年9月27日(10月8日)《无产者报》第20号上。

苏共中央马列主义研究院中央党务档案馆,第2号全宗,第1号目录,第2103号保管单位;《无产者报》,日内瓦,1905年10月10日(9月27日),第20号。

9月26日(10月9日)以后

列宁在寄往彼得堡的信中建议《新生活报》的编辑们"共同正式请求"格·瓦·普列汉诺夫"参加该报编委会"(这封信没有找到)。

《列宁全集》中文第2版增订版第45卷第123页;苏共中央马列主义研究院中央党务档案馆,第434号全宗,第1号目录,第29181号保管单位。

9月下半月,27日(10月10日)以前

列宁写《新的孟什维克代表会议》和《俄国社会民主工党参加社会党国际局的代表问题》两篇文章。

《列宁全集》中文第2版增订版第11卷第308—309、310—312页,第45卷第102页;《无产者报》,日内瓦,1905年10月10日(9月27日),第20号。

9月,27日(10月10日)以前

列宁为准备刊印的谢·伊·古谢夫来信摘要写引言《编者按》,总标题是《同读者谈话摘录》;在来信的手稿上批注:"收入'党内生活'栏"。

《列宁全集》中文第2版增订版第11卷第313页，第45卷第89—90页；苏共中央马列主义研究院中央党务档案馆，第26号全宗，第1号目录，第300号保管单位，第4张；《无产者报》，日内瓦，1905年10月10日(9月27日)，第20号。

9月27日(10月10日)

列宁的《社会主义和农民》(社论)、《吃得饱饱的资产阶级和馋涎欲滴的资产阶级》、《地主谈抵制杜马》、《生气的回答》、《新的孟什维克代表会议》、《俄国社会民主工党参加社会党国际局的代表问题》、题为《同读者谈话摘录》的引言《编者按》以及题为《关于党的统一问题》的党内文件后记等文章发表在《无产者报》第20号上。

《列宁全集》中文第2版增订版第11卷第284—292、293—299、300—303、304—305、306—307、308—309、310—312、313、421—422页；《无产者报》，日内瓦，1905年10月10日(9月27日)，第20号。

列宁写《莫斯科流血的日子》一文，文中运用了自己所作的外国报刊的摘录，拟定提纲并写正文。这篇著作没有发表。

《列宁全集》中文第2版增订版第11卷第314—319、423—425页；《列宁文集》俄文版第16卷第202—209页。

列宁致函赫尔松的布尔什维克。列宁在信中说，赶紧用刚刚得到的通信地址同赫尔松的布尔什维克建立直接联系；建议他们给他往莱比锡的通信地址写信。

《列宁全集》中文第2版增订版第45卷第104页；《红色文献》杂志，1934年，第1期，第181页。

9月，不早于27日—不晚于30日(10月10日和13日)

列宁写《沉睡的资产阶级和醒来的资产阶级》一文的提纲。这篇文章没有发表。

《列宁全集》中文第2版增订版第11卷第320—321页；《列宁

文集》俄文版第5卷第410—411页。

9月27日和10月4日(10月10日和17日)之间

列宁写《〈火星报〉策略的最新发明:滑稽的选举是推动起义的新因素》一文:在孟什维克南俄各组织代表会议关于对待国家杜马态度的决议上作记号、划重点;用《混乱代替领导》、《再论"革命自治"的口号》、《马里乌波尔小组》为标题拟该文的提纲和作笔记;写文章正文,并进行修改。

《列宁全集》中文第2版增订版第11卷第356—372页,第45卷第102页;《列宁文集》俄文版第5卷第395—401页,第26卷第199—203、204—206页;《无产者报》,日内瓦,1905年10月17日(4日),第21号。

9月27日(10月10日)以后—10月初

列宁收到玛·伊·乌里扬诺娃1905年9月27日(10月10日)从彼得堡的来信,信中回答列宁提出的关于俄国各社会民主主义组织联席代表会议通过对待国家杜马态度的决议、关于南方技术局、关于俄国社会民主工党中央委员会采取措施加强对地方党组织的领导等问题。

《1905年革命中的党》,1934年,第282—283页。

列宁收到尼·阿·斯克雷普尼克1905年9月27日(10月10日)从彼得堡寄来的信,信中谈到武装起义问题。

苏共中央马列主义研究院中央党务档案馆,第26号全宗,第1号目录,第300号保管单位,第8张。

列宁收到马·马·李维诺夫的信,信中谈到把《无产者报》和武器及时运往俄国的问题。

《1905年革命中的党》,1934年,第227—229页。

列宁写备忘录,说必须关注德国排字工人机关报的记者在德国社会民主工党耶拿代表大会上反对奥·倍倍尔讲话的发言,并从1905年10月10日(公历)《福斯报》晚上版作了一段摘录(用德文)。

《列宁文集》俄文版第16卷第216—217页。

9月,不晚于28日(10月11日)

列宁阅读阿·瓦·卢那察尔斯基的《议会及其意义》一文的手稿,在手稿上作记号。

《列宁全集》中文第2版增订版第45卷第104—107页;苏共中央马列主义研究院中央党务档案馆,第2号全宗,第1号目录,第2110号保管单位;《无产者报》,日内瓦,1905年11月16日(3日),第25号。

9月28日(10月11日)

列宁在给阿·瓦·卢那察尔斯基的信中指出,他的《议会及其意义》一文,题目很及时、很重要,但建议他把文章改写一下,要更尖锐地揭露孟什维克在革命斗争时代的议会幻想;列宁将文章寄还卢那察尔斯基作进一步修改。

《列宁全集》中文第2版增订版第45卷第104—107页。

9月28日和10月3日(10月11日和16日)之间

列宁担任彼得堡知识出版社编辑委员会委员。

《列宁全集》中文第2版增订版第45卷第111—113页;《1905年革命中的党》,1934年,第174—176页;弗·德·邦契-布鲁耶维奇:《1905—1907年的布尔什维克出版事业》,1933年,第15页。

9月28日(10月11日)以后

列宁收到施米特(彼·彼·鲁勉采夫)从彼得堡寄来的信,这封信是对1905年9月17日(30日)列宁给俄国社会民主工党中央委员会的信的回复。鲁勉采夫通知列宁,中央委员会即将同知识出版社签订合同。

《列宁全集》中文第2版增订版第45卷第91—92、111—113页；《1905年革命中的党》，1934年，第174—176页。

9月29日(10月12日)

列宁拟定《莫斯科的政治罢工和街头斗争》一文的提纲，并写正文；文章提到，在阐述这一问题时，他只有"外国报纸上的一些简短的、往往是互相矛盾的报道，以及公开的报刊上的一些经书报检查机关审查过的……报告"。弗拉基米尔·伊里奇在这篇文章中运用了他以前所写的《莫斯科流血的日子》一文中的材料。

《列宁全集》中文第2版增订版第11卷第314—319、347—355、423—425页；《列宁文集》俄文版第16卷第202—213页。

9月29日和10月3日(10月12日和16日)之间

《俄国社会民主工党第三次(例行)代表大会。记录全文》(1905年日内瓦版)一书出版。书中刊载了列宁在代表大会上所作的报告、发言和讲话以及他所起草的各项决议草案。

《列宁全集》中文第2版增订版第45卷第67页；《俄国社会民主工党第三次(例行)代表大会。记录全文》，中央委员会出版社，日内瓦，党的印刷所，1905年，XXIX、401页，(俄国社会民主工党)；《无产者报》，日内瓦，1905年10月17日(4日)，第21号；苏共中央马列主义研究院中央党务档案馆，第26号全宗，第1号目录，第442、461号保管单位。

9月30日(10月13日)

娜·康·克鲁普斯卡娅受列宁委托写信给俄国社会民主工党梯弗利斯委员会，说收到了《无产阶级斗争报》第2号和第3号，并请求告知关于当地党组织的情况。

苏共中央马列主义研究院中央党务档案馆，第26号全宗，第1号目录，第445号保管单位。

列宁致函在敖德萨的谢·伊·古谢夫，批判地分析敖德萨委员会关于工会斗争的决议，指出决议存在策略上和理论上的错误，指示必须加强党对工会的领导。

《列宁全集》中文第 2 版增订版第 45 卷第 107—111 页；《回忆弗·伊·列宁》，第 1 卷，1968 年，第 304 页。

不早于 9 月 30 日（10 月 13 日）

列宁草拟《混乱的退却》一文的提纲。这篇文章没有写成。

《列宁文集》俄文版第 16 卷第 219—220 页；《社会民主党人报》，日内瓦，1905 年 9 月 30 日，第 15 号。

列宁从（《莫斯科的骚乱》）一文中作摘录，这篇文章刊登在 1905 年 10 月 13 日（公历）的《时报》上。

《列宁文集》俄文版第 26 卷第 314—315 页。

9 月 30 日和 10 月 11 日（10 月 13 日和 24 日）之间

列宁写短评《丑恶的滑稽剧》、《关于特鲁别茨科伊之死》，摘录 1905 年 10 月 13 日（公历）的《福斯报》。后来，列宁曾在《莫斯科事变的教训》一文中利用了第一篇短评的材料。

《列宁全集》中文第 2 版增订版第 11 卷第 336、380—388 页；《列宁文集》俄文版第 5 卷第 412—415 页。

9 月底

列宁写短评《解放派分子同社会民主党人的谈话》。

《列宁全集》中文第 2 版增订版第 11 卷第 334—335 页。

9 月—10 月初

列宁为他的文章准备材料（摘录报刊，写提纲、要点和草稿）。

苏共中央马列主义研究院中央党务档案馆，第 2 号全宗，第 1 号目录，第 2081 号保管单位；《列宁文集》俄文版第 16 卷第 188—190、191—198 页。

9月—10月4日(17日)以前

俄国社会民主工党中央委员会委托列宁监督1905年在日内瓦成立的平民出版社。

《列宁全集》中文第2版增订版第45卷第114—115页。

9月—10月

列宁同从西伯利亚流放地逃至日内瓦的俄国社会民主工党党员Л.К.格罗莫佐娃交谈。

В.А.索博列夫:《格罗莫佐娃姐妹》,基洛夫市,1960年,第17页;《无产者报》,日内瓦,1905年9月14日(1日),第17号。

10月初

列宁收到尼·阿·斯克雷普尼克1905年9月30日(10月13日)从彼得堡寄来的信,信中报告武装起义的准备情况和俄国社会民主工党彼得堡委员会的工作情况。

《1905年革命中的党》,1934年,第344—347页。

10月,1日(14日)以后

列宁收到雷涅尔特(亚·亚·波格丹诺夫)从彼得堡寄来的信,信中谈到委派布尔什维克代表参加社会党国际局和举行俄国社会民主工党中央委员会第二次全体会议。

《列宁全集》中文第2版增订版第45卷第50页;《1905年革命中的党》,1934年,第177—178页。

列宁写短评《俄国的财政》。这篇短评没有发表。

《列宁全集》中文第2版增订版第11卷第337页;《经济学家》杂志,伦敦,1905年10月14日,第63卷,第3242期,第1630—1631页。

10月2日(15日)

列宁在日内瓦群众集会上作关于莫斯科政治罢工的专题报告。

《列宁全集》俄文第 5 版第 11 卷第 434 页;《列宁文集》俄文版第 16 卷第 212—213 页;《红色田地》杂志,1930 年,第 35 期,第 2 页;《红色文献》杂志,1934 年,第 1 期,第 185 页;苏共中央马列主义研究院中央党务档案馆,第 14 号全宗,第 1 号目录,第 131 号保管单位,第 76 张;第 351 号全宗,第 1 号目录,第 59 号保管单位,第 2 张。

列宁在准备公开发行《告贫苦农民》这本小册子时,拍电报给彼得堡(收报人未查明),表示同意由铁锤出版社出版这本书(电报没有保存下来)。

《列宁全集》中文第 2 版增订版第 45 卷第 112 页;《1905 年革命中的党》,1934 年,第 175 页。

不晚于 10 月 3 日(16 日)

列宁收到俄国社会民主工党彼得堡委员会战斗委员会寄来的关于起义准备工作的报告、记录和示意图。

《列宁全集》中文第 2 版增订版第 11 卷第 338 页;《列宁文集》俄文版第 5 卷第 461—463 页;《1905 年革命中的党》,1934 年,第 326—342、344—347 页。

10 月,不晚于 3 日(16 日)

列宁编辑莫斯科寄来的关于印刷工人举行罢工的通讯稿,写标题《**莫斯科**。9 月 24 日》,并写编者按语说,发表这篇通讯“是为了说明运动开始阶段的情况,这一运动已经不仅非常迅速地转变为政治运动,而且转变为纯粹的革命运动”。这则通讯稿发表在 1905 年 10 月 4 日(17 日)《无产者报》第 21 号上。

苏共中央马列主义研究院中央党务档案馆,第 2 号全宗,第 1 号目录,第 2130 号保管单位;《无产者报》,日内瓦,1905 年 10 月 17 日(4 日),第 21 号。

列宁阅读那波利(尼·瓦·多罗申柯)自彼得堡寄来的通讯稿,通讯稿报道布尔什维克成功地举行了首都工人和高等院校学生的集会,列宁为通讯稿写标题:《**彼得堡**。9 月 23 日》,编排页码。这则通讯稿发表在《无产者报》第21号上。

苏共中央马列主义研究院中央党务档案馆，第2号全宗，第1号目录，第2133号保管单位；《无产者报》，1905年10月17日(4日)，第21号。

列宁在署名“米哈·波塔佩奇”的通讯稿上写标题《**莫斯科**。9月24日》。通讯稿报道莫斯科印刷工人举行罢工，各高等院校举行人数众多的集会。这则通讯稿发表在《无产者报》第21号上。

苏共中央马列主义研究院中央党务档案馆，第2号全宗，第1号目录，第2132号保管单位；《无产者报》，日内瓦，1905年10月17日(4日)，第21号。

列宁写马·波里索夫《关于工会运动和社会民主党的任务》一文的《编者按语》，该文发表在《无产者报》第21号上。

《列宁全集》中文第2版增订版第11卷第373页；《无产者报》，日内瓦，1905年10月17日(4日)，第21号。

10月3日(16日)

列宁写信给俄国社会民主工党圣彼得堡委员会战斗委员会，感谢收信人寄来关于武装起义准备工作的文件，建议迅速开展实际活动，克服文牍主义和空谈。

《列宁全集》中文第2版增订版第11卷第338—340页。

列宁就公开出版布尔什维克书刊问题致函彼得堡俄国社会民主工党中央委员会，表示同意将小册子《告贫苦农民》转交铁锤出版社出版；对同知识出版社签订合同的条件能否实现表示担心；说自己打算另外写信“详细”谈谈发表在社会民主党秘密报纸《工人报》第2号上的一篇杂文(《给工人的信。之二》)。

《列宁全集》中文第2版增订版第45卷第111—113页。

10月3日和13日(16日和26日)之间

列宁和娜·康·克鲁普斯卡娅收到玛·莫·埃森从彼得堡寄

来的信，这封信是埃森受俄国社会民主工党彼得堡委员会委员们的委托而写的。信中对中央委员会的工作表示不满意，希望列宁能会见中央委员。

《列宁全集》中文第 2 版增订版第 45 卷第 120—121 页；《回忆弗·伊·列宁》，第 2 卷，1969 年，第 122—123 页；《1905 年革命中的党》，1934 年，第 283—286 页。

10 月 3 日和 18 日（16 日和 31 日）之间

列宁读彼得堡来信，来信说布尔什维克成功地举行了亚历山大分区的工厂工人集会。这一稿件发表在 1905 年 10 月 18 日（31 日）《无产者报》第 23 号上。

苏共中央马列主义研究院中央党务档案馆，第 2 号全宗，第 1 号目录，第 2178 号保管单位；《无产者报》，日内瓦，1905 年 10 月 31 日（18 日），第 23 号。

10 月，3 日（16 日）以后

列宁拟定《怎样准备和组织起义？》一文或一信的提纲，写正文，题为《革命军战斗队的任务》。这些材料均未发表。

《列宁全集》中文第 2 版增订版第 11 卷第 338—340、341—345 页；《列宁文集》俄文版第 5 卷第 455—456 页。

列宁写短评《关于所谓亚美尼亚社会民主工人组织》。这篇短评没有发表。

《列宁全集》中文第 2 版增订版第 11 卷第 346 页。

10 月，不晚于 4 日（17 日）

列宁收到孟什维克南俄成立代表会议的各项决议的小册子。

《列宁全集》中文第 2 版增订版第 11 卷第 372 页；《俄国社会民主工党南俄成立代表会议决议。1905 年 8 月》，日内瓦，党的印刷所，1905 年，16 页，（俄国社会民主工党）。

列宁为他以前写好的《〈火星报〉策略的最新发明：滑稽的选举

是推动起义的新因素》一文写附言。

《列宁全集》中文第 2 版增订版第 11 卷第 372 页。

10 月 4 日(17 日)

列宁的文章《莫斯科的政治罢工和街头斗争》(社论)和《〈火星报〉策略的最新发明:滑稽的选举是推动起义的新因素》,以及《马·波里索夫〈关于工会运动和社会民主党的任务〉一文按语》发表在《无产者报》第 21 号上。

《列宁全集》中文第 2 版增订版第 11 卷第 347—355、356—372、373 页;《无产者报》,日内瓦,1905 年 10 月 17 日(4 日),第 21 号。

列宁致函在伦敦的弗·德·邦契-布鲁耶维奇,由于社会民主工党平民出版社的工作出现问题,建议他迅速返回日内瓦。

《列宁全集》中文第 2 版增订版第 45 卷第 114—115 页。

10 月,4 日(17 日)以后

列宁在 Л.费多尔丘克《关于工会运动问题》一文的原稿上批注:"不适用"。

苏共中央马列主义研究院中央党务档案馆,第 2 号全宗,第 1 号目录,第 2135 号保管单位。

10 月 4 日和 11 日(17 日和 24 日)之间

列宁撰写《答〈社会民主党人报〉》一文的评论,该文载于《无产阶级斗争报》俄文版第 3 号。(该文作者是约·维·斯大林)

《列宁全集》中文第 2 版增订版第 11 卷第 389—390 页;《无产者报》,日内瓦,1905 年 10 月 17 日(4 日),第 21 号;10 月 24 日(11 日),第 22 号;《无产阶级斗争报》,[梯弗利斯],1905 年 8 月 15 日,第 3 号。

列宁写《莫斯科事变的教训》一文:从俄文和外文报刊上作摘录,拟定文章的提纲、要点,并写文章正文。

《列宁全集》中文第 2 版增订版第 11 卷第 380—388、428—430 页;《列宁文集》俄文版第 5 卷第 417—420 页,第 16 卷第 217、222—224 页,第 26 卷第 310—313 页;《无产者报》,日内瓦,1905 年 10 月 24 日(11 日),第 22 号。

10 月 5 日(18 日)

列宁致函俄国社会民主工党中央委员会,告知收到了社会党国际局转来的爱·瓦扬的信。瓦扬在信中阐述了法国社会主义工人党提出的关于各有关国家的社会党采取第二国际所制定的防止战争发生的措施的提案。

《列宁全集》中文第 2 版增订版第 45 卷第 115—116 页。

10 月,5 日(18 日)以后

列宁对维·加里宁(维·阿·卡尔宾斯基)《农民代表大会》一文进行编辑加工。该文发表在 1905 年 11 月 3 日(16 日)《无产者报》第 25 号上。

《列宁文集》俄文版第 16 卷第 278—280 页;《无产者报》,日内瓦,1905 年 11 月 16 日(3 日),第 25 号;《解放》杂志,巴黎,1905 年 10 月 18 日(5 日),第 78—79 期,第 489—495 页。

10 月 7 日(20 日)

列宁拟定由中央委员会国外代表特别委任的俄国社会民主工党中央委员会总务委员会成员的组成、权利和职能的章程草案。

《列宁全集》中文第 2 版增订版第 45 卷第 116—118 页。

10 月 7 日和 18 日(20 日和 31 日)之间

列宁写《革命的里加的最后通牒》一文。

《列宁全集》中文第 2 版增订版第 12 卷第 19—20 页;《无产者报》,日内瓦,1905 年 10 月 31 日(18 日),第 23 号。

列宁写《俄国局势的尖锐化》一文。

《列宁全集》中文第 2 版增订版第 12 卷第 23—24 页;《无产者

报》,日内瓦,1905年10月31日(18日),第23号。

10月8日(21日)以前

列宁编辑奥·伊·维诺格拉多娃(叫花子)给《无产者报》编辑部寄来的手稿。列宁修改过的手稿最初作为单行本出版,题为《敖德萨事件和"波将金"号》(俄国社会民主工党中央委员会出版社,1905年日内瓦版)。

苏共中央马列主义研究院中央党务档案馆,第26号全宗,第1号目录,第426号保管单位;《列宁文集》俄文版第26卷第433页;《社会民主党出版物》,第1卷,1922年,第20页。

10月8日和14日(21日和27日)之间

列宁收到彼·彼·鲁勉采夫1905年10月8日(21日)的来信,信中告知即将在彼得堡成立出版通俗小册子的合法出版社、将在1905年10月19日(11月1日)出版《新生活报》和列宁成为该报的撰稿人。来信建议动员国外一切写作力量,每星期为报纸撰稿不少于一篇,准备好并寄来小册子《怎么办?》用于再版。

《列宁文集》俄文版第5卷第524页;《1905年革命中的党》,1934年,第180—181页。

10月,8日(21日)以后

列宁写对帕·波·阿克雪里罗得的小册子《人民杜马和工人代表大会》的批评意见。这些意见没有发表。

《列宁全集》中文第2版增订版第11卷第374—377页;《社会民主党出版物》,第1卷,1922年,第20页。

10月,9日(22日)以后

列宁写《自由派对杜马的希望》一文。这篇文章没有发表。

《列宁全集》中文第2版增订版第11卷第378—379页;《法兰克福报》,美因河畔法兰克福,1905年10月22日,第293号。

10 月 10 日(23 日)

列宁收到布拉克的通知,说法国社会党代表大会将于 1905 年 10 月 27—30 日在索恩河畔沙隆召开。

《列宁全集》中文第 2 版增订版第 45 卷第 118 页。

列宁致函在巴黎的加·达·莱特伊仁,告知已收到关于召开法国社会党代表大会的时间和地点的通知,如果莱特伊仁出席代表大会,那么请他担任俄国社会民主工党的代表并致贺词。

《列宁全集》中文第 2 版增订版第 45 卷第 118 页。

10 月 10 日(23 日)以后

列宁收到瓦·瓦·沃罗夫斯基从柏林寄来的信,信中报告他同卡·考茨基和罗·卢森堡就对待国家杜马和临时革命政府的态度问题进行谈话的情况。

《1905 年革命中的党》,1934 年,第 361—364 页。

10 月 10 日和 13 日(23 日和 26 日)之间

列宁从 1905 年 10 月 23 日、24 日和 25 日(公历)的《法兰克福报》关于全俄政治罢工的报道中作摘录。

《列宁全集》中文第 2 版增订版第 12 卷第 1—4、365—367 页;《列宁文集》俄文版第 16 卷第 227—229、232 页,第 26 卷第 317 页。

10 月,11 日(24 日)以前

列宁校订署名 H.潘-克的《决定性事变的前夕》一文的译稿。这篇文章发表在 1905 年 10 月 11 日(24 日)《无产者报》第 22 号上。

《列宁文集》俄文版第 26 卷第 347 页;《无产者报》,日内瓦,1905 年 10 月 24 日(11 日),第 22 号。

列宁编辑简讯稿《律师会议》,为简讯加标题《**莫斯科**》。这则简讯发表在《无产者报》第 22 号上。

苏共中央马列主义研究院中央党务档案馆，第 2 号全宗，第 1 号目录，第 2151 号保管单位；《无产者报》，日内瓦，1905 年 10 月 24 日（11 日），第 22 号。

列宁为排印俄国社会民主主义组织代表会议通过的《关于高加索事件的决议》做准备工作。该决议发表在《无产者报》第 22 号上。

苏共中央马列主义研究院中央党务档案馆，第 2 号全宗，第 1 号目录，第 2150 号保管单位；《无产者报》，日内瓦，1905 年 10 月 24 日（11 日），第 22 号。

10 月，不晚于 11 日（24 日）

列宁给在彼得堡的玛·伊·乌里扬诺娃写信，大约是请求同铁锤出版社商谈再版小册子《告贫苦农民》的问题（这封信没有找到）。

《列宁全集》俄文第 5 版第 11 卷第 433 页；苏共中央马列主义研究院中央党务档案馆，第 26 号全宗，第 1 号目录，第 495 号保管单位；《1905 年革命中的党》，1934 年，第 175 页；《弗·伊·列宁及其领导的党的国外机关同乌克兰社会民主党组织通信集》，基辅，1964 年，第 733 页。

10 月 11 日（24 日）

列宁的文章《莫斯科事变的教训》、短评《国外青年和俄国革命》和对《答〈社会民主党人报〉》一文的评论发表在《无产者报》第 22 号上。

《列宁全集》中文第 2 版增订版第 11 卷第 380—388、391、389—390 页；《无产者报》，日内瓦，1905 年 10 月 24 日（11 日），第 22 号。

10 月 11 日和 18 日（24 日和 31 日）之间

列宁写《失败者的歇斯底里》一文。

《列宁全集》中文第 2 版增订版第 12 卷第 16—18 页；《无产者

报》,日内瓦,1905年10月31日(18日),第23号。

列宁拟定《对政治派别划分的初步总结》一文的提纲,并写文章正文。

《列宁全集》中文第2版增订版第12卷第7—15页;《列宁文集》俄文版第5卷第423页;《火星报》,日内瓦,1905年10月8日,第112号。

列宁收到《火星报》第112号。他特别注意《小组习气的产物》一文,文中孟什维克反对俄国社会民主主义组织代表会议通过的积极抵制布里根杜马的布尔什维克路线。

《列宁全集》中文第2版增订版第12卷第7、16—18页;《火星报》,日内瓦,1905年10月8日,第112号。

列宁就1905年10月24日(公历)《泰晤士报》关于沙皇政府针对革命的新阴谋的报道写《小丑大臣的计划》一文。

《列宁全集》中文第2版增订版第12卷第21—22页;《无产者报》,日内瓦,1905年10月31日(18日),第23号;《泰晤士报》,伦敦,1905年10月24日,第37846号。

10月11日和25日(10月24日和11月7日)之间

列宁编辑俄国社会民主工党莫斯科委员会报道莫斯科总罢工进程的第1、2号和3—4号公报中的资料,标明尽快刊登在《无产者报》上。这一资料以《**莫斯科**。(莫斯科委员会公报摘录)》为题,发表在该报1905年10月25日(11月7日)第24号上。

苏共中央马列主义研究院中央党务档案馆,第2号全宗,第1号目录,第2151、2192号保管单位;《无产者报》,日内瓦,1905年10月24日(11日),第22号;11月7日(10月25日),第24号。

10月,11日(24日)以后

列宁从1905年10月11日(24日)的《俄罗斯报》上摘录有关俄国成立激进党的消息。

《列宁文集》俄文版第26卷第316页;《俄罗斯报》,1905年10月11日(24日),第243号。

10月12日(25日)

列宁在日内瓦作专题报告(报告题目不详)。

《列宁全集》俄文第5版第11卷第434页;苏共中央马列主义研究院中央党务档案馆,第351号全宗,第1号目录,第59号保管单位,第4张;第14号全宗,第1号目录,第131号保管单位,第76张。

列宁收到俄国社会民主工党中央委员会的信,说决定任命列宁为俄国社会民主工党驻社会党国际局的代表。

《列宁全集》中文第2版增订版第45卷第119页;《1905年革命中的党》,1934年,第180页。

列宁致函在俄国的俄国社会民主工党中央委员会,告知收到了关于任命他为俄国社会民主工党驻社会党国际局代表的决定;建议尽快召开俄国社会民主工党中央委员的会议;请求将1905年9月7—9日(20—22日)在里加举行的俄国社会民主主义组织代表会议的记录寄来。

《列宁全集》中文第2版增订版第45卷第119页。

10月12日(25日)以后

列宁以《旁观者清》为标题,从10月25日(公历)《福斯报》上摘录有关1905年10月俄国的政治形势的报道,并为摘录写了前言和结束语。这一材料曾被瓦·瓦·沃罗夫斯基收入《俄国的革命和反革命》一文中,并发表在1905年11月12日(25日)《无产者报》第26号上。

《列宁文集》俄文版第16卷第224—227页;《无产者报》,日内瓦,1905年11月25日(12日),第26号。

10月13日(26日)

列宁写《全俄政治罢工》一文:利用从外文报纸上作的摘录,写文章提纲，作笔记，然后写正文。

《列宁全集》中文第2版增订版第12卷第1—4、365—367页；《列宁文集》俄文版第16卷第227—232页，第26卷第317页。

列宁复函在彼得堡的玛·莫·埃森，表示不同意她关于中央委员会工作的意见，说自己想很快从国外回到俄国去，希望在俄国出版中央机关报和宣传刊物，强调刊物宣传在革命时期的作用，建议加强武装起义的准备工作。

《列宁全集》中文第2版增订版第45卷第120—121页；《回忆弗·伊·列宁》，第2卷，1969年，第122—123页。

10月，不晚于14日（27日）

列宁收到俄国社会民主工党中央委员会1905年10月3日（16日）从彼得堡寄来的信，信中说中央委员会同意社会党国际局的建议，由社会党国际局作为中间人安排与孟什维克的组织委员会举行谈判，讨论同孟什维克统一的问题。信中还说指派列宁、瓦西里耶夫（弗·威·林格尼克）和施米特（彼·彼·鲁勉采夫）作为谈判代表。

《列宁全集》中文第2版增订版第45卷第122—123页；《1905年革命中的党》，1934年，第179—180页。

10月14日（27日）

列宁致函在布鲁塞尔的社会党国际局，告知俄国社会民主工党中央委员会同意接受奥古斯特·倍倍尔因布尔什维克和孟什维克产生分歧而提出召开代表会议的建议，并且指派列宁、弗·威·林格尼克和彼·彼·鲁勉采夫作为俄国社会民主工党中央委员会的代表参加代表会议；请求告知召开会议的日期。列宁在附言中写道，他得到消息说彼·彼·鲁勉采夫不久将出国。

《列宁全集》中文第2版增订版第45卷第122—123页。

列宁致函俄国社会民主工党中央委员会,请求授权给他邀请格·瓦·普列汉诺夫参加编辑委员会和《新生活报》编辑部。娜·康·克鲁普斯卡娅在信中附言,说收到了彼·彼·鲁勉采夫的信,并说列宁将及时把文章准备好。

《列宁全集》中文第2版增订版第45卷第123页;《列宁文集》俄文版第5卷第524页。

10月,不早于14日(27日)

列宁就发表在1905年10月27—29日(公历)《泰晤士报》、《时报》和《福斯报》上的有关俄国革命事变的社论和特约稿的内容作简记。

《列宁文集》俄文版第26卷第318页;《泰晤士报》,伦敦,1905年10月28日,第37850号。

10月17日(30日)

列宁草拟《势均力敌》一文的提纲,该文原计划作为《无产者报》第24号的社论发表。可能因为需要阐述俄国革命高涨的新事件,这篇文章没有发表。

《列宁全集》中文第2版增订版第12卷第5—6页;《列宁文集》俄文版第5卷第425—426页。

列宁于傍晚得知沙皇颁布10月17日宣言。

《列宁全集》中文第2版增订版第12卷第5—6、26页;《列宁文集》俄文版第5卷第425—426页。

不早于10月17日(30日)—不晚于10月19日(11月1日)

由于得到沙皇颁布10月17日宣言的消息,列宁更换《无产者报》第24号的内容。

《列宁全集》中文第2版增订版第12卷第5、26页;《列宁文集》俄文版第5卷第426页;《无产者报》,日内瓦,1905年11

月 7 日(10 月 25 日),第 24 号。

列宁写《革命第一个回合的胜利》一文:从 1905 年 10 月 30 日、31 日和 11 月 1 日《比利时独立报》、《时报》和《泰晤士报》上作摘录,并以《新的革命和新的战争》为题写笔记,拟文章要点和提纲草稿。

《列宁全集》中文第 2 版增订版第 12 卷第 26—33、368—370 页;《列宁文集》俄文版第 5 卷第 429—431 页,第 26 卷第 326—327 页。

10 月,不早于 17 日(30 日)

列宁摘录报纸上关于 1905 年 10 月 17 日(30 日)在莫斯科、里加、梯弗利斯、顿河畔罗斯托夫、雷瓦尔和敖德萨等地的革命事变的报道。

《列宁文集》俄文版第 26 卷第 319 页。

10 月 17 日和 25 日(10 月 30 日和 11 月 7 日)之间

列宁对《无产者报》编辑人员所写的关于 10 月 17 日沙皇宣言颁布前后的俄国革命事变进程的综合报道进行编辑加工。这一材料以《俄国革命的日子》为总标题,发表在 1905 年 10 月 25 日(11 月 7 日)《无产者报》第 24 号上。

苏共中央马列主义研究院中央党务档案馆,第 2 号全宗,第 1 号目录,第 2190 号保管单位,第 2、14、17—20、22、24、25、27、28—34、39—41 张;《无产者报》,日内瓦,1905 年 11 月 7 日(10 月 25 日),第 24 号。

10 月,18 日(31 日)以前

列宁对从图拉寄来的关于该市中学生罢课的通讯稿进行编辑加工,作书面指示:“全部顶格排”刊登在《无产者报》的“社会生活”栏。这一材料发表在 1905 年 10 月 18 日(31 日)《无产者报》第 23 号上。

苏共中央马列主义研究院中央党务档案馆,第 2 号全宗,第 1 号目录,第 2177 号保管单位;《无产者报》,日内瓦,1905 年 10 月 31 日(18 日),第 23 号。

列宁为瓦·瓦·沃罗夫斯基《历史的又一页》一文改写新的标题《资产阶级妥协派和无产阶级革命派》,对文章进行修改。这篇文章发表在《无产者报》第 23 号上。

苏共中央马列主义研究院中央党务档案馆,第 2 号全宗,第 1 号目录,第 2174 号保管单位;《列宁文集》俄文版第 26 卷第 349 页;《无产者报》,日内瓦,1905 年 10 月 31 日(18 日),第 23 号。

列宁为波·阿·布列斯拉夫关于南俄工人运动不断高涨的来信写《**编者按语**》。这一按语没有发表。

《列宁文集》俄文版第 26 卷第 436 页;《无产者报》,日内瓦,1905 年 10 月 31 日(18 日),第 23 号。

列宁编辑不知名作者的文章《学校教育学和革命教育学》,注明:准备收入《无产者报》第 23 号,尔后又计划刊登在第 24 号上。这一材料未能发表。

苏共中央马列主义研究院中央党务档案馆,第 2 号全宗,第 1 号目录,第 2180 号保管单位;《列宁文集》俄文版第 5 卷第 426 页,第 26 卷第 348—349 页。

列宁编辑《不列颠工人运动和工联代表大会》一文(作者不详),注明:"译自德文",写脚注和一条结论性的注释。这篇经列宁修改并加注释的文章,发表在《无产者报》第 23 号上。

《列宁全集》中文第 2 版增订版第 12 卷第 25 页;《列宁文集》俄文版第 16 卷第 232 页;苏共中央马列主义研究院中央党务档案馆,第 2 号全宗,第 1 号目录,第 2176 号保管单位,第 3 张、第 3 张背面、第 12 张;《无产者报》,日内瓦,1905 年 10 月 31 日(18 日),第 23 号。

列宁编辑阿·瓦·卢那察尔斯基的《议会主义和革命》一文,

编排页码，注明准备刊登在《无产者报》第 23 号上。

苏共中央马列主义研究院中央党务档案馆，第 2 号全宗，第 1 号目录，第 2175 号保管单位；《列宁文集》俄文版第 5 卷第 426 页；《无产者报》，日内瓦，1905 年 10 月 31 日（18 日），第 23 号。

10 月 18 日（31 日）

列宁的《全俄政治罢工》（社论）、《对政治派别划分的初步总结》、《失败者的歇斯底里》、《革命的里加的最后通牒》、《小丑大臣的计划》和《俄国局势的尖锐化》等文章发表在《无产者报》第 23 号上。

《列宁全集》中文第 2 版增订版第 12 卷第 1—4、7—15、16—18、19—20、21—22、23—24 页；《无产者报》，日内瓦，1905 年 10 月 31 日（18 日），第 23 号。

10 月，18 日（31 日）以后

列宁致函俄国社会民主工党敖德萨组织（多数派）党员莫嘉（伊·伊·别洛波尔斯基）和科斯佳（罗·萨·哈尔贝施塔特），告知收到了他们的《给同志们的信》，指出信中所阐述的关于党的统一问题的观点是错误的，并指明消除党的分裂的途径。

列宁在这封敖德萨来信上注明："不刊登。编辑已回信"。

《列宁全集》中文第 2 版增订版第 45 卷第 127—129 页；苏共中央马列主义研究院中央党务档案馆，第 2 号全宗，第 1 号目录，第 2205 号保管单位；第 71 号全宗，第 15 号目录，第 458 号保管单位，第 9 张；《无产者报》，日内瓦，1905 年 10 月 31 日（18 日），第 23 号。

10 月 19 日（11 月 1 日）

列宁写《革命第一个回合的胜利》一文。

《列宁全集》中文第 2 版增订版第 12 卷第 26—33 页。

10 月，不早于 19 日（11 月 1 日）

列宁从 1905 年 11 月 1 日（公历）的《工人报》上摘录对俄国政

治总罢工胜利的反应和关于号召为争取奥地利普选权而斗争的材料。

《列宁文集》俄文版第 26 卷第 323 页;《工人报》,维也纳,1905 年 11 月 1 日,第 302 号。

列宁从 1905 年 10 月 31 日和 11 月 1 日(公历)的《前进报》和《泰晤士报》上摘录对 10 月 17 日沙皇宣言的反应和有关彼得堡工人代表苏维埃发表的号召书以及彼得堡游行示威的材料。弗拉基米尔·伊里奇将其中一段摘录改写成短评,题为《末代尼古拉的新立宪宣言》。

《列宁文集》俄文版第 16 卷第 234—236 页,第 26 卷第 320—322、324—325 页;《无产者报》,日内瓦,1905 年 11 月 7 日(10 月 25 日),第 24 号;《前进报》,柏林,1905 年 11 月 1 日,第 250 号。

10 月 20 日(11 月 2 日)

列宁在日内瓦手工业馆的俄国社会民主党人集会上作关于俄国最近政治事件的专题报告。

《列宁全集》俄文第 5 版第 12 卷第 413 页;苏共中央马列主义研究院中央党务档案馆,第 4 号全宗,第 1 号目录,第 55 号保管单位;《回忆弗·伊·列宁》,第 2 卷,1969 年,第 212 页;A.C.库德里亚夫采夫等:《列宁在日内瓦》,1967 年,第 172 页。

10 月 21 日(11 月 3 日)

清晨,列宁收到尼·埃·鲍曼被杀害的电报。弗拉基米尔·伊里奇深感悲痛,撰写讣告以刊登在《无产者报》上。

《列宁全集》中文第 2 版增订版第 12 卷第 34—35 页;苏共中央马列主义研究院中央党务档案馆,第 4 号全宗,第 2 号目录,第 3150 号保管单位;《回忆弗·伊·列宁》,第 2 卷,1969 年,第 213 页。

10 月,不早于 21 日(11 月 3 日)

列宁拜访叶·德·斯塔索娃,告诉她已经知道尼·埃·鲍曼被黑帮分子杀害的消息，询问鲍曼在莫斯科进行革命工作、1904年他们被关在塔甘卡监狱以及试图营救鲍曼的情况。

《列宁全集》中文第2版增订版第12卷第34—35页；《回忆弗·伊·列宁》，第2卷，第213页。

列宁得知尼·伊·波德沃伊斯基和其他参加雅罗斯拉夫尔工人游行示威的人在1905年10月20日(11月2日)哥萨克和黑帮分子驱散游行示威时受伤的消息。弗拉基米尔·伊里奇写了一封充满同志热情的信，寄给波德沃伊斯基(这封信没有保存下来)。

苏军中央国家档案馆，第33221号全宗，第1号目录，第26号保管单位，第3张；《历史文献》杂志，1956年，第6期，第112页；И.列依别罗夫：《满怀热情的革命战士》，1962年，第26—27页；《无产阶级革命》杂志，1922年，第6期，第114页。

10月22日(11月4日)

列宁写短评《最新消息》，这篇短评没有发表。

《列宁全集》中文第2版增订版第12卷第36页。

列宁致函在布鲁塞尔的卡·胡斯曼，告知自己被委派为俄国社会民主工党驻社会党国际局的代表(这封信没有找到)。

《列宁全集》俄文第5版第47卷第315页；《列宁和卡米耶·胡斯曼通信集。1905—1914》，巴黎，1963年，第35页。

10月，不早于22日(11月4日)

列宁阅读1905年11月4日和5日(公历)《新自由报》和10月23日(11月5日)《新时报》上关于俄国革命运动进一步高涨、沙皇政府企图阻止革命的报道。列宁在《总解决的时刻临近了》一文中利用了这些报道。

《列宁全集》中文第2版增订版第12卷第71、72、73页；《新自由报》，维也纳，1905年11月4日晚上版，第14800号；维也纳,1905年11月5日上午版,第14801号;《新时报》,1905年10月23日(11月5日),第10639号。

10月,不早于24日(11月6日)

列宁用俄文和德文摘录1905年11月6日(公历)《柏林每日小报和商业日报》上的一篇通讯中有关波罗的海沿岸边疆区和芬兰举行十月政治罢工的资料。

《列宁文集》俄文版第16卷第229—231页。

10月,25日(11月7日)以前

列宁准备发表俄国社会民主工党库尔斯克委员会的传单《致库尔斯克市全体印刷工人》。传单的一部分以短评的形式发表在1905年10月25日(11月7日)《无产者报》第24号上。

苏共中央马列主义研究院中央党务档案馆,第2号全宗,第1号目录,第2193号保管单位;《无产者报》,日内瓦,1905年11月7日(10月25日),第24号。

列宁对题为《工人联合会和反军国主义》的通讯稿进行编辑加工。该文发表在《无产者报》第24号上。

苏共中央马列主义研究院中央党务档案馆,第2号全宗,第1号目录,第2194号保管单位,第72—76、78、79张;《无产者报》,日内瓦,1905年11月7日(10月25日),第24号。

列宁对萨申的《柏林发电厂罢工》一文的手稿进行编辑加工;在手稿上作批注,进行修改,确定文章篇幅。这篇文章发表在《无产者报》第24号上。

苏共中央马列主义研究院中央党务档案馆,第2号全宗,第1号目录,第2195号保管单位;《无产者报》,日内瓦,1905年11月7日(10月25日),第24号;《1905年革命中的党》,1934年,第363—364页。

列宁为撰写《小资产阶级社会主义和无产阶级社会主义》一文,摘录1905年9月15日社会革命党人的报纸《革命俄国报》第

75号的社论《正统马克思主义者和农民问题》，拟定提纲并写正文。

《列宁全集》中文第2版增订版第12卷第37—45、371—372页；《列宁文集》俄文版第5卷第433—434、435—436页；《无产者报》，日内瓦，1905年11月7日(10月25日)，第24号。

列宁准备发表俄国社会民主工党克拉斯诺亚尔斯克委员会的传单《我们应当怎样准备布里根杜马选举》，为传单加写标题：《**克拉斯诺亚尔斯克委员会论国家杜马**》。这一材料发表在《无产者报》第24号上。

苏共中央马列主义研究院中央党务档案馆，第2号全宗，第1号目录，第2196号保管单位；《无产者报》，日内瓦，1905年11月7日(10月25日)，第24号；《布尔什维克组织在1905—1907年俄国第一次革命中的传单》，第2册，1956年，第515—518页。

列宁对来自哈尔科夫的关于哈尔科夫大学学生决议的通讯稿进行编辑加工，该决议要求在普遍、直接和不记名投票选举的基础上召开立宪会议；列宁指示将这一决议刊登在《无产者报》的"社会生活"栏。这一稿件发表在第24号上。

苏共中央马列主义研究院中央党务档案馆，第2号全宗，第1号目录，第2191号保管单位；《无产者报》，日内瓦，1905年11月7日(10月25日)，第24号。

10月25日(11月7日)

列宁的文章《革命第一个回合的胜利》(社论)、《小资产阶级社会主义和无产阶级社会主义》、《尼古拉·埃内斯托维奇·鲍曼》，以及以《末代尼古拉的新立宪宣言》、《中央罢工委员会》和《彼得堡。10月18日》为题从国外报纸上摘录的材料发表在《无产者报》第24号上。

《列宁全集》中文第2版增订版第12卷第26—33、37—45、

34—35 页;《无产者报》,日内瓦,1905 年 11 月 7 日(10 月 25 日),第 24 号;苏共中央马列主义研究院中央党务档案馆,第 4 号全宗,第 2 号目录,第 3150 号保管单位。

列宁在日内瓦作报告,可能是谈党在俄国革命进一步发展时所采取的策略。

苏共中央马列主义研究院中央党务档案馆,第 351 号全宗,第 1 号目录,第 59 号保管单位,第 4 张。

10 月 26 日或 27 日(11 月 8 日或 9 日)

列宁写《总解决的时刻临近了》一文。

《列宁全集》中文第 2 版增订版第 12 卷第 1、3—4、26、27、65—74 页。

不早于 10 月 28 日(11 月 10 日)

在警察司所写的俄国社会民主主义运动概况中载明:1905 年 10 月 27 日出版的《新生活报》第 1 号的撰稿人中"有列宁(弗·伊·乌里扬诺夫),布尔什维克派的领导人"。

苏联中央国家十月革命和社会主义建设档案馆,警察司全宗,特别处,1906 年,II 科,第 832 号案卷,第 19 张背面、第 24 张背面;《新生活报》,1905 年 10 月 27 日,第 1 号。

10 月 28 日和 11 月 2 日(11 月 10 日和 15 日)之间

列宁从 1905 年 11 月 10 日(公历)《时报》摘录有关 10 月 17 日宣言以后大臣会议主席谢·尤·维特的策略,并注明莫斯科地方自治人士代表大会和莫斯科工人代表大会召开的日期。

《列宁全集》中文第 2 版增订版第 12 卷第 46—54 页;《列宁文集》俄文版第 26 卷第 102、103 页。

10 月 28 日和 11 月 4 日(11 月 10 日和 17 日)之间

列宁读 1905 年 10 月 27 日、28 日、29 日、30 日和 11 月 1 日《新生活报》前五号的内容。

《列宁全集》中文第 2 版增订版第 12 卷第 55、58 页;《新生活报》,1905 年 10 月 27 日—11 月 1 日,第 1—5 号。

10 月,不早于 29 日(11 月 11 日)

列宁写短评《可贵的招供》:摘录 1905 年 11 月 11 日(公历)《时报》上一篇有关俄国最近事件的通讯《立宪派和社会主义者》;写短评正文。这篇短评没有写完。

《列宁文集》俄文版第 16 卷第 236—240 页。

10 月底

列宁由于即将返回祖国,退出读书协会。

《回忆弗·伊·列宁》,第 1 卷,1968 年,第 288 页;A.C.库德里亚夫采夫等:《列宁在日内瓦》,1967 年,第 124—129、139、142—143 页。

列宁在给格·瓦·普列汉诺夫的信中谈到社会民主党必须统一,邀请他参加《新生活报》编委会,并建议同他会晤。

《列宁全集》中文第 2 版增订版第 45 卷第 124—127 页。

列宁致函在巴黎的加·达·莱特伊仁,建议就他同茹·盖得等人关于临时革命政府和俄国社会民主党人参加临时革命政府问题的谈话写一篇文章或短评。莱特伊仁的这篇短评发表在《无产者报》第 26 号上,题为《盖得派与俄国社会民主党人参加临时革命政府》。

《列宁全集》中文第 2 版增订版第 45 卷第 118、129 页;《无产者报》,日内瓦,1905 年 11 月 25 日(12 日),第 26 号。

11 月初

列宁摘录 1905 年 11 月 13 日《时报》上的通讯,这些报道说,德国皇帝威廉二世建议向俄国沙皇提供军事援助以镇压喀琅施塔得水兵的武装起义,并说德国当局千方百计避免起义的波兰矿工对上西里西亚边境的德国矿工产生影响。

《列宁文集》俄文版第 26 卷第 328—331 页。

11 月 1 日(14 日)

列宁致函在布鲁塞尔的卡·胡斯曼,告知由于自己没有可能真正地承担起在社会党国际局的职务,所以暂时将这一职务交给奥尔洛夫斯基(瓦·瓦·沃罗夫斯基)(这封信没有找到)。

《列宁全集》俄文第 5 版第 47 卷第 315 页;《列宁和卡米耶·胡斯曼通信集。1905—1914》,巴黎,1963 年,第 36 页。

11 月 2 日(15 日)

列宁写《两次会战之间》一文,他在文中使用了从《时报》上摘录的有关 10 月 17 日宣言颁布以后谢·尤·维特的策略的材料。

《列宁全集》中文第 2 版增订版第 12 卷第 46—54 页。

11 月 2 日—4 日(15 日—17 日)

列宁写《我们的任务和工人代表苏维埃(给编辑部的信)》一文,他在文中表示遗憾,说"仍然不得不从那该死的远方,从那令人厌烦的侨居的'异邦'写这封信"。

《列宁全集》中文第 2 版增订版第 12 卷第 55—64 页。

不早于 11 月 2 日(15 日)—不晚于 11 月 5 日(18 日)

列宁自日内瓦启程,经斯德哥尔摩返回俄国。

《列宁全集》中文第 2 版增订版第 12 卷第 46 页;《回忆弗·伊·列宁》,第 1 册,1956 年,第 395—398 页;《回忆弗·伊·列宁》,第 1 卷,1968 年,第 304—305 页。

列宁在斯德哥尔摩等候领取证件,以便秘密返回俄国;并同《无产者报》编辑部保持通信联系。

《回忆弗·伊·列宁》,第 1 卷,1968 年,第 305 页;苏共中央马列主义研究院中央党务档案馆,第 4 号全宗,第 2 号目录,

LE PROLÉTAIRE

Prix: 20 cts.

ЖЕНЕВА. 16 (3) ноября 1905 г.

№ 25.

Пролетарій

Пролетаріи всѣхъ странъ, соединяйтесь!

Центральный Органъ Россійской Соціальдемократической Рабочей Партіи.

Приближеніе развязки.

Парламентъ и его значеніе.

1905年11月载有列宁所写社论《总解决的时刻临近了》的布尔什维克报纸《无产者报》第25号第1版

第3150号保管单位。

11月3日(16日)

列宁的《总解决的时刻临近了》(社论)一文发表在《无产者报》第25号上。

《列宁全集》中文第2版增订版第12卷第65—74页;《无产者报》,日内瓦,1905年11月16日(3日),第25号。

11月5日(18日)

列宁由专门派来接他的一位芬兰人乌拉·卡斯特伦陪同,自斯德哥尔摩抵达赫尔辛福斯(现赫尔辛基),并在此人的兄弟——赫尔辛福斯大学副教授贡纳尔·卡斯特伦的住宅停留。

晚上,弗拉基米尔·伊里奇会见布尔什维克中央委员会战斗技术组成员尼·叶·布勒宁和B.M.斯米尔诺夫。

《回忆弗·伊·列宁》,第1册,1956年,第395页;尼·叶·布勒宁:《难忘的年代(回忆录)》,1967年,第83页;《同列宁见面》,1933年,第23—24页;M.M.科罗年:《为苏维埃政权而斗争的芬兰国际主义者》,1969年,第47—48页。

11月,不早于5日(18日)晚—不晚于7日(20日)

列宁致函在日内瓦的娜·康·克鲁普斯卡娅(可能是发自赫尔辛福斯),建议她回国时走他走过的路线,告知她必要的秘密接头地点(这封信没有找到)。

苏共中央马列主义研究院中央党务档案馆,第17号全宗,第1号目录,第580号保管单位。

11月6日(19日)

列宁拜访B.M.斯米尔诺夫(伊丽莎白街19号);向他讲述了不久前在斯德哥尔摩停留、在那里同银行经理曼纳海姆伯爵会见的情况;听斯米尔诺夫讲述芬兰的政治局势。

B.斯米尔诺夫:《芬兰革命史(1905、1917和1918年)》,列宁格勒,1933年,第65页;《同列宁见面》,1933年,第23—24页;M.M.科罗年:《为苏维埃政权而斗争的芬兰国际主义者》,1969年,第48页。

列宁和B.M.斯米尔诺夫同尤·西罗拉以及其他芬兰工人运动领导人会见并谈话。

《回忆弗·伊·列宁》,第5卷,1969年,第148页;B.斯米尔诺夫:《芬兰革命史(1905、1917和1918年)》,列宁格勒,1933年,第65页。

11月8日(21日)

列宁抵达彼得堡。尼·叶·布勒宁在芬兰车站迎接列宁,并陪同他到自己的姐姐——B.E.伊万诺娃家(莫扎伊斯克街8号14室)。

《回忆弗·伊·列宁》,第1卷,1968年,第305页;尼·叶·布勒宁:《难忘的年代(回忆录)》,1967年,第83—84页;《彼得堡人回忆伊里奇》,1970年,第118—119页;《列宁在彼得堡》,1957年,第68页;B.E.穆什图科夫和П.E.尼基京:《列宁曾在这里生活和工作》,第5版,1970年,第94页。

列宁在B.E.伊万诺娃家停留了几个小时,会见了中央委员列·波·克拉辛及其他党的工作者。

尼·叶·布勒宁:《难忘的年代(回忆录)》,1967年,第83—84页;《彼得堡人回忆伊里奇》,1970年,第118—119页;《列宁在彼得堡》,1957年,第68页。

列宁搬到俄国社会民主工党中央委员彼·彼·鲁勉采夫家(第十罗日杰斯特沃街(现第十苏维埃街)1/14号3室),秘密地住在他家里,住了两个多星期。列宁在这里写了约十篇文章。

列宁在这里同娜·康·克鲁普斯卡娅见面,她是在列宁到达十天以后从日内瓦来到这里的。

《回忆弗·伊·列宁》,第1卷,1968年,第305—307页;尼·叶·布勒宁:《难忘的年代(回忆录)》,1967年,第84页;《彼得堡人回忆伊里奇》,1970 年,第 119 页;《列宁在彼得堡》,1957 年,第 68、69 页。

列宁拜谒彼得堡普列奥布拉任斯克墓地(现 1 月 9 日牺牲者公墓)的"流血星期日"殉难者墓。

《回忆弗·伊·列宁》,第 2 卷,1969 年,第 213 页;莉·亚·福季耶娃:《弗·伊·列宁生活片断》,1967 年,第 57 页;《列宁在彼得堡》,1957 年,第 68—69 页。

列宁在布尔什维克中央委员会党的秘密接头点——牙科医生Ю.И.拉甫连季耶娃家(尼古拉耶夫街(现马拉街)33 号)会见瓦·安·舍尔古诺夫和马·尼·利亚多夫,并邀请他们出席《新生活报》编辑部扩大会议。

苏共列宁格勒州委党史研究院党务档案馆,第 4000 号全宗,第 5 号目录,第 3289 号保管单位,第 1—8 张;马·利亚多夫:《1903—1907 年党的生活》,1956 年,第 114—115 页;《列宁在彼得堡》,1957 年,第 70 页;B.E.穆什图科夫和 П.E.尼基京:《列宁曾在这里生活和工作》,第 5 版,1970 年,第 99 页。

列宁在原罗日杰斯特沃女子药士和医士学校校址(苏沃洛夫大街 4 号)布尔什维克彼得堡委员会扩大会议上发言,谈党对工人代表苏维埃的态度问题。

《回忆弗·伊·列宁》,第 2 卷,1969 年,第 123 页;《红色史料》杂志,1928 年,第 3 期,第 181 页;莉·亚·福季耶娃:《弗·伊·列宁生活片断》,1967 年,第 57 页;《彼得堡人回忆伊里奇》,1970 年,第 139—142 页;《列宁在彼得堡》,1957 年,第 70 页。

11 月,8 日(21 日)以后

列宁致电在佛罗伦萨的阿·瓦·卢那察尔斯基,请他迅速来彼得堡参加《新生活报》编辑部的工作(这封电报没有找到)。

《回忆弗·伊·列宁》,第 2 卷,1969 年,第 198 页。

11 月 9 日(22 日)

列宁主持《新生活报》编辑部布尔什维克编辑人员和党的积极分子会议(涅瓦大街 68/40 号,丰坦卡河沿岸街拐角,报纸编辑部和办事处),会上确定了编辑部的成员,并制定了报纸最近的计划。

《新生活报》[翻印版],1905 年 10 月 27 日—12 月 3 日,第 1 辑,第 1—7 号,1925 年,第 9 页;马・利亚多夫:《1903—1907 年党的生活》,1956 年,第 114—115 页;《列宁在彼得堡》,1957 年,第 72 页。

列宁出席俄国社会民主工党中央委员会会议,会上一致通过关于召开俄国社会民主工党第四次(统一)代表大会的《告各级党组织和全体工人社会民主党人书》。

《新生活报》,1905 年 11 月 10 日,第 9 号;《苏联共产党决议汇编》,第 8 版,第 1 卷,1970 年,第 132—135 页;《列宁在彼得堡》,1957 年,第 72 页。

11 月 9 日和 12 月 3 日(11 月 22 日和 12 月 16 日)之间

列宁主持《新生活报》编辑部工作,《新生活报》实际上已成为党的中央机关报。

列宁几乎每天都在《新生活报》编辑部工作,在这里主持俄国社会民主工党中央委员会和彼得堡委员会的会议,会见党的工作者。

列宁主持《新生活报》编辑部会议,讨论报纸的主要材料。《新生活报》发表了列宁的十四篇文章。

《新生活报》[翻印版],1905 年 10 月 27 日—12 月 3 日,第 1 辑,第 1—7 号,1925 年,第 8、9 页;《回忆弗・伊・列宁》,第 1 卷,1968 年,第 310 页;第 2 卷,1969 年,第 198—200 页;《消息报》,1924 年 2 月 3 日,第 28 号;《无产阶级革命》杂志,1931 年,第 1 期,第 167 页;莉・亚・福季耶娃:《弗・伊・列宁生活片断》,1967 年,第 57 页;《列宁在彼得堡》,1957 年,第 72—73、80 页;B.E.穆什图科夫和 П.E.尼基京:《列宁曾在这里生活和工作》,第 5 版,1970 年,第 99—103 页。

列宁经常到印刷《新生活报》的科洛姆纳街 39 号的人民利益印刷所去,在那里他有时工作到深夜,审阅和修改自己文章的校样和其他稿件。

《新生活报》[翻印版],1905 年 10 月 27 日—12 月 3 日,第 1 辑,第 1—7 号,1925 年,第 8、9 页;《消息报》,1924 年 2 月 3 日,第 28 号;《弗·德·邦契-布鲁耶维奇选集》,第 2 卷,1961 年,第 377—380 页;《列宁在彼得堡》,1957 年,第 74 页。

11 月,不晚于 10 日(23 日)

列宁写《无产阶级和农民》一文。

《列宁全集》中文第 2 版增订版第 12 卷第 88—91 页。

11 月 10 日(23 日)

列宁的《论党的改组》一文的前一部分发表在《新生活报》第 9 号上,这是列宁回到俄国后写成的第一篇文章。

《列宁全集》中文第 2 版增订版第 12 卷第 77—87 页;《新生活报》,1905 年 11 月 10 日,第 9 号。

11 月 12 日(25 日)

列宁出席在自由经济学会会址(第四连街(现第四红军街)1/33 号)召开的彼得堡工人代表苏维埃会议,记录代表们的发言。

《法官来了!》,1927 年 10 月,第 19 期,第 1073—1076 栏;《星火》杂志,1931 年,第 2 期,第 1 页;《二十五年(彼得堡工人代表苏维埃成员回忆录)》,1931 年,第 79 页;《列宁在彼得堡》,1957 年,第 74—75 页;《新生活报》,1905 年 11 月 13 日,第 12 号。

列宁的《无产阶级和农民》一文作为社论发表在《新生活报》第 11 号上。

《列宁全集》中文第 2 版增订版第 12 卷第 88—91 页;《新生活报》,1905 年 11 月 12 日,第 11 号。

列宁的《两次会战之间》一文作为社论发表在《无产者报》第26号上。

《列宁全集》中文第2版增订版第12卷第46—54页;《无产者报》,日内瓦,1905年11月25日(12日),第26号。

11月,12日(25日)以后

列宁同党的莫斯科委员会书记维·列·尚采尔(马拉)及莫斯科委员会委员马·尼·利亚多夫谈话,解释自己的《无产阶级和农民》一文中关于土地问题的口号,详细询问莫斯科党组织的工作情况。

《列宁全集》中文第2版增订版第12卷第88—91页;马·利亚多夫:《1903—1907年党的生活》,1956年,第116—117页;C.维诺格拉多夫:《他叫马拉》,1967年,第138—140页。

列宁再次同马·尼·利亚多夫和维·列·尚采尔谈话,列·波·克拉辛在座,列宁委托利亚多夫出国商谈关于卡·考茨基、罗·卢森堡、卡·李卜克内西等人参加《新生活报》工作的问题。

《新生活报》,1905年11月8日,第7号;马·利亚多夫:《1903—1907年党的生活》,1956年,第117—126页。

11月13日(26日)

列宁的《党的组织和党的出版物》一文发表在《新生活报》第12号上。

《列宁全集》中文第2版增订版第12卷第92—97页;《新生活报》,1905年11月13日,第12号。

在自由经济学会会址召开的彼得堡工人代表苏维埃会议上,列宁就与资本家宣布针对工人实行八小时工作日而发动的同盟歇业作斗争的办法问题作了发言,提出了他就这一问题起草的决议案。

《回忆弗·伊·列宁》,第1卷,1968年,第309—310页;第2

卷,1969 年,第 124—125 页;《苦役与流放》杂志,1933 年,第 2 期,第 37—39 页;《列宁在彼得堡》,1957 年,第 75 页;E.B.穆什图科夫和П.E.尼基京:《列宁曾在这里生活和工作》,第 5 版,1970 年,第 110—111 页。

列宁在彼得堡工人代表苏维埃会议结束后同其他同志一起去“维也纳”餐厅,晚餐时和同志们交换意见。

波·伊·哥列夫:《党史片断》,1924 年,第 76 页;莉·亚·福季耶娃:《弗·伊·列宁生活片断》,1967 年,第 58—59 页。

列宁在彼·阿·克拉西科夫和莉·亚·福季耶娃的陪同下前往彼·彼·鲁勉采夫的住所。

莉·亚·福季耶娃:《弗·伊·列宁生活片断》,1967 年,第 59 页。

警察司发布第 14430 号通令,要求各省宪兵局长、保安处长及边防哨所所长严密监视列宁和其他侨民在俄国出现,如有发现,立即报告警察司采取措施,并进行秘密监视。

苏共中央马列主义研究院中央党务档案馆,第 4 号全宗,第 3 号目录,第 11 号保管单位,第 162—163 张。

11 月 14 日(27 日)

彼得堡工人代表苏维埃执行委员会批准列宁起草的关于与同盟歇业作斗争的办法的决定。第二天,这一决定发表在《新生活报》第 13 号上。

《列宁全集》中文第 2 版增订版第 12 卷第 98—99 页;《新生活报》,1905 年 11 月 15 日,第 13 号;《回忆弗·伊·列宁》,第 1 卷,1968 年,第 309—310 页;第 2 卷,1969 年,第 124 页;莉·亚·福季耶娃:《弗·伊·列宁生活片断》,1967 年,第 59 页。

11 月 15 日(28 日)

列宁的《没有得逞的挑衅》一文(作为社论)和《论党的改组》一文的第二部分发表在《新生活报》第 13 号上。

《列宁全集》中文第 2 版增订版第 12 卷第 100—101、81—84 页;《新生活报》,1905 年 11 月 15 日,第 13 号。

列宁写《军队和革命》一文。

《列宁全集》中文第 2 版增订版第 12 卷第 102—105 页。

彼得堡书报检查委员会为 1905 年 11 月 15 日《新生活报》第 13 号刊登了列宁的《没有得逞的挑衅》一文,对报纸编辑兼发行人尼·马·明斯基展开司法调查。

苏联中央国家历史档案馆,第 776 号全宗,第 8 号目录,1905 年,第 45 号案卷,第 39 张;《档案学问题》杂志,1965 年,第 1 期,第 73 页。

11 月 15 日(28 日)以后

列宁起草彼得堡工人代表苏维埃执行委员会 1905 年 11 月 14 日(27 日)关于与同盟歇业作斗争的办法的决定,由俄国社会民主工党统一的敖德萨委员会印成传单发行。

《列宁全集》中文第 2 版增订版第 12 卷第 98—99 页;《同志们! 在 11 月 12 日的会议上……》,传单,[敖德萨],俄国社会民主工党统一的敖德萨委员会出版,1905 年 11 月,1 页(俄国社会民主工党)。

11 月中

列宁在工艺学院(市郊大街 49 号)举行的同孟什维克辩论土地问题的辩论会上发言。

苏共列宁格勒州委党史研究院党务档案馆,第 4000 号全宗,第 5 号目录,第 3215 号保管单位;《列宁在彼得堡》,1957 年,第 76 页。

列宁在盐区(潘捷莱蒙诺夫街(现彼斯捷尔街),丰坦卡河沿岸街拐角,2/10-б 号)工人集会上作关于当前形势的讲演。

《关于伊里奇》,第 2 版,1926 年,第 70 页;苏共列宁格勒州委党史研究院党务档案馆,第 4000 号全宗,第 5 号目录,第 3226 号保管单位,第 7 张;《列宁在彼得堡》,1957 年,第 76、234 页。

11月16日(29日)

列宁的《论党的改组》一文的结尾部分和《军队和革命》一文发表在《新生活报》第14号上。

《列宁全集》中文第2版增订版第12卷第85—87、102—105页;《新生活报》,1905年11月16日,第14号。

列宁在自由经济学会会址召开的彼得堡党的工作者会议上作题为《社会革命党土地纲领批判》的报告,会议由于警察干涉而中断。

《俄罗斯报》,1905年11月18日(12月1日),第23号;11月25日(12月8日),第30号;《新生活报》,1905年11月17日,第15号;《红色史料》杂志,1924年,第1期,第35—36页;《彼得堡人回忆伊里奇》,1970年,第142—143页;《列宁在彼得堡》,1957年,第76页;B.E.穆什图科夫和П.E.尼基京:《列宁曾在这里生活和工作》,第5版,1970年,第112页。

11月18日(12月1日)

列宁的文章《天平在摆动》和《向敌人学习》发表在《新生活报》第16号上。

《列宁全集》中文第2版增订版第12卷第106—107、108—109页;《新生活报》,1905年11月18日,第16号。

列宁起草的彼得堡工人代表苏维埃执行委员会1905年11月14日(27日)决定发表在《西北边疆区报》(明斯克)第785号上。

《列宁全集》中文第2版增订版第12卷第98—99页;《西北边疆区报》,明斯克,1905年11月18日,第785号。

11月18日和23日(12月1日和6日)之间

列宁几次去看望娜·康·克鲁普斯卡娅,她秘密地在大海洋街(现赫尔岑街)16/8号O.A.穆欣娜带家具出租的房子里住了五天。

苏共列宁格勒州委党史研究院党务档案馆,第4000号全宗,第 5 号目录，第 3209 号保管单位，第 10 张；《列宁在彼得堡》，1957 年，第 69、78 页。

11 月 20 日（12 月 3 日）

列宁的《革命的官样文章和革命事业》一文作为社论发表在《新生活报》第 18 号上。

《列宁全集》中文第 2 版增订版第 12 卷第 110—113 页；《新生活报》，1905 年 11 月 20 日，第 18 号。

梯弗利斯《旅行家》杂志第 41 期转载了《新生活报》第 9 号上的列宁《论党的改组》一文的第一部分（格鲁吉亚文）。

《列宁全集》中文第 2 版增订版第 12 卷第 77—81 页；《新生活报》，1905 年 11 月 10 日，第 9 号；《旅行家》杂志，梯弗利斯，1905 年，第 41 期，第 644—645 页，格鲁吉亚文；B.Г.艾萨伊阿什维利：《弗·伊·列宁和格鲁吉亚》，第比利斯，1970 年，第 162 页。

11 月 23 日（12 月 6 日）

列宁的《垂死的专制政府和新的人民政权机关》一文作为社论发表在《新生活报》第 19 号上。

《列宁全集》中文第 2 版增订版第 12 卷第 114—118 页；《新生活报》，1905 年 11 月 23 日，第 19 号。

列宁在 O.K.维特梅尔中学召开的彼得堡党的工作者会议上，继续作曾经在 11 月 16 日（29 日）被警察中断的报告《社会革命党土地纲领批判》。

《回忆弗·伊·列宁》，第 1 卷，1968 年，第 309—310 页；《俄罗斯报》，1905 年 11 月 25 日（12 月 8 日），第 30 号；苏共列宁格勒州委党史研究院党务档案馆，第 4000 号全宗，第 5 号目录，第 3272 号保管单位，第 3 张；《列宁在彼得堡》，1957 年，第 75、78 页。

彼得堡书报检查委员会作出决议，由于 1905 年 11 月 23 日《新生活报》第 19 号刊载了列宁的《垂死的专制政府和新的人民政权机关》一文，对《新生活报》编辑兼发行人尼·马·明斯基追究法律责任。

苏联中央国家历史档案馆，第 776 号全宗，第 8 号目录，1905 年，第 45 号案卷，第 58 张；《档案学问题》杂志，1965 年，第 1 期，第 77 页。

11 月 23 日—30 日（12 月 6 日—13 日）

列宁和娜·康·克鲁普斯卡娅迁入涅瓦大街 90 号圣雷莫公寓的一间带家具出租的房间，假借别人的姓名进行登记。

《回忆弗·伊·列宁》，第 1 卷，1968 年，第 307 页；苏共列宁格勒州委党史研究院党务档案馆，第 4000 号全宗，第 5 号目录，第 3215 号保管单位；《列宁在彼得堡》，1957 年，第 69、79 页；B.E.穆什图科夫和 П.E.尼基京：《列宁曾在这里生活和工作》，第 5 版，1970 年，第 119 页。

11 月 24 日（12 月 7 日）

列宁写《社会主义和无政府主义》一文，第二天，这篇文章发表在《新生活报》第 21 号上。

《列宁全集》中文第 2 版增订版第 12 卷第 119—122 页；《新生活报》，1905 年 11 月 25 日，第 21 号。

11 月 25 日（12 月 8 日）

警察在苏瓦乌基车站搜捕时没收了列宁的小册子《俄国社会民主工党第三次例行代表大会》。

《红色文献》杂志，1941 年，第 1 期，第 50 页。

11 月 26 日（12 月 9 日）

列宁的《社会主义政党和非党的革命性》一文的前半部分发表在《新生活报》第 22 号上。

《列宁全集》中文第 2 版增订版第 12 卷第 123—130 页；《新生活报》，1905 年 11 月 26 日，第 22 号。

晚上，列宁参加彼得堡工人代表苏维埃执行委员会会议（小海洋街(现果戈理街)14号尼·德·索柯洛夫律师的住宅),会议讨论同镇压苏维埃和其他工人组织的沙皇政府进行斗争的策略问题。

苏共列宁格勒州委党史研究院党务档案馆,第4000号全宗,第5号目录,第3254号保管单位;《列宁在彼得堡》,1957年,第81页;B.E.穆什图科夫和П.E.尼基京:《列宁曾在这里生活和工作》,第5版,1970年,第111—112页。

11月27日(12月10日)

阿·马·高尔基自莫斯科来到后,列宁同高尔基在《新生活报》编辑部第一次会见。

《回忆弗·伊·列宁》,第2卷,1969年,第225页;《历史论丛》,第83卷,1969年,第222—232页;《列宁传》,第4版,1970年,第142页。

列宁参加俄国社会民主工党中央委员会议(兹纳缅斯卡亚街(现起义街),科夫诺巷拐角,20/16号,阿·马·高尔基和康·彼·皮亚特尼茨基的住宅)。会议讨论了武装起义、进一步加强《新生活报》编辑部组织以及在莫斯科出版布尔什维克报纸《斗争报》等问题。出席会议的有亚·亚·波格丹诺夫、列·波·克拉辛、彼·彼·鲁勉采夫,此外还有阿·马·高尔基和瓦·阿·杰斯尼茨基。

《弗·伊·列宁和阿·马·高尔基》,增订第3版,1969年,第476、596页;《红色日报》,1928年6月12日晚上版,第160号;《永生的列宁》,1956年,第34—38页;《历史论丛》,第83卷,1969年,第222—232页;《列宁在彼得堡》,1957年,第81页;B.E.穆什图科夫和П.E.尼基京:《列宁曾在这里生活和工作》,第5版,1970年,第105—106页。

不晚于11月30日(12月13日)

列宁于1899年在娜·康·克鲁普斯卡娅协助下翻译的《卡·考茨基论文集》一书出版。1905年版未注明译者,第2版(1906年版)注明:“列宁译”。

《列宁全集》中文第 2 版增订版第 4 卷第 185 页;《列宁全集》俄文第 5 版第 4 卷第 471 页;《回忆弗·伊·列宁》,第 1 卷,1968 年,第 240 页;《卡·考茨基论文集》,圣彼得堡,1905 年,第 190 页;《卡·考茨基论文集》,列宁译,第 2 版,圣彼得堡,1906 年,140 页;《1905 年俄国出版的书籍目录》,圣彼得堡,1906 年,第 910 页;《外国文学》杂志,1961 年,第 4 期,第 177 页。

11 月底

列宁领导由他组建的马克思主义者土地问题专家、未来的农村宣传员和党的组织员小组的研究活动(在英国大街(现马克林大街)32 号彼·弗·列斯加夫特高等训练班的物理实验室内)。

苏共列宁格勒州委党史研究院党务档案馆,第 4000 号全宗,第 5 号目录,第 3274 号保管单位,第 1—2 张;第 3331 号保管单位,第 2 张;《列宁在彼得堡》,1957 年,第 82、237 页;B.E.穆什图科夫和 П.E.尼基京:《列宁曾在这里生活和工作》,第 5 版,1970 年,第 117 页。

列宁同马·尼·利亚多夫谈话,他向列宁汇报自己出国的结果,列宁就莫斯科的党的工作问题向利亚多夫作指示。

马·利亚多夫:《1903—1907 年党的生活》,1956 年,第 127—128 页。

列宁参加俄国社会民主工党中央委员会会议,会议在英国大街 45/26 号工程师工艺师协会的办公室召开,研究在彼得堡筹建合法的布尔什维克印刷所的问题。

《无产阶级革命》杂志,1923 年,第 2 期,第 116—118、160—162 页;《外高加索共产党员回忆弗·伊·列宁》,埃里温,1970 年,第 95—96 页;《列宁在彼得堡》,1957 年,第 86 页;B.E.穆什图科夫和 П.E.尼基京:《列宁曾在这里生活和工作》,第 5 版,1970 年,第 131 页。

11 月下半月

《新生活报》编辑部由涅瓦大街 68/40 号迁至特罗伊茨基街

38号,列宁参加搬迁工作。

《无产阶级革命》杂志,1931年,第1期,第167页;《列宁在彼得堡》,1957年,第73、80页。

列宁来到设在托尔戈瓦亚街(现印刷工会街)25-a号2室印刷工会所在地的彼得堡工人代表苏维埃执行委员会,同执行委员会的委员和工会理事会委员们谈话,讨论工人代表苏维埃将来的工作问题。

《印刷工人》杂志,1928年,第3期,第5页;《老布尔什维克》文集,第1辑,1930年,第96页;《星火》杂志,1931年,第2期,第1页;《列宁在彼得堡》,1957年,第80页;B.E.穆什图科夫和П.E.尼基京:《列宁曾在这里生活和工作》,第5版,1970年,第111页。

列宁在店员工会召集的会议上(杰米多夫巷(现格里夫佐夫巷)5号34室)作报告,谈与同盟歇业作斗争的问题。这次同盟歇业是资本家为反对工人采取革命手段实行八小时工作日而宣布的。

苏共列宁格勒州委党史研究院党务档案馆,第4000号全宗,第5号目录,第3269号保管单位,第1—3张;《列宁在彼得堡》,1957年,第80—81、236页。

1905年11月下半月—1906年6月

列宁多次参加在英国大街(现马克林大街)、托尔戈瓦亚街(现印刷工会街)拐角27/27号O.K.维特梅尔女子中学校舍和住宅中举行的俄国社会民主工党中央委员会和彼得堡委员会、党中央直属战斗组织的秘密会议,以及党的其他各种会议。列宁经常在这里工作和过夜。

《回忆弗·伊·列宁》,第1卷,1968年,第315页;苏共列宁格勒州委党史研究院党务档案馆,第4000号全宗,第5号目录,第3272号保管单位,第1—3、6、11—12张;《列宁在彼得堡》,1957年,第78—79页;B.E.穆什图科夫和П.E.尼基京:

《列宁曾在这里生活和工作》,第 5 版,1970 年,第 122 页。

1905 年 11 月下半月—1906 年 8 月

列宁在党的秘密集会地点特罗伊茨基街(现鲁宾施坦街)38 号 3 室 И.Г.西蒙诺夫医生的住宅内,多次会见俄国社会民主工党中央委员会和彼得堡委员会的委员们以及中央直属战斗技术组的领导者们。

C.马雷舍夫:《同列宁见面》,1933 年,第 10—11 页;《列宁在彼得堡》,1957 年,第 80 页;B.E.穆什图科夫和 П.E.尼基京:《列宁曾在这里生活和工作》,第 5 版,1970 年,第 101—102、109 页。

11 月

列宁在工艺学院(市郊大街 49 号),在党的会议上作关于武装起义问题的报告。

苏共列宁格勒州委党史研究院党务档案馆,第 4000 号全宗,第 5 号目录,第 3293 号保管单位;《红色处女地》杂志,1928 年,第 12 期,第 218 页;《红色日报》,1924 年 1 月 30 日,第 23 号;《列宁在彼得堡》,1957 年,第 76、237 页。

列宁在党的一个秘密接头地点,同柳·尼·斯塔尔就俄国革命事件、党的工作、工人情绪等问题进行交谈。

《追念列宁(苏联革命博物馆文集)》,第 6 辑,1934 年,第 101 页。

11 月或 12 月初

列宁在纽斯塔德街(现森林大街)19 号原诺贝尔民众文化馆礼堂,在彼得堡社会民主党组织代表会议上发表讲话。

苏共列宁格勒州委党史研究院党务档案馆,第 4000 号全宗,第 6 号目录,第 322 号保管单位;《列宁在彼得堡》,1957 年,第 95 页;B.E.穆什图科夫和 П.E.尼基京:《列宁曾在这里生活和工作》,第 5 版,1970 年,第 113 页。

列宁在工人布尔什维克全市会议上(苏沃洛夫大街 4 号)作关

于目前形势和俄国社会民主工党的任务的报告。

苏共列宁格勒州委党史研究院党务档案馆，第 4000 号全宗，第 5 号目录，第 187 号保管单位；《列宁在彼得堡》，1957 年，第 70 页；B.E.穆什图科夫和 П.E.尼基京：《列宁曾在这里生活和工作》，第 5 版，1970 年，第 98 页。

11 月—12 月 3 日(16 日)以前

列宁领导参加彼得堡工人代表苏维埃的布尔什维克小组(德·西·波斯托洛夫斯基、波·米·克努尼扬茨、彼·阿·克拉西科夫等人)的工作。

《回忆弗·伊·列宁》，第 2 卷，1969 年，第 198 页；莉·亚·福季耶娃：《弗·伊·列宁生活片断》，1967 年，第 57—58 页；《红色史料》杂志，1926 年，第 1 期，第 101—102 页。

11 月—12 月

列宁参加在大海洋街(现赫尔岑街)16/8 号砖瓦巷拐角 O.A.穆欣娜公寓内举行的俄国社会民主工党中央委员会和彼得堡委员会的几次会议。

《弗·德·邦契-布鲁耶维奇选集》，第 2 卷，1961 年，第 378—379 页；《列宁在彼得堡》，1957 年，第 78 页。

列宁在商队街(现托尔马乔夫街)28/66 号巴黎公寓多次会见《新生活报》国际部主任瓦·瓦·沃罗夫斯基，处理编辑部事务和党内事务。

苏共列宁格勒州委党史研究院党务档案馆，第 4000 号全宗，第 5 号目录，第 3209 号保管单位，第 32 张；第 3267 号保管单位，第 1、2—3 张；《列宁在彼得堡》，1957 年，第 86—87 页。

1905 年 11 月—1906 年

列宁多次参加俄国社会民主工党彼得堡委员会委员玛·彼·哥卢别娃在彼得格勒区的秘密住宅内(小铸币厂街 9-a 号)举行的俄国社会民主工党中央委员会和彼得堡委员会的各种会议；在这

里会见同志们，并经常在这里过夜。

《青年近卫军》杂志，1924 年，第 2—3 期，第 31 页；苏共列宁格勒州委党史研究院党务档案馆，第 4000 号全宗，第 5 号目录，第 359 号保管单位，第 14 张；第 3273 号保管单位，第 1 张；《列宁在彼得堡》，1957 年，第 87 页；B.E.穆什图科夫和 П.E.尼基京：《列宁曾在这里生活和工作》，第 5 版，1970 年，第 107 页。

12 月初

列宁在彼得堡工程师协会理事会（市郊大街 23 号 1 室）发表讲话，谈民主派知识分子在革命当中的作用问题。

苏共列宁格勒州委党史研究院党务档案馆，第 4000 号全宗，第 5 号目录，第 3302 号保管单位，第 1 张；第 3305 号保管单位，第 1—9 张；《列宁在彼得堡》，1957 年，第 90、238 页。

列宁来到工学院，视察制造炸弹的地下工厂。

苏共列宁格勒州委党史研究院党务档案馆，第 4000 号全宗，第 5 号目录，第 359 号保管单位，第 13 张；《列宁在彼得堡》，1957 年，第 89、238 页。

列宁同玛·伊·乌里扬诺娃一起参加在斯莫连卡河沿岸街 20/65 号 116 室举行的俄国社会民主工党瓦西里耶夫岛联合区委会会议。

苏共列宁格勒州委党史研究院党务档案馆，第 4000 号全宗，第 5 号目录，第 3299 号保管单位，第 1—4 张；《革命年鉴》杂志，1925 年，第 1 期，第 5—7 页；《列宁在彼得堡》，1957 年，第 90、238 页。

12 月 1 日（14 日）

《高加索工人小报》第 7 号简要地介绍了列宁的《革命的官样文章和革命事业》一文的内容，并摘录了其中的一段。

《列宁全集》中文第 2 版增订版第 12 卷第 110—113 页；《高加索工人小报》，梯弗利斯，1905 年 12 月 1 日，第 7 号。

列宁和娜·康·克鲁普斯卡娅公开居住在希腊大街（现第五

苏维埃街)15/8 号 9 室玛·伊·乌里扬诺娃的熟人 П.Г.沃罗宁的寓所里。

《回忆弗·伊·列宁》,第 1 卷,1968 年,第 307 页;《红色史料》杂志,1925 年,第 1 期,第 123—125 页;《红色文献》杂志,1934 年,第 1 期,第 203 页;《列宁在彼得堡》,1957 年,第 87 页。

12 月 2 日(15 日)

根据列宁的指示,人民利益印刷所赶印《新生活报》第 27 号,这号报纸刊登了彼得堡工人代表苏维埃的财政宣言。

《新生活报》,1905 年 12 月 2 日,第 27 号;12 月 3 日,第 28 号;《列宁在彼得堡》,1957 年,第 74 页。

列宁的《社会主义政党和非党的革命性》一文的结尾部分发表在《新生活报》第 27 号上。

《列宁全集》中文第 2 版增订版第 12 卷第 123—130 页;《新生活报》,1905 年 12 月 2 日,第 27 号。

12 月 3 日(16 日)

列宁的《社会主义和宗教》一文发表在《新生活报》第 28 号上。

《列宁全集》中文第 2 版增订版第 12 卷第 131—135 页;《新生活报》,1905 年 12 月 3 日,第 28 号。

列宁和娜·康·克鲁普斯卡娅登记住在 П.Г.沃罗宁的住宅,从此警察开始对这所住宅加强监视。

《回忆弗·伊·列宁》,第 1 卷,1968 年,第 307 页;《红色史料》杂志,1925 年,第 1 期,第 123—125 页;《列宁在彼得堡》,1957 年,第 87 页。

列宁参加俄国社会民主工党中央委员会委员、党的彼得堡委员会委员和彼得堡工人代表苏维埃执行委员会委员在第八罗日杰斯特沃街(现第八苏维埃街)25 号作家斯·加·彼得罗夫的住宅召开的联席会议。会议讨论针对查封《新生活报》采取对策的问题。

苏共列宁格勒州委党史研究院党务档案馆，第4000号全宗，第5号目录，第3295号保管单位，第1—2张；《回忆弗·伊·列宁》，第1卷，1968年，第311页；《新生活报》，1905年12月3日，第28号；《红色史料》杂志，1926年，第1期，第103页；《列宁在彼得堡》，1957年，第88页；B.E.穆什图科夫和П.E.尼基京：《列宁曾在这里生活和工作》，第5版，1970年，第106—107页。

12月4日(17日)

列宁和娜·康·克鲁普斯卡娅发现警察的监视之后，离开П.Г.沃罗宁的住宅并转入秘密状态。

《回忆弗·伊·列宁》，第1卷，1968年，第307页；《红色史料》杂志，1925年，第1期，第123—125页；《列宁在彼得堡》，1957年，第87—88页。

12月4日(17日)夜至5日(18日)凌晨

列宁在O.K.维特梅尔的寓所。

苏共列宁格勒州委党史研究院党务档案馆，第4000号全宗，第5号目录，第3215号保管单位，第2张；《列宁在彼得堡》，1957年，第88、238页；B.E.穆什图科夫和П.E.尼基京：《列宁曾在这里生活和工作》，第5版，1970年，第122页。

12月5日(18日)

列宁参加《北方呼声报》统一编辑部会议，地点是小意大利街(现茹柯夫斯基街)34/2号、普列奥布拉任斯基街(现拉季舍夫街)拐角Ф.И.德拉布金娜的房间。

苏共列宁格勒州委党史研究院党务档案馆，第4000号全宗，第5号目录，第3279号保管单位；《十月》杂志，1956年，第4期，第79—80页；《列宁在彼得堡》，1957年，第89、238页。

12月5日和10日(18日和23日)之间

列宁来到第二罗日杰斯特沃街(现第二苏维埃街)27号弗·德·邦契-布鲁耶维奇的寓所。得知维·米·韦利奇金娜和彼得堡苏维埃成员一起被捕后，为了避免警察的突然袭击，列宁和邦契-布鲁耶维奇一起离开，去另一寓所。

后来，列宁还去过邦契-布鲁耶维奇的寓所，处理有关书刊出版的事务。

苏共列宁格勒州委党史研究院党务档案馆，第4000号全宗，第5号目录，第3209号保管单位，第25张背面；第3267号保管单位，第2张；《列宁在彼得堡》，1957年，第88—89页；B.E.穆什图科夫和П.E.尼基京：《列宁曾在这里生活和工作》，第5版，1970年，第124页。

12月，不晚于10日（23日）

列宁在前往参加塔墨尔福斯代表会议之前，经列·波·克拉辛介绍，在布尔什维克彼得堡委员会所属战斗组织的成员И.И.巴甫洛夫的寓所——布龙尼齐街7号，住过几夜。

苏共列宁格勒州委党史研究院党务档案馆，第4000号全宗，第5号目录，第3294号保管单位，第1—3张；《星火》杂志，1931年，第2期，第2页；《列宁在彼得堡》，1957年，第92页。

12月10日（23日）

列宁参加在列·波·克拉辛住所（丰坦卡河沿岸街，切尔内绍夫广场（现罗曼诺索夫广场）55/6号）举行的俄国社会民主工党中央委员会委员、战斗组织的领导人和统一军事组织的领导人的联席会议，会议讨论支援莫斯科武装起义的措施问题。出席联席会议的有列·波·克拉辛、维·巴·诺根、维·克·斯卢茨卡娅、弗·亚·安东诺夫-奥弗申柯、B.C.齐察林。

《红海军》杂志，1924年，第2期，第21页；A.拉基京：《以革命的名义》，1965年，第16—18页；《彼得堡人回忆伊里奇》，1970年，第136—138、580页；《苏共党史》，第2卷，1966年，第144页；《列宁在彼得堡》，1957年，第92页；B.E.穆什图科夫和П.E.尼基京：《列宁曾在这里生活和工作》，第5版，1970年，第106页。

列宁和娜·康·克鲁普斯卡娅启程前往塔墨尔福斯(芬兰)参加布尔什维克第一次代表会议。

《1905—1907 年革命的高潮。武装起义》,第 1 册,1955 年,第 30—31 页;《彼得堡人回忆伊里奇》,1970 年,第 133、579 页;《列宁在彼得堡》,1957 年,第 239 页。

12 月 12 日—17 日(25 日—30 日)

列宁领导在塔墨尔福斯的民众文化馆[①]召开的俄国社会民主工党第一次代表会议。

《苏联共产党决议汇编》,第 8 版,第 1 卷,1970 年,第 132—138 页;《1905—1907 年革命的高潮。武装起义》,第 1 册,1955 年,第 30—31 页;《回忆弗·伊·列宁》,第 1 卷,1968 年,第 311—312 页;第 2 卷,1969 年,第 131—132 页;《彼得堡人回忆伊里奇》,1970 年,第 133—135、137—138 页。

列宁在代表会议上作关于目前形势的报告和关于土地问题的报告。

《苏联共产党决议汇编》,第 8 版,第 1 卷,1970 年,第 132、137 页;《1905—1907 年革命的高潮。武装起义》,第 1 册,1955 年,第 30—31 页;《彼得堡人回忆伊里奇》,1970 年,第 137—138 页。

列宁起草关于土地问题的决议,代表会议通过了这一决议。

《列宁全集》中文第 2 版增订版第 12 卷第 136 页;苏共中央马列主义研究院中央党务档案馆,第 2 号全宗,第 1 号目录,第 2209 号保管单位;《苏联共产党决议汇编》,第 8 版,第 1 卷,1970 年,第 137 页。

列宁和彼·彼·鲁勉采夫提出关于尽快召开统一的代表大会的决议案(代表会议通过了这一决议)。

苏共中央马列主义研究院中央党务档案馆,第 2 号全宗,第 1 号目录,第 2209 号保管单位;《苏共党史》,第 2 卷,1966 年,第 132 页。

① 1946 年这幢房子辟为弗·伊·列宁纪念馆。——俄文编者注

列宁参加关于对待国家杜马态度的决议起草委员会的工作；代表会议通过了由委员会起草的关于积极抵制第一届杜马的决议。

苏共中央马列主义研究院中央党务档案馆，第2号全宗，第1号目录，第2209号保管单位；《布尔什维克代表会议决议》，传单，未注明出版地点，俄国社会民主工党中央委员会印刷所，[1905年12月]，第2页(俄国社会民主工党)；《苏联共产党决议汇编》，第8版，第1卷，1970年，第132、137—138页；《彼得堡人回忆伊里奇》，1970年，第134—135页。

列宁在代表会议上同涅瓦造船厂的工人B.C.齐察林就涅瓦关卡的工人情绪问题、党的工作问题进行谈话。

《彼得堡人回忆伊里奇》，1970年，第138、580页。

根据列宁的提议，由于莫斯科和其他一些城市已经发生武装起义，代表会议迅速结束了工作，以便代表们能够参加起义。

《回忆弗·伊·列宁》，第1卷，1968年，第311—312页；《彼得堡人回忆伊里奇》，1970年，第135、138页。

列宁出席芬兰社会民主党人在代表会议闭幕这一天组织的晚会。列宁在芬兰人致贺辞后离开俱乐部。

《彼得堡人回忆伊里奇》，1970年，第138页。

12月14日(27日)

列宁所写的《垂死的专制政府和新的人民政权机关》一文由尼古拉耶夫市统一社会民主党组织委员会印成传单。

《列宁全集》中文第2版增订版第12卷第114—118页；弗·伊·列宁：《垂死的专制政府和新的人民政权机关》，传单，尼古拉耶夫，尼古拉耶夫市统一社会民主党组织委员会出版，1905年12月14日，2页，(俄国社会民主工党，第18期)，未注明作者；《红色文献》杂志，1941年，第1期，第52页。

12月15日(28日)

警察在苏瓦乌基市搜查时发现并没收了列宁的小册子《地方

自治运动和〈火星报〉的计划》。

《红色文献》杂志，1941年，第1期，第52页。

12月，17日(30日)以后

列宁参加塔墨尔福斯代表会议返回后，秘密地(用别人的护照)居住在纳杰日金斯卡亚街(现马雅可夫斯基街)28/13号，巴谢伊纳亚街(现涅克拉索夫街)拐角。列宁在这里一直住到1906年1月中。

《回忆弗·伊·列宁》，第1卷，1968年，第310—311页；苏共列宁格勒州委党史研究院党务档案馆，第4000号全宗，第5号目录，第3215号保管单位，第12张；《列宁在彼得堡》，1957年，第92—93页。

列宁参加俄国社会民主工党中央委员会会议(兹纳缅斯卡亚街20/16号29室)。会议听取了布尔什维克莫斯科委员会委员马·尼·利亚多夫所作的关于莫斯科武装起义过程的报告。

马·利亚多夫《1903—1907年党的生活》，1956年，第148—149页；《苏共历史问题》杂志，1969年，第1期，第108—113页；《列宁在彼得堡》，1957年，第81—82、239页；B.E.穆什图科夫和П.E.尼基京：《列宁曾在这里生活和工作》，第5版，1970年，第106页。

俄国社会民主工党中央委员会印行传单，同塔墨尔福斯代表会议的其他决议一起，刊印了列宁起草的关于土地问题的决议。

《列宁全集》中文第2版增订版第12卷第136页；《布尔什维克代表会议决议》，传单，未注明出版地点，俄国社会民主工党中央委员会印刷所，[1905年12月]，2页，(俄国社会民主工党)；《苏联共产党决议汇编》，第8版，第1卷，1970年，第137页。

12月18日(31日)

《外贝加尔工人报》第2号(赤塔)转载《新生活报》作为社论发表的列宁的《垂死的专制政府和新的人民政权机关》一文。

《列宁全集》中文第 2 版增订版第 12 卷第 114—118 页;《新生活报》,1905 年 11 月 23 日,第 19 号;《外贝加尔工人报》,赤塔,1905 年 12 月 18 日,第 2 号。

12 月 21 日(1906 年 1 月 3 日)

警察在逮捕俄国社会民主工党彼尔姆委员会委员时,发现了列宁的著作《俄国社会民主党人的任务》、《进一步,退两步》、《三种宪法或三种国家制度》和《关于俄国社会民主工党第三次代表大会的通知》。

《红色文献》杂志,1941 年,第 1 期,第 52 页。

12 月 22 日(1 月 4 日)

列宁参加俄国社会民主工党中央委员会委员和布尔什维克塔墨尔福斯代表会议代表的联席会议(市郊大街 9 号 8 室);作关于布尔什维克对待国家杜马的策略纲领的报告。

《1905—1907 年革命的高潮。武装起义》,第 1 册,1955 年,第 31—32 页;《彼得堡人回忆伊里奇》,1970 年,第 137、580 页;《列宁在彼得堡》,1957 年,第 94 页。

12 月 31 日(1 月 13 日)

列宁起草的塔墨尔福斯代表会议关于土地问题的决议载于《评论报》第 23 号上。

《列宁全集》中文第 2 版增订版第 12 卷第 136 页;《评论报》,1905 年 12 月 31 日(1 月 13 日),第 23 号。

12 月底

列宁写《工人政党及其在目前形势下的任务》一文。

《列宁全集》中文第 2 版增订版第 12 卷第 137—140 页;《青年俄罗斯报》,1906 年 1 月 4 日,第 1 号;《西伯利亚星火》杂志,新西伯利亚,1930 年,第 9 期,第 116、118—120 页。

12 月下半月

列宁参加俄国社会民主工党中央委员会会议(丰坦卡河沿岸

街 24 号 9 室)。会议讨论在阿·马·高尔基领导的知识出版社出版社会民主主义丛书问题。出席会议的有:中央委员列·波·克拉辛、彼·彼·鲁勉采夫,还有阿·马·高尔基、康·彼·皮亚特尼茨基和玛·费·安德列耶娃。

苏共列宁格勒州委党史研究院党务档案馆,第 4000 号全宗,第 5 号目录,第 3281 号保管单位,第 2、6—7 张;《历史论丛》,第 83 卷,1969 年,第 222—232 页;《列宁在彼得堡》,1957 年,第 95 页;B.E.穆什图科夫和 П.E.尼基京:《列宁曾在这里生活和工作》,第 5 版,1970 年,第 107—108 页。

阿·马·高尔基给在柏林的伊·巴·拉德日尼科夫的信中告知,由于即将召集仲裁法庭处理亚·李·帕尔乌斯案件,他同列宁和列·波·克拉辛进行了商谈。帕尔乌斯本应把在德国上演高尔基《底层》一剧的收入上交党的会计处,但他却攫为己有。商谈决定由列宁或高尔基出面会见帕尔乌斯,要求他立即把根据同高尔基订立的合同所享有的一切权利交出来。

《弗·伊·列宁和阿·马·高尔基》,增订第 3 版,1969 年,第 271、589 页;《历史论丛》,第 83 卷,1969 年,第 222—232 页。

12 月

列宁参加了逃脱 12 月 3 日(16 日)逮捕的彼得堡工人代表苏维埃成员在工艺学院召开的秘密会议。

苏共列宁格勒州委党史研究院党务档案馆,第 4000 号全宗,第 5 号目录,第 3302 号保管单位,第 1 张;《列宁在彼得堡》,1957 年,第 76、240 页;B.E.穆什图科夫和 П.E.尼基京:《列宁曾在这里生活和工作》,第 5 版,1970 年,第 114 页。

当试图在希腊大街公开居住失败以后,列宁不止一次地在瓦·瓦·沃罗夫斯基处商队街 28/66 号巴黎公寓带家具出租的房间过夜。

弗·邦契-布鲁耶维奇:《在光荣的岗位上(瓦·沃罗夫斯

基)》,1931 年,第 26—27 页;H.皮亚舍夫:《沃罗夫斯基》,1959 年,第 96 页;《列宁在彼得堡》,1957 年,第 86—87 页。

俄国社会民主工党鄂木斯克委员会印发列宁的传单《三种宪法或三种国家制度》。

《列宁全集》中文第 2 版增订版第 10 卷第 311—313 页;弗·伊·列宁:《三种宪法或三种国家制度》,传单,[鄂木斯克],俄国社会民主工党鄂木斯克委员会出版,1905 年 12 月,2 页,(俄国社会民主工党西伯利亚联合会,第 16 期),未注明作者。

1905 年 12 月—1906 年 1 月

列宁数次参加在俄国社会民主工党彼得堡委员会组织的党的秘密俱乐部(大海洋街(现赫尔岑街)36 号)中举行的党的会议以及中央委员会和彼得堡委员会的会议。

《彼得堡人回忆伊里奇》,1970 年,第 130 页;《列宁在彼得堡》,1957 年,第 95、240 页。

列宁简要摘录《土地问题和"马克思的批评家"》一书第五—九章的内容,标注速读这一部分手稿所需的时间,最后总计:"约 2 小时"。

《列宁全集》中文第 2 版增订版第 56 卷第 17—18 页;弗·伊·列宁:《土地问题笔记》,1969 年,第 613—614 页。

年底

列宁在电工学院(药房大街 3/5 号,沙土街拐角(现波波夫教授街))学生小组就马克思主义哲学问题和当前政治问题进行多次座谈,走访大学生宿舍。在彼得堡工人代表苏维埃彼得格勒区成员在学院大楼举行的会议上发言。

《彼得堡人回忆伊里奇》,1970 年,第 176—178 页;苏共列宁格勒州委党史研究院党务档案馆,第 4000 号全宗,第 5 号目录,第 3296 号保管单位,第 1—2 张;《列宁在彼得堡》,1957 年,第 91、238 页。

列宁同娜·康·克鲁普斯卡娅及安·伊·乌里扬诺娃-叶利

扎罗娃去玛·马蕾赫出版社。

列宁格勒，玛·亚·马蕾赫家族档案馆。

1905 年底或 1906 年初

列宁拟定《革命的阶段、方向和前途》一文的提纲。

《列宁全集》中文第 2 版增订版第 12 卷第 141—142 页；苏共中央马列主义研究院中央党务档案馆，第 2 号全宗，第 1 号目录，第 2210 号保管单位。

1905 年底—1906 年

列宁几次去看望安·伊·乌里扬诺娃-叶利扎罗娃。当时她住在尼古拉铁路（现十月铁路）萨布林诺车站安德列耶夫街（现青年列宁主义者街）。玛·亚·乌里扬诺娃曾在这里住过一段时间。

苏共列宁格勒州委党史研究院党务档案馆，第 4000 号全宗，第 5 号目录，第 3215 号保管单位，第 11 张；第 3323 号保管单位，第 8 张；《红色史料》杂志，1925 年，第 1 期，第 124 页；П.П.叶利扎罗夫：《马尔克·叶利扎罗夫和乌里扬诺夫一家》，1967 年，第 78 页；《列宁在彼得堡》，1957 年，第 96 页。

1905 年

列宁收到 M.B.斯托亚诺夫斯基的来信，信中谈到莫斯科进行逮捕的情况，谈到运送书刊的可能性以及其他问题。

苏共中央马列主义研究院中央党务档案馆，第 2 号全宗，第 5 号目录，第 250 号保管单位。

俄国社会民主工党苏梅小组翻印列宁的《无产阶级和农民》一文，作为《俄国社会民主工党纲领》的附录。

《列宁全集》中文第 2 版增订版第 12 卷第 88—91 页；《俄国社会民主工党纲领》，苏梅，俄国社会民主工党苏梅小组印发，1905 年，第 25—31 页。

警察在下列各地进行逮捕和搜查时发现了列宁的小册子《告农村贫民》：叶卡捷琳诺斯拉夫、伊万诺沃-沃兹涅先斯克、戈梅利、巴库、巴统、库尔斯克、克列缅丘格、莫斯科、彼得堡、顿河畔罗斯托夫、敖德萨、萨马拉、乌法、新罗西斯克、切列波韦茨、卢布内、罗斯拉夫利、奥伦堡、卡卢加、纳希切万、别尔季切夫、基辅、萨拉托夫、弗拉基米尔-沃伦斯基、梯弗利斯、尼古拉耶夫、塞瓦斯托波尔、博戈罗季茨克、奥波奇卡、卢茨克、里加、科斯特罗马、波涅韦日、科别利亚基、奔萨、波多利斯克、柳别尔齐乡(莫斯科省)、乌法省的一些乡村、米库利诺镇(莫吉廖夫省)、奥尔库什县拉扎村、瓦西里耶夫卡乡(奥伦堡附近)、佐洛托伊科洛杰茨村(哈尔科夫省)、库列巴基(下诺夫哥罗德省)、利波夫基村(苏瓦乌基省)、斯梅拉镇(基辅省)、普拉特列夫哨所附近(沃伦省)、新格奥尔吉耶夫斯克要塞。

《红色文献》杂志,1941年,第1期,第38—49、51—52页。

不早于1905年

列宁写让·饶勒斯《社会主义史》一书的书目札记。

苏共中央马列主义研究院中央党务档案馆,第2号全宗,第1号目录,第2212号保管单位。

列宁写(用德文)赖斯维茨的关于马赛码头工人罢工的《总罢工》(1905年版)柏林版一书的书目札记。

苏共中央马列主义研究院中央党务档案馆,第2号全宗,第1号目录,第2213号保管单位。

列宁用英文和法文写斯季尔、韦荣、亚当斯和萨姆纳等人论工人问题的著作的书目札记。

苏共中央马列主义研究院中央党务档案馆,第2号全宗,第1号目录,第2214号保管单位。

列宁同威廉·E.沃林谈俄国革命问题和土地问题。

威廉·E.沃林:《俄国来信(俄国革命的真正意义)》,柏林,1910年,第2、3—4、335—336页。

1905 年—1906 年

列宁多次去尼古拉耶夫街牙医 Ю.И.拉甫连季耶娃的住宅，这里曾是布尔什维克的接头地点。

苏共列宁格勒州委党史研究院党务档案馆，第 4000 号全宗，第 5 号目录，第 3289 号保管单位；《消息报》，1969 年 7 月 25 日，第 174 号；《列宁在彼得堡》，1957 年，第 70—72 页。

1905 年—1907 年

列宁经常阅读卡·马克思论述 1848 年德国和法国革命的著作。

《工业化》，1933 年 1 月 21 日，第 18 期；娜·康·克鲁普斯卡娅：《论列宁》，1971 年，第 249—253 页。

列宁准备《俄国资本主义的发展》一书的第 2 版，对一些章节进行补充。

《列宁全集》中文第 2 版增订版第 57 卷第 248、649—651 页；《列宁全集》俄文第 5 版第 3 卷第 791 页；弗·伊·列宁：《〈俄国资本主义的发展〉一书准备材料》，1970 年，第 703—704 页。

1906 年

1906 年初

列宁参加在市立 E.П.齐翁格林斯卡娅第 11 小学(普希金街 10 号 18 室)举行的党的会议,会上讨论了一系列有关书刊出版的问题。

苏共列宁格勒州委党史研究院党务档案馆,第 4000 号全宗,第 5 号目录,第 3335 号保管单位,第 1、2 张;第 3347 号保管单位,第 1 张;《列宁在彼得堡》,1957 年,第 108、243 页。

年初—3 月中

列宁参加土地委员会的工作,这一委员会是俄国社会民主工党统一的中央委员会为起草提交党的第四次(统一)代表大会的土地纲领而成立的。

《列宁全集》中文第 2 版增订版第 13 卷第 2—3、408 页;《革命的第二个时期(1906—1907 年)》,第 1 册,第 1 分册,1957 年,第 19、28—29、969 页;《俄国社会民主工党第四次(统一)代表大会》,1959 年,第 34、43、596、599 页。

1 月 3 日(16 日)

列宁起草的塔墨尔福斯代表会议关于土地问题的决议刊载于《国民经济》第 16 号"工人运动和工会运动"栏(部分)。

《列宁全集》中文第 2 版增订版第 12 卷第 136 页;《国民经济》,1906 年 1 月 3 日(16 日),第 16 号。

1 月 4 日(17 日)

列宁的《工人政党及其在目前形势下的任务》一文作为社论

和他起草的塔墨尔福斯代表会议关于土地问题的决议，发表在由彼得堡大学布尔什维克学生发起出版的《青年俄罗斯报》第 1 号上。

《列宁全集》中文第 2 版增订版第 12 卷第 136、137—140 页；《青年俄罗斯报》，1906 年 1 月 4 日，第 1 号；《西伯利亚星火》杂志，新西伯利亚，1930 年，第 9 期，第 118—120 页。

1 月 5 日（18 日）

警察司的文件说，彼得堡保安处正在查列宁的住址，要逮捕他。

《红色文献》杂志，1934 年，第 1 期，第 188 页。

因《青年俄罗斯报》第 1 号刊载了列宁的《工人政党及其在目前形势下的任务》一文，彼得堡书报检查委员会对报纸编辑兼发行人 B.Э.列斯涅夫斯基开展司法调查。

苏联中央国家历史档案馆，第 777 号全宗，第 6 号目录，1905 年，第 164 号案卷，第 2 张。

大臣会议主席谢·尤·维特向内务部彼·尼·杜尔诺沃转发了载有列宁《工人政党及其在目前形势下的任务》一文的《青年俄罗斯报》第 1 号，并附公函。杜尔诺沃在公函上批示，建议逮捕列宁，警察司司长 Э.И.武伊奇要求高等法院检察官签发逮捕列宁的命令，说“该人竟敢刊印和传播直接号召武装起义的文章”。

《1905—1907 年革命的高潮。武装起义》，第 1 册，1955 年，第 533 页。

1 月 7 日（20 日）

警察司向彼得堡高等法院检察官发送公函，建议逮捕并监禁列宁。

《1905—1907 年革命的高潮。武装起义》，第 1 册，1955 年，第 533 页。

1月9日(22日)

警察在博布鲁伊斯克和敖德萨进行逮捕和搜查时没收了列宁的小册子《俄国社会民主党人的任务》。

苏联中央国家十月革命和社会主义建设档案馆,警察司全宗,第7处,1906年,第450号案卷。

高等法院批准查封《青年俄罗斯报》第1号。彼得堡高等法院检察官命令法院负责重大案件的侦查员就列宁在报上发表直接号召武装起义的文章《工人政党及其在目前形势下的任务》进行预审,命令把文章作者和报纸编辑 B.Э.列斯涅夫斯基"必须监禁起来"。保安处接到搜捕列宁的命令。

《1905—1907年革命的高潮。武装起义》,第1册,1955年,第536页;《苏共党史》,第2卷,1966年,第164页。

1月上半月

列宁从彼得堡秘密地到达莫斯科。

列宁在莫斯科了解十二月武装起义后的形势,参观进行街垒战的地方,会见参加武装斗争的莫斯科工人。

列宁参加俄国社会民主工党莫斯科委员会写作讲演组会议,会议是在梅尔兹利亚科夫巷15号9室(该组成员 B.A.日丹诺夫律师的寓所)进行的。会上对莫斯科十二月武装起义作了总结。

列宁同莫斯科的布尔什维克们讨论积极抵制第一届国家杜马的策略。

《回忆弗·伊·列宁》,第1卷,1968年,第310页;《无产阶级革命》杂志,1925年,第9期,第55页;《列宁在莫斯科和莫斯科郊区》,1970年,第40页。

1月中

列宁从莫斯科回来后,由于保安处的密探加强了对住宅的监视,列宁离开在纳杰日金斯卡亚街的住宅。列宁和娜·康·克鲁普斯卡娅一起换了三次马车到达彼·彼·鲁勉采夫的寓所,以后在 O.K.维特梅尔的寓所及其他地方过夜。

《回忆弗·伊·列宁》,第 1 卷,1968 年,第 310—311 页;《列宁在彼得堡》,1957 年,第 92—93 页;《列宁在莫斯科和莫斯科郊区》,1970 年,第 40 页。

1 月,不晚于 23 日(2 月 5 日)

列宁同阿·马·高尔基在赫尔辛福斯 B.M.斯米尔诺夫的寓所(伊丽莎白街 19 号)会见。

《回忆弗·伊·列宁》,第 1 册,1956 年,第 346—347 页;И.М.诺维奇:《俄国第一次革命时期的高尔基》,1960 年,第 243—246 页;《阿·马·高尔基生平和创作年表》,第 1 册,1958 年,第 581 页。

1 月 24 日(2 月 6 日)

警察在圣山镇(普斯科夫省)进行逮捕时没收了列宁的小册子《革命冒险主义》。

苏联中央国家十月革命和社会主义建设档案馆,警察司全宗,第 7 处,1906 年,第 1104 号案卷。

1 月底

俄国社会民主工党莫斯科委员会根据列宁的建议出版了论文集《目前形势》。列宁高度评价这一论文集,特别称赞伊·伊·斯克沃尔佐夫-斯捷潘诺夫的《远方来信》一文,该文批判了格·瓦·普列汉诺夫在评价十二月武装起义时的孟什维克立场。

《列宁全集》中文第 2 版增订版第 12 卷第 242—243 页;《目前形势》,文集,莫斯科,1906 年,第 291 页;《他们与伊里奇相见》,1960 年,第 14—15 页;《苏共莫斯科组织简史》,1966 年,第 95—96 页。

列宁和娜·康·克鲁普斯卡娅出于保密的考虑,有时在"维也纳”餐厅和北方旅馆(现十月旅馆)见面。

《回忆弗·伊·列宁》,第1卷,1968年,第314页;《列宁在彼得堡》,1957年,第96—97页;B.E.穆什图科夫和П.E.尼基京:《列宁曾在这里生活和工作》,第5版,1970年,第123页。

1月底—2月

列宁和娜·康·克鲁普斯卡娅使用假护照住在潘捷莱蒙诺夫街(现彼斯捷尔街)5号。

《回忆弗·伊·列宁》,第1卷,1968年,第314页;《列宁在彼得堡》,1957年,第97—98页。

1月

列宁写《要不要抵制国家杜马?(“多数派”的行动纲领)》一文,捍卫布尔什维克的积极抵制第一届杜马的策略。该文于1月由俄国社会民主工党中央委员会多次印成传单发行。

《列宁全集》中文第2版增订版第12卷第145—148页;弗·伊·列宁:《要不要抵制国家杜马?》,传单,未注明出版地,中央委员会印刷厂,1906年1月,2页,(俄国社会民主工党),标题:《“多数派”的行动纲领》,未注明作者;弗·伊·列宁:《要不要抵制国家杜马?》,传单,未注明出版地,统一的中央委员会出版,[1906年1月],1页,(俄国社会民主工党),标题前写:要抵制,未注明作者。

列宁写《国家杜马和社会民主党的策略》一文。

《列宁全集》中文第2版增订版第12卷第149—157页。

俄国社会民主工党莫斯科委员会出版列宁写的传单《三种宪法或三种国家制度》。

《列宁全集》中文第2版增订版第10卷第311—313页;弗·伊·列宁:《三种宪法或三种国家制度》,传单,[莫斯科],俄国社会民主工党莫斯科委员会印刷所,1906年1月,1页,(俄国社会民主工党),未注明作者。

警察在博布鲁伊斯克和敖德萨进行逮捕和搜查时发现列宁的

《进一步,退两步》一书。

苏联中央国家十月革命和社会主义建设档案馆,警察司全宗,第7处,1906年,第439、450号案卷。

1月或2月

列宁在彼得堡宣传员会议上作关于土地问题的报告,这次会议是在尼·米·克尼波维奇和莉·米·克尼波维奇的寓所(科尔皮诺街3号16室)进行的。

列宁几次到克尼波维奇的寓所过夜。

《回忆弗·伊·列宁》,第1卷,1968年,第315页;娜·康·克鲁普斯卡娅:《莉迪娅·米哈伊洛夫娜·克尼波维奇》,1932年,第20页;《列宁在彼得堡》,1957年,第96页;B.E.穆什图科夫和П.E.尼基京:《列宁曾在这里生活和工作》,第5版,1970年,第112—113页。

1月—2月

在第一届国家杜马竞选期间,列宁领导俄国社会民主工党彼得堡党组织的活动,以鼓动员的身份发表演说。

《回忆弗·伊·列宁》,第2卷,1969年,第214页;《列宁在彼得堡》,1957年,第98页;B.E.穆什图科夫和П.E.尼基京:《列宁曾在这里生活和工作》,第5版,1970年,第116—117页。

警察在德里萨市(维捷布斯克省)和别洛泽雷镇(基辅省)进行搜查和逮捕时没收了列宁的小册子《怎么办?》。

苏联中央国家十月革命和社会主义建设档案馆,警察司全宗,第7处,1906年,第2758、3145号案卷。

警察在尼古拉耶夫市进行搜捕时没收了列宁写的传单《垂死的专制政府和新的人民政权机关》。

苏联中央国家十月革命和社会主义建设档案馆,警察司全宗,第7处,1906年,第611、3121号案卷。

警察在敖德萨、托木斯克、巴尔索沃村(奥廖尔省)进行逮捕和搜查时没收了列宁的小册子《就我们的组织任务给一位同志的信》。

苏联中央国家十月革命和社会主义建设档案馆，警察司全宗，第7处，1906年，第450、2854、3077号案卷。

1月—4月

警察在博里索夫（明斯克省）、敖德萨、明斯克、奥廖尔和哈尔科夫进行搜查和逮捕时，没收了列宁的小册子《土地问题和“马克思的批评家”》。

苏联中央国家十月革命和社会主义建设档案馆，警察司全宗，第7处，1906年，第234、1065、3358、4630、5215号案卷。

1月以后

列宁读《论土地问题》文集，该文集作为《真理》杂志1906年1月的附刊在莫斯科出版。列宁在彼·马斯洛夫的《代序》和《答纳扎罗夫同志》以及尼·瓦连廷诺夫的《再论土地纲领》等文章中作批注。

苏共中央马列主义研究院中央党务档案馆，第2号全宗，第1号目录，第2215号保管单位；《克里姆林宫的弗·伊·列宁藏书》，1961年，第249页。

2月初

载有列宁《国家杜马和社会民主党的策略》一文的小册子《国家杜马和社会民主党》出版。

《列宁全集》中文第2版增订版第12卷第149—157页；《国家杜马和社会民主党》，圣彼得堡，无产阶级事业出版社，1906年，第32页。

2月，4日（17日）以前

列宁在彼得堡市莫斯科关卡区（英国大街32号，彼·弗·列斯加夫特高等训练班）社会民主党组织的会议上作《关于国家杜马选举》的报告。

《号召报》，1906 年 2 月 4 日(17 日)，第 21 号；《革命的第二个时期(1906—1907 年)》，第 1 册，第 1 分册，1957 年，第 189 页；《列宁在彼得堡》，1957 年，第 82 页。

不晚于 2 月 7 日(20 日)

根据列宁的建议，委派阿·瓦·卢那察尔斯基、弗·亚·巴扎罗夫和瓦·瓦·沃罗夫斯基代表布尔什维克参加俄国社会民主工党统一的中央委员会机关报《党内消息报》编辑部。

《回忆弗·伊·列宁》，第 2 卷，1969 年，第 202 页；《党内消息报》，1906 年 2 月 7 日，第 1 号；《俄国社会民主工党第四次(统一)代表大会》，1959 年，第 541 页；H.皮亚舍夫：《沃罗夫斯基》，1959 年，第 100 页。

2 月，不晚于 7 日(20 日)—3 月 20 日(4 月 2 日)

列宁参加《党内消息报》(第 1 号和第 2 号)的工作。

《党内消息报》，1906 年 2 月 7 日，第 1 号；3 月 20 日，第 2 号；《布尔什维克定期刊物(目录索引)》，1964 年，第 56 页。

2 月 7 日(20 日)

列宁的《俄国的目前形势和工人政党的策略》一文发表在《党内消息报》第 1 号上。

《列宁全集》中文第 2 版增订版第 12 卷第 158—164 页；《党内消息报》，1906 年 2 月 7 日，第 1 号。

2 月 9 日(22 日)

弗拉基米尔·伊里奇·乌里扬诺夫被列入俄国密探要在芬兰搜查的人名单。

苏联中央国家十月革命和社会主义建设档案馆，警察司全宗，特别处，1906 年，II 科，第 2 号案卷，第 1 册，第 19、20 张。

2 月 10 日(23 日)

俄国社会民主工党托木斯克委员会案件调查的实物证据中列

有列宁的《三种宪法或三种国家制度》、《就我们的组织任务给一位同志的信》和《关于俄国社会民主工党第三次代表大会的通知》等著作，这一案件牵涉到谢·米·基洛夫。

苏联中央国家十月革命和社会主义建设档案馆，警察司全宗，第7处，1906年，第3077号案卷，第1—2、6、8张，第9张背面—第10张。

2月，11日(24日)以前

列宁在捷尼舍夫学校(莫赫街33号)举行的彼得堡布尔什维克党的工作人员会议上作关于抵制第一届国家杜马的策略的报告。

弗·沃伊京斯基：《胜利和失败的年代》，第2册，柏林，1924年，第22—24页；《列宁在彼得堡》，1957年，第99页；B.E.穆什图科夫和П.E.尼基京：《列宁曾在这里生活和工作》，第5版，1970年，第113页。

2月11日(24日)

列宁领导俄国社会民主工党彼得堡市(第一次)代表会议的工作(会议是在坦波夫街63/10号，帕宁娜伯爵夫人民众文化馆(现十月铁路中心俱乐部)召开的)。会议讨论了对第一届国家杜马的态度问题。

《列宁全集》中文第2版增订版第12卷第165—171页；苏共中央马列主义研究院中央党务档案馆，第2号全宗，第1号目录，第2216号保管单位；《无产阶级革命》杂志，1930年，第12期，第158—185页；C.马雷舍夫：《同列宁见面》，1933年，第11页。

列宁在代表会议上就代表资格审查问题作了三次发言。

苏共中央马列主义研究院中央党务档案馆，第2号全宗，第1号目录，第2216号保管单位，第8张背面、第9张背面、第10张；《无产阶级革命》杂志，1930年，第12期，第162、163页。

列宁就郊区组织和维堡区组织出席代表会议的代表资格合法

性问题作了六次发言。

《列宁全集》中文第 2 版增订版第 12 卷第 165、166、167 页；苏共中央马列主义研究院中央党务档案馆，第 2 号全宗，第 1 号目录，第 2216 号保管单位，第 12 张—第 12 张背面、第 17 张背面、第 22 张背面—第 23 张、第 26 张背面、第 27 张、第 28 张背面；《无产阶级革命》杂志，1930 年，第 12 期，第 164、167、169、171、172、173 页。

列宁发言说明常务委员会委员有权提出议案，提议清点出席人数，支持关于停止辩论郊区组织出席代表会议代表资格合法性问题的提案。

《列宁全集》中文第 2 版增订版第 12 卷第 165 页；苏共中央马列主义研究院中央党务档案馆，第 2 号全宗，第 1 号目录，第 2216 号保管单位，第 13、17、21 张；《无产阶级革命》杂志，1930 年，第 12 期，第 165、166、169 页。

列宁提出对关于郊区组织出席代表会议的代表资格合法性问题的议案进行表决，并就部分彼得堡组织的代表资格问题发言。

《列宁全集》中文第 2 版增订版第 12 卷第 166 页；苏共中央马列主义研究院中央党务档案馆，第 2 号全宗，第 1 号目录，第 2216 号保管单位，第 23 张、第 23 张背面；《无产阶级革命》杂志，1930 年，第 12 期，第 170 页。

列宁两次发言要求表决尔·马尔托夫提出的关于给郊区组织以发言权的提案。

《列宁全集》中文第 2 版增订版第 12 卷第 167 页；苏共中央马列主义研究院中央党务档案馆，第 2 号全宗，第 1 号目录，第 2216 号保管单位，第 28 张；《无产阶级革命》杂志，1930 年，第 12 期，第 172、173 页。

列宁就程序问题发言，谈马卡尔（Б.С.佩列斯）的声明和尼古拉（伊·安·柯诺瓦洛夫）提出的提案。

《列宁全集》中文第 2 版增订版第 12 卷第 168 页；苏共中央马列主义研究院中央党务档案馆，第 2 号全宗，第 1 号目录，第 2216 号保管单位，第 28 张背面—第 29 张、第 33 张；《无产阶级革命》杂志，1930 年，第 12 期，第 173、175 页。

列宁提出决议案，反对尔·马尔托夫关于郊区组织出席代表会议的代表资格合法性问题的提案。

《列宁全集》中文第 2 版增订版第 12 卷第 168 页；苏共中央马列主义研究院中央党务档案馆，第 2 号全宗，第 1 号目录，第 2216 号保管单位，第 33 张背面；《无产阶级革命》杂志，1930 年，第 12 期，第 175 页。

列宁就彼得堡委员会的报告问题作了三次发言，就这一问题起草提案，发言建议对三个决议案进行表决，声明自己提出一个关于彼得堡委员会报告的决议案建议（列宁的决议案被通过）。

《列宁全集》中文第 2 版增订版第 12 卷第 169、170 页；苏共中央马列主义研究院中央党务档案馆，第 2 号全宗，第 1 号目录，第 2216 号保管单位，第 34 张背面—35 张、第 38 张、第 38 张背面、第 39 张；《无产阶级革命》杂志，1930 年，第 12 期，第 176、178、179 页。

列宁在代表会议上作关于对国家杜马的态度和积极抵制杜马的策略的决议的报告，宣读他起草的有关这一问题的决议案，谈对决议的意见。代表会议多数赞成抵制杜马。

《列宁全集》中文第 2 版增订版第 12 卷第 171、184—187 页；苏共中央马列主义研究院中央党务档案馆，第 2 号全宗，第 1 号目录，第 2216 号保管单位，第 40 张背面、第 41 张；《无产阶级革命》杂志，1930 年，第 12 期，第 180 页；1931 年，第 1 期，第 129 页。

2 月，不晚于 11 日（24 日）

列宁给莫里斯·希尔奎特写一封短信，托阿·马·高尔基转交。高尔基受布尔什维克委托，去美国募集支援俄国革命运动的捐款（这封短信没有找到）。

《纪念高尔基系列报告会（1959—1960）》，莫斯科，1962 年，第 5 页；莫·希尔奎特：《繁忙生活的片断》，纽约，麦克米伦公司，1934 年，第 112—113 页；《阿·马·高尔基生平和创作年表》,第 1 卷,1958 年,第 585 页。

2 月,11 日(24 日)以后

列宁写《告彼得堡市区和郊区全体男女工人书》,告工人书中阐述了俄国社会民主工党彼得堡市代表会议的结果,并号召积极抵制国家杜马。

告工人书由俄国社会民主工党统一的彼得堡委员会印成单页出版。

《列宁全集》中文第 2 版增订版第 12 卷第 180—183 页;弗·伊·列宁:《告彼得堡市区和郊区全体男女工人书》,单页,[圣彼得堡],统一的委员会印刷所,1906 年 2 月,2 页,(俄国社会民主工党),未注明作者;苏共中央马列主义研究院中央党务档案馆,第 2 号全宗,第 1 号目录,第 2217 号保管单位。

2 月,12 日(25 日)以后

列宁在传单《"十月十七日同盟"纲领》第 4 页上写"**注意**。'十月十七日同盟'纲领"。

苏共中央马列主义研究院中央党务档案馆,第 2 号全宗,第 1 号目录,第 2218 号保管单位。

2 月,15 日(28 日)以后

列宁在弗·梅林著《德国社会民主党史》(第 1 卷,1906 年圣彼得堡版)一书中作批注,划标线和划重点。

苏共中央马列主义研究院中央党务档案馆,第 2 号全宗,第 1 号目录,第 2219 号保管单位;《克里姆林宫的弗·伊·列宁藏书》,1961 年,第 191 页。

2 月 16 日(3 月 1 日)

列宁给柏林的 B.佩列瓦洛夫拍电报(这封电报没有找到)。

苏联中央国家十月革命和社会主义建设档案馆,警察司全宗,第 265 号目录,1906 年,第 55 号案卷,第 23 张。

2月23日(3月8日)

在尼古拉耶夫市进行搜查时发现了印成传单的列宁的《俄国革命的开始》一文。

苏联中央国家十月革命和社会主义建设档案馆，警察司全宗，第7处，1906年，第3121号案卷。

2月底

列宁领导俄国社会民主工党彼得堡市第二次代表会议的工作(会议在英国大街27/27号举行)。会议继续讨论对国家杜马的态度问题。

苏共中央马列主义研究院中央党务档案馆，第2号全宗，第1号目录，第2216号保管单位，第1张；《无产阶级革命》杂志，1931年，第1期，第129—147页；《列宁在彼得堡》，1957年，第78—79页。

列宁就代表会议的日程提出建议，代表会议通过了这一建议。

苏共中央马列主义研究院中央党务档案馆，第2号全宗，第1号目录，第2216号保管单位，第1张；《无产阶级革命》杂志，1931年，第1期，第130页。

列宁就奥赫塔工人的决议案发言。

苏共中央马列主义研究院中央党务档案馆，第2号全宗，第1号目录，第2216号保管单位，第1张；《无产阶级革命》杂志，1931年，第1期，第130、131页。

列宁两次发言，为自己提出的关于抵制策略的决议案进行辩护。代表会议采纳了列宁的决议案作为基础。

《列宁全集》中文第2版增订版第12卷第172—173页；苏共中央马列主义研究院中央党务档案馆，第2号全宗，第1号目录，第2216号保管单位，第1张背面、第2张；《无产阶级革命》杂志，1931年，第1期，第131—132、133页。

在逐条讨论抵制策略的决议草案时，列宁表示赞成保留原有的议程；代表会议保留了以前的议程。

苏共中央马列主义研究院中央党务档案馆,第 2 号全宗,第 1 号目录,第 2216 号保管单位,第 3 张;《无产阶级革命》杂志,1931 年,第 1 期,第 133 页。

列宁就讨论抵制策略决议草案各条的次序问题发言,反对费·伊·唐恩对草案第 2 条的修改意见。

《列宁全集》中文第 2 版增订版第 12 卷第 174 页;苏共中央马列主义研究院中央党务档案馆,第 2 号全宗,第 1 号目录,第 2216 号保管单位,第 3 张、第 3 张背面;《无产阶级革命》杂志,1931 年,第 1 期,第 134 页。

列宁三次发言反对修改抵制策略决议草案第 3 条和第 6 条。

《列宁全集》中文第 2 版增订版第 12 卷第 174—175 页;苏共中央马列主义研究院中央党务档案馆,第 2 号全宗,第 1 号目录,第 2216 号保管单位,第 4、5 张;《无产阶级革命》杂志,1931 年,第 1 期,第 135、137 页。

列宁提出在抵制策略决议草案中补充第 6 条(5 bis),起草补充的条文,反对谢尔盖(弗·萨·沃伊京斯基)对这一条的修改意见。

苏共中央马列主义研究院中央党务档案馆,第 2 号全宗,第 1 号目录,第 2216 号保管单位,第 4 张背面、第 12 张;《无产阶级革命》杂志,1931 年,第 1 期,第 136、146 页。

列宁在讨论抵制策略决议草案第 7 条时三次发言,并就费·伊·唐恩关于参加杜马的声明向代表会议常务委员会提交书面声明。

《列宁全集》中文第 2 版增订版第 12 卷第 176—177、179 页;苏共中央马列主义研究院中央党务档案馆,第 2 号全宗,第 1 号目录,第 2216 号保管单位,第 6 张、第 6 张背面、第 7 张背面—第 8 张、第 8 张背面、第 15 张—第 15 张背面;《无产阶级革命》杂志,1931 年,第 1 期,第 138—139、139—140、147 页。

列宁和阿·瓦·卢那察尔斯基提出新起草的第 7 条,这一条列入了决议的完成稿。

苏共中央马列主义研究院中央党务档案馆，第 2 号全宗，第 1 号目录，第 2216 号保管单位，第 13 张；《无产阶级革命》杂志，1931 年，第 1 期，第 140、146 页。

列宁在讨论抵制策略决议草案第 8 条时发言；因为要表决这一草案的第 8 条，所以列宁提出了关于抵制策略的理由的决议草案。代表会议通过了这一问题的决议案。

《列宁全集》中文第 2 版增订版第 12 卷第 178 页；苏共中央马列主义研究院中央党务档案馆，第 2 号全宗，第 1 号目录，第 2216 号保管单位，第 9 张背面、第 14 张；《无产阶级革命》杂志，1931 年，第 1 期，第 140—141、142、147 页。

列宁就表决抵制策略的理由的决议草案问题提出建议。

苏共中央马列主义研究院中央党务档案馆，第 2 号全宗，第 1 号目录，第 2216 号保管单位，第 9 张背面；《无产阶级革命》杂志，1931 年，第 1 期，第 142 页。

列宁建议将抵制策略的决议草案交给审定委员会，并就草案审定委员会的组成问题提出建议。

苏共中央马列主义研究院中央党务档案馆，第 2 号全宗，第 1 号目录，第 2216 号保管单位，第 9 张背面、第 10 张；《无产阶级革命》杂志，1931 年，第 1 期，第 142 页。

列宁记录复查各区票数。

苏共中央马列主义研究院中央党务档案馆，第 2 号全宗，第 1 号目录，第 2216 号保管单位，第 12 张背面；《无产阶级革命》杂志，1931 年，第 1 期，第 145 页。

列宁起草一次发言的草稿。

苏共中央马列主义研究院中央党务档案馆，第 2 号全宗，第 1 号目录，第 2216 号保管单位，第 14 张背面；《无产阶级革命》杂志，1931 年，第 1 期，第 146 页。

代表会议通过了列宁起草的俄国社会民主工党彼得堡组织关于抵制策略的决议。

《列宁全集》中文第 2 版增订版第 12 卷第 184—187 页；《无产

阶级革命》杂志，1931 年，第 1 期，第 129—130 页。

列宁在党的工作者会议上作关于农村工作的报告，会议是在大莫斯科街 6 号的律师助理 H.K.切克卢利-库什的寓所进行的。列宁发现自己已被密探严密监视后，会议一结束立即去芬兰的库奥卡拉，而没有回自己在潘捷莱蒙诺夫街 5 号的寓所。

《回忆弗·伊·列宁》，第 1 卷，1968 年，第 315 页；苏共列宁格勒州委党史研究院党务档案馆，第 4000 号全宗，第 5 号目录，第 3344 号保管单位；《列宁在彼得堡》，1957 年，第 98、99 页；B.E.穆什图科夫和 П.E.尼基京：《列宁曾在这里生活和工作》，第 5 版，1970 年，第 143—144 页。

2 月底—3 月初

列宁在库奥卡拉起草布尔什维克的策略纲领——提交俄国社会民主工党第四次（统一）代表大会的决议草案。

《列宁全集》中文第 2 版增订版第 12 卷第 200—214 页；《回忆弗·伊·列宁》，第 1 卷，1968 年，第 315 页；马·利亚多夫：《1903—1907 年党的生活》，1956 年，第 155 页；克·叶·伏罗希洛夫：《生活的故事（回忆录）》，第 1 卷，1968 年，第 251 页。

2 月底—4 月初

列宁不止一次地从库奥卡拉去彼得堡直接参加俄国社会民主工党中央委员会和彼得堡委员会的工作，并出席会议。

《回忆弗·伊·列宁》，第 1 卷，1968 年，第 315 页；《列宁在彼得堡》，1957 年，第 99—101 页；B.E.穆什图科夫和 П.E.尼基京：《列宁曾在这里生活和工作》，第 5 版，1970 年，第 143—148 页。

2 月

列宁同从巴库来的阿·萨·叶努基泽谈话。

列宁参加关于组织彼得堡布尔什维克合法印刷所的会议。印刷所的设备是从巴库运来的。

叶努基泽从巴库来到以后经济状况很困难，列宁给了他一些钱。

В.Г.艾萨伊阿什维利:《弗·伊·列宁和格鲁吉亚》,第比利斯,1970年,第216—217页;《格鲁吉亚革命运动的活动家(传略)》,第比利斯,1961年,第224页,格鲁吉亚文;《外高加索共产党员回忆弗·伊·列宁》,埃里温,1970年,第96—97页。

列宁的《土地问题和"马克思的批评家"》一书的第5—9章发表在《教育》杂志第2期上。

《教育》杂志,1906年2月,第2期,第175—226页。

警察在敖德萨和里加进行搜捕时没收了列宁的小册子《关于中央机关与党决裂的声明和文件》。

苏联中央国家十月革命和社会主义建设档案馆,警察司全宗,第7处,1906年,第2513、3012号案卷。

2月—3月

列宁多次在彼得堡工人大会上作关于积极抵制杜马的策略的报告。

《号召报》,1906年2月4日(17日),第21号;2月7日(20日),第24号;《列宁在彼得堡》,1957年,第242页。

2月—4月初

列宁从库奥卡拉去彼得堡,拜访利季约大街60号9室和12室布尔什维克合法报纸和杂志的编辑部。

《列宁在彼得堡》,1957年,第100、104页。

3月初

列宁从库奥卡拉去彼得堡,参加孟什维克为列斯加夫特自由学校学员组织的土地问题讨论会,在讨论过程中列宁发言驳斥费·伊·唐恩,批判社会革命党人的观点。

《彼得堡人回忆伊里奇》,1970年,第167—168页;《列宁在彼得堡》,1957年,第82页;В.Е.穆什图科夫和П.Е.尼基京:《列宁曾在这里生活和工作》,第5版,1970年,第117页。

3 月上半月

列宁去莫斯科，组织讨论他起草的布尔什维克策略纲领——提交俄国社会民主工党第四次（统一）代表大会的决议草案。除《关于无产阶级在民主革命现阶段的阶级任务》决议案之外，全部决议案都是列宁起草的。

《列宁全集》中文第 2 版增订版第 12 卷第 200—214 页；《回忆弗·伊·列宁》，第 2 卷，1969 年，第 84、97—98 页；《革命的第二个时期（1906—1907 年）》，第 1 册，第 1 分册，1957 年，第 312 页；《列宁格勒真理报》，1926 年 1 月 21 日，第 17 号；《苦役与流放》杂志，1925 年，第 6 期，第 55 页；《我们的伊里奇——莫斯科人忆列宁》，1969 年，第 54 页；《列宁在莫斯科和莫斯科郊区》，1970 年，第 41—51 页。

列宁两次或三次拜访俄国社会民主工党莫斯科委员会写作讲演组成员伊·伊·斯克沃尔佐夫-斯捷潘诺夫，他住在大科济希巷（现奥斯图热夫街）14/1 号；列宁同他谈党的第四次（统一）代表大会的准备工作，谈莫斯科十二月武装起义，向他了解莫斯科无产阶级的情绪。

《他们与伊里奇相见》，1960 年，第 14—18 页；《苦役与流放》杂志，1925 年，第 6 期，第 55 页；《列宁在莫斯科和莫斯科郊区》，1970 年，第 41—42 页。

伊·伊·斯克沃尔佐夫-斯捷潘诺夫协助列宁同莫斯科委员会和讲演组成员取得联系，安排他到“Л.”医生（未查清姓名）家过夜。

《莫斯科的早期工人运动》，1919 年，第 109—110 页；《俄国共产党历史片断》，资料汇编，第 1 辑，图拉，1922 年，第 52 页；《列宁在莫斯科和莫斯科郊区》，1970 年，第 43 页。

列宁几次到上克拉斯诺谢洛街 3 号莫斯科布尔什维克组织成员谢·伊·米茨凯维奇的寓所去拜访，同他谈莫斯科十二月武装起义失败以后布尔什维克的策略问题，以及整顿党的工作的问题。

《我们的伊里奇》，1960年，第146页；《莫斯科晚报》，1948年9月13日，第217号；苏共莫斯科省委员会和莫斯科委员会党史研究院，手稿和其他材料全宗，第100号案卷，第7—9张；《列宁在莫斯科和莫斯科郊区》，1970年，第42—43页。

列宁在大布罗尼街5号2室小剧院演员H.M.帕达林的家里秘密地过一夜。

《莫斯科的早期工人运动》，1919年，第109—110页；《列宁在莫斯科和莫斯科郊区》，1970年，第43页。

列宁参加俄国社会民主工党莫斯科南岸区委员会会议，会议是在舍列梅捷夫医院一个女医士的寓所——大苏哈列夫广场297号舍列梅捷夫特殊收容所的厢房（现大集体农庄广场3号，莫斯科市斯克利福索夫斯基急救研究所所在地）进行的。当会议讨论关于对工人代表苏维埃的态度的决议时，列宁发言指出革命的社会民主党人应该加入非党的群众组织，并在其中开展全面的工作，宣传布尔什维克的革命口号；指出苏维埃应该是在武装起义过程中建立起来的新政权——无产阶级和农民革命民主专政的萌芽。

《真理报》，1927年4月22日，第91号；《苏共莫斯科组织简史》，1966年，第98页；《列宁在莫斯科和莫斯科郊区》，1970年，第43—45页。

列宁看望住在暖巷（现铁木尔·伏龙芝街）26号的正患病的策·萨·捷利克桑-博勃罗夫斯卡娅。

《我们的伊里奇——莫斯科人忆列宁》，1969年，第54页；《列宁在莫斯科和莫斯科郊区》，1970年，第49页。

列宁参加俄国社会民主工党莫斯科郊区委员会会议，会议是在库德林巷（现起义广场）3号的一处秘密住宅内进行的。会上讨论了莫斯科组织参加国家杜马选举运动的问题。列宁向郊区委员会指出，他们在这个问题上的立场是错误的。

《列宁全集》中文第 2 版增订版第 12 卷第 247—248 页;《回忆弗·伊·列宁》,第 2 卷,1969 年,第 97—98 页;《列宁在莫斯科和莫斯科郊区》,1970 年,第 45—46 页。

列宁在一处秘密住宅(大杰维亚廷巷)参加莫斯科战斗组织和莫斯科军事技术局成员会议,会上对第一年革命和武装斗争进行了总结。

《回忆弗·伊·列宁》,第 3 卷,1969 年,第 208—209 页;《历史论丛》,第 55 卷,1956 年,第 215—216 页;《我们的伊里奇——莫斯科人忆列宁》,1969 年,第 99 页;《三次革命中的莫斯科》,1959 年,第 113—114 页;《列宁在莫斯科和莫斯科郊区》,1970 年,第 46—47 页。

列宁在奥斯托任卡街(现铁路建设街)16 号 3 室参加俄国社会民主工党莫斯科委员会委员、莫斯科郊区组织代表、鼓动宣传员组代表、写作组代表、中央委员会莫斯科局代表联席会议。会议讨论了布尔什维克提交俄国社会民主工党第四次(统一)代表大会的策略纲领,列宁作报告,阐述党代表大会应该解决的一系列问题,并论述布尔什维克的策略纲领。会议在当日没有结束,于是通过决议第二天继续开会。

《列宁全集》中文第 2 版增订版第 12 卷第 200—214 页;《回忆弗·伊·列宁》,第 2 卷,1969 年,第 84 页;《俄国共产党史片断(资料集)》,第 1 卷,图拉,1922 年,第 52 页;《苦役与流放》杂志,1925 年,第 6 期,第 55—56 页;《革命的第二个时期(1906—1907 年)》,第 1 册,第 1 分册,1957 年,第 312 页;《我们的伊里奇——莫斯科人忆列宁》,1969 年,第 54 页;《列宁在莫斯科和莫斯科郊区》,1970 年,第 47—49 页。

列宁前往剧院巷 3/1 号的劳动促进博物馆(现马克思大街 4 号)继续参加莫斯科市党的积极分子会议。因为警察闯入,会议没有开成。列宁碰巧躲过了逮捕。

《回忆弗·伊·列宁》,第 2 卷,1969 年,第 84 页;《莫斯科的早期工人运动》,1919 年,第 110 页;《1905 年莫斯科十二月起义》，1919年，第272—275页；《苦役与流放》杂志，1925年，第6期，第56页；《列宁在莫斯科和莫斯科郊区》，1970年，第49—51页。

列宁自莫斯科抵达彼得堡。

《1905年莫斯科十二月起义》，1919年，第272—275页；《列宁在莫斯科和莫斯科郊区》，1970年，第49—51页。

3月中

列宁在英国大街27/27号，领导彼得堡布尔什维克小组的一些会议，讨论布尔什维克提交俄国社会民主工党第四次（统一）代表大会的策略纲领。

列宁被选入负责审定纲领的委员会。

《回忆弗·伊·列宁》，第1卷，1968年，第315页；《号召报》，1906年3月28日（4月10日），第41号；《列宁在彼得堡》，1957年，第79页。

3月19日（4月1日）

警察在奥廖尔搜查时没收了载有列宁《国家杜马和社会民主党的策略》一文的小册子《国家杜马和社会民主党》以及列宁写的传单《要不要抵制国家杜马？（“多数派”的行动纲领）》。

苏联中央国家十月革命和社会主义建设档案馆，警察司全宗，第7处，1906年，第8号案卷，第54册，第1卷，第8张。

3月20日（4月2日）

列宁的《俄国革命和无产阶级的任务》（社论）一文和他起草的提交俄国社会民主工党统一代表大会的策略纲领发表在《党内消息报》第2号上。

《列宁全集》中文第2版增订版第12卷第188—199、200—214页；《党内消息报》，1906年3月20日，第2号。

列宁在M.Г.埃德尔豪斯律师的寓所（第二罗日杰斯特沃街

(现第二苏维埃街)12 号 20 室)作政治问题讲话,题为《武装起义和无产阶级》。近百人出席了报告会。

《列宁全集》中文第 2 版增订版第 12 卷第 276—277 页;苏共列宁格勒州委党史研究院党务档案馆,第 4000 号全宗,第 5 号目录,第 3227 号保管单位,第 1—3 张;第 3308 号保管单位,第 1—3 张;《列宁在彼得堡》,1957 年,第 104—105、210 页;B.E.穆什图科夫和 П.E.尼基京:《列宁曾在这里生活和工作》,第 5 版,1970 年,第 114—116 页。

3 月 24 日—28 日(4 月 6 日—10 日)

列宁撰写小册子《立宪民主党人的胜利和工人政党的任务》。

《列宁全集》中文第 2 版增订版第 12 卷第 242—319 页;《回忆弗·伊·列宁》,第 1 卷,1968 年,第 315 页;《回忆弗·伊·列宁》,第 1 册,1956 年,第 345 页。

3 月 26 日(4 月 8 日)

列宁参加最后一次复选人会议(地点在英国大街 27/27 号),会议最后一次讨论策略纲领并选举出席俄国社会民主工党第四次(统一)代表大会的代表。

列宁当选为彼得堡组织出席俄国社会民主工党第四次代表大会的有表决权的代表。

《列宁全集》中文第 2 版增订版第 13 卷第 3、4 页;《号召报》,1906 年 3 月 28 日(4 月 10 日),第 41 号;《俄国社会民主工党第四次(统一)代表大会》,1959 年,第 539 页;《列宁在彼得堡》,1957 年,第 79 页。

3 月,28 日(4 月 10 日)以后

列宁从自己写的《立宪民主党人的胜利和工人政党的任务》一书中就苏维埃问题作摘录。

苏共中央马列主义研究院中央党务档案馆,第 2 号全宗,第 1 号目录,第 2220 号保管单位。

3 月 29 日(4 月 11 日)

警察在伊万诺沃-沃兹涅先斯克进行搜捕时,发现了载有列宁的《国家杜马和社会民主党的策略》一文的小册子《国家杜马和社会民主党》。

《革命的第二个时期(1906—1907 年)》,第 1 册,第 1 分册,1957 年,第 401—402 页。

3 月 30 日(4 月 12 日)以后

列宁参加布尔什维克合法的学术、文艺、政治杂志《生活通报》的工作,为该杂志写了两篇文章。列宁在该杂志编辑部(涅瓦大街 102 号 16 室和 17 室)同参加该杂志工作的米·斯·奥里明斯基、瓦·瓦·沃罗夫斯基、阿·瓦·卢那察尔斯基及其他党的工作者会见。

《生活通报》杂志,1906 年 3 月 30 日,第 1 期;《浪潮报》,1906 年 4 月 28 日,第 3 号;《红色文献》杂志,1934 年,第 1 期,第 201 页;H.皮亚舍夫:《沃罗夫斯基》,1959 年,第 120 页;《列宁在彼得堡》,1957 年,第 107 页;B.E.穆什图科夫和 П.E.尼基京:《列宁曾在这里生活和工作》,第 5 版,1970 年,第 132 页。

3 月底

列宁主持在前进出版社召开的俄国社会民主工党第四次(统一)代表大会部分布尔什维克代表的会议,听取地方的报告,作简短的发言谈代表大会的意义,同代表大会代表进行谈话。

《回忆弗·伊·列宁》,第 2 卷,1969 年,第 231—233 页;克·叶·伏罗希洛夫:《生活的故事(回忆录)》,第 1 卷,1968 年,第 242—246 页;《列宁在彼得堡》,1957 年,第 105—107 页。

3 月底—秋天

列宁领导合法的布尔什维克出版社——前进出版社的编辑委员会,并指导出版社的工作,该出版社出版和传播卡·马克思、弗·恩格斯和弗·伊·列宁的著作，布尔什维克作者和政论家的小册子，以及国际工人运动活动家的书籍。

列宁常去出版社，在那里审读书籍和小册子的校样及手稿，了解组织书刊发行的情况，同同志们谈话，召集会议。

《回忆弗·伊·列宁》，第 1 卷，1968 年，第 313 页；《弗·德·邦契-布鲁耶维奇选集》，第 2 卷，1961 年，第 391—394、403、412—413 页；苏共列宁格勒州委党史研究院党务档案馆，第 4000 号全宗，第 5 号目录，第 3331 号保管单位，第 2 张；第 3209 号保管单位，第 15—16 张；《革命的第二个时期（1906—1907 年）》，第 1 册，第 1 分册，1957 年，第 220 页；克·叶·伏罗希洛夫：《生活的故事（回忆录）》，第 1 卷，1968 年，第 242—246 页；《列宁在彼得堡》，1957 年，第 105—107 页；B.E.穆什图科夫和 П.E.尼基京：《列宁曾在这里生活和工作》，第 5 版，1970 年，第 127—128 页。

3 月下半月

列宁写《修改工人政党的土地纲领》一书。

《列宁全集》中文第 2 版增订版第 12 卷第 215—241 页。

3 月

列宁为卡·考茨基的《再没有社会民主运动！》小册子的俄文版写序言。序言就刊载在这本小册子里。

《列宁全集》中文第 2 版增订版第 12 卷第 320—321 页；卡·考茨基：《再没有社会民主运动！》，答德国企业家中央联合会，根据德国社会民主党中央委员会决议在德国出版，M.拉宾和德·列先科译自德文，德·列先科校订，尼·列宁作序，圣彼得堡，《晨报》，1906 年，96 页。

列宁在市郊大街 23 号 1 室彼得堡工程师协会的办事处，在同孟什维克和社会革命党人辩论土地问题时发言。

苏共列宁格勒州委党史研究院党务档案馆，第 4000 号全宗，第 5 号目录，第 3292 号保管单位；《列宁在彼得堡》，1957 年，第 90 页。

俄国社会民主工党统一的彼得堡委员会将由列宁起草、经俄国社会民主工党彼得堡市代表会议通过的关于抵制策略的决议印成单页发行。

《列宁全集》中文第2版增订版第12卷第184—187页;弗·伊·列宁:《俄国社会民主工党彼得堡组织关于抵制策略的决议》,单页,[圣彼得堡],俄国社会民主工党统一的彼得堡委员会印行,[1906年3月],2页(俄国社会民主工党),未注明作者。

列宁起草的提交俄国社会民主工党第四次代表大会的策略纲领由俄国社会民主工党统一的中央委员会和统一的彼得堡委员会印成单页发行。

《列宁全集》中文第2版增订版第12卷第200—214页;弗·伊·列宁:《提交俄国社会民主工党统一代表大会的策略纲领》,单页,[圣彼得堡],统一的中央委员会,[1906年3月],4页,(俄国社会民主工党),未注明作者;弗·伊·列宁:《提交俄国社会民主工党统一代表大会的策略纲领》,[提交俄国社会民主工党统一代表大会的决议草案],单页,[圣彼得堡],俄国社会民主工党统一的彼得堡委员会印刷所,[1906年3月],4页,(俄国社会民主工党),未注明作者。

列宁在讨论时作记录,并起草积极抵制选举国家杜马的策略的发言提纲(发言地点未详),编写国家杜马选举的提纲草稿,在《国家杜马和社会民主党》这本小册子里、在列宁自己的《国家杜马和社会民主党的策略》一文和费·伊·唐恩的《国家杜马和无产阶级》一文中划重点。

苏共中央马列主义研究院中央党务档案馆,第2号全宗,第1号目录,第2221号保管单位;《苏联》画报,1958年,第4期,第6页;《国家杜马和社会民主党》,圣彼得堡,无产阶级事业出版社,1906年,32页。

列宁在莉·米·克尼波维奇的寓所同克尼波维奇和玛·莫·埃森就即将召开的俄国社会民主工党第四次(统一)代表大会问题进行谈话。

《回忆弗·伊·列宁》，第 2 卷，1969 年，第 126 页。

根据列宁的提议，首都各区大型企业的工人派代表参加布尔什维克主导的失业工人委员会。

苏共列宁格勒州委党史研究院党务档案馆，第 4000 号全宗，第 5 号目录，第 3300 号保管单位，第 4 张；С.马雷舍夫：《关于彼得堡失业工人委员会》，1932 年，第 19—21 页；《革命的第二个时期（1906—1907 年）》，第 1 册，第 1 分册，1957 年，第 IX 页。

3 月—4 月初

列宁一度在赫尔辛福斯，在租住武奥里米耶辛卡图（高山街）35 号房间的大学生塞韦里·阿兰和韦伊诺·哈基拉那里居住，化名维贝尔医生。

列宁在这里准备参加俄国社会民主工党第四次代表大会。

1905 年 10 月总罢工期间指挥过赫尔辛福斯赤卫队的约·科克大尉、B.M.斯米尔诺夫、叶·德·斯塔索娃前来武奥里米耶辛卡图拜访列宁。

列宁多次同阿兰和哈基拉就欧洲政治局势和芬兰状况进行交谈。

《涅瓦河》杂志，1967 年，第 12 期，第 45—47 页；《文学问题》杂志，1967 年，第 10 期，第 168 页。

4 月初

列宁的小册子《修改工人政党的土地纲领》在彼得堡出版。

《列宁全集》中文第 2 版增订版第 12 卷第 215—241 页；弗·伊·列宁：《修改工人政党的土地纲领》，圣彼得堡，我们的思想出版社，1906 年，31 页，书名前注明作者：尼·列宁。

4 月，10 日（23 日）以前

列宁在赫尔辛福斯同前往国外购买武器的格鲁吉亚党的工作

者就外高加索的革命运动、党内状况、即将召开的俄国社会民主工党第四次(统一)代表大会等问题进行交谈。

《回忆弗·伊·列宁》,第2卷,1969年,第213—214页;《外高加索共产党员回忆弗·伊·列宁》,埃里温,1970年,第109—112页。

列宁到达斯德哥尔摩,参加俄国社会民主工党第四次(统一)代表大会的工作。列宁在布尔什维克单独召开的会议上发言,谈代表大会的力量配置问题。

《无产阶级革命》杂志,1926年,第5期,第94—98页;马·利亚多夫:《1903—1907年党的生活》,1956年,第162—165页;《回忆弗·伊·列宁》,回忆录,1963年,第65—69页。

列宁会见前来斯德哥尔摩参加代表大会的部分代表。

马·利亚多夫:《1903—1907年党的生活》,1956年,第162页;《回忆弗·伊·列宁》,回忆录,1963年,第69页;M.普里瓦连科:《布尔什维克阿尔乔姆》,库尔斯克,1964年,第89—90页。

4月10日—25日(4月23日—5月8日)

列宁参加俄国社会民主工党第四次(统一)代表大会的工作。他代表布尔什维克被选入代表大会主席团,主持一系列会议,参加代表大会主席团各次会议,起草一系列决议草案,多次作报告、发言、声明、插话,参加一系列委员会(土地问题委员会、国家杜马问题共同决议起草委员会、俄国社会民主工党章程草案起草委员会)的工作,参加布尔什维克的工作,同代表们进行交谈,写记事。

《列宁全集》中文第2版增订版第12卷第322—357页,第13卷第1—65页;《俄国社会民主工党第四次(统一)代表大会》,1959年,713页;《苏联共产党决议汇编》,第8版,第1卷,1970年,第139—184页;马·利亚多夫:《1903—1907年党的生活》,1956年,第162—166页;克·叶·伏罗希洛夫:《生活的故事(回忆录)》,第1卷,1968年,第250—263页。

1906—1907年列宁为躲避沙皇密探而居住在库奥卡拉（现列宾诺）的瓦萨别墅

1906年4月10—25日召开俄国社会民主工党第四次（统一）代表大会的斯德哥尔摩民众文化馆

列宁在代表大会第 1 次会议上提出决议案，责成代表资格审查委员会作出报告，说明党组织在选举代表大会代表时所根据的理由是什么，确定党员资格时所采用的标准是什么（决议经代表大会通过）。

《列宁全集》中文第 2 版增订版第 12 卷第 322 页，第 13 卷第 6 页；《俄国社会民主工党第四次（统一）代表大会》，1959 年，第 9、10 页。

列宁和费·伊·唐恩以俄国社会民主工党第四次代表大会主席团的名义签署致卡·布兰亭的信（德文），向瑞典社会民主党表示敬意，并邀请布兰亭作为有发言权的代表参加代表大会。

《列宁全集》中文第 2 版增订版第 45 卷第 351 页；苏共中央马列主义研究院中央党务档案馆，第 2 号全宗，第 1 号目录，第 2222 号保管单位。

在代表大会第 2 次会议上，列宁参加讨论关于停止派别会议的声明；支持十名布尔什维克提出的就立即讨论声明问题进行记名表决的要求；反驳唐恩，认为可以在投票以后进行记名表决；同意布尔什维克施米特（彼·彼·鲁勉采夫）就可以修改程序问题进行记名表决的建议；发言反对尤·拉林关于指责布尔什维克有步骤地拖延代表大会的决议案，批评这一决议案是“对代表大会上少数派的权利的粗暴的嘲弄”；参加记名表决，赞成鲁勉采夫和十人的建议。

《列宁全集》中文第 2 版增订版第 12 卷第 323 页；《俄国社会民主工党第四次（统一）代表大会》，1959 年，第 11—13、14、15 页。

列宁主持代表大会第 3 次会议。作为主席，宣布代表大会议程，宣读孟什维克诺沃谢茨基（M.C.比纳西克）的提议：停止关于将估计当前形势问题列入议程的讨论；宣布：瑞典社会民主党代表布兰亭要求向代表大会致辞。

列宁反驳唐恩，坚决主张必须把估计当前形势问题和俄国社会民主工党各民族组织问题列入代表大会议程（这一建议被代表大会通过）。

列宁和卡尔特韦洛夫（Н.Г.契契纳泽）对代表大会议程草案第8条（对于为波兰召开特别立宪会议的态度）提出下列补充："根据党纲中的民族问题"（这一建议经代表大会通过）。

《列宁全集》中文第2版增订版第12卷第324、325页，第13卷第8—9页；《俄国社会民主工党第四次（统一）代表大会》，1959年，第17、19、20—21、24、28、29页；马·利亚多夫：《1903—1907年党的生活》，1956年，第165页。

列宁主持代表大会第4次会议。列宁作为主席，宣读乌克兰社会民主工党关于请求准许该党代表作为有发言权的代表参加代表大会的信件；建议代表大会就这一问题作出决定；欢迎第一次到会的格·瓦·普列汉诺夫和帕·波·阿克雪里罗得；宣读几名孟什维克建议不邀请乌克兰社会民主工党参加代表大会的声明。

列宁提议，委托土地委员会准备关于土地问题的报告并指定报告人（这一提议被代表大会通过）。

《俄国社会民主工党第四次（统一）代表大会》，1959年，第31—32、33、43页。

列宁在代表大会第5次会议上评论阿基莫夫（弗·彼·马赫诺韦茨）关于申请参加代表大会的声明时，提议邀请他作为有发言权的代表参加会议（这一提议被代表大会通过）。

列宁在代表大会上作关于土地问题的报告，在报告中发展了他在《修改工人政党的土地纲领》这本小册子里阐述的观点（列宁的报告没有找到)。这本小册子发给了大会代表。

《列宁全集》中文第2版增订版第12卷第215—241页,第13卷第8—29页;《俄国社会民主工党第四次(统一)代表大会》,1959年,第50、55、603页。

列宁主持代表大会第7次会议。列宁作为主席,提议拒绝新到会的奥廖尔-布良斯克专区的代表布良恰尼诺夫关于将补充问题列入议程的建议,因为代表大会的议程已经通过;宣读唐恩对约翰(彼·巴·马斯洛夫)土地纲领草案的修正案,以及三个关于土地问题的声明。

列宁被选入国家杜马问题共同决议起草委员会。

《俄国社会民主工党第四次(统一)代表大会》,1959年,第74、78、91、103、625页。

列宁在代表大会第7次会议至第16次会议之间参加国家杜马问题共同决议起草委员会。列宁在委员会进行讨论期间声明说:"'杜马并不处在'俄国革命前进的康庄大道上"。

《俄国社会民主工党第四次(统一)代表大会》,1959年,第103、243、286、292—293、323、625页。

在代表大会第8次会议上,列宁主持会议继续讨论土地问题。

《俄国社会民主工党第四次(统一)代表大会》,1959年,第104、109页。

列宁主持代表大会第9次会议。列宁作为主席,提议不结束关于土地问题的讨论,因为几位报告人由于普列汉诺夫缺席而不能作总结发言(代表大会以多数票通过了列宁的提议);宣读书面提案和关于结束讨论的声明。

列宁作关于土地问题的总结发言。

《列宁全集》中文第2版增订版第12卷第326—335页,第13卷第14—29页;《俄国社会民主工党第四次(统一)代表大会》,1959 年,第 120、125、126—134 页。

列宁主持代表大会第 10 次会议。作为主席他曾经两次指出:秘书必须提交扼要的记录并经代表大会正式批准。列宁宣读第 3 次会议记录,提出修改意见,宣读事实声明。

列宁在讨论资格审查委员会的工作时两次发言。

《列宁全集》中文第 2 版增订版第 12 卷第 336 页,第 13 卷第 6 页;《俄国社会民主工党第四次(统一)代表大会》,1959 年,第 144、145、146、147 页。

列宁主持第 11 次会议。作为主席他建议表决下列问题:是否需要一个土地纲领或仅仅策略决议就足够了、土地纲领的所有草案、对这些草案的修正案和建议;宣读马·尼·利亚多夫和斯·古·斯特卢米林关于土地问题的决议案,宣读拉脱维亚边疆区社会民主党代表安东诺夫(基斯良斯基)和阿列克谢耶夫(格·阿·阿列克辛斯基)的声明;向瓦西里耶夫(C.B.莫杰斯托夫)说明程序问题。

列宁反对有发言权的代表参加表决下述问题:彼·巴·马斯洛夫的土地纲领草案是和策略决议案一起表决还是分开表决。

列宁参加代表大会主席团会议,讨论彼·彼·鲁勉采夫提出的关于重新表决没有取得多数票的马斯洛夫的孟什维克草案的建议;列宁认为主席团多数人(在这个人面前表示赞成鲁勉采夫的建议,在另一个人面前又表示反对)的提案破坏了代表大会的规程。

列宁发言支持鲁勉采夫的建议;由于相当多的人弃权,列宁要求重新表决这一问题。

列宁参加记名投票:赞成需要土地纲领,反对将孟什维克土地纲领草案和马斯洛夫、普列汉诺夫、科斯特罗夫(诺·尼·饶尔丹尼亚)和唐恩提出的策略决议案一起作为讨论的基础的提案;投票赞成鲁勉采夫的土地纲领草案,赞成波里索夫(谢·亚·苏沃洛夫)提出的把没收的土地分给农民的所有土地纲领草案，反对马斯洛夫的土地纲领草案。

《列宁全集》中文第2版增订版第13卷第28页;《俄国社会民主工党第四次(统一)代表大会》,1959年,第156、157、158、159、160、161—162页。

列宁主持代表大会第12次会议。他作为主席请叶尔金(С.И.别尔季切夫斯基)宣读第2次会议记录，请资格审查委员会主席鲁登科(奥·阿·叶尔曼斯基)作例行报告;将下列问题提交表决:关于结束讨论并批准资格审查委员会的报告、关于有发言权的代表参加表决、关于巴库委托书;在讨论马斯洛夫的土地纲领草案时，将唐恩对这一草案的修正案提交表决;宣读拉林的和阿列克辛斯基的事实声明、安德里安诺夫的建议、马斯洛夫和斯特卢米林对土地纲领草案的修正案;在审查完了纲领草案第三条的修正案之后，宣布开始讨论第四条。

列宁参加代表大会主席团会议，讨论关于巴库委托书问题、关于叶·米·雅罗斯拉夫斯基对马斯洛夫、普列汉诺夫等的土地纲领提出的修正案问题。

《俄国社会民主工党第四次(统一)代表大会》,1959年,第169、170、171、172、173、174、175—176、179、180、181页。

第13次会议把在代表大会期间出版的列宁的小册子《立宪民主党人的胜利和工人政党的任务》分发给代表。

列宁同亚·萨·马尔丁诺夫谈话。在谈话过程中沃伊诺夫(阿·瓦·卢那察尔斯基)通知列宁说，代表大会不支持弗拉基米尔斯基(И.Г.乌汉诺夫)对土地纲领草案第四条(关于建立革命委员会)的修正案。列宁和卢那察尔斯基进入会议厅，投票赞成弗拉基米尔斯基的修正案。

列宁参加记名投票，反对代表大会通过的俄国社会民主工党的土地纲领和策略决议。

列宁作《关于目前形势和无产阶级的任务》的报告（报告没有找到）。

《列宁全集》中文第2版增订版第12卷第242—319页，第13卷第31—34页；《俄国社会民主工党第四次（统一）代表大会》，1959年，第185—186、190—191、199、205、214、227、236、613、622、624页；弗·伊·列宁：《立宪民主党人的胜利和工人政党的任务》，圣彼得堡，我们的思想出版社，1906年，79页，标题前注明作者：尼·列宁。

在第14次会议宣读第6次会议记录时，列宁提出修正意见；反对格·阿·阿列克辛斯基提出的将记录交给委员会的建议；声明说，批准记录是代表大会的事；坚持对每一修正意见进行表决。

《俄国社会民主工党第四次（统一）代表大会》，1959年，第200页。

列宁主持第15次会议。他作为主席转达了杜马问题委员会的决定：由于该委员会中孟什维克成员没有准备好决议案，建议代表大会继续讨论目前形势并将关于杜马问题的讨论推迟到下次会议；提出就延长瓦尔沙夫斯基（阿·绍·瓦尔斯基）在讨论"关于目前形势和无产阶级的阶级任务"问题时的发言时间进行表决。

列宁就布尔什维克提交大会的决议草案《无产阶级在民主革命目前时期的阶级任务》提出书面声明，并就自己的关于民主革命目前时期的报告作了更确切的说明。

《列宁全集》中文第2版增订版第12卷第337页；《俄国社会民主工党第四次（统一）代表大会》，1959年，第212、226、231、232、235—236、477、479页。

在第16次会议上，列宁作关于目前形势和无产阶级的阶级任务问题的总结发言。

列宁、雅罗斯拉夫斯基、乌汉诺夫、叶戈罗夫(C.И.卡纳特奇科夫)及其他布尔什维克签署一项声明,要求就通过关于目前形势的决议问题进行记名表决。

列宁参加记名表决,赞成关于目前形势的决议。

列宁起草的关于杜马的决议草案,由布尔什维克列宁、费多罗夫(伊·伊·斯克沃尔佐夫-斯捷潘诺夫)和卢那察尔斯基提交大会。

《列宁全集》中文第2版增订版第12卷第338—342页,第13卷第29—36页;《俄国社会民主工党第四次(统一)代表大会》,1959年,第240—242、243、245—246、625页。

列宁在第17次会议上被列入对待武装起义态度的决议起草委员会候选人名单,被选入委员会,但他拒绝参加委员会。

列宁作关于对待国家杜马态度问题的报告,并宣读布尔什维克关于这一问题的决议草案。

列宁对卡尔特韦洛夫的声明提出意见,指出,他在关于对待国家杜马态度的报告中不是说梯弗利斯人决定选派阿尔古京斯基(亚·米·阿尔古京斯基-多尔戈鲁科夫)公爵进入杜马,而是说他们认为左派立宪民主党人阿尔古京斯基大概会获胜,而且得到了社会民主党人的帮助。

列宁针对奥·阿·叶尔曼斯基发言歪曲他关于立宪民主党的杜马的论述,作出实际的纠正,列宁指出:“我说过,立宪民主党人按其阶级本质来说将**力图**压制革命。”

列宁向代表大会主席团提交书面声明,说明布尔什维克对要求大学自治的态度。

《列宁全集》中文第2版增订版第12卷第341—348页,第13卷第36—46页;《俄国社会民主工党第四次(统一)代表大会》,1959年,第279、281、282—285、289、301页。

列宁主持第18次会议。他作为主席提议宣读现有的代表大会记录(列宁的提议被代表大会通过);宣布主席团收到了乌克兰社会民主工党中央委员会的代表恰普斯基(M..波尔什)到会的声明,恰普斯基出示了盖有党的印章的委托书,列宁请他就席;两次重申代表大会所作的关于会议记录须经代表大会批准的决议;将叶·米·雅罗斯拉夫斯基关于结束就国家杜马问题发言的报名和只给每个报名发言的人五分钟时间的提议,以及萨莫伊洛维奇(马·伊·美列涅夫斯基)关于选举对农民运动的态度问题的委员会的提议提付表决;建议就提出的对农民运动态度问题的决议起草委员会名单进行表决;向高加索代表解释,将按次序给他们安排关于对国家杜马态度问题的发言;三次发言谈结束讨论的问题;说明各民族组织的代表要求发言的情况。

列宁被提名为对农民运动的态度问题的委员会的候选人,列宁取消自己的候选人资格。

列宁发言,同意请各民族社会民主党组织的代表在讨论对国家杜马的态度问题时发言。

《俄国社会民主工党第四次(统一)代表大会》,1959年,第303、304、307、315页。

列宁在第19次会议上作关于对国家杜马态度问题的总结发言。

列宁参加记名表决,反对普列汉诺夫、阿克雪里罗得和唐恩提出的关于对国家杜马态度的孟什维克决议案。

会议记名表决列宁起草的、由列宁、卢那察尔斯基和斯克沃尔佐夫-斯捷潘诺夫提出的关于国家杜马的决议草案。

《列宁全集》中文第 2 版增订版第 12 卷第 341—342 页;《俄国社会民主工党第四次(统一)代表大会》,1959 年,第 320、325—326 页。

列宁主持第 21 次会议。列宁作为主席,提出关于对待国家杜马态度的(普列汉诺夫、阿克雪里罗得和唐恩的)孟什维克决议案的修正案的讨论办法;列宁驳斥唐恩,唐恩指责列宁利用主席的职权对修正案作了实质性的批判;列宁参加关于穆拉托夫(米·弗·莫罗佐夫)修正案问题的讨论,这一修正案涉及社会民主党议会党团和制定中央委员会关于议会小组的指导办法,列宁将这些问题提付表决;就彼得鲁宁提出的关于程序问题的声明和就孟什维克基斯良斯基的声明问题两次发言。

列宁发言维护莫罗佐夫提出的关于成立社会民主党议会党团的条文的修正案。由于斯托多林(尼·尼·纳科里亚科夫)提出的类似的修正案被否决,列宁声明就俄国社会民主工党议会党团的组成问题提出个人意见。

列宁、雅罗斯拉夫斯基、季托夫(特卡琴科)和其他布尔什维克签署声明,要求对斯托多林的修正案进行记名表决。

列宁、乌汉诺夫、索斯诺夫斯基(瓦·阿·杰斯尼茨基)等布尔什维克就斯特卢米林和科斯特罗夫的修正案问题签署说明事实的声明。

列宁和索斯诺夫斯基提出书面声明,说"把在重要问题上采取记名投票的做法称为'损害代表大会各项决议的威信的宣传鼓动材料'——这就是不了解代表大会的作用,或者是狭隘的派性表现"。

列宁参加记名投票,同意关于国家杜马问题决议的加林(阿里特舒勒)和鲁登科的修正案、斯托多林的修正案、斯特卢米林和饶尔丹尼亚的修正案、鲁登科的修正案。

《列宁全集》中文第 2 版增订版第 12 卷第 349、350、352 页；《俄国社会民主工党第四次（统一）代表大会》，1959 年，第 346、351—352、353—354、355、357、358、359、360、535 页。

在第 22 次会议讨论关于武装起义的决议和宣读孟什维克制定的决议草案第一条时，列宁发言反对普列汉诺夫在决议起草委员会已经通过决议之后对第一条提出机会主义性质的修正案（普列汉诺夫撤销了自己的修正案）；支持文特尔（列·波·克拉辛）对会议期间提出的各项修正案所作的反驳。

列宁作关于武装起义的发言。

《列宁全集》中文第 2 版增订版第 12 卷第 353—355 页，第 13 卷第 6 页；《俄国社会民主工党第四次（统一）代表大会》，1959 年，第 368、381—383、632—633 页。

列宁主持第 24 次会议。他作为主席发言谈程序问题，参加关于同各民族组织合并问题的讨论，将讨论程序问题、批准委员会关于同波兰和立陶宛社会民主党合并的报告和决议的问题提交表决；以代表大会的名义对加入俄国社会民主工党的波兰和立陶宛社会民主党表示欢迎；允许作关于同拉脱维亚社会民主工党合并问题的报告（代表大会以后改名为拉脱维亚边疆区社会民主党）；向代表大会说明讨论问题的程序，提议让拉脱维亚的社会民主党人哈特曼（扬·彼·奥佐尔）发言，然后表决作为基础的合并条件草案，再讨论修正案。

《列宁全集》中文第 2 版增订版第 12 卷第 356 页；《俄国社会民主工党第四次（统一）代表大会》，1959 年，第 403、404、406、407、410、411、412、416 页。

列宁在第 25 次会议上参加关于同崩得实行合并的协议草案的记名表决；在逐条讨论协议草案时，投票反对孟什维克彼得鲁宁对第一条的修正案。

《俄国社会民主工党第四次(统一)代表大会》,1959 年,第 447、448 页。

列宁主持第 26 次会议。他作为主席提议不经讨论就通过关于党对工会态度问题的决议草案,因为起草委员会已经作出了一致的决定。

列宁在已经提交的声明的基础上,就斯托多林的修正案对社会民主党议会党团的组成问题提出个人意见。

列宁发表声明说,他不支持也不同意孟什维克沃罗比约夫(维·比·洛姆塔季泽)关于布尔什维克和孟什维克不能在一个党内工作的观点。列宁在声明中说:"'我很高兴,沃罗比约夫同志是**第一个**谈到这个问题的人'。这句话的用意纯粹是讽刺,因为在代表大会上占多数的胜利者**第一个**谈到分裂,只不过暴露了自己的软弱而已。"

列宁提出书面声明,建议在同崩得合并的章程中加一项说明。

列宁提议在审议奥斯特罗夫斯基关于崩得的提案后转入例行事项。

《列宁全集》中文第 2 版增订版第 12 卷第 350—351、357 页;《俄国社会民主工党第四次(统一)代表大会》,1959 年,第 355、388、389、452—453、454、455、456 页。

列宁参加布尔什维克派会议,会议讨论参加党的中央机关问题;会议决定不参加中央机关报。

《列宁全集》中文第 2 版增订版第 13 卷第 56 页;马·利亚多夫:《1903—1907 年党的生活》,1956 年,第 165—166 页。

在第 27 次会议上,代表大会采纳了列宁提出的党章中关于党员资格的第 1 条条文。

列宁发言反对孟什维克达维多夫(К.Г.戈古阿)对党章第4条提出的修正案,认为这一修正案对于成立新组织造成不必要的多余的障碍。

《列宁全集》中文第2版增订版第13卷第54—55页;《俄国社会民主工党第四次(统一)代表大会》,1959年,第463、464页;《苏共党史》,第2卷,1966年,第191页。

列宁在代表大会工作期间,同一些布尔什维克代表阿尔先耶夫(米·瓦·伏龙芝)、阿尔乔姆(费·安·谢尔盖耶夫)、米·伊·加里宁和克·叶·伏罗希洛夫就党的地方组织的状况、罢工斗争和武装起义、战斗队、伊万诺沃-沃兹涅先斯克1905年罢工问题进行交谈。

克·叶·伏罗希洛夫:《生活的故事(回忆录)》,第1卷,1968年,第258—261页。

列宁在代表大会结束以后参加布尔什维克派总结会议,会上总结了代表大会的工作。列宁在发言中强调,必须继续同孟什维克进行思想斗争和政治斗争,准备组织群众参加武装起义。

克·叶·伏罗希洛夫:《生活的故事(回忆录)》,第1卷,1968年,第262—265页;《纪念伊里奇》,第2版,1924年,第94页。

4月15日和27日(4月28日和5月10日)

在梯弗利斯查封俄国社会民主工党梯弗利斯委员会的印刷所时,以及在外高加索铁路线上的诺拉申车站,没收了列宁的著作《无产阶级和农民的革命民主专政》。

苏联中央国家十月革命和社会主义建设档案馆,警察司全宗,第7处,1906年,第4889、5232号案卷。

4月17日(30日)

书报检查机关禁止出版由列宁作序的卡·考茨基的小册子

《1.社会革命。2.第二天……》。

苏联中央国家历史档案馆,第 777 号全宗,第 7 号目录,第 14 号案卷,第 3 张。

4 月,17 日(30 日)以后

列宁在弗·梅林的《德国社会民主党史》(第 2 卷,1906 年版)一书中作记号,划线和标重点。

苏共中央马列主义研究院中央党务档案馆,第 2 号全宗,第 1 号目录,第 2223 号保管单位;《克里姆林宫的弗·伊·列宁藏书》,1961 年,第 191 页。

4 月 25 日—26 日(5 月 8 日—9 日)

列宁写《前"布尔什维克"派出席统一代表大会的代表告全党书》,26 个党组织的布尔什维克代表在告全党书上签字。告全党书印成单页发行。

《列宁全集》中文第 2 版增订版第 12 卷第 358—363 页;《俄国社会民主工党第四次(统一)代表大会》,1959 年,第 517—521 页。

4 月 26 日和 5 月 4 日(5 月 9 日和 17 日)之间

列宁在俄国社会民主工党第四次(统一)代表大会工作结束之后,自斯德哥尔摩启程,在芬兰的汉科稍事停留。停留是出于保密方面的考虑,避免代表们同时回国。

《列宁全集》中文第 2 版增订版第 13 卷第 66—68 页;《回忆弗·伊·列宁》,第 2 卷,1969 年,第 213 页。

4 月 30 日(5 月 13 日)以前

列宁校订卡·考茨基文章译文的校样:进行文字修改,写标题:《阶级斗争和伦理学(译文)》,在文中作批注并计算字数。考茨基的文章发表在他的《国际社会主义的当前问题》文集中。

苏共中央马列主义研究院中央党务档案馆,第 2 号全宗,第 1

号目录,第 2249 号保管单位;卡·考茨基:《国际社会主义的当前问题》,(文集),译自德文,圣彼得堡,俄里翁出版社,1906 年,第 105—118 页;《1906 年俄国出版的书籍目录》,圣彼得堡,1908 年,第 263 页。

5 月初—8 月初

列宁住在彼得堡。为躲避沙皇保安机关的追踪,他生活在秘密状态中,经常更换住所。列宁回到彼得堡后,立即和娜·康·克鲁普斯卡娅一起搬到外巴尔干大街(现莫斯科大街)18—20 号。

《回忆弗·伊·列宁》,第 1 卷,1968 年,第 316 页;B.E.穆什图科夫和 П.E.尼基京:《列宁曾在这里生活和工作》,第 5 版,1970 年,第 128—129 页;《涅瓦河》杂志,1970 年,第 3 期,第 138—143 页。

5 月 4 日(17 日)

列宁写《争取自由的斗争和争取政权的斗争》一文;第二天,该文作为社论发表在《浪潮报》第 9 号上。

《列宁全集》中文第 2 版增订版第 13 卷第 66—68 页;《新时报》,1906 年 5 月 4 日,第 10825 号;《浪潮报》,1906 年 5 月 5 日,第 9 号。

5 月 6 日(19 日)

列宁在彼得堡大学内举行的彼得堡市党的工作者会议上作关于俄国社会民主工党第四次(统一)代表大会的总结报告。关于这次报告的简要报道刊登在 1906 年 5 月 7 日(20 日)《号召报》上。

《列宁全集》俄文第 5 版第 13 卷第 409 页;《号召报》,1906 年 5 月 7 日(20 日),第 74 号;弗·沃伊京斯基:《胜利和失败的年代》,第 2 卷,柏林,1924 年,第 42 页;《列宁格勒大学。简明手册》,1969 年,第 166 页。

列宁写《关于代表大会的总结》一文;第二天,该文作为社论发表在《浪潮报》第 11 号上。

《列宁全集》中文第 2 版增订版第 13 卷第 75—78 页;《浪潮

报》,1906 年 5 月 7 日,第 11 号;《言语报》,1906 年 5 月 6 日(19 日),第 66 号。

列宁的《新的高潮》一文作为社论发表在《浪潮报》第 10 号上。

《列宁全集》中文第 2 版增订版第 13 卷第 69—74 页;《浪潮报》,1906 年 5 月 6 日,第 10 号。

彼得堡出版委员会为《浪潮报》刊载了列宁的《新的高潮》一文,对报纸发行人开展司法调查,并下令没收和销毁这一号报纸。

苏联中央国家历史档案馆,第 776 号全宗,第 9 号目录,第 119 号案卷,第 8—10 张;《档案学问题》,1965 年,第 1 期,第 73 页。

5 月 6 日和 10 日(19 日和 23 日)之间

列宁在维堡区织造分区工人社会民主党人会议上作关于国家杜马问题的报告。会上通过的决议发表在 1906 年 5 月 10 日(23 日)《浪潮报》第 13 号上。决议尖锐地批判了国家杜马致沙皇的请求书和立宪民主党人向沙皇专制制度伸出和解之手的政策。

《列宁全集》俄文第 5 版第 13 卷第 409 页;《回忆弗·伊·列宁》,第 1 卷,1968 年,第 318 页;《浪潮报》,1906 年 5 月 10 日,第 13 号。

5 月 8 日(21 日)—1907 年 3 月

列宁对《军营报》编辑部的工作予以帮助,就为士兵和水兵出版报纸和传单问题作出具体指示。

《军营报》,1906—1907 年,第 4—13 号;苏共中央马列主义研究院中央党务档案馆,第 71 号全宗,第 15 号目录,第 1 号保管单位;第 70 号全宗,第 3 号目录,第 347 号保管单位;《俄国期刊手册》,1957 年,第 110—111 页;《革命的第二个时期(1906—1907 年)》,第 1 册,第 1 分册,1957 年,第 14 页。

5 月 9 日(22 日)

列宁去彼得堡办事员和会计工会,同工会理事会成员谈工会工作问题。

《彼得堡职员工会运动史片断。第一阶段(1904—1909 年)》,1925 年,第 112 页。

列宁把在帕宁娜伯爵夫人民众文化馆群众大会上的演说要点交给亚·格·施利希特尔。

《列宁全集》俄文第 5 版第 13 卷第 409—410 页;亚·施利希特尔:《我所了解的伊里奇》,1970 年,第 3—7 页。

列宁写《国家杜马中的工人团》一文;第二天,这篇文章作为社论发表在《浪潮报》第 13 号上。

《列宁全集》中文第 2 版增订版第 13 卷第 91—94 页;《浪潮报》,1906 年 5 月 9 日,第 12 号;5 月 10 日,第 13 号。

列宁的社论《杜马和人民》、短评《报刊评论》和提交俄国社会民主工党第四次(统一)代表大会的布尔什维克《关于国家杜马》的决议草案的按语发表在《浪潮报》第 12 号上。

《列宁全集》中文第 2 版增订版第 13 卷第 79—82、83—84、85 页;《浪潮报》,1906 年 5 月 9 日,第 12 号。

列宁化名卡尔波夫在帕宁娜伯爵夫人民众文化馆举行的讨论国家杜马活动的三千人群众大会上发表演说。列宁在演说中揭露立宪民主党同专制政府进行幕后谈判的政策,愤怒斥责沙皇刽子手血腥镇压革命运动的参加者,号召坚持斗争直至工人阶级取得彻底胜利。列宁提出的决议案以多数票通过。

《列宁全集》中文第 2 版增订版第 13 卷第 86—88、89—90 页;《浪潮报》,1906 年 5 月 11 日,第 14 号;《涅瓦报》,1906 年 5 月 11 日(24 日),第 8 号;《回忆弗·伊·列宁》,第 1 卷,1968 年,第 316—317 页;第 2 卷,1969 年,第 29—30、200 页;《俱乐部》杂志,1957 年,第 4 期,第 2—3 页;《苏共党史》,第 2 卷,1966 年,第 200—201 页;《革命的第二个时期(1906—1907 年)》,第 2 册,第 1 分册,1961 年,第 216—217 页;亚·施利希特尔:《我所了解的伊里奇》,1970 年,第 3—12 页。

5 月 10 日(23 日)

列宁为《谈谈组织问题》一文写的编辑部后记发表在《浪潮报》第 13 号上。

《列宁全集》中文第 2 版增订版第 13 卷第 95 页;《浪潮报》,1906 年 5 月 10 日,第 13 号。

列宁写《农民团或"劳动"团和俄国社会民主工党》一文。第二天,这篇文章作为社论发表在《浪潮报》第 14 号上。

《列宁全集》中文第 2 版增订版第 13 卷第 96—99 页;《浪潮报》,1906 年 5 月 11 日,第 14 号。

5 月 11 日(24 日)

列宁在彼得堡市莫斯科区工人社会民主党人会议上作关于俄国社会民主工党第四次(统一)代表大会的报告,对会议决议提出修改意见,认为有必要在社会民主党的报刊上和群众集会上对第四次(统一)代表大会的决议展开讨论,列宁的修改意见写进了会议通过的决议。

《列宁全集》俄文第 5 版第 13 卷第 410 页;《浪潮报》,1906 年 5 月 12 日,第 15 号。

列宁在彼得堡市弗兰克—俄罗斯分区社会民主党人会议上作关于俄国社会民主工党第四次(统一)代表大会的总结的报告。

《回忆列宁文集》,1925 年,第 73 页;《浪潮报》,1906 年 5 月 13 日,第 16 号;《涅瓦报》,1906 年 5 月 12 日(25 日),第 9 号;《信使报》,1906 年 5 月 17 日(30 日),第 1 号。

列宁在帕宁娜伯爵夫人民众文化馆举行的群众大会上演说的简要报道发表在《涅瓦报》第 8 号和《浪潮报》第 14 号上。

《列宁全集》中文第 2 版增订版第 13 卷第 86—88 页;《涅瓦报》,1906 年 5 月 11 日(24 日),第 8 号;《浪潮报》,1906 年 5 月 11 日,第 14 号。

列宁提出的在帕宁娜伯爵夫人民众文化馆群众大会上通过的决议发表在《浪潮报》第14号上。

《列宁全集》中文第2版增订版第13卷第89—90页;《浪潮报》,1906年5月11日,第14号。

5月12日(25日)

列宁的《杜马中的土地问题》一文作为社论发表在《浪潮报》第15号上。

《列宁全集》中文第2版增订版第13卷第100—103页;《浪潮报》,1906年5月12日,第15号。

5月13日(26日)

列宁写《既不给土地,也不给自由》一文;第二天,这篇文章作为社论发表在《浪潮报》第17号上。

《列宁全集》中文第2版增订版第13卷第107—108页;《浪潮报》,1906年5月14日,第17号;《杜马报》,1906年5月13日(26日),第14号。

列宁的《决议和革命》一文发表在《浪潮报》第16号上。

《列宁全集》中文第2版增订版第13卷第104—106页;《浪潮报》,1906年5月13日,第16号。

5月14日(27日)

列宁的《社会民主党人在梯弗利斯选举中的胜利》一文发表在《浪潮报》第17号上。

《列宁全集》中文第2版增订版第13卷第109—111页;《浪潮报》,1906年5月14日,第17号。

5月上半月

列宁写小册子《关于俄国社会民主工党统一代表大会的报告(给彼得堡工人的信)》。

《列宁全集》中文第2版增订版第13卷第1—65、139—142

页;《红色史料》杂志,1924年,第2期,第27页。

5月17日(30日)

列宁写《政府、杜马和人民》一文。第二天,这篇文章作为社论发表在《浪潮报》第20号上。

《列宁全集》中文第2版增订版第13卷第112—115页;《浪潮报》,1906年5月18日,第20号;《言语报》,1906年5月17日(30日),第75号。

5月18日(31日)

列宁写《立宪民主党人阻碍杜马面向人民》一文和为国家杜马中工人代表的宣言《告俄国全体工人书》写编辑部后记。第二天,文章和后记发表在《浪潮报》第21号上。

《列宁全集》中文第2版增订版第13卷第116—117、118—119页;《浪潮报》,1906年5月19日,第21号;《交易所新闻》,1906年5月18日(31日),第9296号晚上版号外。

5月19日(6月1日)

列宁写《土地问题和争取自由的斗争》、《哥列梅金派、十月党人和立宪民主党人》两篇文章。第二天,这两篇文章(第一篇作为社论)发表在《浪潮报》第22号上。

《列宁全集》中文第2版增订版第13卷第122—125、126—127页;《人民通报》,1906年5月18日(31日),第9号;《新时报》,1906年5月19日(6月1日),第10840号;《言论报》,1906年5月19日,第467号;《浪潮报》,1906年5月20日,第22号。

列宁的《连讨价还价也不肯!》一文发表在《浪潮报》第21号上。

《列宁全集》中文第2版增订版第13卷第120—121页;《浪潮报》,1906年5月19日,第21号。

5月20日(6月2日)

列宁写《糟糕的建议》和《关于解散国家杜马的传闻和谣言》两

篇文章。第二天，这两篇文章(第一篇作为社论)发表在《浪潮报》第23号上。

《列宁全集》中文第2版增订版第13卷第131—136、137—138页；《浪潮报》，1906年5月21日，第23号；《信使报》，1906年5月20日(6月2日)，第4号。

列宁的《批评自由和行动一致》一文发表在《浪潮报》第22号上。

《列宁全集》中文第2版增订版第13卷第128—130页；《浪潮报》，1906年5月20日，第22号。

5月21日(6月3日)

列宁在彼得堡纳尔瓦区工人社会民主党人会议上作关于俄国社会民主工党第四次(统一)代表大会的报告。关于会议的简要报道发表在1906年5月24日的《浪潮报》上。会议通过的决议发表在1906年5月26日的《前进报》上。

《列宁全集》俄文第5版第13卷第410页；《前进报》，1906年5月26日，第1号；《浪潮报》，1906年5月24日，第25号；《无产阶级革命》杂志，1925年，第1期，第43—44页；《革命年鉴》杂志，1925年，第1期，第VII—VIII页。

由于1906年5月21日《浪潮报》第23号刊载了列宁写的《糟糕的建议》一文，彼得堡出版委员会对报纸发行人开展司法调查。

苏联中央国家历史档案馆，第776号全宗，第9号目录，第119号案卷，第37—39张。

5月23日(6月5日)

列宁在彼得堡圣加尔斯克分区工人大会上作关于土地问题的报告；他在这次大会上，应工人的要求还作了关于布尔什维克和孟什维克对国家杜马态度的演说。参加大会的达250余人。关于列宁的两次讲话的简要报道发表在6月1日《前进报》第6号上。

《列宁全集》俄文第5版第13卷第410—411页；《前进报》，1906年6月1日，第6号。

列宁的《考茨基论国家杜马》一文发表在《生活通报》杂志第 6 期上。

《列宁全集》中文第 2 版增订版第 13 卷第 139—142 页;《生活通报》杂志,1906 年 5 月 23 日,第 6 期,第 31—32 页。

5 月 24 日(6 月 6 日)

列宁的《立宪民主党、劳动派和工人政党》一文作为社论发表在《浪潮报》第 25 号上。

《列宁全集》中文第 2 版增订版第 13 卷第 143—147 页;《浪潮报》,1906 年 5 月 24 日,第 25 号。

俄国社会民主工党彼得堡委员会会议以多数票通过了列宁起草的关于对国家杜马态度的决议。彼得堡工人热烈支持这一决议,决议号召作好"工人和农民**共同**采取战斗行动"的准备。很多群众大会和工厂集会都通过了彼得堡委员会的决议,反对孟什维克中央委员会散发的建议支持杜马的杜马组阁即立宪民主党组阁要求的决议。

《列宁全集》中文第 2 版增订版第 13 卷第 170—171 页;《列宁全集》俄文第 5 版第 13 卷第 453 页;《前进报》,1906 年 5 月 27 日,第 2 号;5 月 30 日,第 4 号;6 月 1 日,第 6 号;6 月 4 日,第 9 号。

彼得堡出版委员会由于 1906 年 5 月 24 日《浪潮报》第 25 号刊登了列宁的《立宪民主党、劳动派和工人政党》一文,对该报发行人开展司法调查。这一号报纸被没收。

苏联中央国家历史档案馆,第 776 号全宗,第 9 号目录,第 119 号案卷,第 44、45 张;《档案学问题》杂志,1965 年,第 1 期,第 71 页。

5 月 26 日(6 月 8 日)

列宁签署奥·尼·波波娃出版社再版他的《俄国资本主义的

发展》一书的版权协议书。

《列宁全集》中文第2版增订版第57卷第665—666页。

列宁的《普列汉诺夫同志是怎样论述社会民主党的策略的?》一文发表在《前进报》第1号上。这篇文章在1906年由彼得堡前进出版社印成单行本。彼得堡法院判决销毁该号报纸和单印的小册子(当时报纸已经售完,因此未能销毁)。

《列宁全集》中文第2版增订版第13卷第148—169页;《前进报》,1906年5月26日,第1号;《档案学问题》杂志,1965年,第1期,第71页。

5月27日(6月9日)

列宁写《关于目前的政治局势》一文。第二天,该文作为社论发表在《前进报》第3号上。

《列宁全集》中文第2版增订版第13卷第174—178页;《前进报》,1906年5月28日,第3号;《言语报》,1906年5月27日(6月9日),第84号。

列宁写的《俄国社会民主工党彼得堡委员会关于对国家杜马的态度的决议》和为《前进报》刊登的俄国社会民主工党彼得堡委员会和中央委员会关于对国家杜马的态度的决议以及彼得堡委员会9名委员的声明而写的一篇编辑部后记,发表在《前进报》第2号上。

《列宁全集》中文第2版增订版第13卷第170—171、172—173页;《列宁全集》俄文第5版第13卷第453页;《前进报》,1906年5月27日,第2号。

5月28日(6月10日)

根据列宁的提议,以邦契-布鲁耶维奇为首的中央书库和前进出版社的行政机构写信给彼得堡委员会,请求按照党章的规定批准出版社的党组织。信中说,出版物将由弗·亚·巴扎罗夫、亚·

亚·波格丹诺夫和弗·伊·列宁编辑出版。

苏共中央马列主义研究院中央党务档案馆，第 17 号全宗，第 1 号目录，第 599 号保管单位；《弗·德·邦契-布鲁耶维奇选集》，第 2 卷，1961 年，第 393—394、413 页。

5 月 30 日（6 月 12 日）

列宁的《无产阶级的策略和目前的任务》一文发表在《前进报》第 4 号上。

《列宁全集》中文第 2 版增订版第 13 卷第 179—182 页；《前进报》，1906 年 5 月 30 日，第 4 号。

5 月 31 日（6 月 13 日）

列宁写《让工人来决定》一文，第二天这篇文章发表在《前进报》第 6 号上。

《列宁全集》中文第 2 版增订版第 13 卷第 189—193 页；《前进报》，1906 年 6 月 1 日，第 6 号；《杜马报》，1906 年 5 月 31 日，第 29 号；《信使报》，1906 年 5 月 31 日（6 月 13 日），第 13 号。

列宁的文章《德国社会民主党对立宪民主党人的评论》和短评《报刊评论》发表在《前进报》第 5 号上。

《列宁全集》中文第 2 版增订版第 13 卷第 183—187、188 页；《前进报》，1906 年 5 月 31 日，第 5 号。

5 月

列宁的小册子《关于社会民主党统一代表大会的报告（给彼得堡工人的信）》出版。

《列宁全集》中文第 2 版增订版第 13 卷第 1—65 页；弗·伊·列宁：《关于俄国社会民主工党统一代表大会的报告（给彼得堡工人的信）》，莫斯科-圣彼得堡，事业印刷所，1906 年，111 页，标题前作者：尼·列宁；《回忆弗·伊·列宁》，第 1 卷，1968 年，第 316 页；《红色史料》杂志，1924 年，第 2 期，第 27 页。

列宁多次到俄国社会民主党中央委员会和彼得堡委员会的秘密接头地点(涅瓦大街108号,Д.И.德沃伊列斯-西尔伯曼的牙科诊疗室)同布尔什维克报刊的撰稿人瓦·瓦·沃罗夫斯基、阿·瓦·卢那察尔斯基、亚·亚·波格丹诺夫、列·波·克拉辛以及其他党的工作者见面。

《回忆弗·伊·列宁》,第1卷,1968年,第313页;《列宁在彼得堡》,1957年,第108页;《苏联历史》杂志,1970年,第2期,第155页。

5月—7月7日(20日)

列宁编辑在彼得堡出版的布尔什维克合法报纸《浪潮报》、《前进报》、《回声报》。

《列宁全集》俄文第5版第13卷第416—417页;《浪潮报》,1906年5月5—24日,第9—25号;《前进报》,1906年5月26日—6月14日,第1—17号;《回声报》,1906年6月22日—7月7日,第1—14号;阿·卢那察尔斯基:《列宁的故事》,1968年,第14—15页;阿·卢那察尔斯基:《回忆与印象》,1968年,第122—123页;《列宁格勒》杂志,1925年,第2期,第12页;《无产阶级革命》杂志,1939年,第1期,第127—136页;《布尔什维克定期刊物(目录索引)》,1964年,第47、48、68页;《涅瓦河》杂志,1970年,第3期,第140—141页。

5月—12月

在彼得堡、莫斯科、普斯科夫、坦波夫、萨拉托夫、卢甘斯克、叶卡捷琳堡、彼尔姆、哈尔科夫、敖德萨、里加、阿尔汉格尔斯克、阿斯特拉罕、顿河畔罗斯托夫、特维尔、马里乌波尔、科斯特罗马、克列缅丘格、斯拉维扬斯克(哈尔科夫省)、伊尔比特(彼尔姆省)、里加海滨马里延戈夫、普里哥罗德诺-斯特列茨卡亚镇(坦波夫省)和上伊谢季工厂(彼尔姆省)进行搜查和逮捕时没收了列宁著的小册子《关于俄国社会民主工党统一代表大会的报告》。

苏联中央国家十月革命和社会主义建设档案馆,警察司全宗,

第 7 处，1906 年，第 2 号案卷，第 73 册，第 2 卷；第 7384、7434、7521、7575、7699、7942、7977、8039、8077、8517、8649、8892、9133、9172、9309、9662、9736、9830、9849、10285、10478、10758、11260、11367、11418、11949、11959、12176、12195、12202、12397 号案卷；莫斯科保安处全宗，1906 年，第 469 号案卷，第Ⅱ卷。

在莫斯科、哈尔科夫、基辅、普斯科夫、里加、阿斯特拉罕、新罗西斯克、彼尔姆、梁赞、敖德萨、尼古拉耶夫、斯拉维扬斯克（哈尔科夫省）、布拉什尼亚村（彼得堡省）、科夫罗夫、穆罗姆和利基诺（弗拉基米尔省）、莫尔尚斯克（坦波夫省）、卢布内（波尔塔瓦省）和谢列布良卡工厂（彼尔姆省）进行搜查和逮捕时没收了列宁著的小册子《修改工人政党的土地纲领》。

苏联中央国家十月革命和社会主义建设档案馆，警察司全宗，第 7 处，1906 年，第 6093、6469、6743、7689、7737、7741、7967、8370、9496、9724、9849、10059、10428、10696、11622、11683、11968、11987、12130、12161、12162、12202、12293 号案卷；莫斯科保安处全宗，1906 年，第 469 号案卷，第 II 卷；警察司全宗，特别处，1907 年，第 5 号案卷，第 51 册，第 I 卷。

在莫斯科、萨马拉、基辅、卡卢加、敖德萨、斯摩棱斯克和谢列布良卡工厂（彼尔姆省）进行搜查和逮捕时没收了列宁著的小册子《立宪民主党人的胜利和工人政党的任务》。

苏联中央国家十月革命和社会主义建设档案馆，警察司全宗，第 7 处，1906 年，第 2 号案卷，第 73 册，第 2 卷；第 5741、6469、6883、8370、10948、12202 号案卷；莫斯科保安处全宗，1906 年，第 469 号案卷，第 II 卷；警察司全宗，特别处，1907 年，第 5 号案卷，第 51 册，第 I 卷。

6 月 1 日（14 日）

列宁写《“不要向上看，而要向下看”》一文。第二天，该文作为社论发表在《前进报》第 7 号上。

《列宁全集》中文第 2 版增订版第 13 卷第 194—197 页；《前进报》，1906 年 6 月 2 日，第 7 号；《我们的生活报》，1906 年 6 月

1日(14日),第460号。

6月3日(16日)

列宁写《反动派开始了武装斗争》一文。第二天,该文作为社论发表在《前进报》第9号上。

《列宁全集》中文第2版增订版第13卷第198—203页;《前进报》,1906年6月4日,第9号;《新时报》,1906年6月3日(16日),第10854号。

6月4日(17日)

保安处在给内务大臣的报告中说,6月3日(16日)晚搜查了社会民主党《前进报》承租的事业公司印刷所,结果发现了尼·列宁的小册子《关于俄国社会民主工党统一代表大会的报告》的一部分字版。

苏联中央国家十月革命和社会主义建设档案馆,警察司全宗,特别处,1906年,第25号案卷,第13册,第9—10页;《涅瓦河》杂志,1970年,第3期,第141—142页。

6月5日(18日)

彼得堡高等法院批准彼得堡书报检查委员会所作的由于《前进报》第1号刊载列宁的《普列汉诺夫同志是怎样论述社会民主党的策略的?》一文而查封该号报纸的决定。

苏联中央国家历史档案馆,第776号全宗,第9号目录,第140号案卷,第9、10、34张;《档案学问题》杂志,1965年,第1期,第71页。

6月6日(19日)

列宁化名卡尔波夫在彼得堡捷尼舍夫学校大厅给全俄国民教师代表大会部分代表作关于土地问题的报告和总结发言。据参加这次会议的波·阿·布列斯拉夫说,列宁的报告引起了强烈的反响,“持社会革命党思想的教师们为他欢呼”。

《列宁全集》俄文第 5 版第 13 卷第 411 页；《回忆弗·伊·列宁》，第 1 卷，1968 年，第 318 页；《呼声报》，1906 年 6 月 8 日(21 日)，第 15 号；《苦役与流放》杂志，1934 年，第 1 期，第 136—137 页；《彼得堡人回忆伊里奇》，1970 年，第 144—145 页。

列宁写的《俄国社会民主工党彼得堡委员会关于杜马组阁问题的决议》发表在《前进报》第 10 号上。

《列宁全集》中文第 2 版增订版第 13 卷第 204—205 页；《前进报》，1906 年 6 月 6 日，第 10 号。

6 月 8 日(21 日)

列宁写《上面的动摇和下面的坚定》一文。第二天，该文作为社论发表在《前进报》第 13 号上。

《列宁全集》中文第 2 版增订版第 13 卷第 208—210 页；《前进报》，1906 年 6 月 9 日，第 13 号；《我们的生活报》，1906 年 6 月 8 日(21 日)，第 466 号。

列宁的《前夜》一文由彼得堡用电报发至基辅，发表在基辅布尔什维克报纸《工作者报》第 1 号上。该号报纸被查封，部分报纸被没收。

《列宁全集》中文第 2 版增订版第 13 卷第 206—207 页；《列宁全集》俄文第 5 版第 13 卷第 455 页；《工作者报》，基辅，1906 年 6 月 8 日，第 1 号；苏联中央国家历史档案馆，第 776 号全宗，第 16 号目录，第 495 号案卷，第 4 张；《档案学问题》杂志，1965 年，第 1 期，第 73 页。

6 月 9 日(22 日)

列宁写《团结起来！》一文。第二天，该文作为社论发表在《前进报》第 14 号上。

《列宁全集》中文第 2 版增订版第 13 卷第 211—214 页；《前进报》，1906 年 6 月 10 日，第 14 号；《信使报》，1906 年 6 月 9 日(22 日)，第 21 号。

6月10日(23日)

列宁写《杜马和人民》一文。第二天,该文作为社论发表在《前进报》第15号上。

《列宁全集》中文第2版增订版第13卷第215—217页;《前进报》,1906年6月11日,第15号;《信使报》,1906年6月9日(22日),第21号。

6月,11日(24日)以前

列宁在彼得堡波罗的海工厂社会民主党组织的会议上发言,批判孟什维克支持立宪民主党"杜马组成责任内阁"的口号。

《列宁全集》俄文第5版第13卷第411页;《红色史料》杂志,1924年,第1期,第39—40页。

6月11日—12日(24日—25日)

列宁领导俄国社会民主工党彼得堡组织区际代表会议的工作(代表会议最初在彼得堡召开,后来移至芬兰泰里约基继续开会)。列宁在会议上代表彼得堡委员会作《关于党对国家杜马的策略》和《关于党的统一》的报告。在代表会议之前,由于俄国社会民主工党孟什维克中央委员会发出信件,号召支持立宪民主党组阁,曾经进行过一次大讨论。列宁起草的俄国社会民主工党彼得堡委员会关于对国家杜马的态度的决议和关于杜马组阁问题的决议成为布尔什维克在这次大讨论中的策略纲领。直到代表会议召开时,有1 760票赞同彼得堡委员会关于国家杜马的决议,952票赞同孟什维克中央委员会的决议。

列宁在代表会议上多次就会议日程问题发言驳斥费·伊·唐恩,并坚持把关于对国家杜马的策略问题作为第一项讨论议题。代表会议批准了彼得堡委员会的政治路线,并指出,中央委员会没有反映党内多数派的意见。关于代表会议的简要报道发表在

1906 年 6 月 22 日《回声报》上。

《列宁全集》中文第 2 版增订版第 13 卷第 170—171、204—205、215 页;《列宁全集》俄文第 5 版第 13 卷第 411—412 页;《回声报》,1906 年 6 月 22 日,第 1 号;《前进报》,1906 年 6 月 6 日,第 10 号;《回忆弗·伊·列宁》,第 2 卷,1969 年,第 214 页;《苏共党史》,第 2 卷,1966 年,第 202、203 页;弗·沃伊京斯基:《胜利和失败的年代》,第 2 册,柏林,1924 年,第 67—69 页。

6 月 11 日和 15 日(24 日和 28 日)之间

列宁拟定社会民主党杜马党团的宣言草案。列宁在他写的《关于我们杜马党团的宣言》一文中引用了这一草案。

《列宁全集》中文第 2 版增订版第 13 卷第 222—227、444 页;《回声报》,1906 年 6 月 22 日,第 1 号。

6 月 14 日(27 日)

列宁的《为政权而斗争和为小恩小惠而"斗争"》一文作为社论发表在《前进报》第 17 号上。这号报纸被查封。

《列宁全集》中文第 2 版增订版第 13 卷第 218—221 页;《前进报》,1906 年 6 月 14 日,第 17 号;《档案学问题》杂志,1965 年,第 1 期,第 68 页。

6 月上半月

列宁会见波兰王国和立陶宛社会民主党总执行委员会代表弗·L.列德尔,并同他就波兰王国和立陶宛社会民主党的状况、就即将举行的波兰王国和立陶宛社会民主党第五次代表大会以及布尔什维克派代表作为来宾出席代表大会的问题进行交谈。

苏共中央马列主义研究院中央党务档案馆,第 70 号全宗,第 2 号目录,第 623 号保管单位,第 54—55 张;《波兰工人运动史片断》,1962 年,第 73—74 页。

6 月,18 日(7 月 1 日)以前

列宁委派瓦·瓦·沃罗夫斯基作为布尔什维克《前进报》编辑

部代表出席波兰王国和立陶宛社会民主党第五次代表大会。沃罗夫斯基6月20日(7月3日)在代表大会上发言,并将1906年6月6日《前进报》发表的列宁起草的批判“杜马组阁”口号的决议,作为草案提交大会。

《列宁全集》中文第2版增订版第13卷第204—205页;苏共中央马列主义研究院中央党务档案馆,第164号全宗,第1号目录,第15号保管单位,第64—70张;《历史文献》杂志,1957年,第3期,第126、128—129页;《前进报》,1906年6月6日,第10号;《列宁和波兰》,1970年,第137页;《波兰工人运动史片断》,1962年,第73—74页。

6月18日(7月1日)

《生活通报》杂志第8期刊登前进出版社出版列宁的《立宪民主党人的胜利和工人政党的任务》和《论修改工人政党的土地纲领》两本小册子的广告。

《生活通报》杂志,1906年6月18日,第8号,封皮。

6月21日(7月4日)

列宁写《“你所做的快做吧!”》一文。第二天,该文发表在《回声报》第1号上。

《列宁全集》中文第2版增订版第13卷第228—230页;《回声报》,1906年6月22日,第1号;《思想报》,1906年6月21日(7月4日),第2号。

6月22日(7月5日)

列宁为《回声报》撰写文章《救济饥民和杜马的策略》、《关于内阁的谈判》以及“报刊评论”栏的短评。第二天,文章和短评发表在《回声报》第2号上。

《列宁全集》中文第2版增订版第13卷第234—238、239—240、241—243页;《回声报》,1906年6月23日,第2号;《言语报》,1906年6月22日(7月5日),第106号;《劳动呼声报》,1906年6月22日(7月5日),第2号。

列宁的文章《关于我们杜马党团的宣言》和《有益的辩论》发表在《回声报》第 1 号上。

《列宁全集》中文第 2 版增订版第 13 卷第 222—227、231—233 页;《回声报》,1906 年 6 月 22 日,第 1 号。

6 月 23 日(7 月 6 日)

列宁写作《谁赞成同立宪民主党结成联盟?》一文。第二天该文作为社论发表在《回声报》第 3 号上。

《列宁全集》中文第 2 版增订版第 13 卷第 244—250 页;《回声报》,1906 年 6 月 24 日,第 3 号;《劳动呼声报》,1906 年 6 月 23 日(7 月 6 日),第 3 号。

列宁起草的社会民主党杜马党团宣言草案刊登在《北半球报》第 1 号上,没有署名,标题为《前布尔什维克提出的杜马党团宣言草案》。

《列宁全集》中文第 2 版增订版第 13 卷第 222—227 页;《北半球报》,1906 年 6 月 23 日(7 月 6 日),第 1 号。

6 月 24 日(7 月 7 日)

列宁为《回声报》撰写社论《立宪民主党杜马把钱交给大暴行制造者的政府》,并为"报刊评论"栏写短评。第二天,文章和短评发表在该报第 4 号上。

《列宁全集》中文第 2 版增订版第 13 卷第 251—254、255 页;《回声报》,1906 年 6 月 25 日,第 4 号;《言语报》,1906 年 6 月 24 日(7 月 7 日),第 108 号。

6 月 25 日(7 月 8 日)

列宁在俄国社会民主工党彼得堡区委员会组织的工人大会上作关于土地问题的报告。1906 年 6 月 30 日《回声报》刊登了一条消息:"6 月 25 日举行了列宁同志关于土地问题的报告会;约有 200 名工人出席了报告会。列宁用通俗易懂的语言分析了立宪民主党人、劳动派(社会革命党人)和社会民主党人的土地纲领。报告人在他的结论中详细阐述了俄国社会民主党内关于土地问题的两大派别——国有化和地方公有化。”

《列宁全集》俄文第 5 版第 13 卷第 412 页;《回声报》,1906 年 6 月 30 日,第 8 号;《革命的第二个时期(1906—1907 年)》,第 2 册,第 1 分册,1961 年,第 260 页。

6 月 25 日和 28 日(7 月 8 日和 11 日)

根据列宁的提议,《回声报》刊载了 1906 年 6 月举行的波兰王国和立陶宛社会民主党第五次代表大会的各项主要决议。

《列宁全集》中文第 2 版增订版第 13 卷第 256 页;《回声报》,1906 年 6 月 25 日,第 4 号;6 月 28 日,第 6 号。

6 月 27 日(7 月 10 日)

列宁为《回声报》的“报刊评论”栏写短评。第二天,短评发表在该报第 6 号上。

《列宁全集》中文第 2 版增订版第 13 卷第 266 页;《回声报》,1906 年 6 月 28 日,第 6 号;《言语报》,1906 年 6 月 27 日(7 月 10 日),第 110 号。

列宁的《立宪民主党的应声虫》一文作为社论发表在《回声报》第 5 号上。

《列宁全集》中文第 2 版增订版第 13 卷第 256—260 页;《回声报》,1906 年 6 月 27 日,第 5 号。

6 月 28 日(7 月 11 日)

列宁主持彼得堡纳尔瓦区工人社会民主党人大会;并作关于土地问题的报告。大会根据列宁的建议通过决议,同意俄国社会民主工党彼得堡组织区际代表会议所作的关于对国家杜马的策略、关于党的统一以及关于同社会民主党杜马党团举行会议等问题的决议。关于这次大会的简要报道发表在 1906 年 7 月 1 日《回声报》上。

《列宁全集》俄文第 5 版第 13 卷第 412 页;《回声报》,1906 年 7 月 1 日,第 9 号;《革命的第二个时期(1906—1907 年)》,第 2 册,第 1 分册,1961 年,第 244—247、262—263 页。

列宁的《再论杜马内阁》一文作为社论发表在《回声报》第 6 号上。

《列宁全集》中文第 2 版增订版第 13 卷第 261—265 页;《回声报》,1906 年 6 月 28 日,第 6 号。

列宁为《回声报》的"报刊评论"栏写短评,第二天这篇短评发表在该报第 7 号上。

《列宁全集》中文第 2 版增订版第 13 卷第 267—271 页;《回声报》,1906 年 6 月 29 日,第 7 号;《言论报》,1906 年 6 月 28 日(7 月 11 日),第 499 号。

列宁的小册子《关于俄国社会民主工党统一代表大会的报告(给彼得堡工人的信)》被查封。1906 年 7 月 10 日彼得堡高等法院批准了查封该书的命令。7 月 19 日出版总署向各市长和各省长发出追查这一"漏查的"小册子的通令。

《红色史料》杂志,1924 年,第 2 期,第 27 页;《档案学问题》杂志,1965 年,第 1 期,第 69 页;苏联中央国家历史档案馆,第 776 号全宗,第 9 号目录,第 544 号案卷,第 3 张。

6 月 29 日(7 月 12 日)

列宁为《回声报》第 8 号的"报刊评论"栏写短评。第二天,这一号报纸发表了这篇短评。

《列宁全集》中文第 2 版增订版第 13 卷第 272 页;《回声报》,1906 年 6 月 30 日,第 8 号;《思想报》,1906 年 6 月 29 日(7 月 12 日),第 9 号。

6 月以后

列宁阅读波·拉金(波·米·克努尼扬茨)的小册子《1905 年

10月13日—12月3日第一届工人代表苏维埃》，在书中作批注、划重点。

苏共中央马列主义研究院中央党务档案馆，第2号全宗，第1号目录，第2227号保管单位；《克里姆林宫的弗·伊·列宁藏书》，1961年，第221页；《书籍（论著和资料）》，第20册，1970年，第212—214页。

7月1日（14日）

列宁的《"非党"抵制派的错误议论》和《资产阶级的谴责和无产阶级的号召》两篇文章发表在《回声报》第9号上。

《列宁全集》中文第2版增订版第13卷第273—277、278—279页；《回声报》，1906年7月1日，第9号。

7月2日（15日）

列宁的文章《军队和人民》（社论）和为"报刊评论"栏写的短评发表在《回声报》第10号上。当天，彼得堡出版委员会因刊印列宁的《军队和人民》一文，对报纸发行人E.C.米拉诺娃追究法律责任。

《列宁全集》中文第2版增订版第13卷第280—282、283—284页；《回声报》，1906年7月2日，第10号；苏联中央国家历史档案馆，第776号全宗，第9号目录，第164号案卷，第23—24张；《档案学问题》杂志，1965年，第1期，第67页。

7月4日（17日）

列宁的文章《论组织群众和选择斗争时机》（社论）和为"报刊评论"栏写的短评发表在《回声报》第11号上。

《列宁全集》中文第2版增订版第13卷第285—288、289—290页；《回声报》，1906年7月4日，第11号。

7月，5日（18日）以前

列宁同拉脱维亚边疆区社会民主党中央委员会委员彼·伊·斯图契卡就即将召开的拉脱维亚边疆区社会民主党代表大会问题

进行交谈,在回应对方的邀请时,应允前往参加代表大会。

《无产阶级革命》杂志,1922年,第12期,第54页;《拉脱维亚共产党简史》,第1卷,里加,1962年,第165页。

7月5日(18日)

列宁写《杜马内的政党和人民》一文。第二天,该文作为社论发表在《回声报》第13号上。

《列宁全集》中文第2版增订版第13卷第296—299页;《回声报》,1906年7月6日,第13号;《言论报》,1906年7月5日(18日),第117号,附刊。

列宁的《大胆的攻击和胆怯的防御》一文作为社论发表在《回声报》第12号上。

同一天,彼得堡出版委员会因刊印这篇文章对报纸发行人追究法律责任。

《列宁全集》中文第2版增订版第13卷第291—295页;《回声报》,1906年7月5日,第12号;苏联中央国家历史档案馆,第776号全宗,第9号目录,第164号案卷,第30—31张;《档案学问题》杂志,1965年,第1期,第76页。

7月6日(19日)

列宁写《反动派的阴谋和大暴行制造者的威胁》一文;第二天,这篇文章作为社论发表在《回声报》第14号上。

《列宁全集》中文第2版增订版第13卷第300—303页;《回声报》,1906年7月7日,第14号;《俄国报》,1906年7月6日,第171号。

7月7日(20日)

列宁化名卡尔波夫在俄国社会民主工党彼得堡组织党的工作者会议上作关于社会民主党国家杜马党团的策略问题的报告。约120人出席会议。关于这次会议的报道发表在《言语报》和《我们的生活报》上。《言语报》的时事述评说,卡尔波夫提出决议案:社会民主党杜马党团应当提出独立的声明，在声明中应该直接指出，必须没收土地，无须进行赎买和成立地方委员会。

《列宁全集》俄文第5版第13卷第413页；《言语报》，1906年7月8日(21日)，第120号；《我们的生活报》，1906年7月9日(22日)，第493号；《红色文献》杂志，1934年，第1期，第195页。

7月8日—10日(21日—23日)

列宁和娜·康·克鲁普斯卡娅在萨布林诺(彼得堡郊区)玛·亚·乌里扬诺娃(列宁的母亲)家里休息。当7月10日(23日)早晨得知第一届国家杜马解散的消息后，列宁同娜捷施达·康斯坦丁诺夫娜和玛丽亚·伊里尼奇娜立即离开萨布林诺，去同党内的同志们讨论出现的新形势并制定布尔什维克的相应的策略。

《乌里扬诺夫家书集》，1969年，第161页。

7月10日(23日)

列宁在库奥卡拉同来自彼得堡的党的工作者就第一届国家杜马解散后的党的任务问题举行会议。列宁批判孟什维克中央委员会制定的号召进行总罢工反对解散杜马的计划，指出应当利用解散杜马这件事进行集中宣传，号召全民同时举行起义。

在这次会议上，列宁委托马·尼·利亚多夫在维堡找到前去参加杜马代表会议的亚·亚·波格丹诺夫，并建议他在劳动派代表当中进行相应的宣传工作。

《列宁全集》中文第2版增订版第13卷第310、311、312、315页；马·利亚多夫：《1903—1907年党的生活》，1956年，第180—181页；《无产阶级革命》杂志，1924年，第7期，第174页；马·莫·维纳维尔：《维堡宣言的来龙去脉(回忆录)》，1917年，第48页；《苏共党史》，第2卷，1966年，第206、207页。

7 月，10 日（23 日）以后

列宁在教育博物馆（帕宁娜伯爵夫人民众文化馆），在彼得堡布尔什维克组织积极分子大会上作关于当前局势的报告。

《列宁全集》俄文第 5 版第 13 卷第 413 页；**А.И.**古利亚耶夫：《布尔什维克战斗队——1905—1907 年彼得堡市纳尔瓦关卡布尔什维克战斗组织的工作》，1935 年，第 90—91 页。

列宁会见俄国社会民主工党卢甘斯克组织代表，并同他就布尔什维克在国家杜马解散后的策略问题进行交谈。列宁在谈话中问到党组织同部队的联系、战斗队的数目和武装情况、铁路工人的情绪等问题；指示卢甘斯克委员会不要单独提前行动，而应等候举行起义的统一信号。

《十月》杂志，1967 年，第 10 期，第 184—185 页；《红色史料》杂志，1927 年，第 1 期，第 32—33 页。

7 月 13 日和 17 日（26 日和 30 日）之间

列宁写小册子《杜马的解放和无产阶级的任务》。

《列宁全集》中文第 2 版增订版第 13 卷第 304—323 页；《新时报》，1906 年 7 月 13 日（26 日），第 10894 号。

7 月 14 日（27 日）

在卡卢加搜查时发现了列宁的《给〈火星报〉编辑部的信》和《革命青年的任务》等两本小册子。

苏联中央国家十月革命和社会主义建设档案馆，警察司全宗，第 7 处，1906 年，第 6883 号案卷。

7 月 16 日（29 日）

在得知斯维亚堡士兵和水兵可能立即自发举行起义的消息后，列宁起草决议草案，提交俄国社会民主工党彼得堡委员会执行委员会通过，草案规定立即派出代表团前往该地了解情况并推迟发动日期。在不可能制止提前行动的情况下，责成代表团参加起义的领导工作。俄国社会民主工党彼得堡委员会执行委员会通过了这一决议草案(由马·尼·利亚多夫、亚·格·施利希特尔、罗·萨·捷姆利亚奇卡组成的派往斯维亚堡的代表团没来得及同起义者取得联系)。

《列宁全集》中文第2版增订版第13卷第324页;《回忆弗·伊·列宁》,第1卷,1968年,第318—319页;《苏共党史》,第2卷,1966年,第206页;B.E.穆什图科夫和П.E.尼基京:《列宁曾在这里生活和工作》,第5版,1970年,第139页;亚·施利希特尔:《我所了解的伊里奇》,1970年,第13—25、32页。

7月17日(30日)

列宁委派柳·鲁·明仁斯卡娅前往芬兰会见军事组织成员亚·格·施利希特尔,向他传达立即赴斯维亚堡领导起义的指示。

《回忆弗·伊·列宁》,第1卷,1968年,第319页;亚·施利希特尔:《我所了解的伊里奇》,1970年,第15—16页。

根据列宁的指示,彼得堡委员会执行委员会作出决定:所有各区党组织必须在秘密住所安排不间断值班,以便应彼得堡委员会的号召动员工人在任何指定的时间罢工。

《无产阶级革命》杂志,1924年,第7期,第172—175页。

7月17日(30日)以后

列宁在写于斯维亚堡起义开始以前的小册子《杜马的解散和无产阶级的任务》的最后一页上注明:“7月17日之前”。

《列宁全集》中文第2版增订版第13卷第323页;苏共中央马列主义研究院中央党务档案馆,第2号全宗,第1号目录,第2228号保管单位。

7月20日(8月2日)

根据列宁的提议,俄国社会民主工党彼得堡委员会作出决定,举行政治总罢工支援斯维亚堡和喀琅施塔得的起义。

《列宁全集》中文第 2 版增订版第 13 卷第 356 页;《历史杂志》,1938 年,第 7 期,第 89—90 页;《无产阶级革命》杂志,1924 年,第 7 期,第 174—177 页;《苏共党史》,第 2 卷,1966 年,第 206—207 页;苏共中央马列主义研究院中央党务档案馆,第 71 号全宗,第 15 号目录,第 352 号保管单位;亚·施利希特尔:《我所了解的伊里奇》,1970 年,第 32 页。

7 月 20 日和 28 日(8 月 2 日和 10 日)之间

列宁参加彼得堡党的布尔什维克领导者会议,会上讨论了党的策略问题。列宁在会上会见了从华沙来的罗·卢森堡。会议是在克列斯托夫斯基岛 A.Г.罗代的住所(中涅夫卡河沿岸街(现马尔丁诺夫沿岸街)6 号)举行的。

《回忆弗·伊·列宁》,第 1 卷,1968 年,第 317 页;B.E.穆什图科夫和 П.E.尼基京:《列宁曾在这里生活和工作》,第 5 版,1970 年,第 133 页;《苏联历史》杂志,1968 年,第 1 期,第 64—69 页;《德国史年鉴》,1968 年,莫斯科,1969 年,第 130—131 页。

7 月

在雅罗斯拉夫尔和小洛莫维斯村(坦波夫省)进行搜查时,没收了列宁著的小册子《关于我们的土地纲领》。

苏联中央国家十月革命和社会主义建设档案馆,警察司全宗,第 7 处,1906 年,第 7186、7737 号案卷。

列宁在彼得堡沙帕沙尔卷烟厂(赫尔松街 6/13 号,佩列库普巷拐角)女工大会上发表演说,支持工人发动罢工抗议厂方拒绝满足他们的经济要求的倡议。

《列宁全集》俄文第 5 版第 13 卷第 413—414 页;《工人和农民谈列宁》,1933 年,第 81—82 页;《红色日报》,1924 年 1 月 30 日,第 23 号;B.E.穆什图科夫和 П.E.尼基京:《列宁曾在这里生活和工作》,第 5 版,1970 年,第 138—139 页。

在萨拉托夫县尼古拉耶夫小城和雅罗斯拉夫尔进行搜查时发现了列宁著的小册子《俄国社会民主党人的任务》。

苏联中央国家十月革命和社会主义建设档案馆，警察司全宗，第 7 处，1906 年，第 7186 号案卷；第 7249 号案卷，第 1 册。

7 月—11 月

在彼得堡、萨拉托夫县红亚尔村、乌法和日托米尔进行搜查时没收了列宁著的小册子《怎么办？》。

苏联中央国家十月革命和社会主义建设档案馆，警察司全宗，第 7 处，1906 年，第 7555、7627、9530、10464 号案卷。

8 月 6 日和 21 日（19 日和 9 月 3 日）之间

列宁在维堡期间领导了筹备出版《无产者报》第 1 号的工作，该号报纸于 1906 年 8 月 21 日出刊。

列宁游览维堡市郊，观看该市的名胜古迹。

《无产者报》，[维堡]，1906 年 8 月 21 日，第 1 号；亚·施利希特尔：《我所了解的伊里奇》，1970 年，第 26—29 页；П.П.楚里科夫、С.А.萨维茨卡娅：《在维堡的住所》，1969 年，第 17—19 页。

8 月，12 日（25 日）以前

由新浪潮出版社出版的列宁的小册子《杜马的解散和无产阶级的任务》在莫斯科发行。

《列宁全集》中文第 2 版增订版第 13 卷第 304—323、452 页；弗·伊·列宁：《杜马的解散和无产阶级的任务》，莫斯科，新浪潮出版社，1906 年，16 页，标题前作者：尼·列宁；《红色文献》杂志，1934 年，第 1 期，第 195—196 页。

8 月 12 日（25 日）

莫斯科出版委员会查禁列宁著的小册子《杜马的解散和无产阶级的任务》，同时对作者和参与出版该书的人员追究法律责任。1906 年 9 月 6 日（19 日）莫斯科高等法院批准查禁这本小册子。尽管如此，这本小册子在莫斯科、彼得堡和外省广泛流传。

《列宁全集》中文第 2 版增订版第 13 卷第 304—323 页；《红色

文献》杂志,1934 年,第 1 期,第 195—196 页;苏联中央国家历史档案馆,第 776 号全宗,第 16 号目录,第 1 册,第 875 号案卷,第 3、6 张;《档案学问题》杂志,1965 年,第 1 期,第 76 页。

列宁写《论抵制》一文。

《列宁全集》中文第 2 版增订版第 13 卷第 336—343 页;《同志报》,1906 年 8 月 11 日(24 日),第 32 号。

8 月 16 日(29 日)

在新格鲁多克市(明斯克省)进行搜查时,没收了列宁写的小册子《土地问题和"马克思的批评家"》。

苏联中央国家十月革命和社会主义建设档案馆,警察司全宗,第 7 处,1906 年,第 10097 号案卷。

8 月 17 日(30 日)

波兰和立陶宛社会民主党驻俄国社会民主工党中央委员会代表费·埃·捷尔任斯基从彼得堡写信通知波兰和立陶宛社会民主党总执行委员会,说布尔什维克和弗·伊·列宁决定,如果选举前没有发动起义,便参加第二届国家杜马的选举活动。

《费·埃·捷尔任斯基选集》,第 1 卷,1967 年,第 114 页。

8 月 18 日(31 日)

在搜查《社会舆论报》编辑部和相关涉案人时没收的基辅革命组织斯皮尔卡活动案件的物证当中,注明有列宁的《立宪民主党人的胜利和工人政党的任务》、《关于俄国社会民主工党第三次代表大会的通知》、《论修改工人政党的土地纲领》等小册子和传单《三种宪法或三种国家制度》。

苏联中央国家十月革命和社会主义建设档案馆,警察司全宗,第 7 处,1906 年,第 8468 号案卷。

8 月 19 日—20 日(9 月 1 日—2 日)

费·埃·捷尔任斯基将 300 本弗·伊·列宁的小册子《杜马

的解散和无产阶级的任务》由彼得堡寄给波兰的波兰和立陶宛社会民主党总执行委员会。

《费·埃·捷尔任斯基选集》,第1卷,1967年,第119页。

8月,20日(9月2日)以前

列宁就俄国革命的前途问题同格·马·克尔日扎诺夫斯基及季·巴·克尔日扎诺夫斯卡娅夫妇进行交谈。

《回忆弗·伊·列宁》,第2卷,1969年,第30—31页;《青年近卫军》杂志,1924年,第2—3期,第38页。

8月20日(9月2日)以后—不晚于1907年11月20日(12月3日)

列宁住在芬兰库奥卡拉的布尔什维克加·达·莱特伊仁及其家人的瓦萨别墅里。

《回忆弗·伊·列宁》,第1卷,1968年,第319—323页;第2卷,1969年,第127、235页;《拉脱维亚革命者回忆弗·伊·列宁》,里加,1969年,第34—37页;《苏共历史问题》杂志,1966年,第8期,第105—108页;В.Е.穆什图科夫和П.Е.尼基京:《列宁曾在这里生活和工作》,第5版,1970年,第143—148页。

8月20日(9月2日)以后

列宁在库奥卡拉同玛·莫·埃森谈话。埃森受莫斯科委员会委派,前来听取关于党的策略问题的指示。

《回忆弗·伊·列宁》,第2卷,1969年,第127页。

8月21日(9月3日)

列宁的文章《暴风雨之前》(社论)、《论抵制》、《政治危机和机会主义策略的破产》、《谈最近的事件》及短评《关于"工人代表大会"》发表在《无产者报》第1号上。

《列宁全集》中文第2版增订版第13卷第328—335、336—343、344—360、361—363、364页;《无产者报》,[维堡],1906年8月21日,第1号。

8月27日(9月9日)

列宁主持俄国社会民主工党彼得堡委员会在泰里约基的剧院召开的党的会议,发表讲话,尖锐地批评孟什维克的"工人代表大会"的口号,称这一口号是对党的纲领的背弃,并坚决主张必须召开俄国社会民主工党第五次代表大会。会议一致通过了列宁提出的决议案。

《列宁全集》俄文第5版第13卷第414页;《彼得堡人回忆伊里奇》,1970年,第154—155页;《无产者报》,[维堡],1906年9月8日,第3号;《红色史料》杂志,1927年,第1期,第36—37页。

8月29日(9月11日)

列宁的《莫斯科起义的教训》(社论)和《策略上的动摇》两篇文章发表在《无产者报》第2号上。

《列宁全集》中文第2版增订版第13卷第365—372、373—377页;《无产者报》,[维堡],1906年8月29日,第2号。

8月底

列宁在瓦萨别墅会见了出狱后于7月末至8月末住在库奥卡拉的罗·卢森堡,在谈话中讨论了俄国和国际工人运动的前途。

《彼得格勒真理报》,1919年1月19日,第14号;《苏联历史》杂志,1968年,第1期,第66—67页;《德国史年鉴》,1968年,莫斯科,1969年,第130—131页。

8月下半月—1909年11月

列宁编辑布尔什维克的中央机关报《无产者报》,该报在维堡(1906年8月—1907年11月)、日内瓦(1908年2—12月)和巴黎(1909年1—11月)出版。

《列宁全集》俄文第5版第13卷第417页,第14卷第414页,第15卷第393页,第16卷第487页,第17卷第452页,第19卷第438页;苏共中央马列主义研究院中央党务档案馆,第2

号全宗，第1号目录，第2231、2237、2238号保管单位；第377号全宗；《无产者报》，［维堡］—日内瓦—巴黎，1906—1909年，第1—50号；亚·施利希特尔：《我所了解的伊里奇》，1970年，第28页；《回忆弗·伊·列宁》，第1卷，1968年，第321、331—332、335、351、358页；《克里姆林宫的弗·伊·列宁藏书》，1961年，第574页；《无产阶级革命》杂志，1931年，第1期，第154—155页；《布尔什维克定期刊物（目录索引）》，1964年，第57—58页。

不早于8月

列宁在米·伊·杜冈-巴拉诺夫斯基著的《土地国有化。土地国有化运动的概述和实际结论》一书（第2版，1906年圣彼得堡版）第3册和第4册的书页中标注“注意”、划重点。

苏共中央马列主义研究院中央党务档案馆，第2号全宗，第1号目录，第2230号保管单位；《克里姆林宫的弗·伊·列宁藏书》，1961年，第253页；《1906年俄国出版的书籍目录》，圣彼得堡，1908年，第716页。

列宁在弗·梅林《德国社会民主党史》（第3卷，1906年莫斯科版）一书中划记号。列宁在《威·李卜克内西的小册子〈不要任何妥协，不要任何选举协议！〉的俄译本序言》中提到了梅林的这本书。

《列宁全集》中文第2版增订版第14卷第213页；《克里姆林宫的弗·伊·列宁藏书》，1961年，第191页；《1906年俄国出版的书籍目录》，圣彼得堡，1908年，第684页。

8月—9月

列宁同当时在彼得堡的费·埃·捷尔任斯基经常见面并保持联系。捷尔任斯基不断将布尔什维克的书刊寄往波兰，在杜马策略问题上和在争取召开下一届党代表大会反对孟什维克“非党工人代表大会”口号的斗争中一贯支持布尔什维克。

《费·埃·捷尔任斯基选集》，第1卷，1967年，第114—115、118—119、120—122页；苏共中央马列主义研究院中央党务档案馆,第 76 号全宗,第 1 号目录,第 149、152—164、171 号保管单位;第 12 号全宗,第 2 号目录,第 54 号保管单位;《回忆弗·伊·列宁》,第 1 卷,1968 年,第 314、319 页;《亚·波格丹诺夫散文选》,1960 年,第 258—259 页;A.哈茨克维奇:《伟大的战士。费·埃·捷尔任斯基的生平和活动》,明斯克,1961 年,第 73—74 页;H.祖博夫:《费·埃·捷尔任斯基传》,第 2 版,1965 年,第 76 页。

夏天

列宁同弗·德·邦契-布鲁耶维奇谈话,讨论他提出的是否可以出版列宁选集的建议。

《弗·德·邦契-布鲁耶维奇选集》,第 2 卷,1961 年,第 410—411 页。

列宁派布尔什维克费·安·谢尔盖耶夫(阿尔乔姆)前往乌拉尔,向乌拉尔各党组织介绍在第二届国家杜马选举中布尔什维克的杜马策略。

《乌拉尔人心中的列宁》,斯维尔德洛夫斯克,1969 年,第 17—19 页;《马列主义教研室文集》,(基辅民航学院),基辅,1960 年,第 94—95 页;《列宁的照顾与关怀》,彼尔姆,1960 年,第 5—9 页。

列宁在布尔什维克的前进出版社所在地召开的党的工作者会议上发表讲话,建议加强农村的工作。

苏共列宁格勒州委党史研究院党务档案馆,第 4000 号全宗,第 5 号目录,第 3331 号保管单位,第 2 张;第 3340 号保管单位,第 7 张。

列宁就彼得堡工艺学院学生被捕问题同弗·德·邦契-布鲁耶维奇进行交谈。

苏共中央马列主义研究院中央党务档案馆,第 4 号全宗,第 2 号目录,第 3150 号保管单位。

列宁经常在德·伊·列先科的亲属——步兵士官学校教师兼学监 K.Ф.涅斯卢霍夫斯基的寓所工作。这一寓所在学校院内(小格列比茨街 9/5 号)，因此保密方面特别可靠。

列宁在空闲时间，同涅斯卢霍夫斯基的子女进行交谈。

《彼得堡人回忆伊里奇》，1970 年，第 171—175 页；B.E.穆什图科夫和П.E.尼基京:《列宁曾在这里生活和工作》，第 5 版，1970 年，第 142—143 页；《革命的青年时代(社会民主党学生党员和青年工人党员往事)》，第Ⅰ集，1924 年，第 53—54 页；《涅瓦河》杂志，1957 年，第 4 期，第 129—130 页；第 5 期，第 123 页。

列宁阅读亚·亚·波格丹诺夫赠送的《经验一元论》(第 3 卷)一书，并写了一封“关于哲学问题的长达三个笔记本的信”，这封信批判了该书作者的立场，指出他所走的是一条极端错误的、非马克思主义的道路。

列宁曾经想把这些笔记以《一个普通马克思主义者的哲学札记》为题发表出来。列宁的这一著作直到现在也没有找到。

《列宁全集》中文第 2 版增订版第 45 卷第 172—176 页；《列宁全集》俄文第 5 版第 13 卷第 414 页；《回忆弗·伊·列宁》，第 1 卷，1968 年，第 338 页；《苏共党史》，第 2 卷，1966 年，第 274—275 页。

9 月 1 日(14 日)

列宁自库奥卡拉写信给在日内瓦的格·阿·库克林，请求将留在日内瓦的一袋“具有历史意义的文件”按伊·尼·切博塔廖夫的地址寄往彼得堡(袋中保存的是亚·伊·乌里扬诺夫的文件，其中包括应玛·亚·乌里扬诺娃的请求，在狱中临刑前所拍的照片)。

《列宁全集》中文第 2 版增订版第 45 卷第 131 页；苏共中央马列主义研究院中央党务档案馆，第 2 号全宗，第 1 号目录，第 2233 号保管单位。

9 月 6 日(19 日)

彼得堡出版委员会作出决定，查禁列宁的小册子《修改工人政党的土地纲领》。

苏联中央国家历史档案馆，第 777 号全宗，第 27 号目录，1906 年，第 70 号案卷，第 237—239 张；《档案学问题》杂志，1965 年，第 1 期，第 74 页。

9 月 8 日（21 日）

列宁的《政府的政策和未来的斗争》（社论）和《滚开吧！》两篇文章以及编辑部短评《关于波兰社会党的游击行动》发表在《无产者报》第 3 号上。

《列宁全集》中文第 2 版增订版第 13 卷第 378—382、383—387、388 页；《无产者报》，［维堡］，1906 年 9 月 8 日，第 3 号。

不早于 9 月 8 日（21 日）

列宁在 1906 年 9 月 8 日第 3 号《无产者报》第一版上标注“注意”，在《工人代表大会》一文和在“党内生活”栏划出一些片段。

苏共中央马列主义研究院中央党务档案馆，第 2 号全宗，第 1 号目录，第 2231 号保管单位；《无产者报》，［维堡］，1906 年 9 月 8 日，第 3 号；《克里姆林宫的弗·伊·列宁藏书》，1961 年，第 574 页。

9 月上半月

列宁写短评《崩得同俄国社会民主工党的联合》。

《列宁全集》中文第 2 版增订版第 13 卷第 389—390 页；《关于崩得第七次代表大会的通知》，日内瓦，崩得印刷所，1906 年 9 月，17 页。

9 月，19 日（10 月 2 日）以前

列宁在俄国社会民主工党中部地区区域局成员彼得同志为俄国社会民主工党第二次区域代表会议所作的题为《策略任务和党内生活问题》的报告上进行文字修改、统计字数并在正文作标记。这份材料刊登在 1906 年 9 月 19 日《无产者报》第 4 号“中部地区组织第二次代表会议”栏。

苏共中央马列主义研究院中央党务档案馆，第 2 号全宗，第 1 号目录，第 2237 号保管单位；《无产者报》，[维堡]，1906 年 9 月 19 日，第 4 号。

9 月 19 日（10 月 2 日）

列宁的《社会革命党的孟什维克》一文发表在《无产者报》第 4 号上。

《列宁全集》中文第 2 版增订版第 13 卷第 391—401 页；《无产者报》，[维堡]，1906 年 9 月 19 日，第 4 号。

9 月 23 日（10 月 6 日）

彼得堡省宪兵局截获 70 册发往沃罗涅日的尼·列宁的小册子《关于俄国社会民主工党统一代表大会的报告（给彼得堡工人的信）》。

苏联中央国家历史档案馆，第 776 号全宗，第 9 号目录，1906 年，第 544 号案卷，第 4 张。

9 月 25 日（10 月 8 日）

彼得堡高等法院批准彼得堡出版委员会 1906 年 9 月 6 日（19 日）关于查禁列宁的小册子《修改工人政党的土地纲领》的决定。

苏联中央国家历史档案馆，第 776 号全宗，第 9 号目录，1906 年，第 590 号案卷，第 3 张。

9 月 30 日（10 月 13 日）以前

列宁在俄国社会民主工党彼尔姆委员会的来信上写批语，信中援引了党的市委会和几个区委会关于不信任孟什维克中央委员会的决议。来信建议召开党的紧急代表大会。彼尔姆委员会的决议刊登在 1906 年 9 月 30 日《无产者报》第 5 号上。

苏共中央马列主义研究院中央党务档案馆，第 2 号全宗，第 1 号目录，第 2238 号保管单位；《无产者报》，[维堡]，1906 年 9 月 30 日，第 5 号。

9 月 30 日(10 月 13 日)

列宁的文章《新的政变在酝酿中!》(社论)、《游击战争》、《俄国政党分类尝试》和编辑部短评《关于游击战争的问题》发表在《无产者报》第 5 号上。

《列宁全集》中文第 2 版增订版第 14 卷第 1—12、13—19、20、21—27 页;《无产者报》,[维堡],1906 年 9 月 30 日,第 5 号。

列宁在他的发表于 1906 年 9 月 30 日《无产者报》第 5 号上的《游击战争》一文中标明"1906 年 9 月 30 日",并划重点。

《列宁全集》中文第 2 版增订版第 14 卷第 1—12 页;苏共中央马列主义研究院中央党务档案馆,第 2 号全宗,第 1 号目录,第 2231 号保管单位;《无产者报》,[维堡],1906 年 9 月 30 日,第 5 号。

9 月 30 日(10 月 13 日)以后

列宁阅读劳动团成员向国家杜马提交、收录在小册子《第一届国家杜马中的土地问题。提交杜马的土地改革法案和各主要发言人关于土地问题的发言速记稿》(1906 年基辅版)中的土地改革法案。列宁在第 1 页上注明:"该法案全文(未署名)收录在第一届杜马速记记录中,第 13 次会议,1906 年 5 月 23 日,第 560—562 页"。

苏共中央马列主义研究院中央党务档案馆,第 2 号全宗,第 1 号目录,第 2235 号保管单位;《克里姆林宫的弗·伊·列宁藏书》,1961 年,第 208 页;《1906 年俄国出版的书籍目录》,圣彼得堡,1908 年,第 747 页。

9 月 30 日以后—12 月初

列宁在库奥卡拉的瓦萨别墅,同扬·安·别尔津(季耶美利斯)相识。列宁在同他谈话时,向他详细了解拉脱维亚边疆区社会民主党的活动,特别对党的战斗活动和游击斗争感兴趣,请他翻译

《斗争报》和拉脱维亚边疆区社会民主党的其他刊物上的文章。

《拉脱维亚革命者回忆列宁》,里加,1969年,第13、41—44页;《拉脱维亚共产党简史》,第Ⅰ卷,里加,1962年,第169页。

不早于9月—不晚于1907年3月1日(14日)

列宁阅读H.A.鲍罗廷的小册子《从数字看国家杜马》,在文中划重点并作标记。在这本小册子第25页上,列宁记录了他根据作者列的统计表计算出来的关于国家杜马的社会构成的总计数字;划出表明土地所有者、农民、工人和律师的代表人数和比例关系的数字。在第33页上,列宁计算归土地所有者代表所有的土地数量。后来,列宁在《立宪民主党和劳动派》一文中引用了这本小册子。

《列宁全集》中文第2版增订版第15卷第63页;苏共中央马列主义研究院中央党务档案馆,第2号全宗,第1号目录,第2234号保管单位;《克里姆林宫的弗·伊·列宁藏书》,1961年,第209页;《1906年俄国出版的书籍目录》,圣彼得堡,1908年,第755页;《工人评论报》,1907年3月1日,第1号。

9月—1907年11月

列宁领导群众性工人报纸《前进报》(第1—19号)的工作,这份报纸在维堡由《无产者报》编辑部秘密出版。

《列宁全集》中文第2版增订版第19卷第102页;《前进报》,[维堡],1906—1907年,第1—19号;《无产者报》,[维堡],1906年9月8日,第3号;《回忆弗·伊·列宁》,第1卷,1968年,第322页;《苏共历史问题》杂志,1968年,第12期,第56—63页;亚·施利希特尔:《我所了解的伊里奇》,1970年,第27—28页。

9月—12月

在莫斯科、彼得堡、基辅、哈尔科夫、巴库、阿尔汉格尔斯克、尼古拉耶夫、卡卢加、里加、科斯特罗马、斯拉维扬斯克(哈尔科夫省)、下普鲁塔洛沃村(梁赞省)、别洛莫伊卡和伦达乡(维捷布斯克省)进行搜查和逮捕时没收了列宁著的小册子《杜马的解散和无产阶级的任务》一书。

苏联中央国家十月革命和社会主义建设档案馆,警察司全宗,第 7 处,1906 年,第 9133、9496、9661、9723、9833、9849、10428、10443、10650、11087、11222、11260、11906、11959、11968 号案卷;莫斯科保安处全宗,1906 年,第 469 号案卷,第 II 卷。

10 月初

列宁写《评〈社会民主党人报〉第 1 号》一文。

《列宁全集》中文第 2 版增订版第 14 卷第 28—32 页;《无产者报》,[维堡],1906 年 9 月 30 日,第 5 号。

10 月 3 日(16 日)

警察在敖德萨进行搜捕时,发现了列宁著的《进一步,退两步》(1904 年日内瓦版)一书。

苏联中央国家十月革命和社会主义建设档案馆,警察司全宗,第 7 处,1906 年,第 10346 号案卷。

不早于 10 月 7 日(20 日)

莫斯科印刷所和书店检查监督机关在 E.Д.米亚赫科夫书库发现 2 000 册列宁著的小册子《修改工人政党的土地纲领》,下令予以查禁。

苏联中央国家历史档案馆,第 776 号全宗,第 9 号目录,第 590 号案卷,第 4 张—第 4 张背面。

10 月 11 日和 28 日(10 月 24 日和 11 月 10 日)之间

列宁写《关于召开党的紧急代表大会》一文。

《列宁全集》中文第 2 版增订版第 14 卷第 62—64 页;《无产者报》,[维堡],1906 年 11 月 10 日,第 7 号;《同志报》,1906 年 10 月 11 日(24 日),第 84 号;《社会民主党人报》,1906 年 10 月 27 日,第 5 号。

10月12日(25日)

警察在莫斯科进行搜查时,发现了列宁的《关于我们的土地纲领(给第三次代表大会的信)》一文。

苏联中央国家十月革命和社会主义建设档案馆,警察司全宗,第7处,1906年,第10696号案卷。

10月,13日(26日)以后

列宁写小册子《马尔托夫和切列万宁在资产阶级报刊上的言论》。

《列宁全集》中文第2版增订版第14卷第54—61页;《同志报》,1906年10月12日(25日),第85号;10月13日(26日),第86号。

10月14日(27日)

俄国社会民主工党库尔斯克委员会通过决议,支持列宁关于召开下一届党的代表大会的建议,反对格·瓦·普列汉诺夫关于召开非党工人代表大会的建议。

《革命的第二个时期(1906—1907年)》,第3册,1963年,第230—231页。

10月18日(31日)

列宁的《事后聪明的俄国激进派!》一文发表在合法杂志《生活通报》第12期上。

《列宁全集》中文第2版增订版第14卷第33—37页;《生活通报》,1906年10月18日,第12号,第45—48栏。

10月18日(31日)以后

列宁在萨·扎克《农民和土地社会化》(1906年莫斯科版)一书第8页和第12页上作了带有强烈批判性质的批注。

苏共中央马列主义研究院中央党务档案馆,第2号全宗,第1号目录,第2240号保管单位;《克里姆林宫的弗·伊·列宁藏书》,1961年,第213页;《1906年俄国出版的书籍目录》,圣彼得堡,1908年,第897页。

10月29日(11月11日)

列宁的两篇文章《谈谈立宪民主党代表大会的结果》(社论)和《革命界的小市民习气》发表在《无产者报》第6号上。

《列宁全集》中文第2版增订版第14卷第38—42、43—53页;《无产者报》,[维堡],1906年10月29日,第6号。

10月29日和11月10日(11月11日和23日)

扬·安·别尔津(季耶美利斯)受列宁委托写的《拉脱维亚社会民主党论游击斗争》一文分两期发表在《无产者报》第6号上,署名"一个拉脱维亚社会民主党人",以及第7号上,署名"别·"。

《无产者报》,[维堡],1906年10月29日,第6号;11月10日,第7号;《拉脱维亚革命者回忆列宁》,里加,1969年,第13页。

10月底

列宁写小册子《社会民主党和选举协议》。

《列宁全集》中文第2版增订版第14卷第72—93页;《社会民主党人报》,1906年10月27日,第5号;《同志报》,1906年10月31日(11月13日),第101号。

10月

列宁的小册子《马尔托夫和切列万宁在资产阶级报刊上的言论》由彼得堡的无产阶级事业出版社出版。

《列宁全集》中文第2版增订版第14卷第54—61页;弗·伊·列宁:《马尔托夫和切列万宁在资产阶级报刊上的言论》,圣彼得堡,无产阶级事业出版社,1906年,8页,标题前作者:尼·列宁。

11月2日(15日)

列宁参加在塔墨尔福斯召开的俄国社会民主工党第二次代表

会议（“第一次全国代表会议”）的预备会议，商定代表会议的工作程序。

苏共中央马列主义研究院中央党务档案馆，第 435 号全宗，第 1 号目录，第 27105 号保管单位，第 18 张。

11 月 3 日（16 日）以前

列宁在《俄国社会民主工党中央委员会提出的选举纲领草案》传单上作批注。在传单中，列宁在“千百万人民统一的、有组织的和一致的运动”的意义和必须选“既有炽烈的革命激情、还善于指出胜利道路”的人为杜马代表的文字下面划标线。该草案刊登在 11 月 3 日（16 日）《社会民主党人报》第 6 号上。

苏共中央马列主义研究院中央党务档案馆，第 2 号全宗，第 1 号目录，第 2242 号保管单位；《社会民主党人报》，1906 年 11 月 3 日，第 6 号。

11 月 3 日（16 日）

列宁在俄国社会民主工党第二次代表会议（即“第一次全国代表会议”）第 1 次会议上被选入主席团。

苏共中央马列主义研究院中央党务档案馆，第 435 号全宗，第 1 号目录，第 27105 号保管单位，第 28 张；《红色文献》杂志，1934 年，第 1 期，第 197 页。

列宁就代表会议日程发言；支持费·埃·捷尔任斯基提出的关于讨论各地方党组织同崩得合并的问题的建议。列宁指出，实际在地方上并没有进行合并，所有这一切给地方组织的工作带来了损害，同时不应对党隐瞒已经出现的情况。

苏共中央马列主义研究院中央党务档案馆，第 435 号全宗，第 1 号目录，第 27105 号保管单位，第 18、19 张。

11 月 3 日—7 日（16 日—20 日）

列宁在代表会议休会期间主持布尔什维克派会议，同布尔什维克代表谈各地方党组织的工作；在同伏尔加河流域代表、《萨马拉河湾报》编辑部撰稿人亚·波格丹诺夫（亚·沃尔日斯基）谈话时，了解布尔什维克在农民中间进行工作的情况。亚·波格丹诺夫建议列宁为《萨马拉河湾报》撰稿。

《列宁全集》中文第2版增订版第14卷第208—212、462页；《苏联共产党决议汇编》，第8版，第1卷，1970年，第185页；《无产阶级革命》杂志，1925年，第7期，第179—180页；《磨石》杂志，1928年，第1—2期，第8—9页；《亚·波格丹诺夫散文选》，1960年，第259—260页。

11月4日（17日）

列宁在代表会议上作关于第二届国家杜马选举运动问题的报告和总结发言。

《列宁全集》中文第2版增订版第14卷第94—95、96页；苏共中央马列主义研究院中央党务档案馆，第435号全宗，第1号目录，第27105号保管单位，第1、8张。

11月6日（19日）

列宁在代表会议上发言，批判俄国社会民主工党孟什维克中央委员会提出的认为可以同立宪民主党组成选举联盟的选举纲领草案；以波兰社会民主党、拉脱维亚边疆区社会民主党、彼得堡、莫斯科、中部工业地区和伏尔加河流域的14名代表名义提出《特别意见》，《特别意见》强调指出，党必须在选举运动中保持组织上和思想上的独立性，“只有在绝对必要的情况下”，“而且也只能同那些完全接受我们进行直接政治斗争的基本口号”的政党达成暂时的协议。

《列宁全集》中文第2版增订版第14卷第97、98—100页；苏共中央马列主义研究院中央党务档案馆，第435号全宗，第1号目录，第27105号保管单位，第8—9、12张；《无产者报》，[维堡]，1906年11月23日，第8号；《苏共党史》，第2卷，1966年，第209—210页。

列宁在代表会议讨论过程中反对拖延召开党的代表大会，主张必须召开党的紧急代表大会；批判崩得分子支持立宪民主党内阁和支持孟什维克中央委员会策略的立场。

苏共中央马列主义研究院中央党务档案馆，第 435 号全宗，第 1 号目录，第 27105 号保管单位，第 12 张。

11 月 7 日（20 日）

列宁坚决主张代表会议讨论关于鼓动召开“工人代表大会”就是破坏党的纪律的问题。

代表会议通过了列宁提出的对《关于各地选举运动的统一的决议》的修正案。

《列宁全集》中文第 2 版增订版第 14 卷第 101、123—124 页；苏共中央马列主义研究院中央党务档案馆，第 435 号全宗，第 1 号目录，第 27105 号保管单位，第 13、14、15、16 张。

11 月 10 日（23 日）以前

列宁修改一位姓名不详的作者所写的关于尼古拉耶夫铁路社会民主党组织代表会议的文章手稿，该文援引了两项决议的原文；列宁在文章上加写标题《在铁路工人中间的工作》，加注“见决议第 1—3 页”、“见第 3 页”和“见第 4 页”，编排页码。这两项决议发表在《无产者报》第 7 号上。

苏共中央马列主义研究院中央党务档案馆，第 2 号全宗，第 1 号目录，第 2244 号保管单位；《无产者报》，［维堡］，1906 年 11 月 10 日，第 7 号。

列宁读尔·马尔托夫《关于准备选举运动问题的信》，在信上作批注。列宁在《〈社会民主党和选举运动〉一文附言》中引用了马尔托夫的信。

《列宁全集》中文第 2 版增订版第 14 卷第 69 页；苏共中央马列主义研究院中央党务档案馆，第 2 号全宗，第 1 号目录，第

2245 号保管单位;《无产者报》,[维堡],1906 年 11 月 10 日,第 7 号;《列宁文集》俄文版第 25 卷第 156—157 页。

11 月 10 日(23 日)

列宁的文章《关于召开党的紧急代表大会》、《历史是怎样写的……》和《〈社会民主党和选举运动〉一文附言》发表在《无产者报》第 7 号上。

《列宁全集》中文第 2 版增订版第 14 卷第 62—64、65—68、69—71 页;《无产者报》,[维堡],1906 年 11 月 10 日,第 7 号。

11 月 15 日和 1907 年 1 月 15 日(11 月 28 日和 1907 年 1 月 28 日)之间

列宁以《在西方和在我国的选举协议》为题,向彼得堡涅瓦区谢米扬尼科夫分区的工人作演讲。

《无产者报》,[维堡],1907 年 1 月 25 日,第 12 号。

11 月 16 日(29 日)以前

列宁在布尔什维克中央的会议上说,军事战斗工作中存在某些脱离全党工作的倾向,并建议组织局邀请党内较大的布尔什维克组织的代表同军事和战斗组织的代表一起参加俄国社会民主工党军事和战斗组织第一次代表会议。同时,这次会议计划指派伊·阿·萨美尔作为布尔什维克中央的代表出席会议,并建议组织局请马·尼·利亚多夫作关于目前形势的报告。

《苏共党史》,第 2 卷,1966 年,第 198 页;《俄国社会民主工党军事和战斗组织第一次代表会议》,1906 年 11 月,莫斯科,1932 年,第 XXV—XXVI、6、81、201 页;马·利亚多夫:《1903—1907 年党的生活》,1956 年,第 188—192 页。

列宁同分别前来库奥卡拉看望他的叶·米·雅罗斯拉夫斯基和伊·克·拉拉扬茨谈话,他们参加了塔墨尔福斯俄国社会民主工党军事和战斗组织第一次代表会议的筹备工作。列宁在同他们谈话中,赞成关于召开代表会议的想法,同他们讨论军事工作的具体问题，警告说在采取任何比较重大的措施时都必须让布尔什维克中央知道。遵照列宁的建议，代表会议表示：全部军事战斗工作完全服从全党的政治领导。

《列宁全集》中文第2版增订版第15卷第297—306页；《无产者报》，[维堡]，1906年12月7日，第9号；《苏共党史》，第2卷，1966年，第198页；《俄国社会民主工党军事和战斗组织第一次代表会议》，1906年11月，莫斯科，1932年，第XXIV—XXX、XXXV页；《回忆弗·伊·列宁》，第2卷，1969年，第235—236页。

列宁收到组织局发来的召开俄国社会民主工党军事和战斗组织代表会议的信，邀请他参加代表会议的工作。

列宁致函俄国社会民主工党布尔什维克军事和战斗组织第一次代表会议的组织者。列宁在信中感谢他们的邀请，说明自己对会议的肯定态度，认为代表会议非常重要，赞成代表会议的议事日程，并提醒说，要避免通过背离布尔什维克基本路线的决议。

《回忆弗·伊·列宁》，第2卷，1969年，第236页；《俄国社会民主工党军事和战斗组织第一次代表会议》，1906年11月，莫斯科，1932年，第XXIV—XXV页。

11月22日(12月5日)

列宁同俄国社会民主工党军事和战斗组织代表会议的参加者马·尼·利亚多夫和伊·阿·萨美尔谈代表会议的结果。

《俄国社会民主工党军事和战斗组织第一次代表会议》，1906年11月，莫斯科，1932年，第40页。

11月22日(12月5日)以后

列宁派马·尼·利亚多夫去乌拉尔，领导布尔什维克参加第二届国家杜马选举运动的工作和组织俄国社会民主工党第五次代表大会代表的选举工作。

马·利亚多夫:《1903—1907 年党的生活》,1956 年,第 193、195 页。

11 月 23 日(12 月 6 日)

列宁的文章《告选民书草案》(社论)、《论同立宪民主党的联盟》、《同立宪民主党化的社会民主党人的斗争和党的纪律》、《阿尔马维尔社会民主党人是怎样进行选举运动的?》发表在《无产者报》第 8 号上。

《列宁全集》中文第 2 版增订版第 14 卷第 102—104、107—120、121—125、126—128 页;《无产者报》,[维堡],1906 年 11 月 23 日,第 8 号。

列宁写的传单《把谁选入国家杜马?》作为《无产者报》第 8 号的附刊发表。

《列宁全集》中文第 2 版增订版第 14 卷第 129—136 页;《无产者报》,[维堡],1906 年 11 月 23 日,第 8 号;弗·伊·列宁:《把谁选入国家杜马?》,传单,[维堡],未注明出版年份,2 页,未注明作者。

不早于 11 月 23 日(12 月 6 日)

列宁改正 1906 年 11 月 23 日《无产者报》第 8 号第 2 版上自己的《论同立宪民主党的联盟》一文中一个印错的词,并在《俄国社会民主工党全国代表会议(《无产者报》通讯)》一文的标题中批注:“第一个”。

苏共中央马列主义研究院中央党务档案馆,第 2 号全宗,第 1 号目录,第 2231 号保管单位;《无产者报》,[维堡],1906 年 11 月 23 日,第 8 号;《克里姆林宫的弗·伊·列宁藏书》,1961 年,第 574 页。

11 月 23 日(12 月 6 日)以后

拉脱维亚边疆区社会民主党中央委员会以传单形式用拉脱维亚文出版了列宁的《告选民书草案》,题为《我们的选举纲领》。

《列宁全集》中文第2版增订版第14卷第102—106页；《拉脱维亚苏维埃社会主义共和国科学院通报》，1969年，第6号，第14页；《弗·伊·列宁著作编年索引》，上册，1959年，第261页。

11月29日(12月12日)

一些鼓动员向彼得堡委员会的布尔什维克成员提出成立鼓动员委员会的建议，并希望能委托列宁来领导这一委员会。

《红色史料》杂志，1931年，第1期，第109页。

11月30日(12月13日)以前

列宁参加(俄国社会民主工党)莫斯科枢纽站铁路局机关报《铁路员工报》第1号的编辑工作(在芬兰《无产者报》印刷所印刷)。第1号报纸刊登了列宁撰写的《以波兰社会民主党、拉脱维亚边疆区社会民主党、圣彼得堡、莫斯科、中部工业区和伏尔加河流域的代表名义向俄国社会民主工党全国代表会议提出的特别意见》。

《列宁全集》中文第2版增订版第14卷第98—100页；《列宁全集》俄文第5版第14卷第414页；《铁路员工报》，1906年11月30日，第1号；苏共中央马列主义研究院中央党务档案馆，第2号全宗，第1号目录，第2246号保管单位；《历史文献》杂志，1958年，第2期，第154—157页；《同列宁见面——铁路工人回忆录》，第2版，1962年，第12—19页；《回忆弗·伊·列宁》，第3册，1960年，第62—67页；《布尔什维克定期刊物(目录索引)》，1964年，第50页；《弗·伊·列宁著作编年索引》，上册，1959年，第260页。

11月30日(12月13日)以后

列宁同俄国社会民主工党莫斯科铁路区委员会委员Л.Г.哈宁进行谈话，哈宁带来了《铁路员工报》第2号的材料。列宁在谈话中了解党在莫斯科铁路工人中间的工作情况。

苏共中央马列主义研究院中央党务档案馆，第2号全宗，第1

号目录,第 2246 号保管单位;《历史文献》杂志,1958 年,第 2 期,第 154—157 页;《同列宁见面——铁路工人回忆录》,第 2 版,1962 年,第 12—19 页。

11 月底—12 月初

列宁校阅卡·考茨基的小册子《俄国革命的动力和前途》的俄译本,并为小册子写序言。实际上小册子于 1906 年 12 月底出版。

《列宁全集》中文第 2 版增订版第 14 卷第 175、220—226 页;卡·考茨基:《俄国革命的动力和前途》,译自德文,(《新时代》杂志,第 25 年卷,第 1 册,第 9、10 期),尼·列宁校订并作序,莫斯科,新时代出版社,1907 年;《书籍》杂志,1907 年 1 月 4 日,第 9 期,第 23 页;《涅瓦河》杂志,1970 年,第 3 期,第 143 页。

11 月

列宁的小册子《社会民主党和选举协议》在彼得堡由前进出版社出版。

《列宁全集》中文第 2 版增订版第 14 卷第 72—93 页;弗·伊·列宁:《社会民主党和选举协议》,圣彼得堡,前进出版社,1906 年,30 页,标题前作者:尼·列宁,扉页上的出版日期为 1907 年;《1906 年俄国出版的书籍目录》,圣彼得堡,1908 年,第 1062 页。

11 月以后

列宁阅读米·斯·奥里明斯基写的关于一些民意党人的回忆录,回忆录刊登在《往事》杂志第 11 期上。列宁在和作者谈话时,向他提出许多批评意见。

《往事》杂志,1906 年,第 11 期,第 1—27 页;O.列扎瓦和 H.涅利多夫:《米·斯·奥里明斯基生平活动》,1962 年,第 111—112 页;苏共中央马列主义研究院中央党务档案馆,第 91 号全宗,第 1 号目录,第 2 号保管单位,第 151 张。

秋天

根据列宁的建议,布尔什维克中央决定将阿·伊·斯维杰尔斯基派到拉脱维亚社会民主党中央委员会工作，以便同拉脱维亚布尔什维克建立更加紧密的联系。

《拉脱维亚革命者回忆列宁》，里加，1969 年，第 13—14 页；《拉脱维亚共产党简史》，第 1 卷，里加，1962 年，第 169 页。

列宁在瓦萨别墅同第一届国家杜马代表、劳动派分子季·伊·谢杰尔尼科夫谈第二届杜马的选举运动问题。

《拉脱维亚革命者回忆列宁》，里加，1969 年，第 37 页；《工人和农民谈列宁》，1933 年，第 77 页。

列宁阅读 1906 年 8 月出版的马·尼·利亚多夫的《俄国社会民主工党历史》第 1 册，并给予好评。

《拉脱维亚革命者回忆列宁》，里加，1969 年，第 36 页；《1906 年俄国出版的书籍目录》，圣彼得堡，1908 年，第 681 页；马·利亚多夫：《俄国社会民主工党历史》，第 1 册，1906 年。

1906 年秋天—1907 年上半年

列宁在瓦萨别墅居住期间，经常会见工人布尔什维克 C.B.马尔柯夫，马尔柯夫受彼得堡委员会的委派，把报纸和所需材料带给列宁，并把列宁的文章和信件带回到彼得堡。

《彼得堡人回忆伊里奇》，1970 年，第 162—166 页；《苏共党史》，第 2 卷，1966 年，第 203 页；《旗帜》杂志，1956 年，第 4 期，第 135—139 页；C.叶夫根诺夫：《坦波夫的黎明(特写、回忆录)》，沃罗涅日，1970 年，第 155—161 页；《工人和农民谈列宁》，1933 年，第 74—79 页。

12 月 2 日(15 日)

彼得堡出版委员会告知彼得堡市长已查禁列宁的小册子《立宪民主党人的胜利和工人政党的任务》。委员会在通知此事的同时，请求“对小册子作者尼·列宁(委员会不知道该人的名字、父称、身份和住址)开展司法调查”。

《红色文献》杂志，1934 年，第 1 期，第 197—198 页；苏联中央国家历史档案馆，第706号全宗，第1号目录，第36号案卷，第1张；《档案学问题》杂志，1965年，第1期，第74页。

12月7日(20日)

列宁的文章《新的参议院说明》(社论)和《孟什维主义的危机》发表在《无产者报》第9号上。

《列宁全集》中文第2版增订版第14卷第137—146、147—171页；《无产者报》，[维堡]，1906年12月7日，第9号。

12月10日(23日)

列宁写《无产阶级及其在俄国革命中的同盟者》一文。

《列宁全集》中文第2版增订版第14卷第175—185页；《无产者报》，[维堡]，1906年12月20日，第10号。

12月14日(27日)

列宁写《政府伪造杜马和社会民主党的任务》一文。

《列宁全集》中文第2版增订版第14卷第194—200页；《无产者报》，[维堡]，1906年12月20日，第10号；《同志报》，1906年12月14日(27日)，第139号。

12月16日(29日)

警察在梁赞进行搜查时发现列宁著的小册子《社会民主党和选举协议》、《社会民主党在民主革命中的两种策略》、《修改工人政党的土地纲领》和《普列汉诺夫①是怎样论述社会民主党的策略的?》。

苏联中央国家十月革命和社会主义建设档案馆，警察司全宗，第7处，1906年，第12161号案卷。

12月17日和31日(12月30日和1907年1月13日)之间

列宁写《各资产阶级政党和工人政党是怎样对待杜马选举的?》一文。

---

① 《列宁全集》中有“同志”二字(见《列宁全集》中文第2版增订版第13卷第148页)。——译者注

《列宁全集》中文第2版增订版第14卷第227—231页;《艰苦劳动》周刊,1906年12月31日,第2期,第1—2页;《同志报》,1906年12月17日(30日),第142号。

12月20日(1907年1月2日)

列宁的文章《政府伪造杜马和社会民主党的任务》(社论)、《谈谈崩得机关报上的一篇文章》、《工人代表大会和同社会革命党的合并》、《无产阶级及其在俄国革命中的同盟者》发表在《无产者报》第10号上。

《列宁全集》中文第2版增订版第14卷第172—174、175—185、186—193、194—200页;《无产者报》,[维堡],1906年12月20日,第10号。

12月24日—1907年1月6日(1907年1月6日—19日)

在列宁的参与下,合法的布尔什维克周刊《艰苦劳动》在彼得堡出版。(共出3期,均被警察没收。)

《艰苦劳动》周刊,1906年12月24日,第1期;12月31日,第2期;1月6日,第3期;苏联中央国家十月革命和社会主义建设档案馆,警察司全宗,特别处,1907年,第130号案卷;《布尔什维克定期刊物(目录索引)》,1964年,第66—67页。

12月24日(1907年1月6日)

列宁的《政治形势和工人阶级的任务》一文作为社论发表在布尔什维克《艰苦劳动》周刊第1期上。

《列宁全集》中文第2版增订版第14卷第201—207页;《艰苦劳动》周刊,1906年12月24日,第1期,第1—3页。

12月,27日(1907年1月9日)以后

列宁写《威·李卜克内西的小册子〈不要任何妥协,不要任何选举协议!〉的俄译本序言》。该书于1907年上半年在彼得堡出版。

《列宁全集》中文第2版增订版第14卷第213—219页;《我们的论坛》周刊,维尔纳,1906年12月27日,第3期;威·李卜克内西:《不要任何妥协,不要任何选举协议!》,尼·列宁作序，圣彼得堡，新杜马出版社，1907 年，64 页；《1907 年 1 月 1 日至 6 月 30 日俄国出版的书籍目录》，圣彼得堡，1908 年，第 188 页。

12 月 28 日（1907 年 1 月 10 日）

列宁应萨马拉布尔什维克的请求，写《工人政党的任务和农民》一文，并将文章由彼得堡寄给萨马拉布尔什维克的合法报纸——《萨马拉河湾报》编辑部，该报的实际编辑是马·季·叶利扎罗夫。列宁在文章末尾附言：编辑部有权改写文章和更换文章标题；如果文章发表的话，请求给他寄几份来。文章被宪兵队截获，直到 1927 年才在萨马拉省宪兵局的档案材料中找到。

《列宁全集》中文第 2 版增订版第 14 卷第 208—212 页；苏共中央马列主义研究院中央党务档案馆，第 2 号全宗，第 1 号目录，第 2247 号保管单位，第 1 张；《伏尔加公社报》，萨马拉，1935 年 1 月 21 日，第 19 号；《磨石》杂志，1928 年，第 1—2 期，第 9 页；《捷列克河》，皮亚季戈尔斯克，1928 年 2 月 21 日，第 44 期。

12 月 31 日（1907 年 1 月 13 日）

列宁的《各资产阶级政党和工人政党是怎样对待杜马选举的？》一文作为社论在《艰苦劳动》周刊第 2 期上发表。

《列宁全集》中文第 2 版增订版第 14 卷第 227—231 页；《艰苦劳动》周刊，1906 年 12 月 31 日，第 2 期，第 1—2 页。

12 月底

列宁的妹妹玛丽亚·伊里尼奇娜·乌里扬诺娃到库奥卡拉列宁这里过新年。

《乌里扬诺夫家书集》，1969 年，第 167 页。

12 月下半月—1907 年初

列宁同季明（列·波·克拉辛）和马克西莫夫（亚·亚·波格丹诺夫）一起签署 1906 年度党的经费收支情况的初步报告。

苏共中央马列主义研究院中央党务档案馆，第 2 号全宗，第 1 号目录，第 2248 号保管单位。

年底

列宁同俄国社会民主工党彼得堡委员会委员扬·安·别尔津（季耶美利斯）谈话，询问波罗的海沿岸地区的革命运动和里加布尔什维克组织的工作，了解弗·罗津所写《拉脱维亚农民》一书的情况，并请求将这本书的某些部分翻译出来。

《拉脱维亚革命者回忆列宁》，里加，1969 年，第 12、30、31、32 页。

1906 年

列宁读卡·马克思的小册子《论犹太人问题》（1906 年圣彼得堡版），并在小册子上作标记。列宁在第 25 页关于国家摆脱宗教和第 33 页关于信仰自由等文字下面划标线，同时在第 37、38 和 39 页的文字上作标记。他在小册子封面上注明："列宁藏书"。

苏共中央马列主义研究院中央党务档案馆，第 2 号全宗，第 1 号目录，第 2257 号保管单位；《克里姆林宫的弗·伊·列宁藏书》，1961 年，第 33 页。

列宁在卡·马克思的小册子《路易·波拿巴的雾月十八日》（1906 年版）上作标记，重点标出下列各处：关于无产阶级在 19 世纪革命中的作用（第 41 页），关于无产阶级和农民的联盟（第 119 页），关于资产阶级自由的局限性（第 22 页），关于在社会主义革命中摧毁资产阶级国家机器（第 113 页）。

苏共中央马列主义研究院中央党务档案馆，第 2 号全宗，第 1 号目录，第 2256 号保管单位；《克里姆林宫的弗·伊·列宁藏书》，1961 年，第 33 页。

列宁在卡·考茨基的小册子《爱国主义、战争和社会民主党》（1906 年圣彼得堡版）上作标记，重点标出下列各处：关于很难确定一个民族是否要进行进攻或防御战的问题(第 17、18 页)、关于"个人和民族"必须服从无产阶级国际解放斗争的任务(第 12 页)。列宁在第 14 页上用"注意"二字标出下列论述:保卫祖国"不是在任何情况下、而只有在国家利益同整个社会发展的无产阶级利益一致的情况下,才能成为社会民主党的义务"。

苏共中央马列主义研究院中央党务档案馆,第 2 号全宗,第 1 号目录,第 2258 号保管单位;《克里姆林宫的弗·伊·列宁藏书》,1961 年,第 190 页。

列宁阅读《卡尔·马克思出席科隆陪审法庭。对被控煽动武装叛乱的民主主义者莱茵区域委员会的审判(1849 年 2 月 9 日)。选自〈新莱茵报〉。弗·恩格斯作序。П.奥尔洛夫斯基翻译并撰写解释性引言》(知识出版社,1906 年圣彼得堡版)一书,并改正书中的错误。

苏共中央马列主义研究院中央党务档案馆,第 2 号全宗,第 1 号目录,第 25453 号保管单位。

《无产阶级丛书》出版了列宁编辑的恩格斯的小册子《行动中的巴枯宁主义者》。

弗·恩格斯:《行动中的巴枯宁主义者》,译自德文,尼·列宁校订,圣彼得堡,1906 年,28 页;《马克思恩格斯著作遗产》,1969 年,第 52 页。

不早于 1906 年

列宁在弗·恩格斯《1871—1875 年论文集。福格特。——行动中的巴枯宁主义者。——波兰人。——布朗基派。——论俄国》[①]

---

① 恩格斯这几篇著作的全称是:《再论〈福格特先生〉》、《行动中的巴枯宁主义者》、《波兰人的声明》、《公社的布朗基派流亡者的纲领》和《论俄国的社会问题》。1894 年恩格斯曾将这五篇文章编成文集交前进出版社在柏林出版,书名是:《〈人民国家报〉国际问题论文集(1871—1875)》。——译者注

（1906年圣彼得堡版）一书中作标记。列宁标出了恩格斯对法国18世纪唯物主义文献的高度评价（第45页），在恩格斯关于俄国资本主义的发展和俄国村社的意义的论述（第73和77页）下划标线，在第48页上用“注意”二字标出下列一段文字：“而德国的社会主义工人在1870年证明他们完全摆脱了一切民族沙文主义，现在他们会把法国工人接受正确的理论原理（尽管这些原理是从德国来的）这一事实看做良好的预兆。”

苏共中央马列主义研究院中央党务档案馆，第2号全宗，第1号目录，第2254号保管单位；《1906年俄国出版的书籍目录》，圣彼得堡，1908年，第525页；《克里姆林宫的弗·伊·列宁藏书》，1961年，第58页。

列宁在亚·伊·丘普罗夫教授的小册子《论土地改革问题》里作批注。后来，列宁在自己的著作《社会民主党在1905—1907年俄国第一次革命中的土地纲领》中批判了丘普罗夫的文章（依照另一版本）。

《列宁全集》中文第2版增订版第16卷第211、252、342、347页；苏共中央马列主义研究院中央党务档案馆，第2号全宗，第1号目录，第2253号保管单位；《克里姆林宫的弗·伊·列宁藏书》，1961年，第224页。

列宁在卡·考茨基《天主教会和社会民主党》一书中作批注。

苏共中央马列主义研究院中央党务档案馆，第2号全宗，第1号目录，第2252号保管单位；卡·考茨基：《天主教会和社会民主党》，圣彼得堡，新世界出版社，1906年。

列宁在潘·维赫利亚耶夫所写《从法律角度看土地问题》一书（1906年莫斯科版）中作批注。

苏共中央马列主义研究院中央党务档案馆，第2号全宗，第1号目录，第23571号保管单位；《克里姆林宫的弗·伊·列宁藏书》，1961年，第365页。

列宁在1906年汉堡出版的罗莎·卢森堡的《群众性罢工、党和工会》一书中作批注。

苏共中央马列主义研究院中央党务档案馆，第 2 号全宗，第 1 号目录，第 2255 号保管单位；罗·卢森堡：《群众性罢工、党和工会》，汉堡，杜伯尔出版社，1906 年。

1906 年—1907 年上半年

列宁对在国外购买武器的布尔什维克（马·马·李维诺夫和亚·西·沙波瓦洛夫等）作指示。

《俄国社会民主工党（布）中央委员会战斗小组（1905—1907 年）》，文章和回忆录，1927 年，第 70、72、167、178 页；《回忆弗·伊·列宁》，第 2 卷，1969 年，第 213—214 页。

不早于 1906 年—不晚于 1908 年

列宁在卡·马克思的《历史论文集》（1906 年圣彼得堡版）一书中作批注，并在书皮上作提要笔记。

苏共中央马列主义研究院中央党务档案馆，第 2 号全宗，第 1 号目录，第 2251 号保管单位；《克里姆林宫的弗·伊·列宁藏书》，1961 年，第 41 页。

* * *

1906 年

警察在彼得堡、莫斯科、基辅、里加、华沙、科夫诺、梯弗利斯、敖德萨、马里乌波尔、奥伦堡、普斯科夫、科斯特罗马、梁赞、坦波夫、卡卢加、哈尔科夫、波尔塔瓦、新尼古拉耶夫斯克、伊万诺沃-沃兹涅先斯克、叶卡捷琳堡、阿斯特拉罕、切尔内绍夫村（梁赞省）、维亚兹尼基、外高加索铁路季纳朱尔站和亚历山德罗波尔站之间以及利波夫卡-科马尔哥罗茨卡亚村（波多利斯克省）搜捕时发现了列宁著的小册子《社会民主党在民主革命中的两种策略》。

苏联中央国家十月革命和社会主义建设档案馆，警察司全宗，第 7 处，1906 年，第 1086、1675、1714、1731、2003、2425、2622、2759、2941、3267、3268、3397、3506、3697、3767、3837、3986、

4424、4461、4557、4889、4905、5156、5207、5717、5990、6093、6522、7546、8269、9132、9133、9160、9727、10348 号案卷，第10475 号案卷，第 4 卷，第 10883、11124、11193、11484、11645、12161、12202、12364 号案卷；警察司全宗，特别处，I 科，1906年，第 5 号案卷，第 8 册，第 8 张；莫斯科特别处全宗，1906 年，第 469 号案卷，第 II 卷。

警察在彼得堡、莫斯科、基辅、明斯克、奥廖尔、巴库、梯弗利斯、敖德萨、科夫诺、维尔纳、卢甘斯克、萨拉托夫、车里雅宾斯克、奥伦堡、特维尔、下诺夫哥罗德、尼古拉耶夫、博布鲁伊斯克、吉扎克、雅罗斯拉夫尔、喀山、托木斯克、克拉斯诺亚尔斯克、赫尔松、彼得罗夫斯克、萨马拉、塞瓦斯托波尔、哈尔科夫、叶卡捷琳堡、新尼古拉耶夫斯克、伊万诺沃-沃兹涅先斯克、莫托维利哈工厂（彼尔姆省）、卡梅申、特罗伊茨克（奥伦堡省）、克列缅丘格（波尔塔瓦省）、奥穆特宁斯克工厂（维亚特卡省）、克林齐镇（切尔尼戈夫省）、穆罗姆（弗拉基米尔省）、斯捷普诺伊镇（奥伦堡省）、维亚兹尼基、外高加索铁路季纳朱尔站和亚历山德罗波尔站之间进行搜捕时，发现载有列宁的《关于俄国社会民主工党第三次代表大会的通知》一文的小册子。

苏联中央国家十月革命和社会主义建设档案馆，警察司全宗，第 7 处，1906 年，第 8 号案卷，第 54 册，第 I 卷；第 439、450、611、950、1675、1677、1688、1931、2478、2693、2755、2810、2866、2890、3077、3121、3267、3284、3501、3518、3567、3674、3697、3767、3986、4424、4599、4606、4640、4889、5051、5207、5372、5943、6329、6438、6729、7370、7444、7521、7536、7699、8061、8156、8719、9988、10348、10616、11865、11962 号案卷。

警察在莫斯科、萨拉托夫、伊尔库茨克、托木斯克、敖德萨、哈尔科夫、里加、奥廖尔、赫尔松、基辅、哈尔滨、秋明、维亚特卡、雅罗斯拉夫尔、罗斯托夫雅罗斯拉夫尔、塔甘罗格、科斯特罗马、新尼古拉耶夫斯克、大乌斯丘格、萨马拉、波多利斯克（莫斯科省）、平斯克

(明斯克省)、卡梅申、尼古拉耶夫铁路丘多沃站、邦久格化工厂(维亚特卡省)、谢尔普霍夫县孔申工厂、梅捷利戈夫乡(库尔兰省)、萨罗夫斯科耶村(彼尔姆省)、戈留沙村和巴兰达村(萨拉托夫省)、布拉索沃村(奥廖尔省)、博里斯波尔村(波尔塔瓦省)、托季马县阿列基诺村、文达瓦县顿丹根村进行逮捕和搜查时发现了列宁写的传单《三种宪法或三种国家制度》。

苏联中央国家十月革命和社会主义建设档案馆,警察司全宗,第7处,1906年,第8号案卷,第54册,第I卷;第43、489、873、950、957、1049、1196、1232、1293、1370、1476、1714、1715、1719、1796、2003、2513、2854、2866、3077、3267、3284、3331、3418、3506、3567、3658、3868、3986、4446、4666、4723、5508、5795、6076、6329、6356、6752、7521、10055、10554、11328、11642号案卷。

警察在彼得堡、莫斯科、维尔纳、敖德萨、奥廖尔、阿斯特拉罕、萨马拉、基辅、普斯科夫、莫吉廖夫、梁赞、伊万诺沃-沃兹涅先斯克、卡缅涅茨-波多利斯克、叶卡捷琳诺斯拉夫、梯弗利斯、雷宾斯克、莫尔尚斯克、雅罗斯拉夫尔、科夫罗夫、鲁扎、穆罗姆(弗拉基米尔省)、巴尔瑙尔和比斯克(托木斯克省)、沃尔霍夫(奥廖尔省)、平斯克、文尼察(波多利斯克省)、维亚兹尼基(弗拉基米尔省)、新索科利尼基站(普斯科夫省)、普罗霍罗夫卡站(基辅—哈尔科夫—塞瓦斯托波尔铁路线)、埃杰姆斯科耶村(弗拉基米尔省)、皮翁特尼察村(沃姆扎省)、卡卢加村、马利科沃村(卡卢加省)、明斯克县格里特奇诺村、尤尔堡和陶罗根村(科夫诺省)、库班州克雷姆斯卡亚村进行搜查和逮捕时,发现了列宁著的小册子《农村需要什么(告贫苦农民)》。

苏联中央国家十月革命和社会主义建设档案馆,警察司全宗,第7处,1906年,第8号案卷,第54册,第1卷;第669、695、821、874、2620、3268、3397、3403、3460、3506、3697、4556、

4580、4889、4901、4944、4961、5206、5741、5866、6101、6309、6430、6469、6518、6743、7043、7370、7689、7821、8061、8062、8157、8288、8374、9562、9723、10072、10354、10652、10737、10994、11193、11644、11991、12225 号案卷;莫斯科保安处全宗,1906 年,第 469 号案卷,第 II 卷。

1907 年

年初

列宁同来自彼得堡的扬·安·别尔津(季耶美利斯)交谈有关彼得堡市代表会议的筹备情况,这次会议要决定第二届国家杜马选举策略的问题;询问别尔津(季耶美利斯)曾经作过宣传员的那个享有治外法权的拉脱维亚区的情况;还向他详细了解彼得堡的地下生活和地下工作的条件。

《拉脱维亚革命者回忆列宁》,里加,1969 年,第 41—44 页。

1 月 3 日(16 日)

格鲁吉亚《火炬报》刊载了收到列宁著的小册子《马尔托夫和切列万宁在资产阶级报刊上的言论》的消息,并简要介绍了这本小册子的内容。

《列宁全集》中文第 2 版增订版第 14 卷第 54—61 页;《火炬报》,梯弗利斯,1907 年 1 月 3 日,第 2 号,格鲁吉亚文版;В.Г.艾萨伊阿什维利:《弗·伊·列宁和格鲁吉亚》,第比利斯,1970 年,第 163 页。

1 月 4 日(17 日)

格鲁吉亚《火炬报》刊载了收到列宁著的小册子《社会民主党和选举协议》的消息,并介绍了这本小册子的内容。

《列宁全集》中文第 2 版增订版第 14 卷第 72—93 页;《火炬报》,梯弗利斯,1907 年 1 月 4 日,第 3 号,格鲁吉亚文版;В.Г.艾萨伊阿什维利:《弗·伊·列宁和格鲁吉亚》,第比利斯,

1970 年,第 163 页。

1 月 6 日(19 日)

列宁作为莫斯科区环形分区和萨波日内分区选出的代表,参加在泰里约基举行的俄国社会民主党彼得堡组织代表会议的工作。

列宁被选入代表会议主席团,在讨论批准委托书问题时,作关于在即将到来的第二届国家杜马选举中达成选举协议的报告。

代表会议反对同立宪民主党结成联盟,并根据列宁的提议通过决议:在选举期间向社会革命党人和劳动派建议订立协议,条件是他们拒绝同立宪民主党实行任何形式的联合。

《列宁全集》中文第 2 版增订版第 14 卷第 232、310—321、335—339 页;《无产者报》,[维堡],1907 年 1 月 25 日,第 12 号;苏联中央国家十月革命和社会主义建设档案馆,警察司全宗,特别处,1906 年,I 科,第 725 号案卷,第 57 册,第 118 张;1907 年,第 5 号案卷,第 51 册,第 I 卷,第 46—50 张;C.马雷舍夫:《同列宁见面》,1933 年,第 12 页;《青年近卫军》杂志,1924 年,第 2—3 期,第 61—63 页;《同志报》,1907 年 1 月 20 日(2 月 2 日),第 170 号;《彼得堡人回忆伊里奇》,1970 年,第 185—187 页;《苏共党史》,第 2 卷,1966 年,第 210—211、721 页。

1 月 6 日和 14 日(19 日和 27 日)之间

列宁写《彼得堡工人政党的选举运动》一文。

《列宁全集》中文第 2 版增订版第 14 卷第 241—247 页;《通俗言语周报》,1907 年 1 月 14 日,第 1 号;《无产者报》,[维堡],1907 年 1 月 25 日,第 12 号。

1 月 7 日(20 日)

列宁的《普列汉诺夫和瓦西里耶夫》一文发表在《无产者报》第 11 号上。

《列宁全集》中文第 2 版增订版第 14 卷第 233—240 页;《无产

者报》,[维堡],1907 年 1 月 7 日,第 11 号。

1 月 13 日—14 日(26 日—27 日)

列宁写小册子《社会民主党和杜马选举》。

《列宁全集》中文第 2 版增订版第 14 卷第 248—271 页;《言语报》,1907 年 1 月 14 日(27 日),第 11 号。

1 月 14 日(27 日)

列宁的《彼得堡工人政党的选举运动》一文作为社论发表在布尔什维克的《通俗言语周报》第 1 号上。

《列宁全集》中文第 2 版增订版第 14 卷第 241—247 页;《通俗言语周报》,1907 年 1 月 14 日,第 1 号。

由于《通俗言语周报》1907 年 1 月 14 日第 1 号刊登了列宁的《彼得堡工人政党的选举运动》一文,彼得堡出版委员会决定对报纸编辑 M.E.扬采维奇进行追究。

苏联中央国家历史档案馆,第 776 号全宗,第 9 号目录,第 764 号案卷,第 1 张;《档案学问题》杂志,1965 年,第 1 期,第 70 页。

1 月 15 日(28 日)

列宁写小册子《"你会听到蠢人的评判……"(社会民主党政论家札记)》。

《列宁全集》中文第 2 版增订版第 14 卷第 272—290 页。

1 月 16 日(29 日)

警察司通知彼得堡保安处,在库奥卡拉的弗·伊·列宁的寓所经常举行有很多人参加的会议。

苏联中央国家十月革命和社会主义建设档案馆,警察司全宗,特别处,1907 年,第 51 号案卷,第 51 册,第 1 卷,第 38 张—第 38 张背面。

1月18日(31日)

列宁写《彼得堡社会民主党的选举运动》一文。

《列宁全集》中文第2版增订版第14卷第291—299页。

1月19日(2月1日)以前

列宁在孟什维克的传单《为什么我们要退出代表会议?(出席代表会议的31个代表致中央委员会的声明)》上作批注,并统计数字。列宁在《31个孟什维克的抗议书》一文中引用了1907年1月6日(19日)召开的俄国社会民主工党彼得堡组织代表会议上布尔什维克和孟什维克的票数资料。

《列宁全集》中文第2版增订版第14卷第307—310页;苏共中央马列主义研究院中央党务档案馆,第2号全宗,第1号目录,第2259号保管单位;《无产者报》,[维堡],1907年1月25日,第12号。

1月19日(2月1日)

列宁写《步步下降》一文。

《列宁全集》中文第2版增订版第14卷第300—304页。

1月19日或20日(2月1日或2日)

列宁写《31个孟什维克的抗议书》一文。

《列宁全集》中文第2版增订版第14卷第305—309页;《言语报》,1907年1月20日(2月2日),第16号。

1月20日(2月2日)

列宁写小册子《彼得堡的选举和31个孟什维克的伪善面目》。

《列宁全集》中文第2版增订版第14卷第310—321页,第15卷第281页。

1月20日和2月15日(2月2日和28日)之间

列宁在库奥卡拉的瓦萨别墅会见来自高加索的西·阿·捷尔-彼得罗相(卡莫)。

《回忆弗·伊·列宁》,第1卷,1968年,第320页;《格鲁吉亚革命运动的活动家(传略)》,第比利斯,1961年,第303页,格鲁吉亚文版;Б.比比涅伊什维利:《卡莫》,马·高尔基序,莫斯科,1934年,第92页;P.C.伊姆纳伊什维利:《卡莫(传略)》,第比利斯,1955年,第47—50页,格鲁吉亚文版;P.C.伊姆纳伊什维利:《卡莫(西·阿·捷尔-彼得罗相生平和革命活动)》,第比利斯,1968年,第17—18页。

1月21日(2月3日)

列宁的《彼得堡社会民主党的选举运动》一文发表在《通俗言语周报》第2号上。

《列宁全集》中文第2版增订版第14卷第291—299页;《通俗言语周报》,1907年1月21日,第2号。

1月21日和25日(2月3日和7日)之间

列宁写《彼得堡的选举和机会主义的危机》一文。

《列宁全集》中文第2版增订版第14卷第335—339页;《无产者报》,[维堡],1907年1月25日,第12号;《今日报》,1907年1月13日(26日),第121号。

1月23日和28日(2月5日和10日)之间

列宁的小册子《彼得堡的选举和31个孟什维克的伪善面目》在彼得堡新杜马出版社出版。

《列宁全集》中文第2版增订版第14卷第310—321页,第15卷第281页;弗·伊·列宁:《彼得堡的选举和31个孟什维克的伪善面目》,圣彼得堡,新杜马出版社,1907年,15页,标题前作者:尼·列宁;《同志报》,1907年1月28日(2月10日),第177号。

由于列宁发表了《彼得堡的选举和31个孟什维克的伪善面目》这本小册子,孟什维克中央委员会向党的法庭对他提出控告。通过策划对列宁进行审判,孟什维克力图千方百计破坏布尔什维克的威信,妄想将列宁开除出党。

2月上半月召开的彼得堡组织234名布尔什维克会议一致支

持列宁，并确认，彼得堡组织在第二届国家杜马选举前夕出现分裂应归咎于孟什维克。会议希望，31 个孟什维克退出后，代表会议的其余布尔什维克代表“对孟什维克小组和唐恩同志在政治上不可容忍的行为提出反诉”。

此后不久召开的彼得堡（市区和郊区）党代表会议第 3 次会议批准了 234 名布尔什维克会议的决议，并且补充通过了一条说明，“代表会议从根本上支持尼·列宁在小册子中提出的指控”。在对费·伊·唐恩和 31 个孟什维克提出反诉时，代表会议“委派和列宁一样的法官担任代表出庭”。彼得堡市许多布尔什维克区会议和工厂会议都声明，支持列宁。

《列宁全集》中文第 2 版增订版第 15 卷第 267—278 页；《无产者报》，[维堡]，1907 年 2 月 11 日，第 13 号；3 月 4 日，第 14 号；苏联中央国家十月革命和社会主义建设档案馆，警察司全宗，特别处，1907 年，第 5 号案卷，第 51 册，第 1 卷，第 173 张；警察司全宗，1907 年，第 265 号目录，第 168 号案卷，第 60 张；第 169 号案卷，第 12 张；《同志报》，1907 年 1 月 28 日（2 月 10 日），第 177 号，第 4 版；1 月 31 日（2 月 13 日），第 179 号；2 月 14 日（27 日），第 191 号；《列宁传》，第 4 版，1970 年，第 158—159 页。

1 月 25 日（2 月 7 日）

列宁的《在彼得堡选举中如何投票？（彼得堡的选举是否有黑帮胜利的危险？）》一文作为社论发表在《观察周报》第 1 号上。

《列宁全集》中文第 2 版增订版第 14 卷第 322—334 页；《观察周报》，1907 年 1 月 25 日，第 1 号。

列宁的《彼得堡的选举和机会主义的危机》（社论）、《步步下降》和《31 个孟什维克的抗议书》等三篇文章发表在《无产者报》第 12 号上。

《列宁全集》中文第 2 版增订版第 14 卷第 300—304、305—309、335—339 页；《无产者报》，[维堡]，1907 年 1 月 25 日，第 12 号。

1 月 30 日(2 月 12 日)

列宁的《彼得堡工人选民团的选举》和《社会民主党和社会革命党在圣彼得堡工人选民团选举中的斗争》等两篇文章发表在《通俗言语周报》第 3 号上。

《列宁全集》中文第 2 版增订版第 14 卷第 340—347、348—353;《通俗言语周报》,1907 年 1 月 30 日,第 3 号。

1 月底

列宁在俄国社会民主工党彼得堡全市代表会议分裂部分(31 个孟什维克)的执行机关的号召书《致全体工人和社会民主党选民书》上作批注。后来,列宁在《彼得堡工人选民团的选举总结》一文中提到了这份传单。

《列宁全集》中文第 2 版增订版第 14 卷第 400 页;苏共中央马列主义研究院中央党务档案馆,第 2 号全宗,第 1 号目录,第 2260 号保管单位。

1 月下半月—2 月上半月

列宁同曾经在俄国社会民主工党沃罗涅日委员会工作过的 И.В.邵罗夫就筹备即将召开的俄国社会民主工党第五次代表大会问题和武装起义问题进行交谈。列宁在谈话中提出了必须有进行武装起义的思想准备的观点。

《历史文献》杂志,1960 年,第 2 期,第 167—171 页。

1 月

列宁的《社会民主党和杜马选举》和《"你会听到蠢人的评判……"(社会民主党政论家札记)》等两本小册子在彼得堡由新杜马出版社出版。

《列宁全集》中文第 2 版增订版第 14 卷第 248—271、272—290 页;弗·伊·列宁:《社会民主党和杜马选举》,圣彼得堡,新杜马出版社,1907 年,26 页,标题前作者:尼·列宁;弗·

伊·列宁:《"你会听到蠢人的评判……"(社会民主党政论家札记)》,圣彼得堡,新杜马出版社,1907年,24页,标题前作者:尼·列宁;《1907年1月1日至6月30日俄国出版的书籍目录》,圣彼得堡,1908年,第187页;《书籍》杂志,1907年2月1日,第13期,封面。

列宁在瓦萨别墅同帕·格·达乌盖谈话,同意他的用俄文出版约·狄慈根著作的计划。狄慈根著作集的头几卷于1907年春出版。

《拉脱维亚革命者回忆列宁》,里加,1969年,第64—65页;《拉脱维亚苏维埃社会主义共和国科学院通报》,1969年,第6期,第19页;苏共中央马列主义研究院中央党务档案馆,第12号全宗,第2号目录,第145号保管单位,第3—4张;《新书》周刊,1907年6月21日,第1期,第46页。

1月—2月

列宁在尼·亚·罗日柯夫《俄国革命的命运》(1907年圣彼得堡版)一书中作批注。在书的最后一页写了批评性的批注,指出作者对于社会民主党历史的无知。列宁在第112页上划出了"只有几十年后"才可能发生革命的一段文字。

苏共中央马列主义研究院中央党务档案馆,第2号全宗,第1号目录,第2261号保管单位;《书籍》杂志,1907年2月1日,第13期,第5页;《克里姆林宫的弗·伊·列宁藏书》,1961年,第221页。

1月—10月

警察在卡尔斯市(埃里温省)、小阿廖什卡村(梁赞省)、涅任市(切尔尼戈夫省)和里加进行搜捕时,发现了列宁的《怎么办?》一书。

苏联中央国家十月革命和社会主义建设档案馆,警察司全宗,第7处,1907年,第1209、5739、6280、7491号案卷。

1月—11月

警察在彼得堡、下诺夫哥罗德、敖德萨和喀山进行搜捕时,发现了载有列宁《国家杜马和社会民主党的策略》一文的小册子《国家杜马和社会民主党》。

苏联中央国家十月革命和社会主义建设档案馆,警察司全宗,第 7 处,1906 年,第 6555 号案卷;1907 年,第 8068、8844 号案卷;警察司全宗,特别处,1907 年,第 5 号案卷,第 35 册。

2 月初

列宁起草在孟什维克策划的所谓党的法庭上的辩护词,揭露孟什维克在俄国社会民主工党彼得堡组织中的分裂活动。

《列宁全集》中文第 2 版增订版第 15 卷第 267—278 页。

2 月 1 日和 11 日(14 日和 24 日)之间

列宁在俄国社会民主工党彼得堡委员会印发的载有第二届国家杜马选举复选人候选名单的传单上写批语:“1907 年 2 月 1 日选举了复选人。这 14 名候选人**全部**当选。他们获得 269 票当中的 145—159 票。社会革命党人的候选人获得 110—135 票”。列宁在人名旁边加注“孟”和“布”字样,表明候选人所属的派别。

《列宁全集》中文第 2 版增订版第 14 卷第 402—403 页;苏共中央马列主义研究院中央党务档案馆,第 2 号全宗,第 1 号目录,第 2262 号保管单位;《无产者报》,[维堡],1907 年 2 月 11 日,第 13 号。

2 月 4 日(17 日)以前

列宁写关于立宪民主党人同彼·阿·斯托雷平进行谈判的文章。这篇文章发表在布尔什维克的报纸《劳动报》上(载有列宁这篇文章的这一号报纸没有找到)。

《列宁全集》中文第 2 版增订版第 14 卷第 364—365 页,第 413 页;《前进报》,1907 年 2 月 7 日,第 8 号。

2 月 4 日(17 日)

列宁写《彼得堡选举的意义》一文。

《列宁全集》中文第2版增订版第14卷第367—372、383—384页。

列宁的文章《在彼得堡选举中如何投票?(关于黑帮危险的鬼话对谁有利?)》、《关于莫斯科选举的初步材料》和《政治上的利德瓦尔事件》发表在《观察周报》第2号上。

《列宁全集》中文第2版增订版第14卷第354—360、361—363、364—366页;《观察周报》,1907年2月4日,第2号。

2月5日(18日)

列宁写卡·马克思致路·库格曼书信集俄译本序言。这本小册子经列宁校订后于1907年在彼得堡出版。

《列宁全集》中文第2版增订版第14卷第373—382页;卡·马克思:《致路·库格曼书信集》,《新时代》杂志编辑部序,M.伊琳娜译自德文,尼·列宁校订并作序,圣彼得堡,[新杜马],1907年,XI,96页。

2月7日(20日)

列宁写《第二届杜马和第二次革命浪潮》一文。

《列宁全集》中文第2版增订版第14卷第383—388页。

2月9日(22日)

列宁写《彼得堡选举的总结》一文。

《列宁全集》中文第2版增订版第14卷第389—396页。

列宁当选为彼得堡莫斯科区左翼党派联盟参加第二届国家杜马代表选举的复选人。

《苦役与流放》杂志,1925年,第6期,第63—64页;《同志报》,1907年1月28日(2月10日),第177号,第4版(见左翼党派联盟复选人名单,第13589号);2月10日(23日),第188号,第4版;苏共中央马列主义研究院中央党务档案馆,第4号全宗,第2号目录,第1586号保管单位。

2月11日(24日)

列宁的文章《第二届杜马和第二次革命浪潮》(社论)、《彼得堡选举的意义》、《彼得堡选举的总结》、《彼得堡工人选民团的选举总结》、《关于南俄工人选民团选举的一些资料》和《谈谈彼得堡市莫斯科区第二届杜马选举的总结》发表在《无产者报》第 13 号上。

《列宁全集》中文第 2 版增订版第 14 卷第 367 — 372、383 — 388、389 — 396、397 — 403、404 — 405、406 — 408 页;《无产者报》,[维堡],1907 年 2 月 11 日,第 13 号。

不早于 2 月 11 日(24 日)

列宁在他的《彼得堡选举的总结》一文(载于《无产者报》第 13 号)中列举的彼得堡市各区选举结果统计表上,重点划出"科洛姆纳区、瓦西里耶夫岛区"。列宁在统计表(见《列宁全集》中文第 2 版增订版第 14 卷第 390 页的统计表)旁边的空白处计算参加投票的选民总数。

《列宁全集》中文第 2 版增订版第 14 卷第 390、392 页;苏共中央马列主义研究院中央党务档案馆,第 2 号全宗,第 1 号目录,第 2231 号保管单位;《克里姆林宫的弗·伊·列宁藏书》,1961 年,第 574 页。

2 月 13 日(26 日)

彼得堡委员会举行会议,宣读了孟什维克执行局的声明,声明说,彼得堡委员会的孟什维克委员们认为,在对列宁同志进行审判之前,他们不能参加委员会的会议,因为彼得堡委员会宣布拥护列宁。为回答这一声明,俄国社会民主工党彼得堡委员会通过如下决议:"彼得堡委员会在听取了 31 个孟什维克的声明后,提请中央委员会注意孟什维克进行的破坏活动,并认为中央委员会必须阻止这种破坏活动。如果中央委员会不采取措施,这将意味着它准许分裂。"

《红色史料》杂志,1931 年,第 2 期,第 61 — 64 页。

2月，14日(27日)以前

列宁在彼得堡(市区和郊区)社会民主党组织代表会议第3次会议上，作关于杜马运动和社会民主党杜马策略问题的报告和总结发言。

《列宁全集》中文第2版增订版第14卷第409—413页;《无产者报》,[维堡],1907年3月4日,第14号。

2月15日—18日(2月28日—3月3日)

列宁起草俄国社会民主工党第五次代表大会的决议草案。

《列宁全集》中文第2版增订版第15卷第1—9、36、65—66、70—71页;《无产者报》,[维堡],1907年3月4日,第14号。

列宁主持在库奥卡拉召开的彼得堡委员会、莫斯科委员会、莫斯科郊区委员会、中部工业区区域局和《无产者报》编辑部的代表联席会议，会上讨论了列宁拟定的决议草案。会议通过了这些草案，"作为资料提交全党讨论，并就某些最重要的策略问题为代表大会作准备"。

《列宁全集》中文第2版增订版第15卷第1—9、36、65—66、70—71页;《无产者报》,[维堡],1907年3月4日,第14号。

2月17日(3月2日)

列宁向《人道报》记者艾蒂安·阿韦纳尔发表谈话，阐述俄国社会民主工党在选举运动时期的策略。

《列宁全集》中文第2版增订版第15卷第10—16、324—325页;《人道报》,巴黎,1907年4月4日,第1082号。

2月18日(3月3日)

列宁同在第二届国家杜马开幕前夕到达库奥卡拉的一批布尔什维克杜马代表进行谈话。列宁在谈话中讲到社会民主党杜马党团的当前工作，社会民主党人对资产阶级政党的态度，孟什维克对杜马的态度;指出孟什维克背叛工人阶级,评价他们的策略是"立宪民主党式的"策略。

《回忆弗·伊·列宁》,第 1 卷,1968 年,第 322 页;《乌拉尔人心中的列宁》,斯维尔德洛夫斯克,1969 年,第 6—9 页;H.B.谢罗娃:《瓦西里·谢罗夫》,1958 年,第 22—23 页。

2 月 19 日(3 月 4 日)

彼得堡出版委员会决定查禁列宁的《社会民主党在民主革命中的两种策略》一书。

《列宁研究院集刊》,第 I 辑,1927 年,第 163—164 页;苏联中央国家历史档案馆,第 777 号全宗,第 10 号目录,第 49 号案卷,1907 年,第 2 张。

2 月 20 日(3 月 5 日)

列宁写《第二届国家杜马的开幕》一文;同一天,这篇文章作为社论发表在《新光线报》第 1 号上。

《列宁全集》中文第 2 版增订版第 15 卷第 17—20 页;《新光线报》,1907 年 2 月 20 日,第 1 号。

列宁写《第二届杜马和无产阶级的任务》一文。

《列宁全集》中文第 2 版增订版第 15 卷第 21—25 页;《工人日报》,1907 年 2 月 23 日,第 2 号;《第二届国家杜马速记记录。1907 年。第 2 次常会》,第 1 卷,1907 年,第 1 栏。

2 月 20 日或 21 日(3 月 5 日或 6 日)

列宁写《孟什维克是否有权实行支持立宪民主党人的政策?》一文。

《列宁全集》中文第 2 版增订版第 15 卷第 33—35 页;《新光线报》,1907 年 2 月 22 日,第 3 号。

2 月 20 日和 28 日(3 月 5 日和 13 日)之间

列宁写《关于斯托雷平的宣言》的声明草案。

《列宁全集》中文第 2 版增订版第 15 卷第 26—28 页;《新光线

报》,1907 年 2 月 21 日,第 2 号;《言语报》,1907 年 3 月 1 日(14 日),第 50 号。

2 月,21 日(3 月 6 日)以前

卡·考茨基和罗·卢森堡来信,建议列宁为德国社会民主党中央机关报《前进报》和该党理论刊物《新时代》杂志撰稿。

《列宁全集》中文第 2 版增订版第 15 卷第 77—86 页;苏联中央国家十月革命和社会主义建设档案馆,警察司全宗,特别处,1907 年,第 5 号案卷,第 51 册,第 200 张背面、第 201 张。

2 月 21 日(3 月 6 日)

列宁写《有重要意义的第一步》一文;同一天,这篇文章作为社论发表在《新光线报》第 2 号上。

《列宁全集》中文第 2 版增订版第 15 卷第 29—32 页;《新光线报》,1907 年 2 月 21 日,第 2 号。

2 月,21 日(3 月 6 日)以后—3 月初

列宁写《杜马选举和俄国社会民主党的策略》一文。

《列宁全集》中文第 2 版增订版第 15 卷第 77—86 页;《言语报》,1907 年 2 月 21 日(3 月 6 日),第 43 号,附刊。

2 月 22 日(3 月 7 日)

列宁的《孟什维克是否有权实行支持立宪民主党人的政策?》一文发表在《新光线报》第 3 号上。

《列宁全集》中文第 2 版增订版第 15 卷第 33—35 页;《新光线报》,1907 年 2 月 22 日,第 3 号。

列宁写《小资产阶级的策略》一文;第二天,这篇文章发表在《新光线报》第 4 号上。

《列宁全集》中文第 2 版增订版第 15 卷第 36—40 页;《新光线报》,1907 年 2 月 23 日,第 4 号。

莫斯科出版委员会查禁列宁的《社会民主党在民主革命中的

两种策略》一书。

苏共中央马列主义研究院中央党务档案馆，第 4 号全宗，第 3 号目录，第 30 号保管单位，第 32—33 张。

彼得堡出版委员会向彼得堡高等法院检察官发出公函，要求对《社会民主党在民主革命中的两种策略》一书的作者开展司法调查，并查禁该书。

《列宁研究院集刊》，第 I 辑，1927 年，第 163—164 页。

2 月 23 日(3 月 8 日)

列宁写《分裂制造者谈未来的分裂》一文；第二天，这篇文章作为社论发表在《新光线报》第 5 号上。

《列宁全集》中文第 2 版增订版第 15 卷第 41—43 页；《俄国生活报》，1907 年 2 月 22 日(3 月 7 日)，第 45 号；《新光线报》，1907 年 2 月 24 日，第 5 号。

列宁写《论机会主义的策略》一文；第二天，这篇文章发表在《新光线报》第 5 号上。

《列宁全集》中文第 2 版增订版第 15 卷第 44—49 页；《俄国生活报》，1907 年 2 月 23 日(3 月 8 日)，第 46 号；《新光线报》，1907 年 2 月 24 日，第 5 号。

列宁的《第二届杜马和无产阶级的任务》一文以号召书的形式发表在《工人报》第 2 号上。

《列宁全集》中文第 2 版增订版第 15 卷第 21—25 页；《工人报》，1907 年 2 月 23 日，第 2 号。

2 月 23 日和 3 月 4 日(3 月 8 日和 17 日)之间

列宁写《革命的社会民主党的纲领》一文的第一部分。

《列宁全集》中文第 2 版增订版第 15 卷第 65—76 页；《俄国生活报》，1907 年 2 月 23 日(3 月 8 日)，第 46 号；《无产者报》，[维堡]，1907 年 3 月 4 日，第 14 号。

2 月 24 日(3 月 9 日)

列宁写《布尔什维克和小资产阶级》一文;第二天,这篇文章作为社论发表在《新光线报》第 6 号上。

《列宁全集》中文第 2 版增订版第 15 卷第 50—54 页;《新力报》,1907 年 2 月 23 日(3 月 8 日),第 7 号;《新光线报》,1907 年 2 月 25 日,第 6 号。

2 月 25 日或 26 日(3 月 10 日或 11 日)

列宁写短评,回答尔·马尔托夫在《俄国生活报》第 48 号上发表的小品文《无以复加》。

《列宁全集》中文第 2 版增订版第 15 卷第 55 页;《俄国生活报》,1907 年 2 月 25 日(3 月 10 日),第 48 号;《新光线报》,1907 年 2 月 27 日,第 7 号。

2 月下半月,27 日(3 月 12 日)以前

列宁参加《新光线报》的编辑工作。

《列宁全集》俄文第 5 版第 15 卷第 393 页;《新光线报》,1907 年 2 月 20—27 日,第 1—7 号;苏联中央国家十月革命和社会主义建设档案馆,警察司全宗,特别处,1907 年,第 5 号案卷,第 51 册,第 1 卷,第 196、197 张。

2 月 27 日(3 月 12 日)

列宁写《杜马即将解散和策略问题》一文。

《列宁全集》中文第 2 版增订版第 15 卷第 56—60 页;《无产者报》,[维堡],1907 年 3 月 4 日,第 14 号。

列宁的短评《答尔·马尔托夫》发表在《新光线报》第 7 号的"报刊评论"栏。

《列宁全集》中文第 2 版增订版第 15 卷第 55 页;《新光线报》,1907 年 2 月 27 日,第 7 号。

2 月 27 日或 28 日(3 月 12 日或 13 日)

列宁写《立宪民主党和劳动派》一文。

《列宁全集》中文第 2 版增订版第 15 卷第 61—64 页;《俄国生活报》,1907 年 2 月 27 日(3 月 12 日),第 49 号;《工人评论报》,1907 年 3 月 1 日,第 1 号。

2 月 28 日(3 月 13 日)

晚上,在第二届国家杜马社会民主党党团第 12 次常会上(42 人出席会议),讨论了列宁拟定的声明草案《关于斯托雷平的宣言》。

《列宁全集》中文第 2 版增订版第 15 卷第 26—28 页;《言语报》,1907 年 3 月 1 日(14 日),第 50 号。

莫斯科出版委员会向莫斯科高等法院检察官发出公函,要求对《社会民主党在民主革命中的两种策略》一书的作者开展司法调查。

苏共中央马列主义研究院中央党务档案馆,第 4 号全宗,第 3 号目录,第 30 号保管单位,第 70—71 张。

2 月底—3 月 1 日(14 日)

列宁阅读寄给他审阅的关于俄国社会民主工党在选举运动时期的策略的谈话稿,谈话是他在 1907 年 2 月 17 日(3 月 2 日)对《人道报》记者艾蒂安·阿韦纳尔发表的。

《列宁全集》中文第 2 版增订版第 15 卷第 10—16 页,第 45 卷第 133—134;《列宁全集》俄文第 5 版第 47 卷第 340 页;《人道报》,巴黎,1907 年 4 月 4 日,第 1082 号。

2 月下半月—不晚于 4 月 21 日(5 月 4 日)

列宁在库奥卡拉同第二届国家杜马的布尔什维克代表们见面。

《回忆弗·伊·列宁》,第 1 卷,1968 年,第 322 页;《第二届国家杜马速记记录。1907 年。第 2 次常会》,第 1 卷,1907 年,第 1 栏;亚当·埃格德-尼森:《斗争生活》,奥斯陆,1945 年,第 107 页。

2月—3月

列宁出席彼得堡委员会召集的布尔什维克宣传员会议，并听取他们的工作汇报。会议的地点是：市郊街9号8室（И.Г.西蒙诺夫寓所）。

《红色道路报》，叶戈里耶夫斯克，1951年1月21日；《列宁在彼得堡》，1957年，第94、252、319页。

2月—12月

警察在彼得堡、华沙、里加、巴库、基辅、敖德萨、萨拉托夫、诺夫哥罗德、叶卡捷琳堡、哈尔科夫、日托米尔、尼古拉耶夫、兹拉托乌斯特、弗拉基高加索、上沃洛乔克、罗曼诺沃-博里索格列布斯克（雅罗斯拉夫尔省）、纳尔瓦、文尼察、维利日（维捷布斯克省）、萨拉普尔（维亚特卡省）以及在扎霍尼乡（普斯科夫省）进行搜捕时，发现了列宁的小册子《杜马的解散和无产阶级的任务》。

苏联中央国家十月革命和社会主义建设档案馆，警察司全宗，特别处，1907年，第5号案卷，第67册；警察司全宗，第7处，1907年，第122、1214、1823、1945、2077、2689、2895、3437、3803、3874、3889、4123、4319、4755、5814、6043、6910、7491、7734、7980、8209、8759号案卷。

警察在彼得堡、叶卡捷琳堡、华沙、基辅、奥波奇卡（普斯科夫省）、科诺托普（切尔尼戈夫省）、里加县采根乡、里加—奥廖尔铁路库尔坚戈夫站和在尤扎村（弗拉基米尔省）进行搜捕时，查出了列宁的小册子《彼得堡的选举和31个孟什维克的伪善面目》。

苏联中央国家十月革命和社会主义建设档案馆，警察司全宗，特别处，1907年，第5号案卷，第5册；警察司全宗，第7处，1907年，第559、886、1501、2758、3437、4091、4135、8294、8954号案卷。

警察在莫斯科、里加、敖德萨、辛比尔斯克和维利日（维捷布斯克省)进行搜捕时,发现了列宁的小册子《社会民主党和杜马选举》。

苏联中央国家十月革命和社会主义建设档案馆,警察司全宗,特别处,1907年,第86号案卷;警察司全宗,第7处,1907年,第3803、3869、6747、8954、8963号案卷。

冬天

列宁在库奥卡拉同尼·亚·罗日柯夫谈哲学问题。

《拉脱维亚革命者回忆列宁》,里加,1969年,第36页。

3月1日(14日)

列宁的《立宪民主党和劳动派》一文发表在《工人评论报》第1号上。

《列宁全集》中文第2版增订版第15卷第61—64页;《工人评论报》,1907年3月1日,第1号。

彼得堡高等法院批准彼得堡出版委员会关于查禁列宁的《社会民主党在民主革命中的两种策略》一书的命令。

《列宁研究院集刊》,第I辑,1927年,第164页;苏联中央国家历史档案馆,第776号全宗,第9号目录,第1011号案卷,第3张;第777号全宗,第10号目录,第49号案卷,1907年,第6张。

列宁写信(用法文)给《人道报》记者艾蒂安·阿韦纳尔,指出他错误地表达了列宁在同他谈话中所阐明的关于无产阶级在俄国资产阶级民主革命中的作用和无产阶级的同盟军问题的观点。列宁建议就这一问题和其他一些问题修改谈话稿。

《列宁全集》中文第2版增订版第15卷第10—16页,第45卷第133—134页。

3月,1日(14日)以后

列宁在孟什维克的传单《由马尔托夫、唐恩、斯塔罗韦尔、马尔丁诺夫等人在一批孟什维克实际工作者参加下拟定,准备提交本次代表大会》上注明文章出处，划重点，作标记。

苏共中央马列主义研究院中央党务档案馆，第 2 号全宗，第 1 号目录，第 2264 号保管单位；《言语报》，1907 年 3 月 1 日（14 日），第 50 号。

3 月 1 日和 4 月 15 日（3 月 14 日和 4 月 28 日）之间

列宁写《孟什维克的策略纲领》一文。

《列宁全集》中文第 2 版增订版第 15 卷第 221—236、240、241 页。

3 月 4 日（17 日）

列宁的《杜马即将解散和策略问题》一文、《革命的社会民主党的纲领》一文的第一部分和列宁起草的提交俄国社会民主工党第五次代表大会的决议草案发表在《无产者报》第 14 号上。

《列宁全集》中文第 2 版增订版第 15 卷第 1—9、56—60、65—70 页；《无产者报》，[维堡]，1907 年 3 月 4 日，第 14 号。

《无产者报》第 14 号刊登一则简讯，报道列宁于 1907 年 2 月在彼得堡（市区和郊区）社会民主党组织代表会议上，作了关于杜马运动和社会民主党杜马策略问题的报告，并就报告作了总结发言。

《列宁全集》中文第 2 版增订版第 14 卷第 409—413 页；《无产者报》，[维堡]，1907 年 3 月 4 日，第 14 号。

3 月 12 日（25 日）

列宁写《革命的社会民主党的纲领》一文的第二部分。

《列宁全集》中文第 2 版增订版第 15 卷第 70—76 页；《无产者报》，[维堡]，1907 年 3 月 25 日，第 15 号。

3 月 14 日（27 日）

列宁的《杜马选举和俄国社会民主党的策略》一文发表在德国社会民主党人的《新时代》杂志上。

《列宁全集》中文第 2 版增订版第 15 卷第 77—86 页;《新时代》杂志,斯图加特,1906—1907 年,第 25 年卷,第 1 册,第 26 期,3 月 27 日,第 869—876 页。

莫斯科高等法院批准莫斯科出版委员会对列宁的《社会民主党在民主革命中的两种策略》一书的查禁令。

苏共中央马列主义研究院中央党务档案馆,第 4 号全宗,第 3 号目录,第 30 号保管单位,第 82 张。

3 月 19 日(4 月 1 日)

列宁写《不应当怎样写决议》一文,论孟什维克对国家杜马态度的决议草案。

《列宁全集》中文第 2 版增订版第 15 卷第 87—108 页;《策略问题》,第 2 卷,1907 年,第 29—72 页。

3 月 19 日和 25 日(4 月 1 日和 7 日)之间

列宁写《不应当怎样写决议》一文的后记。

《列宁全集》中文第 2 版增订版第 15 卷第 107 页;《无产者报》,[维堡],1907 年 3 月 25 日,第 15 号。

列宁为爱沙尼亚社会民主党人关于对国家杜马态度的决议写按语。

《列宁全集》中文第 2 版增订版第 15 卷第 109 页;《无产者报》,[维堡],1907 年 3 月 25 日,第 15 号。

3 月 20 日和 25 日(4 月 2 日和 7 日)之间

列宁写《口蜜腹剑》一文。

《列宁全集》中文第 2 版增订版第 15 卷第 114—119 页;《第二届国家杜马速记记录。1907 年。第 2 次常会》,第 1 卷,1907 年,第 696—791 栏;《同志报》,1907 年 3 月 20 日(4 月 2 日),第 220 号;《我们的回声报》,1907 年 3 月 25 日,第 1 号。

3 月 21 日(4 月 3 日)

列宁写《勾结的基础》一文。

《列宁全集》中文第2版增订版第15卷第110—113页。

3月21日和26日(4月3日和8日)之间

列宁为社会民主党杜马党团的代表起草在杜马中关于土地问题的发言稿:在谢·尼·普罗柯波维奇的小册子《从数字看土地问题》(1907年圣彼得堡版)上作标记,划重点,计算数字;写发言稿。

《列宁全集》中文第2版增订版第15卷第120—154页;《列宁文集》俄文版第4卷第229页;《第二届国家杜马速记记录。1907年。第2次常会》,第1卷,1907年,第696—789、1058—1154、1290—1374栏;苏共中央马列主义研究院中央党务档案馆,第2号全宗,第1号目录,第2266号保管单位。

3月22日(4月4日)

《人道报》刊登列宁对该报记者艾·阿韦纳尔发表的关于俄国社会民主工党在选举运动时期的策略的谈话。

《列宁全集》中文第2版增订版第15卷第10—16、324—325页;《人道报》,巴黎,1907年4月4日,第1082号。

3月24日和27日(4月6日和9日)之间

列宁写《杜马和批准预算》一文。

《列宁全集》中文第2版增订版第15卷第155—160页;《同志报》,1907年3月24日(4月6日),第224号;《我们的回声报》,1907年3月27日,第2号。

3月25日(4月7日)

列宁在泰里约基(现列宁格勒库罗尔特区泽列诺戈尔斯克)主持俄国社会民主工党彼得堡全市代表会议第1次会议;在讨论彼得堡委员会的改组草案和彼得堡委员会的组织工作问题时发言。列宁被选为彼得堡组织负责同第二届国家杜马社会民主党党团进行联络的代表。

《列宁全集》中文第2版增订版第15卷第283—291页;《红色史料》杂志,1923年,第9期,第72页;苏共中央马列主义研究院中央党务档案馆，第 4 号全宗，第 2 号目录，第 1912 号保管单位；第 385 号全宗，第 6н 号目录，第 38190 号保管单位；《列宁在彼得堡》，1957 年，第 101、102 页。

列宁的《勾结的基础》（社论）一文、《革命的社会民主党的纲领》一文的第二部分和列宁为爱沙尼亚社会民主党人关于对国家杜马态度的决议加的按语发表在《无产者报》第 15 号上。

《列宁全集》中文第 2 版增订版第 15 卷第 70—76、109、110—113 页；《无产者报》，［维堡］，1907 年 3 月 25 日，第 15 号。

列宁的《口蜜腹剑》一文发表在《我们的回声报》第 1 号上。

《列宁全集》中文第 2 版增订版第 15 卷第 114—119 页；《我们的回声报》，1907 年 3 月 25 日，第 1 号。

3 月 25 日和 30 日（4 月 7 日和 12 日）之间

列宁写《知识分子斗士反对知识分子的统治》一文。

《列宁全集》中文第 2 版增订版第 15 卷第 165—168 页；《人民杜马报》，1907 年 3 月 25 日（4 月 7 日），第 13 号；《我们的回声报》，1907 年 3 月 30 日，第 5 号。

3 月 27 日（4 月 9 日）

列宁的《杜马和批准预算》一文作为社论发表在《我们的回声报》第 2 号上。

《列宁全集》中文第 2 版增订版第 15 卷第 155—160 页；《我们的回声报》，1907 年 3 月 27 日，第 2 号。

3 月 28 日（4 月 10 日）

列宁写《杜鹃恭维公鸡……》一文；第二天，这篇文章作为社论发表在《我们的回声报》第 4 号上。

《列宁全集》中文第 2 版增订版第 15 卷第 161—164 页；《我们的回声报》，1907 年 3 月 29 日，第 4 号。

3 月 30 日（4 月 12 日）

列宁的《知识分子斗士反对知识分子的统治》一文发表在《我

们的回声报》第 5 号上。

《列宁全集》中文第 2 版增订版第 15 卷第 165—168 页；《我们的回声报》，1907 年 3 月 30 日，第 5 号。

3 月 30 日—31 日（4 月 12 日—13 日）

列宁写《土地问题和革命力量》一文。

《列宁全集》中文第 2 版增订版第 15 卷第 169—173 页；《劳动人民报》，1907 年 3 月 30 日，第 14 号；《我们的回声报》，1907 年 4 月 1 日，第 7 号。

3 月底

列宁在孟什维克策划的所谓党的法庭第一次开庭时宣读辩护词，揭露孟什维克在俄国社会民主工党彼得堡组织中的分裂活动。

《列宁全集》中文第 2 版增订版第 15 卷第 267—278 页；苏共中央马列主义研究院中央党务档案馆，第 385 号全宗，第 6н 号目录，第 38190 号保管单位。

3 月下半月—4 月 10 日（23 日）以前

列宁参加《我们的回声报》的编辑工作。

《列宁全集》俄文第 5 版第 15 卷第 393 页；《我们的回声报》，1907 年 3 月 25 日—4 月 10 日，第 1—14 号。

3 月

列宁在库奥卡拉，在即将分赴各地开展俄国社会民主工党第五次代表大会代表选举工作的布尔什维克确定方针的会议上，作关于目前形势和党的任务的报告。

《回忆弗·伊·列宁》，第 2 册，1925 年，第 105—110 页；《共青团真理报》，1937 年 5 月 12 日，第 107 号。

3 月—4 月 21 日（5 月 4 日）以前

列宁派扬·安·别尔津（季耶美利斯）去里加了解拉脱维亚边疆区社会民主党的工作情况。

《拉脱维亚革命者回忆列宁》，里加，1969年，第14页；亚当·埃格德-尼森：《斗争生活》，奥斯陆，1945年，第107页。

列宁同帕·格·达乌盖通信（列宁的信件未找到）。

《列宁全集》中文第2版增订版第15卷第196、391页；《拉脱维亚革命者回忆列宁》，里加，1969年，第65—66页。

3月—11月

警察在彼得堡省、莫斯科、哈尔科夫、敖德萨、梯弗利斯、下诺夫哥罗德、基涅什马、巴拉绍夫、诺夫哥罗德和里亚日斯克县进行搜捕时，发现了载有列宁《关于俄国社会民主工党第三次代表大会的通知》一文的小册子。

苏联中央国家十月革命和社会主义建设档案馆，警察司全宗，特别处，1907年，第5号案卷，第61册；警察司全宗，第7处，第1693、1823、3869、3979、6280、7094、7734、8015、8963号案卷。

警察在华沙、敖德萨、梯弗利斯和卡卢加进行搜捕时，发现了列宁著的小册子《马尔托夫和切列万宁在资产阶级报刊上的言论》。

苏联中央国家十月革命和社会主义建设档案馆，警察司全宗，特别处，1907年，第5号案卷，第5、61册；警察司全宗，第7处，1907年，第8844、9099号案卷。

4月1日（14日）

列宁的《土地问题和革命力量》发表在《我们的回声报》第7号上。

《列宁全集》中文第2版增订版第15卷第169—173页；《我们的回声报》，1907年4月1日，第7号。

4月2日（15日）

列宁写《贫血的杜马或贫血的小资产阶级》一文；第二天，这篇文章作为社论发表在《我们的回声报》第8号上。

《列宁全集》中文第 2 版增订版第 15 卷第 174—177、178 页；《我们的回声报》，1907 年 4 月 3 日，第 8 号。

4 月 3 日（16 日）

列宁写《怡然自得的庸俗言论或立宪民主党化的社会革命党人》一文；第二天，这篇文章作为社论发表在《我们的回声报》第 9 号上。

《列宁全集》中文第 2 版增订版第 15 卷第 178—181 页；《我们的回声报》，1907 年 4 月 4 日，第 9 号。

4 月 3 日和 21 日（4 月 16 日和 5 月 4 日）之间

列宁写《关于俄国社会民主工党十一月军事和战斗代表会议的记录》一文。

《列宁全集》中文第 2 版增订版第 15 卷第 297—306 页；亚当·埃格德-尼森：《斗争生活》，奥斯陆，1945 年，第 107 页。

4 月 4 日（17 日）

列宁写《社会民主党党团和杜马中的 4 月 3 日这一天》一文；第二天，这篇文章发表在《我们的回声报》第 10 号上。

《列宁全集》中文第 2 版增订版第 15 卷第 182—185 页；《我们的回声报》，1907 年 4 月 5 日，第 10 号。

4 月 5 日（18 日）

列宁写《俄国革命的长处和弱点》一文的第一部分；当天，这一部分作为社论发表在《我们的回声报》第 10 号上。

《列宁全集》中文第 2 版增订版第 15 卷第 186—191 页；《我们的回声报》，1907 年 4 月 5 日，第 10 号；《人民杜马报》，1907 年 4 月 4 日（17 日），第 21 号。

4 月 5 日—6 日（18 日—19 日）

列宁写《俄国革命的长处和弱点》一文的第二部分。

《列宁全集》中文第 2 版增订版第 15 卷第 186—195 页；《我们

的回声报》,1907年4月5日,第10号;4月7日,第12号。

4月6日(19日)以前

列宁写信给帕·格·达乌盖,谈他为美国社会主义者恩斯特·温特尔曼的小册子《安东尼奥·拉布里奥拉和约瑟夫·狄慈根。历史唯物主义和一元论唯物主义比较尝试》(1907年圣彼得堡版)所写的序言(这封信没有找到)。

《列宁全集》俄文第5版第15卷第391页;《拉脱维亚革命者回忆列宁》,里加,1969年,第65页。

列宁在《约·菲·贝克尔、约·狄慈根、弗·恩格斯、卡·马克思等致弗·阿·左尔格等书信集》(1906年斯图加特版)一书中作标记,划重点,划标线和写批注。

《列宁全集》中文第2版增订版第15卷第196—216页;苏共中央马列主义研究院中央党务档案馆,第2号全宗,第1号目录,第23573号保管单位。

4月6日(19日)

列宁写《约·菲·贝克尔、约·狄慈根、弗·恩格斯、卡·马克思等致弗·阿·左尔格等书信集》俄译本的序言。

《列宁全集》中文第2版增订版第15卷第196—216页;《拉脱维亚革命者回忆列宁》,里加,1969年,第65—66页。

4月7日(20日)

列宁的《俄国革命的长处和弱点》一文的第二部分发表在《我们的回声报》第12号上。

《列宁全集》中文第2版增订版第15卷第191—195页;《我们的回声报》,1907年4月7日,第12号。

4月7日和8日(20日和21日)

列宁的《杜马选举与俄国社会民主党的策略》一文刊登在梯弗利斯出版的格鲁吉亚文版布尔什维克报纸《时报》第24号和

第25号上。

《列宁全集》中文第2版增订版第15卷第77—86页;《时报》,梯弗利斯,1907年4月7日,第24号;4月8日,第25号,格鲁吉亚文版。

4月8日(21日)

列宁写的《〈约·菲·贝克尔、约·狄慈根、弗·恩格斯、卡·马克思等致弗·阿·左尔格等书信集〉俄译本序言》的一部分发表在《我们的回声报》第13号上,标题为《马克思和恩格斯论俄国》。

《列宁全集》中文第2版增订版第15卷第196、212—216页;《我们的回声报》,1907年4月8日,第13号。

在泰里约基举行的俄国社会民主工党彼得堡全市代表会议第2次会议上,列宁在讨论社会民主党党团在第二届国家杜马中的活动的报告时作了发言,并提出向党的第五次代表大会建议邀请俄国社会民主工党战斗队的代表出席代表大会。

《列宁全集》俄文第5版第15卷第456—457页;《无产者报》,[维堡],1907年5月2日,第16号;《列宁在彼得堡》,1957年,第102、320—321页。

4月8日和21日(4月21日和5月4日)之间

列宁写《彼得堡的改组和分裂的消灭》一文,对俄国社会民主工党彼得堡组织代表会议进行总结。

《列宁全集》中文第2版增订版第15卷第283—291页;亚当·埃格德-尼森:《斗争生活》,奥斯陆,1945年,第107页。

4月10日(23日)

列宁写《杜马和俄国自由派》一文;当天,这篇文章作为社论发表在《我们的回声报》第14号上。

《列宁全集》中文第2版增订版第15卷第217—220页;《我们的回声报》,1907年4月10日,第14号。

彼得堡市二十七区法院侦查员致函彼得堡地方法院，建议发通告调查列宁的下落。

苏共中央马列主义研究院中央党务档案馆，第4号全宗，第3号目录，第30号保管单位，第91张。

4月10日和15日(23日和28日)之间

列宁写《拉林和赫鲁斯塔廖夫》一文。

《列宁全集》中文第2版增订版第15卷第237—242页；《劳动报》，1907年4月15日，第1号。

4月11日(24日)以前

列宁被选入俄国社会民主工党彼得堡委员会。

苏联中央国家十月革命和社会主义建设档案馆，警察司全宗，特别处，第265号目录，1907年，第193号案卷，第51张。

4月11日和21日(4月24日和5月4日)之间

列宁写《谈谈全民革命的问题》一文。

《列宁全集》中文第2版增订版第15卷第292—296页；《人民报》，1907年4月11日(24日)，第2号；亚当·埃格德-尼森：《斗争生活》，奥斯陆，1945年，第107页。

4月,15日(28日)以前

列宁的《孟什维克的策略纲领》一文发表在《策略问题》文集(第1卷，1907年圣彼得堡版)。

《列宁全集》中文第2版增订版第15卷第221—236、240、241页；《策略问题》，第1卷，1907年，第1—17页。

4月15日(28日)

列宁的《拉林和赫鲁斯塔廖夫》一文发表在《劳动报》第1号上。

《列宁全集》中文第2版增订版第15卷第237—242页；《劳动报》，1907年4月15日，第1号。

4月18日(5月1日)

彼得堡地方法院根据彼得堡市二十七区法院侦查员来函作出调查列宁的决定。

苏共中央马列主义研究院中央党务档案馆,第4号全宗,第3号目录,第30号保管单位,第91张。

4月21日(5月4日)以前

列宁在1907年彼得堡出版的《回声》文集中作批注,划重点和划标线。

苏共中央马列主义研究院中央党务档案馆,第2号全宗,第1号目录,第24978号保管单位;亚当·埃格德-尼森:《斗争生活》,奥斯陆,1945年,第107页。

4月,21日(5月4日)以前

列宁写《气得晕头转向(关于工人代表大会问题)》一文。

《列宁全集》中文第2版增订版第15卷第243—256页;《策略问题》,第2卷,1907年,第29—41页;Б.С.施涅尔松:《尼·列宁(弗·乌里扬诺夫)全集目录索引》,1926年,第28页。

列宁写《弗·梅林论第二届杜马》一文。

《列宁全集》中文第2版增订版第15卷第257—264页;《策略问题》,第2卷,1907年,第65—72页;Б.С.施涅尔松:《尼·列宁(弗·乌里扬诺夫)全集目录索引》,1926年,第28页。

列宁为写作《就彼得堡的分裂以及因此设立党的法庭问题向俄国社会民主工党第五次代表大会的报告》作准备;写小册子的开头和第二节《对彼得堡分裂的实际经过的简述》。

《列宁全集》中文第2版增订版第15卷第265—282页。

列宁当选为俄国社会民主工党卡马河上游地区(乌拉尔)组织出席俄国社会民主工党第五次代表大会的代表。

《俄国社会民主工党第五次(伦敦)代表大会》,1963年,第621页;《无产阶级革命》杂志,1922年,第3期,第249—251页;

《列宁的照顾与关怀》，彼尔姆，1960 年，第 7—10 页。

扬·安·别尔津（季耶美利斯）向列宁报告拉脱维亚边疆区社会民主党内的情况和拉脱维亚社会民主党人在俄国社会民主工党第五次代表大会前夕的立场。

《拉脱维亚革命者回忆列宁》，里加，1969 年，第 14 页。

列宁在同雅·斯·加涅茨基谈话时，论证布尔什维克在俄国社会民主工党第五次代表大会召开前的立场。他在论述孟什维克的立场时，指出他们给革命带来的危害。列宁指出波兰和立陶宛社会民主党代表团的组成人数的重要意义，强调在选举出席代表大会的代表时，必须严格按手续办事（召集会议、作好必要的记录等等），以阻止孟什维克取消代表资格的企图。

《苏共历史问题》杂志，1970 年，第 3 期，第 96—97 页。

列宁在泰里约基参加布尔什维克和孟什维克联席会议，会议讨论了即将召开的俄国社会民主工党第五次代表大会的有关问题；列宁发言驳斥帕·波·阿克雪里罗得关于召开“工人代表大会”的建议。

弗·沃伊京斯基：《胜利和失败的年代》，第 2 册，柏林，1924 年，第 197 页；《无产阶级革命》杂志，1925 年，第 1 期，第 51 页；第 9 期，第 177—178 页。

4 月下半月，21 日（5 月 4 日）以前

列宁启程前往哥本哈根，俄国社会民主工党第五次代表大会准备在这里召开。

马·利亚多夫：《1903—1907 年党的生活》，1956 年，第 202—203 页；K.甘杜林：《地下工作一些事》，伊万诺沃，1941 年，第 119、123 页；《老布尔什维克》文集，第 5 辑，1933 年，第 183—184 页。

4月21日和28日(5月4日和11日)之间

列宁在哥本哈根出席代表大会的布尔什维克代表召开的会议,并就战斗队问题发表讲话。

马·利亚多夫:《1903—1907年党的生活》,1956年,第203页;K.甘杜林:《地下工作一些事》,伊万诺沃,1941年,第123页;《同志报》,1907年5月5日(18日),第258号;苏共中央马列主义研究院中央党务档案馆,第2号全宗,第1号目录,第2267号保管单位。

列宁致电在奥斯陆的挪威工党主席奥斯卡尔·尼森,询问是否可以在挪威境内召开俄国社会民主工党第五次代表大会(电报稿没有找到)。尼森向挪威外交部长提出申请,挪威政府予以回绝。

《苏共历史问题》杂志,1959年,第6期,第158页;马·利亚多夫:《1903—1907年党的生活》,1956年,第206—207页;亚当·埃格德-尼森:《斗争生活》,奥斯陆,1945年,第107页;苏共中央马列主义研究院中央党务档案馆,第4号全宗,第2号目录,第1539号保管单位。

4月24日和28日(5月7日和11日)之间

列宁在前往伦敦参加俄国社会民主工党第五次代表大会途中,在柏林停留数日,会见阿·马·高尔基、罗·卢森堡和卡·考茨基,参观柏林名胜。

《弗·伊·列宁和阿·马·高尔基》,增订第3版,1969年,第479页;瓦·杰斯尼茨基:《马·高尔基》,1940年,第106—107页;苏共中央马列主义研究院中央党务档案馆,第2号全宗,第1号目录,第2267号保管单位。

列宁阅读阿·马·高尔基中篇小说《母亲》的手稿,同高尔基就这部小说进行交谈,并同他一起前往伦敦参加俄国社会民主工党第五次代表大会。

《弗·伊·列宁和阿·马·高尔基》,增订第3版,1969年,第

480 页;瓦·杰斯尼茨基:《马·高尔基》,1940 年,第 108 页。

4 月 24 日和 30 日(5 月 7 日和 13 日)之间

抵达伦敦后,列宁参加安置布尔什维克代表的工作,主持布尔什维克派代表召开的会议,这次会议是在哥本哈根开始的会议的继续,列宁在会上发言。会议选出了以列宁为首的布尔什维克派执行委员会。

马·利亚多夫:《1903—1907 年党的生活》,1956 年,第 208—209 页;《列宁传》,第 4 版,1970 年,第 159 页;《拉脱维亚革命者回忆列宁》,里加,1969 年,第 87 页。

在布尔什维克会议上,列宁宣布阿·马·高尔基将要参加代表大会。由于孟什维克只打算以"来宾"身份邀请高尔基参加代表大会,布尔什维克派根据列宁的提议未经讨论通过决议,坚持以有发言权的代表资格邀请他参加代表大会。

《弗·伊·列宁和阿·马·高尔基》,增订第 3 版,1969 年,第 408、480 页;《阿·马·高尔基生平和创作年表》,第 1 册,1958 年,第 659—660 页。

列宁关心为阿·马·高尔基在伦敦安排住处,对高尔基下榻的旅馆房间不够干燥表示不安。

《阿·马·高尔基生平和创作年表》,第 1 册,1958 年,第 659 页;《回忆弗·伊·列宁》,第 2 卷,1969 年,第 226、245—246 页。

不早于 4 月 28 日(5 月 11 日)

列宁阅读 1907 年 5 月 11 日(公历)英国报纸《晨邮报》关于俄国社会民主工党第五次代表大会代表抵达伦敦的报道,并在报上注明:"《晨邮报》,星期六,1907 年 5 月 11 日"。

苏共中央马列主义研究院中央党务档案馆,第 2 号全宗,第 1 号目录,第 2267 号保管单位。

4月30日—5月19日(5月13日—6月1日)

列宁参加俄国社会民主工党第五次代表大会的领导工作，出席布尔什维克派的各次会议，并在会上就各种问题发言，参加代表大会所设的各个委员会，参加代表大会主席团各次会议，主持代表大会的会议，同代表大会的代表进行交谈。

在会议余暇，列宁同阿·马·高尔基以及其他代表参观英国博物馆，去伦敦的剧院看剧。

列宁收到阿·马·高尔基赠送的中篇小说《母亲》。

《列宁全集》俄文第5版第15卷第392页；《俄国社会民主工党第五次(伦敦)代表大会》，1963年，第951页；《历史文献》杂志，1960年，第2期，第171页；《拉脱维亚苏维埃社会主义共和国科学院通报》，1969年，第6期，第14—15页；《弗·伊·列宁和阿·马·高尔基》，增订第3版，1969年，第413、480—481页；苏共中央马列主义研究院中央党务档案馆，第157号全宗，第1号目录，第59号保管单位，第78张；第67号保管单位，第81—82张。

4月30日(5月13日)

俄国社会民主工党第五次代表大会在伦敦开幕。列宁被选入主席团。

列宁在第1次会议上回答了约·彼·戈尔登贝尔格提出的关于宣读彼得堡孟什维克声明的问题。

第1次会议之后，列宁参加布尔什维克派的会议，讨论布尔什维克同孟什维克力量对比情况。列宁就代表大会力量分布问题发言。

《列宁全集》俄文第5版第15卷第392页；《俄国社会民主工党第五次(伦敦)代表大会》，1963年，第4、9—10、14、753、846页；K.甘杜林：《地下工作一些事》，伊万诺沃，1941年，第131—132页；《回忆弗·伊·列宁》，第1册，1956年，第401—403页。

1907年4月30日—5月19日召开俄国社会民主工党
第五次(伦敦)代表大会的伦敦兄弟会教堂

5月1日(14日)

列宁在代表大会第2次会议讨论议事规程草案时两次发言。

《俄国社会民主工党第五次(伦敦)代表大会》,1963年,第12、16页。

列宁在代表大会第3次会议上发言,反对中止关于代表大会议程问题的辩论。

《列宁全集》中文第2版增订版第15卷第307页;《俄国社会民主工党第五次(伦敦)代表大会》,1963年,第30页。

5月2日(15日)

列宁的《谈谈全民革命的问题》(社论)、《关于俄国社会民主工党十一月军事和战斗代表会议的记录》和《彼得堡的改组和分裂的消灭》等三篇文章发表在《无产者报》第16号上。

《列宁全集》中文第2版增订版第15卷第283—306页;《无产者报》,[维堡],1907年5月2日,第16号。

列宁在第4次会议上发表讲话,赞成把关于党在资产阶级革命中的策略基础的总原则问题列入代表大会议程。

《列宁全集》中文第2版增订版第15卷第308—310页;《俄国社会民主工党第五次(伦敦)代表大会》,1963年,第39—41页。

列宁在代表大会第5次会议上发言,赞成采用记名投票的表决方式。

《列宁全集》中文第2版增订版第15卷第311页;《俄国社会民主工党第五次(伦敦)代表大会》,1963年,第52页。

5月3日(16日)

列宁主持代表大会第6次会议。他作为主席就议事日程问题发言五次,提议向为这次代表大会提供方便的英国社会民主联盟的代表们表示感谢,就已经通过的各项议程的讨论顺序问题发言,宣读代表大会主席团收到的几项声明。

《列宁全集》中文第 2 版增订版第 15 卷第 312 页;《俄国社会民主工党第五次(伦敦)代表大会》,1963 年,第 67—68、70、72—73、94—95 页。

列宁主持代表大会第 7 次会议,作为主席就议事日程问题发言,向代表们宣布英国社会民主联盟代表哈·奎尔奇和德国社会民主党代表罗·卢森堡出席代表大会,并以代表大会名义对他们表示欢迎。

《俄国社会民主工党第五次(伦敦)代表大会》,1963 年,第 96、104、107 页。

5 月 4 日(17 日)

列宁在代表大会第 8 次会议讨论中央委员会工作报告时发言,批判孟什维克的机会主义活动。

《列宁全集》中文第 2 版增订版第 15 卷第 319—323 页;《俄国社会民主工党第五次(伦敦)代表大会》,1963 年,第 129—132 页。

列宁为代表大会第 8 次会议简报写自己关于中央委员会工作报告的发言提要。

《俄国社会民主工党第五次(伦敦)代表大会》,1963 年,第 703—704 页;苏共中央马列主义研究院中央党务档案馆,第 2 号全宗,第 1 号目录,第 2270 号保管单位。

5 月 5 日(18 日)

列宁在代表大会第 11 次会议上就支出 6 万卢布党的经费问题发言;提议只听取伊·格·策列铁里关于杜马党团工作报告的第一部分。

《俄国社会民主工党第五次(伦敦)代表大会》,1963 年,第 186、187 页。

5月7日(20日)

彼得堡出版委员会查禁《策略问题》文集(第2卷,1907年圣彼得堡版),该文集发表了列宁的《不应当怎样写决议》、《气得晕头转向(关于工人代表大会问题)》等文章,号召采取革命行动反对专制制度。此后该委员会又作出销毁该文集的决定,但结果一本文集也没有查获。该书全部售完。

《策略问题》,第2卷,1907年,第29—79页;《档案学问题》杂志,1965年,第1期,第71、76页。

5月8日(21日)

列宁主持代表大会第14次会议,作为主席就议事日程五次发言,宣读波兰社会民主党关于民族民主党的决议草案,在列·达·托洛茨基就杜马党团工作报告发言时插话。

《俄国社会民主工党第五次(伦敦)代表大会》,1963年,第238、241、246—247、265页。

列宁主持代表大会第15次会议。他作为主席就议事日程三次发言,宣读尔·马尔托夫关于杜马党团工作报告的决议草案,在讨论杜马党团工作报告时,发言批评杜马党团的政治错误,在乌拉尔地区代表关于费·伊·唐恩在讨论杜马党团工作报告时的发言所作的声明上签字(代表大会的这次会议宣读了这一声明)。

《列宁全集》中文第2版增订版第15卷第319—323页;《俄国社会民主工党第五次(伦敦)代表大会》,1963年,第267、271、272—275、288、290页。

5月9日(22日)

在代表大会第16次会议上,列宁被选入关于杜马党团工作报告决议的起草委员会。

《俄国社会民主工党第五次(伦敦)代表大会》,1963年,第314页。

5 月 9 日—10 日(22 日—23 日)

列宁参加杜马党团工作报告决议的起草委员会的工作。

《俄国社会民主工党第五次(伦敦)代表大会》,1963 年,第 314、344、633—634 页;苏共中央马列主义研究院中央党务档案馆,第 2 号全宗,第 1 号目录,第 2274、2276 号保管单位。

5 月 10 日(23 日)

亚·亚·波格丹诺夫在代表大会第 17 次会议上就他在报刊上对社会民主党杜马党团活动方式发表的文章作出声明,列宁在声明上注明:"有关事实的声明"。

《俄国社会民主工党第五次(伦敦)代表大会》,1963 年,第 325 页;苏共中央马列主义研究院中央党务档案馆,第 2 号全宗,第 1 号目录,第 2273 号保管单位。

代表大会第 18 次会议宣读了弗·伊·列宁关于尔·马尔托夫歪曲他同《人道报》编辑谈话的声明。

《列宁全集》中文第 2 版增订版第 15 卷第 324—325 页;《俄国社会民主工党第五次(伦敦)代表大会》,1963 年,第 340—341 页。

因会址租用期满,列宁在代表大会第 19 次(秘密)会议上提议委托总务委员会去商定代表大会结束的日期。

《俄国社会民主工党第五次(伦敦)代表大会》,1963 年,第 693 页。

5 月 11 日(24 日)

列宁在代表大会第 20 次会议上就批准杜马党团工作报告决议的程序问题发言。

《列宁全集》中文第 2 版增订版第 15 卷第 326 页;《俄国社会民主工党第五次(伦敦)代表大会》,1963 年,第 353 页。

列宁在代表大会第 21 次会议上,建议由杜马党团章程起草委员会讨论瓦·马·谢罗夫(布尔什维克,第二届国家杜马代表)提出的章程草案，之后又提出对该建议的修正案。

因这次会议形势极端紧张，列宁撤回了自己的建议。

《俄国社会民主工党第五次(伦敦)代表大会》，1963 年，第 362 页。

5 月 12 日(25 日)

列宁在代表大会第 22 次会议上作关于对资产阶级政党的态度的报告。

《列宁全集》中文第 2 版增订版第 15 卷第 327—339 页；《俄国社会民主工党第五次(伦敦)代表大会》，1963 年，第 364—374 页。

5 月 12 日—16 日(25 日—29 日)

列宁参加关于对资产阶级政党的态度的决议起草委员会的工作，将波兰的决议案改写为关于对资产阶级政党的态度的决议(代表大会讨论了另一个由列宁起草的布尔什维克的关于对资产阶级政党的态度的决议草案)。

《列宁全集》中文第 2 版增订版第 15 卷第 2—4 页；《俄国社会民主工党第五次(伦敦)代表大会》，1963 年，第 397、447、493、610—612 页；苏共中央马列主义研究院中央党务档案馆，第 2 号全宗，第 1 号目录，第 2278、2281 号保管单位。

5 月 13 日(26 日)

列宁同阿·马·高尔基、格·瓦·普列汉诺夫及其他代表一起拜访英国艺术家费利克斯·莫舍莱斯，为代表大会能继续开会募集经费。

《俄国社会民主工党第五次(伦敦)代表大会》，1963 年，第 696 页；《阿·马·高尔基生平和创作年表》，第 1 册，1958 年，第 664 页；列·捷伊奇：《谢·米·克拉夫钦斯基-斯捷普尼亚克》，1919 年，第 68 页。

5 月 14 日(27 日)

列宁在代表大会第 24 次会议上作关于对资产阶级政党的态

度的报告的总结发言；宣布起草关于对资产阶级政党的态度的决议的委员会的通知。

《列宁全集》中文第 2 版增订版第 15 卷第 340—345 页；《俄国社会民主工党第五次（伦敦）代表大会》，1963 年，第 442—446、447 页。

列宁担任第 25 次（秘密）会议主席，会议讨论了代表大会继续开会的经费问题。他在会上报告了拜访英国艺术家费利克斯·莫舍莱斯的情况。

《俄国社会民主工党第五次（伦敦）代表大会》，1963 年，第 693—696 页。

5 月 15 日（28 日）

列宁在代表大会第 26 次会议讨论对资产阶级政党态度的决议时发言；在通过以布尔什维克的决议作为基础以后，发言反对米·伊·李伯尔和列·达·托洛茨基对这一决议的修正意见。

《列宁全集》中文第 2 版增订版第 15 卷第 346—350 页；《俄国社会民主工党第五次（伦敦）代表大会》，1963 年，第 462—464、466、471 页。

列宁阅读波兰代表团在代表大会第 26 次会议上向主席团所作的关于对资产阶级政党的态度问题的声明，并在声明上注明："同意宣读。列宁"。

《俄国社会民主工党第五次（伦敦）代表大会》，1963 年，第 458—471 页；苏共中央马列主义研究院中央党务档案馆，第 2 号全宗，第 1 号目录，第 25141 号保管单位。

列宁主持代表大会第 27 次会议，作为主席两次就程序问题发言，并发言反对布罗赫斯（崩得代表）和列·达·托洛茨基对布尔什维克关于对资产阶级政党的态度的决议案的修正意见。

《列宁全集》中文第2版增订版第15卷第351—352页;《俄国社会民主工党第五次(伦敦)代表大会》,1963年,第472、473、475—476页。

5月16日(29日)

列宁在代表大会第28次会议上发言反对尔·马尔托夫对关于对资产阶级政党的态度的决议案的修正意见。

《列宁全集》中文第2版增订版第15卷第353—354页;《俄国社会民主工党第五次(伦敦)代表大会》,1963年,第484页。

列宁在代表大会第29次会议上就程序问题两次提出建议,发言反对列·达·托洛茨基、尔·马尔托夫和亚·马尔丁诺夫对关于对资产阶级政党的态度的决议案的修正意见。代表大会通过了列宁起草的关于对资产阶级政党的态度的决议。

《列宁全集》中文第2版增订版第15卷第2—4、351—356页;《俄国社会民主工党第五次(伦敦)代表大会》,1963年,第487、488、489、490、491、492—493页。

在代表大会主席团会议上,列宁发言评论费·伊·唐恩由于列宁在代表大会第29次会议上宣布转入下一项议程时提出的抗议,列宁反驳并就会议程序问题提出建议。

《俄国社会民主工党第五次(伦敦)代表大会》,1963年,第487—494页;苏共中央马列主义研究院中央党务档案馆,第2号全宗,第1号目录,第2286号保管单位。

5月,不早于16日(29日)—不晚于18日(31日)

列宁在伦敦自由派活动家为俄国社会民主工党第五次代表大会代表举行的宴会上发表讲话。

《俄国社会民主工党第五次(伦敦)代表大会》,1963年,第494、580页;马·利亚多夫:《1903—1907年党的生活》,1956年,第211—212页;《回忆弗·伊·列宁》,第3册,1960年,第91—92页。

5 月 17 日(30 日)

列宁参加代表大会主席团会议，就代表大会会议进行的程序问题发言，在主席团会议记录上签字。

苏共中央马列主义研究院中央党务档案馆，第 2 号全宗，第 1 号目录，第 2287 号保管单位。

列宁和代表大会其他代表一起，在给自由派工厂主约瑟夫·费尔兹的归还借款的保证书上签字，这笔款项是为支付俄国社会民主工党第五次代表大会费用而向约瑟夫·费尔兹借的。

《列宁全集》中文第 2 版增订版第 45 卷第 155—156 页；《俄国社会民主工党第五次（伦敦）代表大会》，1963 年，第 688—689 页。

列宁参加代表大会布尔什维克派的会议。

《回忆弗·伊·列宁》，第 1 册，1956 年，第 404—406 页。

5 月 17 日—18 日(30 日—31 日)

列宁修改布尔什维克关于国家杜马的决议草案初稿，参加国家杜马问题决议起草委员会的工作，并在委员会会议讨论过程中作笔记。

《俄国社会民主工党第五次（伦敦）代表大会》，1963 年，第 495、561、637—638 页；苏共中央马列主义研究院中央党务档案馆，第 2 号全宗，第 1 号目录，第 2289 号保管单位。

5 月 18 日(31 日)

列宁在代表大会第 33 次会议上代表国家杜马决议起草委员会作报告。

在这次会议上，列宁记录代表大会在通过布尔什维克关于“工人代表大会”决议时的表决结果，统计将布尔什维克关于国家杜马决议草案作为基础的投票结果（该决议在代表大会下一次会议上获得通过）。

《列宁全集》中文第2版增订版第15卷第357—360页;《俄国社会民主工党第五次(伦敦)代表大会》,1963年,第561—564、570、571—573页;苏共中央马列主义研究院中央党务档案馆,第2号全宗,第1号目录,第2290号保管单位。

5月19日(6月1日)

列宁主持代表大会第34次会议,在会议过程中作为主席就程序问题多次发言。

《俄国社会民主工党第五次(伦敦)代表大会》,1963年,第571—579页。

列宁主持代表大会第35次会议,作为主席就各种程序问题发言十六次。

《俄国社会民主工党第五次(伦敦)代表大会》,1963年,第580、583、584、585、586、587、588、589、590页。

列宁主持代表大会人数缩减了的第35次会议。

在会议上他作为主席发言十五次。提议把俄国社会民主工党驻社会党国际局代表问题交由新的中央委员会决定(这一提议被代表大会通过)。

列宁发言反对孟什维克要把这次代表大会称为“统一的党的伦敦第一次代表大会”的建议,支持称这次代表大会为第五次代表大会的建议。

在讨论中央委员会候选人问题时,列宁提出关于各派提名候选人的程序的建议。

列宁提议对票数相等的中央委员候选人进行复选,后又发言论证和维护这一提议。

列宁反对拉·阿·阿布拉莫维奇关于崩得代表团将不参加复选的声明,在对这一问题展开讨论的过程中坚持代表大会人数缩减了的会议有权进行复选(列宁关于这一问题的建议被代表大会通过),发言反对在五名票数相等的中央委员候选人当中进行抽签的建议(抽签办法被代表大会否决)。

代表大会选举列宁为俄国社会民主工党中央委员会委员。

《列宁全集》中文第 2 版增订版第 15 卷第 362—363 页;《俄国社会民主工党第五次(伦敦)代表大会》,1963 年,第 592—593、595—597、598、599—600、601、602、605、827—828、862 页。

5 月,不晚于 19 日(6 月 1 日)

在俄国社会民主工党第五次代表大会期间,拉脱维亚边疆区社会民主党代表团在代表团的一次会议上通过决议:邀请列宁参加拉脱维亚边疆区社会民主党第二次代表大会。

《拉脱维亚苏维埃社会主义共和国科学院通报》,1969 年,第 6 期,第 15 页;《拉脱维亚革命者回忆列宁》,里加,1969 年,第 15、88—89 页。

彼得堡市二十七区法院侦查员回复莫斯科市一区法院侦查员 3 月 16 日(29 日)的征询,说他正在办理指控列宁撰写和散发小册子《修改工人政党的土地纲领》的案件,并说尼·列宁这一笔名后面“隐藏着一位俄国社会民主工党的著名代表”。文件说正在对乌里扬诺夫-列宁进行调查。文件指出,据侦查结果,“乌里扬诺夫……(妻子姓名不详),无不动产,特征‘体胖,中等身材,淡黄色头发’,无突出特征”。

苏共中央马列主义研究院中央党务档案馆,第 4 号全宗,第 3 号目录,第 30 号保管单位,第 91 张。

5 月 19 日和 6 月 2 日(6 月 1 日和 15 日)之间

列宁写《对资产阶级政党的态度》一文。

《列宁全集》中文第 2 版增订版第 15 卷第 366—387 页。

5月,不早于20日(6月2日)

俄国社会民主工党第五次代表大会闭幕以后,列宁参加布尔什维克派最后一次会议,会议讨论代表大会的工作总结,拟定同孟什维克今后斗争的计划和前景。根据列宁的提议,刚刚从俄国到来的约·费·杜勃洛文斯基当选为会议的主席。会议选举出以列宁为首的布尔什维克中央来领导布尔什维克今后的工作。

《苏联共产党决议汇编》,第8版,第1卷,1970年,第204页;《俄国社会民主工党第五次(伦敦)代表大会》,1963年,第828页;策·捷利克桑-博勃罗夫斯卡娅:《英诺森同志》,1925年,第35页;苏共中央马列主义研究院中央党务档案馆,第2号全宗,第1号目录,第23574号保管单位。

5月20日—24日(6月2日—6日)

列宁校订自己在俄国社会民主工党第五次代表大会上的发言速记稿;在英国博物馆的图书馆进行工作。

《回忆弗·伊·列宁》,第1册,1956年,第403—419页。

5月21日(6月3日)

在拉脱维亚边疆区社会民主党第二次代表大会第1次会议上,拉脱维亚布尔什维克同受调和派支持的孟什维克,就邀请列宁参加代表大会问题发生激烈冲突。代表大会通过了邀请列宁的建议。

《拉脱维亚革命者回忆列宁》,里加,1969年,第15页;A.A.德里茹尔:《弗·伊·列宁和革命的拉脱维亚》,里加,1969年,第53—54页。

拉脱维亚布尔什维克提议,将听取列宁的政治报告列入拉脱维亚边疆区社会民主党第二次代表大会的日程。这一提议遭到孟什维克和调和派的强烈反对,但最终得到通过。

《拉脱维亚革命者回忆列宁》,里加,1969年,第15—16页;A.

A.德里茹尔:《弗·伊·列宁和革命的拉脱维亚》,里加,1969年,第 53—54 页。

5 月,不早于 21 日(6 月 3 日)—不晚于 24 日(6 月 6 日)

俄国社会民主工党第五次代表大会代表和拉脱维亚边疆区社会民主党第二次代表大会代表尤·彼·加文和扬·安·别尔津(季耶美利斯)拜访列宁,并邀请列宁在拉脱维亚边疆区社会民主党第二次代表大会上讲话。列宁就拉脱维亚革命者在 1905—1907 年革命中的活动同他们进行交谈,接受了在拉脱维亚边疆区社会民主党第二次代表大会上讲话的邀请。

《拉脱维亚革命者回忆列宁》,里加,1969 年,第 88—89 页;《拉脱维亚苏维埃社会主义共和国科学院通报》,1969 年,第 6 期,第 15、16 页。

列宁出席拉脱维亚边疆区社会民主党第二次代表大会。

《列宁全集》中文第 2 版增订版第 15 卷第 364—365 页;《列宁全集》俄文第 5 版第 15 卷第 471—472 页;《拉脱维亚革命者回忆列宁》,里加,1969 年,第 16—17 页;《斗争报》,里加,1907 年 6 月 14 日,第 76 号;6 月 27 日,第 77 号;7 月 7 日,第 78 号;7 月 18 日,第 79 号;苏共中央马列主义研究院中央党务档案馆,第 2 号全宗,第 1 号目录,第 23574 号保管单位。

5 月 24 日(6 月 6 日)

在拉脱维亚边疆区社会民主党第二次代表大会第 8 次(下午)会议上,列宁作关于无产阶级在目前资产阶级民主革命现阶段的任务的报告。

报告结束时,列宁宣读他起草的决议草案,并提议由代表大会决定:是立即对这一草案进行讨论还是以后再讨论,还是这次代表大会根本不讨论,而在拉脱维亚边疆区社会民主党的刊物上和党的会议上就报告和决议所涉及的问题展开讨论。经过简短的讨论,通过了布尔什维克罗·安·彼尔舍和扬·埃·扬松-布劳恩提出的不安排代表大会讨论列宁的决议草案而将其列入代表大会记录的建议。

《列宁全集》中文第2版增订版第15卷第364—365页;《拉脱维亚革命者回忆列宁》,里加,1969年,第16—17页;《斗争报》,里加,1907年7月7日,第78号;苏共中央马列主义研究院中央党务档案馆,第2号全宗,第1号目录,第23574号保管单位(文件所附的抄件);A.A.德里茹尔:《弗·伊·列宁和革命的拉脱维亚》,里加,1969年,第54—55页。

5月25日和6月2日(6月7日和15日)之间

列宁在代表大会结束以后由伦敦返回库奥卡拉。

《回忆弗·伊·列宁》,第1卷,1968年,第323页;苏共中央马列主义研究院中央党务档案馆,第2号全宗,第1号目录,第23574号保管单位。

5月—9月

警察在叶卡捷琳诺斯拉夫、佐洛托诺沙市和奥梅利尼克镇(波尔塔瓦省)、沃姆扎市和拉多姆省琴斯托霍瓦(波兰)进行搜捕时发现了1905年在敖德萨出版的列宁的小册子《土地问题和"马克思的批评家"》。

苏联中央国家十月革命和社会主义建设档案馆,警察司全宗,第7处,1907年,第1634、3578、4701、5016、5270、8137号案卷。

5月—11月

警察在彼得堡、哈尔科夫、里加、维捷布斯克和雅罗斯拉夫尔进行搜捕时发现了列宁的小册子《"你会听到蠢人的评判……"(社会民主党政论家的札记)》。

苏联中央国家十月革命和社会主义建设档案馆,警察司全宗,第7处,1907年,第3613、3800、7491、7579、8270号案卷。

6月2日(15日)夜至3日(16日)凌晨

列宁同在杜马被驱散前夕来库奥卡拉见列宁的第二届国家杜

马布尔什维克代表们举行会议。在同代表们讨论了当前形势之后,列宁建议他们到彼得堡的工厂去向工人们说明正在发生的事件。会议在凌晨三时结束。

《回忆弗·伊·列宁》,第 1 卷,1968 年,第 323 页;《回忆弗·伊·列宁》,1963 年,第 82—84 页。

6 月,不早于 3 日(16 日)—不晚于 26 日(7 月 9 日)

列宁阅读 1907 年 6 月 3 日(16 日)《国家杜马选举条例》。

《列宁全集》中文第 2 版增订版第 16 卷第 3、36 页;《政府法令汇编》,1907 年,第 1 部分,第 94 期,6 月 3 日,第 845 条,第 1303—1380 页。

6 月 4 日(17 日)

警察在逮捕俄国社会民主工党雅罗斯拉夫尔委员会军事组织的成员时,发现了列宁著的小册子《关于俄国社会民主工党统一代表大会的报告》、《修改工人政党的土地纲领》、《立宪民主党人的胜利和无产阶级的任务》。

苏联中央国家十月革命和社会主义建设档案馆,警察司全宗,第 7 处,1907 年,第 4194 号案卷,第 9—10、17、21 张。

6 月 5 日(18 日)

莫斯科高等法院检察官将关于列宁小册子《社会民主党在民主革命中的两种策略》的案件交莫斯科市一区法院侦查员进一步审查。

苏共中央马列主义研究院中央党务档案馆,第 4 号全宗,第 3 号目录,第 30 号保管单位,第 89 张。

6 月 7 日(20 日)以后—10 月以前

列宁写《对资产阶级政党的态度》一文的附言。

《列宁全集》中文第 2 版增订版第 15 卷第 385—387 页;《交易所新闻》,晚上版,1907 年 6 月 7 日(20 日),第 9934 号;《俄国社会民主工党伦敦代表大会的总结》，文集，圣彼得堡，1907年，第39—41页；《苏共历史问题》杂志，1968年，第4期，第100页。

6月9日(22日)

驻巴黎的国外侦探科科长报告警察司说，列宁住在芬兰，使用柏林签发的署名德国印刷工人埃尔温·魏科夫的护照。

《红色文献》杂志，1934年，第1期，第207页。

6月15日(28日)以前

列宁同列·波·克拉辛谈技术发展的前景问题。

《列·波·克拉辛("尼基季奇")地下工作年代》，1928年，第139—140页。

6月,15日(28日)以前

列宁在泰里约基向来自彼得堡的工人发表演说，谈俄国社会民主工党第五次(伦敦)代表大会。

《回忆弗·伊·列宁》，第1卷，1968年，第323页；《回忆弗·伊·列宁》，第3册，1960年，第60页；谢·霍普纳尔：《回忆弗·伊·列宁》，叶卡捷琳诺斯拉夫，1925年，第5页。

列宁为保密起见，并为恢复受到影响的健康，离开库奥卡拉去尼·米·克尼波维奇的别墅(在斯季尔苏坚灯塔附近)。

《列宁全集》中文第2版增订版第53卷第281—282页；《回忆弗·伊·列宁》，第1卷，1968年，第323页；苏共中央马列主义研究院中央党务档案馆，第11号全宗，第2号目录，第7号保管单位，第42张；第17号全宗，第1号目录，第2册，第630号保管单位，第1张背面。

6月16日(29日)

警察司收到国外侦探科科长1907年6月9日(22日)关于列宁所在地的报告；特别处在侦探情报基础上编写了关于弗·伊·乌里扬诺夫(列宁)的资料。

《红色史料》杂志，1927 年，第 1 期，第 37—38 页；《红色文献》杂志，1934 年，第 1 期，第 207—208 页。

6 月 17 日（30 日）

警察司特别处向彼得堡省宪兵局局长下令，提出从芬兰引渡列宁的问题。

《红色史料》杂志，1927 年，第 1 期，第 38 页。

6 月 18 日（7 月 1 日）

警察司要求彼得堡保安处处长将现有的关于弗·伊·乌里扬诺夫（列宁）的全部材料告知彼得堡省宪兵局局长，以传讯列宁为被告，并提出从芬兰引渡他的问题。

《红色文献》杂志，1934 年，第 1 期，第 208 页。

6 月，不早于 19 日（7 月 2 日）

列宁阅读《同志报》刊载的关于彼·亚·葛伊甸的文章。他在写《纪念葛伊甸伯爵（我国非党的“民主主义者”教导人民什么？）》一文时用了这份报纸的材料。

《列宁全集》中文第 2 版增订版第 16 卷第 34—42 页；《同志报》，1907 年 6 月 19 日（7 月 2 日），第 296 号。

6 月 20 日（7 月 3 日）

莫斯科保安处处长在回答莫斯科一区法院侦查员的询问时说，弗拉基米尔·伊里奇·乌里扬诺夫没有登记，居住地为莫斯科。

苏共中央马列主义研究院中央党务档案馆，第 4 号全宗，第 3 号目录，第 30 号保管单位，第 92 张。

6 月 21 日（7 月 4 日）

书评周刊《新书》登载智神星出版社关于近期将出版列宁的《俄国资本主义的发展》一书第 2 版的广告。

《新书》周刊,1907 年 6 月 21 日,第 1 期,第 46 页。

6 月 21 日和 26 日(7 月 4 日和 9 日)之间

列宁作序的《约·菲·贝克尔、约·狄慈根、弗·恩格斯、卡·马克思等致弗·阿·左尔格等书信集》一书在彼得堡出版。

《列宁全集》中文第 2 版增订版第 15 卷第 196—216 页;《约·菲·贝克尔、约·狄慈根、弗·恩格斯、卡·马克思等致弗·阿·左尔格等书信集》,政治家译自德文,附弗·阿·左尔格、约·狄慈根的书信和传记,列宁作序,圣彼得堡,1907 年,第 XXVI、485 页、II 页;《新书》周刊,1907 年 6 月 21 日,第 1 期,封 2;6 月 30 日—7 月 10 日,第 2—3 期,第 36、45 页。

6 月 22 日(7 月 5 日)

莫斯科一区法院侦查员在审查出版列宁的小册子《社会民主党在民主革命中的两种策略》一案的办案情况后,起草决定:发出明令通缉小册子作者,并将这一决定送交莫斯科地方法院批准。

苏共中央马列主义研究院中央党务档案馆,第 4 号全宗,第 3 号目录,第 30 号保管单位,第 93、94 张。

6 月,不早于 22 日(7 月 5 日)

列宁阅读刊载在《同志报》上的普斯科夫省通讯《纪念葛伊甸伯爵》。列宁在《纪念葛伊甸伯爵(我国非党的"民主主义者"教导人民什么?)》一文中引用了这一通讯。

《列宁全集》中文第 2 版增订版第 16 卷第 41 页;《同志报》,1907 年 6 月 22 日(7 月 5 日),第 299 号。

列宁写《纪念葛伊甸伯爵(我国非党的"民主主义者"教导人民什么?)》一文。

《列宁全集》中文第 2 版增订版第 16 卷第 34—42 页。

6 月 23 日(7 月 6 日)

警察司公布并向各地分发附有搜查和逮捕名单的通令,名单第2611号注明:“弗拉基米尔·伊里奇·乌里扬诺夫(笔名尼·列宁)”,命令:“逮捕、搜查,交由圣彼得堡市二十七区法院侦查员审理”。

《红色文献》杂志,1934年,第1期,第208—209页。

不早于6月24日(7月7日)—不晚于26日(7月9日)

列宁阅读刊载在《同志报》上的尔·马尔托夫的文章《能够规避吗?(给编辑部的信)》。列宁在写《反对抵制(摘自社会民主党政论家的札记)》一文时利用了这篇文章。

《列宁全集》中文第2版增订版第16卷第14—15、29—30页;《同志报》,1907年6月24日(7月7日),第301号。

6月25日(7月8日)

在俄国社会民主工党第五次代表大会选出的中央委员会的会议上,列宁被任命为党驻社会党国际局的代表。

《俄国社会民主工党中央委员会通报》,1907年7月16日,第1号,第4页;苏共中央马列主义研究院中央党务档案馆,第17号全宗,第1号目录,第2册,第629号保管单位,第8张;《言语报》,1907年7月13日(26日),第163号。

6月,不晚于26日(7月9日)

列宁收到玛·伊·乌里扬诺娃的信。

《列宁全集》中文第2版增订版第16卷第32—33页,第53卷第282—283页。

6月26日(7月9日)

列宁写《反对抵制(摘自社会民主党政论家的札记)》一文。

《列宁全集》中文第2版增订版第16卷第1—33页。

6月,不早于26日(7月9日)

列宁在给住在基涅利站(萨马拉省)的玛·伊·乌里扬诺娃的信中简短地阐述了反对抵制第三届杜马的论据,他在刚刚写成的

《反对抵制(摘自社会民主党政论家的札记)》一文中详细阐发了这一论据。

《列宁全集》中文第2版增订版第16卷第1—33页,第53卷第282—283页。

6月27日(7月10日)

列宁在给住在米赫涅沃站(莫斯科省)的玛·亚·乌里扬诺娃的信中讲述他在斯季尔苏坚休息的情况,说打算在这里再待两个星期。

《列宁全集》中文第2版增订版第53卷第284—285页。

6月—不晚于7月6日(19日)

列宁为《伦敦代表大会总结》文集撰写《伦敦代表大会工作概述》一文。这篇和其他为文集准备的文章的手稿于1907年7月6日(19日)在彼得堡卢里叶印刷所被警察查获,至今没有找到。

《苏共历史问题》杂志,1968年,第4期,第99—101页。

6月—8月

列宁编辑布尔什维克的《生活之声》文集。

《列宁全集》中文第2版增订版第16卷第34—42页,第45卷第163页;《列宁全集》俄文第5版第16卷第487—489页;《生活之声》文集,第1集,圣彼得堡,1907年,第87页;《图书年鉴》,1907年9月8日,第9期,第4页。

6月—11月

在泰里约基召开中央委员会各次会议之前,列宁经常和俄国社会民主党中央委员会的布尔什维克委员们举行会议。

《苦役与流放》杂志,1924年,第3期,第25页。

7月7日(20日)

列宁在拉脱维亚边疆区社会民主党第二次代表大会上提出的

《关于无产阶级在资产阶级民主革命现阶段的任务》的决议，发表在拉脱维亚社会民主党的《斗争报》上。

《列宁全集》中文第 2 版增订版第 15 卷第 364—365 页；《斗争报》，里加，1907 年 7 月 7 日，第 78 号。

7 月，不晚于 8 日（21 日）

列宁为在彼得堡市代表会议上发言，起草关于社会民主工党对第三届杜马的态度问题的报告提纲。

《列宁全集》中文第 2 版增订版第 16 卷第 43—44 页。

列宁自斯季尔苏坚返抵泰里约基参加彼得堡市代表会议。

《回忆弗·伊·列宁》，第 1 卷，1968 年，第 323 页；《红色文献》杂志，1934 年，第 1 期，第 209 页。

7 月 8 日（21 日）

参加泰里约基俄国社会民主工党彼得堡市代表会议的布尔什维克代表召开会议，讨论参加第三届国家杜马选举的问题，列宁出席了这次会议。大多数与会者一致决定支持列宁反对抵制杜马选举的立场。

《无产阶级革命》杂志，1923 年，第 4 期，第 152 页。

列宁参加在泰里约基举行的彼得堡市代表会议的工作，作关于社会民主党对第三届国家杜马的态度问题的报告。

《列宁全集》中文第 2 版增订版第 16 卷第 43—44 页；《回忆弗·伊·列宁》，第 1 卷，1968 年，第 323 页；《红色文献》杂志，1934 年，第 1 期，第 209—210 页。

7 月，不早于 8 日（21 日）—不晚于 19 日（8 月 1 日）

传单《列宁在 7 月 8 日彼得堡市代表会议上宣读的关于社会民主工党对第三届杜马的态度问题的报告提纲》发布。

《列宁全集》中文第 2 版增订版第 16 卷第 43—44 页；《1894—

1917年社会民主党传单》，目录索引，第Ⅰ卷，1931年，第234—235页；第Ⅱ卷，第Ⅰ册，1934年，第99、102—103页。

7月12日(25日)和11月之间

列宁阅读社会革命党人的《劳动旗帜报》，在社论《我们在工会运动中的立场》一文中作标记，重点划出社会革命党人主张工会的非党性的几段话。

《列宁全集》中文第2版增订版第16卷第176—177页；《列宁文集》俄文版第25卷第157—158页；《劳动旗帜报》，巴黎，1907年7月12日，第2号，第1—4版。

7月14日(27日)

列宁参加彼得堡市代表会议第2次会议，发表了(警察司密探的情报中说的)"天才的"演说，"这是他在代表会议上所作过的主张党参加选举的报告的提要……"。代表会议拥护列宁的立场，并以33票的多数同意参加第三届杜马选举(30票反对)。

《红色文献》杂志，1934年，第1期，第210页。

7月，不早于14日(27日)—不晚于23日(8月5日)

列宁为俄国社会民主工党第三次代表会议("第二次全国代表会议")起草关于参加第三届国家杜马选举问题的决议草案初稿，并起草决议草案。

《列宁全集》中文第2版增订版第16卷第45—46、457—458页；《列宁文集》俄文版第25卷第12—14页。

7月16日(29日)

俄国社会民主工党中央委员会指定列宁在俄国社会民主工党第三次代表会议("第二次全国代表会议")作关于选举纲领和选举协议问题的报告。

《俄国社会民主工党中央委员会通报》，1907年8月17日，第2号，第1页；苏共中央马列主义研究院中央党务档案馆，第

17 号全宗，第 1 号目录，第 2 册，第 629 号保管单位，第 8 张。

俄国社会民主工党中央委员会决定，列宁为俄国社会民主工党出席斯图加特国际社会党代表大会的代表团成员。

《俄国社会民主工党中央委员会通报》，1907 年 8 月 17 日，第 2 号，第 1 页；苏共中央马列主义研究院中央党务档案馆，第 17 号全宗，第 1 号目录，第 2 册，第 629 号保管单位，第 8 张；《同志报》，1907 年 8 月 3 日（16 日），第 335 号。

7 月 17 日（30 日）

莫斯科保安处处长向警察司报告，根据密探的情报，列宁在泰里约基长住。

苏联中央国家十月革命和社会主义建设档案馆，警察司全宗，特别处，1907 年，第 8 号目录，第 340 号案卷，第 21 张背面。

7 月 20 日或 21 日（8 月 2 日或 3 日）

列宁参加俄国社会民主工党第三次代表会议（"第二次全国代表会议"）布尔什维克派会议，作关于参加第三届国家杜马选举问题的报告。布尔什维克派同意列宁提出的关于反对抵制第三届杜马选举的决议草案。

苏共中央马列主义研究院中央党务档案馆，第 4 号全宗，第 2 号目录，第 1586 号保管单位；苏联中央国家十月革命和社会主义建设档案馆，警察司全宗，特别处，1907 年，第 5 号案卷，第 1 卷，第 75 张。

7 月，不早于 20 日（8 月 2 日）

载有列宁《反对抵制（摘自社会民主党政论家的札记）》一文的小册子《论抵制第三届杜马》在彼得堡出版。

《列宁全集》中文第 2 版增订版第 16 卷第 1—33 页；《论抵制第三届杜马》，［圣彼得堡］，1907 年，第 1—24 页，封面注明的出版地：莫斯科，哥里宗托夫印刷厂；《新书》周刊，1907 年 8 月 7 日，第 5 期，第 20 页。

7月20日和8月1日(8月2日和14日)之间

种子出版社提议以《十二年来》为总标题出版三卷本列宁文集。尼·谢·安加尔斯基(克列斯托夫)来到列宁这里,转达这一建议,并商定出版条件。

苏共中央马列主义研究院中央党务档案馆,第2号全宗,第1号目录,第2313号保管单位;《彼得堡人回忆伊里奇》,1970年,第243页;《红色史料》杂志,1933年,第3—4期,第169页;《新书》周刊,1907年8月7日,第5期,第20页。

7月21日—23日(8月3日—5日)

列宁参加在科特卡(芬兰)[①]召开的俄国社会民主工党第三次代表会议("第二次全国代表会议");撰写关于反对抵制第三届国家杜马选举和关于工会代表大会问题的发言提纲,并就这些问题发言。代表会议通过了列宁提出的反对抵制第三届杜马选举的决议。

《列宁全集》中文第2版增订版第16卷第45—48、455—461页;《列宁全集》俄文第3版第12卷第436—442页;《列宁文集》俄文版第25卷第7—16页;《关于1907年7月21、22和23日党的代表会议的通告》,传单,俄国社会民主工党中央委员会出版,未注明出版地,4页;《斗争报》,里加,1907年8月12日,第82号。

列宁在俄国社会民主工党第三次代表会议("第二次全国代表会议")上,记录关于参加第三届国家杜马选举问题的讨论内容。

《列宁文集》俄文版第25卷第8—12页。

列宁简要记录亚·亚·波格丹诺夫(马克西莫夫)提出的抵制第三届国家杜马决议草案的论据部分的前三点,波格丹诺夫的决

---

① 在召开代表会议的工人之家的墙上镶着纪念牌,上面有芬兰文和俄文题词:"1907年8月,弗·伊·列宁曾经在这幢房子里,在俄国社会民主党人代表会议上作过讲演"。——俄文编者注

议案被俄国社会民主工党第三次代表会议(“第二次全国代表会议”)否决。

《列宁全集》俄文第5版第16卷第562页;《列宁文集》俄文版第25卷第7页。

列宁起草俄国社会民主工党第三次代表会议(“第二次全国代表会议”)通过的关于参加第三届国家杜马选举问题的决议草案:拟定整个决议的提纲要点,修改决议第一部分——论据部分的第三点,撰写决议第二部分的第一点和第二点理由。

《列宁全集》中文第2版增订版第16卷第459、460页;《列宁全集》俄文第3版第12卷第436—437页;《列宁文集》俄文版第25卷第14—15页。

列宁起草关于全俄工会代表大会决议草案的初稿,这一初稿成为他向俄国社会民主工党第三次代表会议(“第二次全国代表会议”)提交并作为资料转交俄国社会民主工党中央委员会的决议草案的基础。

《列宁全集》中文第2版增订版第16卷第45页;《列宁全集》俄文第3版第12卷第44页。

7月24日(8月6日)

传单《列宁在7月8日彼得堡市代表会议上宣读的关于俄国社会民主工党对第三届杜马的态度问题的报告提纲》从穆斯塔米亚基发往敖德萨。

苏联中央国家十月革命和社会主义建设档案馆,警察司全宗,特别处,1907年,第5号案卷,第73册,第323、325-a张。

7月,31日(8月13日)以前

彼得堡出版委员会收到普里卢基县警察局长寄来的一份列宁的小册子《农村需要什么(告贫苦农民)》和他提出的问题:检查机关是否批准了这本小册子出版。

苏联中央国家历史档案馆，第 776 号全宗，第 9 号目录，第 1143 号案卷，第 2 张；《红色史料》杂志，1924 年，第 2 期，第 24—25 页。

不晚于 7 月

列宁根据《1897 年俄罗斯帝国第一次人口普查》（城市和有 2 000 及以上居民的县城居民点，1905 年圣彼得堡版）一书的材料编制弗拉基米尔省和下诺夫哥罗德省的城市和工商业村的人口统计表。他在《俄国资本主义的发展》一书第 2 版中利用了这一统计表中的某些材料。

《列宁全集》中文第 2 版增订版第 3 卷第 365—366 页，第 57 卷第 596—602 页。

列宁翻阅《科斯特罗马省统计资料汇编》（第 1 卷，涅列赫塔县，第 3 编，1901 年科斯特罗马版），关注农户增加家畜时黑麦产量增长的数字，并在汇编封面上题字。

《列宁全集》中文第 2 版增订版第 57 卷第 248 页。

列宁阅读小册子《从 1897 年 1 月 28 日俄罗斯帝国第一次人口普查资料看工人和仆役的职业类别和出生地的分布》（1905 年圣彼得堡版）。在书的边白作统计，编制雇佣工人在各生产部门分布的统计表。

《列宁全集》中文第 2 版增订版第 57 卷第 603—605 页。

列宁根据 Г.И.罗斯托夫采夫《莫斯科省统计资料汇编》（卫生篇。第 8 卷，第 2 编，莫斯科省德米特罗夫县各村庄小手工业的卫生状况，1902 年莫斯科版）一书研究德米特罗夫县小手工业者劳动和生活条件；在该书正文中和边白处作大量的记号，并计算数字。

《列宁全集》中文第 2 版增订版第 57 卷第 649—651 页。

列宁在阅读《1897 年和 1898 年交纳消费税的各种行业和印花税票统计》(1900 年圣彼得堡版)一书时,统计外出做零工的人数,分出了外出做各种零工占优势的省份。列宁在《俄国资本主义的发展》一书第 2 版中利用了这些研究资料。

《列宁全集》中文第 2 版增订版第 3 卷第 525—528 页,第 57 卷第 652—654 页。

列宁在《1897 年俄罗斯帝国第一次人口普查》(第 6 编,弗拉基米尔省,第 1 分册,1900 年圣彼得堡版)一书上计算数字。

《列宁全集》中文第 2 版增订版第 57 卷第 662—663 页;苏共中央马列主义研究院中央党务档案馆,第 2 号全宗,第 1 号目录,第 2297、2298 号保管单位;《克里姆林宫的弗·伊·列宁藏书》,1961 年,第 272 页。

列宁在 1907 年莫斯科彼得罗夫图书馆出版的 K.库尔奇茨基(马佐韦茨基)的小册子《现代宪政国家中的自治制和联邦制》中作标记。

苏共中央马列主义研究院中央党务档案馆,第 2 号全宗,第 1 号目录,第 2311 号保管单位;《克里姆林宫的弗·伊·列宁藏书》,1961 年,第 366 页。

7 月

列宁写《俄国资本主义的发展》一书的第 2 版序言。

《列宁全集》中文第 2 版增订版第 3 卷第 11—14 页。

8 月 1 日(14 日)前后

列宁同约·彼·戈尔登贝格(梅什科夫斯基)一起启程前往斯图加特(德国),参加第二国际第七次国际社会党代表大会。

《列宁全集》中文第 2 版增订版第 45 卷第 135 页。

8 月 1 日(14 日)

列宁在赴斯图加特途中写信给在卡普里岛(意大利)的阿·

马·高尔基，说俄国社会民主工党中央委员会邀请高尔基作为有发言权的代表参加国际社会党第七次代表大会，列宁坚持请他前往斯图加特。

《列宁全集》中文第2版增订版第45卷第135页。

8月2日或3日（15日或16日）

列宁抵达斯图加特。

《列宁全集》中文第2版增订版第45卷第135页。

8月3日—11日（16日—24日）

列宁每天出席社会党国际局会议。

《1907年8月16—24日斯图加特国际社会党第七次代表大会》，布鲁塞尔，1908年，第3页；《莱比锡人民报》，1907年8月19日，第191号。

8月3日（16日），下午

列宁参加社会党国际局会议，会议审议了一些组织参加代表大会的问题。通过决议：每个代表团在代表大会的各委员会中不得超过4票。

《莱比锡人民报》，1907年8月17日，第190号；《前进报》，柏林，1907年8月17日，第191号。

8月，不早于3日（16日）—不晚于6日（19日）

列宁收到德国社会民主党执行委员会5 000马克，作为布尔什维克参加第三届国家杜马选举运动的经费（孟什维克和社会革命党人也得到同等数目的钱款）。

苏共中央马列主义研究院中央党务档案馆，第2号全宗，第1号目录，第2315号保管单位；苏联中央国家十月革命和社会主义建设档案馆，警察司全宗，特别处，1907年，第235号目录，第5号案卷，第84册，第88张。

8 月,不早于 3 日(16 日)—不晚于 11 日(24 日)

应奥地利社会民主党领袖之一弗·奥斯特尔利茨的请求,列宁在一张有斯图加特代表大会其他 20 名代表(维·阿德勒、奥·倍倍尔、卡·考茨基、安·涅梅茨、威·埃伦博根等人)签名的明信片上签字。

《红色权利报》,布拉格,1970 年 3 月 4 日,第 53 号。

8 月 4 日(17 日)

彼得堡铁锤出版社 1905 年出版的列宁的小册子《农村需要什么(告贫苦农民)》被查禁。

《档案学问题》杂志,1965 年,第 1 期,第 72 页。

列宁参加斯图加特代表大会俄国代表团社会民主党小组会议,会议讨论代表大会日程所规定的问题。

《列宁全集》中文第 2 版增订版第 16 卷第 82 页。

列宁参加俄国代表团会议,在讨论社会民主党小组和社会革命党小组票数分配问题时,他发言反对给社会民主党人和社会革命党人同等的票数,建议给社会民主党人 11 票,社会革命党人 6 票,工会代表 3 票。

《列宁全集》中文第 2 版增订版第 16 卷第 119 页;苏共中央马列主义研究院中央党务档案馆,第 142 号全宗,第 1 号目录,第 547 号保管单位,第 150 张背面、第 151 张。

列宁在同阿·瓦·卢那察尔斯基谈话时,指出德国社会民主党中的机会主义倾向以及必须同这些倾向进行坚决斗争,并对工团主义提出否定的看法。

苏共中央马列主义研究院中央党务档案馆,第 142 号全宗,第 1 号目录,第 546 号保管单位,第 66—67 张。

8月4日和10日(17日和23日)

列宁收到自己的文集《十二年来》的内容提要草稿,进行修改并寄给列·波·加米涅夫,委托他同种子出版社签订合同。

苏共中央马列主义研究院中央党务档案馆,第2号全宗,第1号目录,第2313号保管单位。

8月,不晚于5日(18日)

列宁画了一张到斯图加特附近的威廉堡去的路线草图。

《列宁文集》俄文版第25卷第295—296页。

8月5日—11日(18日—24日)

列宁参加斯图加特代表大会的工作,任大会主席团成员以及关于军国主义和国际冲突问题决议起草委员会成员。

《列宁全集》中文第2版增订版第16卷第79—85、62—63、64—75、76—78、119—121、178—179页;《斯图加特国际社会党代表大会》,圣彼得堡,新世界出版社,1907年,147页。

在斯图加特国际代表大会开会期间,列宁第一次同克拉拉·蔡特金会见。

《回忆弗·伊·列宁》,第5卷,1969年,第9页;苏共中央马列主义研究院中央党务档案馆,第12号全宗,第1号目录,第48号保管单位,第15、24张。

列宁同参加代表大会的左派社会民主党人多次举行非正式会议,以便就代表大会讨论的问题取得一致看法。

《回忆弗·伊·列宁》,第5卷,1969年,第72—73页;《苏共党史》,第2卷,1966年,第306页;《列宁为革命的国际而斗争》,1970年,第142页。

8月5日(18日),9时和11时之间

列宁参加社会党国际局会议,发言反对把俄国代表团的一半票数给社会革命党人。社会党国际局通过决议:给社会民主党人

10 票，社会革命党人 7 票和工会代表 3 票。

《列宁全集》中文第 2 版增订版第 16 卷第 119 页；《1907 年 8 月 16—24 日斯图加特国际社会党第七次代表大会》，布鲁塞尔，1908 年，第 5—6 页。

11 时和 13 时 30 分之间

列宁作为社会党国际局成员进入主席团，参加代表大会在音乐厅举行的隆重开幕式。在奥·倍倍尔致贺词之后，列宁同荷兰社会民主工党代表亨·范科尔就贺词交换意见。

《列宁全集》中文第 2 版增订版第 16 卷第 178—179 页；《斯图加特国际社会党代表大会》，柏林，1907 年，第 12—19 页。《莱比锡人民报》，1907 年 8 月 19 日，第 191 号；《同志报》，1907 年 8 月 7 日（20 日），第 338 号。

16 时 30 分和 18 时之间

列宁在坎施塔特参加组织委员会为欢迎代表大会参加者组织的民众庆祝活动和国际集会。

《1907 年 8 月 16—24 日斯图加特国际社会党第七次代表大会》，布鲁塞尔，1908 年，第 88—104 页；《莱比锡人民报》，1907 年 8 月 19 日，第 191 号。

18 时和 20 时之间

列宁主持参加斯图加特代表大会的布尔什维克会议，会上指定了参加代表大会委员会的布尔什维克代表。

苏共中央马列主义研究院中央党务档案馆，第 142 号全宗，第 1 号目录，第 546 号保管单位，第 65 张；第 547 号保管单位，第 6—7 张。

列宁委托阿·瓦·卢那察尔斯基在代表大会上捍卫俄国社会民主工党第五次（伦敦）代表大会决议所阐述的关于党和工会关系问题的布尔什维克观点；列宁在同卢那察尔斯基谈话中不仅论述了这一问题的原则方面，同时也论述了同维护工会“中立”的孟什维克原则的格·瓦·普列汉诺夫进行斗争的策略。

苏共中央马列主义研究院中央党务档案馆,第142号全宗,第1号目录,第547号保管单位,第6—7张。

20时

列宁出席为欢迎代表大会代表而举行的音乐晚会。

《1907年8月16—24日斯图加特国际社会党第七次代表大会》,布鲁塞尔,1908年,第3页。

8月,不早于5日(18日)—不晚于11日(24日)

列宁同奥·倍倍尔、维·阿德勒、罗·卢森堡、保·辛格尔及其他代表大会代表一起在音乐厅合影,代表大会的全体会议都是在这里举行的。

H.格姆科夫:《奥古斯特·倍倍尔》,莱比锡,1969年,第82页。

8月5日和11日(18日和24日)之间

列宁对罗马尼亚代表团于8月24日(公历)斯图加特代表大会全体会议上提出的抗议罗马尼亚政府镇压活动的决议草案的德文、法文和英文稿进行文字修改(用德文)并作标记。

《列宁全集》俄文第5版第16卷第489页;苏共中央马列主义研究院中央党务档案馆,第2号全宗,第1号目录,第23888号保管单位。

8月6日(19日)

列宁参加俄国代表团会议,会上批准了代表大会代表的委托书并选出参加各委员会的代表,列宁被指定为关于军国主义和国际冲突的决议起草委员会成员。

《列宁全集》中文第2版增订版第16卷第77页;《1907年8月16—24日斯图加特国际社会党第七次代表大会》,布鲁塞尔,1908年,第3、105—106页;《莱比锡人民报》,1907年8月20日,第192号。

列宁委托参加斯图加特代表大会关于党同工会关系问题委员会的阿·瓦·卢那察尔斯基在回意大利之后立即写一本题为《斯图加特代表大会上的党同工会关系问题。关于完成俄国社会民主工党委托的报告》的小册子。

苏共中央马列主义研究院中央党务档案馆,第 142 号全宗,第 1 号目录,第 546 号保管单位,第 81—87 张。

列宁参加社会党国际局会议,会上解决了有争议的委托书的问题,并组成了代表大会的各个委员会。

苏共中央马列主义研究院中央党务档案馆,第 142 号全宗,第 1 号目录,第 546 号保管单位,第 81—87 张;《莱比锡人民报》,1907 年 8 月 19 日,第 191 号。

列宁参加俄国代表团社会民主党小组的会议,会议按下列比例分配了社会党国际局决定给予社会民主党人的 10 票:布尔什维克 4 票半,孟什维克 2 票半,崩得代表、拉脱维亚社会民主党代表和亚美尼亚社会民主党组织各 1 票。

苏共中央马列主义研究院中央党务档案馆,第 142 号全宗,第 1 号目录,第 546 号保管单位,第 81—82 张。

列宁作为布尔什维克《无产者报》的编辑参加各社会党报刊编辑和出版者会议;编写派代表出席会议的(或者是他打算与之交换情报的)英国和法国社会党报刊名单。

苏共中央马列主义研究院中央党务档案馆,第 2 号全宗,第 1 号目录,第 2315 号保管单位;《1907 年 8 月 16—24 日斯图加特国际社会党第七次代表大会》,布鲁塞尔,1908 年,第 3 页。

8 月 6 日—10 日(19 日—23 日)

列宁参加关于军国主义和国际冲突的决议起草委员会会议。

《列宁全集》中文第 2 版增订版第 16 卷第 62—63、72—73、77、83—85 页,第 28 卷第 301 页;《斯图加特国际社会党代表大会》,柏林,1907 年,第 81—105 页。

8月7日(20日)

书评周刊《新书》刊登了一则简讯:“彼得堡的一家出版社正准备出版**弗拉基米尔·伊林文集**(《十二年来》)。文集(三卷本)将包括作者的全部著作,《俄国资本主义的发展》一书及某些文章除外。”

《新书》周刊,1907年8月7日,第5期,第20页。

列宁参加社会党国际局会议,发言反对准许俄国的锡安社会党人出席代表大会。社会党国际局作出妥协性的决定:准许锡安社会党人的代表作为有发言权的代表出席大会。

《列宁全集》中文第2版增订版第17卷第221页;《言语报》,1907年8月9日(22日),第186号。

晚上,列宁同阿·瓦·卢那察尔斯基长时间交谈。列宁确信,俄国的反动时期将持续3—4年;说在国外开展工作将重新具有重大意义;说他打算住在芬兰,靠近彼得堡,每三个月到布鲁塞尔去一次,参加社会党国际局会议;列宁说,波·米·克努尼扬茨(鲁边)被任命为中央委员会驻国外正式代表;建议卢那察尔斯基担任中央机关报的固定撰稿人,卢那察尔斯基接受了这个建议。

苏共中央马列主义研究院中央党务档案馆,第142号全宗,第1号目录,第546号保管单位,第86—87张。

8月7日和8日(20日和21日)

列宁参加俄国代表团会议,研究以奥·倍倍尔提出的关于军国主义和国际冲突的决议案作为基础、并吸收列宁和罗·卢森堡提出的修改意见的问题。俄国代表团同意这些修改。

《列宁全集》中文第2版增订版第16卷第62—63、72—73、83—85页;《斯图加特国际社会党代表大会》,柏林,1907年,第85—98、102页。

8月7日—11日(20日—24日)

列宁作为国际局(主席团)成员参加代表大会全体会议(共举行了8次会议)。

《列宁全集》中文第2版增订版第16卷第79—85页;《1907年8月16—24日斯图加特国际社会党第七次代表大会》,布鲁塞尔,1908年,第267—411页;《斯图加特国际社会党代表大会》,柏林,1907年,第19—75页。

8月8日(21日)

在军国主义和国际冲突问题委员会的下午会议上,列宁提议将罗·卢森堡作为俄国代表团的代表加入最后审订决议的分委员会。

《斯图加特国际社会党代表大会》,柏林,1907年,第101页;《斯图加特国际社会党代表大会》,圣彼得堡,1907年,第81页。

20时

列宁出席在斯图加特近郊卡尔斯福尔施塔特的“许茨豪斯”举行的代表大会全体代表的同志晚会。

《回忆弗·伊·列宁》,第5卷,1969年,第74—75页;苏共中央马列主义研究院中央党务档案馆,第142号全宗,第1号目录,第547号保管单位,第152张;《无产阶级革命》杂志,1924年,第5期,第248—250页;《1907年8月16—24日斯图加特国际社会党第七次代表大会》,布鲁塞尔,1908年,第3页。

8月9日(22日)

在军国主义和国际冲突问题委员会会议上,列宁同罗·卢森堡、尔·马尔托夫一起,以俄国代表团和波兰代表团名义对奥·倍倍尔的决议草案提出修正意见。

《斯图加特国际社会党代表大会》,柏林,1907年,第102页;《斯图加特国际社会党代表大会》,圣彼得堡,1907年,第81—82页。

8月9日和10日(22日和23日)

列宁和罗·卢森堡同奥·倍倍尔就最后改定军国主义和国际冲突的决议草案问题进行多次长时间的商谈,并同法学家就这一问题举行会议。

《列宁全集》中文第2版增订版第16卷第62—63页,第30卷第301页;《斯图加特国际社会党代表大会》,柏林,1907年,第64—66、102—105页。

8月11日(24日)

列宁参加代表大会的闭幕会议,会议通过了经列宁和罗·卢森堡修改的关于军国主义和国际冲突的决议。

根据英国、奥地利、法国、比利时、荷兰、意大利和美国代表的建议,代表大会决定向争取自由的俄国战士表示敬意。代表大会代表围在俄国代表团会议桌的四周,向俄国代表团热烈欢呼。

《列宁全集》中文第2版增订版第16卷第62—63、72—73、83—85页;《1907年8月16—24日斯图加特国际社会党第七次代表大会》,布鲁塞尔,1908年,第385—411页。

列宁同奥·倍倍尔、保·辛格尔、罗·卢森堡、让·饶勒斯等人一起签署代表大会通过的致美国工人运动著名活动家威廉·海伍德的贺词,海伍德曾经被美国政府根据警察捏造的污蔑指控而逮捕,并在狱中被拘禁16个月。由于开展了支持海伍德的群众性工人运动,1907年6月他被宣判无罪。

《1907年8月16—24日斯图加特国际社会党第七次代表大会》,布鲁塞尔,1908年,第403、435页。

根据列宁的委托,在彼得堡同种子出版社签订了弗·伊·列宁文集《十二年来》的出版合同。

苏共中央马列主义研究院中央党务档案馆,第2号全宗,第1号目录,第2313号保管单位。

8月,不早于11日(24日)

列宁从斯图加特返回库奥卡拉(芬兰)。他在火车车厢中同费·柯恩谈话。在谈到关于军国主义和国际冲突问题的决议时,弗拉基米尔·伊里奇说,他怀疑第二国际是否会将这一决议付诸实践。

《回忆弗·伊·列宁》,第5卷,1969年,第75页;《无产阶级革命》杂志,1924年,第5期,第250页;《斯图加特国际社会党代表大会》,柏林,1907年,第75页。

列宁收到种子出版社寄来的布尔什维克书刊《1908年大众历书》的内容提要和撰稿人名单,出版社建议列宁为该书撰写介绍斯图加特国际社会党代表大会的文章。

《彼得堡人回忆伊里奇》,1970年,第242页。

列宁参加在维堡举行的会议,研究变卖尼·巴·施米特捐献给党的遗产问题,施米特是被警察在监狱中杀害的。

《老布尔什维克》文集,第5辑,1933年,第150—153页;苏共中央马列主义研究院中央党务档案馆,第162号全宗,第1号目录,第2号保管单位,第1张、第2张—第2张背面。

8月,不早于11日(24日)—不晚于19日(9月1日)

列宁把他从德国社会民主党执行委员会得到的5 000马克选举活动经费交给俄国社会民主工党中央委员会。

苏共中央马列主义研究院中央党务档案馆,第2号全宗,第1号目录,第2315号保管单位;第17号全宗,第1号目录,第2册,第629号保管单位,第23张;苏联中央国家十月革命和社会主义建设档案馆,警察司全宗,特别处,1907年,第235号目录,第5号案卷,第84册,第88张;《俄国社会民主工党中央委员会通报》,1907年10月11日,第3号,第1页。

8月,不早于11日(24日)——9月

列宁阅读涅·切列万宁(费·安·利普金)著《俄国社会民主

工党伦敦代表大会》一书，在该书文中和空白处作了大量的标记。

《列宁全集》中文第2版增订版第16卷第102页；苏共中央马列主义研究院中央党务档案馆，第2号全宗，第1号目录，第25208号保管单位；《新书》周刊，1907年8月7日，第5期；8月16日，第6期，第34页；涅·切列万宁：《俄国社会民主工党伦敦代表大会(1907年)》，[圣彼得堡]，1907年，102页。

8月，11日(24日)以后

列宁参加在泰里约基召开的俄国社会民主工党彼得堡委员会会议。

苏共列宁格勒州委党史研究院党务档案馆，第4000号全宗，第5号目录，第594集，第3209号保管单位，第19张背面。

8月11日和10月20日(8月24日和11月2日)之间

列宁校订第二国际第七次(斯图加特)代表大会决议的俄译文。

《列宁全集》俄文第5版第16卷第489页；《无产者报》，[维堡]，1907年10月20日，第17号。

8月16日(29日)

书评周刊《新书》上刊登了列宁《十二年来》文集的内容提要。

《新书》周刊，1907年8月16日，第6期，第20页。

8月19日(9月1日)

列宁在俄国社会民主工党中央委员会会议上作关于斯图加特国际社会党代表大会的报告。

苏共中央马列主义研究院中央党务档案馆，第17号全宗，第1号目录，第2册，第629号保管单位，第23张；《俄国社会民主工党中央委员会通报》，1907年10月11日，第3号，第1页。

8月20日(9月2日)

在俄国社会民主工党中央委员会第19次会议上，列宁当选党的中央机关报《社会民主党人报》的主编。

《俄国社会民主工党中央委员会通报》，1907年10月11日，第3号，第1—2页；《帕·波·阿克雪里罗得和尤·奥·马尔托夫书信集》，柏林，1924年，第169页；《同志报》，1907年8月23日（9月5日），第352号；《新书》周刊，1907年9月9日，第9期，第22页；苏联中央国家十月革命和社会主义建设档案馆，警察司全宗，特别处，1907年，第265号目录，第230号案卷，第55张；第231号案卷，第91张；苏共中央马列主义研究院中央党务档案馆，第28号全宗，第2н号目录，第35004号保管单位。

8月20日和10月26日（9月2日和11月8日）之间

列宁校订克拉拉·蔡特金著《斯图加特国际社会党代表大会》一文的俄译文，并加了5条进一步解释和说明文章内容的长注释。

《列宁全集》中文第2版增订版第16卷第76—78；《列宁全集》俄文第5版第16卷第490页；《闪电》文集，第1集，1907年，第105—112页；《图书年鉴》，1907年10月27日，第16期，第6页；《平等》杂志，斯图加特，1907年9月2日，第18期。

8月22日（9月4日）

列宁为《生活之声》文集撰写《政论家札记》一文，阐述布尔什维克对第三届国家杜马的策略问题。

《列宁全集》中文第2版增订版第16卷第49—61页；《同志报》，1907年8月22日（9月4日），第351号。

8月24日和31日（9月6日和13日）之间

列宁编辑的《当前问题》文集在彼得堡出版。

《列宁全集》中文第2版增订版第45卷第163页；《列宁全集》俄文第5版第16卷第487—489页；《当前问题》文集，圣彼得堡，1907年，96页；《图书年鉴》，1907年9月1日，第8期，第10页。

8月25日和10月26日（9月7日和11月8日）之间

列宁为布尔什维克刊物《1908年大众历书》撰写《斯图加特国

际社会党代表大会》一文。

《列宁全集》中文第2版增订版第16卷第64—75页；《前进报》，柏林，1907年9月7日，第209号。《图书年鉴》，1907年10月27日，第16期，第7页。

8月26日(9月8日)

书评周刊《新书》刊载И.拉尔斯基的书评，评介《约·菲·贝克尔、约·狄慈根、弗·恩格斯、卡·马克思等致弗·阿·左尔格等书信集》一书以及列宁为该书写的序言。

《列宁全集》中文第2版增订版第15卷第196—216页；《新书》周刊，1907年8月26日，第7期，第13—14页。

8月—10月14日(27日)以前

列宁校订奥地利社会民主工党、乌克兰社会民主党(奥属乌克兰)和意大利社会党分别给斯图加特国际社会党代表大会的报告的俄译文。

《列宁文集》俄文版第25卷第268—294页；苏共中央马列主义研究院中央党务档案馆，第2号全宗，第1号目录，第2316号保管单位；《乌里扬诺夫家书集》，1969年，第171页。

8月—10月

列宁编辑布尔什维克文集《闪电》和《1908年大众历书》。

《列宁全集》中文第2版增订版第16卷第64—75、76—78页，第45卷第163页；《列宁全集》俄文第5版第16卷第487—489、490页；《闪电》文集，第1集，1907年，128页；《图书年鉴》，1907年10月27日，第16期，第6、7页；《新书》周刊，1907年10月31日，第17期，第32页；《1908年大众历书》，[圣彼得堡，1907年]，216页。

8月—11月

列宁编辑群众性的工人报纸《前进报》(第12—19号)。

《列宁全集》中文第2版增订版第19卷第102页；《列宁全集》俄文第5版第16卷第487页；《苏共历史问题》杂志，1968年，第 12 期,第 56—63 页。

8 月—12 月

列宁为出版自己的著作文集《十二年来》作准备工作。

《列宁全集》中文第 2 版增订版第 45 卷第 141—142 页;苏共中央马列主义研究院中央党务档案馆,第 2 号全宗,第 1 号目录,第 2313 号保管单位。

9 月 2 日(15 日)

列宁在泰里约基举行的俄国社会民主工党彼得堡市代表会议上作关于第二国际斯图加特国际社会党代表大会的报告。

《红色文献》,1934 年,第 1 期,第 210—211 页;《同志报》,1907 年 9 月 4 日(17 日),第 362 号;苏联中央国家十月革命和社会主义建设档案馆,警察司全宗,特别处,1907 年,第 5 号案卷,第 51 册,第 2 卷,第 185 张。

图书评论周刊《新书》刊登一则消息:"《俄国资本主义的发展》将作为第 4 卷编入**弗拉·伊林**著作集"。

《新书》周刊,1907 年 9 月 2 日,第 8 期,第 21 页。

9 月 4 日(17 日)

载有列宁《反对抵制(摘自社会民主党政论家的札记)》一文的小册子《论抵制第三届杜马》被查禁。

《档案学问题》杂志,1965 年,第 1 期,第 75 页。

9 月,不早于 4 日(17 日)

列宁阅读德国社会民主党埃森代表大会的材料,他在为《无产者报》写的《斯图加特国际社会党代表大会》一文中利用了这些资料。

《列宁全集》中文第 2 版增订版第 16 卷第 83 页;《前进报》,柏林,1907 年 9 月 17—22 日,第 217—222 号。

9 月 4 日和 10 月 20 日(9 月 17 日和 11 月 2 日)之间

列宁为《无产者报》撰写《斯图加特国际社会党代表大会》一文。

《列宁全集》中文第 2 版增订版第 16 卷第 79—85 页;《前进报》,柏林,1907 年 9 月 17 日,第 217 号;《无产者报》,[维堡],1907 年 10 月 20 日,第 17 号。

9 月,5 日(18 日)以前

列宁编辑的《生活之声》文集在彼得堡出版。文集收载了列宁的《政论家札记》、《纪念葛伊甸伯爵(我国非党的“民主主义者”教导人民什么?)》等两篇文章以及附有列宁注释的斯图加特代表大会关于军国主义和国际冲突的决议。

《列宁全集》中文第 2 版增订版第 16 卷第 34—42、49—61、62—63 页;《列宁全集》俄文第 5 版第 16 卷第 487—489 页;《生活之声》文集,第 1 集,1907 年,第 14—21、60—61、65—76 页;《图书年鉴》,1907 年 9 月 8 日,第 9 期,第 4 页;《新书》周刊,1907 年 9 月 16 日,第 10 期,第 19 页。

9 月 6 日(19 日)

列宁编辑的载有列宁《政论家札记》和《纪念葛伊甸伯爵(我国非党的“民主主义者”教导人民什么?)》两篇文章的《生活之声》文集被查禁。

《新书》周刊,1907 年 9 月 23 日,第 11 期,第 22 页;《档案学问题》杂志,1965 年,第 1 期,第 74 页。

9 月 7 日(20 日)

在俄国社会民主工党中央委员会重新审议党的中央机关报问题的会议上,列宁被选入《社会民主党人报》编辑委员会和编辑部管理委员会;中央机关报主编的职位被撤销。

《俄国社会民主工党中央委员会通报》,1907 年 10 月 11 日,第 3 号,第 2—3 页;《帕·波·阿克雪里罗得和尤·奥·马尔托夫书信集》，柏林，1924 年，第 169—170 页。

9 月，9 日（22 日）以前

列宁向彼得堡各工厂的工人们发表关于反对抵制第三届杜马的演说。

《同志报》，1907 年 9 月 9 日（22 日），第 367 号。

9 月 12 日和 10 月 20 日（9 月 25 日和 11 月 2 日）之间

列宁阅读社会革命党人中央机关刊物《劳动旗帜报》第 5 号。列宁以《"社会革命党人"是怎样编写历史的》一文回击了这一号报纸关于斯图加特代表大会的社论文章。

《列宁全集》中文第 2 版增订版第 16 卷第 119—121 页；《劳动旗帜报》，1907 年 9 月 12 日，第 5 号；《无产者报》，[维堡]，1907 年 10 月 20 日，第 17 号。

9 月 15 日（28 日）以后

列宁阅读 1907 年巴黎出版的小册子《社会主义和国际主义》；在这本小册子上刊载的法国社会党利摩日代表大会的决议《军国主义和国家间冲突》（1906 年 11 月通过，1907 年 8 月经南锡代表大会批准）中作标记。

苏共中央马列主义研究院中央党务档案馆，第 2 号全宗，第 1 号目录，第 2317 号保管单位；《克里姆林宫的弗·伊·列宁藏书》，1961 年，第 671 页；《近代史与现代史》杂志，1957 年，第 4 期，第 8—9 页。

9 月 20 日（10 月 3 日）以前

娜·康·克鲁普斯卡娅受列宁委托写信给俄国社会民主工党乌法委员会，信中请一名委员"9 月 20 日前到达这里，共同商议一些事情"。

苏联中央国家十月革命和社会主义建设档案馆，警察司全宗，特别处，1907 年，第 5 号案卷，第 51 册，第 2 卷，第 257 张。

9月21日(10月4日)

一封从奥利维奥波尔(赫尔松省)寄往敖德萨的信要求寄去10本列宁著的小册子《告贫苦农民》。

苏联中央国家十月革命和社会主义建设档案馆,警察司全宗,特别处,1907年,第5号案卷,第68册,第171张。

9月22日(10月5日)

列宁致函社会党国际局书记卡·胡斯曼,告知即将开庭审判第二届国家杜马的社会民主党党团,请求通过国际议会代表联盟向英国、德国、比利时的议会发出呼吁和争取对俄国政府的行动予以谴责(这封信没有找到)。

《列宁全集》俄文第5版第16卷第482页;苏联中央国家十月革命和社会主义建设档案馆,警察司全宗,特别处,1907年,第5号案卷,第51册,第3卷,第11张。

9月22日和10月20日(10月5日和11月2日)之间

列宁阅读帕·尼·米留可夫的《"我们的左边没有敌人"》一文,并在《革命和反革命》一文中利用了这篇文章。

《列宁全集》中文第2版增订版第16卷第111页;《无产者报》,[维堡],1907年10月20日,第17号;《言语报》,1907年9月22日(10月5日),第224号。

9月底

列宁和彼·伊·斯图契卡以党的中央机关报管理委员会委员的身份写信给俄国社会民主工党中央委员会,要求明确规定中央机关报管理委员会和整个编辑部的职责和权限。这封信曾在俄国社会民主工党中央委员会第26次会议上宣读。

《俄国社会民主工党中央委员会通报》,1907年10月11日,第3号,第4页;《帕·波·阿克雪里罗得和尤·奥·马尔托夫书信集》,柏林,1924年,第170页。

9 月底—10 月初

列宁在回复格·阿·阿列克辛斯基关于在国外工作有困难的来信时指出，必须对“机会主义者”采取“战斗行动”。

《列宁全集》中文第 2 版增订版第 45 卷第 136—138 页。

9 月

列宁为自己的《十二年来》文集第 1 卷撰写序言。

《列宁全集》中文第 2 版增订版第 16 卷第 86—105 页。

9 月—10 月 20 日(11 月 2 日)以前

列宁收到阿·瓦·卢那察尔斯基论无产阶级社会主义政党同工会的关系的小册子的手稿第一部分。由于斯图加特代表大会讨论了这一问题，卢那察尔斯基遵照列宁的委托写了这本小册子。

《列宁全集》中文第 2 版增订版第 45 卷第 139—141 页。

10 月 4 日(17 日)

娜·康·克鲁普斯卡娅受列宁委托写信给俄国社会民主工党乌法委员会和巴库委员会，谈布尔什维克在中央委员会工作的困难条件，由于波兰代表采取调和主义策略，中央委员会的工作能力“陷于瘫痪”。克鲁普斯卡娅说，关于出版党的中央机关报的问题迟迟不能解决，因此决定《无产者报》复刊，她请求给《无产者报》寄来稿件和委员会的出版刊物。

苏联中央国家十月革命和社会主义建设档案馆，警察司全宗，特别处，1907 年，第 5 号案卷，第 51 册，第 2 卷，第 257—258、271 张；《红色文献》杂志，1934 年，第 1 期，第 211 页。

10 月 4 日(17 日)以后

列宁的《对资产阶级政党的态度》一文发表在《伦敦代表大会

的总结》文集中。

《列宁全集》中文第2版增订版第15卷第366—387页;《俄国社会民主工党伦敦代表大会的总结》,文集,圣彼得堡,1907年,第23—41页;《苏共历史问题》杂志,1968年,第4期,第100页。

10月5日(18日)以前

列宁在要出国的安·伊·乌里扬诺娃-叶利扎罗娃转交给瑞典社会民主党人卡·布兰亭的信中,请求他协助乌里扬诺娃-叶利扎罗娃查找布尔什维克党的书籍和文件,这些书籍和文件是在列宁离开日内瓦返回俄国之后转寄到斯德哥尔摩去的。

《列宁全集》中文第2版增订版第45卷第138页;《列宁全集》俄文第5版第16卷第482—483页。

10月5日(18日)

娜·康·克鲁普斯卡娅受列宁委托,写信给在柏林的伊·巴·拉德日尼科夫,信中告知,布尔什维克决定"除《前进报》之外还要出版《无产者报》,因为关于中央机关报的问题在无限期地拖延",并就在国外散发这两种报刊和其他布尔什维克刊物的组织工作作出指示。

苏联中央国家十月革命和社会主义建设档案馆,警察司全宗,特别处,1907年,第237号目录,第5号案卷,第51册,第2卷,第273—274张。

娜·康·克鲁普斯卡娅受列宁委托写信给安·伊·乌里扬诺娃-叶利扎罗娃,请她在柏林弄到并立即寄来列宁准备《十二年来》文集第3卷所需要的全套《火星报》。

《列宁全集》俄文第5版第16卷第482—483页。

10月,不晚于6日(19日)

列宁在给格·阿·阿列克辛斯基的信中,请求从国外寄来准备《十二年来》文集第3卷所需要的全套《火星报》、部分《前进报》(1905年)和《无产者报》(1905年)。

《列宁全集》俄文第5版第16卷第482—483页。

10月7日(20日)

娜·康·克鲁普斯卡娅受列宁委托写信给俄国社会民主工党哈尔科夫委员会,告知《无产者报》即将出刊,请求寄来地址,以便寄信件、《无产者报》和合法文集。

苏联中央国家十月革命和社会主义建设档案馆,警察司全宗,特别处,1907年,第5号案卷,第51册,第2卷,第308张。

10月8日(21日)

列宁的《反军国主义的宣传和社会主义工人青年团》一文刊载在群众性工人报纸《前进报》上。

《列宁全集》中文第2版增订版第16卷第106—109页;《前进报》,[维堡],1907年10月8日,第16号。

警察在查封莫斯科工会中央局时,发现了列宁著的小册子《社会民主党和选举协议》、《社会民主党和杜马选举》、《普列汉诺夫同志是怎样论述社会民主党的策略的?》、《关于俄国社会民主工党统一代表大会的报告》和《关于俄国社会民主工党第三次代表大会的通知》。

苏联中央国家十月革命和社会主义建设档案馆,警察司全宗,第7处,1907年,第8963号案卷,第70张、第77张背面、第95张、第103张、第103张背面、第105张。

10月9日(22日)

娜·康·克鲁普斯卡娅受列宁委托写信给格·阿·阿列克辛斯基,询问他是否收到由她转寄的几封列宁的信(列宁的这些信件没有找到)。

《列宁全集》俄文第5版第16卷第483页；苏共中央马列主义研究院中央党务档案馆，第377号全宗，第8号目录，第19148号保管单位，第2张。

10月10日(23日)

驻巴黎国外侦探科科长向警察司报告，“赫赫有名的列宁，即乌里扬诺夫，收信地址是：芬兰，泰里约基，帕沃·卡科先生收，在内信封上写：‘给列宁’”。

《红色文献》杂志，1934年，第1期，第211—212页。

不早于10月12日(25日)

列宁从1907年10月12日(25日)《言语报》上摘录各选民团和政党分配第三届国家杜马复选人名额的材料。

《列宁文集》俄文版第31卷第436—438页；《言语报》，1907年10月12日(25日)，第241号。

10月,15日(28日)以前

列宁收到安·伊·乌里扬诺娃-叶利扎罗娃从国外寄来的两封信。

《列宁全集》中文第2版增订版第53卷第284—285页。

10月15日(28日)

列宁写信给在米赫涅沃车站(莫斯科省)的玛·亚·乌里扬诺娃，讲述在库奥卡拉的生活，并说在他们这里做客的妹妹玛·伊·乌里扬诺娃准备今天离开库奥卡拉。

《列宁全集》中文第2版增订版第53卷第284—285页。

10月,19日(11月1日)以前

彼得堡委员会委员米·巴·托姆斯基和第三届国家杜马彼得堡工人代表候选人尼·古·波列塔耶夫，前来库奥卡拉拜访列宁。列宁在同他们谈话时强调指出，必须利用杜马讲坛这个合法的条件进行革命的社会民主主义的宣传鼓动。

《红色黑海报》,新罗西斯克,1925 年 1 月 22 日,第 18 号。

10 月 19 日和 25 日(11 月 1 日和 7 日)之间

《闪电》文集在彼得堡出版,文集中载有列宁校订的克·蔡特金的《斯图加特国际社会党代表大会》一文和列宁为该文写的注释。

《列宁全集》中文第 2 版增订版第 16 卷第 76—78 页;《图书年鉴》,1907 年 10 月 27 日,第 16 期,第 6 页;《闪电》文集,第 1 集,1907 年,128 页;《新书》周刊,1907 年 10 月 31 日,第 14 期,第 32 页。

《闪电》文集被查禁。

《新书》周刊,1907 年 10 月 31 日,第 14 期,第 32 页。

10 月 19 日和 26 日(11 月 1 日和 8 日)之间

列宁编辑的《1908 年大众历书》在彼得堡出版,其中收进了他的《斯图加特国际社会党代表大会》一文。

《列宁全集》中文第 2 版增订版第 16 卷第 64—75 页;《1908 年大众历书》,[圣彼得堡,1907 年],216 页;《图书年鉴》,1907 年 10 月 27 日,第 16 期,第 7 页。

10 月 19 日(11 月 1 日)以后

列宁在《1908 年大众历书》的参考资料部分中作标记并统计数字。

《列宁文集》俄文版第 25 卷第 158—164 页;《图书年鉴》,1907 年 10 月 27 日,第 16 期,第 7 页。

10 月,20 日(11 月 2 日)以前

列宁写《革命和反革命》一文。

《列宁全集》中文第 2 版增订版第 16 卷第 110—118 页;《无产者报》,[维堡],1907 年 10 月 20 日,第 17 号。

10月20日(11月2日)

列宁的文章《斯图加特国际社会党代表大会》、《革命和反革命》、《“社会革命党人”是怎样编写历史的》发表在《无产者报》第17号上。

《列宁全集》中文第2版增订版第16卷第79—85、110—118、119—121页；《无产者报》，[维堡]，1907年10月20日，第17号。

10月，不早于20日(11月2日)—不晚于29日(11月11日)

列宁写短评《关于普列汉诺夫的一篇文章》，这篇短评是作为约·彼·戈尔登贝格(梅什科夫斯基)《也是“论战”》一文的编后记发表的。

《列宁全集》中文第2版增订版第16卷第139—140页；《无产者报》，[维堡]，1907年10月29日，第18号；《同志报》，1907年10月20日(11月2日)，第402号。

10月20日和29日(11月2日和11日)之间

列宁收到阿·瓦·卢那察尔斯基寄来的论党同工会的关系的小册子第二部分的手稿。

《列宁全集》中文第2版增订版第45卷第139—141页。

列宁召集布尔什维克写作小组成员会议，讨论阿·瓦·卢那察尔斯基论党同工会的关系的小册子的手稿。

《列宁全集》中文第2版增订版第45卷第140、147页。

列宁致函在意大利的阿·瓦·卢那察尔斯基，评论他的论党同工会的关系的小册子。列宁在信中说，给卢那察尔斯基寄去了《无产者报》第17号和《闪电》文集。

《列宁全集》中文第2版增订版第45卷第139—141页；《无产者报》，[维堡]，1907年10月20日，第17号；10月29日，第18号。

10 月 26 日(11 月 8 日)

列宁写《第三届杜马》一文。

《列宁全集》中文第 2 版增订版第 16 卷第 129—138 页;《无产者报》,[维堡],1907 年 10 月 29 日,第 18 号;《同志报》,1907 年 10 月 26 日(11 月 8 日),第 407 号。

10 月 26 日和 11 月 5 日(11 月 8 日和 18 日)之间

列宁读立宪民主党第五次代表大会的材料,他在自己的《"可恶的狂饮节"在准备中》一文中利用了这些材料。

《列宁全集》中文第 2 版增订版第 16 卷第 141—147 页;《无产者报》,[维堡],1907 年 11 月 5 日,第 19 号;《同志报》,1907 年 10 月 26 日(11 月 8 日),第 407 号;10 月 30 日(11 月 12 日),第 410 号;《言语报》,1907 年 10 月 28 日(11 月 10 日),第 225 号。

10 月,不晚于 27 日(11 月 9 日)

列宁为在泰里约基举行的俄国社会民主工党彼得堡组织代表会议草拟关于第三届国家杜马的决议。

《列宁全集》中文第 2 版增订版第 16 卷第 125—126 页;《无产者报》,[维堡],1907 年 11 月 5 日,第 19 号;《前进报》,[维堡],1907 年 11 月,第 18 号。

10 月 27 日(11 月 9 日)

列宁参加在泰里约基举行的俄国社会民主工党彼得堡组织代表会议;列宁作关于第三届国家杜马、关于社会民主党人参加资产阶级报刊问题、关于筹备全国代表会议以及会议日程中的其他问题的报告。代表会议通过了列宁提出的关于第三届国家杜马的决议。

《列宁全集》中文第 2 版增订版第 16 卷第 122—128 页;《无产者报》,[维堡],1907 年 11 月 5 日,第 19 号;11 月 19 日,第 20 号;《前进报》,[维堡],1907 年 11 月,第 18 号;《彼得堡人回忆伊里奇》,1970 年,第 191—193 页。

10月28日(11月10日)

警察在里加搜查拉脱维亚边疆区社会民主党印刷所时,没收了列宁的《怎么办?》一书和小册子《杜马的解散和无产阶级的任务》、《修改工人政党的土地纲领》、《"你会听到蠢人的评判……"》、《普列汉诺夫同志是怎样论述社会民主党的策略的?》、《关于俄国社会民主工党统一代表大会的报告》、《立宪民主党人的胜利和工人政党的任务》。

苏联中央国家十月革命和社会主义建设档案馆,警察司全宗,第7处,1907年,第7491号案卷,第23—29、34张。

10月29日(11月11日)

芬兰宪兵队在答复警察司的询问时证实,帕沃·卡科代收寄给列宁的信件。

《红色文献》杂志,1934年,第1期,第212页。

列宁的《第三届杜马》一文和他为约·彼·戈尔登贝格《也是"论战"》一文写的编后记《关于普列汉诺夫的一篇文章》发表在《无产者报》第18号上。

《列宁全集》中文第2版增订版第16卷第129—140页;《无产者报》,[维堡],1907年10月29日,第18号。

10月29日和11月5日(11月11日和18日)之间

列宁为下一号《无产者报》写文章《"可恶的狂饮节"在准备中》和《可是评判者是些什么人呢?》。

《列宁文集》中文第2版增订版第16卷第141—147、148—156页;《无产者报》,[维堡],1907年11月5日,第19号。

10月31日(11月13日)

驻巴黎国外侦探科科长报告警察司,卡莫(西·阿·捷尔-彼得罗相)于7月和8月住在芬兰的瓦萨别墅列宁处。

苏联中央国家十月革命和社会主义建设档案馆，警察司全宗，特别处，1907 年，第 637 号案卷，第 41 张、第 44 张背面。

10 月

列宁收到费·阿·罗特施坦的信，信中提醒必须按期归还俄国社会民主工党第五次（伦敦）代表大会期间所借的债款，列宁将信转寄中央委员会。

《列宁全集》中文第 2 版增订版第 45 卷第 155 页。

11 月 1 日或 2 日（14 日或 15 日）

列宁为群众性工人报刊《前进报》写《第三届国家杜马和社会民主党》一文。

《列宁全集》中文第 2 版增订版第 16 卷第 169—175 页；《前进报》，［维堡］，1907 年 11 月，第 18 号；《同志报》，1907 年 11 月 1 日（14 日），第 412 号；11 月 2 日（15 日），第 413 号。

11 月，5 日（18 日）以前

列宁参加俄国社会民主工党中央委员会布尔什维克委员和俄国社会民主工党第四次代表会议（第三次全国代表会议）布尔什维克代表的联席预备会议。会议在泰里约基举行，讨论了社会民主党杜马党团和党的中央委员会的相互关系问题。

策·萨·捷利克桑-博勃罗夫斯卡娅：《一个普通地下工作者的笔记》，1924 年，第 177 页。

列宁起草关于第三届国家杜马中社会民主党党团的策略的决议，该决议在俄国社会民主工党第四次代表会议（第三次全国代表会议）上获得通过。

《列宁全集》中文第 2 版增订版第 16 卷第 166—168 页。

11 月 5 日（18 日）

列宁的《可是评判者是些什么人呢？》、《“可恶的狂饮节”在准备中》等两篇文章和他起草的、经俄国社会民主工党彼得堡组织代表会议通过的《关于第三届国家杜马的决议》发表在《无产者报》第19号上。

《列宁全集》中文第2版增订版第16卷第125—126、141—156页；《无产者报》，[维堡]，1907年11月5日，第19号。

11月5日—12日（18日—25日）

列宁参加在赫尔辛福斯召开的俄国社会民主工党第四次代表会议（“第三次全国代表会议”）的工作，作关于第三届国家杜马中社会民主党党团的策略的报告。代表会议通过了列宁提出的关于这一问题的决议案。

《列宁全集》中文第2版增订版第16卷第157—164页；《无产者报》，[维堡]，1907年11月19日，第20号；策·萨·捷利克桑-博勃罗夫斯卡娅：《一个普通地下工作者的笔记》，1924年，第175—178页；《无产阶级革命》杂志，1926年，第1期，第148页；《图书年鉴》，1923年，第9期，第81页；《前进报》，[维堡]，1907年11月，第19号。

11月10日和23日（11月23日和12月6日）之间

列宁在给种子出版社领导人米·谢·克德罗夫的信中，询问他的《十二年来》文集第2卷的前12印张是否已经付排，列宁说，其余的印张已经准备好，他可以立即寄给出版社，但是，如果有可能将付印工作推延一个月到一个半月，那么他计划在第2卷卷末写一篇长文章，谈俄国土地分配问题，这篇文章“会使读者感到很大兴趣，而且是很及时的”，写这篇文章所需要的材料差不多都已挑选好了，一部分已经加工了（这里指的是《社会民主党在1905—1907年俄国第一次革命中的土地纲领》一文）。

《列宁全集》中文第2版增订版第16卷第185—397页，第45卷第141—142页；《列宁文集》俄文版第13卷第159页；苏共中央马列主义研究院中央党务档案馆，第2号全宗，第1号目录,第 2313 号保管单位;《图书年鉴》,1907 年 11 月 24 日,第 20 期,第 6 页。

11 月,不早于 12 日(25 日)

俄国社会民主工党第四次代表会议("第三次全国代表会议")之后,列宁自赫尔辛福斯返回,在维堡附近的亚·格·施利希特尔寓所停留,同施利希特尔谈代表会议的工作、最近几月党的工作任务以及俄国革命运动的发展前途等。

亚·施利希特尔:《我所了解的伊里奇》,1970 年,第 33—35 页。

11 月 12 日和 19 日(11 月 25 日和 12 月 2 日)之间

《萨马拉河湾报》编辑亚·波格丹诺夫(亚·沃尔日斯基)来库奥卡拉列宁处,他为《无产者报》带来一篇文章。列宁将文章交印刷所。这篇文章以《关于第三次全国代表会议的信》为题发表在《无产者报》第 20 号上。

苏共中央马列主义研究院中央党务档案馆,第 91 号全宗,第 1 号目录,第 130 号保管单位;《无产者报》,[维堡],1907 年 11 月 19 日,第 20 号。

11 月 14 日(27 日)

内务部一个执行特殊任务的官员在给警察司的报告中说,已在泰里约基对列宁实行监视。

苏联中央国家十月革命和社会主义建设档案馆,警察司全宗,1907 年,第 580 号案卷,第 42 张。

11 月上半月

列宁的《第三届国家杜马和社会民主党》一文发表在群众性工人报纸《前进报》第 18 号上。

《列宁全集》中文第 2 版增订版第 16 卷第 169—175 页;《前进报》,[维堡],1907 年 11 月,第 18 号。

11 月 16 日(29 日)以前

列宁看自己的《十二年来》文集第 1 卷校样并进行修改。

《弗·德·邦契-布鲁耶维奇选集》,第 2 卷,1961 年,第 411 页;《图书年鉴》,1907 年 11 月 24 日,第 20 期,第 6 页。

11 月 16 日和 23 日(11 月 29 日和 12 月 6 日)之间

弗·伊·列宁(弗拉·伊林)的《十二年来》文集第 1 卷在彼得堡出版。第 1 卷包括 1895 年至 1905 年期间列宁所写的主要文章和小册子。

弗·伊·列宁:《十二年来》文集,第 1 卷,俄国马克思主义和俄国社会民主党的两派,圣彼得堡,1907 年,XII、471 页,书名前署名:弗拉·伊林,扉页上注明 1908 年出版;《图书年鉴》,1907 年 11 月 24 日,第 20 期,第 6 页。

11 月 16 日(29 日)以后—1908 年

列宁将一部自己的《十二年来》文集第 1 卷送给玛·伊·乌里扬诺娃。

苏共中央马列主义研究院中央党务档案馆,第 14 号全宗,第 1 号目录,第 238 号保管单位;《图书年鉴》,1907 年 11 月 24 日,第 20 期,第 6 页。

11 月 16 日(29 日)以后

列宁在自己的《十二年来》文集第 1 卷中作标记。

苏共中央马列主义研究院中央党务档案馆,第 2 号全宗,第 1 号目录,第 2453 号保管单位;《克里姆林宫的弗·伊·列宁藏书》,1961 年,第 72—76 页;《图书年鉴》,1907 年 11 月 24 日,第 20 期,第 6 页。

11 月 19 日(12 月 2 日)

彼得堡高等法院判决销毁载有列宁《反对抵制(摘自社会民主党政论家的札记)》一文的小册子《论抵制第三届杜马》,并同时销毁“印版和其他印刷用品”。

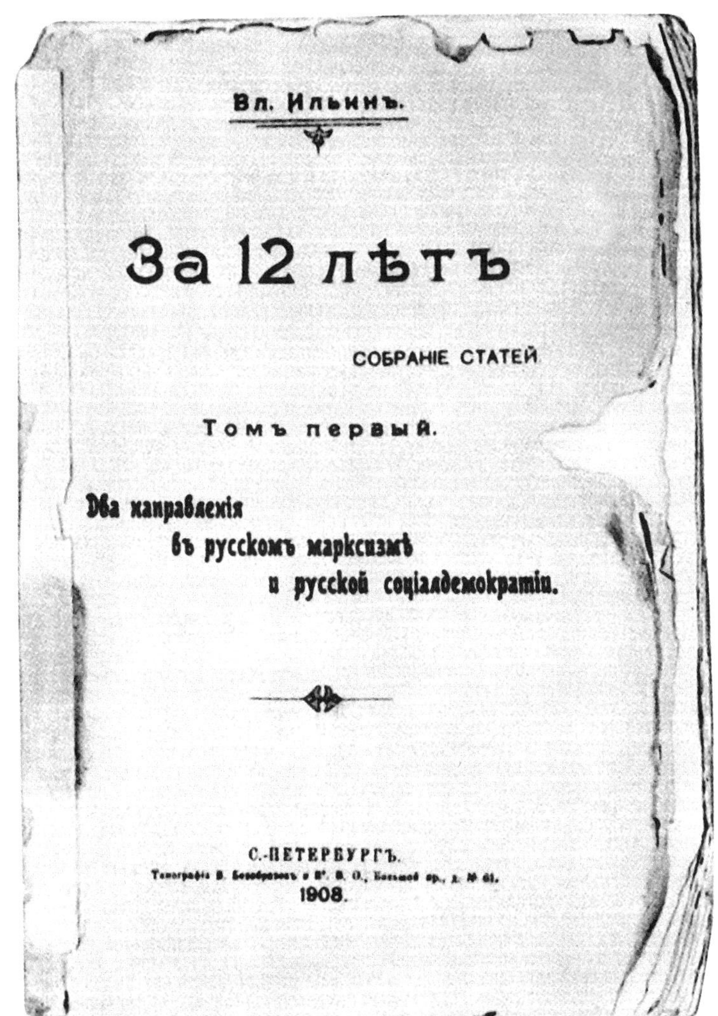

Вл. Ильинъ.

За 12 лѣтъ

СОБРАНІЕ СТАТЕЙ

Томъ первый.

Два направленія въ русскомъ марксизмѣ и русской соціалдемократіи.

С.-ПЕТЕРБУРГЪ.

Типографія В. Безобразова и К°. В. О., Большой пр., д. № 61.

1908.

列宁《十二年来》文集的扉页

苏联中央国家历史档案馆，第 777 号全宗，第 10 号目录，第 210 号案卷，1907 年，第 9 张。

11 月 20 日(12 月 3 日)以前

列宁同弗·德·邦契-布鲁耶维奇和亚·亚·波格丹诺夫谈社会主义革命胜利后电影的发展前景。

《艺术中最重要的东西——列宁论电影》，文件和资料集，1963 年，第 93 页。

列宁将自己所有的布尔什维克秘密书刊通过弗·德·邦契-布鲁耶维奇寄给科学院图书馆刚成立的秘密图书部。

《弗·德·邦契-布鲁耶维奇选集》，第 2 卷，1961 年，第 455 页。

11 月,20 日(12 月 3 日)以前

弗·德·邦契-布鲁耶维奇和米·奥里明斯基来库奥卡拉拜访列宁。列宁委托弗·德·邦契-布鲁耶维奇在彼得堡建立合法的布尔什维克出版社。

弗·德·邦契-布鲁耶维奇:《回忆弗·伊·列宁》，第 2 版，1969 年，第 55—56 页。

列宁为躲避警察，从库奥卡拉去奥盖尔比(赫尔辛福斯附近)。

《回忆弗·伊·列宁》，第 1 卷，1968 年，第 324 页；苏共中央马列主义研究院中央党务档案馆，第 377 号全宗，第 8 号目录，第 19149 号保管单位，第 1 张—第 1 张背面；《帕·波·阿克雪里罗得和尤·奥·马尔托夫书信集》，柏林，1924 年，第 176 页。

11 月 22 日(12 月 5 日)

彼得堡市二十七区法院侦查员向维堡省长发出指令:采取措施，立即在维堡和全省追查列宁。

苏共中央马列主义研究院中央党务档案馆，第 4 号全宗，第 3 号目录，第 35 号保管单位。

11月28日(12月11日)

彼得堡出版委员会查禁弗·伊·列宁《十二年来》文集第1卷。委员会给彼得堡法院检察官寄去一册书,并请求对列宁开展司法调查。

《红色文献》杂志,1934年,第1期,第212—213页;《档案学问题》杂志,1965年,第1期,第70页。

11月29日(12月12日)

彼得堡法院检察官将彼得堡出版委员会关于查禁弗·伊·列宁《十二年来》文集第1卷的决定提交法院,建议予以批准。

《红色文献》杂志,1934年,第1期,第213页。

11月—12月8日(21日)以前

列宁收到阿·瓦·卢那察尔斯基寄来的论党同工会的关系一书的第三篇附录。

《列宁全集》中文第2版增订版第45卷第139、147页。

列宁为阿·瓦·卢那察尔斯基(沃伊诺夫)论党同工会的关系的小册子撰写序言。

《列宁全集》中文第2版增订版第16卷第176—184页,第45卷第139—141、146—148页。

11月—12月

列宁为写作《社会民主党在1905—1907年俄国第一次革命中的土地纲领》一书做准备工作。

《列宁全集》中文第2版增订版第16卷第185—397页,第45卷第141—142、145页;《回忆弗·伊·列宁》,第1卷,1968年,第324页。

列宁翻阅第一届国家杜马速记记录(1906年圣彼得堡版);在第2卷(第19—38次会议。6月1日至7月4日)中作标记。

Нояб.-декабрь 1907 г.

1907年11—12月列宁《社会民主党在1905—1907年俄国第一次革命中的土地纲领》一书手稿最后一页

列宁仔细研究第二届国家杜马速记记录(1907 年圣彼得堡版);在第 1 卷(第 1—27 次会议)和第 2 卷(第 28—50 次会议)中作了许多批注和标记。

列宁在《农民问题材料》(全俄农民协会代表大会记录[1905 年 11 月 6—10 日])(1905 年莫斯科版)一书中作标记。

列宁在《土地纲领。西欧和俄国社会主义政党土地纲领汇编》(1906 年莫斯科版)一书中统计数字并作标记。

列宁在亚·芬-叶诺塔耶夫斯基的小册子《土地问题和社会民主党》(1906 年圣彼得堡版)中作标记。

列宁在自己的著作《社会民主党在 1905—1907 年俄国第一次革命中的土地纲领》中利用了上述书籍。

《列宁全集》中文第 2 版增订版第 16 卷第 185—397 页;苏共中央马列主义研究院中央党务档案馆,第 2 号全宗,第 1 号目录,第 2327—2330、2336、2337 号保管单位;《克里姆林宫的弗·伊·列宁藏书》,1961 年,第 188、211—212、217、253 页。

列宁读埃米尔·赫尔姆斯《丹麦社会民主主义运动和工会运动》(1907 年莱比锡版)一书;在书中作批注和标记。

苏共中央马列主义研究院中央党务档案馆,第 2 号全宗,第 1 号目录,第 2339 号保管单位。

秋天

列宁读亨·普多尔《国外的农业协作社》(1904 年莱比锡版)一书,并从书中作摘录。列宁在《土地问题和"马克思的批评家"》这本著作的第十至十二章中利用了这部书。

《列宁全集》中文第 2 版增订版第 5 卷第 223—224、230—231 页;《列宁文集》俄文版第 30 卷第 9 页。

格拉纳特兄弟出版社出版的百科词典的编委 A.B.特鲁普钦

斯基拜访列宁，商谈为词典撰写词条一事。列宁同意写《19 世纪末俄国的土地问题》一文。

《列宁全集》中文第 2 版增订版第 17 卷第 48—120 页；苏共中央马列主义研究院中央党务档案馆，第 14 号全宗，第 1 号目录，第 109 号保管单位，第 5 张背面。

列宁编辑布尔什维克的文集《当前生活》。

《列宁全集》中文第 2 版增订版第 5 卷第 223—244 页，第 45 卷第 163 页；《列宁全集》俄文第 5 版第 16 卷第 487—489 页；《当前生活》，文集，圣彼得堡，1908 年，168 页。

列宁写《土地问题和“马克思的批评家”》一书的第十—十二章。

《列宁全集》中文第 2 版增订版第 5 卷第 84、200—244 页，第 45 卷第 141—142 页。

12 月 3 日（16 日）

彼得堡高等法院批准彼得堡出版委员会关于查禁弗·伊·列宁《十二年来》文集第 1 卷的决定。

《红色文献》杂志，1934 年，第 1 期，第 213 页。

12 月，8 日（21 日）以前

列宁参加布尔什维克中央会议，会议决定将《无产者报》迁至国外出版。布尔什维克中央委派列宁、亚·亚·波格丹诺夫和约·费·杜勃洛文斯基出国，并在那里组织出版《无产者报》。

《列宁全集》中文第 2 版增订版第 45 卷第 147、159、163 页。

列宁从奥盖尔比去赫尔辛福斯；在那里同来自彼得堡的布尔什维克举行会议。

《苏共历史问题》杂志，1969 年，第 12 期，第 106—107 页；《无产阶级革命》杂志，1926 年，第 1 期，第 148 页；B.斯米尔诺夫：《芬兰革命史（1905、1917 和 1918 年）》，列宁格勒，1933 年，第 56、69 页。

列宁乘火车自赫尔辛福斯去奥布(图尔库),为了避免被跟踪的保安机关密探逮捕,他徒步走了一段路。列宁来到奥布的芬兰社会民主党人瓦·博尔格的家里(普乌塔尔哈卡图街12号),博尔格应安排列宁乘船去瑞典。

《回忆弗·伊·列宁》,第1卷,1968年,第324—325页;《和列宁在一起》,回忆录和文件,彼得罗扎沃茨克,1970年,第76—80页;《苏共历史问题》杂志,1969年,第12期,第106—107页;《列宁格勒晚报》,1970年1月8日,第5号;《无产阶级革命》杂志,1926年,第1期,第33页;B.斯米尔诺夫:《芬兰革命史(1905、1917和1918年)》,列宁格勒,1933年,第69页。

列宁在芬兰社会民主党人路德维希·林德斯特廖姆的陪同下,乘马车自奥布(图尔库)去纳古岛,他要在那里搭乘驶往斯德哥尔摩的轮船。列宁和林德斯特廖姆到达第一个海峡后,乘船到库斯乔岛,然后继续乘马车赶到下一个海峡,从冰上走过海峡,并在基尔亚拉小镇的农民卡·弗里德里克松的小旅店中停留。列宁在这里逗留三天,等候乘雪橇赶路。

《和列宁在一起》,回忆录和文件,彼得罗扎沃茨克,1970年,第76—80页;《列宁格勒晚报》,1970年1月8日,第5号;《苏共历史问题》杂志,1969年,第12期,第107页;《二十世纪与和平》杂志,1970年,第3期,第8—9页。

12月,10日(23日)以前

列宁和林德斯特廖姆乘雪橇从基尔亚拉镇到帕拉伊宁(帕尔加斯)镇。

《列宁格勒晚报》,1970年1月8日,第5号;《苏共历史问题》杂志,1969年,第12期,第107页;《二十世纪与和平》杂志,1970年,第3期,第8—9页。

列宁从帕拉伊宁镇出发,在地方合作社主席卡·扬松和警察瓦·鲁德陪同下乘马车前往里尔-梅廖岛,他在岛上被迫停留几天，等候里尔-梅廖和纳古(瑙沃)岛之间的海峡封冻。

《列宁格勒晚报》，1970年1月8日，第5号；《苏共历史问题》杂志，1969年，第12期，第107页；《二十世纪与和平》杂志，1970年，第3期，第8—9页。

12月12日(25日)

列宁由芬兰农民陪同在海峡的冰面上自里尔-梅廖岛徒步前往纳古(瑙沃)岛。在这次行程中，列宁差点遇难：冻层开始下陷，他奇迹般地脱了险。

《苏共历史问题》杂志，1969年，第12期，第107页；《回忆弗·伊·列宁》，第1卷，1968年，第324—325页。

列宁乘"波尔-I"号轮船自纳古岛前往斯德哥尔摩。

《苏共历史问题》杂志，1969年，第12期，第107页。

12月13日—21日(12月26日—1908年1月3日)

列宁在斯德哥尔摩，住在马尔姆斯滕饭店。

《列宁全集》中文第2版增订版第45卷第143页；苏共中央马列主义研究院中央党务档案馆，第2号全宗，第1号目录，第25280号保管单位；《苏共历史问题》杂志，1969年，第12期，第107页；《苏联银幕》杂志，1969年，第3期，第1页。

12月13日—15日(26日—28日)

列宁同瑞典社会民主党人伯尔耶松商谈，由他中转布尔什维克从日内瓦至俄国的部分往来邮件。

《列宁全集》中文第2版增订版第45卷第142页。

12月15日(28日)

列宁在斯德哥尔摩皇家图书馆进行研究工作。

苏共中央马列主义研究院中央党务档案馆，第2号全宗，第1号目录，第25280号保管单位。

列宁在给一位瑞典社会民主党领导人的信中说，伯尔耶松同意中转由布尔什维克中央发往俄国和由俄国发往日内瓦的部分邮件，列宁请求再给介绍一位能够同意用自己的地址承担这一工作的社会民主党人。列宁同收信人约定在 12 月 17 日(30日)会见。

《列宁全集》中文第 2 版增订版第 45 卷第 142 页。

彼得堡地方法院决定销毁 1907 年 1 月 30 日《通俗言语周报》第 3 号，这一号报纸刊载了列宁的《彼得堡工人选民团的选举》一文。

《列宁全集》中文第 2 版增订版第 14 卷第 340—347 页；《通俗言语周报》，1907 年 1 月 30 日，第 3 号；苏联中央国家历史档案馆，第 776 号全宗，第 9 号目录，第 764 号案卷，第 35 张。

12 月 16 日(29 日)

列宁在斯德哥尔摩皇家图书馆进行研究工作；在读者登记簿上签名："约翰·弗雷"。

苏共中央马列主义研究院中央党务档案馆，第 2 号全宗，第 1 号目录，第 25280 号保管单位。

12 月 17 日或 20 日(12 月 30 日或 1908 年 1 月 2 日)

娜·康·克鲁普斯卡娅来到斯德哥尔摩列宁处。

苏共中央马列主义研究院中央党务档案馆，第 2 号全宗，第 1 号目录，第 25280 号保管单位；《苏共历史问题》杂志，1969 年，第 12 期，第 107 页。

12 月 20 日(1908 年 1 月 2 日)

列宁和娜·康·克鲁普斯卡娅到斯德哥尔摩皇家图书馆会见瑞典社会民主党左翼领袖之一欣·贝格伦和律师 X.林德伯格。

苏共中央马列主义研究院中央党务档案馆，第 2 号全宗，第 1 号目录，第 25280 号保管单位；《苏联银幕》杂志，1969 年，第 3 期，第 1 页。

12月21日(1908年1月3日)

列宁和娜·康·克鲁普斯卡娅自斯德哥尔摩启程前往日内瓦。

《回忆弗·伊·列宁》,第1卷,1968年,第325—326页;《同志报》,1907年12月22日(1月4日),第456号。

12月22日(1908年1月4日)

彼得堡高等法院判决销毁列宁的《社会民主党在民主革命中的两种策略》一书。

《红色文献》杂志,1934年,第1期,第213—214页。

列宁和娜·康·克鲁普斯卡娅在赴日内瓦途中在柏林停留,受到俄国社会民主工党柏林小组成员阿布拉莫夫(罗·彼·阿夫拉莫夫)的迎接。他们在罗莎·卢森堡的寓所度过一个晚上。

《列宁全集》中文第2版增订版第45卷第144页;《回忆弗·伊·列宁》,第1卷,1968年,第325—326页;《同志报》,1907年12月22日(1908年1月4日),第456号。

12月22日—24日(1908年1月4日—6日)

由于生病,列宁和克鲁普斯卡娅在柏林滞留。

《列宁全集》中文第2版增订版第45卷第145—146页;《回忆弗·伊·列宁》,第1卷,1968年,第325—326页。

列宁在柏林收到格·阿·阿列克辛斯基的信。

《列宁全集》中文第2版增订版第45卷第144页。

12月25日(1908年1月7日)

列宁和娜·康·克鲁普斯卡娅到达日内瓦。

《列宁全集》中文第2版增订版第45卷第144—145页;《回忆弗·伊·列宁》,第1卷,1968年,第326页。

列宁写信给在维也纳的格·阿·阿列克辛斯基,告知已到达日内瓦，要求立刻来信说明，是否有合适的人管理《无产者报》印刷所和发行工作以及有关组织出版《无产者报》的其他一些问题。

《列宁全集》中文第2版增订版第45卷第144—145页。

12月25日(1908年1月7日)—1908年11月

列宁在日内瓦居住。

《列宁全集》中文第2版增订版第45卷第144—210页，第53卷第286—313页；《回忆弗·伊·列宁》，第1卷，1968年，第331—346页。

12月，不早于25日(1908年1月7日)

列宁同排字工人И.М.弗拉基米罗夫谈话，向他布置在最短时间内恢复《无产者报》印刷所的任务。

《革命年鉴》杂志，1923年，第5期，第51—59页。

列宁会见在彼得堡工人阶级解放斗争协会和西伯利亚流放地时的同志瓦·瓦·斯塔尔科夫。

《红色处女地》杂志，1925年，第107—113页。

12月，25日(1908年1月7日)以后

列宁在日内瓦俄国侨民的集会上发表演说。

《格罗兹尼工人报》，1927年1月22日，第18号。

列宁订阅1908年度彼得堡出版的立宪民主党人的《同志报》(自1908年1月改为《我们时代报》)。

《列宁全集》中文第2版增订版第53卷第287页。

12月25日(1908年1月7日)—1908年1月

列宁在波兰社会民主党人的集会上(在波兰的日内瓦侨民俱乐部内)发表演说，论述民族主义资产阶级的反革命作用，并以无产阶级的国际主义立场与之对比。

《真理报》,1929年12月16日,第296号。

12月25日(1908年1月7日)以后—1908年春

列宁在日内瓦大学听有关莎士比亚的课程,在这里同弗·维·阿多拉茨基会见。

《回忆弗·伊·列宁》,第2卷,1969年,第174—175页。

列宁同弗·维·阿多拉茨基交谈,论述俄国新的革命不可避免以及这一革命的性质;委托阿多拉茨基撰写关于1905年、十月的斗争、战斗队和组织起义的回忆文章。

《回忆弗·伊·列宁》,第1卷,1968年,第335—336页;第2卷,1969年,第174—175页。

12月27日(1908年1月9日)

列宁致函阿·马·高尔基,告知已经到达日内瓦,说《无产者报》迁至国外出版,问高尔基是否收到了列宁托别人从彼得堡给他寄去的《十二年来》文集第1卷,并且说,打算夏天或者秋天到卡普里岛去。

《列宁全集》中文第2版增订版第45卷第145—146页。

12月27日(1908年1月9日)夜至28日(1月10日)凌晨

警察在搜查和逮捕俄国社会民主工党柳季诺沃工厂委员会和马尔采夫区委员会(卡卢加省)委员时,发现了列宁的小册子《社会民主党和杜马选举》、《修改工人政党的土地纲领》、《农村需要什么(告贫苦农民)》、《普列汉诺夫同志是怎样论述社会民主党的策略的?》、《立宪民主党人的胜利和工人政党的任务》、《马尔托夫和切列万宁在资产阶级报刊上的言论》以及列宁的《社会民主党在民主革命中的两种策略》一书。

苏联中央国家十月革命和社会主义建设档案馆,警察司全宗,

第 7 处,1908 年,第 274 号案卷,第 1、37—38、40 张。

12 月 28 日(1908 年 1 月 10 日)

《同志报》刊登种子出版社预订《纪念卡·马克思》(逝世二十五周年)文集的广告。作者名单中有列宁:"弗拉·伊林:《马克思主义和修正主义》"。

《同志报》,1907 年 12 月 28 日(1908 年 1 月 10 日),第 459 号。

12 月 30 日(1908 年 1 月 12 日)

《同志报》刊登了由弗·伊·列宁、马·尼·利亚多夫、亚·亚·波格丹诺夫、瓦·瓦·沃罗夫斯基、伊·伊·斯克沃尔佐夫-斯捷潘诺夫等人署名的 1907 年 12 月 28 日《致编辑部的信》。信的作者们表示愤慨,因为《勇士》杂志发行人 A.皮古列夫斯卡娅向订户保证,除发行这一杂志以及附刊《微笑》和《主妇之友》之外,还将发行一系列作家的著作,其中有在这封信上签名的人。信的作者们声明,他们不仅没有向皮古列夫斯卡娅女士许过任何诺言,而且根本不知道这个杂志的存在。

《同志报》,1907 年 12 月 30 日(1908 年 1 月 12 日),第 461 号。

12 月 31 日(1908 年 1 月 13 日)

列宁在给列·波·加米涅夫的信中,请他弄到并寄来第三届国家杜马的速记记录以及提交杜马的声明、质询和法案草案,这些材料是他为格拉纳特兄弟出版社出版的百科词典写作《19 世纪末俄国的土地问题》一文所需要的。列宁问,是否同出版社关于写文章的事订了合同,还是这件事吹了(这封信没有找到)。

《列宁全集》中文第 2 版增订版第 53 卷第 286—287 页。

列宁写信给阿·瓦·卢那察尔斯基,告诉他,布尔什维克中央决定将《无产者报》迁至国外出版,请他为报纸撰稿和作报告;还写道，已读完卢那察尔斯基关于党同工会的关系问题的手稿，对手稿基本上是满意的，表示担心，不知能否出版。

《列宁全集》中文第2版增订版第45卷第146—148页。

* * *

1907年

警察在彼得堡、莫斯科、华沙、维尔纳、基辅、哈尔科夫、敖德萨、巴库、梯弗利斯、库塔伊西、叶卡捷琳堡、下塔吉尔、彼尔姆、兹拉托乌斯特、萨马拉、萨拉托夫、辛比尔斯克、雅罗斯拉夫尔、里加、普斯科夫、沃罗涅日、日托米尔、尼古拉耶夫、费奥多西亚、切尔卡瑟、卡卢加、科兹洛夫、巴拉绍夫、博里索格列布斯克、卢甘斯克、图拉、皮亚季戈尔斯克、塞兹兰、维利日、上沃洛乔克、别尔茨基镇（奥伦堡省）、切尔涅沃村（莫斯科省）、扎霍尼乡（普斯科夫省）、科佩利镇（明斯克省）、普日梅斯（维亚特卡省）、赫拉尼策站（彼得库夫省）、奥斯特罗夫市（普斯科夫省）、罗曼诺沃-博里索格列布斯克市（雅罗斯拉夫尔省）、米塔瓦市和塔利先镇（库尔兰省）、里加—奥廖尔铁路库尔坚戈夫站和卡梅申市（萨拉托夫省）进行搜捕时，发现了列宁的小册子《关于俄国社会民主工党统一代表大会的报告》。

苏联中央国家十月革命和社会主义建设档案馆，警察司全宗，第7处，1907年，第145、236、766、956、1424、1432、1641、1702、1890、1945、1991、2077、2089、2233、2537、2667、2681、2977、3525、3803、3889、3979、4123、4135、4194、4476、4691、5210、5846、6043、6073、6225、6336、6408、6548、6747、6910、7491、7816、7979、7980、8275、8496、8755、8759、8844、8920、8963、9012、9099、9117号案卷；警察司全宗，特别处，1907年，第5号案卷，第61册，第145张。

警察在彼得堡、莫斯科、基辅、哈尔科夫、巴库、梯弗利斯、库塔伊西、波季、格罗兹尼、莫兹多克、敖德萨、日托米尔、切尔尼戈夫、叶卡捷琳诺达尔、德文斯克、里加、米塔瓦、纳尔瓦、顿河畔罗斯托夫、萨拉托夫、萨马拉、索尔莫沃、塞米巴拉金斯克、彼尔姆、雅罗斯拉夫尔、阿尔汉格尔斯克、诺夫哥罗德、普斯科夫、奥波奇卡、卡卢加、博里索格列布斯克、比亚韦斯托克、佐洛托诺沙、库兹涅茨克、巴甫洛夫卡村(萨拉托夫省)、奥梅利尼克镇(波尔塔瓦省)、瓦尔卡市(里夫兰省)、切尔涅沃和普希金诺(莫斯科省)、罗曼诺沃-博里索格列布斯克(雅罗斯拉夫尔省)、洛赫维察市(波尔塔瓦省)、科佩利镇(明斯克省)、维什哥罗多克区和韦尔博维茨村(沃伦省)进行搜捕时,发现了列宁的小册子《修改工人政党的土地纲领》。

苏联中央国家十月革命和社会主义建设档案馆,警察司全宗,第 7 处,1907 年,第 590、972、1214、1485、1641、1823、1837、2038、2265、2649、2667、2895、3148、3420、3525、3578、3613、4059、4185、4283、4478、4602、4960、5270、5670、6043、6333、6408、6826、6910、7015、7384、7491、7686、7734、7816、7945、8201、8211、8290、8844、8943、9012、9075 号案卷。

警察在彼得堡、阿尔汉格尔斯克、梁赞、梯弗利斯(格鲁吉亚文)、叶卡捷琳诺达尔、巴库、雅罗斯拉夫尔、利巴瓦、叶卡捷琳堡、兹拉托乌斯特、下诺夫哥罗德、塞瓦斯托波尔、哈尔科夫、伊万诺沃-沃兹涅先斯克、迈科普、斯塔夫罗波尔、普斯科夫、奥波奇卡、波尔霍夫、卡梅申、巴拉绍夫、萨莫伊洛夫卡镇(萨拉托夫省)、琴斯托霍瓦市(拉多姆省)、尤里耶夫市(里夫兰省)、切尔卡舍瓦波利亚纳(奔萨省)和布伊站(科斯特罗马省)进行搜捕时,发现了列宁的小册子《告贫苦农民》。

苏联中央国家十月革命和社会主义建设档案馆,警察司全宗,特别处,1907 年,第 5 号案卷,第 35 册;警察司全宗,第 7 处,1907 年,第 1、730、892、1725、1733、2689、2758、2940、3979、4102、5016、5204、5246、6063、6162、6503、6741、7177、7384、7734、7945、8275、8470、8943 号案卷。

警察在彼得堡、莫斯科、哈尔科夫、基辅、巴库、梯弗利斯、库塔伊西、塔什干、叶卡捷琳堡、塞米巴拉金斯克、基什尼奥夫、里加、萨拉托夫、雅罗斯拉夫尔、伊万诺沃-沃兹涅先斯克、普斯科夫、卡卢加、博里索夫格列布斯克、维利日、斯塔罗宾区（明斯克省）、塔利先镇（库尔兰省）、沙霍夫斯科耶村（萨拉托夫省）进行搜捕时，发现了列宁的小册子《立宪民主党人的胜利和工人政党的任务》。

苏联中央国家十月革命和社会主义建设档案馆，警察司全宗，第7处，1907年，第1061、1288、1641、2758、3525、3803、3866、4123、4194、4283、4449、6063、6073、6263、6408、6826、7076、7435、7491、8032、8275、9099号案卷。

警察在彼得堡、巴库、基辅、哈尔科夫、梯弗利斯、奥伦堡、萨拉托夫、叶卡捷琳堡、彼尔姆、雅罗斯拉夫尔、科斯特罗马、敖德萨、维亚兹尼基市、别尔茨基镇（奥伦堡省）、萨拉普尔和叶拉布加（维亚特卡省）进行搜捕时，发现了列宁的《社会民主党在民主革命中的两种策略》一书。

苏联中央国家十月革命和社会主义建设档案馆，警察司全宗，第7处，1907年，第1416、1641、1661、1890、2233、3192、3405、3869、4163、4185、4449、4623、5210、7619号案卷；警察司全宗，特别处，1907年，第5号案卷，第61册。

1908 年

1 月 1 日(14 日)

列宁致函在彼得堡的玛·伊·乌里扬诺娃,请她按时寄来第三届杜马速记记录、提交杜马的声明、质询和法案草案、在俄国出版的所有工会杂志、孟什维克的书刊及其他出版物,并请尽快用挂号邮包把他和娜·康·克鲁普斯卡娅为取得居住权所必需的证件寄来。列宁在信的末尾告知自己的地址:"日内瓦双桥街 17 号(屈普费尔处)弗拉·乌里扬诺夫"。

《列宁全集》中文第 2 版增订版第 53 卷第 286—287 页。

列宁致函在布鲁塞尔的社会党国际局书记卡·胡斯曼,告知自己的地址,并请求把社会党国际局现有的俄国社会民主工党第五次(伦敦)代表大会的材料和文件寄来,因为这次代表大会的部分记录在芬兰最后几次逮捕期间遗失了。

《列宁全集》中文第 2 版增订版第 45 卷第 148 页。

1 月,不早于 1 日(14 日)—不晚于 9 日(22 日)

列宁致函格·阿·阿列克辛斯基,请求弄到社会革命党党团向第二届国家杜马提出的《土地法基本条例草案》的俄文本,说这一文件是他写作《社会民主党在 1905—1907 年俄国第一次革命中的土地纲领》一文所需要的。

《列宁全集》中文第 2 版增订版第 45 卷第 149、150 页,第 53

卷第287页;《列宁文集》俄文版第13卷第164—165页;《提交第二届国家杜马全体会议的资料》,圣彼得堡,1907年,第486—491页;《列宁和卡米耶·胡斯曼通信集。1905—1914》,巴黎,1963年,第44页。

1月2日(15日)

列宁收到阿·马·高尔基和玛·费·安德列耶娃的来信,他们邀请列宁到卡普里岛去,并提出愿意协助把《无产者报》经意大利转运到俄国去。

《列宁全集》中文第2版增订版第45卷第151—152页。

列宁在给阿·马·高尔基和玛·费·安德列耶娃的回信中写道,他不能在春天之前到卡普里岛,因为他正忙于安排《无产者报》的出版工作;委托玛·费·安德列耶娃办理用轮船把《无产者报》经意大利运往敖德萨的一系列事情。

《列宁全集》中文第2版增订版第45卷第151—152页。

列宁致函在意大利的阿·瓦·卢那察尔斯基,请他寄来能在佛罗伦萨找到瓦·瓦·卡里亚金的地址或者说明怎样才能找到他;并请从速回复为《无产者报》撰稿的问题。

《列宁全集》中文第2版增订版第45卷第150页;苏共中央马列主义研究院中央党务档案馆,第2号全宗,第1号目录,第2335、2343号保管单位。

1月3日(16日)前后

弗·伊·列宁(弗拉·伊林)《十二年来》文集第2卷第1册以《土地问题》(第1册)为题在彼得堡出版。这部书收录了《土地问题和"马克思的批评家"》一文的第十章和第十一章。

《列宁全集》中文第2版增订版第5卷第200—222页;弗·伊·列宁:《土地问题》,第1册,[种子出版社],1908年,264页,标题前作者:弗·伊林;《图书年鉴》,1908年1月19日,第3期,第6页;《言语报》,1908年1月3日(16日),第2号。

1 月 5 日(18 日)—3 月上半月

列宁阅读 1908 年初在彼得堡出版的《关于马克思主义哲学的论丛》文集，书中刊载了弗·巴扎罗夫、雅·别尔曼、阿·卢那察尔斯基、帕·尤什凯维奇、亚·波格丹诺夫、O.格尔方德和谢·苏沃洛夫的文章。在阅读过程中，列宁向亚·亚·波格丹诺夫谈了自己的感想，指出文集作者所信奉的哲学不是马克思主义，不能把这些东西当做马克思主义哲学奉送。

《列宁全集》中文第 2 版增订版第 45 卷第 165、172—177、186—188 页；《关于马克思主义哲学的论丛》，哲学论文集，圣彼得堡，种子出版社，1908 年，329 页；《言语报》，1908 年 1 月 5 日(18 日)，第 4 号。

1 月 6 日和 13 日(19 日和 26 日)之间

列宁在日内瓦举行的抗议普鲁士实行反波兰措施的集会上发表讲话。

苏联中央国家十月革命和社会主义建设档案馆，警察司全宗，特别处，1908 年，第 265 号目录，第 277 号案卷，第 3 张。

1 月 7 日或 8 日(20 日或 21 日)

列宁写信给玛·伊·乌里扬诺娃，委托她寄书来(这封信没有找到)。

《列宁全集》中文第 2 版增订版第 53 卷第 288—289 页。

1 月 8 日(21 日)

莫斯科出版委员会查禁载有列宁的《反对抵制(摘自社会民主党政论家的札记)》一文的《论抵制第三届杜马》文集。

《列宁全集》中文第 2 版增订版第 16 卷第 1—33 页；苏联中央国家历史档案馆，第 776 号全宗，第 16 号目录，第 1720 号案卷，第 1 张。

1月9日(22日)

列宁在给玛·亚·乌里扬诺娃和玛·伊·乌里扬诺娃的回信中说，打算在安排好《无产者报》的出版工作之后同娜·康·克鲁普斯卡娅一起到卡普里岛去；听说安·伊·乌里扬诺娃-叶利扎罗娃患了严重的流行性感冒，因而感到不安；说玛丽亚·伊里尼奇娜以前的来信都没有收到。

《列宁全集》中文第2版增订版第53卷第288—289页。

1月9日和25日(1月22日和2月7日)之间

列宁收到玛·伊·乌里扬诺娃从彼得堡寄来的工会杂志《汽笛》和《纺织事业》。

《列宁全集》中文第2版增订版第53卷第289、291页。

列宁阅读1907年底在柏林出版的卡·考茨基的小册子《社会主义与殖民政策》。

《列宁全集》中文第2版增订版第53卷第290页。

1月10日(23日)

莫斯科市一区法院侦查员向圣彼得堡市二十七区法院侦查员询问列宁-乌里扬诺夫案件的进展情况。

苏共中央马列主义研究院中央党务档案馆，第4号全宗，第3号目录，第30号保管单位，第99张。

1月，不早于11日(24日)—不晚于14日(27日)

列宁收到社会党国际局书记卡·胡斯曼的信，来信请求列宁回复挪威工党书记马格努斯·尼尔森提出的问题：雷瓦尔是否有俄国社会民主工党的委员会，M.尤里松和Ж.Г.谢平两人是不是雷瓦尔组织的成员。

《列宁全集》中文第2版增订版第45卷第153—155页。

1月12日(25日)

彼得堡市二十七区法院侦查员回复莫斯科市一区法院侦查员的质询,说"现在正通过被告乌里扬诺夫发表的文章进行追查",同时请求告知乌里扬诺夫的案件在莫斯科的进展情况,是否有他的居住地点的情报。

苏共中央马列主义研究院中央党务档案馆,第4号全宗,第3号目录,第30号保管单位,第99张背面。

1月14日(27日)

列宁致函在克里斯蒂安尼亚(现奥斯陆)的挪威工党书记马·尼尔森说,雷瓦尔有俄国社会民主工党的委员会;说他并不知道M.尤里松和Ж.Г.谢平二人,但他将向俄国社会民主工党雷瓦尔委员会和中央委员会了解这两个人的情况。

《列宁全集》中文第2版增订版第45卷第152—153页。

列宁致函社会党国际局书记卡·胡斯曼,说他收到了马·尼尔森提出的关于尤里松和谢平两人的问题,并转述了自己致马·尼尔森回信的内容。

《列宁全集》中文第2版增订版第45卷第153—154页。

1月,不早于14日(27日)

列宁向在国内的俄国社会民主工党中央委员会和雷瓦尔委员会询问有关爱沙尼亚社会民主党人M.尤里松和Ж.Г.谢平的情况(列宁的这些信件没有找到)。

《列宁全集》中文第2版增订版第45卷第152—154页。

1月,16日(29日)以前

列宁写信寄往伦敦给哈利·奎尔奇,请求给他收集一些书籍(这封信没有找到)。

《列宁全集》中文第2版增订版第45卷第155、156页。

1月16日(29日)

列宁致函社会党国际局书记卡·胡斯曼,说芬兰近几次搜捕妨碍了他写完俄国社会民主工党提交第二国际第七次(斯图加特)代表大会的报告,为完成这一报告他正在紧张地工作;询问什么时候是提交报告的最后期限以及这个报告能否在各党提交斯图加特代表大会的报告的第3辑中发表。

《列宁全集》中文第2版增订版第45卷第154—155页。

有人告诉列宁,费·阿·罗特施坦一再提出归还在俄国社会民主工党第五次(伦敦)代表大会期间向英国自由派工厂主约·费尔兹所借的债款,并说费尔兹甚至以登报公布相要挟。

《列宁全集》中文第2版增订版第45卷第155页。

列宁致函在伦敦的费·阿·罗特施坦,告知党在目前的情况下不可能还债,请他说服在第五次(伦敦)代表大会期间向俄国社会民主工党提供借款的约·费尔兹同意延期还款①。

《列宁全集》中文第2版增订版第45卷第155—156页。

列宁就偿还约·费尔兹的借款一事,写信给俄国社会民主工党中央委员会(这封信没有找到)。

《列宁全集》中文第2版增订版第45卷第155页。

1月,不早于17日(30日)—不晚于20日(2月2日)

列宁收到伯尔尼社会民主党报刊《伯尔尼哨兵报》1908年1月30日(公历)第24号,该号刊登了尔·马尔托夫的《声明》,说因梯弗利斯的剥夺案在日内瓦被捕的尼·亚·谢马什柯不是斯图加

① 十月革命后,苏联政府把借款还给了费尔兹的继承人,收回了根据费尔兹要求由代表大会全体参加者签字的借据。——俄文编者注

特代表大会的代表,而只是一个记者。《声明》中只字不提谢马什柯是社会民主工党的党员。

这种"孟什维克对一位被捕入狱的布尔什维克所玩弄的卑劣手腕"深深地激怒了列宁。列宁在给阿·马·高尔基的信中说:"它卑劣就卑劣在要社会民主党简直就像抖掉灰尘那样把谢马什柯推开不管!"

《列宁全集》中文第2版增订版第45卷第157—160页。

列宁因尼·亚·谢马什柯被捕起草声明,并将声明寄给《伯尔尼哨兵报》编辑部发表。列宁在声明中驳斥马尔托夫的声明,并作为俄国社会民主党驻社会党国际局的代表证实说,尼·亚·谢马什柯是以俄国社会民主工党党员和党报记者身份参加斯图加特代表大会的,同时声明,尼·亚·谢马什柯没有参与、也不可能参与梯弗利斯的剥夺,因为从1907年2月起他一直住在日内瓦从事写作活动。

《列宁全集》中文第2版增订版第45卷第157—160页。

列宁收到社会党国际局书记卡·胡斯曼的信,信中告知,俄国社会民主工党还有两个月的时间用来准备提交第二国际第七次(斯图加特)代表大会的报告。

《列宁全集》中文第2版增订版第45卷第161页;《列宁和卡米耶·胡斯曼通信集。1905—1914》,巴黎,1963年,第47页。

1月18日和25日(1月31日和2月7日)之间

彼得堡出版的《大百科全书》第21卷,简要地介绍了列宁的生平。

《大百科全书》,第21卷(补卷),圣彼得堡,1908年,第693页;《图书年鉴》,1908年1月26日,第4期,第2页;《苏共历史问题》杂志,1970年,第7期,第117页。

1月18日和1月31日(1月31日和2月13日)之间

列宁为俄国社会民主工党中央机关报《社会民主党人报》第1号写《关于扩大杜马预算权的辩论》一文。

《列宁全集》中文第2版增订版第16卷第427—433页;苏联中央国家十月革命和社会主义建设档案馆,警察司全宗,特别处,1908年,第5号案卷,第84册,第27、132—133张。

1月,不早于20日(2月2日)

列宁会见到达日内瓦的《无产者报》编委约·费·杜勃洛文斯基(英诺森),并同他讨论近期出版《无产者报》的工作计划。

《列宁全集》中文第2版增订版第45卷第159页;苏共中央马列主义研究院中央党务档案馆,第12号全宗,第1号目录,第52号保管单位,第16—17张。

1月20日(2月2日)

列宁致函阿·马·高尔基,告知《伯尔尼哨兵报》的地址和该报所登的尔·马尔托夫关于尼·亚·谢马什柯的声明全文。弗拉基米尔·伊里奇请求高尔基,如果高尔基本人认识谢马什柯,那么就写信给该报,说马尔托夫的声明使他感到气愤,并且他深信谢马什柯与国际警察所炮制的事件无关;列宁还写道,日内瓦即将发《无产者报》出刊预告,建议他给报纸寄些政论文章或新的文艺作品的片段来。

《列宁全集》中文第2版增订版第45卷第158—160页。

列宁在给阿·瓦·卢那察尔斯基的信中告知《无产者报》编辑部向卢那察尔斯基约稿的几篇文章的题目、篇幅以及交稿期限。

《列宁全集》中文第2版增订版第45卷第160页;《列宁文集》俄文版第1卷第85—86、152页;苏共中央马列主义研究院中央党务档案馆,第2号全宗,第1号目录,第2432、2347号保管单位。

列宁询问社会党国际局书记卡·胡斯曼,俄国社会民主工党1908年度应该付多少会费。

《列宁全集》中文第2版增订版第45卷第161页。

约·费·杜勃洛文斯基遵照列宁的委托,写信给格·阿·阿列克辛斯基,说《无产者报》即将出刊。

《列宁全集》中文第2版增订版第45卷第162页;《列宁文集》俄文版第13卷第166—167页。

1月,不早于20日(2月2日)—不晚于25日(2月7日)

列宁收到阿·马·高尔基的来信,高尔基再次邀请列宁去卡普里岛,他还在信中谈了自己的写作计划,说必须经常不断地同政治上的颓废、变节、消沉等现象进行斗争,建议出版公开的文集,为这些文集拟定了三个主题:哲学、文学批评和当前策略。

《列宁全集》中文第2版增订版第45卷第162—166页。

列宁收到1月20日(2月2日)玛·伊·乌里扬诺娃的来信,她在信中谈了玛丽亚·亚历山德罗夫娜和安娜·伊里尼奇娜的健康情况,并请求寄一些书去,以便译成俄文。

《列宁全集》中文第2版增订版第53卷第289—290页。

列宁收到彼得堡的通知,说可以再版他译成俄文的悉·韦伯和比·韦伯的《英国工联主义的理论和实践》一书。列宁回信告知第1版的条件,同时寄去签订第2版合同的委托书,并说明签订合同的条件(列宁的信没有找到,收信人不详)。

《列宁全集》中文第2版增订版第53卷第289—290页。

1月20日和31日(2月2日和13日)之间

列宁同亚·亚·波格丹诺夫和约·费·杜勃洛文斯基一起发表《无产者报》出版通告。

《列宁全集》中文第2版增订版第45卷第159、170页;《关于俄国社会民主工党圣彼得堡委员会和莫斯科委员会机关报〈无产者报〉出版通告》,传单,[日内瓦,1908年],1页,(俄国社会民主工党)。

1月21日(2月3日)

列宁致函格·阿·阿列克辛斯基,对于他把转递《无产者报》回俄国的地址和关系交给了孟什维克维·叶·曼德尔贝格表示不满;说派别斗争尖锐起来了。

《列宁全集》中文第2版增订版第45卷第162页;《列宁文集》俄文版第13卷第166—167页。

1月23日(2月5日)

列宁把《社会民主党在1905—1907年俄国第一次革命中的土地纲领》这部著作的手稿寄回俄国给玛·伊·乌里扬诺娃,以出版自己的《十二年来》文集第2卷第2分册。

《列宁全集》中文第2版增订版第53卷第294页。

《伯尔尼哨兵报》刊登列宁就尼·亚·谢马什柯在日内瓦被捕一事发表的声明,声明对尔·马尔托夫的声明表示愤慨。

《列宁全集》中文第2版增订版第45卷第157—158页;《伯尔尼哨兵报》,1908年2月5日,第29号。

1月24日(2月6日)

列宁收到彼得堡来信,信中说同格拉纳特兄弟出版社商洽在百科词典中发表列宁《19世纪末俄国的土地问题》一文的谈判即将圆满完成。

《列宁全集》中文第2版增订版第53卷第286—287页。

1月,25日(2月7日)以前

列宁阅读1907年莱比锡出版的亚·李·帕尔乌斯著的《殖民政策和资本主义制度的崩溃》一书。

《列宁全集》中文第 2 版增订版第 53 卷第 291 页。

1 月 25 日(2 月 7 日)

列宁收到玛·伊·乌里扬诺娃从彼得堡寄来的一份《言语报》。可能是 1908 年 1 月 15 日(28 日)《言语报》第 12 号,上面刊登了《巴库社会民主党人反对剥夺和恐怖手段的决议》。

《列宁全集》中文第 2 版增订版第 53 卷第 289—290 页。

列宁给在彼得堡的玛·伊·乌里扬诺娃写信,感谢她寄来《言语报》和工会杂志,请她今后继续把所有这类杂志寄来;对大概不能为纪念马克思的文集撰稿而表示遗憾;建议把卡·考茨基的小册子《社会主义与殖民政策》和帕尔乌斯的《殖民政策和资本主义制度的崩溃》一书译成俄文出版;委托她同种子出版社商洽此事。

《列宁全集》中文第 2 版增订版第 53 卷第 289—291 页。

列宁致函在卡普里岛的阿·马·高尔基,对于党正在清除市侩垃圾、以及在党内职业工人的作用日益加强表示满意。列宁支持高尔基的关于继续出版公开的文集的建议,同时坚决主张办好报纸。他写道:"我坚信,**党**现在需要有一份正常出版并能坚持不懈地执行同颓废、消沉作斗争的路线的政治性机关报——**党的**机关报,一份政治报纸。"弗拉基米尔·伊里奇向高尔基谈自己的计划:准备在《无产者报》上开辟定期的文学批评专栏,这一专栏可以由高尔基来领导。列宁在信中说,他认真地阅读经验一元论者亚·亚·波格丹诺夫和经验批判论者弗·亚·巴扎罗夫、阿·瓦·卢那察尔斯基等人的著作,而深信格·瓦·普列汉诺夫的观点是正确的,在哲学方面他"捍卫的是正确的东西",虽然"他的策略是极其庸俗卑劣的"。列宁表示"赞成唯物主义,反对'经验……'之类的东西”。列宁建议暂不要把哲学同党的工作方针、同布尔什维主义联系起来。

《列宁全集》中文第2版增订版第45卷第162—166页。

列宁致函格·阿·阿列克辛斯基，告知《无产者报》的代表即将抵达维也纳(可能是去妥善安排经奥地利向国内运送报纸的工作)；请他在维也纳收集新出版的波兰书刊，并且一定弄到关于1907年12月—1908年1月召开并通过了新党纲的波兰社会党(“左派”)第十次代表大会的正式报告。

《列宁文集》俄文版第37卷第13页；《回忆弗·伊·列宁》，第1卷，1968年，第332—333页。

1月25日和2月1日(2月7日和14日)之间

列宁阅读卡·考茨基的《民族性和国际性》一文，这篇文章刊登在1908年1月5日(18日)《新时代》杂志副刊第1期上。

《列宁全集》中文第2版增订版第53卷第291、292页。

列宁收到玛·伊·乌里扬诺娃从彼得堡寄来的第三届国家杜马的记录。

《列宁全集》中文第2版增订版第53卷第292页。

1月26日(2月8日)

列宁填写登记表，加入日内瓦的读书协会作正式会员。登记表由两位保证人——日内瓦大学埃德加·米约教授和波尔·穆瓦罗教授签字作保。

苏共中央马列主义研究院中央党务档案馆，第2号全宗，第1号目录，第23575号保管单位。

1月30日(2月12日)

列宁致函阿·瓦·卢那察尔斯基谈德国工会活动家奥古斯

特·布林格曼(这封信没有找到)。

《列宁全集》中文第 2 版增订版第 45 卷第 167 页。

1 月 31 日(2 月 13 日)

列宁收到阿·瓦·卢那察尔斯基 1908 年 1 月 29 日(2 月 11 日)的来信,卢那察尔斯基在信中建议《无产者报》开辟小说栏并委托阿·马·高尔基负责。

《列宁全集》中文第 2 版增订版第 45 卷第 167 页。

列宁致函在卡普里岛的阿·瓦·卢那察尔斯基,对于他打算在《无产者报》上开辟小说栏并委托阿·马·高尔基负责表示非常高兴,请他同阿·马·高尔基商谈此事;建议卢那察尔斯基为 2 月 13 日(26 日)出版的《无产者报》第 21 号写评论俄国状况的政治杂文或者评述意大利社会党中派领导人恩·费里拒绝参加党的中央机关报(《前进报》)编辑工作的文章。

《列宁全集》中文第 2 版增订版第 45 卷第 167—168 页。

列宁致函在卡普里岛的阿·马·高尔基,对他在一些哲学问题上的立场表示异议,对于高尔基决定为《无产者报》写些小文章表示高兴,但同时建议他不要因此而中断写大本的著作。

《列宁全集》中文第 2 版增订版第 45 卷第 168—169 页。

列宁拜访瑞士警察司司长,在谈话中询问,如果不提交结婚证书(因为很难从俄国国内要到),他和娜·康·克鲁普斯卡娅是否可以取得居住权;得到的回答是必须要有结婚证书。

《列宁全集》中文第 2 版增订版第 53 卷第 292 页。

在维尔纳,警察在日尔蒙斯基的私人合法印刷所查获刚刚印好的俄国社会民主工党中央机关报——《社会民主党人报》第 1 号,上面登载了列宁的《关于扩大杜马预算权的辩论》一文。

《列宁全集》中文第 2 版增订版第 16 卷第 427—433 页；苏联中央国家十月革命和社会主义建设档案馆，警察司全宗，特别处，1908 年，第 5 号案卷，第 84 册，第 27、132—133 张。

1 月—2 月

列宁为在日内瓦出版《无产者报》进行筹备工作。

《列宁全集》中文第 2 版增订版第 45 卷第 144—179 页；《回忆弗·伊·列宁》，第 1 卷，1968 年，第 331—335 页。

1 月—5 月

警察在下诺夫哥罗德、坦波夫、兹拉托乌斯特和切尔卡瑟进行搜捕时，发现列宁著的小册子《社会民主党和选举协议》。

苏联中央国家十月革命和社会主义建设档案馆，警察司全宗，第 7 处，1908 年，第 243、360、1546、6225 号案卷。

2 月 1 日(14 日)

列宁致函在彼得堡的玛·伊·乌里扬诺娃，建议她把卡·考茨基的《民族性和国际性》一文译成俄文，并和考茨基在文中批判的奥托·鲍威尔的著作《民族问题和社会民主党》一同出版；请她了解一下，在俄国是否有可能出版 1902 年在耶拿发行的莱·胡施克的《根据中图林根的典型调查作出的关于大中小农户农业生产纯收入的统计》一书，列宁打算为这本书写一篇序言；列宁在信中告知同瑞士警察司司长谈话的情况，并请她从克拉斯诺亚尔斯克设法弄到并寄来结婚证书的副本，这是取得居住权必不可少的。

《列宁全集》中文第 2 版增订版第 53 卷第 289—292 页。

2 月 3 日和 13 日(16 日和 26 日)之间

列宁写《政治短评》一文。

《列宁全集》中文第 2 版增订版第 16 卷第 398—404 页；《首都邮报》，1908 年 2 月 3 日(16 日)，第 228 号；《无产者报》，日内瓦，1908 年 2 月 26 日(13 日)，第 21 号。

2 月,4 日(17 日)以前

列宁阅读《首都邮报》上的短评《温和的右派农民代表的土地法案》。

《列宁全集》中文第 2 版增订版第 53 卷第 293 页;《首都邮报》,1908 年 1 月 30 日(2 月 12 日),第 224 号。

2 月 4 日(17 日)

列宁写信给在彼得堡的玛・伊・乌里扬诺娃,请她寄来一些书籍,第三届杜马第 20 次会议以后的记录,十月党人、右派和哥萨克集团等等的纲领、通告和传单;问她是否收到了他寄去的信和《社会民主党在 1905—1907 年俄国第一次革命中的土地纲领》一书的手稿。

《列宁全集》中文第 2 版增订版第 53 卷第 293—294 页。

列宁写信给玛・伊・乌里扬诺娃(这封信没有找到)。

《列宁全集》中文第 2 版增订版第 53 卷第 294 页。

列宁写信给梅什科夫斯基(约・彼・戈尔登贝格),将信附在寄给玛・伊・乌里扬诺娃的信中,请她转交收信人(列宁的信没有找到)。

《列宁全集》中文第 2 版增订版第 53 卷第 294 页。

2 月 4 日(17 日)以后

列宁在季・瓦・洛科季《俄国的预算和课税政策》一书上作标记。

《列宁全集》中文第 2 版增订版第 53 卷第 293 页;《克里姆林宫的弗・伊・列宁藏书》,1961 年,第 342 页;苏共中央马列主义研究院中央党务档案馆,第 2 号全宗,第 1 号目录,第 24981 号保管单位。

2 月 10 日(23 日)

列宁被列入日内瓦读书协会正式会员的名单。

苏共中央马列主义研究院中央党务档案馆，第 4 号全宗，第 1 号目录，第 58 号保管单位，第 11、13 张；《文学新闻》，1934 年 9 月 22 日。

2 月，11 日（24 日）以前

列宁收到阿·马·高尔基的信和《个性的毁灭》一文的手稿，高尔基打算把手稿的第一稿作为"札记"刊登在《无产者报》上。

《列宁全集》中文第 2 版增订版第 45 卷第 171、177 页；《马·高尔基文集》，第 29 卷，1954 年，第 53 页。

列宁读阿·马·高尔基《个性的毁灭》一文的手稿，并在同亚·亚·波格丹诺夫的谈话中表示反对把它刊登在《无产者报》上。

《列宁全集》中文第 2 版增订版第 45 卷第 177 页。

2 月 11 日（24 日）

列宁参加《无产者报》编辑部会议，研究阿·马·高尔基《个性的毁灭》一文和载于 1908 年 2 月 14 日（公历）《新时代》杂志上的论述俄国社会民主党内部哲学问题斗争的短评。会上一致通过列宁起草的《无产者报》编辑部关于《新时代》短评的声明，声明指出，这种哲学上的争论实际上并不是派别的争论，任何想把这种分歧当做派别分歧的企图，都是根本错误的。至于高尔基的文章，会议决定把这个问题搁一下，等《无产者报》的三个编辑每人写一封信向他说明情况，并决定让列宁和波格丹诺夫尽快到卡普里岛去。

《列宁全集》中文第 2 版增订版第 16 卷第 405 页，第 45 卷第 177 页。

2 月，不晚于 12 日（25 日）

列宁开始写《唯物主义和经验批判主义》一书。

《列宁全集》中文第 2 版增订版第 45 卷第 176 页。

列宁写信给在彼得堡的家人，请求把早在 1906 年夏写的批判亚·亚·波格丹诺夫《经验一元论》一书的哲学著作手稿找出来寄给他，当时他想用《一个普通马克思主义者的哲学札记》这个标题发表这一著作(列宁的信和这篇著作的手稿没有找到)。

《列宁全集》中文第2版增订版第45卷第175页。

2月11日和3月7日(2月24日和3月20日)之间

列宁将《〈无产者报〉编辑部的声明》译成德文，寄给《新时代》杂志编辑部，请求发表。

《列宁全集》中文第2版增订版第16卷第405页，第45卷第178页；《新时代》，斯图加特，1908年2月14日，第26年卷，第1册，第20期，第IV页；3月20日，第25期，第898页。

2月12日(25日)

列宁收到布鲁塞尔来信，信中说等着他近期去参加社会党国际局会议。

《列宁全集》中文第2版增订版第45卷第180页。

列宁和亚·亚·波格丹诺夫准备前往卡普里岛阿·马·高尔基处，但由于接到社会党国际局即将开会的通知，而列宁必须出席，所以这次旅行推迟了。

《列宁全集》中文第2版增订版第45卷第179页。

为了执行《无产者报》编辑部日前讨论阿·马·高尔基《个性的毁灭》一文时所作出的决定，列宁写信给在卡普里岛的高尔基，谈到必须对马赫主义和俄国马赫主义者(亚·亚·波格丹诺夫等人)进行不调和的斗争，叙述了布尔什维克之间在哲学问题上意见分歧的历史，这些分歧由于马赫主义者的《关于马克思主义哲学的论丛》一书出版更加尖锐了。列宁提出自己的意见，认为进行哲学上的争论应该使《无产者报》和布尔什维克这个党内的派别不致受到伤害。弗拉基米尔·伊里奇向高尔基提议,把《个性的毁灭》一文修改一下,把那些即使是同波格丹诺夫哲学间接有关的地方都删掉;并且告知,卡普里岛之行不得不推迟一段时间。

《列宁全集》中文第 2 版增订版第 45 卷第 171—179 页。

列宁写信给在卡普里岛的阿·瓦·卢那察尔斯基,请他立即寄为《无产者报》写的评论恩·费里的文章。

《列宁全集》中文第 2 版增订版第 45 卷第 168、171、171—179 页;《列宁文集》俄文版第 26 卷第 37 页;《无产者报》,[日内瓦],1908 年 2 月 26 日(13 日),第 21 号;苏共中央马列主义研究院中央党务档案馆,第 2 号全宗,第 1 号目录,第 2355、2356 号保管单位。

2 月 13 日(26 日)

《无产者报》第 21 号在日内瓦出版,刊登了列宁的《政治短评》和他起草的说明俄国社会民主工党内部的哲学争论并不是派别争论的《〈无产者报〉编辑部的声明》。

《列宁全集》中文第 2 版增订版第 16 卷第 398—404、405 页;《无产者报》,[日内瓦],1908 年 2 月 26 日(13 日),第 21 号。

2 月 14 日(27 日)

列宁致函阿·瓦·卢那察尔斯基,请他为《无产者报》第 23 号(纪念专号)写一篇关于巴黎公社的文章,建议在这篇文章里利用卡·马克思致路·库格曼的信件,并"引用这封信来教训机会主义者"。

《列宁全集》中文第 2 版增订版第 45 卷第 179 页。

2 月 15 日和 20 日(2 月 28 日和 3 月 4 日)之间

布尔什维克的《当前生活》文集在彼得堡出版,文集刊载了列宁的《土地问题和"马克思的批评家"》一书的第十二章,题为《土地问题上的马克思主义反对者心目中的"理想国"》。

《列宁全集》中文第2版增订版第5卷第84、223—245页;《当前生活》,圣彼得堡,1908年,第10—27页;《图书年鉴》,1908年2月22日(3月6日),第8期,第13页;《言语报》,1908年2月21日(3月5日),第44号。

2月17日(3月1日)

列宁致函社会党国际局书记卡·胡斯曼,询问社会党国际局最近一次会议将在何时召开,列宁说,他要到意大利去,所以知道这件事对他十分重要。

《列宁全集》中文第2版增订版第45卷第180页。

2月17日和3月3日(3月1日和16日)之间

列宁收到阿·瓦·卢那察尔斯基的信,来信推辞写关于巴黎公社的文章。

《列宁全集》中文第2版增订版第45卷第181页。

列宁致函阿·马·高尔基,告知由于得到消息即将召开社会党国际局会议,所以推迟去卡普里岛;问高尔基和卢那察尔斯基对《无产者报》有什么打算;对卢那察尔斯基拒绝写关于巴黎公社的文章表示遗憾。

《列宁全集》中文第2版增订版第45卷第181页。

列宁收到社会党国际局书记卡·胡斯曼的回信,回答了列宁提出的社会党国际局会议的问题。

《列宁全集》中文第2版增订版第45卷第182页。

2月20日(3月4日)以前

列宁阅读1907年底莫斯科出版的社会革命党人德·菲尔索夫(Д.С.罗森布吕姆)和米·雅科比(米·雅·亨德尔曼)著的《关于土地纲领的修改及其论证》一书;列宁说,作者在这部书中“向马克思主义迈出了坚决的一步”。他在《工会的中立》一文的注释中说，准备在《无产者报》上写文章介绍这部书（列宁提到的介绍这部书的文章没有在《无产者报》上发表）。

《列宁全集》中文第2版增订版第16卷第416页；《关于土地纲领的修改及其他论证（对土地社会化的马克思主义论证）》（德·菲尔索夫：《土地社会化和土地所有权》，米·雅科比：《农业的推动力》），莫斯科，1908年，324页；《无产者报》，日内瓦，1908年（3月4日）2月20日①，第22号；《图书年鉴》，1907年12月1日，第21期，第11页。

列宁在下列文章中作标记：《工人领袖》杂志中的《不光彩的和约》、《铁路问题的和解》和《大投降》等文章；《新世纪》杂志上的《一周评论》和Г.P.C.泰勒的《铁路问题》；《正义报》上的费·罗特施坦的《第三届杜马》、詹·伯内特的《又出卖了！》以及《不守信用！》。

列宁在《工会的中立》一文中利用了所有这些材料。

《列宁全集》中文第2版增订版第16卷第419—420页；《列宁文集》俄文版第25卷第166—175页；苏共中央马列主义研究院中央党务档案馆，第2号全宗，第1号目录，第2322号保管单位；《工人领袖》杂志，伦敦，1907年11月15日，第21期，第322、328页；《新世纪》杂志，伦敦，1907年12月7日，第691期；《正义报》，伦敦，1907年11月16日，第1244号；11月23日，第1245号。

2月，20日（3月4日）以前

列宁写《新土地政策》、《工会的中立》和《论葡萄牙国王事件》等三篇文章。

《列宁全集》中文第2版增订版第16卷第406—426页；《无产者报》，日内瓦，1908年（3月4日）2月20日，第22号。

2月20日（3月4日）

列宁的《新土地政策》、《工会的中立》和《论葡萄牙国王事件》等三篇文章在《无产者报》第22号上发表。

① 报上的日期是：（3月4日）2月19日。——俄文编者注

《列宁全集》中文第 2 版增订版第 16 卷第 406—426 页；《无产者报》，日内瓦，1908 年(3 月 4 日)2 月 20 日，第 22 号。

2 月 21 日(3 月 5 日)

彼得堡高等法院批准莫斯科出版委员会关于查禁《论抵制第三届杜马》一书的命令，该书刊载了列宁的《反对抵制(摘自社会民主党政论家的札记)》一文。

苏联中央国家历史档案馆，第 776 号全宗，第 9 号目录，第 1462 号案卷，第 5 张。

2 月 21 日和 26 日(3 月 5 日和 10 日)之间

列宁收到安·伊·乌里扬诺娃-叶利扎罗娃 1908 年 2 月 21 日(3 月 5 日)的来信。

《列宁全集》中文第 2 版增订版第 53 卷第 294—295 页。

2 月 26 日(3 月 10 日)以前

列宁给玛·伊·乌里扬诺娃寄去一本供翻译用的书(“德国小说”，书名不详)。

《列宁全集》中文第 2 版增订版第 53 卷第 295 页。

2 月，26 日(3 月 10 日)以前

列宁在给玛·伊·乌里扬诺娃的信中，建议把阿纳托尔·法朗士的《圣女贞德》和厄普顿·辛克莱的一本书(书名不详)译成俄文(这封信没有找到)。

《列宁全集》中文第 2 版增订版第 53 卷第 295 页。

2 月 26 日(3 月 10 日)前后

列宁参加日内瓦布尔什维克小组会议，欢迎刚刚从日内瓦监狱获释的尼·亚·谢马什柯。

尼·亚·谢马什柯：《往事悠悠》，1960 年，第 48 页；《国外周报》，日内瓦，1908 年 3 月 30 日，第 3 号。

2月26日(3月10日)

列宁写信给在彼得堡的安·伊·乌里扬诺娃-叶利扎罗娃,对玛·伊·乌里扬诺娃生病深感不安,要她把他的《俄国资本主义的发展》一书第2版的部分稿费用来好好安排妹妹和母亲的生活。

《列宁全集》中文第2版增订版第53卷第295页。

2月27日和3月6日(3月11日和19日)之间

列宁的《俄国资本主义的发展》一书的增订第2版在彼得堡出版。

《图书年鉴》,1908年3月8日(21日),第10期,第6页;弗·伊·列宁:《俄国资本主义的发展(大工业国内市场形成的过程)》,增订第2版,圣彼得堡,智神星出版社,1908年,VIII,VIII,489页,书名前署名:弗拉基米尔·伊林。

2月29日(3月13日)

俄国社会民主工党中央机关报《社会民主党人报》第1号在彼得堡出版,上面载有列宁的《关于扩大杜马预算权的辩论》一文。

《列宁全集》中文第2版增订版第16卷第427—433页;《社会民主党人报》,1908年2月,第1号;苏联中央国家十月革命和社会主义建设档案馆,警察司全宗,特别处,1908年,第5号案卷,第84册,第132—133张。

2月

列宁恢复在日内瓦的工人总联合会的会籍,交纳1908年2月和3月的会费。

苏共中央马列主义研究院中央党务档案馆,第4号全宗,第1号目录,第54号保管单位,第82张。

列宁和娜·康·克鲁普斯卡娅收到莉·米·克尼波维奇从彼得堡寄来的几封信,信中谈到患伤寒症的玛·伊·乌里扬诺娃的病情。

《列宁全集》中文第2版增订版第53卷第295页。

2月—10月

列宁阅读约·狄慈根的《短篇哲学著作集》(1903年斯图加特版),并在书中作批注。列宁在《唯物主义和经验批判主义》一书中广泛运用了这本书中的资料。

《列宁全集》中文第2版增订版第18卷第117—363页,第29卷第359—444页,第45卷第175页,第53卷第302页;约·狄慈根:《短篇哲学著作集》,斯图加特,狄茨出版社,1903年,272页。

警察在莫斯科、哈尔科夫、梯弗利斯、卡缅涅茨-波多利斯克、克拉斯诺亚尔斯克、利巴瓦、科赫马村(弗拉基米尔省)进行搜捕时,发现了列宁的小册子《杜马的解散和无产阶级的任务》。

苏联中央国家十月革命和社会主义建设档案馆,警察司全宗,第7处,1908年,第1152、1702、1808、3348、3557、4317、5145、5633、6070号案卷;1909年,第198号案卷。

3月1日(14日)

警察在逮捕俄国社会民主工党梯弗利斯委员会所属的军事组织的17名成员时,发现了一个图书馆,其藏书中有列宁的下列著作:《社会民主党在民主革命中的两种策略》、《关于社会民主工党统一代表大会的报告》、《立宪民主党人的胜利和工人政党的任务》、《杜马的解散和无产阶级的任务》、《修改工人政党的土地纲领》、《彼得堡的选举和31个孟什维克的伪善面目》,有载有列宁《国家杜马和社会民主党的策略》一文的小册子《国家杜马和社会民主党》和载有列宁《反对抵制(摘自社会民主党政论家的札记)》一文的小册子《论抵制第三届杜马》,以及康·萨布林娜(娜·康·克鲁普斯卡娅)的小册子《女工》。

苏联中央国家十月革命和社会主义建设档案馆,警察司全宗,

第7处,1908年,第1808号案卷,第1、8、21张,第22张背面,第24、25张。

3月1日和5日(14日和18日)之间

列宁阅读刊载在《首都邮报》上的叶·德·库斯柯娃的《论俄国的马克思主义(纪念卡尔·马克思逝世二十五周年)》一文,列宁在自己的《谈谈对俄国革命的估计》一文中对这篇文章进行了尖锐的批评。

《列宁全集》中文第2版增订版第17卷第30页,第45卷第184页;《首都邮报》,1908年3月1日(14日),第251号。

列宁为波兰社会民主党杂志《社会民主党评论》撰写《谈谈对俄国革命的估计》一文,并将这篇文章寄交杂志编辑部。

《列宁全集》中文第2版增订版第17卷第30—42页,第45卷第184页;《首都邮报》,1908年3月1日(14日),第251号。

3月1日和12日(14日和25日)之间

列宁阅读刊载在下列报纸上的纪念卡·马克思逝世二十五周年的文章:1908年3月1日(14日)《俄罗斯新闻报》、3月2日(15日)《言语报》、3月2日(15日)《政治和文学辩论日报》和3月3日(16日)《法兰克福报》。列宁在他的《国际自由派对马克思的评价》一文中利用了这些报纸上的材料。

《列宁全集》中文第2版增订版第16卷第450—454页。

3月3日(16日)前后

列宁在日内瓦作报告。

《国外周报》,日内瓦,1908年3月16日,第1号。

3月3日(16日)

列宁致函阿·马·高尔基,对不能到卡普里去表示遗憾,因为没有时间和没有钱;说编辑部的工作"不很顺利",原因是同亚·

亚·波格丹诺夫在哲学上有意见分歧;说"因为自己的哲学癖好",来办《无产者报》的时间很少,说他越是读经验批判论者的文章,越要骂他们;列宁请求高尔基为《无产者报》写文章,如果这样做"不妨碍您的大本著作"的话。

《列宁全集》中文第2版增订版第45卷第182页。

3月4日(17日)以前

列宁收到波兰社会民主党驻俄国社会民主工党中央委员会代表扬·梯什卡的来信,信中请求协助他同格·阿·阿列克辛斯基取得通信联系,以便得到俄国社会民主工党国外协助小组中央局的消息。

苏共中央马列主义研究院中央党务档案馆,第17号全宗,第1号目录,第650号保管单位。

列宁向格·阿·阿列克辛斯基转达扬·梯什卡要求知道关于国外中央局工作的消息的请求。

苏共中央马列主义研究院中央党务档案馆,第17号全宗,第1号目录,第650号保管单位。

3月4日(17日)

费·雅·柯恩拜访列宁。孟什维克曾就在国外兑换梯弗利斯剥夺所获钱款一事对马·马·李维诺夫提出诬告,列宁和柯恩就为此事而组织党内调查进行了谈话。

《列宁全集》中文第2版增订版第45卷第183—185页。

自通告通缉弗拉基米尔·伊里奇·乌里扬诺夫(列宁)之日起,时间已过6个月,莫斯科一区法院侦查员决定将他的案件送交莫斯科高等法院检察官。

苏共中央马列主义研究院中央党务档案馆,第4号全宗,第3号目录,第30号保管单位,第104张。

3月5日(18日)

列宁致函扬·梯什卡,转达自己同费·雅·柯恩的谈话内容,这次谈话涉及了因孟什维克控告马·马·李维诺夫而组织党内调查的问题。列宁请梯什卡就此事向德国社会民主党执行委员会作报告,并请他一定将孟什维克的《社会民主党人呼声报》第1—2号上的《不该结束吗?》一文翻译出来,这篇文章对布尔什维克组织兑换梯弗利斯剥夺的钱款提出诬告;问他是否同意将列宁自己写给《社会民主党评论》杂志的《谈谈对俄国革命的估计》一文刊登在《无产者报》上。

《列宁全集》中文第2版增订版第45卷第183—185页。

列宁代表俄国社会民主工党在日内瓦纪念三个纪念日——卡·马克思逝世二十五周年、1848年革命六十周年和巴黎公社纪念日的国际群众大会上,发表关于巴黎公社意义的演说。

《列宁全集》中文第2版增订版第16卷第435—438页;《国外周报》,日内瓦,1908年3月23日,第2号;苏共中央马列主义研究院中央党务档案馆,第14号全宗,第132号保管单位,第29—32张;《令人难忘的列宁》,回忆录,1958年,第37—41页。

3月5日和11日(18日和24日)之间

列宁收到阿·马·高尔基的来信,高尔基在信中担心关于哲学问题的斗争可能导致布尔什维克派内部的分裂,他认为因此而赢得胜利的只是孟什维克;高尔基建议出版一种刊登哲学辩论文章的杂志。

《列宁全集》中文第2版增订版第45卷第185—188页。

3月5日和12日(18日和25日)之间

列宁写《一场预先策划的警察式爱国主义的表演》、《关于自由派对人民的欺骗》和《国际自由派对马克思的评价》等三篇文章。

《列宁全集》中文第 2 版增订版第 16 卷第 439—454 页;《无产者报》,日内瓦,1908 年 3 月 5 日(18 日),第 24 号;3 月 12 日(25 日),第 25 号。

3 月 7 日(20 日)

列宁起草并译成德文的《〈无产者报〉编辑部的声明》,发表在德国社会民主党的杂志《新时代》上。

《列宁全集》中文第 2 版增订版第 16 卷第 405 页;《新时代》杂志,斯图加特,1908 年 3 月 20 日,第 26 年卷,第 1 册,第 25 期,第 898 页。

3 月 8 日(21 日)以后

列宁在他的《俄国资本主义的发展》一书第 2 版中作标记并进行计算。

《列宁文集》俄文版第 25 卷第 176 页;苏共中央马列主义研究院中央党务档案馆,第 2 号全宗,第 1 号目录,第 2369 号保管单位;《图书年鉴》,1908 年 3 日 8 日(21 日),第 10 期,第 6 页。

3 月 10 日(23 日)

列宁的《公社的教训》一文,即他在日内瓦 3 月 5 日(18 日)国际群众大会上所作演说的记录,发表在《国外周报》第 2 号上。

《列宁全集》中文第 2 版增订版第 16 卷第 435—438 页;《国外周报》,日内瓦,1908 年 3 月 23 日,第 2 号。

3 月 11 日(24 日)

列宁致函阿·马·高尔基,严厉批判马赫主义者的《关于马克思主义哲学的论丛》一书,强调指出,同马赫主义者在哲学问题上的斗争是不可避免的。

《列宁全集》中文第 2 版增订版第 45 卷第 185—188 页。

3月12日(25日)

列宁的文章《一场预先策划的警察式爱国主义的表演》、《关于自由派对人民的欺骗》和《国际自由派对马克思的评价》发表在《无产者报》第25号上。

《列宁全集》中文第2版增订版第16卷第439—454页;《无产者报》,日内瓦,1908年3月12日(25日),第25号。

不早于3月14日(27日)—不晚于12月1日(14日)

列宁读47名国家杜马成员的声明,在上面批示:"第三届杜马中农民的土地法案"和"**注意。非常重要!** 第三届杜马";列宁还在1908年3月14日(27日)向第三届杜马提出的《分给无地和少地农民土地的主要根据草案》正文中划重点和作标记。列宁在他的《第三届杜马关于土地问题的讨论》一文中对这一法案以及第三届杜马关于土地问题的发言作了评价。

《列宁全集》中文第2版增订版第17卷第283—297页;《列宁文集》俄文版第14卷第468—470页;苏共中央马列主义研究院中央党务档案馆,第2号全宗,第1号目录,第2367号保管单位;《国家杜马速记记录》,第三届,第1次常会,第2册,第37次会议,1908年3月14日,圣彼得堡,1908年,第474栏;《国家杜马速记记录附录》,第三届,第1次常会,1907—1908年,第1卷,圣彼得堡,1908年,第870—873栏。

3月16日(29日)

列宁致函(用法文)在布鲁塞尔的卡·胡斯曼,请他对格·阿·阿列克辛斯基的写作工作予以协助。

苏共中央马列主义研究院中央党务档案馆,第4号全宗,第1号目录,第111号保管单位,第11张;《列宁和卡米耶·胡斯曼通信集。1905—1914》,巴黎,1963年,第49页。

3月16日和26日(3月29日和4月8日)之间

列宁写《论俄国革命的"本性"》一文。

《列宁全集》中文第 2 版增订版第 17 卷第 6—20 页;《无产者报》,日内瓦,1908 年 3 月 26 日(4 月 8 日),第 27 号;《言语报》,1908 年 3 月 16 日(29 日),第 65 号。

3 月 17 日(30 日)

列宁致函在洛桑(瑞士)的"国际援助俄国失业工人委员会"组织者和秘书基·巴·兹林琴科的信中说,虽然同情这一事业的宗旨,但由于繁忙,无法参加委员会的工作。

《列宁全集》中文第 2 版增订版第 45 卷第 188 页。

3 月 19 日(4 月 1 日)

列宁的《走上直路》一文作为社论发表在《无产者报》第 26 号上。

《列宁全集》中文第 2 版增订版第 17 卷第 1—5 页;《无产者报》,日内瓦,1908 年 3 月 19 日(4 月 1 日),第 26 号。

3 月 21 日和 4 月 16 日(4 月 3 日和 29 日)之间

列宁写《沿着老路走去!》一文。

《列宁全集》中文第 2 版增订版第 17 卷第 20—27 页;《无产者报》,日内瓦,1908 年 4 月 16 日(29 日),第 29 号;《新时代》杂志,斯图加特,1908 年 4 月 3 日,第 26 年卷,第 2 册,第 27 期。

3 月 26 日(4 月 8 日)

列宁的《论俄国革命的"本性"》一文和《〈关于扩大杜马预算权的辩论〉一文的补遗》发表在《无产者报》第 27 号上。

《列宁全集》中文第 2 版增订版第 16 卷第 434 页,第 17 卷第 6—10 页;《无产者报》,日内瓦,1908 年 3 月 26 日(4 月 8 日),第 27 号。

3 月下半月—4 月 3 日(16 日)以前

列宁同到达日内瓦的波兰社会民主党人扬·梯什卡进行谈话。

《列宁全集》中文第2版增订版第45卷第189页。

列宁在给亚·亚·波格丹诺夫的便条中强调指出，不把哲学分歧加剧的情况告诉扬·梯什卡，“为了我们在中央委员会中的工作获得成功”是很重要的。

《列宁全集》中文第2版增订版第45卷第189页；苏共中央马列主义研究院中央党务档案馆，第2号全宗，第1号目录，第2450号保管单位。

列宁致函在卡普里岛(意大利)的阿·马·高尔基，请求给《无产者报》寄材料来；说正大量阅读哲学著作；答应去卡普里岛，并说亚·亚·波格丹诺夫已经启程到意大利卡普里岛去了。

《列宁全集》中文第2版增订版第45卷第187、189、190页。

3月下半月—不晚于4月3日(16日)

列宁为《卡尔·马克思(1818—1883年)》文集写《马克思主义和修正主义》一文，并将该文寄去付印。列宁在文章的注释中谈到，最近他要写几篇论文或专门写一本小册子来驳斥《关于马克思主义哲学的论丛》及其作者们。

《列宁全集》中文第2版增订版第17卷第11—19页，第45卷第192页。

3月

警察在萨拉托夫进行逮捕时，发现了列宁的小册子《马尔托夫和切列万宁在资产阶级报刊上的言论》。

苏联中央国家十月革命和社会主义建设档案馆，警察司全宗，第7处，1908年，第1481号案卷。

3月—10月

警察在基辅、叶卡捷琳诺斯拉夫和博布罗沃(莫斯科省)进行搜捕时，没收了列宁的小册子《普列汉诺夫同志是怎样论述社会民

主党的策略的?》

苏联中央国家十月革命和社会主义建设档案馆,警察司全宗,第 7 处,1908 年,第 1963、3717、6407 号案卷。

3 月—11 月

警察在哈尔科夫、兹拉托乌斯特和阿尔切夫斯科耶车站(叶卡捷琳诺斯拉夫省)进行搜捕时发现了列宁的《土地问题和“马克思的批评家”》一书。

苏联中央国家十月革命和社会主义建设档案馆,警察司全宗,第 7 处,1908 年,第 2461、4797、5147、6815 号案卷。

警察在梯弗利斯、察里津、克列缅丘格进行搜捕时,发现并没收了列宁的小册子《彼得堡的选举和 31 个孟什维克的伪善行为》。

苏联中央国家十月革命和社会主义建设档案馆,警察司全宗,第 7 处,1908 年,第 3997、6303、6748 号案卷。

4 月以前

列宁在卡·考茨基的小册子《社会革命》(1907 年柏林版)的第 2 版中进行计算、作标记和划重点。列宁在《谈谈对俄国革命的估计》一文中利用了这些材料。

《列宁全集》中文第 2 版增订版第 17 卷第 30—42 页;苏共中央马列主义研究院中央党务档案馆,第 2 号全宗,第 1 号目录,第 2370 号保管单位;《克里姆林宫的弗·伊·列宁藏书》,1961 年,第 638 页;《社会民主党评论》,克拉科夫,1908 年 4 月,第 2 期,第 102—111 页。

4 月 1 日和 16 日(14 日和 29 日)之间

列宁写《立宪民主党人同十月党人是否结成了联盟?》一文。

《列宁全集》中文第 2 版增订版第 17 卷第 28—29 页;《无产者报》,日内瓦,1908 年 4 月 16 日(29 日),第 29 号;《法兰克福报》,美因河畔法兰克福,1908 年 4 月 14 日。

4 月,不晚于 3 日(16 日)

列宁收到阿·瓦·卢那察尔斯基从意大利的来信,信中告知他正为《无产者报》写稿。

《列宁全集》中文第2版增订版第45卷第190页。

4月3日(16日)

列宁致函在卡普里岛的阿·瓦·卢那察尔斯基，对卢那察尔斯基同意为《无产者报》写文章和写意大利通讯表示高兴；列宁在附言中写道：他本人跟那些鼓吹"'把科学社会主义同宗教结合起来'的人以及一切马赫主义者"走的不是一条路。

《列宁全集》中文第2版增订版第45卷第190—191页。

列宁收到阿·马·高尔基邀请他去卡普里岛的信。

《列宁全集》中文第2版增订版第45卷第191—192页。

列宁致函在卡普里岛的阿·马·高尔基，告知已把自己称为"正式不过的宣战书"的《马克思主义和修正主义》一文送去付印了(列宁在这篇文章中第一次在报刊上批判亚·亚·波格丹诺夫、弗·亚·巴扎罗夫等人的哲学)。列宁在信中拒绝高尔基想要安排他同那些鼓吹"把科学社会主义同宗教结合起来"的人会见。

《列宁全集》中文第2版增订版第45卷第191—192页。

4月3日和10日(16日和23日)之间

《论时代潮流》文集(1908年圣彼得堡版)出版，文集载入了略加删节的列宁的《工会的中立》一文，全文曾发表在1908年2月20日(3月4日)《无产者报》第22号上。

《列宁全集》俄文第5版第17卷第452页；《无产者报》，日内瓦，1908年2月20日(3月4日)①，第22号；《图书年鉴》，1908年4月24日(11日)，第15期，第10页；《论时代的潮流》，圣彼得堡，创造出版社，1908年，第75—83页。

① 报上日期为：2月19日(3月4日)。——俄文编者注

4月3日(16日)以后

列宁为维·阿·卡尔宾斯基关于成立全俄冶金工厂托拉斯的文章写结语,建议(从25页当中)摘出两页作为短评刊登在《无产者报》上,而把全文修改成一本通俗的小册子。

《列宁文集》俄文版第25卷第297页;苏共中央马列主义研究院中央党务档案馆,第2号全宗,第1号目录,第2374号保管单位;《国家杜马速记记录》,第三届,第1次常会,第2册,圣彼得堡,1908年,第1740栏;《国家杜马速记记录附录》,第三届,第1次常会,1907—1908年,第1卷,圣彼得堡,1908年,第1361—1365栏。

4月,6日(19日)以前

列宁致函阿·瓦·卢那察尔斯基,信中写到绝不容许把著作家们关于哲学的争论和党的事情混淆起来(这封信没有找到)。

《列宁全集》中文第2版增订版第45卷第193页;《列宁全集》俄文第5版第47卷第317页。

4月,不晚于6日(19日)

列宁收到阿·马·高尔基和玛·费·安德列耶娃的电报。

《列宁全集》中文第2版增订版第45卷第193页。

4月6日(19日)

列宁致函在卡普里岛的阿·马·高尔基,谈到布尔什维克派别内部关于哲学问题的分歧;告知不能在这个时候去意大利;请求给《无产者报》寄文章来。

《列宁全集》中文第2版增订版第45卷第193—194页。

警察在搜查哈尔科夫大学时,发现并没收了列宁的下列著作:《关于俄国社会民主工党统一代表大会的报告》、《关于社会民主工党对第三届杜马的态度问题的报告提纲(报告在7月8日彼得堡市代表会议上宣读)》、《修改工人政党的土地纲领》、《土地问题和

“马克思的批评家”》、《杜马的解散和无产阶级的任务》、《彼得堡的选举和31个孟什维克的伪善行为》和《社会民主党和杜马选举》。

苏联中央国家十月革命和社会主义建设档案馆，警察司全宗，第7处，1908年，第2461号案卷。

4月6日或7日（19日或20日）

列宁给阿·马·高尔基和玛·费·安德列耶娃回电（电报没有找到）。

《列宁全集》中文第2版增订版第45卷第193页；《列宁全集》俄文第5版第47卷第317页。

4月6日和10日（19日和23日）之间

列宁写信给在彼得堡的玛·伊·乌里扬诺娃，祝愿她痊愈，劝她不要过于劳累，并说他本人将去意大利。

《列宁全集》中文第2版增订版第45卷第193—194页，第53卷第296页；《弗·伊·列宁和阿·马·高尔基》，增订第3版，1969年，第275页。

4月10日和17日（23日和30日）之间

列宁应阿·马·高尔基的邀请，来到意大利卡普里岛，并在这里度过了几天。他向亚·亚·波格丹诺夫、弗·亚·巴扎罗夫和阿·瓦·卢那察尔斯基声明，他同他们在哲学问题上有分歧。列宁建议他们“把共同的物力和人力用来写与孟什维克取消派的革命史相对立的**布尔什维克革命史**。”但是卡普里的人拒绝了这一建议，他们“愿意从事的不是整个布尔什维克的事业，而是宣传自己的特殊的哲学观点。”

列宁同阿·马·高尔基一起参观那波利博物馆、那波利近郊、庞贝，登上维苏威。同阿·马·高尔基交谈，听高尔基讲述关于下诺夫哥罗德、伏尔加河、童年和青年时代以及漫游俄国的故事。列

1908年4月列宁在卡普里岛阿·马·高尔基家做客时同
亚·亚·波格丹诺夫下棋

宁建议高尔基把这一切都写出来。高尔基后来完成了这一期望，写出了《童年》、《在人间》和《我的大学》。

列宁关心卡普里岛渔民的生活，详细打听有关他们子女和收入的情况。

《列宁全集》中文第2版增订版第45卷第244页，第46卷第230页；《文学问题》杂志，1965年，第7期，第11页；《弗·伊·列宁和阿·马·高尔基》，增订第3版，1969年，第275、305—309、405—407页；《回忆弗·伊·列宁》，第1卷，1968年，第341页；《苏共历史问题》杂志，1969年，第5期，第40页。

4月11日和26日(4月24日和5月9日)之间

列宁参加编写的《论时代的潮流》文集被停止出售。彼得堡出版委员会对参加文集出版的人追究责任，并查封了文集。

苏联中央国家历史档案馆，第76号全宗，第9号目录，第1492号保管单位；《图书年鉴》，1908年4月11日，第15期，第10页；4月26日，第17期，第34页；6月7日，第22期，第42页；《1909年1月1日前司法机关批准查封的书籍和小册子的字母索引》，圣彼得堡，1909年，第51页。

4月16日(29日)

列宁的文章《沿着老路走去！》和《立宪民主党人同十月党人是否结成了联盟？》发表在《无产者报》第29号上。

《列宁全集》中文第2版增订版第17卷第20—27、28—29页；《无产者报》，日内瓦，1908年4月16日(29日)，第29号。

4月17日或18日(4月30日或5月1日)

列宁致函在卡普里岛的玛·费·安德列耶娃，请求阿·马·高尔基给俄国各报纸写一封公开信，请它们寄来1905—1907年革命时期的报纸和有关这一时期的历史资料，以帮助日内瓦的格·阿·库克林图书馆。信中附维·阿·卡尔宾斯基给阿·马·高尔基的信。

《列宁全集》中文第2版增订版第45卷第194—195页；苏共中央马列主义研究院中央党务档案馆，第33号全宗，第1号目录，第143号保管单位，第1—2张。

4月18日(5月1日)

列宁出席日内瓦五一庆祝大会，并发表讲话。

苏共中央马列主义研究院中央党务档案馆，第4号全宗，第2号目录，第955、1893、1894号保管单位；《瑞士人民报》，日内瓦，1908年5月1日，第37号。

4月24日(5月7日)

列宁在日内瓦迈尔林荫道4号的工艺会馆作《对俄国革命的评价和革命可能的前途》的专题报告。

苏共中央马列主义研究院中央党务档案馆，第4号全宗，第1号目录，第55号保管单位，第9张；第14号全宗，第1号目录，第132号保管单位，第4张；《国外同时代人回忆列宁》，第2版，1966年，第96页。

4月25日或26日(5月8日或9日)

列宁在洛桑民众文化馆作《关于俄国革命的性质》的专题报告。

苏共中央马列主义研究院中央党务档案馆，第14号全宗，第1号目录，第132号保管单位，第26张；第4号全宗，第2号目录，第2159号保管单位。

4月27日(5月10日)

在彼得堡搜查种子出版社书库时发现非法书刊，其中有列宁的著作《工人政党和农民》和《俄国社会民主党的土地纲领》。

苏联中央国家十月革命和社会主义建设档案馆，警察司全宗，第7处，1908年，第3040号案卷。

4月，不晚于27日(5月10日)

列宁在巴黎作专题报告(报告题目不详)。

苏联中央国家十月革命和社会主义建设档案馆，警察司全宗，

特别处,1908 年,第 5 号案卷,第 84 册,第 2 卷,第 58 张。

4 月 29 日(5 月 12 日)

在萨马拉搜查俄国社会民主工党萨马拉委员会印刷所时发现并没收了列宁的《社会民主党在民主革命中的两种策略》一书。

苏联中央国家十月革命和社会主义建设档案馆,警察司全宗,第 7 处,1908 年,第 2799 号案卷。

4 月

列宁在恩格斯的《论历史唯物主义》一文中作批注“注意”并划重点。该文载于《新时代》杂志第 11 年卷(1892—1893)第 1 册第 1 期。列宁在写作《唯物主义和经验批判主义》一书和《谈谈对俄国革命的估计》一文时利用了恩格斯的这篇文章。

《列宁全集》中文第 2 版增订版第 17 卷第 37—39 页,第 18 卷第 24—25、101—111 页;苏共中央马列主义研究院中央党务档案馆,第 2 号全宗,第 1 号目录,第 2378 号保管单位;《克里姆林宫的弗·伊·列宁藏书》,1961 年,第 653 页。

列宁的《谈谈对俄国革命的估计》一文发表在波兰《社会民主党评论》杂志第 2 期上。

《列宁全集》中文第 2 版增订版第 17 卷第 30—42 页;《社会民主党评论》杂志,克拉科夫,1908 年 4 月,第 2 期,第 102—111 页。

4 月—6 月

警察在哈尔科夫和克拉斯诺亚尔斯克进行搜捕时,发现了载有列宁《反对抵制(摘自社会民主党政论家的札记)》一文的小册子《论抵制第三届杜马》。

苏联中央国家十月革命和社会主义建设档案馆,警察司全宗,第 7 处,1908 年,第 2461、2775 号案卷。

在卢甘斯克市搜捕俄国社会民主工党卢甘斯克组织成员时,

没收的书刊中有列宁的小册子《社会民主党和选举协议》和载有列宁《反对抵制（摘自社会民主党政论家的札记）》一文的小册子《论抵制第三届杜马》。

苏联中央国家十月革命和社会主义建设档案馆，警察司全宗，第7处，1908年，第3533号案卷。

警察在辛菲罗波尔、克列缅丘格和敖德萨进行搜捕时，发现载有列宁《国家杜马和社会民主党的策略》一文的小册子《国家杜马和社会民主党》。

苏联中央国家十月革命和社会主义建设档案馆，警察司全宗，第7处，第2860、3997、7516号案卷。

4月—7月2日（15日）以前

列宁在载于《革命思想》杂志第1期（1908年4月）的西韦尔斯基（B.阿加福诺夫）的《迦太基应该被摧毁！》一文中作批注“注意”，并划重点。列宁在写作《论目前瓦解的几个特征》一文时利用了这一期杂志的材料。

《列宁全集》中文第2版增订版第17卷第121—130页；苏共中央马列主义研究院中央党务档案馆，第2号全宗，第1号目录，第2371号保管单位；А.Г.切尔内赫：《弗·伊·列宁——俄国无产阶级革命的历史学家》，1969年，第69—70页；《克里姆林宫的弗·伊·列宁藏书》，1961年，第576页；《无产者报》，日内瓦，1908年7月2日（15日），第32号；《革命思想》杂志，1908年4月，第1期，第1—4页。

4月—12月

警察在克拉斯诺亚尔斯克、梯弗利斯、卡扎林斯克（土耳其斯坦州）、梁赞、明斯克、基辅和格罗兹尼（捷列克州）进行搜捕时，发现并没收了列宁的小册子《社会民主党在民主革命中的两种策略》。

苏联中央国家十月革命和社会主义建设档案馆，警察司全宗，

第7处,1908年,第2775、3348、4568、5276、5727、6582、7231号案卷。

5月初

列宁出席社会民主党巴黎小组委员会会议(约20人出席),会议作出关于支援因梯弗利斯剥夺事件被捕的社会民主党人的决议。

苏联中央国家十月革命和社会主义建设档案馆,警察司全宗,特别处,1908年,第5号案卷,第84册,第2卷,第51张;让·弗雷维尔:《列宁在巴黎》,1969年,第79、286页。

5月1日(14日)

在巴黎,列宁在社会民主党巴黎第二小组委员会组织的会议上作关于俄国革命的性质及其前途的专题报告。近千人出席会议。

苏共中央马列主义研究院中央党务档案馆,第14号全宗,第1号目录,第132号保管单位,第7、8张;苏联中央国家十月革命和社会主义建设档案馆,警察司全宗,特别处,1908年,第5号案卷,第84册,第2卷,第51张;让·弗雷维尔:《列宁在巴黎》,1969年,第79、286页;Ю.В.波里索夫:《列宁和法国》,1970年,第7页。

不晚于5月3日(16日)

列宁在去伦敦途中,在布鲁塞尔稍事停留。

《列宁全集》中文第2版增订版第45卷第195—196页;苏共中央马列主义研究院中央党务档案馆,第4号全宗,第1号目录,第111号保管单位,第12张。

5月3日(16日)

列宁同原第二届杜马代表伊·罗·罗曼诺夫一起去民众文化馆会见社会党国际局书记卡·胡斯曼,胡斯曼不在,给他留下一封信,请他按下列地址回信:布鲁塞尔　戈帕尔街　格奥尔吉·索洛蒙先生列宁在信中(用法文)请求付给罗曼诺夫50法郎，因他已经几个月没有工作。

《列宁全集》中文第2版增订版第45卷第195—196页；苏共中央马列主义研究院中央党务档案馆，第4号全宗，第1号目录，第111号保管单位，第12张；《列宁和卡米耶·胡斯曼通信集。1905—1914》，巴黎，1963年，第50页。

5月3日和28日(5月16日和6月10日)之间

列宁在伦敦，他特地前来这里，在坐落于大罗素街的英国博物馆图书馆写作《唯物主义和经验批判主义》一书。列宁在从伦敦寄给社会党国际局书记卡·胡斯曼的信中注明自己的地址是：伦敦　西中央区　塔维斯托克广场21号

《列宁全集》中文第2版增订版第45卷第195—196页；苏共中央马列主义研究院中央党务档案馆，第2号全宗，第1号目录，第23576号保管单位；《回忆弗·伊·列宁》，第1卷，1968年，第344页，第2卷，第207—208页；《外国文学》杂志，1957年，第4期，第20—22页；《列宁和卡米耶·胡斯曼通信集。1905—1914》，巴黎，1963年，第51页。

列宁在伦敦会见费·阿·罗特施坦，就俄国革命的前途、取消派的错误立场、布尔什维克必须把秘密组织和地下活动同合法的工作结合起来等问题同他进行交谈。会见是在伦敦克拉顿广场6号罗特施坦的寓所进行的。

《真理报》，1924年4月23日，第93号。

列宁自伦敦寄给玛·亚·乌里扬诺娃一张明信片(这张明信片没有找到)。

《列宁全集》中文第2版增订版第53卷第296—297页。

5月10日(23日)

列宁的《第二代立宪民主党人》(社论)和《谈谈对俄国革命的估计》等两篇文章发表在《无产者报》第30号上。

《列宁全集》中文第 2 版增订版第 17 卷第 43—47、30—42 页；《无产者报》，日内瓦，1908 年 5 月(23 日)10 日，第 30 号。

5 月，10 日(23 日)以后

列宁收到崩得国外委员会 1908 年 5 月 23 日(公历)的来信，信中询问列宁能否给基辅社会民主党人著作家小组着手编辑的当代俄罗斯文学问题论文集写一篇文章。

苏共中央马列主义研究院中央党务档案馆，第 2 号全宗，第 5 号目录，第 252 号保管单位。

5 月，15 日(28 日)以前

列宁写《向报告人提十个问题》并从伦敦寄出。这个提纲是供约·费·杜勃洛文斯基(英诺森)出席亚·亚·波格丹诺夫于 1908 年 5 月 15 日(28 日)在日内瓦举行的哲学报告会发言时使用的。

《列宁全集》中文第 2 版增订版第 18 卷第 1—2 页；苏共中央马列主义研究院中央党务档案馆，第 2 号全宗，第 1 号目录，第 23576 号保管单位；第 259 号全宗，第 1 号目录，第 12 号保管单位，第 46—47 张；苏联中央国家十月革命和社会主义建设档案馆，警察司全宗，特别处，1908 年，第 5 号案卷，第 82 册，第 2 卷，第 71—72 张；《回忆弗·伊·列宁》，第 1 卷，1968 年，第 344 页；《红色文献》杂志，1934 年，第 1 期，第 215 页。

5 月上半月

列宁起草正式声明，交德国社会党人伯恩海姆律师，证明在慕尼黑被捕的索·瑙·拉维奇、米·克·霍贾米良和季·博格达萨良均为俄国社会民主工党党员(这封信没有找到)。

《列宁全集》中文第 2 版增订版第 45 卷第 196—197 页；《列宁全集》俄文第 5 版第 47 卷第 318 页。

5 月，16 日(29 日)以前

列宁致函(用法文)在布鲁塞尔的社会党国际局书记卡·胡斯

曼，告知在慕尼黑有三位俄国社会民主工党党员被捕，并请他以社会党国际局的名义证明他们是俄国社会民主工党党员。

《列宁全集》中文第2版增订版第45卷第196—197页；苏共中央马列主义研究院中央党务档案馆，第4号全宗，第1号目录，第111号保管单位，第16张；《列宁和卡米耶·胡斯曼通信集。1905—1914》，巴黎，1963年，第51、54页。

5月，16日（29日）以后

列宁在伦敦收到卡·胡斯曼1908年5月29日（公历）从布鲁塞尔的来信，信中告知为被捕的社会民主党人寄来了证明，并对由于选举活动未能同列宁会见表示遗憾。

《列宁和卡米耶·胡斯曼通信集。1905—1914》，巴黎，1963年，第51页。

5月19日和6月15日（6月1日和28日）之间

列宁同中央委员约·费·杜勃洛文斯基、扬·梯什卡等人一起签署致俄国社会民主工党全体中央委员和候补委员书，建议在国外召开中央全会。

苏共中央马列主义研究院中央党务档案馆，第17号全宗，第1号目录，第657、660号保管单位；И.А.波诺马廖娃：《列宁在反动年代为党而斗争》，1965年，第24页。

5月28日（6月10日）以前

列宁给格·阿·阿列克辛斯基写回信，尖锐批评他的哲学观点和关于策略问题的看法（这封信没有找到）。

《列宁全集》中文第2版增订版第45卷第198—199页；《列宁全集》俄文第5版第47卷第317页；苏共中央马列主义研究院中央党务档案馆，第2号全宗，第1号目录，第23576号保管单位；第142号全宗，第1号目录，第546号保管单位，第115张背面；苏联中央国家十月革命和社会主义建设档案馆，警察司全宗，特别处，1908年，第5号案卷，第84册，第2卷，第71张背面—第72张。

5月28日(6月10日)

列宁收到米·格·茨哈卡雅的来信,信中谈到费多罗夫(大概是指约·费·杜勃洛文斯基)在亚·亚·波格丹诺夫报告会上的发言。

《列宁全集》俄文第5版第47卷第317页;苏共中央马列主义研究院中央党务档案馆,第2号全宗,第1号目录,第23576号保管单位;苏联中央国家十月革命和社会主义建设档案馆,警察司全宗,特别处,1908年,第5号案卷,第84册,第2卷,第71张背面—第72张;警察司全宗,特别处,1910年,第5号案卷,第1册—P,第41张。

列宁复函米·格·茨哈卡雅,给他写了一个便条:"亲爱的米哈同志!很愿意同您谈谈。请于明天(星期四)晚8点来。您的列宁。"

苏共中央马列主义研究院中央党务档案馆,第2号全宗,第1号目录,第23576号保管单位,第1张。

5月底

列宁在伯尔尼给侨民和侨民大学生作题为俄国政治发展和经济发展的两条道路的报告。

苏共中央马列主义研究院中央党务档案馆,第14号全宗,第1号目录,第132号保管单位,第20张。

5月

《现代世界》杂志1908年第5期发表波·韦谢洛夫斯基关于列宁的《俄国资本主义的发展(大工业国内市场形成的过程)》一书第2版的书评。书评写道:"……不能不庆贺伊林先生著作的出版,今天,对于因其绝版而至今没有能够读到它的广大读者说来,这部著作尤其是有益的。"

《现代世界》杂志,1908年5月,第5期,第116—117页("图书和评论"栏)。

不早于5月

列宁在格·瓦·普列汉诺夫的《马克思主义的基本问题》(1908年圣彼得堡版)一书中作批注"注意"、"费尔巴哈和狄慈根,24",划重点和标线。

《列宁全集》中文第2版增订版第55卷第445—448页;苏共中央马列主义研究院中央党务档案馆,第2号全宗,第1号目录,第2455号保管单位;《图书年鉴》,1908年5月31日,第21期,第13页;《克里姆林宫的弗·伊·列宁藏书》,1961年,第114页。

5月底—6月初

列宁在《无产者报》编辑部会议上,同约·费·杜勃洛文斯基一起拒绝亚·亚·波格丹诺夫提出的决议草案,这个草案断言经验批判主义哲学同布尔什维克派的利益没有矛盾。

苏共中央马列主义研究院中央党务档案馆,第259号全宗,第1号目录,第12号保管单位,第10、46—47张,第377号全宗,第7号目录,第35760、36736号保管单位。

5月—6月

警察在萨拉托夫和科赫马村(弗拉基米尔省)进行搜捕时,发现并没收了载有列宁《关于俄国社会民主工党第三次代表大会的通知》一文的小册子。

苏联中央国家十月革命和社会主义建设档案馆,警察司全宗,第7处,1908年,第3530号案卷;1909年,第198号案卷。

5月—7月

警察在萨拉托夫和里加进行搜捕时,发现并没收了列宁的传单《三种宪法或三种国家制度》。

苏联中央国家十月革命和社会主义建设档案馆,警察司全宗,第7处,1908年,第3530、4196号案卷。

5 月—12 月

警察在彼得堡、尼科利斯克-乌苏里斯克、察里津、谢尔普霍夫和敖德萨进行搜捕时，发现了列宁的小册子《社会民主党和杜马选举》。

苏联中央国家十月革命和社会主义建设档案馆，警察司全宗，第 7 处，1908 年，第 5589、6195、6748、7195、7516 号案卷。

春天

列宁会见专程来日内瓦的伊·伊·斯克沃尔佐夫-斯捷潘诺夫。

《弗·伊·列宁和阿·马·高尔基》，增订第 3 版，1969 年，第 274 页；《历史文献》杂志，1959 年，第 2 期，第 14 页；Г.В.克尼亚泽娃：《布尔什维克在反动年代为党的秘密工作与合法工作相结合而斗争(1907—1910 年)》，1964 年，第 63 页。

6 月 7 日(20 日)

列宁从日内瓦写信给住在米赫涅沃车站(莫斯科省)的玛·亚·乌里扬诺娃，告知自己已从伦敦返回，回来的时候就生病了，但是现在感觉已经好多了；对出版人帕·格·达乌盖拒绝出版《唯物主义和经验批判主义》一书表示遗憾，请她另找一个出版人，并请寄来两三本尚未出版的《社会民主党在 1905—1907 年俄国第一次革命中的土地纲领》一书的样书，即使是没有装订好的也可以。

《列宁全集》中文第 2 版增订版第 53 卷第 296—297 页。

6 月 10 日(23 日)和 11 日(24 日)

警察在搜查种子出版社的书库时，没收了载有列宁《孟什维克的策略纲领》一文的《策略问题》文集(第 1 卷)(125 册)及列宁的小册子《社会民主党和杜马选举》(5 册)、《社会民主党和选举协议》(7 册)、《彼得堡的选举和 31 个孟什维克的伪善面目》(642 册)、《"你会听到蠢人的评判……"》(13 册)。在搜查安德森和洛伊茨曼公司印刷厂时没收了弗·伊林《土地问题》一书、弗·伊·列宁《十二年来》文集第 2 卷第 2 册以及该书的 15 个印张,该书收入了弗·伊林的著作《社会民主党在 1905—1907 年俄国第一次革命中的土地纲领》。

苏联中央国家十月革命和社会主义建设档案馆,警察司全宗,第 7 处,1908 年,第 3040 号案卷。

6 月 10 日和 14 日(6 月 23 日和 27 日)之间

列宁同约·费·杜勃洛文斯基和娜·康·克鲁普斯卡娅一起签署《无产者报》编辑部给布尔什维克中央成员维·康·塔拉图塔(维克多)的声明:必须在亚·亚·波格丹诺夫履行相应要求的条件下,消除他和《无产者报》编辑部之间的冲突。

《列宁全集》中文第 2 版增订版第 45 卷第 353—354 页;苏共中央马列主义研究院中央党务档案馆,第 377 号全宗,第 7 号目录,第 19044、36736 号保管单位。

6 月,16 日(29 日)以前

列宁致函彼得堡种子出版社,谈一本书(大概是《社会民主党在 1905—1907 年俄国第一次革命中的土地纲领》)和《纪念马克思》文集的出版事宜(这封信没有找到)。

《列宁全集》俄文第 5 版第 47 卷第 317 页;苏共中央马列主义研究院中央党务档案馆,第 2 号全宗,第 5 号目录,第 253 号保管单位。

6 月,16 日(29 日)以后

列宁收到彼得堡种子出版社工作人员切连科夫 1908 年 6 月 16 日(29 日)的回信,信中说,由于再次遭到查封,出版社不能很快出版列宁的书(大概是《社会民主党在 1905—1907 年俄国第一次革命中的土地纲领》)和《纪念马克思》文集。

苏共中央马列主义研究院中央党务档案馆,第 2 号全宗,第 5 号目录,第 253 号保管单位,第 1 张;《苏联科学院图书馆图书学文章和资料汇编》,1965 年,第 42 页。

6 月 17 日(30 日)

列宁致函(用法文)在布鲁塞尔的卡·胡斯曼,说在俄国有许多俄国社会民主工党党员被捕,告知因第二国际斯图加特代表大会(1907 年)的各种报告准备出版,已寄去俄国社会民主工党中央委员会的报告的上半部分。

《列宁全集》中文第 2 版增订版第 45 卷第 197—198 页;苏共中央马列主义研究院中央党务档案馆,第 4 号全宗,第 1 号目录,第 111 号保管单位,第 13 张;《列宁和卡米耶·胡斯曼通信集。1905—1914》,巴黎,1963 年,第 51—52 页。

6 月,18 日(7 月 1 日)以前

列宁会见格拉纳特兄弟出版公司百科词典编辑部委员 A.B.特鲁普钦斯基并与他进行谈话。他是为了请列宁尽快写完《19 世纪末俄国的土地问题》一文而从巴黎来日内瓦的。

苏共中央马列主义研究院中央党务档案馆,第 14 号全宗,第 1 号目录,第 109 号保管单位,第 5 张。

列宁收到瓦·瓦·沃罗夫斯基从敖德萨寄来的信。

《列宁全集》中文第 2 版增订版第 45 卷第 198—199 页。

6 月 18 日(7 月 1 日)

列宁为格拉纳特兄弟出版公司出版的百科词典撰写的《19 世纪末俄国的土地问题》一文完稿。

列宁在《19 世纪末俄国的土地问题》一文的打字稿(手稿没有保存下来)最后几页上注明:“注意,给格拉纳特文章的结尾”。

《列宁全集》中文第 2 版增订版第 17 卷第 48—120 页,第 46

卷第16—17页;苏共中央马列主义研究所中央党务档案馆,第2号全宗,第1号目录,第2384号保管单位。

列宁复函在敖德萨的瓦·瓦·沃罗夫斯基,说同亚·亚·波格丹诺夫和格·阿·阿列克辛斯基的分歧正在加剧,同他们分裂将不可避免;鉴于即将举行党的代表会议,邀请沃罗夫斯基8月来巴黎;列宁要求把出席代表会议的委托书"只发给地方的工作人员,而且只发给真正的工作人员";恳请他为《无产者报》写稿;询问是否有可能出版列宁本人的哲学著作《唯物主义和经验批判主义》。

《列宁全集》中文第2版增订版第45卷第198—199页。

叶尼塞斯克宗教法庭在寄给外交部第二司的第9226号公函中说,寄去弗·伊·乌里扬诺夫(列宁)同娜·康·克鲁普斯卡娅的结婚证书,并请求将公函寄到日内瓦俄国领事馆并转娜·康·克鲁普斯卡娅。

苏共中央马列主义研究院中央党务档案馆,第12号全宗,第1号目录,第10号保管单位,第1张—第1张背面。

不早于6月18日(7月1日)—不晚于6月27日(7月10日)

列宁给格拉纳特兄弟出版公司百科词典编辑部寄去《19世纪末俄国的土地问题》一文。由于书报检查的原因,这一著作在当时未能发表,直到1918年才出版单行本。

《列宁全集》中文第2版增订版第17卷第120页;苏共中央马列主义研究院中央党务档案馆,第2号全宗,第5号目录,第254号保管单位。

6月20日(7月3日)以前

列宁在给保·辛格尔的明信片上写(用德文)自己在日内瓦的地址。

苏共中央马列主义研究院中央党务档案馆,第 2 号全宗,第 1 号目录,第 2386 号保管单位。

6 月,20 日(7 月 3 日)以后

列宁收到卡·胡斯曼从布鲁塞尔寄来的信,信中说收到俄国社会民主工党中央委员会报告的上半部分,并通知说,不能把收到的原件交印刷所,因为出版第 4 卷的费用过高(大概是指斯图加特代表大会报告第 4 卷,这一卷中应收入俄国社会民主工党中央委员会的报告)。胡斯曼在信中请求尽快把俄国社会民主工党中央委员会报告的下半部分寄去。

苏共中央马列主义研究院中央党务档案馆,第 4 号全宗,第 1 号目录,第 111 号保管单位,第 14 张;《列宁和卡米耶·胡斯曼通信集。1905—1914》,巴黎,1963 年,第 52—53 页。

6 月 21 日(7 月 4 日)

列宁收到保·辛格尔 1908 年 7 月 3 日(公历)从柏林的来信,信中告知收到《前进报》发行科给寄来的 8 个马克,并询问有关今后向书店购书事宜。

苏共中央马列主义研究院中央党务档案馆,第 2 号全宗,第 1 号目录,第 2386 号保管单位。

6 月 24 日(7 月 7 日)

在基辅进行搜捕时,发现并没收了列宁的著作《立宪民主党人的胜利和工人政党的任务》和《普列汉诺夫同志是怎样论述社会民主党的策略的?》。

苏联中央国家十月革命和社会主义建设档案馆,警察司全宗,第 7 处,1908 年,第 3717 号案卷。

6 月 25 日(7 月 8 日)

列宁致函在伦敦的费·阿·罗特施坦,说他决定到中央全会开会时再就给英国工厂主约瑟夫·费尔兹借款一事写信。这笔款是 1907 年为支付俄国社会民主工党第五次代表大会的费用而从费尔兹那里借的；列宁在信末告知自己在日内瓦的新地址：马赖谢街 61 号。

《列宁全集》中文第 2 版增订版第 45 卷第 199—200 页。

列宁致函在布鲁塞尔的卡·胡斯曼，说将把他 1908 年 7 月 3 日（公历）的来信转告俄国的同志们，胡斯曼曾在信中请求赶快把俄国社会民主工党中央委员会报告的结尾部分寄给社会党国际局，以便准备出版第二国际斯图加特代表大会的报告。

《列宁全集》中文第 2 版增订版第 45 卷第 201 页；苏共中央马列主义研究院中央党务档案馆，第 4 号全宗，第 1 号目录，第 111 号保管单位，第 15 张。

6 月 30 日（7 月 13 日）

列宁收到玛·伊·乌里扬诺娃的来信及安·伊·乌里扬诺娃-叶利扎罗娃的附笔，附笔说列宁的《十二年来》文集第 2 卷第 2 分册将在秋天出版。

《列宁全集》中文第 2 版增订版第 53 卷第 293—294、298—299 页。

列宁给住在米赫涅沃车站（莫斯科省）的玛·伊·乌里扬诺娃写信，说他正在写作《唯物主义和经验批判主义》一书，请她给买两本格·伊·切尔帕诺夫的书：《阿芬那留斯和他的学派》和《内在论哲学》，并请求寄一份种子出版社排好版的《十二年来》文集第 2 卷第 2 分册，这一册收入《社会民主党在 1905—1907 年俄国第一次革命中的土地纲领》这一著作（此书还在印刷所就被警察没收，直到 1917 年才出版问世）。

《列宁全集》中文第 2 版增订版第 53 卷第 293—294、298—299 页；《回忆弗·伊·列宁》，第 1 册，1956 年，第 412—414 页。

6 月 30 日(7 月 13 日)以后

列宁给住在巴黎的玛·伊·韦列田尼科娃寄去一封信和一封介绍信(信和介绍信都没有保存下来)。

《列宁全集》中文第 2 版增订版第 53 卷第 299 页。

6 月底—7 月初

列宁收到格拉纳特兄弟出版社百科词典编辑部 1908 年 6 月 27 日(7 月 10 日)从莫斯科寄来的信,信中告知收到列宁《19 世纪末俄国的土地问题》一文,感谢他参加出版工作,并通知寄去 350 卢布作为这篇文章的稿酬。

《列宁全集》中文第 2 版增订版第 17 卷第 48—120 页;苏共中央马列主义研究院中央党务档案馆,第 2 号全宗,第 5 号目录,第 254 号保管单位。

6 月—不晚于 7 月 2 日(15 日)

列宁写《论目前瓦解的几个特征》一文。

《列宁全集》中文第 2 版增订版第 17 卷第 121—130 页;《无产者报》,日内瓦,1908 年 7 月 15 日(2 日),第 32 号;《革命思想》杂志,1908 年 6 月,第 2 期。

7 月 2 日(15 日)

列宁的《论目前瓦解的几个特征》一文,作为社论发表在《无产者报》第 32 号上。

《列宁全集》中文第 2 版增订版第 17 卷第 121—130 页;《无产者报》,日内瓦,1908 年 7 月 2 日(15 日),第 32 号。

7 月 5 日(18 日)

列宁写完《社会民主党在俄国革命中的土地纲领》(自拟简介)一文。

《列宁全集》中文第 2 版增订版第 17 卷第 131—154 页;《社会民主党评论》杂志,克拉科夫,1908 年 8 月,第 6 期,第 516—532 页。

7月9日(22日)

曾领导俄国社会民主工党秋明委员会的流放中的布尔什维克们,通过柏林致函列宁并附传单《雷科沃矿井的悲剧》,信中说:"……伊里奇一定会对传单很感兴趣";他们希望同列宁就反动时期党的工作计划交换意见。

苏联中央国家十月革命和社会主义建设档案馆,警察司全宗,特别处,1908年,第36号案卷,第1卷,第326张;秋明州国家档案馆,第159号全宗,第1号目录,第48号案卷,第204张、第204张背面、第250张;《苏联科学院西伯利亚分院通报》,新西伯利亚,1970年,第1期,第3卷,第42—43页。

7月11日和23日(7月24日和8月5日)之间

列宁写《好战的军国主义和社会民主党反军国主义的策略》一文。

《列宁全集》中文第2版增订版第17卷第166—176页;《无产者报》,日内瓦,1908年7月23日(8月5日),第33号;《新时代》杂志,斯图加特,第26年卷,第2卷,7月24日,第43期,第588—592页。

7月19日和23日(8月1日和5日)之间

列宁写《世界政治中的易燃物》一文。

《列宁全集》中文第2版增订版第17卷第155—163页;《无产者报》,日内瓦,1908年7月23日(8月5日),第33号;《人道报》,巴黎,1908年8月1日,第1557号。

7月20日(8月2日)

列宁同表姐玛·伊·韦列田尼科娃会见并谈话,她在从法国去意大利的途中在日内瓦稍事停留。

《列宁全集》中文第2版增订版第53卷第300—301页。

7月23日(8月5日)

列宁的文章《世界政治中的易燃物》(社论)、《好战的军国主义和社会民主党反军国主义的策略》和《彼得·马斯洛夫修改卡尔·马克思的草稿》(摘自《社会民主党在俄国第一次革命中的土地纲领》一书)及列宁写的《编辑部的话》发表在《无产者报》第 33 号上。

《列宁全集》中文第 2 版增订版第 16 卷第 264—275 页,第 17 卷第 155—163、166—176、164—165 页;《无产者报》,日内瓦,1908 年 7 月 23 日(8 月 5 日),第 33 号。

7 月,不晚于 27 日(8 月 9 日)

列宁在迪亚布勒雷地区的群山中,在费尔-勒格利斯(瑞士)旅游数日。

《列宁全集》中文第 2 版增订版第 53 卷第 300—301 页;A.C.库德里亚夫采夫等:《列宁在日内瓦》,1967 年,第 160 页。

7 月 27 日(8 月 9 日)

列宁写信给住在米赫涅沃车站(莫斯科省)的玛·伊·乌里扬诺娃,说他打算在一个半月内写完自己的哲学著作;提到同玛·伊·韦列田尼科娃见面和谈话的情况,说她是在从法国去意大利的途中在日内瓦作停留;列宁邀请玛丽亚·伊里尼奇娜和玛丽亚·亚历山德罗夫娜秋天到日内瓦来休息;说给玛丽亚·伊里尼奇娜寄去一张有瑞士群山风景的明信片。

《列宁全集》中文第 2 版增订版第 53 卷第 300—301 页。

7 月—11 月 30 日(12 月 13 日)以前

列宁给第三届国家杜马社会民主党党团成员写了几封信,大概是谈为他们参加社会党国际局所属各国议会联盟办理手续以及由他们交纳应付的会费这两件事(这些信件没有找到)。

《列宁全集》中文第 2 版增订版第 45 卷第 208—209 页;《列宁全集》俄文第 5 版第 47 卷第 318 页。

不早于7月

列宁会见M.Г.托罗舍利泽并同他谈话。托罗舍利泽向列宁谈了格·康·奥尔忠尼启则、约·维·斯大林、斯·格·邵武勉等人在对待亚·亚·波格丹诺夫问题上的立场；给列宁读奥尔忠尼启则的信，信中表示一致支持列宁。

B.Г.艾萨伊阿什维利：《弗·伊·列宁和格鲁吉亚》，梯弗利斯，第174页；《斯·格·邵武勉选集》，第1卷，1957年，第267—269页。

不早于7月—不晚于1913年10月

列宁把罗·卢森堡《民族问题和自治》一文中的一小段文字译成俄文，该文载于1908年7月[①]《社会民主党评论》杂志第7期。

《列宁全集》中文第2版增订版第24卷第120—154页；苏共中央马列主义研究院中央党务档案馆，第2号全宗，第1号目录，第2390号保管单位；《列宁文集》俄文版第30卷第35页；《社会民主党评论》杂志，克拉科夫，1908年9月，第7期。

8月5日(18日)

列宁致函在俄国的米·尼·波克罗夫斯基，告知《俄国史》编委会秘书曾建议列宁写一篇关于工厂工业史的文章，征求波克罗夫斯基对这一建议的意见并请他寄来秘密通信地址。

《列宁全集》中文第2版增订版第45卷第202页。

8月7日(20日)

警察在梯弗利斯进行搜查时没收了列宁的小册子《革命冒险主义》。

苏联中央国家十月革命和社会主义建设档案馆，警察司全宗，第7处，1908年，第4954号案卷。

---

① 俄文原文如此，当为9月之误。——译者注

8 月 8 日(21 日)

《莫斯科新闻》刊登了莫斯科地方法院关于寻找弗·伊·乌里扬诺夫的公告:“凡知道乌里扬诺夫下落者,均须向法院报告。”

苏共中央马列主义研究院中央党务档案馆,第 4 号全宗,第 3 号目录,第 30 号保管单位;《莫斯科新闻》,1908 年 8 月 8 日(21 日),第 183 号。

8 月,11 日—13 日(24 日—26 日)以前

列宁出席《无产者报》编辑部讨论同马克西莫夫派(亚·亚·波格丹诺夫派)分歧问题的会议,会议正式向马克西莫夫提出建议,让他出版一本小册子,阐述他的观点。

《列宁全集》中文第 2 版增订版第 19 卷第 16—17 页,第 45 卷第 198—199 页;苏共中央马列主义研究院中央党务档案馆,第 377 号全宗,第 7 号目录,第 35760 号保管单位;《〈无产者报〉扩大编辑部会议记录》,1934 年,第 66 页。

8 月 11 日—13 日(24 日—26 日)

根据国外侦探科的消息,列宁出席布尔什维克中央会议,会上分析了在《无产者报》编辑部内部列宁同亚·亚·波格丹诺夫在哲学问题和策略问题上的冲突。

《列宁全集》中文第 2 版增订版第 45 卷第 198—199、353—354 页;《列宁文集》俄文版第 25 卷第 35 页;苏联中央国家十月革命和社会主义建设档案馆,警察司全宗,特别处,1908 年,第 5 号案卷,第 84 册,第 2 卷,第 132—135、143—144 张。

列宁在日内瓦参加俄国社会民主工党中央全会工作,主持全会会议,发言揭露孟什维克企图采用以“情报局”代替中央委员会的办法来取消中央委员会。

《列宁全集》中文第 2 版增订版第 17 卷第 177—180、411 页,第 45 卷第 364—365 页;苏共中央马列主义研究院中央党务档案馆,第 17 号全宗,第 1 号目录,第 666 号保管单位;《列宁文集》俄文版第 25 卷第 19—24 页;《苏联共产党决议汇编》,第 8 版,第 1 卷,1970 年,第 241—247 页;《火焰》杂志,1919 年,第 67 期,第 12 页;M.莫斯卡廖夫:《俄国社会民主工党中央委员会俄国局》,1964 年,第 131—133 页。

8 月 11 日(24 日)

列宁在约·费·杜勃洛文斯基提出的议事日程记录上作补充、修改、批注,划重点并作标记。

苏共中央马列主义研究院中央党务档案馆,第 2 号全宗,第 1 号目录,第 2393 号保管单位;《列宁文集》俄文版第 25 卷第 19 页。

列宁对召开全国党代表会议的决议草案进行修改。

《列宁全集》中文第 2 版增订版第 17 卷第 411 页;《列宁文集》俄文版第 25 卷第 20 页。

8 月 12 日(25 日)

列宁在关于俄国社会民主工党中央委员会机构的决定的修正案上作批注。

苏共中央马列主义研究院中央党务档案馆,第 2 号全宗,第 1 号目录,第 2394 号保管单位;《列宁文集》俄文版第 25 卷第 20 页。

列宁就召开俄国社会民主工党中央全会问题提出声明。

《列宁全集》中文第 2 版增订版第 17 卷第 177 页;《列宁文集》俄文版第 25 卷第 20—21 页。

列宁在约·费·杜勃洛文斯基建议崩得代表了解他们中央委员会紧急会议情况的声明上作批注:“英诺森”。

苏共中央马列主义研究院中央党务档案馆,第 2 号全宗,第 1 号目录,第 2396 号保管单位;《列宁文集》俄文版第 25 卷第 21 页。

列宁记录中央全会上午和下午会议发言人的发言。

苏共中央马列主义研究院中央党务档案馆,第 2 号全宗,第 1

号目录，第 2401 号保管单位；《列宁文集》俄文版第 25 卷第 21—22 页。

列宁在中央全会上午会议讨论因召开全会而发生的事件时发言。

《列宁文集》俄文版第 25 卷第 22、26 页。

《言语报》发表消息，说即将出版列宁的《唯物主义和经验批判主义》一书。

《言语报》，1908 年 8 月 12 日（25 日），第 191 号；《哲学问题》杂志，1959 年，第 6 期，第 134 页。

8 月 13 日（26 日）

列宁对关于中央委员会机构的决定的补充案提出修改。

苏共中央马列主义研究院中央党务档案馆，第 2 号全宗，第 1 号目录，第 2398 号保管单位；《列宁文集》俄文版第 25 卷第 22 页。

列宁起草并向中央全会会议提出关于国外中央局机构的决定草案。这一草案以多数票通过。

《列宁全集》中文第 2 版增订版第 17 卷第 179—180 页；《列宁文集》俄文版第 25 卷第 23 页。

列宁对关于国外中央局机构的决定的修正案作补充。

苏共中央马列主义研究院中央党务档案馆，第 2 号全宗，第 1 号目录，第 2402 号保管单位；《列宁文集》俄文版第 25 卷第 24 页。

列宁对公布俄国社会民主工党中央全会决议的决定的修正案作补充。

苏共中央马列主义研究院中央党务档案馆，第 2 号全宗，第 1 号目录，第 2403 号保管单位；《列宁文集》俄文版第 25 卷第 24 页。

列宁起草关于召开俄国社会民主工党中央全会的事件的决定草案并将这一草案提交会议（这一草案获得通过）。

《列宁全集》中文第2版增订版第17卷第178页;《列宁文集》俄文版第25卷第24页。

列宁在伊哥尔(波·伊·哥列夫-戈尔德曼)和彼得(诺·维·拉米什维里)署名提交俄国社会民主工党中央全会的关于梯弗利斯剥夺事件问题的决议草案上批注:"否决"。

苏共中央马列主义研究院中央党务档案馆,第2号全宗,第1号目录,第2399号保管单位,第41张。

列宁在俄国社会民主工党中央全会下午会议上作为布尔什维克代表被选进中央机关报编辑部。

苏共中央马列主义研究院中央党务档案馆,第17号全宗,第1号目录,第666号保管单位。

8月13日和12月21日(8月26日和1909年1月3日)之间

列宁领导俄国社会民主工党第五次全国代表会议的筹备工作。

《列宁全集》中文第2版增订版第17卷第247—259页;苏共中央马列主义研究院中央党务档案馆,第17号全宗,第1号目录,第666号保管单位,第63张;苏联中央国家十月革命和社会主义建设档案馆,警察司全宗,特别处,1908年,第5号案卷,第84册,第2卷,第158张;《列宁文集》俄文版第25卷第20页;《无产者报》,日内瓦,1908年11月14日(1日),第38号。

8月18日(31日)

列宁同日内瓦社会主义者一起,来到萨莱夫山麓格里文森林中一块与纪念德国社会主义者斐·拉萨尔相关的巨石前(拉萨尔于1864年8月31日(公历)在此地决斗受伤而死)。

M.皮昂佐拉:《列宁在瑞士》,1958年,第49页;K.法尔涅尔:《列宁在瑞士到过的地方》(译自德文),1958年,第25页。

在梯弗利斯进行逮捕时,发现并没收了列宁的著作《农村需要什么(告农村贫民)》、《修改工人政党的土地纲领》和《社会民主党和选举协议》。

苏联中央国家十月革命和社会主义建设档案馆,警察司全宗,第 7 处,1908 年,第 5073 号案卷。

8 月 18 日(31 日)以后—8 月 26 日(9 月 8 日)以前

列宁收到卡·胡斯曼从布鲁塞尔寄来的信,信中提醒说,列宁答应寄去俄国社会民主工党中央委员会报告的下半部分,以便出版斯图加特代表大会报告;还询问在什么地方可以找到一套完整的《国际信使报》(伦敦,1867 年 3—5 月)。

苏共中央马列主义研究院中央党务档案馆,第 4 号全宗,第 1 号目录,第 111 号保管单位,第 17 张;《列宁和卡米耶·胡斯曼通信集。1905—1914》,巴黎,1963 年,第 55 页。

8 月 26 日(9 月 8 日)

列宁致函(用法文)在布鲁塞尔的社会党国际局书记卡·胡斯曼,说明俄国社会民主工党中央委员会提交斯图加特代表大会报告上半部分的写作情况,感谢他的来信,请他原谅没有早些给他回信,因为外出了 3 天。

《列宁全集》中文第 2 版增订版第 45 卷第 203 页;苏共中央马列主义研究院中央党务档案馆,第 2 号全宗,第 1 号目录,第 25270、25271 号保管单位;《列宁和卡米耶·胡斯曼通信集。1905—1914》,巴黎,1963 年,第 55—56 页。

8 月 27 日和 28 日(9 月 9 日和 10 日)

在彼得堡搜查彼得堡交通部印刷所时,在排版车间发现并没收了列宁的小册子《杜马的解散和无产阶级的任务》,该印刷所印刷了非法书刊和革命传单。

苏联中央国家十月革命和社会主义建设档案馆,警察司全宗,第 7 处,1908 年,第 5716 号案卷。

8 月 28 日和 9 月 11 日(9 月 10 日和 24 日)之间

列宁为庆祝列夫·托尔斯泰 80 寿辰撰写《列夫·托尔斯泰是

俄国革命的镜子》一文。

《列宁全集》中文第2版增订版第17卷第181—188页;《无产者报》,日内瓦,1908年9月11日(24日),第35号;《言语报》,1908年8月28日(9月10日),第205号。

8月

列宁的《社会民主党在俄国革命中的土地纲领》(自拟简介)发表在1908年《社会民主党评论》杂志第6期上。

《列宁全集》中文第2版增订版第17卷第131—154页;《社会民主党评论》杂志,克拉科夫,1908年8月,第6期,第516—532页。

夏天

列宁写信给住在莫斯科省谢尔普霍夫县米赫涅沃车站的玛·亚·乌里扬诺娃。

列宁在信的附言中谈到对珀·洛韦尔《火星和火星上的运河》和亚·波格丹诺夫的小说《红星》的看法;说阿·马·高尔基的新剧《最后一代》已经出版。

《列宁全集》中文第2版增订版第53卷第301—302页;《列宁全集》俄文第5版第55卷第461页。

不早于夏天

列宁阅读弗·米·舒利亚季科夫的《西欧哲学(从笛卡儿到恩·马赫)对资本主义的辩护》一书,在该书上作记号、划重点和作批注,并写书评。

《列宁全集》中文第2版增订版第55卷第449—464页;《图书年鉴》,1908年5月31日,第21期,第21页。

列宁了解日内瓦大学为外国教师举办的六周学习班所用的法语课本和法语授课方式,娜·康·克鲁普斯卡娅参加了这个学习班。

《回忆弗·伊·列宁》,第 1 卷,1968 年,第 342—343 页。

9 月 2 日(15 日)

列宁给布尔什维克中央总务委员会写收据:“1908 年 9 月 15 日收到旧著稿酬 500 法郎”。

苏共中央马列主义研究院中央党务档案馆,第 2 号全宗,第 1 号目录,第 2405 号保管单位。

9 月 8 日和 10 月 3 日(9 月 21 日和 10 月 16 日)之间

列宁为《无产者报》第 36 号写《英国和德国工人的和平示威》一文。该文在当时没有发表(1933 年收入《列宁文集》俄文版第 25 卷)。《无产者报》第 36 号将该文列为延至下期报纸发表的文章。

《列宁全集》中文第 2 版增订版第 17 卷第 189—191 页;《列宁文集》俄文版第 25 卷第 123—126 页;《无产者报》,日内瓦,1908 年 10 月 3 日(16 日)①,第 36 号。

9 月,10 日(23 日)以前

列宁给在利皮季诺(莫斯科省)的玛·伊·乌里扬诺娃写信,告知将在 10 月 1 日(公历)前完成《唯物主义和经验批判主义》一书;大致推算该书的篇幅为 20—25 个印张,请她同出版人签订合同。

《乌里扬诺夫家书集》,1969 年,第 176 页。

不晚于 9 月 10 日(23 日)

列宁对 M.《论我们杜马党团的活动问题》一文进行文字修改。该文发表在 1908 年 9 月 11 日(24 日)的《无产者报》上。

苏共中央马列主义研究院中央党务档案馆,第 2 号全宗,第 1 号目录,第 2407 号保管单位;《无产者报》,日内瓦,1908 年 9 月 11 日(24 日),第 35 号。

---

① 报上的日期是 10 月 16 日(30 日)。——俄文编者注

9月11日(24日)

列宁的《列夫·托尔斯泰是俄国革命的镜子》一文作为社论发表在《无产者报》第35号上。

《列宁全集》中文第2版增订版第17卷第181—188页;《无产者报》,日内瓦,1908年9月11日(24日),第35号。

9月11日(24日)以后

列宁收到安·伊·乌里扬诺娃-叶利扎罗娃的来信,信中说她已在彼得堡逗留数日,同尼·谢·克列斯托夫(安加尔斯基)和康·彼·皮亚特尼茨基商谈出版《唯物主义和经验批判主义》一书的有关事宜;信中还谈到列宁《土地问题》一书的出版人米·谢·克德罗夫,说有希望得到这部书的两册样书并寄给列宁,告知《卡尔·马克思》文集即将出版;劝列宁不要过于疲劳,应到山区某个地方去休息一下;问要不要给他寄些钱;说她不久将迁居莫斯科。

《乌里扬诺夫家书集》,1969年,第177—178页。

9月12日(25日)

列宁致函(用法文)在布鲁塞尔的卡·胡斯曼,告知已寄去俄国社会民主工党向社会党国际局交纳的1908年度应交的会费600法郎,并说不久将付清余款。

《列宁全集》中文第2版增订版第47卷第203页。

9月13日和10月3日(9月26日和10月16日)之间

列宁写《学生运动和目前的政治形势》一文。

《列宁全集》中文第2版增订版第17卷第192—198页;《无产者报》,日内瓦,1908年10月3日(16日),第36号。

9月15日(28日)

警察在搜查沃洛奇斯克(沃伦省)边境哨所时发现了列宁的小

册子《俄国社会民主党人的任务》。

苏联中央国家十月革命和社会主义建设档案馆,警察司全宗,第 7 处,1908 年,第 5765 号案卷。

9 月 17 日(30 日)

列宁写信给住在米赫涅沃车站(莫斯科省)的玛·亚·乌里扬诺娃,告知他即将去布鲁塞尔出席社会党国际局会议;说打算在写完《唯物主义和经验批判主义》一书后去意大利一星期;询问玛丽亚·伊里尼奇娜推迟来日内瓦的原因,并建议德米特里·伊里奇和她一起来。

《列宁全集》中文第 2 版增订版第 53 卷第 302—303 页。

9 月 18 日(10 月 1 日)

在 1908 年 10 月 1 日(公历)从比利时寄往彼得堡的一封署名“亚沙”的信件中说,10 月中旬(公历)社会党国际局将举行会议,列宁为此要去比利时,他“可能要作几个报告”。

苏联中央国家十月革命和社会主义建设档案馆,警察司全宗,特别处,1908 年,第 5 号案卷,第 51 册,第 2 卷,第 43 张 a—第 43 张 a 背面。

9 月,18 日(10 月 1 日)以后

列宁收到卡·胡斯曼 1908 年 10 月 1 日(公历)从布鲁塞尔寄来的复信,信中告知收到俄国社会民主工党交纳的 1908 年会费 600 法郎,问列宁是否收到出席社会党国际局会议的请柬,会议将在 10 月 10—12 日(公历)举行。

《列宁和卡米耶·胡斯曼通信集。1905—1914》,巴黎,1963 年,第 57 页。

9 月 25 日和 10 月 2 日(10 月 8 日和 15 日)之间

载有列宁的《马克思主义和修正主义》一文的《卡尔·马克思

(1818—1883)》文集在彼得堡出版。

《列宁全集》中文第2版增订版第17卷第11—19页;《图书年鉴》,1908年10月4日(17日),第39期,第11页(第17434号);《卡尔·马克思(1818—1883)(纪念马克思逝世二十五周年(1883—1908))》,圣彼得堡,1908年,410页;封面标题:《纪念卡尔·马克思》。

9月27日—29日(10月10日—12日)

列宁在布鲁塞尔出席社会党国际局会议。

《列宁全集》中文第2版增订版第17卷第210—224页;苏联中央国家历史档案馆,第1405号全宗,第530号目录,第679号案卷,1908年,第114张;《列宁和卡米耶·胡斯曼通信集。1905—1914》,巴黎,1963年,第57页。

9月27日(10月10日)

列宁于下午3时参加布鲁塞尔社会党新闻工作者代表会议的工作,会议讨论改进和加强各社会党期刊的联系问题。

当天晚上,列宁出席在布鲁塞尔民众文化馆举行的各国无产阶级为保卫和平而斗争的国际群众大会。大会最后一致通过决议,号召捍卫各国之间的和平,全力反对毁灭和压迫各国人民的资本主义军国主义。

《列宁全集》中文第2版增订版第17卷第210—212页。

9月27日(10月10日)以后

列宁收到玛·亚·乌里扬诺娃从利皮季诺(莫斯科省)的来信,信中对弗拉基米尔·伊里奇的健康表示担心,还说玛丽亚·伊里尼奇娜已经来到莫斯科准备并参加考试,安·伊·乌里扬诺娃-叶利扎罗娃已经从彼得堡回来,说她收到列宁的第二封信。

《乌里扬诺夫家书集》,1969年,第179—180页。

9月28日(10月11日)

列宁出席社会党国际局会议。

列宁在讨论接受英国工党参加国际社会党代表大会问题时发言中表示赞成接受该党参加，但同时指出，英国"工党实际上并不是真正不依赖于自由派，也不是执行完全独立的阶级政策"；对卡·考茨基的决议案提出相应的修改。

列宁在这次会议上两次发言反对接受俄国锡安社会党人参加国际。列宁同保加利亚代表进行谈话。

《列宁全集》中文第 2 版增订版第 17 卷第 211—212、213—214、220—221 页；《火焰》杂志，1919 年，第 67 期，第 12 页；《我们的祖国》杂志，索非亚，1960 年 5 月，第 5 期，第 3 页；苏联中央国家历史档案馆，第 1405 号全宗，第 530 号目录，第 679 号案卷，1908 年，第 114 张。

9 月 28 日（10 月 11 日）以后

列宁收到德·伊·乌里扬诺夫从利皮季诺（莫斯科省）的来信，信中感谢哥哥邀请他到意大利北部旅行，但因公务繁忙不能成行。

《乌里扬诺夫家书集》，1969 年，第 181 页。

9 月 29 日（10 月 12 日）

列宁在布鲁塞尔出席社会党国际议员代表会议。

《列宁全集》中文第 2 版增订版第 17 卷第 222—224 页。

列宁得到卡·布兰亭（瑞典社会民主党领袖）的许诺，答应协助安排即将在斯德哥尔摩召开的俄国社会民主工党代表会议（布兰亭没有履行自己的承诺。代表会议是在巴黎举行的）。

苏共中央马列主义研究院中央党务档案馆，第 377 号全宗，第 10 号目录，第 36210 号保管单位；第 17 号全宗，第 1 号目录，第 673 号保管单位，第 25 张；苏联中央国家十月革命和社会主义建设档案馆，警察司全宗，特别处，1908 年，第 233 号案卷，第 242 张—第 242 张背面；《苏共历史问题》杂志，1966 年，第 11 期，第 74 页；亚·哥卢勃科夫：《在两条战线上》，1933 年，第 24—26 页。

9 月底

列宁继续修改《唯物主义和经验批判主义》一书手稿，对个别地方进行补充。

《列宁全集》中文第 2 版增订版第 18 卷第 8—9、298—299 页，第 53 卷第 302—303 页。

9 月底—10 月初

列宁写《对彼·马斯洛夫的〈答复〉的几点意见》一文。

《列宁全集》中文第 2 版增订版第 17 卷第 235—246 页；《社会民主党评论》杂志，克拉科夫，1908 年 9 月，第 7 期，第 588—596 页；10—11 月，第 8—9 期，第 710—717 页。

9 月

列宁写《唯物主义和经验批判主义》一书第一版序言。

《列宁全集》中文第 2 版增订版第 18 卷第 7—9 页。

列宁把《唯物主义和经验批判主义》一书手稿交给弗·菲·哥林（加尔金）阅读。

苏共中央马列主义研究院中央党务档案馆，第 292 号全宗，第 1 号目录，第 6 号保管单位，第 16 张；《哲学问题》杂志，1959 年，第 6 期，第 134 页。

列宁以稿费的名义给瓦·瓦·沃罗夫斯基寄去 250 法郎，供俄国社会民主工党敖德萨委员会使用。

C.梅利尼克：《敖德萨布尔什维克代表》，敖德萨，1970 年，第 112 页。

《现代世界》杂志 1908 年第 9 期发表《致编辑部的信》，信中说弗·伊·列宁、弗·德·邦契-布鲁耶维奇、阿·瓦·卢那察尔斯基、米·斯·奥里明斯基等人拒绝为《教育》杂志撰稿，因为该杂志开始刊登“与旧《教育》杂志的方针背道而驰的文章”。

《现代世界》杂志，1908 年 9 月，第 9 期，第 101 页；O.列扎瓦和

H.涅利多夫:《米·斯·奥里明斯基生平活动》,1962 年,第 121 页。

9 月—12 月

警察在叶卡捷琳诺斯拉夫和塞瓦斯托波尔发现并没收了列宁的《十二年来》文集第 1 卷。

苏联中央国家十月革命和社会主义建设档案馆,警察司全宗,第 7 处,1908 年,第 6407、7182 号案卷。

10 月 1 日(14 日)

亚·尤·丘赫诺夫(芬-叶诺塔耶夫斯基)给列宁写信,告知寄出关于选举运动的报告,并请求将这一报告刊登在中央机关报——《社会民主党人报》或《无产者报》上。

苏共中央马列主义研究院中央党务档案馆,第 2 号全宗,第 5 号目录,第 255 号保管单位。

10 月 3 日(16 日)

列宁的《学生运动和目前政治形势》一文作为社论发表在《无产者报》第 36 号上。

《列宁全集》中文第 2 版增订版第 17 卷第 192—198 页;《无产者报》,日内瓦,1908 年 10 月 3 日(16 日),第 36 号。

10 月 3 日和 16 日(16 日和 29 日)之间

列宁阅读并仔细分析关于社会党国际局 1908 年 10 月 12 日(公历)会议的报道,该报道刊登在独立工党机关报《工人领袖》和英国社会民主党人的报纸《正义报》上。列宁在写《社会党国际局会议》一文时利用了这两份报纸的材料,以及比利时社会党机关报《人民报》的材料。《人民报》相当详细和相当确切地报道了社会党国际局会议的情况。

《列宁全集》中文第 2 版增订版第 17 卷第 213—215、216—217 页;《工人领袖》周报,伦敦,1908 年 10 月 16 日,第 42 号;

《正义报》，伦敦，1908年10月17日，第1292号；《人民报》，布鲁塞尔，1908年。

10月4日（17日）以前

根据法院的决定，停止出售载有列宁《马克思主义和修正主义》一文的《〈纪念马克思〉文集》。

《图书年鉴》，1908年10月4日（17日），第39期，第34页；《1909年1月1日以前司法机关决定查禁的书籍和小册子索引（按字母顺序排列）》，圣彼得堡，1909年，第54页。

10月4日和16日（10月17日和29日）之间

列宁写《社会党国际局会议》一文。

《列宁全集》中文第2版增订版第17卷第210—224页；《无产者报》，日内瓦，1908年10月16日（29日），第37号；《正义报》，伦敦，1908年10月17日，第1292号。

10月11日和16日（10月24日和29日）之间

列宁写《巴尔干和波斯的事变》一文。

《列宁全集》中文第2版增订版第17卷第199—209页；《无产者报》，日内瓦，1908年10月16日（29日），第37号；《法兰克福报》，美因河畔法兰克福，1908年10月20日。

10月，11日（24日）以后

列宁收到尤·米·斯切克洛夫1908年10月11日（24日）从彼得堡的来信，信中建议列宁参加一部关于尼·加·车尔尼雪夫斯基生平事业的论文集的撰稿工作。

《列宁全集》中文第2版增订版第45卷第206页；苏共中央马列主义研究院中央党务档案馆，第2号全宗，第1号目录，第2410号保管单位。

10月13日（26日）

在鄂木斯克搜查关心初等教育协会教育图书馆时，发现了列宁的著作《彼得堡的选举和31个孟什维克的伪善面目》、《马尔托夫和切列万宁在资产阶级报刊上的言论》和《土地问题和"马克思的批评家"》。

B.M.萨莫苏多夫:《斯托雷平反动时期鄂木斯克州的社会民主党地下革命活动(1907—1910 年)》,鄂木斯克,1970 年,第 14 页。

列宁致函(用法文)在布鲁塞尔的卡·胡斯曼,告知所有刊登关于 1908 年 10 月 11 日(公历)社会党国际局会议报道的社会党报纸,都没有发表他针对卡·考茨基关于准许英国工党参加国际社会党代表大会的决议所提出的修正案原文,而在转述中显然对原文理解得不确切,甚至完全歪曲了原意。列宁担心"那些不确切的东西在正式报道中可能再次出现",特寄去自己的修正案的抄件及其法文译本,并请求将修正案原文收入社会党国际局的正式报告。

《列宁全集》中文第 2 版增订版第 45 卷第 204—206 页。

10 月 14 日(27 日)以前

列宁在《路德维希·费尔巴哈全集》(第 2 卷,1846 年莱比锡版)中作记号和批注,划重点和标线。列宁在写作《唯物主义和经验批判主义》一书时利用了这本书。

《列宁全集》中文第 2 版增订版第 18 卷第 179—180、207—208,第 53 卷第 303—304 页;苏共中央马列主义研究院中央党务档案馆,第 2 号全宗,第 1 号目录,第 2412 号保管单位;《克里姆林宫的弗·伊·列宁藏书》,1961 年,第 623 页;《哲学问题》杂志,1966 年,第 4 期,第 146—154 页。

10 月 14 日(27 日)

列宁写信给住在莫斯科的安·伊·乌里扬诺娃-叶利扎罗娃,告知《唯物主义和经验批判主义》一书已全部写完,说明这本书的篇幅,请求寄一个可靠的寄手稿的地址,说只要稍有可能,就签订出版这本书的合同，列宁并推测说，格拉纳特兄弟出版社是不会出版这本书的。

《列宁全集》中文第2版增订版第53卷第303—304页。

10月14日或15日(27日或28日)

列宁复函尤·米·斯切克洛夫，就其10月11日(24日)来信中建议参加尼·加·车尔尼雪夫斯基纪念文集的撰稿工作一事作了答复(这封信没有找到)。

《列宁全集》俄文第5版第17卷第449页;《列宁全集》中文第2版增订版第45卷第205—206页;苏共中央马列主义研究院中央党务档案馆,第2号全宗,第1号目录,第2410号保管单位;第2号全宗,第5号目录,第256号保管单位。

列宁将尤·米·斯切克洛夫10月11日(24日)的来信以及自己的短信寄给亚·亚·波格丹诺夫。列宁在信中说，他已给斯切克洛夫回信，信中告知只要把哲学题目分给他，他便同意参加纪念尼·加·车尔尼雪夫斯基生平事业的文集的撰稿工作(这本文集未能出版)。

《列宁全集》中文第2版增订版第45卷第206页。

10月14日(27日)以后

列宁收到卡·胡斯曼1908年10月27日(公历)从布鲁塞尔的来信，信中告知收到列宁寄去的文件(这里很可能说的是列宁对卡·考茨基的决议的修正案)。

苏共中央马列主义研究院中央党务档案馆,第4号全宗,第1号目录,第111号保管单位,第22张;《列宁和卡米耶·胡斯曼通信集。1905—1914》,巴黎,1963年,第59页。

10月,16日(29日)以前

列宁致函在彼得堡的弗·德·邦契-布鲁耶维奇，请他协助发表阿·马·高尔基关于赠寄1905—1907年革命时期的报刊材料以帮助日内瓦格·阿·库克林图书馆的公开信(列宁的这封信没有找到)。

《列宁全集》俄文第5版第17卷第450页;《弗·德·邦契-布鲁耶维奇选集》,第2卷,1961年,第499页。

10月16日(29日)

列宁的《社会党国际局会议》、《巴尔干和波斯的事变》和《彼·马斯洛夫的歇斯底里大发作》等三篇文章发表在《无产者报》第37号上。

《列宁全集》中文第2版增订版第17卷第210—224、199—209、225—234页;《无产者报》,日内瓦,1908年10月16日(29日),第37号。

10月16日和11月13日(10月29日和11月26日)之间

列宁写短评《普列汉诺夫一伙人怎样维护修正主义》。

《列宁全集》中文第2版增订版第17卷第260—265页;《无产者报》,日内瓦,1908年10月16日(29日),第37号,11月13日(26日),第39号。

10月20日(11月2日)以前

列宁写信给住在利皮季诺(莫斯科省)的德·伊·乌里扬诺夫,请他将信转给安·伊·乌里扬诺娃-叶利扎罗娃。弗拉基米尔·伊里奇写道,玛·伊·乌里扬诺娃对同他一起去意大利的提议未作答复,使他感到奇怪。

《乌里扬诺夫家书集》,1969年,第181页。

不晚于10月22日(11月4日)

列宁收到《卡尔·马克思》文集,其中刊载了列宁的《马克思主义和修正主义》一文。

《乌里扬诺夫家书集》,1969年,第183页;《卡尔·马克思(1818—1883)(纪念马克思逝世二十五周年(1883—1908))》,

圣彼得堡，1908年，410页，封面标题：《纪念卡尔·马克思》。

10月23日和28日(11月5日和10日)之间

列宁收到孟什维克马赫主义者帕·索·尤什凯维奇10月23日(11月5日)从彼得堡的来信，信中建议列宁参加哲学文集的撰稿工作。

《列宁全集》中文第2版增订版第45卷第207页；《列宁文集》俄文版第25卷第297—298页。

10月，23日(11月5日)以后

列宁收到尤·米·斯切克洛夫10月23日(11月5日)从彼得堡的来信，信中告知签订了出版纪念尼·加·车尔尼雪夫斯基文集的合同，同意把论车尔尼雪夫斯基哲学观点的题目分给列宁。

苏共中央马列主义研究院中央党务档案馆，第2号全宗，第5号目录，第256号保管单位。

10月25日(11月7日)

列宁致函(用法文)卡·胡斯曼，并随信附上俄国社会民主工党中央委员会国外局发往布鲁塞尔的通告信，通告信宣告该局成立并阐述该局的职能，其中包括同各外国社会党保持联系的任务；请他将这一通告信转给在社会党国际局中有代表的各国政党。

《列宁全集》中文第2版增订版第45卷第207页；《列宁和卡米耶·胡斯曼通信集。1905—1914》，巴黎，1963年，第59—60页。

10月26日(11月8日)

列宁收到安·伊·乌里扬诺娃-叶利扎罗娃和玛·伊·乌里扬诺娃从莫斯科寄来的附有新地址的明信片。

《列宁全集》中文第2版增订版第53卷第307页。

列宁写信给住在莫斯科的安·伊·乌里扬诺娃-叶利扎罗娃，

请她寄来出版社的地址，以便寄出《唯物主义和经验批判主义》一书的手稿；同意在书报检查特别严格时把书中的“僧侣主义”一词改为“信仰主义”一词，并在注释中说明它的含义。

《列宁全集》中文第 2 版增订版第 53 卷第 304—307 页。

10 月下半月，不晚于 26 日(11 月 8 日)

列宁完成《唯物主义和经验批判主义(对一种反动哲学的批判)》一书。

《列宁全集》中文第 2 版增订版第 53 卷第 302—303、303—304、304—307 页。

10 月 26 日(11 月 8 日)以后

列宁收到弗·德·邦契-布鲁耶维奇 1908 年 10 月 26 日(11 月 8 日)从彼得堡的来信，信中说各报广泛发表了阿·马·高尔基关于帮助格·阿·库克林图书馆的公开信，告知给弗拉基米尔·伊里奇寄去 1905—1908 年的图书目录；他还说在彼得堡人们等待着《唯物主义和经验批判主义》一书的出版；告知有许多杂志停刊。

《弗·德·邦契-布鲁耶维奇选集》，第 2 卷，1961 年，第 499 页。

10 月 28 日(11 月 10 日)

列宁致函在彼得堡的孟什维克马赫主义者帕·索·尤什凯维奇，拒绝他提出的为准备出版的哲学文集撰稿的建议，并声明：“在我不了解编辑工作的情况下，无论是参加混淆马克思主义还是参加自由论坛，我都不同意。”

《列宁全集》中文第 2 版增订版第 45 卷第 208 页。

不晚于 10 月 29 日(11 月 11 日)

列宁收到约·费·杜勃洛文斯基从彼得堡的来信，信中说他本应去达沃斯治疗结核病，因同马赫主义者和召回派进行斗争而搁置，通报俄国社会民主工党各地方委员会的情况，答应把米·巴·托姆斯基说明工人布尔什维克情绪的手稿寄给列宁。

苏共中央马列主义研究院中央党务档案馆，第2号全宗，第5号目录，第258、259号保管单位；A.M.克里尔：《约瑟夫·杜勃洛文斯基（英诺森）》，1962年，第53页。

10月29日（11月11日）以后

列宁收到约·费·杜勃洛文斯基10月29日（11月11日）的来信，他在信中谈了自己的看法，认为最近将不可避免地要同抵制派和召回派分裂。随信附有米·巴·托姆斯基的手稿（后来发表在《无产者报》第39号上）。列宁阅读寄来的手稿（列宁在《关于两封来信》一文中谈到了这篇手稿）。

《列宁全集》中文第2版增订版第17卷第266—282页；苏共中央马列主义研究院中央党务档案馆，第2号全宗，第5号目录，第258号保管单位，第377号全宗，第16号目录，第29164号保管单位；《无产者报》，日内瓦，1908年11月13日（26日），第39号。

10月31日（11月13日）以前

列宁为第三届国家杜马代表捷·奥·别洛乌索夫起草关于土地问题的发言稿，别洛乌索夫在1908年10月31日（11月13日）第三届杜马中就斯托雷平法问题作了发言。

《列宁全集》中文第2版增订版第17卷第294—295页；《〈无产者报〉扩大编辑部会议记录》，1934年，第83—84页；H.M.杜勃罗特沃尔：《第三届国家杜马中的工人代表》，高尔基市，1957年，第176页。

不早于10月31日（11月13日）

列宁收到1908年11月13日（公历）社会党国际局要求对俄国社会民主工党地下组织、中央委员会国外局等问题作出答复的通知。

《列宁和卡米耶·胡斯曼通信集。1905—1914》,巴黎,1963年,第60—61页。

10月底

列宁写《对目前时局的估计》一文。

《列宁全集》中文第2版增订版第17卷第247—259页;《无产者报》,日内瓦,1908年11月1日(14日),第38号;《工人旗帜报》,1908年10月,第5号,第4—5页。

10月—11月

列宁的《对彼·马斯洛夫的〈答复〉的几点意见》一文发表在波兰《社会民主党评论》杂志第8—9期合刊上。

《列宁全集》中文第2版增订版第17卷第235—246页;《社会民主党评论》杂志,克拉科夫,1908年10—11月,第8—9期,第710—717页。

11月初

斯·格·邵武勉告诉米·格·茨哈卡雅,说在弗·伊·列宁同亚·亚·波格丹诺夫产生的分歧当中,"我们完全站在伊里奇一边"。邵武勉在这封信中还写道:"我们(非正式地)决定把出席布尔什维克代表会议的委托书交给伊里奇。"

《斯·格·邵武勉选集》,第1卷,1957年,第286页。

11月1日(14日)

列宁的《对目前时局的估计》一文发表在《无产者报》第38号上。

《列宁全集》中文第2版增订版第17卷第247—259页;《无产者报》,日内瓦,1908年11月1日(14日),第38号。

《无产者报》第38号的《宣传员小组学习大纲》推荐学习列宁的著作《立宪民主党人的胜利和工人政党的任务》和《关于俄国社会民主工党统一代表大会的报告》。

《无产者报》,日内瓦,1908年11月1日(14日),第38号。

11月3日(16日)

康·彼·皮亚特尼茨基致电阿·马·高尔基,询问能否由知识出版社出版列宁的《唯物主义和经验批判主义》一书。

苏共中央马列主义研究院中央党务档案馆,第75号全宗,第1号目录,第157号保管单位;《弗·伊·列宁和阿·马·高尔基》,增订第3版,1969年,第48、539页。

11月4日(17日)

列宁写信给住在莫斯科的玛·亚·乌里扬诺娃,告知迁居巴黎的问题已最后决定;请她转告安娜·伊里尼奇娜,《唯物主义和经验批判主义》一书的手稿已经寄给维·亚·列维茨基;就寻找出版这本书的途径谈了一些想法,对知识出版社能够出版这本书表示怀疑。

《列宁全集》中文第2版增订版第53卷第308—309页。

11月13日(26日)

列宁的《普列汉诺夫一伙人怎样维护修正主义》和《关于两封来信》发表在《无产者报》第39号上。

《列宁全集》中文第2版增订版第17卷第260—265、266—282页;《无产者报》,日内瓦,1908年11月13日(26日),第39号。

列宁写信给安·伊·乌里扬诺娃-叶利扎罗娃,对她没有收到《唯物主义和经验批判主义》一书的手稿表示担心(这封信没有找到)。

《列宁全集》中文第2版增订版第53卷第310页。

列宁收到安·伊·乌里扬诺娃-叶利扎罗娃11月9日(22日)从莫斯科的来信,信中说她收到《唯物主义和经验批判主义》一书的手稿。列宁回信建议,如果找不到出版人就把手稿寄给生活和知识出版社弗·德·邦契-布鲁耶维奇;请求在书中谈到尼·瓦连廷诺夫(尼·弗·沃尔斯基)的地方作些改动。列宁在信中用“另一张纸”附上加在第5章第5节最末一个词后面关于埃里希·贝歇尔《精密自然科学的哲学前提》(1907年莱比锡版)一书的一个注释。

《列宁全集》中文第2版增订版第53卷第310—311页。

11月15日(28日)以后

列宁收到安·伊·乌里扬诺娃-叶利扎罗娃从莫斯科的来信,她在信中告知就知识出版社出版《唯物主义和经验批判主义》一书同伊·伊·斯克沃尔佐夫-斯捷潘诺夫谈话的情况,她说给阿·马·高尔基写过信,请他对这一问题给予明确回答,说弗·德·邦契-布鲁耶维奇建议就出书问题给环节出版社写信,她还谈了自己对列宁这本书的意见,并就书中个别地方进行文字修改提出建议。

《乌里扬诺夫家书集》,1969年,第183—185页。

11月17日(30日)以后

列宁收到玛·亚·乌里扬诺娃从莫斯科的来信,信中谈到她的身体情况,告知收到玛·伊·乌里扬诺娃从巴黎的来信,她希望玛丽亚·伊里尼奇娜在巴黎能和弗拉基米尔·伊里奇住在一起或住在离他较近的地方。

安·伊·乌里扬诺娃-叶利扎罗娃在这封信的附言中说,牵涉9起诉讼案的康·彼·皮亚特尼茨基在商谈每一项新的出版协议时都要签订公证合同,一旦出现法律问题,作者文责自负。

《乌里扬诺夫家书集》,1969年,第186—187页。

11月18日(12月1日)

列宁致函卡·胡斯曼,答复社会党国际局1908年11月13日

(公历)通知中提出的关于俄国社会民主工党地下组织、关于俄国社会民主工党中央委员会国外局、关于社会民主党党团在国家杜马最近一次会议上提交的法律草案文本、关于建立卡·马克思纪念碑等问题;同时请他寄来社会民主党杜马党团书记所需要的关于限定工作时间、关于工会、关于被迫失业者的补助、关于工厂监督、关于女工和童工的劳动、关于矿工保险、关于重体力劳动工人的工资等方面资料。

《列宁和卡米耶·胡斯曼通信集。1905—1914》,巴黎,1963年,第60—61页。

列宁致函维·康·塔拉图塔,回答他和扬·梯什卡提出的关于俄国社会民主工党中央委员会出席波兰王国和立陶宛社会民主党第六次代表大会的代表问题;反对梯什卡关于委派伊哥尔(波·伊·哥列夫)为中央委员会代表的建议。

《列宁全集》中文第2版增订版第45卷第208—209页。

莫斯科高等法院作出关于销毁列宁的小册子《杜马的解散和无产阶级的任务》的判决。

苏共中央马列主义研究院中央党务档案馆,第4号全宗,第3号目录,第30号保管单位,第13张;《档案学问题》杂志,1965年,第1期,第76页。

11月27日(12月10日)以前

列宁给住在莫斯科的玛·亚·乌里扬诺娃寄了两封信,这两封信因写错地址而遗失(这两封信没有找到)。

《列宁全集》中文第2版增订版第53卷第311—312页。

11月27日(12月10日)

列宁收到安·伊·乌里扬诺娃-叶利扎罗娃的来信,信中说可以同莫斯科环节出版社签订《唯物主义和经验批判主义》一书的出版合同,并谈到合同的条件。当天列宁给安娜·伊里尼奇娜回电说接受出版社的条件(电报没有找到)。

列宁写信给住在莫斯科的玛·亚·乌里扬诺娃,对不经过知识出版社就把事办妥表示满意;请求安·伊·乌里扬诺娃-叶利扎罗娃尽快同环节出版社办好签订合同的手续,并在合同中提出要求立即出版《唯物主义和经验批判主义》一书;建议签订合同时用列宁的名字,不用安娜·伊里尼奇娜的名字,以免她受到出版法的追究;告知即将"在星期六或者最迟在星期一动身"从日内瓦迁往巴黎。

《列宁全集》中文第2版增订版第53卷第311—313页;《哲学问题》杂志,1959年,第5期,第181—182页。

彼得堡保安处文件记录了根据列宁指示进行的俄国社会民主工党代表会议的筹备工作情况,其中谈到代表会议可能在斯德哥尔摩举行。

苏联中央国家十月革命和社会主义建设档案馆,警察司全宗,特别处,1908年,第233号案卷,第197张。

11月28日(12月11日)以后

列宁收到卡·胡斯曼从布鲁塞尔的来信,信中请求寄去俄国社会民主工党提交第二国际斯图加特代表大会的报告的结尾部分,并请求设法偿还俄国社会民主工党本年度欠款和社会民主党杜马党团代表欠下的应向社会党国际局各国议会委员会交纳的会费。

《列宁和卡米耶·胡斯曼通信集。1905—1914》,巴黎,1963年,第61页。

秋天,11月29日(12月12日)以前

列宁同应召到日内瓦接手与俄国的运输联络工作的奥·阿·

皮亚特尼茨基谈话；列宁指示他住在莱比锡，以便安排运输工作。

奥·阿·皮亚特尼茨基：《回忆录和文章选编》，1969 年，第 136—140 页；《回忆弗·伊·列宁》，第 1 卷，第 333 页。

11 月 29 日（12 月 12 日）

列宁拟定于 12 月 12 日（公历）去巴黎，因此着手办理从瑞士去法国的各种手续。日内瓦工人总联合会会员名单中这一天记载，弗拉基米尔·乌里扬诺夫交纳了 1908 年第三季度和第四季度的会费，并注明他离开的时间：1908 年 12 月 12 日。在日内瓦居民登记簿登记了弗·乌里扬诺夫动身去法国的时间："1908 年 12 月 12 日"（这一天未能成行）。

《列宁全集》中文第 2 版增订版第 45 卷第 209—210 页，第 53 卷第 311—312 页；苏共中央马列主义研究院中央党务档案馆，第 4 号全宗，第 1 号目录，第 49 号保管单位，第 18、19 张；第 54 号保管单位，第 88 张背面；A.C.库德里亚夫采夫等：《列宁在日内瓦》，1967 年，第 160—162 页。

11 月 30 日（12 月 13 日）

列宁致函在布鲁塞尔的卡·胡斯曼，告知他已做了力所能及的一切，促使第三届杜马代表向社会党国际局交纳所欠会费；答应过几天答复关于俄国社会民主工党向社会党国际局提交斯图加特代表大会报告的日期问题和关于支付俄国社会民主工党本年度应交的 300 法郎会费问题。

列宁在这封信中还说，他将于 1908 年 12 月 14 日（公历）前往巴黎。

《列宁全集》中文第 2 版增订版第 45 卷第 209—210 页。

11 月下半月

列宁对《社会民主党人在第三届杜马的发言记述》一文进行文字修改。该文发表在《无产者报》第 40 号上。

苏共中央马列主义研究院中央党务档案馆，第 2 号全宗，第 1 号目录，第 2423 号保管单位；《无产者报》，日内瓦，1908 年 12 月 1 日(14 日)，第 40 号。

不早于 11 月—不晚于 1909 年 1 月 7 日(20 日)

列宁在社会革命党中央机关刊物——《劳动旗帜报》第 13 期，在《从头开始》、《关于一次误会》和《再论目前形势和党的策略》等文章中作记号。列宁在《社会革命党人怎样总结革命，革命又怎样给社会革命党人作了总结》一文中对这本杂志进行了分析批判。

《列宁全集》中文第 2 版增订版第 17 卷第 317—328 页；苏共中央马列主义研究院中央党务档案馆，第 2 号全宗，第 1 号目录，第 2459 号保管单位；《列宁文集》俄文版第 25 卷第 179—186 页；《劳动旗帜报》，巴黎，1908 年，第 13 号，第 1—3、9—13 页。

12 月 1 日(14 日)

列宁的《第三届杜马关于土地问题的讨论》一文发表在《无产者报》第 40 号上。

《列宁全集》中文第 2 版增订版第 17 卷第 283—297 页；《无产者报》，日内瓦，1908 年 12 月 1 日(14 日)，第 40 号。

列宁在日内瓦写信(用法文)《致日内瓦的"读书协会"主席》，告知由于迁居巴黎，所以退出协会，对于在图书借阅方面给予的帮助表示感谢。

1908 年 12 月 16 日(公历)记录簿记载列宁退出"读书爱好者协会"。

《列宁全集》中文第 2 版增订版第 45 卷第 375 页；苏共中央马列主义研究院中央党务档案馆，第 4 号全宗，第 1 号目录，第 58 号保管单位；M.皮昂佐拉：《列宁在瑞士》，1958 年，第 51 页。

列宁同娜·康·克鲁普斯卡娅和岳母伊·瓦·克鲁普斯卡娅

一起从日内瓦启程去巴黎。

《列宁全集》中文第2版增订版第45卷第209—210页，第53卷第311—312页；《回忆弗·伊·列宁》，第1卷，1968年，第346—348页。

12月2日(15日)

列宁抵达巴黎。列宁的妹妹玛·伊·乌里扬诺娃在里昂车站迎接列宁以及同车到达的娜·康·克鲁普斯卡娅和伊·瓦·克鲁普斯卡娅。列宁全家从车站去旅馆(圣马赛尔林荫路27号)，在那里住了四天。

《列宁全集》中文第2版增订版第45卷第209—210、375页，第53卷第311—312、313—314页；《回忆弗·伊·列宁》，第1卷，1968年，第346—348页；《历史文献》杂志，1959年，第1期，第39页；苏共中央马列主义研究院中央党务档案馆，第377号全宗，第7号目录，第43102号保管单位；第28号全宗，第2н号目录，第21485号保管单位；苏联中央国家十月革命和社会主义建设档案馆，警察司全宗，特别处，1908年，第233号案卷，第205、206张；让·弗雷维尔：《列宁在巴黎》，1969年，第78、89—91、94—95页；《列宁在巴黎的日子里》，1970年，第103—105页。

12月2日(15日)—1912年6月初

列宁侨居在巴黎。

《回忆弗·伊·列宁》，第1卷，1968年，第346—363、370、606—608页，第2卷，1969年，第84—85、134、164、278—279、292—296页；娜·康·克鲁普斯卡娅：《论列宁》，1965年，第366—367页；《列宁传》，第4版，1970年，第193—210页；让·弗雷维尔：《列宁在巴黎》，1969年，第295页。

12月3日(16日)

驻巴黎的国外侦探科科长向警察司司长报告，俄国社会民主工党全俄代表会议即将举行，列宁将于12月2日(15日)从日内瓦到达巴黎，代表俄国社会民主工党中央委员会出席即将召开的代表会议。

1909—1912年列宁在巴黎时居住的
玛丽·罗斯街4号的房间

1909—1912年列宁侨居巴黎时在此写作的国立图书馆

苏联中央国家十月革命和社会主义建设档案馆，警察司全宗，特别处，1908年，第233号案卷，第205—206张。

12月5日(18日)

列宁写一封介绍信(用德文)，推荐一个可靠的人去做事，列宁在布鲁塞尔曾向收信人谈起过这件事。信中未写明收信人。这封信很可能是写给卡·布兰亭的，他在布鲁塞尔社会党国际局开会期间曾经答应列宁协助安排召开俄国社会民主工党代表会议。

苏共中央马列主义研究院中央党务档案馆，第2号全宗，第1号目录，第25665号保管单位；苏联中央国家十月革命和社会主义建设档案馆，警察司全宗，特别处，1908年，第233号案卷，第240—244张。

12月6日(19日)

列宁和娜·康·克鲁普斯卡娅从旅馆迁往寓所：博尼埃街24号。娜捷施达·康斯坦丁诺夫娜的母亲以及来巴黎学习的玛·伊·乌里扬诺娃同他们住在一起。

《列宁全集》中文第2版增订版第53卷第313—314页；让·弗雷维尔：《列宁在巴黎》，1969年，第91页；《列宁在巴黎的日子里》，1970年，第38页。

列宁写信给住在莫斯科的安·伊·乌里扬诺娃-叶利扎罗娃，同意在《唯物主义和经验批判主义》一书中对弗·亚·巴扎罗夫和亚·亚·波格丹诺夫的态度缓和些，但是对帕·索·尤什凯维奇和尼·瓦连廷诺夫——不必缓和；强调指出，只有在"出版人提出最后通牒式的要求时"才同意用"信仰主义"一词替换"僧侣主义"一词，同意将"设想出了一个神"(在谈到阿·瓦·卢那察尔斯基的段落中)改为"设想出了宗教的概念"。

《列宁全集》中文第2版增订版第53卷第313—314页。

不早于12月6日(19日)—不晚于1909年1月14日(27日)

列宁给卡·胡斯曼转寄同盟歇业委员会呼吁书，呼吁书请求通过募捐和反对工贼行为的宣传，对维尔纳省制革工人给予物质援助和道义上的声援。委员会请求按《无产者报》的地址把捐款寄到巴黎。

《无产者报》，日内瓦，1909年1月7日(20日)，第41号；《列宁和卡米耶·胡斯曼通信集。1905—1914》，巴黎，1963年，第63—65页。

不早于12月6日(19日)—不晚于1909年7月

列宁在卡·马克思《致路·库格曼书信集》一书中作记号。

苏共中央马列主义研究院中央党务档案馆，第2号全宗，第1号目录，第2338号保管单位；《哲学问题》杂志，1966年，第4期，第142—143页；《克里姆林宫的弗·伊·列宁藏书》，1961年，第41、42、43、45、47页。

12月11日(24日)

安·伊·乌里扬诺娃-叶利扎罗娃从莫斯科写给列宁的信中谈到《唯物主义和经验批判主义》一书校样的邮寄问题，列宁回信请求寄给他一份没校对过的校样，他可以预先指出最重要的修改，并对章节标题的字体作了指示，并告知此前给她寄去两封信，里面有关于埃·贝歇尔一书的补充和个别改动。

《列宁全集》中文第2版增订版第53卷第315—316页。

12月，21日(1909年1月3日)以前

列宁出席布尔什维克中央成员和前来参加代表会议的布尔什维克代表的联席会议，发言反对召回派关于解散《无产者报》编辑部的建议以及他们企图不召开全党的代表会议而召开单独的“布尔什维克代表会议”的建议。经过激烈的斗争，列宁终于成功地否决了召回派提出的建议。

苏共中央马列主义研究院中央党务档案馆，第377号全宗，第8н号目录，第33853号保管单位；苏联中央国家十月革命和社会主义建设档案馆,警察司全宗,特别处,1908年,第233号案卷,第240—244张;Ф.Д.克列托夫:《弗·伊·列宁在斯托雷平反动年代为保存和巩固俄国社会民主工党而斗争》,1969年,第99页。

12月21日(1909年1月3日)

列宁参加在代表会议开幕前举行的俄国社会民主工党中央全会的工作。全会通过决议对代表会议的准备工作表示满意。全会批准了这次代表会议的议事日程和代表们的委托书。

苏共中央马列主义研究院中央党务档案馆,第17号全宗,第1号目录,第697号保管单位;《苏联共产党决议汇编》,第8版,第1卷,1970年,第260页。

12月21日—27日(1909年1月3日—9日)

列宁代表俄国社会民主工党中央委员会出席俄国社会民主工党第五次全国代表会议,领导参加代表会议的布尔什维克代表的活动,尖锐批判孟什维克取消派和召回派,坚持就代表会议议事日程的主要问题通过布尔什维克的决议。

苏共中央马列主义研究院中央党务档案馆,第36号全宗,第1号目录,第27104号保管单位;《苏联共产党决议汇编》,第8版,第1卷,1970年,第248—259页;《苏联共产党历史》,第2卷,1966年,第258—262页;《列宁传》,第4版,1970年,第197—198页;Ф.Д.克列托夫:《弗·伊·列宁在斯托雷平反动年代为保存和巩固俄国社会民主工党而斗争》,1969年,第99—108页。

12月21日(1909年1月3日)

列宁出席俄国社会民主工党第五次全国代表会议第1次会议,这次会议于下午4点在阿列西亚街99号一家餐厅的礼堂里开幕。

在讨论中央委员会工作报告时,列宁回答关于俄国社会民主工党第五次(伦敦)代表大会记录出版拖期的问题,指出在国外出版记录的困难。在讨论巴塞尔孟什维克派国外小组中央局给俄国社会民主工党全国代表会议写信，请求作为有发言权的代表出席代表会议时，列宁作简短发言，并在这份文件上注明："第 1 次会议上通报，1909 年 1 月 3 日"。

在讨论代表会议议事日程问题时，列宁在拉赫米列维奇（А.И.瓦因施泰因）和丹尼洛夫（费·伊·唐恩）建议把代表会议议事日程的第二项（目前形势）和第四项（组织问题）合并的字条上作批注："在第 1 次会议上被否决"。

苏共中央马列主义研究院中央党务档案馆，第 2 号全宗，第 1 号目录，第 2427、2428 号保管单位；第 36 号全宗，第 1 号目录，第 27104 号保管单位，第 2、11、12 张；第 17 号全宗，第 1 号目录，第 697 号保管单位；苏联中央国家十月革命和社会主义建设档案馆，警察司全宗，特别处，1908 年，第 233 号案卷，第 240—244 张；《列宁文集》俄文版第 25 卷第 28 页；《文学报》，1970 年 2 月 25 日，第 9 号；《在国外》杂志，1970 年 3 月 20—26 日，第 12 期，第 5 页；《列宁在巴黎的日子里》，1970 年，第 60 页。

12 月 23 日（1909 年 1 月 5 日）

列宁在代表会议第 4 次（上午）会议讨论各项工作报告时发言，号召对孟什维克取消派和"在党外活动的"涅·切列万宁作坚决的斗争，并批判了召回派。针对孟什维克的攻击列宁指出，《无产者报》是党的各委员会的机关报；揭露孟什维克在党中央机关报——《社会民主党人报》编辑部中的破坏策略。

苏共中央马列主义研究院中央党务档案馆，第 36 号全宗，第 1 号目录，第 27104 号保管单位，第 52、58、59 张；И.А.波诺马廖娃：《列宁在反动年代为党而斗争》，1965 年，第 43—44 页。

列宁在俄国社会民主工党中央委员会俄国"五人小组"书记达维多夫（亚·巴·哥卢勃科夫）提出的关于选举一位南俄代表出席代表会议并让他及时动身去巴黎的声明上作批注："有关事

实的说明”。

苏共中央马列主义研究院中央党务档案馆，第 2 号全宗，第 1 号目录，第 2430 号保管单位。

列宁在代表会议第 5 次(下午)会议上就代表会议议事日程的中心问题作《关于目前形势和党的任务》的报告，并提交由八位布尔什维克代表签名的决议草案。这个草案略经修改，由代表会议作为基础通过，并选出一个委员会进一步修改这一决议，列宁加入该委员会。

列宁在讨论关于目前形势和党的任务问题时发言，阐述他在决议中提出的基本论点，说明俄国革命的动力。列宁在发言中批判孟什维克取消派的悲观论点，并针锋相对地提出“工人们正在学习为了胜利而斗争”的论点。

《列宁全集》中文第 2 版增订版第 17 卷第 298—301 页；苏共中央马列主义研究院中央党务档案馆，第 2 号全宗，第 1 号目录，第 2431 号保管单位；第 36 号全宗，第 1 号目录，第 27104 号保管单位，第 71、74、79—80、85 张；《苏联共产党决议汇编》，第 8 版，第 1 卷，1970 年，第 249—251 页；《高加索代表团关于全党代表会议的报告》，巴黎，1909 年，第 12 页。

国外侦探科从巴黎向警察司报告说，“全俄代表会议”于 12 月 21 日(1909 年 1 月 3 日)下午 4 点在阿列西亚街 99 号开幕，选举由列宁、梯什卡和尤金组成的“代表会议常务委员会”。

苏联中央国家十月革命和社会主义建设档案馆，警察司全宗，特别处，1908 年，第 233 号案卷，第 240—244 张。

12 月 23 日(1909 年 1 月 5 日)以后

列宁在目前形势问题委员会开会时列出在讨论中所涉及的问题和对《关于目前形势和党的任务》的决议草案的意见。

苏共中央马列主义研究院中央党务档案馆，第 2 号全宗，第 1 号目录，第 2429 号保管单位。

12 月 24 日(1909 年 1 月 6 日)

列宁起草在俄国社会民主工党第五次全国代表会议上的关于组织问题的发言提纲。

《列宁全集》中文第 2 版增订版第 17 卷第 412—413 页;苏共中央马列主义研究院中央党务档案馆,第 2 号全宗,第 1 号目录,第 2433 号保管单位。

列宁在代表会议第 6 次(下午)会议上,在讨论组织问题时两次发言。他在发言中尖锐批判孟什维克提出的千方百计为脱党分子辩解的决议草案;讥讽孟什维克决议草案的各项内容含糊不清,废话连篇;揭露孟什维克策略的实质在于鼓吹取消革命的马克思主义的政党,以一种面目不清的合法组织来代替它。

列宁在讨论关于组织问题的决议草案时第二次发言,他首先肯定说,涅·切列万宁在报刊上发表了"叫做取消主义的东西"。列宁接着指出,孟什维克以他们在代表会议上的立场"把我们拉回到 1903 年关于党章第一条的争论中去"。列宁在发言快结束时指出,考虑到问题不在于"具体措词和表达方式,而是两个派别",因此建议通过一个决议草案,以便讨论。在这次会议上通过了列宁提出的《给组织问题委员会的指示》。

《列宁全集》中文第 2 版增订版第 17 卷第 302 页;苏共中央马列主义研究院中央党务档案馆,第 36 号全宗,第 1 号目录,第 27104 号保管单位,第 98—108 张;《高加索代表团关于全党代表会议的报告》,巴黎,1909 年,第 36 页。

列宁提出书面的《关于决议表决程序的建议》(这个建议由代表会议通过);在《关于组织问题》的布尔什维克决议草案上签字。

《列宁全集》中文第 2 版增订版第 17 卷第 304 页;苏共中央马列主义研究院中央党务档案馆,第 2 号全宗,第 1 号目录,第 2435、2436 号保管单位;第 36 号全宗,第 1 号目录,第 27104 号保管单位,第 108 张。

列宁提出“有关事实的说明”，对他关于组织问题的发言作说明。

《列宁全集》中文第2版增订版第17卷第303页；苏共中央马列主义研究院中央党务档案馆，第2号全宗，第1号目录，第2434号保管单位。

列宁在瓦西里科夫（瓦·彼·杰尼索夫）的声明上作标注：在声明中作的“有关事实的说明”，确认费·伊·唐恩歪曲彼得堡委员会对彼得堡工人代表苏维埃的真正态度，并驳斥唐恩关于俄国社会民主工党彼得堡委员会在1905—1907年革命时期对工人代表苏维埃采取敌视态度的指责。

苏共中央马列主义研究院中央党务档案馆，第2号全宗，第1号目录，第2432号保管单位。

列宁给布尔什维克中央总务委员会写收到100法郎的收据。

苏共中央马列主义研究院中央党务档案馆，第2号全宗，第1号目录，第2437号保管单位。

12月25日（1909年1月7日）

列宁出席第五次全国代表会议第7次（上午）会议，代表《关于目前形势和党的任务》决议起草委员会作报告。列宁在讨论决议时七次发言，反对孟什维克和崩得分子提出的修正案。

列宁坚持决议中关于“农奴制专制制度”转变为“资产阶级君主制”这一条，反对费·伊·唐恩提出的关于专制制度转变为“财阀君主制”的说法（列宁在《资产阶级的“向左转”和无产阶级的任务》一文中对这个修正案作了批判）。①

列宁在讨论决议中关于立宪民主党人的内容时反对尤金（伊·李·艾森施塔特）提出的修正案。尤金建议把“以立宪民主

① 参看《列宁全集》中文第2版增订版第17卷第381—382页。——译者注

党人为首的自由资产阶级走上了反革命道路、更加接近十月党人”这段话用一句“立宪民主党人只是倾向于这种接近”来代替。列宁在发言中指出，这里所说的已经是立宪民主党人的实际行动，而不仅是他们的倾向。尤金建议把立宪民主党人活动的特征是鼓吹沙皇民族主义、替专制制度和农奴主-地主效劳改为“鼓吹帝国主义”，列宁在回复这个建议时指出，决议中的提法更准确地表达了立宪民主党政策“俄国专有的特点”（代表会议否决了尤金的建议）。

列宁发言反对召回派分子瓦列里扬（斯・沃尔斯基）和瓦西里科夫（瓦・彼・杰尼索夫）提出的建议，他们提议在关于自由派资产阶级的条文中增加内容，说明被吸引到革命运动中来的小资产阶级的作用，崩得代表声明附议召回派的修正案，列宁要求将这一声明记录下来（召回派的修正案被绝大多数票否决）。

列宁发言反对尤金提出的关于从已通过决议（关于党的任务部分）第一条中删除梯什卡提出的关于“依靠农民中的革命阶层完成资产阶级民主变革的无产阶级夺取政权”的内容。

《关于目前形势和党的任务》问题的决议以多数票获得通过。

《列宁全集》中文第2版增订版第17卷第298—301页；苏共中央马列主义研究院中央党务档案馆，第36号全宗，第1号目录，第27104号保管单位，第127—130、137张；《苏联共产党决议汇编》，第8版，第1卷，1970年，第249—251页；《高加索代表团关于全党代表会议的报告》，巴黎，1909年，第12页。

列宁在代表会议第8次（下午）会议讨论杜马党团问题时发言，指出孟什维克和召回派对待杜马党团的立场是共同的。列宁指出：“一些人说‘别理它’，另一些人说‘甩掉它’。结论不同，基础是一个。”

列宁批判孟什维克否认党对杜马党团的领导作用，批判他们不允许对杜马党团的错误进行任何批评的企图；发言反对召回派千方百计贬低党在杜马中工作的意义的倾向。

苏共中央马列主义研究院中央党务档案馆，第 36 号全宗，第 1 号目录，第 27104 号保管单位，第 153 张；И.А.波诺马廖娃：《列宁在反动年代为党而斗争》，1965 年，第 60 页。

《无产者报》发行处主任 Д.М.科特利亚连科向各国外小组发信通知说，弗拉·伊林（列宁）的《唯物主义和经验批判主义。对一种反动哲学的批判》一书即将出版。信中告知该书的价格和销售办法。

苏共中央马列主义研究院中央党务档案馆，第 377 号全宗，第 16 号目录，第 21183 号保管单位。

12 月 26 日（1909 年 1 月 8 日）

列宁在第五次全国代表会议第 9 次会议上提出《关于社会民主党杜马党团》决议草案中有关预算表决部分的两种方案。除去最后两段外，第二种方案列入代表会议通过的《关于社会民主党杜马党团》决议。

《列宁全集》中文第 2 版增订版第 17 卷第 305—306 页；苏共中央马列主义研究院中央党务档案馆，第 2 号全宗，第 1 号目录，第 2438 号保管单位；《苏联共产党决议汇编》，第 8 版，第 1 卷，1970 年，第 254 页；《高加索代表团关于全党代表会议的报告》，巴黎，1909 年，第 18—19 页。

列宁提出《对〈关于社会民主党杜马党团〉决议草案的补充》，这一补充被列入决议正文。

《列宁全集》中文第 2 版增订版第 17 卷第 307 页；苏共中央马列主义研究院中央党务档案馆，第 2 号全宗，第 1 号目录，第 2442 号保管单位；《苏联共产党决议汇编》，第 8 版，第 1 卷，1970 年，第 253 页；《俄国社会民主工党中央委员会关于举行全党例行代表会议的通知》，[巴黎，1909 年]，第 5 页。

列宁写《关于公布代表会议决定的决议草案》(草案稍经修改后,由代表会议通过)。

《列宁全集》中文第2版增订版第17卷第309页;苏共中央马列主义研究院中央党务档案馆,第2号全宗,第1号目录,第2447号保管单位;《苏联共产党决议汇编》,第8版,第1卷,1970年,第259页。

列宁提出《对孟什维克关于取消中央委员会的草案的声明》。

《列宁全集》中文第2版增订版第17卷第311页;苏共中央马列主义研究院中央党务档案馆,第2号全宗,第1号目录,第2444号保管单位。

列宁在布尔什维克和波兰代表关于党的各民族组织统一问题的声明上签名。声明的内容反映在代表会议通过的决议《关于地方民族组织的统一》中。

《列宁文集》俄文版第25卷第32页;苏共中央马列主义研究院中央党务档案馆,第2号全宗,第1号目录,第2440号保管单位;《苏联共产党决议汇编》,第8版,第1卷,1970年,第257页。

列宁在关于不晚于1909年夏季召开全党代表大会的决议草案上签字(这个草案没有被代表会议通过)。

苏共中央马列主义研究院中央党务档案馆,第2号全宗,第1号目录,第2446号保管单位。

列宁同作为俄国社会民主工党第五次(伦敦)代表大会代表的中央委员、代表会议代表共同签署关于中央委员会对杜马党团的决定拥有否决权问题的声明,以反对费·伊·唐恩等人提出的声明。

《列宁文集》俄文版第25卷第30—31页;苏共中央马列主义研究院中央党务档案馆,第2号全宗,第1号目录,第2441号保管单位。

列宁作《有关事实的说明》,强调指出,中央委员会拥有无可争辩的否决权。

《列宁全集》中文第 2 版增订版第 17 卷第 310 页；苏共中央马列主义研究院中央党务档案馆，第 2 号全宗，第 1 号目录，第 2443 号保管单位；第 36 号全宗，第 1 号目录，第 27104 号保管单位，第 168 张。

列宁针对费·伊·唐恩《关于布尔什维克内部达成小组协议》的声明作《有关事实的说明》。

《列宁全集》中文第 2 版增订版第 17 卷第 308 页；苏共中央马列主义研究院中央党务档案馆，第 2 号全宗，第 1 号目录，第 2439 号保管单位。

列宁在声明上注明："有关事实的说明"，这一声明肯定孟什维克参加了中央委员会会议并参加过表决中央委员会关于对社会民主党杜马党团的决定拥有否决权的决议。

苏共中央马列主义研究院中央党务档案馆，第 2 号全宗，第 1 号目录，第 2445 号保管单位。

12 月 27 日—28 日（1909 年 1 月 9 日—10 日）

列宁参加俄国社会民主工党中央全会的工作，全会讨论了关于批准第五次全国代表会议的决议、关于公布代表会议的决议和工作报告、关于中央机关报、关于党中央委员会核心成员等问题。

苏共中央马列主义研究院中央党务档案馆，第 17 号全宗，第 1 号目录，第 697 号保管单位；《苏联共产党决议汇编》，第 8 版，第 1 卷，第 261—264 页。

12 月 29 日（1909 年 1 月 11 日）

列宁收到涅夫勒省的议员路·昂·罗布兰写给巴黎的国立图书馆馆长的介绍信，请求准许弗·伊·乌里扬诺夫在图书馆阅览室看书。

苏共中央马列主义研究院中央党务档案馆，第 2 号全宗，第 1 号目录，第 2448 号保管单位；И.М.塔巴古阿：《弗·伊·列宁在法国》，第比利斯，1970 年，第 18 页；让·弗雷维尔：《列宁在巴黎》，1969 年，第 105—106 页。

列宁在巴黎作关于俄国社会民主工党第五次全国代表会议的报告。

苏联中央国家十月革命和社会主义建设档案馆，警察司全宗，特别处，1909 年，第 5 号案卷，第 83 册，第 19 张。

12 月 30 日（1909 年 1 月 12 日）

列宁给巴黎的国立图书馆馆长写信（用法文），请求准许到图书馆阅览室看书并随信附上涅夫勒省的议员路·昂·罗布兰的介绍信。在列宁的信上注明：乌里扬诺夫，1 月 13 日—6 月 30 日。

《列宁全集》中文第 2 版增订版第 45 卷第 376 页，第 53 卷第 514 页；苏共中央马列主义研究院中央党务档案馆，第 2 号全宗，第 1 号目录，第 2448 号保管单位；И.М.塔巴古阿：《弗·伊·列宁在法国》，第比利斯，1970 年，第 18 页；让·弗雷维尔：《列宁在巴黎》，1969 年，第 105—106、186—187 页。

12 月下半月

列宁同出席第五次全国代表会议的俄国社会民主工党彼得堡组织的代表亚·米·布伊科谈话，询问有关彼得堡宣传和组织工作任务问题，建议接近工人，了解他们的情绪。列宁在谈话中询问有关彼得堡召回派和孟什维克取消派的情况，以及工人对待他们的态度。

《老布尔什维克》文集，第 5 辑，1933 年，第 202 页；亚·米·布伊科：《工人的道路——一个普梯洛夫工厂工人的回忆》，1964 年，第 97—102 页；《弗·伊·列宁为巩固党进行斗争的历程》，1964 年，第 120 页。

列宁同从俄国来的俄国社会民主工党中央委员会俄国局书记达维多夫（亚·巴·哥卢勃科夫）谈话，向他了解有关党在彼得堡的工作、召回派的言论、出席第五次全国代表会议的代表们的情况以及约·费·杜勃洛文斯基被捕的情况等。

《苏共历史问题》杂志,1966年,第11期,第74页;亚·哥卢勃科夫:《在两条战线上》,1933年,第27—28页;《无产阶级革命》杂志,1928年,第9期,第130—131、146页;《弗·伊·列宁为巩固党进行斗争的历程》,1964年,第119—120页。

年底

列宁在巴黎工人小组会议关于创办“独立的工人报纸”问题的决议上作标注:“交中央机关报编辑部并请予以刊载”。列宁对决议作了如下内容的脚注:“在巴黎开过4—5次(不分派别的社会民主党人)**工人**会议。参加人数平均为40人。这个决议以20票全票通过,没有反对票。”

苏共中央马列主义研究院中央党务档案馆,第2号全宗,第1号目录,第2449号保管单位。

1908年或1909年

列宁起草《关于马克思主义的讲演提纲》。

《列宁全集》中文第2版增订版第17卷第312—313页。

1908年以后

列宁从载于1906年《司法部部刊》第4期刊载的E.H.塔尔诺夫斯基《国事犯统计资料》一文中作摘录。列宁在摘录的开头部分说作者是个反动分子。

苏共中央马列主义研究院中央党务档案馆,第2号全宗,第1号目录,第2456号保管单位;《司法部部刊》,1906年4月,第4期,第50—99页。

1908年—1909年

列宁力争将尼·巴·施米特遗赠给俄国社会民主工党布尔什维克派的那笔款项寄到巴黎来。

《他们与伊里奇相见》,1960年,第21—23页;尼·叶·布勒宁:《难忘的年代(回忆录)》,1967年,第262—265页;苏联中央国家十月革命和社会主义建设档案馆,警察司全宗,特别处,1909 年,第 5 号案卷,第 83 册,第 92 张;《我们的伊里奇——莫斯科人忆列宁》,1969 年,第 105—112 页。

* * *

1908 年

警察在巴库、敖德萨、明斯克、辛菲罗波尔、克拉斯诺亚尔斯克、梯弗利斯、卡利瓦里亚市(苏瓦乌基省)、奥列霍沃村(弗拉基米尔省)、别尔季切夫、哈尔科夫、下诺夫哥罗德、波洛茨克(维捷布斯克省)、普斯科夫、坦波夫、图卢普村(伊尔库茨克省)、罗马丹村(喀山省)、尼科利斯克-乌苏里斯克、莫斯科-文达瓦-雷宾斯克铁路梅德韦杰沃站、塞瓦斯托波尔和格罗兹尼进行搜捕时,发现并没收了列宁的小册子《修改工人政党的土地纲领》。

苏联中央国家十月革命和社会主义建设档案馆,警察司全宗,第 7 处,1908 年,第 2 号案卷,第 37 册,第 108 页,第 512、578、817、1318、1349、2414、2461、2471、2507、2729、3000、3048、3129、3625、4441、4466、4988、5178、5245、5727、6195、7182、7231、7516 号案卷。

警察在勒季谢沃(萨拉托夫省)、梯弗利斯、坦波夫、阿卢普卡、雷宾斯克、奥列霍夫市(塔夫利达省)、斯梅拉镇(基辅省)、弗拉基米尔、奥列霍沃村(弗拉基米尔省)、哈尔科夫、明斯克、奥尔杜巴德(埃里温省)、托尔若克、沃利马尔(里夫兰省)、奥尔沙(莫吉廖夫省)、阿尔扎马斯(下诺夫哥罗德省)和基辅进行搜捕时,发现并没收了列宁的小册子《告贫苦农民》。

苏联中央国家十月革命和社会主义建设档案馆,警察司全宗,第 7 处,1908 年,第 54、177、243、512、813、860、1345、2312、2456、2772、2977、3048、3124、3153、4136、4274、4924、5728、6518、6582 号案卷。

警察在莫斯科、萨拉托夫、哈尔科夫、梯弗利斯、克拉斯诺亚尔斯克、卡缅涅茨-波多利斯克、舒亚(弗拉基米尔省)、普斯科夫、利巴瓦、雅罗斯拉夫尔、维捷布斯克、巴拉绍夫(萨拉托夫省)和弗拉基米尔进行搜捕时,发现并没收了列宁的小册子《关于俄国社会民主工党统一代表大会的报告》。

苏联中央国家十月革命和社会主义建设档案馆,警察司全宗,第 7 处,1908 年,第 54、1152、1318、1702、1808、2312、2461、2729、2864、3083、3557、3930、4659、6070、6160、6461、6467、7372 号案卷。

警察在哈尔科夫、海参崴、梯弗利斯、辛菲罗波尔、斯梅拉镇(基辅省)、列季诺村(莫斯科省)、利巴瓦、普斯科夫、乌拉尔斯克、基辅、波利扬卡村和罗马丹(喀山省)、德文斯克、兰科沃镇(科夫诺省)、萨马拉、叶卡捷琳诺斯拉夫、察里津、格罗兹尼、莫斯科和敖德萨进行搜捕时,发现并没收了列宁的小册子《立宪民主党人的胜利和工人政党的任务》。

苏联中央国家十月革命和社会主义建设档案馆,警察司全宗,第 7 处,1908 年,第 817、860、1808、2106、2227、2414、2461、2729、2772、2864、2892、2977、2998、3000、3048、3159、3348、3557、3717、3959、4441、5248、5696、6407、6748、7122、7159、7231、7350、7516、7527 号案卷。

1909 年

年初

列宁同伊·费·波波夫就安排经比利时港口到俄国去的运输路线问题进行谈话。

《历史文献》杂志，1960 年，第 1 期，第 168、170 页；《弗·伊·列宁为巩固党进行斗争的历程》，1964 年，第 142 页。

1 月初—1911 年 12 月 8 日（21 日）

列宁编辑党中央机关报《社会民主党人报》（第 2—25 号）。

列宁在编辑部内同孟什维克尔·马尔托夫和费·伊·唐恩进行斗争；排除他们的阻挠，在报纸上发表旨在保存和巩固党的秘密组织的文章资料。

《列宁全集》俄文第 5 版第 17 卷第 453 页，第 19 卷第 438 页，第 20 卷第 421 页，第 21 卷第 493 页；苏共中央马列主义研究院中央党务档案馆，第 28 号全宗；《社会民主党人报》，巴黎，1909—1911 年，1 月 28 日（2 月 10 日）—12 月 21 日（8 日），第 2—25 号；《回忆弗·伊·列宁》，第 1 卷，1968 年，第 348 页；第 2 卷，1969 年，第 164 页；《反动时期的布尔什维克党（1907—1910 年）》，1968 年，第 118 页。

1 月 5 日（18 日）

列宁给布尔什维克中央总务委员会写收据，说明要寄给社会党国际局的 300 法郎收讫。

苏共中央马列主义研究院中央党务档案馆，第 2 号全宗，第 1 号目录，第 2458 号保管单位。

1月6日(19日)

列宁致函(用法文)在布鲁塞尔的卡·胡斯曼,告知给社会党国际局寄去俄国社会民主工党拖欠该局的1908年会费300法郎;答应采取措施尽快准备好俄国社会民主工党中央委员会提交第二国际斯图加特代表大会的报告的下半部分。

《列宁全集》中文第2版增订版第45卷第211页。

1月7日(20日)

列宁的《社会革命党人怎样总结革命,革命又怎样给社会革命党人作了总结》一文发表在《无产者报》第41号上。

《列宁全集》中文第2版增订版第17卷第314—328页;《无产者报》,巴黎,1909年1月7日(20日),第41号。

在《社会民主党人报》编辑部批准第2号报纸计划的会议上,通过了关于发表列宁的《走上大路》一文的决议。

苏共中央马列主义研究院中央党务档案馆,第28号全宗,第4н号目录,第36333号保管单位。

1月14日(27日)以后

列宁收到卡·胡斯曼1月27日(公历)从布鲁塞尔寄来的信,告知他已将维尔纳皮革工人同盟歇业委员会呼吁书的抄件转寄给比利时中央工会书记贝尔格曼、德国工会总委员会主席兼国际工会书记处书记卡·列金。

《列宁和卡米耶·胡斯曼通信集。1905—1914》,巴黎,1963年,第65—66页。

1月上半月

列宁在巴黎纪念1905年1月9日遇难者大会上发表演说。

苏联中央国家十月革命和社会主义建设档案馆,警察司全宗,1909年,第265号目录,第363号案卷,第90张。

1月22日(2月4日)

列宁在巴黎作题为《论俄国目前的政治形势和土地关系的资本主义发展的两条道路》的报告。

苏联中央国家十月革命和社会主义建设档案馆,警察司全宗,1909年,第265号目录,第368号案卷,第72张;苏共中央马列主义研究院中央党务档案馆,第13号全宗,第1号目录,第128号保管单位;第14号全宗,第1号目录,第133号保管单位。

1月23日(2月5日)

列宁就《唯物主义和经验批判主义》一书的校样问题写信给在莫斯科的安·伊·乌里扬诺娃-叶利扎罗娃(这封信没有找到)。

《列宁全集》中文第2版增订版第53卷第317—318页。

1月24日(2月6日)

列宁给在莫斯科的安·伊·乌里扬诺娃-叶利扎罗娃写信,告知收到《唯物主义和经验批判主义》一书的第一批校样,并寄去勘误表。

《列宁全集》中文第2版增订版第53卷第317—318页。

列宁和玛·伊·乌里扬诺娃一起观看根据列·尼·安德列耶夫的剧本所排的话剧《我们的日子》。

《列宁全集》中文第2版增订版第53卷第318页;苏共中央马列主义研究院中央党务档案馆,第4号全宗,第2号目录,第450号保管单位。

1月24日(2月6日)—4月

列宁审阅从俄国寄来的《唯物主义和经验批判主义》一书的校样,进行补充和修改,并将发现的排印错误通知安·伊·乌里扬诺娃-叶利扎罗娃。

《列宁全集》中文第2版增订版第53卷第317—345页。

1 月,28 日(2 月 10 日)以前

列宁写《俄国的目前形势》报告的要点。俄国社会民主工党巴黎第二协助小组发布的关于报告的海报刊登了这个要点。海报通知说,列宁的报告定于 1909 年 2 月 10 日(公历)在丹东街 8 号科学家协会大厅举行。

《列宁全集》中文第 2 版增订版第 17 卷第 414 页;让·弗雷维尔:《列宁在巴黎》,1969 年,第 164—165 页;《红色文献》杂志,1934 年,第 1 期,第 216 页;《历史文献》杂志,1955 年,第 2 期,第 8 页。

1 月 28 日(2 月 10 日)

列宁在巴黎作题为《俄国的目前形势》的报告。

《红色文献》杂志,1934 年,第 1 期,第 216 页;让·弗雷维尔:《列宁在巴黎》,1969 年,第 164 页;《历史文献》杂志,1955 年,第 2 期,第 8 页。

列宁的《走上大路》一文作为社论发表在《社会民主党人报》第 2 号上。

《列宁全集》中文第 2 版增订版第 17 卷第 329—339 页;《社会民主党人报》,巴黎,1909 年 1 月 28 日(2 月 10 日),第 2 号。

1 月 31 日(2 月 13 日)

彼得堡出版委员会查禁由列宁作序并编辑的卡·马克思《致路·库格曼书信集》(1907 年圣彼得堡版)一书。彼得堡出版委员会在查禁该书的同时,请求彼得堡高等法院检察官追究译者(玛·伊·乌里扬诺娃)和序言作者的法律责任。

《档案学问题》杂志,1965 年,第 1 期,第 75 页。

1 月

列宁同从俄国来的伊·爱伦堡进行谈话,询问青年的情绪、大家爱读哪些作家的书、《知识》文集是否广泛流行以及莫斯科的艺术剧院上演些什么剧目。

《文学报》,1960年4月9日,第43号;C.德列甸:《弗拉基米尔·伊里奇在观众厅》,1967年,第111—113页;让·弗雷维尔:《列宁在巴黎》,1969年,第194—195页。

警察司在保安处暗探中发放有关列宁革命活动的材料,并发出通告说明列宁的外貌特征。

苏共中央马列主义研究院中央党务档案馆,第4号全宗,第3号目录,第36号保管单位。

列宁的"弗拉基米尔·伊林·乌里扬诺夫"这一姓名和"列宁"、"伊林"、"父亲"、"施库尔卡"这些化名同娜·康·克鲁普斯卡娅一起被列入《警察司1909年1月13日第121647号要求查清的人员名单》。

苏联中央国家十月革命和社会主义建设档案馆,警察司全宗,特别处,1909年,第5号案卷,第84册,第34张。

1月—2月

列宁在巴黎布尔什维克小组讲哲学课。

苏联中央国家十月革命和社会主义建设档案馆,警察司全宗,特别处,1909年,第5号案卷,第83册,第61—63、65—67张。

1月—10月

在伊尔库茨克、塞瓦斯托波尔、喀山、弗拉基米尔、彼得堡、德文斯克、敖德萨、普斯科夫、克拉斯诺亚尔斯克、亚历山德罗夫(弗拉基米尔省)、基斯洛沃茨克、基什尼奥夫和普罗斯库罗夫(波多利斯克省)进行搜查时,发现并没收了列宁的小册子《关于俄国社会民主工党统一代表大会的报告(给彼得堡工人的信)》。

苏联中央国家十月革命和社会主义建设档案馆,警察司全宗,第7处,1909年,第2号案卷,第16册;第577、962、1338、1411、1577、1593、1828、1839、2848、3618、3688、3773号案卷。

1月—11月

在科斯特罗马、索利维切戈茨克(沃洛格达省)、敖德萨、阿尔汉格尔斯克、萨马拉、扎赖斯克(梁赞省)、基斯洛沃茨克和特罗伊茨科萨夫斯克(外贝加尔州)进行搜查时,发现并没收了1906年在莫斯科出版的列宁的小册子《杜马的解散和无产阶级的任务》。

苏联中央国家十月革命和社会主义建设档案馆,警察司全宗,第7处,1909年,第767、1839、2203、2841、3080、3573、3618、4476号案卷。

在沃兹涅先斯克矿区(叶卡捷琳诺斯拉夫省)、塞瓦斯托波尔、萨马拉、伊万诺沃-沃兹涅先斯克、赤塔、伊尔库茨克、切尔尼戈夫、基斯洛沃茨克和彼得堡进行搜查时,发现并没收了列宁的小册子《农村需要什么(告贫苦农民)》。

苏联中央国家十月革命和社会主义建设档案馆,警察司全宗,第7处,1909年,第486、577、800、810、2524、2789、2841、2945、3333、3618、3773、4445号案卷。

2月1日(14日)

列宁在《无产者报》编辑部会议上要求公开反对阿·瓦·卢那察尔斯基所鼓吹的造神说。反对造神说的题为《不同路》的编辑部文章发表在2月12日(25日)《无产者报》第42号上。

《无产者报》,巴黎,1909年2月12日(25日),第42号;《〈无产者报〉扩大编辑部会议记录》,1934年,第190—193页。

2月2日(15日)

列宁给在莫斯科的安·伊·乌里扬诺娃-叶利扎罗娃拍电报,询问玛丽亚·亚历山德罗夫娜的健康情况(电报没有找到)。

《列宁全集》中文第2版增订版第53卷第318—319页。

2月3日或4日(16日或17日)

列宁给在莫斯科的安·伊·乌里扬诺娃-叶利扎罗娃写信,告知前一天给她拍了一封电报并收到有关玛丽亚·亚历山德罗夫娜健康情况的回信,请弟弟德·伊·乌里扬诺夫经常写信告知母亲的健康情况,谈到玛·伊·乌里扬诺娃打算去莫斯科,请她花钱请一位同意校对《唯物主义和经验批判主义》一书的大学生。

《列宁全集》中文第2版增订版第53卷第318—319页。

2月4日或5日(17日或18日)

列宁给在莫斯科的安·伊·乌里扬诺娃-叶利扎罗娃写信,寄去他对收到的《唯物主义和经验批判主义》一书校样的更正,要她注意漏掉的27页稿子,恳求务必留心,以防止印刷时漏掉,建议花钱请一个懂得多种语言的人进行校对工作,请求把印好的校样立即给他寄去。

《列宁全集》中文第2版增订版第53卷第318—324页。

2月5日(18日)

列宁说服玛·伊·乌里扬诺娃在收到莫斯科来信之前不要离开巴黎。

《列宁全集》中文第2版增订版第53卷第318—319页;《乌里扬诺夫家书集》,1969年,第191页。

列宁给布尔什维中央总务委员会写收到600法郎的收据。

苏共中央马列主义研究院中央党务档案馆,第2号全宗,第1号目录,第2463号保管单位。

2月8日(21日)

由于党内的分歧,列宁同恩·马克西莫夫(亚·亚·波格丹诺夫)断绝私人关系。

苏共中央马列主义研究院中央党务档案馆,第377号全宗,第14号目录,第44676号保管单位;苏联中央国家十月革命和社会主义建设档案馆,警察司全宗,特别处,1909年,第5号案卷,第83册,第90—93张。

2 月 10 日(23 日)

列宁给在莫斯科的安·伊·乌里扬诺娃-叶利扎罗娃写信,告知收到她的来信和玛丽亚·亚历山德罗夫娜的附言;说玛·伊·乌里扬诺娃和马·季·叶利扎罗夫参加了春季狂欢节;告知收到第 8 和第 9 印张的校样,说这两个印张的校样印得很好;请求寄校样时把邮包捆得好一些,并寄去勘误表。

《列宁全集》中文第 2 版增订版第 53 卷第 324—327 页。

2 月 12 日(25 日)以前

列宁读孟什维克取消派报纸《社会民主党人呼声报》(1908 年 11—12 月,第 10—11 号)。这份报纸的版样上抽掉了关于格·瓦·普列汉诺夫退出报纸编辑部的声明,目录中提到这个声明的地方用纸贴上了。列宁在编后记《关于〈论迫切问题〉一文》中,对机会主义分子所特有的这种"用纸贴上"原则分歧的手法给予尖锐的批判。

《列宁全集》中文第 2 版增订版第 17 卷第 341—343 页。

列宁同受托在国外为罢工的维尔纳皮革工人进行募捐的立陶宛社会民主党人马尔采利(普·温·埃杜凯维奇乌斯)谈话。由于国际工会书记处书记卡·列金对马尔采利不信任,马尔采利请求列宁证实他是受社会党国际局委托的。

《列宁全集》中文第 2 版增订版第 45 卷第 212、482 页;《列宁传》,第 4 版,1970 年,第 194 页。

2 月 12 日(25 日)

列宁的文章《关于〈论迫切问题〉一文》作为编后记发表在《无产者报》第 42 号上。

《列宁全集》中文第 2 版增订版第 17 卷第 340—343 页;《无产

者报》，巴黎，1909 年 2 月 12 日(25 日)，第 42 号。

列宁给在布鲁塞尔的社会党国际局书记卡·胡斯曼写信(用德文)，证明马尔采利(普·温·埃杜凯维奇乌斯)受托在国外为罢工的维尔纳皮革工人进行募捐，并请求以社会党国际局名义通知国际工会书记处书记卡·列金，按马尔采利指定的地址寄出为罢工者募集的钱款。

《列宁全集》中文第 2 版增订版第 45 卷第 212 页。

2 月 13 日(26 日)

列宁从巴黎去尼斯休养。马·季·叶利扎罗夫去车站送行。

《乌里扬诺夫家书集》，1969 年，第 192 页。

2 月 13 日和 23 日(26 日和 3 月 8 日)之间

列宁在尼斯休养，期间会见了当地的社会党支部书记然·努韦利。

《列宁全集》中文第 2 版增订版第 53 卷第 328 页；让·弗雷维尔：《列宁在巴黎》，1969 年，第 95—97 页；И.М.塔巴古阿：《弗·伊·列宁在法国》，第比利斯，1970 年，第 14 页；《回忆弗·伊·列宁》，第 1 卷，1968 年，第 348 页。

列宁从尼斯给在莫斯科的安·伊·乌里扬诺娃-叶利扎罗娃寄明信片，请求在校样上把印错的亚·亚·波格丹诺夫的书名更正过来(是《经验一元论》，不是《经验批判主义》)，如果来不及改正，一定要在勘误表上特别注明(这张明信片没有找到)。

《列宁全集》中文第 2 版增订版第 53 卷第 329 页。

2 月 17 日(3 月 2 日)

列宁给在莫斯科的安·伊·乌里扬诺娃-叶利扎罗娃写信，谈到自己在尼斯休养的情况，感谢德·伊·乌里扬诺夫报告母亲身体好转的消息，高度评价《唯物主义和经验批判主义》一书校样的质量。

《列宁全集》中文第 2 版增订版第 53 卷第 328 页。

2 月 18 日(3 月 3 日)以后

列宁收到卡·胡斯曼的来信,信中请求寄去俄国社会民主工党中央委员会提交斯图加特代表大会的报告的结尾部分,以便做好准备刊印第二国际斯图加特代表大会工作报告。胡斯曼在信中还告知,给卡·列金转去了列宁的信和列宁写的给维尔纳罢工的皮革工人寄款的地址。

《列宁和卡米耶·胡斯曼通信集。1905—1914》,巴黎,1963 年,第 67 页。

2 月 23 日(3 月 8 日)晚

列宁从尼斯返回巴黎。

《列宁全集》中文第 2 版增订版第 53 卷第 328—329 页。

2 月 24 日(3 月 9 日)

列宁致函在布鲁塞尔的卡·胡斯曼,感谢他把关于为维尔纳罢工的皮革工人募捐问题的信转寄给了卡·列金,说俄国社会民主工党中央委员会提交第二国际斯图加特代表大会的报告已经完成,正在译成法文。

《列宁全集》中文第 2 版增订版第 45 卷第 213 页。

列宁给在莫斯科的安·伊·乌里扬诺娃-叶利扎罗娃写信,说他已从尼斯返回巴黎;信中附上《唯物主义和经验批判主义》一书第 10、11 印张的勘误表;对迟迟没有寄来校样表示不安;请求尽快出书,哪怕在 3 月 15 日(28 日)以前出版也好;提出在斥责亚·亚·波格丹诺夫和阿·瓦·卢那察尔斯基的地方,提法不要缓和;告知已同他们决裂;对母亲恢复健康表示高兴;感谢伊·伊·斯克沃尔佐夫-斯捷潘诺夫的帮助，并请求以他本人的名义赠给他一本《唯物主义和经验批判主义》。

《列宁全集》中文第2版增订版第53卷第329—330页。

2月27日(3月12日)

列宁给在莫斯科的安·伊·乌里扬诺娃-叶利扎罗娃写信，告知收到《唯物主义和经验批判主义》一书的部分校样，请求无论如何要尽快出书，寄去没有改过来的勘误表，再一次请求不要缓和书中斥责亚·亚·波格丹诺夫和阿·瓦·卢那察尔斯基的提法。

《列宁全集》中文第2版增订版第53卷第331—334页。

2月—12月

在别索诺沃村(莫斯科省)、卢茨克(沃伦省)、敖德萨、萨马拉、亚历山德罗夫(弗拉基米尔省)、梯弗利斯、基斯洛沃茨克、里加、彼得堡和哈尔科夫进行搜查时，发现了1906年在彼得堡出版的列宁的小册子《立宪民主党人的胜利和工人政党的任务》。

苏联中央国家十月革命和社会主义建设档案馆，警察司全宗，第7处，1909年，第904、1600、1839、2841、2848、3390、3618、3671、4445、4528号案卷。

3月3日(15日)以前

列宁出席党的中央机关报——《社会民主党人报》编辑部会议，发言反对发表尔·马尔托夫从孟什维克取消派立场出发所写的《争取什么?》一文。编辑部通过决议，让列宁撰文答复马尔托夫在该报第3号上的文章。列宁的《无产阶级在我国革命中的斗争目标》一文就是对这篇文章的答复。报纸对马尔托夫的文章加了编者按："列宁同志针对尔·马尔托夫同志在这篇文章中提出的问题撰文作了答复，编辑部赞同列宁同志这篇文章的实质。"

《列宁全集》中文第 2 版增订版第 17 卷第 344—363 页；苏共中央马列主义研究院中央党务档案馆，第 163 号全宗，第 1 号目录，第 292 号保管单位，第 1—2 张、第 7 张背面；《社会民主党人报》，1909 年 3 月 9 日(22 日)，第 3 号；3 月 21 日(4 月 3 日)，第 4 号；《苏共历史问题》杂志，1960 年，第 5 期，第 174 页。

3 月 3 日(15 日)

在《社会民主党人报》编辑部会议上讨论了列宁的《无产阶级在我国革命中的斗争目标》一文。

《苏共历史问题》杂志，1960 年，第 5 期，第 174 页；苏共中央马列主义研究院中央党务档案馆，第 163 号全宗，第 1 号目录，第 292 号保管单位，第 7 张背面。

3 月 5 日(18 日)

列宁在巴黎侨民集会上发表关于巴黎公社的演说。

《苦役与流放》杂志，1924 年，第 3 期，第 26 页；苏共中央马列主义研究院中央党务档案馆，第 14 号全宗，第 1 号目录，第 127 号保管单位，第 34 张；第 133 号保管单位，第 7、8 张；苏联中央国家十月革命和社会主义建设档案馆，警察司全宗，1909 年，第 265 号目录，第 375 号案卷，第 11 张；《他们与伊里奇相见》，1960 年，第 26 页；《回忆弗·伊·列宁》，1963 年，第 106 页；让·弗雷维尔：《列宁在巴黎》，1969 年，第 98 页。

3 月 7 日(20 日)以后

列宁收到安·伊·乌里扬诺娃-叶利扎罗娃从莫斯科寄来的信，信中说《唯物主义和经验批判主义》一书的印刷工作在苏沃林印刷厂耽搁了；谈到她为尽快出书所采取的措施；说她按照弗拉基米尔·伊里奇的指示，在原文中作了某些更正；说玛丽亚·亚历山德罗夫娜的身体已好转。安娜·伊里尼奇娜还随信寄来 2 个印张的校样，并按照弗拉基米尔·伊里奇的要求寄回对该书第四章的补充。她说这处补充只能放在书的最后，因为第四章已经付印。

《乌里扬诺夫家书集》，1969 年，第 194—195 页。

3月8日(21日)

列宁给在莫斯科的安·伊·乌里扬诺娃-叶利扎罗娃寄去对《唯物主义和经验批判主义》一书手稿第630页的更正(更正内容没有保存下来)。

《列宁全集》中文第2版增订版第53卷第334页。

3月8日—9日(21日—22日)

列宁给在莫斯科的安·伊·乌里扬诺娃-叶利扎罗娃写信,告知法国发生邮电工人罢工,不能正常收到《唯物主义和经验批判主义》一书的校样,寄去书的第1—5印张的勘误表。

《列宁全集》中文第2版增订版第53卷第334—335页。

3月9日和21日(3月22日和4月3日)

列宁的《无产阶级在我国革命中的斗争目标》一文发表在《社会民主党人报》第3号和第4号上。

《列宁全集》中文第2版增订版第17卷第344—363页;《社会民主党人报》,巴黎,1909年3月9日(22日),第3号,3月21日(4月3日),第4号。

3月,10日(23日)以前

列宁在巴黎举行的关于当前时局和俄国社会民主工党的策略讨论会上发言。

苏共中央马列主义研究院中央党务档案馆,第14号全宗,第1号目录,第133号保管单位;苏联中央国家十月革命和社会主义建设档案馆,警察司全宗,1909年,第265号目录,第376号案卷,第5—6张。

3月10日或11日(23日或24日)

列宁给在莫斯科的安·伊·乌里扬诺娃-叶利扎罗娃写信,告知寄去第四章第1节的补充《尼·加·车尔尼雪夫斯基是从哪一边批判康德主义的?》,认为"把车尔尼雪夫斯基同马赫主义者对照一下是极为重要的”；告知巴黎邮政工人罢工已经结束；为母亲痊愈而感到高兴；问是否有马·季·叶利扎罗夫的消息；告知已经看完《唯物主义和经验批判主义》一书部分印张的校样。

《列宁全集》中文第 2 版增订版第 18 卷第 376—379 页，第 53 卷第 336—337 页。

3 月 11 日(24 日)

列宁写信给安·伊·乌里扬诺娃-叶利扎罗娃(这封信没有找到)。

《乌里扬诺夫家书集》，1969 年，第 196 页。

3 月 13 日(26 日)

列宁给在莫斯科的安·伊·乌里扬诺娃-叶利扎罗娃写信，告知已收到《唯物主义和经验批判主义》一书的第 15—18 印张的版样和第 1—9 印张及第 13 印张的清样，寄去第 15—18 印张的勘误表；询问什么时候出书。

《列宁全集》中文第 2 版增订版第 53 卷第 338 页。

不早于 3 月 19 日(4 月 1 日)—不晚于 4 月 8 日(21 日)

列宁对罗·卢森堡反对召回派和最后通牒派的文章进行文字修改，并指示将修改处同作者商量。罗·卢森堡的题为《革命醉后昏》的文章发表在《无产者报》第 44 号上。

苏共中央马列主义研究院中央党务档案馆，第 377 号全宗，第 7 号目录，第 35848 号保管单位，第 12 号目录，第 36603 号保管单位；《无产者报》，巴黎，1909 年 4 月 8 日(21 日)，第 44 号。

3 月 19 日(4 月 1 日)以后

列宁收到安·伊·乌里扬诺娃-叶利扎罗娃从莫斯科寄来的信，信中告知寄出了《唯物主义和经验批判主义》一书的 2 个印张校样和第9—18印张的清样;说出书的事一再拖延;说自己打算同玛·亚·乌里扬诺娃一起去克里木,马·季·叶利扎罗夫很快要从塞兹兰回来,并说德·伊·乌里扬诺夫可能去萨拉托夫找工作。

《乌里扬诺夫家书集》,1969年,第197—198页。

3月20日(4月2日)以后

列宁收到莫斯科来信,信中告知格拉纳特出版社不能承印他的书,因为出版社"发行"部门不善于销售廉价图书。显然,这里指的是《19世纪末俄国的土地问题》一书。

苏共中央马列主义研究院中央党务档案馆,第2号全宗,第5号目录,第261号保管单位。

不早于3月23日(4月5日)

列宁代表俄国社会民主工党中央委员会致德国社会民主工党执行委员会,抗议1909年4月3日(公历)《前进报》第79号登载的《俄国社会民主党内的组织问题》一文,该文歪曲了俄国社会民主党人中间所发生的分歧的实质。

《列宁全集》中文第2版增订版第17卷第364—366页;苏共中央马列主义研究院中央党务档案馆,第2号全宗,第1号目录,第2471号保管单位。

不早于3月下半月

列宁阅读载于1909年《在分界线上》文集中的阿·莫·德波林的《辩证唯物主义》一文,并在文中作记号和评注。

《列宁全集》中文第2版增订版第55卷第516—522页;《在分界线上(现代探索述评)》文集,圣彼得堡,我们的时代出版社,1909年,第38—75页;《图书年鉴》,1909年,第11期,第12页。

3月23日(4月5日)

列宁给在莫斯科的安·伊·乌里扬诺娃-叶利扎罗娃写信,告知收到《唯物主义和经验批判主义》一书第14—20印张的版样,寄去第14印张的勘误表,请求把谈到物理学家弗·伊·维尔纳茨基的地方更正过来或对错印作特别说明,用“思想家和自然科学家”替换“思想家和唯物主义者”几个字;希望安娜·伊里尼奇娜和玛丽亚·亚历山德罗夫娜尽快去克里木。

《列宁全集》中文第2版增订版第53卷第339—340页。

3月24日(4月6日)

列宁给安·伊·乌里扬诺娃-叶利扎罗娃写信,告知收到《唯物主义和经验批判主义》一书的第10—12印张的清样,寄去第10—12和第21印张的勘误表;请求通过里昂信贷银行将钱汇给巴黎奥尔良林荫路19号里昂信贷银行办事处Z乌里扬诺夫先生名下;希望她们在克里木好好休养。

《列宁全集》中文第2版增订版第53卷第341—342页。

3月26日(4月8日)

列宁给安·伊·乌里扬诺娃-叶利扎罗娃写信,请求采取一切措施尽快出版《唯物主义和经验批判主义》一书。列宁写道:“我这样要急于出书,因为这不仅是一项写作任务,而且还是一项重要的政治义务。”

《列宁全集》中文第2版增订版第53卷第343—344页。

3月,29日(4月11日)以前

列宁就莫斯科委员会对“党校”问题的《公开信》所作的答复,写信给俄国社会民主工党莫斯科委员会,他在信中写道:“由于这所未来的学校同鼓吹‘造神说’……的人士有着明显的、异常密切的联系,《无产者报》编辑部认为有义务作出声明:它既不能保证这所学校是布尔什维主义性质的,也不能保证它是一般马克思主义性质的。”列宁在信中引用了《无产者报》第42号《走的不是一条路》一文中对“造神说”及“与之有关的其他歪曲马克思主义的说法”所作的公开批驳。

《列宁全集》中文第2版增订版第45卷第214—215页;《无产者报》,巴黎,1909年2月12日(25日),第42号。

不早于3月

列宁在阿-娃娅《现在需要什么?》一文中作批注,该文刊载于社会革命党人国外组织的机关刊物《国外组织地区委员会通报》(1909年3月第10号)。

《列宁文集》俄文版第25卷第186—193页;苏共中央马列主义研究院中央党务档案馆,第2号全宗,第1号目录,第2476号保管单位;《克里姆林宫的弗·伊·列宁藏书》,1961年,第556页。

3月底

列宁在巴黎举行的关于党对社会民主党杜马党团态度的讨论会上发言,批判召回派的立场,并全面阐明利用国家杜马讲坛作革命宣传和鼓动的策略。列宁在发言中对失业者伊万(德·扎·曼努伊尔斯基)的发言作分析批判。曼努伊尔斯基根据列宁的建议写了《论召回主义》一文,该文登载在1909年4月4日(17日)《无产者报》第44号上。

《无产者报》,第44号附刊,巴黎,1909年4月4日(17日);《苏共历史问题》杂志,1961年,第1期,第162页。

4月,2日(15日)以后

列宁收到安·伊·乌里扬诺娃-叶利扎罗娃1909年4月2日(15日)从莫斯科寄来的信,她在信中讲了自己同出版方关于加快出版《唯物主义和经验批判主义》一书谈判的情况，谈到拟勘误表的情况，向列宁要第 13 印张校样的勘误表。

《乌里扬诺夫家书集》，1969 年，第 199 页。

4 月 4 日（17 日）

列宁的《面目全非的布尔什维主义》一文发表在《无产者报》第 44 号附刊上。

《列宁全集》中文第 2 版增订版第 17 卷第 367—379 页；《无产者报》，第 44 号附刊，巴黎，1909 年 4 月 4 日（17 日）。

4 月 8 日（21 日）

列宁的《资产阶级的"向左转"和无产阶级的任务》一文发表在《无产者报》第 44 号上。

《列宁全集》中文第 2 版增订版第 17 卷第 380—387 页；《无产者报》，巴黎，1909 年 4 月 8 日（21 日），第 44 号。

莫斯科地方法院决定终止对出版列宁小册子《社会民主党在民主革命中的两种策略》（1905 年莫斯科版）一案的侦查，指出，作为被告人而受到侦查的弗・伊・乌里扬诺夫"由于无法找到而未被传讯。"

苏共中央马列主义研究院中央党务档案馆，第 4 号全宗，第 3 号目录，第 30 号保管单位，第 58 张。

4 月 10 日（23 日）以前

列宁致函在俄国的林多夫（加・达・莱特伊仁）和奥尔洛夫斯基（瓦・瓦・沃罗夫斯基），建议他们来巴黎参加《无产者报》扩大编辑部会议（这封信没有找到）。

《列宁全集》中文第 2 版增订版第 45 卷第 216 页。

4 月 10 日（23 日）

列宁致函在达沃斯（瑞士）的约・费・杜勃洛文斯基，说米・

尼·波克罗夫斯基已到巴黎;列宁尖锐批评杜勃洛文斯基对召回派表示同情;对没有收到在俄国的加·达·莱特伊仁和瓦·瓦·沃罗夫斯基关于他们是否前来参加《无产者报》扩大编辑部会议的回信表示遗憾;谈到弗拉索夫(阿·伊·李可夫)的调和主义的立场;强调指出杜勃洛文斯基和柳比奇(伊·阿·萨美尔)直接通信的重要性。

《列宁全集》中文第2版增订版第45卷第216—219页。

4月10日和21日(23日和5月4日)之间

列宁收到加·达·莱特伊仁从俄国寄来的信,信中说他同意来巴黎参加《无产者报》扩大编辑部会议。

《列宁全集》中文第2版增订版第45卷第216、219页。

4月,10日(23日)以后

列宁收到安·伊·乌里扬诺娃-叶利扎罗娃1909年4月10日(23日)在从莫斯科去克里木的路上写的信。乌里扬诺娃-叶利扎罗娃谈了玛·亚·乌里扬诺娃的健康情况,《唯物主义和经验批判主义》一书的出版收尾情况,说把校对工作和余下三四个印张的并样工作交给了列·谢·佩列斯,把作者终校交给了伊·伊·斯克沃尔佐夫-斯捷潘诺夫。

《乌里扬诺夫家书集》,1969年,第200—201页。

列宁收到玛·亚·乌里扬诺娃4月10日(23日)在从莫斯科去克里木的路上写的信,她向列宁祝贺生日,回忆他们1902年夏天一起在法国北部洛居维村度过的日子。

《乌里扬诺夫家书集》,1969年,第201—202页。

4月,不晚于12日(25日)

布尔什维克中央成员马克西莫夫(亚·亚·波格丹诺夫)、马拉(维·列·尚采尔)、多莫夫(米·尼·波克罗夫斯基)写信给《无产者报》编辑部,建议最近召集在巴黎的布尔什维克中央的成员开会。列宁签署《无产者报》编辑部给他们的回信,信中指出布尔什维克中央某些成员(波格丹诺夫等人)进行分裂活动;说已采取措施召集有布尔什维克中央全体成员,包括在俄国的成员参加的《无产者报》扩大编辑部会议。

《列宁全集》中文第2版增订版第45卷第354—355页;苏共中央马列主义研究院中央党务档案馆,第2号全宗,第1号目录,第2478号保管单位,第5、7张;第377号全宗,第9号目录,第25630号保管单位,第1张。

4月,不早于13日(26日)

列宁收到维·列·尚采尔的几封来信,信中告知4月25日(公历)收到列宁等人署名的《无产者报》编辑部的信。

《列宁全集》中文第2版增订版第45卷第354—355页;苏共中央马列主义研究院中央党务档案馆,第2号全宗,第1号目录,第2478号保管单位,第5、6张。

列宁收到维·列·尚采尔、亚·亚·波格丹诺夫、米·尼·波克罗夫斯基的来信,他们在信中告知收到列宁等人署名的《无产者报》编辑部的信,并表示他们不同意信中所阐述的观点。

《列宁全集》中文第2版增订版第45卷第354—355页;苏共中央马列主义研究院中央党务档案馆,第2号全宗,第1号目录,第2478号保管单位,第7张。

4月14日(27日)

列宁写信给在阿卢普卡(克里木)的玛·亚·乌里扬诺娃,说玛·伊·乌里扬诺娃正在准备索邦(巴黎)的语言学习班的考试,谈到同她在巴黎郊区游玩的情况(这封信没有找到)。

《列宁全集》俄文第5版第55卷第461页;《乌里扬诺夫家书集》,1969年,第202—203页。

国外暗探科科长在从巴黎寄给警察司司长的报告中说，由列宁召集的、有召回派参加的布尔什维克中央全会(《无产者报》扩大编辑部会议)即将开会，并列出布尔什维克中央的组成人员。

苏联中央国家十月革命和社会主义建设档案馆，警察司全宗，特别处，1909 年，第 5 号案卷，第 84 册，第 69 张。

彼得堡法院作出判决，销毁 1906 年 7 月 2 日和 5 日《回声报》第 10 号和第 12 号。这两号报纸发表了列宁的《军队和人民》和《大胆的攻击和胆怯的防御》两篇文章。

《列宁全集》中文第 2 版增订版第 13 卷第 280—282、291—295 页；《档案学问题》杂志，1965 年，第 1 期，第 67、76 页。

4 月，14 日(27 日)以后

列宁收到亚·亚·波格丹诺夫、维·列·尚采尔和米·尼·波克罗夫斯基 1909 年 4 月 27 日(公历)给《无产者报》编辑部的信，告知他们收到列宁等人署名的《无产者报》编辑部的信，并表示不赞同这封信的观点。

苏共中央马列主义研究院中央党务档案馆，第 2 号全宗，第 1 号目录，第 2478 号保管单位，第 2 张—第 4 张背面。

4 月 14 日和 5 月 13 日(4 月 27 日和 5 月 26 日)之间

列宁写《论工人政党对宗教的态度》一文。

《列宁全集》中文第 2 版增订版第 17 卷第 388—401 页；《无产者报》，巴黎，1909 年 5 月 13 日(26 日)，第 45 号；《第三届国家杜马速记记录》。1909 年。第 2 次常会》第 3 册，圣彼得堡，1909 年，第 2074 栏。

4 月 16 日(29 日)

列宁收到约·费·杜勃洛文斯基从达沃斯寄来的信，信中说为了省钱他打算从疗养院搬到旅馆去。

《列宁全集》中文第 2 版增订版第 45 卷第 220、221—222 页。

列宁复函在达沃斯的约·费·杜勃洛文斯基，告知乌拉尔领导组织被破坏，舒尔（尼·阿·斯克雷普尼克）可能被捕；谈到在《无产者报》扩大编辑部会议前夕由于亚·亚·波格丹诺夫为首的召回派集团的行为而造成的困难局面；坚决主张杜勃洛文斯基在疗养院作认真的治疗；请求寄来斯·沃尔斯基的《斗争哲学》一书。

《列宁全集》中文第2版增订版第45卷第220页。

4月，不早于16日（29日）—不晚于21日（5月4日）

列宁收到约·费·杜勃洛文斯基从达沃斯寄来的信，信中说他打算提前离开疗养院回巴黎，直接参加筹备《无产者报》扩大编辑部会议。

《列宁全集》中文第2版增订版第45卷第220、221—222页。

4月17日（30日）

列宁收到卡·胡斯曼1909年4月30日（公历）从布鲁塞尔发来的电报，告知由于俄国军队开近大不里士，波斯社会民主党委员会请求电告杜马党团，以阻止俄国干涉波斯的立宪运动。

《列宁和卡米耶·胡斯曼通信集。1905—1914》，巴黎，1963年，第68页。

4月，不晚于18日（5月1日）

环节出版社在莫斯科苏沃林印刷厂印完列宁的《唯物主义和经验批判主义》一书。

《列宁全集》中文第2版增订版第45卷第223—224页；弗·伊·列宁：《唯物主义和经验批判主义（对一种反动哲学的批判）》，莫斯科，环节出版社，1909年，III，438页，书名前署名：弗·伊林；苏共中央马列主义研究院中央党务档案馆，第2号全宗，第5号目录，第263号保管单位；《无产阶级革命》杂志，1930年，第2—3页，第234页。

4月21日(5月4日)

列宁在布尔什维克俱乐部讨论亚历山德罗夫(尼·亚·谢马什柯)关于土地问题的报告时发言。

苏共中央马列主义研究院中央党务档案馆,第14号全宗,第1号目录,第133号保管单位,第15、16张;第377号全宗,第ly号目录,第36396号保管单位,第1、2张;《回忆弗·伊·列宁》,第4册,1925年,第87—88页。

列宁收到列·谢·佩列斯1909年4月18日(5月1日)从莫斯科寄来的信,信中告知《唯物主义和经验批判主义》一书印刷完毕,并将很快发售,说有一半勘误表出版社不愿意付排,不得不对其作出让步;答应在4月25—26日(5月8—9日)之前把作者赠书寄到巴黎。

《列宁全集》中文第2版增订版第45卷第223—224页;苏共中央马列主义研究院中央党务档案馆,第2号全宗,第5号目录,第263号保管单位。

列宁复函在达沃斯的约·费·杜勃洛文斯基,谈有关筹备《无产者报》扩大编辑部会议的问题、同米·尼·波克罗夫斯基的相互关系、加·达·莱特伊仁同意参加布尔什维克中央全会以及瓦·瓦·沃罗夫斯基和阿·伊·李可夫尚未回信告知他们能否参加全会。

《列宁全集》中文第2版增订版第45卷第221—223页。

4月22日(5月5日)

列宁致函在达沃斯的约·费·杜勃洛文斯基,说布尔什维克中央的两名成员维·列·尚采尔和阿·伊·李可夫于1909年4月21日(5月4日)来到巴黎参加《无产者报》扩大编辑部会议;告知4月22日(5月5日)举行了俄国社会民主工党巴黎协助小组会议,日内瓦小组脱离了布尔什维克中央;尽力劝说杜勃洛文斯基继续在疗养院治疗。

《列宁全集》中文第 2 版增订版第 45 卷第 223—224 页。

警察在敖德萨进行搜查时，发现并没收了列宁的小册子《彼得堡的选举和 31 个孟什维克的伪善行为》、《马尔托夫和切列万宁在资产阶级报刊上的言论》、《社会民主党和杜马选举》等。

苏联中央国家十月革命和社会主义建设档案馆，警察司全宗，第 7 处，1909 年，第 1839 号案卷。

4 月 24 日（5 月 7 日）

列宁给布尔什维克中央总务委员会写收到 250 法郎的收据。

苏共中央马列主义研究院中央党务档案馆，第 2 号全宗，第 1 号目录，第 2482 号保管单位。

4 月，不早于 25 日（5 月 8 日）

列宁送给妹妹玛·伊·乌里扬诺娃一本《唯物主义和经验批判主义》，书上题词："惠赠亲爱的玛尼亚莎"。

《列宁全集》中文第 2 版增订版第 45 卷第 222 页；苏共中央马列主义研究院中央党务档案馆，第 2 号全宗，第 1 号目录，第 24909 号保管单位，第 1 张；第 5 号目录，第 263 号保管单位；《克里姆林宫的弗·伊·列宁藏书》，1961 年，第 82 页。

4 月 25 日（5 月 8 日）以后—5 月 8 日（21 日）以前

列宁收到玛·亚·乌里扬诺娃 1909 年 4 月 25 日（5 月 8 日）从阿卢普卡寄来的信，信中说收到列宁 4 月 14 日（27 日）的来信，谈了她对克里木的印象以及在阿卢普卡安顿的情况，对在巴黎准备考试的玛·伊·乌里扬诺娃的健康表示耽心，说希望夏末来巴黎和列宁见面。

《列宁全集》中文第 2 版增订版第 53 卷第 344—345 页；《乌里扬诺夫家书集》，1969 年，第 202—203 页。

4月25日(5月8日)以后—6月8日(21日)以前

列宁把生病的布尔什维克弗·米·舒利亚季科夫安排在巴黎近郊的疗养院,他是作为莫斯科地区的代表前来巴黎出席《无产者报》扩大编辑部会议的。

亚·巴·哥卢勃科夫:《在两条战线上》,1933年,第75—76页;《〈无产者报〉扩大编辑部会议记录》,1934年,第3、6页。

4月29日和5月9日(5月12日和5月22日)之间

在莫斯科环节出版社出版的列宁的《唯物主义和经验批判主义》一书被收入《图书年鉴》。

《图书年鉴》,1909年5月12日,第19期,第5页。

4月—5月

列宁打算写文章批判列·达·托洛茨基的观点,并打算把文章刊登在波兰《社会民主党评论》杂志上。

苏共中央马列主义研究院中央党务档案馆,第163号全宗,第1号目录,第292号保管单位,第15张;第294号保管单位,第8—10张;第377号全宗,第10号目录,第36210号保管单位,第5张;第14号目录,第35847号保管单位。

4月—6月8日(21日)以前

列宁主持筹备召开《无产者报》扩大编辑部会议的工作。

《列宁全集》中文第2版增订版第19卷第1页,第47卷第173—180页;苏联中央国家十月革命和社会主义建设档案馆,警察司全宗,特别处,1909年,第5号案卷,第84册,第69张;第186号案卷,第42—44张。

4月—10月

警察在敖德萨、萨拉托夫、亚历山德罗夫、基斯洛沃茨克和外贝加尔铁路希洛克站进行搜查时,发现并没收了列宁的小册子《社会民主党和选举协议》。

ВЛ. ИЛЬИНЪ.

МАТЕРІАЛИЗМЪ И ЭМПИРІОКРИТИЦИЗМЪ

критическія замѣтки объ одной реакціонной философіи.

ИЗДАНІЕ „ЗВЕНО"
МОСКВА
1909

1909年列宁《唯物主义和经验批判主义》一书第1版封面

苏联中央国家十月革命和社会主义建设档案馆，警察司全宗，第 7 处，1909 年，第 1839、1986、2848、3618 号案卷，1910 年，第 363 号案卷。

5 月 4 日(17 日)

列宁将《唯物主义和经验批判主义》一书寄往柏林，赠给罗·卢森堡。

《列宁全集》中文第 2 版增订版第 45 卷第 224 页；苏共中央马列主义研究院中央党务档案馆，第 377 号全宗，第 10 号目录，第 36210 号保管单位，第 5 张。

5 月 5 日(18 日)

列宁致函在柏林的罗·卢森堡，告知给她挂号寄去一本《唯物主义和经验批判主义》，作为“关于马赫”的谈话的纪念；请求把这本书列入《新时代》杂志的《编辑部收到的出版物目录》；对罗·卢森堡的《革命醉后昏》一文给予好评。

《列宁全集》中文第 2 版增订版第 45 卷第 224—225 页。

5 月 8 日(21 日)

列宁在《无产者报》编辑部专门在布列塔尼街 49 号租的地方作题为《宗教和工人政党》的报告。

《列宁全集》俄文第 5 版第 17 卷第 427 页；苏共中央马列主义研究院中央党务档案馆，第 4 号全宗，第 1 号目录，第 55 号保管单位，第 10 张；第 14 号全宗，第 1 号目录，第 133 号保管单位，第 12 张；《回忆弗·伊·列宁》，第 1 卷，1968 年，第 350 页；《伏尔加河上的群星》，雅罗斯拉夫尔，1964 年，第 105 页；让·弗雷维尔：《列宁在巴黎》，1969 年，第 106 页。

列宁写信给在阿卢普卡的玛·亚·乌里扬诺娃，感谢她 1909 年 4 月 25 日(5 月 8 日)的来信；讲了玛·伊·乌里扬诺娃准备考试以及她的健康情况，说常到巴黎附近克拉马尔森林去散步，谈到自己夏天的休养计划；邀请玛·亚·乌里扬诺娃秋天来巴黎；说收到了《唯物主义和经验批判主义》一书，对这本书的印刷给予好评。

《列宁全集》中文第 2 版增订版第 53 卷第 344—345 页；《乌里扬诺夫家书集》，1969 年，第 202—203 页。

5 月 8 日和 13 日(5 月 21 日和 26 日)之间

列宁收到安·伊·乌里扬诺娃-叶利扎罗娃从阿卢普卡寄来的信。

《列宁全集》中文第 2 版增订版第 53 卷第 345—346 页。

5 月 12 日(25 日)

列宁赠给弗·菲·哥林(加尔金)一本《唯物主义和经验批判主义》。

苏共中央马列主义研究院中央党务档案馆，第 292 号全宗，第 1 号目录，第 6 号保管单位，第 49 张背面、第 59 张、第 66 张背面；《哲学问题》杂志，1959 年，第 6 期，第 134—135 页。

5 月，13 日(26 日)以前

列宁给曾经参加《唯物主义和经验批判主义》一书出版工作的列·谢·佩列斯写信，寄往莫斯科(这封信没有找到)。

《列宁全集》俄文第 5 版第 17 卷第 451 页；《列宁全集》中文第 2 版增订版第 53 卷第 346 页。

5 月 13 日(26 日)

列宁的《论工人政党对宗教的态度》一文作为社论发表在《无产者报》第 45 号上。

《列宁全集》中文第 2 版增订版第 17 卷第 388—401 页；《无产者报》，巴黎，1909 年 5 月 13 日(26 日)，第 45 号。

列宁致函(用法文)在布鲁塞尔的社会党国际局执行委员会，告知沙皇尼古拉二世要去瑞典、意大利、英国和法国访问，建议号召各社会党和各议会党团像瑞典社会党人那样对沙皇来访提出抗议。列宁在信中附上第三届国家杜马社会民主党杜马党团就沙皇出访欧洲所发表的质询书的译文。

《列宁全集》中文第 2 版增订版第 45 卷第 356—357 页。

列宁写信给在阿卢普卡的安·伊·乌里扬诺娃-叶利扎罗娃，说收到了她的信，并说曾给玛·亚·乌里扬诺娃寄去一封信，对《唯物主义和经验批判主义》一书的印刷质量给予好评，但对书价过高表示不满，请求她催出版人尽快支付稿费，并把钱寄到巴黎来；说在即将举行的《无产者报》扩大编辑部会议上不可避免要同召回派和最后通牒派分裂。

《列宁全集》中文第 2 版增订版第 53 卷第 345—347 页。

5 月 15 日(28 日)

列宁参加在蒂雷讷街 50 号大厅举行的题为《反革命和俄国的资产阶级》的自由讨论会。

苏共中央马列主义研究院中央党务档案馆，第 4 号全宗，第 1 号目录，第 55 号保管单位，第 11 张；第 377 号全宗，第 ly 号目录，第 36396 号保管单位，第 5 张。

5 月 16 日(29 日)

警察在萨拉托夫搜查被捕的俄国社会民主工党萨拉托夫组织领导人季·彼·索洛维约夫住处时，发现并没收了许多革命书籍和小册子，其中包括列宁的著作：《关于俄国社会民主工党统一代表大会的报告》、《十二年来》、《立宪民主党人的胜利和工人政党的任务》、《普列汉诺夫同志是怎样论述社会民主党的策略的？》、《杜马的解散和无产阶级的任务》、《马尔托夫和切列万宁在资产阶级报刊上的言论》、《社会民主党和选举协议》、《唯物主义和经验批判主义》和《修改工人政党的土地纲领》。

苏联中央国家十月革命和社会主义建设档案馆，警察司全宗，第 7 处，1909 年，第 1986 号案卷。

5 月 19 日(6 月 1 日)

《巴库信息报》发表了署名"Т-н"(普·阿·贾帕里泽)评论《唯物主义和经验批判主义》一书的文章,文章作者同意列宁的关于俄国经验批判主义者的观点是哲学修正主义观点的看法。

《巴库信息报》,1909 年 5 月 19 日;《苏共历史问题》杂志,1969 年,第 8 期,第 113—114 页;В. Г. 艾萨伊阿什维利:《弗·伊·列宁和格鲁吉亚》,第比利斯,1970 年,第 179—180 页。

5 月 24 日和 6 月 4 日(6 月 6 日和 17 日)之间

列宁写《各阶级和各政党对宗教和教会的态度》一文。

《列宁全集》中文第 2 版增订版第 17 卷第 402—410 页;《社会民主党人报》,巴黎,1909 年 6 月 4 日(17 日),第 6 号;《言语报》,1909 年 5 月 24 日(6 月 6 日),第 139 号。

5 月 28 日(6 月 10 日)以前

罗·卢森堡从柏林写信给列宁,答应帮助把《唯物主义和经验批判主义》一书列入《新时代》杂志的《编辑部收到的出版物目录》。

《苏共历史问题》杂志,1971 年,第 3 期,第 107 页。

5 月

列宁和克鲁普斯卡娅出席布尔什维克在巴士底区组织的会议。会议讨论工会在革命运动中的作用问题。会后列宁同会上发言的布尔什维克安·谢·格列奇涅夫-切尔诺夫谈话,向他解释,工会只有在马克思主义政党的领导下才能发挥自己的革命作用。

《回忆弗·伊·列宁》,1963 年,第 93 页。

列宁在自己的寓所(博尼埃街 24 号)同从戈尔洛夫卡(顿巴斯)来到巴黎的布尔什维克安·谢·格列奇涅夫-切尔诺夫谈话。

《回忆弗·伊·列宁》,1963 年,第 93—94 页。

不晚于 5 月

列宁读立宪民主党的《路标》文集(1909 年莫斯科版),并在书上作标记和写尖锐的批判性的评语。列宁还在《论〈路标〉》、《路标派和民族主义》等文章以及其他著作中对这本文集作了批判。

《列宁全集》中文第 2 版增订版第 19 卷第 167—176 页,第 23 卷第 133—134 页;苏共中央马列主义研究院中央党务档案馆,第 2 号全宗,第 1 号目录,第 23577 号保管单位;《克里姆林宫的弗·伊·列宁藏书》,1961 年,第 161 页。

不早于 5 月

列宁的《唯物主义和经验批判主义》一书在乌克兰广泛流传,在基辅西蒙年科书店和丰杜克列耶夫街的“劳动”书店出售;敖德萨公共图书馆的读者踊跃借阅这本书;小组宣传员和领导人学习列宁的这本书,然后把书的内容向工人们宣讲。基辅工学院还举行了关于这本书的讨论会。

И.巴格穆特和 П.施莫尔贡:《弗·伊·列宁著作在乌克兰》,基辅,1960 年,第 57 页。

列宁读立宪民主党的文学政治刊物《闪电》文集第 2 集(1909 年圣彼得堡版),并在尼·安·格列杰斯库尔的文章《社会、反动势力和人民》、安·伊·盛加略夫的文章《沉重的法律》、德·伊·沙霍夫斯科伊的文章《解放社》和 M.斯拉温斯基的文章《新斯拉夫运动》中作标记。

苏共中央马列主义研究院中央党务档案馆,第 2 号全宗,第 1 号目录,第 24983 号保管单位;《老布尔什维克》文集,第 5 辑,1933 年,第 105 — 127 页;《克里姆林宫的弗·伊·列宁藏书》,1961 年,第 496 页;《图书年鉴》,1909 年 5 月 23 日,第 21 期,第 6 页。

书呆子(达·波·梁赞诺夫)致函《社会民主党人报》编辑部,请求把列宁的新书《唯物主义和经验批判主义》给他寄到伦敦,表示打算写信给卡·考茨基，让他把这本书刊登在《新时代》编辑部收到的新书目录中，告知自己愿意给这本书写书评。

苏共中央马列主义研究院中央党务档案馆，第 28 号全宗，第 3н 号目录，第 36460 号保管单位，第 5 张。

5 月—9 月

《复兴》杂志 5 月号、《现代世界》杂志 7 月号、《批判评论》杂志（第 5 期，1909 年 9 月）以及 1909 年 9 月 29 日《俄罗斯新闻》发表了资产阶级和孟什维克的作者对列宁的《唯物主义和经验批判主义》一书的评论。

《复兴》杂志，1909 年，第 7—8 期合刊，第 91—93 页；《现代世界》杂志，1909 年，第 7 期，第 207—211 页；《批判评论》杂志，1909 年 9 月，第 5 卷，第 31—36 页；《俄罗斯新闻》，1909 年 9 月 29 日，第 222 号。

夏初

列宁将《唯物主义和经验批判主义》一书寄给在俄国的伊·伊·斯克沃尔佐夫-斯捷潘诺夫，对他在此书出版过程中提供的帮助表示感谢。

《列宁全集》中文第 2 版增订版第 45 卷第 278—279 页。

6 月 4 日（17 日）

列宁的《各阶级和各政党对待宗教和教会的态度》一文发表在《社会民主党人报》第 6 号上。

《列宁全集》中文第 2 版增订版第 17 卷第 402—410 页；《社会民主党人报》，巴黎，1909 年 6 月 4 日（17 日），第 6 号。

6 月 5 日（18 日）

《敖德萨评论报》发表奥尔洛夫斯基（瓦·瓦·沃罗夫斯基）评论列宁的《唯物主义和经验批判主义》一书的文章。由于书报检查的原因，这篇文章表面上是评论麦·费尔伏恩的《自然科学和世界观。生命问题》(1909 年莫斯科版)一书的。

《敖德萨评论报》,1909 年 6 月 5 日,第 439 号;《哲学问题》杂志,1957 年,第 3 期,第 123 页。

6 月,不晚于 7 日(20 日)

列宁主持《无产者报》编辑部成员和各地社会民主党组织代表的非正式会议,并在会上通报党内和布尔什维克派内的状况。列宁提出的论点成了《无产者报》扩大编辑部会议决议的基础。

《列宁全集》中文第 2 版增订版第 19 卷第 22 页;O.A.皮亚特尼茨基:《回忆录和文章选编》,1969 年,第 155 页;亚·巴·哥卢勃科夫:《在两条战线上》,1933 年,第 63—64 页;《回忆弗·伊·列宁》,1963 年,第 94—95 页。

6 月 7 日(20 日)

警察在卡申(特维尔省)搜查时,发现并没收了载有列宁《关于俄国社会民主工党第三次代表大会的通告》一文的小册子。

苏联中央国家十月革命和社会主义建设档案馆,警察司全宗,第 7 处,1909 年,第 2774 号案卷。

6 月 8 日—17 日(21 日—30 日)

列宁主持《无产者报》扩大编辑部会议;在讨论中发言谈召回主义和最后通牒主义以及对杜马活动的态度等问题;对某些决议案提出修正案,并针对一系列主要问题提出决议草案。

会议是在"卡普尤"咖啡馆进行的。

《列宁全集》中文第 2 版增订版第 19 卷第 1—40 页;《〈无产者报〉扩大编辑部会议记录》,1934 年,294 页;Ф.Д.克列托夫:《弗·伊·列宁在斯托雷平反动年代为保存和巩固俄国社会民主工党而斗争》,1969 年,第 121 页;《列宁在巴黎的日子里》,1969 年,第 60—61 页。

6 月 8 日(21 日)

列宁在《无产者报》扩大编辑部会议第一次会议上当选为主

席;在讨论《关于离开党单独召开布尔什维克代表大会或布尔什维克代表会议的鼓动》决议时两次发言。

列宁宣读附在会议记录上的弗拉索夫(阿·伊·李可夫)的字条,并在字条上写上约·费·杜勃洛文斯基提出并经会议通过的第二项议事日程《布尔什维克代表大会或布尔什维克代表会议》,在下一项议事日程上标注了数字"3",并在字条最后写附言:"在星期一会议上提出","((通过这个共有十三项的议事日程))"。

列宁在维·列·尚采尔向会议提出的草案上作标注:"马拉同志提出的议事日程草案"。

列宁在英诺森(约·费·杜勃洛文斯基)关于必须把布尔什维克代表大会或布尔什维克代表会议这一事项提到本次会议议事日程第一项的字条上记下表决结果。

列宁就否决阿·伊·李可夫在会议上提出的关于转入例行事项讨论的决议草案作标注。

列宁就通过关于确定会议为布尔什维克派最高机构的决议草案和关于否决多纳特(弗·米·舒利亚季科夫)针对这一决议提出的修正案作标注。

列宁在说明投票反对舒利亚季科夫修正案的理由的声明上写附言:"梅什科夫斯基[约·彼·戈尔登贝格]、维克多[维·康·塔拉图塔]、舒尔[尼·阿·斯克雷普尼克]请求签上他们的名字。"

列宁的《关于离开党单独召开布尔什维克代表大会或布尔什维克代表会议的鼓动》的决议草案在会议上提交(并获得通过)。

列宁在亚·亚·波格丹诺夫就同布尔什维克中央的相互关系问题于1909年5月15日(28日)提出的《社会民主党布尔什维克日内瓦俱乐部执行局的声明》上作标注:"(1)((国外事务和关

系))。第九项议事日程”。

列宁在阿·瓦·卢那察尔斯基就《无产者报》第 42 号刊载的《走的不是一条路》一文以及关于同布尔什维克中央的相互关系问题向会议提出的声明上作标注:“(2)((卢那察尔斯基))。第四项议事日程”。

列宁在马克西莫夫(亚·亚·波格丹诺夫)就卡普里学校问题向《无产者报》扩大编辑部提出的声明上作标注:“((学校))。第七项议事日程”。

列宁在亚·亚·波格丹诺夫和维·列·尚采尔向会议提交的就布尔什维克中央的财政方针问题给《无产者报》扩大编辑部的声明上作标注:“((布尔什维克中央的财政及其他))。第九项议事日程”。

列宁在尚采尔说明对有关确定会议性质的决议投反对票的理由的字条上作标注:“有关事实的说明”。

《列宁全集》中文第 2 版增订版第 19 卷第 10—11、37—38 页;《〈无产者报〉扩大编辑部会议记录》,1934 年,第 3—6、8—10、12、16、17、148、154、159、165、181—182 页。

6 月 9 日(22 日)

列宁主持扩大编辑部会议第二次会议,在讨论关于召回主义和最后通牒主义问题时两次发言;在维·列·尚采尔发言时,要求将他关于召回主义和无政府主义的联系的话记入记录,在尚采尔提出的决议草案上作标注:“马拉”,在弗·米·舒利亚季科夫交给主席团的字条上作标注:“说明”。

在会议上提出列宁起草的《关于召回主义和最后通牒主义》的决议草案。

《列宁全集》中文第 2 版增订版第 19 卷第 12—13、31—35 页;

《〈无产者报〉扩大编辑部会议记录》，1934 年，第 18—24、26—27、32、35、171—174 页；《苏联共产党历史》，第 2 卷，1966 年，第 291 页。

列宁同中央机关报——《社会民主党人报》编辑部成员阿·瓦尔斯基（阿·绍·瓦尔沙夫斯基）谈《无产者报》扩大编辑部会议的工作。

苏共中央马列主义研究院中央党务档案馆，第 163 号全宗，第 1 号目录，第 296 号保管单位，第 19—20 张。

6 月 10 日（23 日）

列宁出席扩大编辑部会议第三次（上午）会议。在亚·亚·波格丹诺夫就造神说问题发言时，列宁坚持将波格丹诺夫拿阿·瓦·卢那察尔斯基同路·费尔巴哈作比较的那一段话记入记录，并在讨论造神说问题时发言。

会议通过了列宁起草的《关于召回主义和最后通牒主义》的决议草案，并提出了列宁的《关于在国外某地创办的党校》的决议草案。

《列宁全集》中文第 2 版增订版第 19 卷第 31—35、38—39 页；《〈无产者报〉扩大编辑部会议记录》，1934 年，第 36—38、42、47、49—50、180—181 页；《苏联共产党历史》，第 2 卷，1966 年，第 291 页。

列宁出席扩大编辑部会议第四次（下午）会议，在讨论关于卡普里岛党校问题时发言；在维·列·尚采尔发言时插话，坚持将亚·亚·波格丹诺夫的插话和米·巴·托姆斯基关于在彼得堡的一个区进行党校选举的话记入记录。

会议通过了列宁的《关于在国外某地创办的党校》的决议草案。

《列宁全集》中文第 2 版增订版第 19 卷第 14—15、38—39 页；

《〈无产者报〉扩大编辑部会议记录》，1934 年，第 51、55—57、60 页。

6 月 11 日（24 日）

列宁出席扩大编辑部会议第五次会议，记录与会者的发言并注明他们发言的时间，在讨论布尔什维克在党内的任务问题时发言。

会议提出并作为基础通过了列宁关于布尔什维克在党内的任务的决议草案。

《列宁全集》中文第 2 版增订版第 19 卷第 16—17、35—37 页；《〈无产者报〉扩大编辑部会议记录》，1934 年，第 62、66、69—71、74—75、168、178—180 页。

6 月 12 日（25 日）

列宁出席扩大编辑部会议第六次会议，在讨论布尔什维克派的统一问题时发言，写字条说明同意米·巴·托姆斯基提出的关于必须承认不是派别发生了分裂，而是极少数人脱离了派别的声明。

会议提出（并通过了）列宁的《关于马克西莫夫（亚·亚·波格丹诺夫）同志分裂出去的问题》的决议草案。

《列宁全集》中文第 2 版增订版第 19 卷第 18、39—40 页；《〈无产者报〉扩大编辑部会议记录》，1934 年，第 76、79、80—81 页。

列宁出席扩大编辑部会议第七次（下午）会议，在维什涅夫斯基（约·彼·戈尔登贝格）作关于布尔什维克在杜马活动方面的任务的报告时，向他提出关于在彼得堡和敖德萨补选的前景问题并在讨论报告时发言。

会议通过了列宁的关于布尔什维克在党内的任务的决议草案。

《列宁全集》中文第2版增订版第19卷第19—20、35—37页；《〈无产者报〉扩大编辑部会议记录》，1934年，第82、85—88页。

6月13日(26日)

列宁出席扩大编辑部会议第八次（上午）会议，在会议讨论关于布尔什维克在杜马活动方面的任务时再次发言，并就这一问题提出决议草案，建议公布关于布尔什维克在杜马活动方面的任务的决议提纲，并被选入该决议起草委员会。

《列宁全集》中文第2版增订版第19卷第21—24页；《〈无产者报〉扩大编辑部会议记录》，1934年，第89、99—104页。

列宁出席扩大编辑部会议第九次（下午）会议，建议解决关于杜马党团协助委员会的问题，并提出关于出版中央委员会的通俗机关报的决议草案。

《〈无产者报〉扩大编辑部会议记录》，1934年，第106、109、111页。

6月13日和15日(6月26日和28日)之间

列宁审定《关于在党的其他方面的工作中对杜马活动的态度》决议第一部分的原始草稿，并对它作补充。

《列宁全集》中文第2版增订版第19卷第25页；《列宁全集》俄文第5版第19卷第439页；《〈无产者报〉扩大编辑部会议记录》，1934年，第104、169—170页。

6月15日(28日)

列宁出席扩大编辑部会议第十次会议，在讨论党的报刊问题时发言，在阿·伊·李可夫作关于如何办中央机关报以及是否可以在上面发表哲学文章问题的发言时插话，在讨论关于在中央机关报上发表哲学文章问题时再次发言；被选进杜马党团协助委员会。

列宁在会议上就调解委员会的报告两次发表意见，就报告决议案获得通过发表特别意见的声明;表决反对关于乌·(А.И.乌姆诺娃)的债务问题的决议和梅什科夫斯基(约·彼·戈尔登贝格)提出的关于调解委员会报告的决议。

《列宁全集》中文第 2 版增订版第 19 卷第 26、27 页;《〈无产者报〉扩大编辑部会议记录》,1934 年,第 113、118、121、122、124、125 页。

6 月 16 日(29 日)以前

列宁在给罗·卢森堡的复信中告知,由于知识出版社完全落到马赫主义者手中,布尔什维克同它断绝了一切关系(这封信没有找到)。

《苏共历史问题》杂志,1971 年,第 3 期,第 107 页。

6 月 16 日(29 日)

列宁出席扩大编辑部会议第十一次(下午)会议,发言支持调解委员会关于列宁和尼科尔斯基(列·波·克拉辛)通信问题的决议,建议延长委员会职权期限,接着就监察委员会的报告发言,建议压缩布尔什维克中央的预算,给社会民主党杜马党团报纸拨款。

列宁就否决尼·阿·斯克雷普尼克代表监察委员会提出的所有地方组织和在国外的书刊出版机构必须逐渐过渡到不依靠布尔什维克中央支持解决财务问题的建议作标注,并就关于采纳娜·康·克鲁普斯卡娅提出的关于总务委员会筹措资金支付《无产者报》和中央机关报开支的建议作标注。

列宁在这次会议上给阿·伊·李可夫提出的关于改组布尔什维克中央的决议草案的条文作记号,对草案原文进行修改,并在讨论这一草案时发言。

列宁对约·彼·戈尔登贝格提出的关于改组布尔什维克中央

的决议草案进行文字修改。

《列宁全集》中文第2版增订版第19卷第28页；苏共中央马列主义研究院中央党务档案馆，第2号全宗，第1号目录，第2519号保管单位；《〈无产者报〉扩大编辑部会议记录》，1934年，第126、131、132、134—136、138页。

6月17日(30日)

列宁出席扩大编辑部会议第十二次(上午)会议，在讨论弗·米·舒利亚季科夫提出的关于改组布尔什维克中央的决议草案时发言，并就这一草案被否决作标记。

列宁在讨论米·巴·托姆斯基提出的关于改组布尔什维克中央的决议草案时发言，在草案手稿上注明草案被通过；提出关于对成立《无产者报》扩大编辑部国外执行委员会这一条进行表决和关于布尔什维克中央国外书记处的任命办法以及人数的建议。

列宁对格·叶·季诺维也夫提出的关于中央机关报和布尔什维克合法出版物编辑任命办法的建议原文作了一处补充，在维·康·塔拉图塔关于建立布尔什维克中央书记处的建议上写上“否决”，并填上“维克多”的名字。

列宁再次被选入《无产者报》编辑部。

《列宁全集》中文第2版增订版第19卷第30页；《〈无产者报〉扩大编辑部会议记录》，1934年，第139—144页。

6月17日和7月3日(6月30日和7月16日)之间

列宁写《关于〈无产者报〉扩大编辑部会议公报》。

《列宁全集》中文第2版增订版第19卷第1—9页；《无产者报》，巴黎，1909年7月16日(3日)，第46号附刊。

6月，17日(30日)以后

列宁收到卡·胡斯曼1909年6月30日(公历)从布鲁塞尔寄来的信，信中要求把给戈尔的短信寄去，并附上《每日邮报》的剪报。

《列宁和卡米耶·胡斯曼通信集。1905—1914》,巴黎,1963年,第 69 页。

6 月 18 日(7 月 1 日)

列宁把出席《无产者报》扩大编辑部会议的莫斯科地区代表、身患重病的弗·米·舒利亚季科夫送到巴黎郊区的疗养院,布尔什维克尼·亚·谢马什柯在那里当医生。

亚·巴·哥卢勃科夫:《在两条战线上》,1933 年,第 75—77 页。

6 月 18 日和 7 月 11 日(7 月 1 日和 24 日)之间

列宁以《无产者报》编辑部的名义,针对马·尼·利亚多夫 1909 年 7 月 1 日(公历)的来信写按语,利亚多夫在这封信中反对《无产者报》扩大编辑部会议的决议。

《列宁全集》中文第 2 版增订版第 19 卷第 56 页;《无产者报》,巴黎,1909 年 7 月 11 日(24 日),第 46 号。

6 月 20 日(7 月 3 日)

列宁给布尔什维克中央总务委员会写收到给病人弗·米·舒利亚季科夫 30 法郎的收据。

苏共中央马列主义研究院中央党务档案馆,第 2 号全宗,第 1 号目录,第 2529 号保管单位;第 377 号全宗,第 6 号目录,第 41426 号保管单位,第 5 张;第 7 号目录,第 41446 号保管单位。

6 月 22 日(7 月 5 日)

列宁写收到布尔什维克中央总务委员会 200 法郎的收据。

苏共中央马列主义研究院中央党务档案馆,第 2 号全宗,第 1 号目录,第 2530 号保管单位。

6 月 23 日(7 月 6 日)以后—7 月 11 日(24 日)以前

列宁写《评沙皇的欧洲之行和黑帮杜马某些代表的英国之

行》一文。

《列宁全集》中文第 2 版增订版第 19 卷第 50—55 页;《无产者报》,巴黎,1909 年 7 月 11 日(24 日),第 46 号;《俄国报》,1909 年 6 月 23 日(7 月 6 日),第 1099 号。

6 月,26 日(7 月 9 日)以前

列宁写信给在米赫涅沃站(莫斯科省)的德·伊·乌里扬诺夫,谈到玛·伊·乌里扬诺娃得病和即将手术治疗一事,并征求他对此事的意见;建议不要把动手术的事告诉玛·亚·乌里扬诺娃和安·伊·乌里扬诺娃-叶利扎罗娃。

《列宁全集》中文第 2 版增订版第 53 卷第 347、348 页。

6 月 29 日和 7 月 7 日(7 月 12 日和 20 日)之间

列宁收到卡·胡斯曼 1909 年 7 月 12 日(公历)从布鲁塞尔寄来的信,信中请求把寄给列宁的俄国社会民主工党纲领的法译文看一遍,并请他把党章的译文寄去。胡斯曼通知说,社会党国际局准备出版的第二国际各党的纲领和章程汇编要用这些文件。

《列宁全集》中文第 2 版增订版第 45 卷第 225—226 页;《列宁和卡米耶·胡斯曼通信集。1905—1914》,巴黎,1963 年,第 70 页。

6 月底—7 月

《无产者报》扩大编辑部会议结束后,列宁同即将派赴俄国的党的工作者(尼·阿·斯克雷普尼克、弗·米·舒利亚季科夫、亚·巴·哥卢勃科夫等人)谈话时强调指出,必须定期报道地方的情况,把建议传达给地方党组织;弗拉基米尔·伊里奇同中央委员会俄国局书记亚·巴·哥卢勃科夫谈话,就同混入党内的奸细进行斗争的问题作指示。

亚·巴·哥卢勃科夫:《在两条战线上》,1933 年,第 79 页;《弗·伊·列宁为巩固党进行斗争的历程》,1964 年,第 120 页。

1909 年上半年

列宁在索邦图书馆进行研究工作，阅读哲学和自然科学书籍，写关于文章和评论的札记，拟定新书目录（用德文、法文和意大利文），抄录路德维希·施泰因《现代哲学派别》（1908 年斯图加特版）一书第 1 部分各章节的标题。

《列宁全集》中文第 2 版增订版第 55 卷第 328—330 页；路·施泰因：《现代哲学派别》，斯图加特，1908 年，第 1—293 页。

法国众议院议员、法国社会党人沙尔·迪马到列宁寓所（博尼埃街 24 号）拜访列宁，向列宁讲述法国竞选运动的情况。

《列宁全集》中文第 2 版增订版第 48 卷第 32 页；《回忆弗·伊·列宁》，第 1 卷，1968 年，第 356 页；《弗·伊·列宁收到的国外来信》，第 2 版，1969 年，第 73 页。

7 月 3 日（16 日）

列宁写的《关于〈无产者报〉扩大编辑部会议公报》同会议决议一并发表在《无产者报》第 46 号附刊上。

《列宁全集》中文第 2 版增订版第 19 卷第 1—9 页；《无产者报》，巴黎，1909 年 7 月 16 日（3 日），第 46 号附刊。

7 月 3 日和 11 日（16 日和 24 日）之间

列宁写《取消取消主义》一文。

《列宁全集》中文第 2 版增订版第 19 卷第 41—49 页；《无产者报》，巴黎，1909 年 7 月 11 日（24 日），第 46 号；《无产者报》，巴黎，1909 年 7 月 16 日（3 日），第 46 号附刊。

7 月，6 日（19 日）以前

列宁收到玛·亚·乌里扬诺娃从阿卢普卡寄来的信。

《列宁全集》中文第 2 版增订版第 53 卷第 349 页。

列宁给玛·亚·乌里扬诺娃写回信，寄往阿卢普卡（这封信没有找到）。

《列宁全集》中文第2版增订版第53卷第349页。

列宁、娜·康·克鲁普斯卡娅、伊·瓦·克鲁普斯卡娅在巴黎迁到另一寓所，地址是：玛丽·罗斯街4号。

《列宁全集》中文第2版增订版第53卷第349—350页。

7月，6日(19日)以前—1912年6月10日(23日)

列宁同全家住在巴黎玛丽·罗斯街4号。[①]

《列宁全集》中文第2版增订版第53卷第349—350页；《列宁传》，第4版，1970年，第225页；让·弗雷维尔：《列宁在巴黎》，1969年，第104—105页；《涅瓦河》杂志，1968年，第4期，第162页。

7月6日(19日)

列宁收到玛·亚·乌里扬诺娃从阿卢普卡寄来的印有克里木风景的明信片。

《列宁全集》中文第2版增订版第53卷第349页。

列宁写信给在阿卢普卡的玛·亚·乌里扬诺娃，说玛·伊·乌里扬诺娃的手术很成功，告知打算去布列塔尼休养，并附上自己的新地址。

《列宁全集》中文第2版增订版第53卷第349—350页。

7月7日(20日)

列宁致函(用法文)在布鲁塞尔的社会党国际局书记卡·胡斯曼，批评社会党国际局所搞的俄国社会民主工党纲领的译文很不完善，说已交给沙·拉波波特去校订和修改；建议社会党国际局在11月开会；附上自己的新地址。

---

① 1945年4月22日在寓所前面立了一块纪念牌，上面写着："列宁(1870年4月22日—1924年1月21日)1909年7月至1912年6月曾在这里居住"。法国共产党买下这处寓所，并于1955年4月27日在这里设立纪念馆。——俄文编者注

《列宁全集》中文第 2 版增订版第 45 卷第 225—226 页。

7 月 11 日(24 日)

列宁的文章《评沙皇的欧洲之行和黑帮杜马某些代表的英国之行》(社论)、《取消取消主义》和《为〈无产者报〉编辑部发表马·利亚多夫的信加的按语》发表在《无产者报》第 46 号上。

《列宁全集》中文第 2 版增订版第 19 卷第 41—49、50—55、56 页;《无产者报》,巴黎,1909 年 7 月 11 日(24 日),第 46 号。

7 月 12 日(25 日)以前

列宁同来到巴黎的俄国社会民主工党莫斯科委员会委员菲力浦(菲·伊·戈洛晓金)谈话,了解菲力浦对《无产者报》政治路线的态度以及对召回主义和最后通牒主义的态度。

苏共中央马列主义研究院中央党务档案馆,第 377 号全宗,第 10 号目录,第 35816 号保管单位。

7 月,13 日(26 日)以后

列宁收到斯莫伊利(维·巴·诺根)1909 年 7 月 13 日(26 日)从萨拉托夫寄来的信,信中解释不能来巴黎的原因,并请求详细介绍党内的情况。

苏共中央马列主义研究院中央党务档案馆,第 2 号全宗,第 5 号目录,第 264 号保管单位;《青春》杂志,1970 年,第 10 期,第 88 页。

7 月 14 日(27 日)

警察在科洛姆纳进行搜查时,发现并没收了列宁的小册子《土地问题和"马克思的批评家"》、《社会民主党在民主革命中的两种策略》和《告贫苦农民》。

苏联中央国家十月革命和社会主义建设档案馆,警察司全宗,第 7 处,1909 年,第 3064 号案卷,第 2 张背面,第 8、9、10 张。

7 月 15 日或 16 日(28 日或 29 日)

列宁收到卡·胡斯曼 1909 年 7 月 27 日(公历)从布鲁塞尔寄来的信,信中请求寄去第三届国家杜马社会民主党党团成员的名单和他们的地址。

《列宁全集》中文第 2 版增订版第 45 卷第 226—227 页;《列宁和卡米耶·胡斯曼通信集。1905—1914》,巴黎,1963 年,第 71 页。

7 月 16 日(29 日)

列宁致函(用法文)在布鲁塞尔的卡·胡斯曼,将第三届国家杜马社会民主党党团成员名单通知社会党国际局,并附上杜马的地址。

《列宁全集》中文第 2 版增订版第 45 卷第 226—227 页。

7 月 17 日(30 日)

列宁致函(用法文)在布鲁塞尔的卡·胡斯曼,向他介绍出狱的布尔什维克季·博格达萨良,并请求给他找工作。

《列宁全集》中文第 2 版增订版第 45 卷第 228 页。

7 月,21 日(8 月 3 日)以前

列宁在蒙苏里公园遇见钳工技师布尔什维克安·谢·格列奇涅夫-切尔诺夫,他在巴黎一家工厂工作;列宁向他了解法国工人的生活、法国社会党对工人的影响、法国机械工人工会的情况。后来,列宁帮助他准备关于新马尔萨斯论的报告。

《回忆弗·伊·列宁》,1963 年,第 96 页。

7 月,21 日(8 月 3 日)前后—不晚于 9 月 1 日(14 日)

列宁偕全家(娜·康·克鲁普斯卡娅、岳母伊丽莎白·瓦西里耶夫娜以及玛·伊·乌里扬诺娃)在距离巴黎 50 公里的邦邦村①

① 因列宁曾在这里住过,1970 年 5 月在邦邦村设立纪念牌,以志纪念。——俄文编者注

(塞纳-马恩省布里县)休养。他们住在勒克勒夫人的便宜供膳寓所里,在大街 5 号吃午饭,住在村头穆兰街 12 号的小木屋里。他们在散步时参观了尚波,那里保存着古堡城墙遗迹和布朗迪-勒-图尔,去埃克兰,在维勒费尔穆瓦森林中散步。

《列宁全集》中文第 2 版增订版第 45 卷第 231—232 页,第 53 卷第 350—351 页;苏共中央马列主义研究院中央党务档案馆,第 28 号全宗,第 4 号目录,第 36775 号保管单位,第 18 张;第 377 号全宗,第 10 号目录,第 35691 号保管单位,第 61 张;《回忆弗·伊·列宁》,第 1 卷,1968 年,第 352—353 页;让·弗雷维尔:《列宁在巴黎》,1969 年,第 110—113 页。

列宁在休养期间继续进行工作,审阅寄到《社会民主党人报》编辑部的材料。

苏共中央马列主义研究院中央党务档案馆,第 163 号全宗,第 1 号目录,第 295 号保管单位,第 1 张。

从俄国来处理运输事务的谢·伊·莫伊谢耶夫(捷菲尔)在邦邦村拜访列宁。

《回忆弗·伊·列宁》,第 1 卷,1968 年,第 352 页。

7 月 24 日(8 月 6 日)

莫斯科高等法院撤销莫斯科地方法院 1909 年 4 月 8 日(21 日)关于出版列宁小册子《社会民主党在民主革命中的两种策略》案件的裁决,通过关于销毁该书的决定,并决定推迟"对……乌里扬诺夫的审判,直至其归案;乌里扬诺夫若有财产,按照有关失踪者的财产的规定执行"。

苏共中央马列主义研究院中央党务档案馆,第 4 号全宗,第 3 号目录,第 30 号保管单位,第 122 张;《红色文献》杂志,1934 年,第 1 期,第 219—220 页。

7 月以后—10 月 28 日(11 月 10 日)以前

列宁在书呆子(达·波·梁赞诺夫)给中央机关报(《社会民主

党人报》)编辑部的信上附上一个柏林地址(未查明是谁的地址)。

苏共中央马列主义研究院中央党务档案馆,第2号全宗,第1号目录,第2538号保管单位。

8月,5日(18日)以前

列宁收到卡普里学校组织者的来信,信中邀请列宁去卡普里岛(意大利)为该校学员讲课。

《列宁全集》中文第2版增订版第45卷第228—229页。

8月5日(18日)

列宁从邦邦村(法国)写信经巴黎寄往卡普里岛(意大利)给卡普里学校组织者,信中回绝了去该校讲课的邀请;告知在《无产者报》第46号附刊和第46号发表的《无产者报》扩大编辑部会议《关于在国外某地创办的党校》的决议和《取消取消主义》一文反映了他对学校的态度;邀请学校学员到巴黎来听布尔什维克讲演人的讲演。

《列宁全集》中文第2版增订版第19卷第38—39、41—49页,第45卷第228—229页;《无产者报》,巴黎,1909年7月11日(24日),第46号;《无产者报》,巴黎,1909年7月16日(3日),第46号附刊。

列宁致函在巴黎的阿·伊·柳比莫夫,告知给列瓦(米·康·弗拉基米罗夫)寄去自己给卡普里学校组织者的信;坚决反对资助列·达·托洛茨基在维也纳出版法文《真理报》,反对在《无产者报》印刷所印刷该报;请求把给卡普里学校组织者的信抄一份,寄到卡普里岛马·高尔基处:意大利卡普里岛,布拉埃苏斯别墅。

《列宁全集》中文第2版增订版第45卷第228—229、230—231页。

8月,8日(21日)以前

拉脱维亚边疆区社会民主党国外委员会在布尔什维克中央和

列宁的直接协助下，出版了《社会民主党通报》第1号。

《社会民主党人报》，巴黎，1909年8月8日(21日)，第7—8号；《拉脱维亚革命者回忆列宁》，里加，1969年，第17—18页。

8月10日(23日)

列宁收到玛·亚·乌里扬诺娃从锡涅利尼科沃车站(叶卡捷琳诺斯拉夫省)寄来的信，信中询问玛·伊·乌里扬诺娃手术后的健康状况，并询问一个月后她能否回俄国。

《列宁全集》中文第2版增订版第53卷第350—351页。

8月10日和13日(23日和26日)之间

列宁收到卡·胡斯曼1909年8月23日(公历)从布鲁塞尔寄来的信，信中附有波·赫尔齐克信件的抄件，信中还建议在8月17—18日(30—31日)胡斯曼来巴黎参加国际工会代表会议期间讨论赫尔齐克被指控充当奸细的案件问题。

《列宁全集》中文第2版增订版第45卷第234—235页；《列宁和卡米耶·胡斯曼通信集。1905—1914》，巴黎，1963年，第73—75页。

8月，10日(23日)以后

列宁读1909年8月23日(公历)由卡·胡斯曼签署的社会党国际局书记处给第二国际各党中央委员会的秘密通报，通报要求必须组织群众大会，抗议西班牙政府在摩洛哥实行帝国主义侵略政策和在西班牙实行镇压革命运动的政策；列宁在通报上作记号并签注："列宁。注意!! 交中央委员会国外局通知中央委员会"。

《列宁文集》俄文版第25卷第298页。

8月11日(24日)

列宁致函在巴黎的格·叶·季诺维也夫，告知收到《社会民主党人报》第7—8号；拟定《无产者报》下一号（第47—48号合刊）的计划；说明他打算为下一号报纸写哪些文章；对列·达·托洛茨基的行为表示愤慨，认为他“是一个最卑鄙的野心家和派别活动者”，提出或者让托洛茨基服从中央委员会，或者“同这个恶棍决裂，在中央机关报上揭穿他”。

《列宁全集》中文第2版增订版第45卷第231—232页。

列宁写信给在锡涅利尼科沃车站的玛·亚·乌里扬诺娃，告知玛·伊·乌里扬诺娃的健康状况和自己在邦邦村休养的情况。

《列宁全集》中文第2版增订版第53卷第350—351页。

8月11日和16日（24日和29日）之间

列宁写《谈彼得堡的选举（短评）》一文。

《列宁全集》中文第2版增订版第19卷第68—73页，第45卷第231—232页；《无产者报》，巴黎，1909年9月5日（18日），第47—48号；《言语报》，1909年8月13日（26日），第220号。

8月12日和17日（25日和30日）之间

列宁收到阿·伊·柳比莫夫1909年8月25日（公历）寄来的信，信中附有卡普里学校委员会给《无产者报》编辑部的信的抄件。

《列宁全集》中文第2版增订版第45卷第240—241页；苏共中央马列主义研究院中央党务档案馆，第2号全宗，第5号目录，第228号保管单位。

列宁阅读卡普里学校委员会1909年8月16日（公历）给《无产者报》扩大编辑部的信，信中邀请参加学校的工作，请求在教材和经费方面对学校给予支援，并说委员会将毫不反对布尔什维克中央对学校的思想监督。

《列宁全集》中文第2版增订版第45卷第233—234页；苏共中央马列主义研究院中央党务档案馆，第2号全宗，第5号目录,第 228 号保管单位;《无产者报》,巴黎,1909 年 9 月 11 日(24 日),第 47—48 号合刊附刊。

列宁在布尔什维克中央给卡普里学校委员会的信的草稿中指出,只有在学校委员会寄来关于学校组织和经费、讲课人和学员的组成、教学大纲和学习期限等详细而准确的报告的情况下,才能解决布尔什维克中央对学校实行"思想监督"的问题;说给学校委员会寄去《无产者报》第 39—46 号、布尔什维克中央的决议和布尔什维克中央关于学校的铅印的信。

《列宁全集》中文第 2 版增订版第 45 卷第 233—234 页,第 45 卷 240—248 页;苏共中央马列主义研究院中央党务档案馆,第 2 号全宗,第 5 号目录,第 228 号保管单位。

8 月 13 日(26 日)

列宁复函(用法文)在布鲁塞尔的卡·胡斯曼,告知收到了他 1909 年 8 月 23 日(公历)的来信以及波·赫尔齐克的信的抄件,说明自己对奸细赫尔齐克案件以及对他在审判后的行为的态度;对于 8 月 17 日(30 日)和 18 日(31 日)不能在巴黎会见胡斯曼表示遗憾;附上自己在邦邦村的地址和预定返回巴黎的日期。

《列宁全集》中文第 2 版增订版第 45 卷第 234—236 页。

8 月 13 日和 17 日(26 日和 30 日)之间

列宁收到卡普里学校委员会 1909 年 8 月 26 日(公历)以学校学员和讲课人的名义写给俄国社会民主工党中央委员会的信的抄件。

《列宁全集》中文第 2 版增订版第 45 卷第 243—244 页;苏共中央马列主义研究院中央党务档案馆,第 17 号全宗,第 1 号目录,第 761 号保管单位,第 1 张。

8 月,13 日(26 日)以后

列宁 1909 年 8 月 5 日(18 日)给卡普里党校组织者的信载于

《关于党校的问题(4 份文件)》的传单中。

《列宁全集》中文第 2 版增订版第 45 卷第 228—229 页;《关于党校问题的(4 份文件)》〔传单〕,博洛尼亚,1909 年,2 页。

8 月 14 日(27 日)

列宁致函在阿尔卡雄(法国)的列·波·加米涅夫,告知收到他的两封信和他给《无产者报》的文章,指出这篇文章需要压缩;告知自己打算给《无产者报》写一篇关于彼得堡选举的文章;说读完刊登在《复兴》杂志和《现代世界》杂志上的对《唯物主义和经验批判主义》一书的评论文章,并说打算在 9 月 2 日(15 日)以后返回巴黎;建议加米涅夫来巴黎并恢复《无产者报》俱乐部的工作。

《列宁全集》中文第 2 版增订版第 45 卷第 237—238 页。

列宁致函在阿尔卡雄的中央机关报编辑部秘书格·叶·季诺维也夫,告知给他寄去了报道巴塞罗那起义和瑞典总罢工的那几号《前进报》,建议压缩列·波·加米涅夫《孟什维克的俄国革命史取消了无产阶级的领导权》一文的第一部分,请他劝说作者重新修改文章的第二部分,指出加米涅夫的工作太马虎,“写得很含混,很松散,转来转去兜圈子,不善于真正把握住事情的核心和实质”。列宁说,将直接把答应给《无产者报》第 47—48 号合刊的几篇文章寄去付排,建议写一篇批判崩得机会主义政策的文章。

《列宁全集》中文第 2 版增订版第 45 卷第 238—239 页;苏共中央马列主义研究院中央党务档案馆,第 28 号全宗,第 4 号目录,第 36775 号保管单位,第 17、18 张。

8 月,不早于 16 日(29 日)—不晚于 9 月 5 日(18 日)

列宁写《谈谈彼得堡的选举(短评)》一文的附言。

《列宁全集》中文第 2 版增订版第 19 卷第 67—72 页;《无产者报》,巴黎,1909 年 9 月 5 日(18 日),第 47—48 号合刊;《言语报》,1909 年 8 月 13 日(26 日),第 220 号。

8月,不晚于17日(30日)

列宁读卡普里学校学员小组邀请他参加学校工作的来信;在信上注明:“(1)尤利(伊·格·巴特舍夫),(2)万尼亚(伊·伊·潘克拉托夫),(3)萨韦利(И.И.巴宾采夫),(4)伊万(安·谢·罗曼诺夫),(5)弗拉基米尔(弗·米·科萨列夫),(6)斯坦尼斯拉夫(米·伊·洛巴诺夫),(7)托马斯(尼·尼·科济列夫)”,划重点并作批注:“注意”。

苏共中央马列主义研究院中央党务档案馆,第2号全宗,第1号目录,第2550号保管单位,第2—3、4张。

8月17日(30日)

列宁从邦邦村复函卡普里岛的卡普里学校学员们,告知收到他们寄来的学校的教学大纲和两封信,说明这个学校的反党性质和派别性质,说明学校的讲课人是召回派和造神派,重申自己拒绝到学校去讲课,邀请学员们来巴黎。

《列宁全集》中文第2版增订版第45卷第240—248页。

8月17日和9月5日(8月30日和9月18日)之间

列宁写《被揭穿了的取消派》一文。

《列宁全集》中文第2版增订版第19卷第57—64页,第45卷第240—248、252—253、251—252页;《无产者报》,巴黎,1909年9月5日(18日),第47—48号合刊。

列宁写短评《关于莫斯科郊区委员会执行委员会的公开信》,这是列宁代表《无产者报》编辑部为8月17日(30日)《莫斯科郊区委员会执行委员会的公开信》所加的按语。

《列宁全集》中文第2版增订版第19卷第65—66页;《无产者报》,巴黎,1909年9月5日(18日),第47—48号合刊。

8月19日(9月1日)

莫斯科地方法院检察官通知莫斯科出版委员会,根据莫斯科高等法院1909年7月24日（8月6日）的裁决，列宁的小册子《社会民主党在民主革命中的两种策略》全部予以销毁。

《红色文献》杂志，1934年，第1期，第219—220页。

莫斯科地方法院检察官将莫斯科最高法院1909年7月24日（8月6日）通过的关于撤销对弗·伊·乌里扬诺夫案件的裁决通知辛比尔斯克地方法院检察官，并请他下发命令："乌里扬诺夫若有财产，按照有关失踪者财产的规定执行"。

苏共中央马列主义研究院中央党务档案馆，第4号全宗，第3号目录，第30号保管单位，第123张。

8月20日—25日（9月2日—7日）

列宁写《论拥护召回主义和造神说的派别》一文。

《列宁全集》中文第2版增订版第19卷第73—107页，第45卷第252—253页；苏共中央马列主义研究院中央党务档案馆，第2号全宗，第1号目录，第2553号保管单位；《无产者报》，巴黎，1909年9月11日（24日），第47—48号合刊附刊。

8月，不早于20日（9月2日）—不晚于25日（9月7日）

列宁致函在巴黎的阿·伊·柳比莫夫，同意发表给卡普里学校学员的复信并在报告中引用它；告知正在写《论拥护召回主义和造神说的派别》一文，批驳马克西莫夫（亚·亚·波格丹诺夫），尖锐批判召回派；说打算把这篇文章用快信寄出，以便在报告之前寄到；请求把《社会民主党人日志》第9期寄给他。

《列宁全集》中文第2版增订版第45卷第250—251页；苏共中央马列主义研究院中央党务档案馆，第2号全宗，第1号目录，第2553号保管单位。

8月21日（9月3日）

玛·亚·乌里扬诺娃从锡涅利尼科沃车站（叶卡捷林诺斯拉夫省）把《唯物主义和经验批判主义》一书出版人Л.О.克鲁姆比尤

格尔寄给安·伊·乌里扬诺娃-叶利扎罗娃的信，转寄给在巴黎的列宁。信中列出了出书的财务支出，告知售出 600 册。

苏共中央马列主义研究院中央党务档案馆，第 11 号全宗，第 2 号目录，第 5 号保管单位，第 63—64 张；《乌里扬诺夫家书集》，1969 年，第 213 页。

彼得堡出版委员会把列宁的小册子《告贫苦农民》寄给莫斯科出版委员会，并请求把"关于准许它流通"的消息通知彼得堡高等法院检察官。

苏共中央马列主义研究院中央党务档案馆，第 4 号全宗，第 3 号目录，第 30 号保管单位，第 154、157 张。

不早于 8 月 21 日（9 月 3 日）—不晚于 8 月 26 日（9 月 8 日）

列宁从邦邦村致函在巴黎的阿·伊·柳比莫夫，提醒柳比莫夫把写作《被揭穿了的取消派》一文所需要的《社会民主党人日志》第 9 期寄来，并说必须从以布尔什维克中央执行委员会名义写给卡普里人的复信草稿中删掉关于邀请代表的那一节。

《列宁全集》中文第 2 版增订版第 19 卷第 57—64 页，第 45 卷第 250—251、251—252 页。

8 月 22 日（9 月 4 日）

列宁委托娜·康·克鲁普斯卡娅致函列·波·加米涅夫，说列宁正在写作《论拥护召回主义和造神说的派别》一文，说加米涅夫的《孟什维克的俄国革命史取消了无产阶级的领导权》一文已付排，说收到彼得堡要求给周刊寄文章的电报。

苏共中央马列主义研究院中央党务档案馆，第 2 号全宗，第 1 号目录，第 2553 号保管单位。

8 月 24 日（9 月 6 日）

布尔什维克中央书记阿·伊·柳比莫夫将列宁 1909 年 8 月 17 日（30 日）给卡普里学校学员的复信转寄到莫斯科，交莫斯科郊区委员会。

苏共中央马列主义研究院中央党务档案馆，第 377 号全宗，第 10 号目录，第 35691 号保管单位，第 51、52、56 张。

8 月，24 日(9 月 6 日)以后

布尔什维克中央通过一个芬兰人的地址，将列宁 8 月 17 日(30 日)给卡普里学校学员的复信秘密地寄往彼得堡。

苏共中央马列主义研究院中央党务档案馆，第 377 号全宗，第 10 号目录，第 35691 号保管单位，第 51 张。

8 月 25 日(9 月 7 日)

列宁致函在巴黎的中央机关报编辑部秘书，说收到《阶级斗争的教训(瑞典总罢工)》一文，把该文和自己的《论拥护召回主义和造神说的派别》一文的最后一部分一并寄给了《无产者报》编辑部，并说自己打算写论普列汉诺夫的文章。

《列宁全集》中文第 2 版增订版第 45 卷第 252—253 页。

8 月 26 日(9 月 8 日)

列宁把维什涅夫斯基(约·彼·戈尔登贝格)的来信和自己给他的复信转寄给在巴黎的阿·伊·柳比莫夫，请柳比莫夫把复信转寄给收信人(这封信没有找到)。

苏共中央马列主义研究院中央党务档案馆，第 377 号全宗，第 10 号目录，第 35691 号保管单位，第 52 张。

8 月 27 日(9 月 9 日)

列宁写收到布尔什维克中央总务委员会 100 法郎的收据。

苏共中央马列主义研究院中央党务档案馆，第 2 号全宗，第 1 号目录，第 2555 号保管单位。

8 月 28 日(9 月 10 日)

布尔什维克中央书记阿·伊·柳比莫夫把列宁给卡普里学校

学员的复信寄给阿尔伯特(约·阿·皮亚特尼茨基),请他把信转给回俄国的泽菲尔(谢·伊·莫伊谢耶夫),以便使广大的布尔什维克了解这封信的内容。

苏共中央马列主义研究院中央党务档案馆,第 377 号全宗,第 10 号目录,第 35691 号保管单位,第 57 张。

8 月 29 日(9 月 11 日)

列宁收到卡·胡斯曼 1909 年 9 月 10 日(公历)从布鲁塞尔寄来的信,信中询问答应翻译俄国社会民主工党纲领和章程的事被耽搁的原因,请求尽快翻译出来,并要求寄去委员会的地址,以便波·赫尔齐克可以按这个地址向委员会提出重新审理控告他为奸细的案件。

《列宁全集》中文第 2 版增订版第 45 卷第 253—254 页;《列宁和卡米耶·胡斯曼通信集。1905—1914》,巴黎,1963 年,第 77 页。

列宁致函(用法文)在布鲁塞尔的卡·胡斯曼,答应尽快寄去俄国社会民主工党纲领和章程的译文,表明对波·赫尔齐克案件的意见,并寄去俄国社会民主工党中央委员会国外局的地址。

《列宁全集》中文第 2 版增订版第 45 卷第 253—254 页。

8 月 30 日(9 月 12 日)以前

列宁收到弗拉索夫(阿·伊·李可夫)从彼得堡寄来的信,信中通报俄国社会民主工党彼得堡委员会执行委员会的会议情况,会上提出了关于国家杜马选举问题的决议。

苏共中央马列主义研究院中央党务档案馆,第 377 号全宗,第 10 号目录,第 35691 号保管单位,第 58 张。

8 月 31 日(9 月 13 日)

列宁赠予彼得堡公共图书馆一批书刊,其中有 38 种社会民主党的小册子和传单，以及43号《无产者报》和《黎明报》。

苏共列宁格勒州委党史研究院党务档案馆，1909年，第185号案卷，第37张；《帝国公共图书馆1909年度报告》，1915年，第271页；《国立萨尔蒂科夫-谢德林公共图书馆著作集》，第Ⅷ(11)卷，1960年，第61—63页；《国立萨尔蒂科夫-谢德林公共图书馆史》，1963年，第144页；《文学报》，1954年1月23日，第10号；《列宁格勒真理报》，1957年4月19日，第93号。

8月底

列宁收到从安加拉河流放地逃出来的格·李·什克洛夫斯基按俄国社会民主工党中央机关报《社会民主党人报》的地址从伯尔尼寄来的信；来信人赞同和召回派决裂。

列宁复函在伯尔尼的格·李·什克洛夫斯基，谈自己对党内关系的看法（这封信没有找到）。

《列宁研究院集刊》，第1辑，1927年，第105页。

8月下半月

列宁写《召回主义-最后通牒主义的工贼》一文（这篇文章没有找到）。

《列宁全集》中文第2版增订版第19卷第115—116页；《列宁全集》俄文第5版第19卷第431、472页。

不早于8月

列宁收到帕维·瓦西·（扬·安·别尔津）从瑞士寄来的信，信中谈他对俄国社会民主工党拉脱维亚国外委员会机关刊物《社会民主党通报》第1期的反应，告知再过半个月他将到巴黎来，请求寄去俄国社会民主工党第五次（伦敦）代表大会的记录。

苏共中央马列主义研究院中央党务档案馆，第377号全宗，第15н号目录，第36213号保管单位，第1—2张；《苏共历史问题》杂志，1962年，第5期，第181页；1966年，第11期，第71页。

夏天

列宁和娜·康·克鲁普斯卡娅去德拉韦尔(巴黎附近)拜访保尔·拉法格和劳拉·拉法格。列宁同保·拉法格谈到自己的《唯物主义和经验批判主义》一书。

《回忆弗·伊·列宁》,第 1 卷,1968 年,第 356—357 页;让·弗雷维尔:《列宁在巴黎》,1969 年,第 243—245 页。

列宁将自己的《唯物主义和经验批判主义》一书寄给在叶卡捷琳堡的伊·阿·泰奥多罗维奇。

K.T.斯维尔德洛娃:《雅柯夫·米哈伊洛维奇·斯维尔德洛夫》,1957 年,第 130 页。

雅·米·斯维尔德洛夫和伊·阿·泰奥多罗维奇在叶卡捷琳堡监狱里读到列宁的《唯物主义和经验批判主义》一书。书是拆开分成几部分送进监狱的。

K.T.斯维尔德洛娃:《雅柯夫·米哈伊洛维奇·斯维尔德洛夫》,1957 年,第 130 页。

不晚于 9 月 1 日(14 日)

列宁从邦邦村回到巴黎。

《列宁全集》中文第 2 版增订版第 45 卷第 237—239 页,第 53 卷第 350—351 页;苏共中央马列主义研究院中央党务档案馆,第 377 号全宗,第 10 号目录,第 35691 号保管单位,第 61 张。

9 月 1 日和 4 日(14 日和 17 日)之间

列宁出席布尔什维克的非正式会议,会上讨论关于布尔什维克中央对卡普里学校的态度、维也纳《真理报》、关于中央机关报创办通俗报纸的条件等问题。

苏共中央马列主义研究院中央党务档案馆,第 377 号全宗,第 10 号目录,第 35691 号保管单位,第 61、64、65 张。

9月1日和7日(14日和20日)之间

列宁复函在莫斯科的米·巴·托姆斯基,尖锐批判卡普里岛的召回派学校,强调必须引导该校学员来巴黎听课,揭露列·达·托洛茨基的派性,警告说要防止"过分相信斯托雷平的土地政策会取得成功"。

《列宁全集》中文第2版增订版第45卷第253—254、254—256页;苏共中央马列主义研究院中央党务档案馆,第2号全宗,第1号目录,第2554号保管单位;第377号全宗,第10号目录,第35691号保管单位,第61张。

9月2日(15日)

彼得堡公共图书馆收到1册列宁赠予的1904年日内瓦出版的《俄国社会民主工党党内危机的说明材料》一书。

《国立萨尔蒂科夫-谢德林公共图书馆史》,1963年,第144页;《文学报》,1954年1月23日,第10号;《列宁格勒真理报》,1957年4月19日,第93号。

9月2日和14日(15日和27日)之间

列宁写《再论党性和非党性》一文。

《列宁全集》中文第2版增订版第19卷第108—110页;《新的一日报》,1909年9月14日(27日),第9号;《交易所新闻》,下午版,1909年9月2日(15日),第11292号。

9月3日—4日(16日—17日)

列宁收到卡·胡斯曼1909年9月15日(公历)从布鲁塞尔寄来的信,信中感谢列宁催促沙·拉波波特翻译俄国社会民主工党纲领和章程一事,说书已经大致准备好,但是还需要写篇评论。

《列宁全集》中文第2版增订版第45卷第257—258页;《列宁和卡米耶·胡斯曼通信集。1905—1914》,巴黎,1963年,第78—79页。

9月4日(17日)

列宁以《无产者报》编辑部名义,就召回派在国外散发以粗暴诽谤布尔什维克中央为内容、署名“萨沙”的传单一事，写信给俄国社会民主工党中央委员会，请求审查传单中提出的诬告，并对这些诬告作出正式决议。

《列宁全集》中文第 2 版增订版第 45 卷第 256—257 页。

列宁致函在布鲁塞尔的卡·胡斯曼，说除了俄国社会民主工党纲领和章程译文，还要写一篇历史概述并附上译者沙·拉波波特的地址。信是用法文写的。

《列宁全集》中文第 2 版增订版第 45 卷第 257—258 页。

9 月，5 日（18 日）以前

列宁收到自彼得堡的来信，信中说彼得堡布尔什维克撤销了 1909 年 8 月俄国社会民主工党彼得堡委员会执行委员会通过的关于当前选举运动的最后通牒派的决议。

《列宁全集》中文第 2 版增订版第 19 卷第 116—117 页；《无产者报》，巴黎，1909 年 9 月 5 日（18 日），第 47—48 号合刊。

9 月 5 日（18 日）

列宁的《谈谈彼得堡的选举（短评）》、《被揭穿了的取消派》和编者按《关于莫斯科郊区委员会执行委员会的公开信》发表在《无产者报》第 47—48 号合刊上。

《列宁全集》中文第 2 版增订版第 19 卷第 67—72、57—64、65—66 页；《无产者报》，巴黎，1909 年 9 月 5 日（18 日），第 47—48 号合刊。

9 月 7 日（20 日）

警察在卢茨克中学进行搜查时，没收了列宁的小册子《关于俄国社会民主工党统一代表大会的报告》。

Й.巴格穆特和 П.施莫尔贡：《弗·伊·列宁著作在乌克兰》，基辅，1960 年，第 54 页。

9月,不早于9日(22日)

列宁作书目札记:"尼·奥加诺夫斯基。《农业发展的规律性》。第1册,合作出版社,1909年萨拉托夫版(308页),定价1卢布60戈比"。

苏共中央马列主义研究院中央党务档案馆,第2号全宗,第1号目录,第2558号保管单位,第1张。

9月11日(24日)

列宁的《论拥护召回主义和造神说的派别》一文发表在《无产者报》第47—48号合刊附刊上。

《列宁全集》中文第2版增订版第19卷第73—107页;《无产者报》,巴黎,1909年9月11日(24日),第47—48号合刊附刊。

9月,不早于11日(24日)

列宁收到卡·胡斯曼1909年9月23日(公历)从布鲁塞尔寄来的信,信中说社会党国际局大多数成员组织寄来了他们的纲领和章程的法译文,还谈到给译者稿酬的问题和俄国议会小组在社会党国际局中的代表问题,要求提交给哥本哈根代表大会的报告不要迟于1910年2月;还说爱·大卫在德国社会民主党代表大会上作了报告,建议今后向国际代表大会提交的各种报告都要按统一格式起草和成形。

《列宁和卡米耶·胡斯曼通信集。1905—1914》,巴黎,1963年,第80—81页。

9月11日和17日(24日和30日)之间

列宁致函第三届国家杜马代表、社会民主党党团代表伊·彼·波克罗夫斯基,告知卡·胡斯曼提出关于议会小组在社会党国际局中的代表问题(这封信没有找到)。

《列宁全集》俄文第 5 版第 47 卷第 209—210、319 页;《列宁和卡米耶·胡斯曼通信集。1905—1914》,巴黎,1963 年,第 80 页。

9 月 11 日和 10 月 3 日(9 月 24 日和 10 月 16 日)之间

列宁写《寄语彼得堡布尔什维克》一文。

《列宁全集》中文第 2 版增订版第 19 卷第 123 页;《无产者报》,巴黎,1909 年 9 月 11 日(24 日),第 47—48 号合刊附刊;《无产者报》,巴黎,1909 年 10 月 3 日(16 日),第 49 号。

9 月 12 日(25 日)

莫斯科出版委员会查禁 1905 年俄国社会民主工党莫斯科委员会出版的列宁的小册子《告贫苦农民》,对出版和销售这本小册子的人追究法律责任。

《红色史料》杂志,1924 年,第 2 期,第 23、24 页。

莫斯科出版委员会在给莫斯科图书出版和贸易监察署署长的公函中告知,查禁了列宁的小册子《致贫苦农民》,要求下发命令:“立即停止所有可能在图书市场上出现的这本小册子继续流通”,要求采取措施,追查参与出版和销售这本小册子的人,并要求将上述措施呈报莫斯科高等法院检察官。

苏共中央马列主义研究院中央党务档案馆,第 4 号全宗,第 3 号目录,第 30 号保管单位,第 152、153 张。

9 月 14 日(27 日)

列宁的《再论党性和非党性》一文发表在《新的一日报》第 9 号上。

《列宁全集》中文第 2 版增订版第 19 卷第 108—110 页;《新的一日报》,1909 年 9 月 14 日,第 9 号。

9 月 17 日(30 日)

列宁将俄国社会民主工党的纲领和章程的译文按挂号印刷品寄给在布鲁塞尔的社会党国际局书记卡·胡斯曼。

《列宁全集》中文第 2 版增订版第 45 卷第 258—259 页。

列宁致函(用法文)在布鲁塞尔的卡·胡斯曼,告知寄去俄国社会民主工党纲领和章程的译文,答应过几天把历史概述寄去;说已解决译者沙·拉波波特稿酬的问题;对胡斯曼提出关于议会党团派代表参加社会党国际局的问题表示惊讶,说已就这件事致函第三届国家杜马社会民主党党团的代表;答应尽一切可能准备好提交哥本哈根代表大会的报告。

《列宁全集》中文第 2 版增订版第 45 卷第 258—259 页。

9 月 19 日(10 月 2 日)

列宁作论彼得堡第三届国家杜马补选(九月选举)的专题报告。

《列宁全集》俄文第 5 版第 19 卷第 432 页;《列宁全集》中文第 2 版增订版第 45 卷第 261 页;苏联中央国家十月革命和社会主义建设档案馆,警察司全宗,特别处,1909 年,第 5 号案卷,第 16 册,第 28 张;警察司全宗,第 265 号目录,第 394 号案卷,第 11 张、第 60 张背面。

列宁从布尔什维克中央出纳员阿·伊·柳比莫夫处收到用于转交沙·拉波波特的 30 法郎。

苏共中央马列主义研究院中央党务档案馆,第 377 号全宗,第 6 号目录,第 41470 号保管单位,第 391 张。

9 月,不早于 19 日(10 月 2 日)

列宁阅读卡普里岛学校委员会 1909 年 9 月 28 日的来信,来信答复了布尔什维克中央执行委员会提出的请卡普里学校学员来巴黎的建议,并在信上作记号。

《列宁文集》俄文版第 25 卷第 43—44 页;苏共中央马列主义研究院中央党务档案馆,第 2 号全宗,第 1 号目录,第 2560 号保管单位,第 1 张。

列宁在给卡普里学校委员会 9 月 28 日(公历)来信的复信草稿中,对来信的口气表示不能容忍,这封来信的目的是要反对《无产者报》编辑部提出的、把组织和领导在国外建立宣传员学校的工作交党中央委员会或《无产者报》扩大编辑部的建议。列宁在信中说,感到没有必要答复卡普里人,建议他们把来信刊登出来。

《列宁全集》中文第 2 版增订版第 45 卷第 261 页。

列宁就布尔什维克中央答复卡普里学校委员会 9 月 28 日(公历)来信问题致函马尔克(阿·伊·柳比莫夫),并提出复信草稿;请他用马尔克署名给《无产者报》编辑部寄一封公开信来,以谴责多莫夫(米·尼·波克罗夫斯基)的取消派立场。

《列宁全集》中文第 2 版增订版第 45 卷第 259—260 页。

9 月 20 日(10 月 3 日)以后—11 月 19 日(12 月 2 日)以前

列宁收到伊·伊·斯克沃尔佐夫-斯捷潘诺夫 1909 年 9 月 20 日(10 月 3 日)从彼得堡寄来的信。

《列宁全集》中文第 2 版增订版第 45 卷第 278—279 页。

9 月 21 日和 10 月 3 日(10 月 4 日和 16 日)之间

列宁写《〈彼得堡选举〉一文的按语》,该文是为阐明彼得堡第三届国家杜马补选结果而写的。

《列宁全集》中文第 2 版增订版第 19 卷第 67、123 页;《无产者报》,巴黎,1909 年 10 月 3 日(16 日),第 49 号。

9 月 25 日(10 月 8 日)

《新时代》杂志编辑部新书目刊登列宁的《唯物主义和经验批判主义》一书出版的信息。

《新时代》杂志,斯图加特,1909 年 10 月 8 日,第 28 年卷,第 1 册,第 2 期,第 64 页。

警察在喀山省地方自治机关农场进行搜捕时，在一位曾在喀山附近的卡拉瓦耶沃村农民中进行过工作的宣传员那里没收了列宁的小册子《告贫苦农民》。

苏联中央国家十月革命和社会主义建设档案馆，警察司全宗，第7处，1909年，第3646号案卷。

9月27日（10月10日）

列宁收到犹太工人总联盟（崩得）国外委员会1909年10月7日（公历）的来信，信中邀请列宁去日内瓦参加法庭审判工作（大概是审理波·赫尔齐克案件）。列宁在复信中以工作忙为由回绝了这一邀请。

《列宁全集》中文第2版增订版第45卷第261—262页。

列宁复函在日内瓦的约诺夫（费·马·科伊根），告知自己不能参加崩得国外委员会组织的法庭，建议吸收英诺森（约·费·杜勃洛文斯基）或其他人参加法庭；附上米宁（维·阿·卡尔宾斯基）的地址，建议请米宁协助找到杜勃洛文斯基，并同他商量科伊根在给列宁的信中提到的那件事。

《列宁全集》中文第2版增订版第45卷第261—262页。

9月,28日（10月11日）以后

列宁收到卡·胡斯曼10月11日（公历）从布鲁塞尔寄来的信，信中附寄10份请柬，邀请俄国代表出席10月24日（11月6日）召开的第三届社会党新闻工作者代表会议和10月25日（11月7日）社会党国际局第十一次常会。

《列宁和卡米耶·胡斯曼通信集。1905—1914》，巴黎，1963年，第82页。

9月下半月—10月5日（18日）以前

列宁致函在日内瓦的维·阿·卡尔宾斯基，询问格·阿·库克林图书馆从日内瓦迁至巴黎的问题是怎样决定的，请求把弗·德·邦契-布鲁耶维奇组织的布尔什维克图书馆的目录寄来，责备维克多(维·康·塔拉图塔)迁居日内瓦。

《列宁全集》中文第2版增订版第45卷第263页；苏共中央马列主义研究院中央党务档案馆，第2号全宗，第1号目录，第2565号保管单位。

9月—10月3日(16日)以前

列宁阅读B.O.沃洛谢维奇从彼得堡寄给《无产者报》编辑部的信。

《列宁全集》中文第2版增订版第19卷第117页。

10月以前

列宁给准备回俄国进行党的工作的工人小组讲解土地问题。

B.杰戈季：《在布尔什维主义的旗帜下——一个地下工作者的笔记》，1933年，第97—99、108页；《顿河》杂志，1960年，第4期，第14—16页；《无产阶级革命》杂志，1927年，第8—9期合刊，第309页。

10月2日(15日)

列宁写便函给布尔什维克中央总务委员会，请求付给沙·拉波波特翻译俄国社会民主工党纲领补充部分的稿酬。

苏共中央马列主义研究院中央党务档案馆，第2号全宗，第1号目录，第2563号保管单位；第377号全宗，第7号目录，第41424号保管单位，第6张。

10月3日(16日)

列宁的《寄语彼得堡布尔什维克》一文和对《〈彼得堡选举〉一文的按语》发表在《无产者报》第49号上。

《列宁全集》中文第2版增订版第19卷第111—122、123页；《无产者报》，巴黎，1909年10月3日(16日)，第49号。

10月4日或5日(17日或18日)

列宁同娜·康·克鲁普斯卡娅参加10万人大游行,抗议处死被指控策划巴塞罗那起义的西班牙无政府主义者弗朗西斯科·费雷尔。

《列宁全集》中文第2版增订版第53卷第514页;《回忆弗·伊·列宁》,1963年,第108—109页;让·弗雷维尔:《列宁在巴黎》,1969年,第116页;《列宁在巴黎的日子里》,1969年,第99页。

10月6日(19日)

列宁收到维·阿·卡尔宾斯基1909年10月18日(公历)从日内瓦寄来的信,信中告知同意将格·阿·库克林图书馆迁往巴黎,条件是图书馆保持其独立性,不隶属于中央机关报《社会民主党人报》编辑部,而是将它并入巴黎的一个图书馆;信中谈到同学生会谈判的结果,说把一个布尔什维克图书馆迁往巴黎是不合适的,建议利用巴黎的屠格涅夫图书馆。

苏共中央马列主义研究院中央党务档案馆,第2号全宗,第1号目录,第2565号保管单位,第3—6张。

列宁在维·阿·卡尔宾斯基1909年10月18日(公历)来信的信封上给《无产者报》编辑部秘书写道:**“请阅,阅后退我!!”**,并建议把彼得堡通讯稿刊登在中央机关报上。通讯稿发表在1909年10月31日(11月13日)《社会民主党人报》第9号上,题为《我们的选举运动(彼得堡来信)》。

《列宁全集》中文第2版增订版第45卷第264页;苏共中央马列主义研究院中央党务档案馆,第2号全宗,第1号目录,第2565号保管单位,第1张;《社会民主党人报》,巴黎,10月31日(11月13日),第9号。

10月,不早于8日(21日)

列宁拟土地问题书单:“(1)利亚先科:《土地问题发展纲要》;

(2)Е.卡拉特金:《在农民协作社的国家》,圣彼得堡,1909 年;(3)Б.卡多姆采夫:《1897 年俄国欧洲部分居民职业和社会成分调查资料》,圣彼得堡,1909 年”。

苏共中央马列主义研究院中央党务档案馆,第 2 号全宗,第 1 号目录,第 2566 号保管单位,第 2 张。

10 月 10 日和 31 日(10 月 23 日和 11 月 13 日)之间

列宁写《沙皇对芬兰人民的进攻》一文。

《列宁全集》中文第 2 版增订版第 19 卷第 126—129 页;《社会民主党人报》,巴黎,1909 年 10 月 31 日(11 月 13 日),第 9 号;《第三届国家杜马速记记录。1909 年。第 3 次常会》,第 1 册,1910,第 1、2 栏。

10 月,12 日(25 日)以前

列宁收到玛·亚·乌里扬诺娃和安·伊·乌里扬诺娃-叶利扎罗娃的来信和出版人的汇款。

《列宁全集》中文第 2 版增订版第 53 卷第 352 页。

10 月 12 日(25 日)

列宁收到玛·伊·乌里扬诺娃从莫斯科寄来的信,信中说她和母亲玛·亚·乌里扬诺娃仍然没有租到寓所,还住在公寓里,说自己身体不好,打算去治病。

《列宁全集》中文第 2 版增订版第 53 卷第 352 页。

列宁写信给在莫斯科的玛·亚·乌里扬诺娃,告知已收到她和妹妹的来信、《批判评论》杂志以及出版人给他汇来的钱,建议赶快从公寓搬到住宅去,请求德·伊·乌里扬诺夫告知玛丽亚·伊里尼奇娜的健康情况。

《列宁全集》中文第 2 版增订版第 53 卷第 352—353 页。

10 月,不早于 12 日(25 日)

列宁作书目札记(用德文):

“(5)《威廉·沃尔弗文集》
(6)《莱比锡党代表大会记录》} 前进出版社”。

苏共中央马列主义研究院中央党务档案馆,第 2 号全宗,第 1 号目录,第 2572 号保管单位,第 1 张。

10 月 13 日(26 日)

弗·德·邦契-布鲁耶维奇从彼得堡致函娜·康·克鲁普斯卡娅,请求列宁和克鲁普斯卡娅留心他们所看到的各种文版的有关信仰自由问题的评论和书刊,把书名告诉他,并尽可能把最有意思的书买来寄去。

苏共中央马列主义研究院中央党务档案馆,第 377 号全宗,第 13 号目录,第 29138 号保管单位,第 2 张—第 2 张背面;《苏共历史问题》杂志,1962 年,第 5 期,第 182 页。

10 月 15 日(28 日)

列宁在列日给社会民主党小组的党员们作《论党内状况》的报告。

《列宁全集》俄文第 5 版第 19 卷第 432 页;苏联中央国家十月革命和社会主义建设档案馆,警察司全宗,1909 年,第 265 号目录,第 398 号案卷,第 39 张;《红色文献》杂志,1934 年,第 1 期,第 221 页;《全俄中央执行委员会消息报》,1935 年 10 月 11 日,第 238 号。

10 月,不晚于 16 日(29 日)

列宁在列日逗留期间同布尔什维克 Д.И.查索夫尼科夫谈话,告诉他卡普里学校分裂、米哈伊尔(尼·叶·维洛诺夫)及其他 5 名学员被学校开除,反对同孟什维克在原则问题上作任何妥协。

苏联中央国家十月革命和社会主义建设档案馆,莫斯科保安处全宗,侦探科,1910 年,第 134 号案卷,第 I 册(3—6),第 3 张。

10 月 16 日(29 日)

列宁在列日作公开报告,题为《反革命资产阶级的意识形态》。

《列宁全集》俄文第 5 版第 19 卷第 432 页；苏联中央国家十月革命和社会主义建设档案馆，警察司全宗，特别处，1909 年，第 5 号案卷，第 21 册，第 164 张；《全俄中央执行委员会消息报》，1935 年 10 月 11 日，第 238 号；《回忆弗·伊·列宁》，1963 年，第 90 页。

10 月，21 日（11 月 3 日）以前

列宁写《关于巩固我们的党和党的统一的方法》一文（这篇文章没有找到）。

《列宁全集》俄文第 5 版第 19 卷第 432—433 页；苏共中央马列主义研究院中央党务档案馆，第 163 号全宗，第 1 号目录，第 297 号保管单位，第 12—17 张；《苏共历史问题》杂志，1960 年，第 5 期，第 174 页。

10 月 21 日（11 月 3 日）

列宁起草关于巩固党和党的统一的决议草案。

《列宁全集》中文第 2 版增订版第 19 卷第 124 页；《苏共历史问题》杂志，1960 年，第 5 期，第 174 页。

10 月 21 日—22 日（11 月 3 日—4 日）

列宁出席中央机关报《社会民主党人报》编辑部会议。

《列宁全集》中文第 2 版增订版第 19 卷第 124 页，第 45 卷第 270 页；《苏共历史问题》杂志，1960 年，第 5 期，第 174 页。

由于中央机关报编辑部拒绝把列宁的《关于巩固我们的党和党的统一的方法》一文作为编辑部文章发表，列宁提出关于巩固党和党的统一的决议草案。草案被编辑部中的取消派和调和派以多数票否决。

《列宁全集》中文第 2 版增订版第 19 卷第 124、432—433 页；《苏共历史问题》杂志，1960 年，第 5 期，第 174 页。

10 月，22 日（11 月 4 日）以前

列宁给在萨拉托夫的安·伊·乌里扬诺娃-叶利扎罗娃写信

(这封信没有找到)。

《列宁全集》俄文第5版第19卷第433页;《列宁全集》中文第2版增订版第53卷第352页;《乌里扬诺夫家书集》,1969年,第216页。

列宁收到玛·伊·乌里扬诺娃从莫斯科寄来的注明新地址的信。

《列宁全集》中文第2版增订版第53卷第353页。

10月22日(11月4日)

由于中央机关报《社会民主党人报》编辑部拒绝把列宁的《关于巩固我们的党和党的统一的方法》一文作为编辑部文章发表,还否决了他就这个问题提出的决议草案,列宁发表关于退出中央机关报《社会民主党人报》编辑部的声明。

《列宁全集》中文第2版增订版第45卷第270、357—358页;《苏共历史问题》杂志,1960年,第5期,第174页。

列宁致函中央机关报编辑部,要求在最近一号《社会民主党人报》上刊登他的退出中央机关报编辑部的声明及关于巩固党和党的统一的决议草案,并要求告知,在即将出版的那一号报纸上,中央机关报编辑部是否准备采用他的那篇供讨论用的关于巩固我们党和我们党的统一的方法问题的文章。

《列宁全集》中文第2版增订版第45卷第270页。

列宁写信给在莫斯科的玛·亚·乌里扬诺娃,告知收到玛·伊·乌里扬诺娃的信和一套《俄国报》,询问他们新居安排得怎么样,告知即将去布鲁塞尔几天,并说已经收到伊·伊·斯克沃尔佐夫-斯捷潘诺夫的来信。

《列宁全集》中文第2版增订版第53卷第353页。

特务官员在从巴黎发给警察司司长的报告中告知,收到侦探科关于社会党国际局即将在布鲁塞尔举行会议和 1910 年将在哥本哈根召开的列宁将作为代表出席的第二国际代表大会的情报。

苏联中央国家十月革命和社会主义建设档案馆，警察司全宗，特别处，1909 年，第 311 号案卷，第 28 张。

10 月 23 日（11 月 5 日）

列宁从巴黎去布鲁塞尔出席社会党国际局第十一次常会。

《列宁全集》中文第 2 版增订版第 53 卷第 353 页；苏共中央马列主义研究院中央党务档案馆，第 163 号全宗，第 1 号目录，第 297 号保管单位，第 12 张。

列宁在布鲁塞尔收到布尔什维克中央执行委员会通过卡·胡斯曼转给他的电报，电报要求在共同讨论之前暂时搁置关于退出中央机关报编辑部的声明。

《列宁全集》俄文第 5 版第 47 卷第 356—357 页；苏共中央马列主义研究院中央党务档案馆，第 2 号全宗，第 5 号目录，第 242 号保管单位。

10 月 23 日和 26 日（11 月 5 日和 8 日）之间

列宁在布鲁塞尔会见伊·费·波波夫。波波夫将自己的一篇关于比利时工人党的内阁主义的文章交给列宁，以便在《无产者报》或《社会民主党人报》上发表。

苏共中央马列主义研究院中央党务档案馆，第 2 号全宗，第 5 号目录，第 267 号保管单位，第 1、2 张。

10 月 24 日（11 月 6 日）

列宁通知《社会民主党人报》编辑部，收回自己那份关于退出编辑部的声明。

《列宁全集》中文第 2 版增订版第 45 卷第 357—358 页。

列宁参加在布鲁塞尔举行的社会党新闻工作者第三次国际代表会议的工作，发布关于俄国社会民主工党成立新闻工作者组织的消息。

《列宁全集》中文第2版增订版第19卷第185页;《社会党国际局定期公报》,布鲁塞尔,1910年,第2号,第29、30页。

10月25日(11月7日)

列宁在于布鲁塞尔举行的社会党国际局第十一次常会上就荷兰社会民主工党分裂问题发言,赞成吸收从机会主义多数派分裂出来并采用"社会民主党"作为名称的荷兰社会民主工党革命派加入第二国际。

《列宁全集》中文第2版增订版第19卷第125、185页;《社会党国际局定期公报》,布鲁塞尔,1910年,第2号,第40—41页;《莱比锡人民报》,1909年11月13日,第264号,该号附刊4。

10月26日(11月8日)

列宁参加社会党国际局国际议会委员会第四次会议的工作。

《列宁全集》中文第2版增订版第19卷第187—189页。

10月,26日(11月8日)以后

列宁从布鲁塞尔返回巴黎。

《列宁全集》中文第2版增订版第19卷第187—189页。

10月29日(11月11日)

警察司向宪兵局局长和保安处处长发布通告:在布鲁塞尔举行的社会党国际局会议决定1910年在哥本哈根召开社会党国际代表大会,列宁将作为代表出席。

苏联中央国家十月革命和社会主义建设档案馆,警察司全宗,特别处,1909年,第311号案卷,第29张—第29张背面。

10月30日(11月12日)

列宁收到马尔克(阿·伊·柳比莫夫)写的收到从布尔什维克中央支付给他的984法郎的收据。

苏共中央马列主义研究院中央党务档案馆，第 377 号全宗，第 6 号目录，第 41470 号保管单位，第 531 张；第 12 号目录，第 41420 号保管单位，第 21 张。

10 月 31 日(11 月 13 日)

列宁于 10 月 25 日(11 月 7 日)在社会党国际局会议上作的关于荷兰社会民主工党分裂问题的发言发表在《莱比锡人民报》(德文)上。

《列宁全集》中文第 2 版增订版第 19 卷第 125 页；《莱比锡人民报》，1909 年 11 月 13 日，第 264 号，该号附刊 4。

列宁的《沙皇对芬兰人民的进攻》一文作为社论发表在《社会民主党人报》第 9 号上。

《列宁全集》中文第 2 版增订版第 19 卷第 126—129 页；《社会民主党人报》，巴黎，1909 年 10 月 31 日(11 月 13 日)，第 9 号。

10 月底—11 月初

列宁就在彼得堡出版《新的一日报》问题致电(或致函)亚·丘赫诺夫(亚·尤·芬-叶诺塔耶夫斯基)(这封电报没有找到)。

《列宁全集》俄文第 5 版第 47 卷第 319—320 页；苏共中央马列主义研究院中央党务档案馆，第 2 号全宗，第 5 号目录，第 266 号保管单位。

10 月

列宁代表《无产者报》编辑部给卡普里学校部分学员复信，告知收到他们寄来的两封“谈到‘学校’中发生分裂”的信，表示欢迎部分学员同波格丹诺夫分子“明确划清界限”，对脱离召回派的学员提出许多建议和指示，答应对他们继续在巴黎学习给予物质帮助和其他方面的帮助。

《列宁全集》中文第 2 版增订版第 45 卷第 265—267 页；《回忆弗·伊·列宁》，1963 年，第 104 页。

列宁同根据布尔什维克中央的指示派往敖德萨的工人布尔什维克B.A.杰戈季谈话，请他向敖德萨的同志们转告一系列指示，列宁热情赞扬瓦·瓦·沃罗夫斯基，向杰戈季交代同沃罗夫斯基接头的秘密地点，建议给敖德萨、尼古拉耶夫、叶卡捷琳诺斯拉夫和塞瓦斯托波尔带去一些书刊，并为沃罗夫斯基带去伦敦代表大会的记录，说工人稿件对《无产者报》和《社会民主党人报》是很重要的。

苏共中央马列主义研究院中央党务档案馆，第377号全宗，第6号目录，第41470号保管单位，第394、402、431张；B.杰戈季：《在布尔什维主义的旗帜下——一个地下工作者的笔记》，1933年，第101—102页；《无产阶级革命》杂志，1927年，第8—9期，第309—310页。

不早于10月

列宁就准备1909年6—9月份报表问题给布尔什维克中央总务委员会写书面指示，拟制大致报表。

《列宁全集》中文第2版增订版第45卷第267—269页。

不早于10月—1910年初

列宁记录H.萨洛夫《论土地规划问题》(1909年莫斯科版)一书的书目信息。

《列宁文集》俄文版第25卷第308页；《图书年鉴》，1909年11月14日，第44期，第18页。

不早于10月—不晚于1911年4月

列宁读格·瓦·普列汉诺夫的《尼·加·车尔尼雪夫斯基》(1909年圣彼得堡版)一书，在书上作记号，并将该书同普列汉诺夫1890年发表在文学政治评论杂志《社会民主党人》上的论车尔尼雪夫斯基的文章作比较。

《列宁全集》中文第2版增订版第55卷第523—559、660页；苏共中央马列主义研究院中央党务档案馆，第2号全宗，第1

号目录，第 2706 号保管单位；《克里姆林宫的弗·伊·列宁藏书》，1961 年，第 176 页；《图书年鉴》，1909 年 10 月 17 日，第 40 期，第 16 页。

列宁读尤·米·斯切克洛夫的《尼·加·车尔尼雪夫斯基及其生平和活动（1828—1889）》（1909 年圣彼得堡版）一书，并在书上作记号。

《列宁全集》中文第 2 版增订版第 55 卷第 560—610、660 页；《克里姆林宫的弗·伊·列宁藏书》，1961 年，第 178 页；《图书年鉴》，1909 年 10 月 31 日，第 42 期，第 18 页。

11 月初

列宁给某人写信（这封信没有找到）。

《列宁全集》俄文第 5 版第 19 卷第 433 页；《列宁全集》中文第 2 版增订版第 53 卷第 355—356 页。

11 月 1 日（14 日）

列宁同英诺森（约·费·杜勃洛文斯基）以及其他一些中央委员一起提出必须在近期召开俄国社会民主工党中央全会的问题。

《列宁全集》中文第 2 版增订版第 45 卷第 358—359 页。

11 月 3 日（16 日）

列宁同工人布尔什维克米哈伊尔（尼·叶·维洛诺夫）谈话，他是在卡普里学校发生分裂后来巴黎的。

《列宁全集》中文第 2 版增订版第 45 卷第 274—275 页；《回忆弗·伊·列宁》，第 1 卷，1968 年，第 353—354 页。

列宁致函在卡普里岛的阿·马·高尔基，告知自己同尼·叶·维洛诺夫在巴黎会见和谈话的情况；对卡普里学校的分裂进行评价；感谢高尔基用自己的艺术天才给俄国（不仅仅是俄国）的工人运动带来了巨大的益处；希望他摆脱沉重的心情，表示深信俄国社会民主党的力量。

《列宁全集》中文第 2 版增订版第 45 卷第 274—275 页。

11 月，不早于 3 日（16 日）

列宁在《无产者报》编辑部同被卡普里学校开除而来到巴黎的伊·伊·潘克拉托夫、Н.У.乌斯京诺夫、В.Е.柳什温、安·谢·罗曼诺夫和尼·尼·科济列夫结识并同他们谈话，向他们了解俄国各个党组织的工作情况、工人的情绪，同他们一起安排讲课和座谈的日程。

《回忆弗·伊·列宁》，1963 年，第 104—105 页；《他们与伊里奇见面》，1960 年，第 25—26 页；《列宁旗帜报》，1958 年 4 月 22 日，第 69 号。

11 月 3 日和 28 日（11 月 16 日和 12 月 11 日）之间

列宁写短评《可耻的失败》。

《列宁全集》中文第 2 版增订版第 19 卷第 130—132 页，第 45 卷第 274—275 页；《可耻的失败》，《无产者报》第 50 号抽印本，［巴黎，1909 年 11 月 28 日（12 月 11 日）］。

11 月，3 日（16 日）以后

列宁收到阿·马·高尔基的回信，信中邀请列宁去卡普里岛。高尔基在信中对卡普里学校的活动及布尔什维克同召回派、造神派分裂的原因作了错误的估价，对《无产者报》作了评论，谈了自己对尼·叶·维洛诺夫的看法。

《列宁全集》中文第 2 版增订版第 45 卷第 276—278 页；苏共中央马列主义研究院中央党务档案馆，第 2 号全宗，第 1 号目录，第 2577 号保管单位，第 1—2 张；《弗·伊·列宁和阿·马·高尔基》，增订第 3 版，1969 年，第 51 页。

11 月 6 日（19 日）

列宁审阅《无产者报》扩大编辑部出纳员的报表。

苏共中央马列主义研究院中央党务档案馆，第 377 号全宗，第 6н 号目录，第 41409 号保管单位。

11 月,6 日(19 日)以后

列宁收到亚·丘赫诺夫(亚·尤·芬-叶诺塔耶夫斯基)1909 年 11 月 6 日(19 日)关于在彼得堡出版《新的一日报》问题的来信。

苏共中央马列主义研究院中央党务档案馆,第 2 号全宗,第 5 号目录,第 266 号保管单位。

11 月 7 日(20 日)

莫斯科地方法院第七处向莫斯科市一区法院侦查人员寄送通知,告知地方法院 1909 年 10 月 23 日(11 月 5 日)作出的关于付给国民教育部社会事务司在《圣彼得堡新闻》上刊登寻找弗·伊·乌里扬诺夫启事的费用 6 卢布 72 戈比的决定。

苏共中央马列主义研究院中央党务档案馆,第 4 号全宗,第 3 号目录,第 30 号保管单位,第 132 张。

11 月,不早于 7 日(20 日)

列宁复函在卡普里岛的阿·马·高尔基,认为高尔基对布尔什维克同召回派和造神派分裂的原因和性质的看法是错误的,指出导致分裂的起因是“对目前整个形势(当然也包括对马克思主义)”的看法不同;拒绝接受去卡普里岛的邀请。

《列宁全集》中文第 2 版增订版第 45 卷第 276—278 页。

11 月 9 日(22 日)

巴黎的特务官员向警察司报告说,在布鲁塞尔举行了社会党国际局会议,列宁参加了会议的工作。

苏联中央国家十月革命和社会主义建设档案馆,警察司全宗,特别处,1909 年,第 311 号案卷,第 32 张—第 32 张背面。

11 月,13 日(26 日)以前

列宁写《反革命自由派的意识形态(《路标》的成就及其社会意

义)》的报告提纲。提纲刊登在报告的海报上。

《列宁全集》中文第2版增订版第19卷第165、458页。

11月13日(26日)

列宁在丹东街8号科学家协会大厅作题为《反革命自由派的意识形态(《路标》的成就及其社会意义)》的报告。

《列宁全集》中文第2版增订版第19卷第165页;苏共中央马列主义研究院中央党务档案馆,第14号全宗,第1号目录,第133号保管单位,第22张;让·弗雷维尔:《列宁在巴黎》,1969年,第122—123页;《回忆弗·伊·列宁》,1963年,第106页;《他们与伊里奇见面》,1960年,第26页。

11月17日(30日)

列宁收到主管卡普里学校总务的马鲁霞(玛·米·佐林娜)的电报,提醒说亚·亚·波格丹诺夫可能阻挠学校第二小组学员去巴黎。

苏共中央马列主义研究院中央党务档案馆,第377号全宗,第13号目录,第36544号保管单位,第1张。

11月17日和21日(11月30日和12月4日)之间

列宁阅读刊登在《柏林每日小报》上的一篇诽谤性的文章《高尔基被开除出社会民主党》和在巴黎的《闪电报》上的同一题目的通讯。

《列宁全集》中文第2版增订版第53卷第354—355页;《柏林每日小报》,1909年11月30日,第607号。

11月19日(12月2日)

列宁复函在彼得堡的伊·伊·斯克沃尔佐夫-斯捷潘诺夫,简要说明党内的状况,指出新的一般民主主义对沙皇制度的冲击是不可避免的,联系这个问题分析了俄国革命的道路和农民在革命中的作用,分析了斯托雷平的土地政策。

《列宁全集》中文第 2 版增订版第 45 卷第 278—281 页。

11 月 19 日或 20 日(12 月 2 日或 3 日)

列宁阅读刊载在 1909 年 11 月 19 日(12 月 2 日)《前进报》上的《耸人听闻的消息》一文,该文驳斥了资产阶级报纸编造的阿·马·高尔基被俄国社会民主党开除的谣言。

《列宁全集》中文第 2 版增订版第 53 卷第 354—355 页;《前进报》,柏林,1909 年 12 月 2 日,第 281 号,《前进报》附刊 1,第 2 页。

11 月,不晚于 20 日(12 月 2 日)

列宁出席巴黎布尔什维克会议,在米哈伊尔(尼·叶·维洛诺夫)作完关于卡普里学校的报告和多莫夫(米·尼·波克罗夫斯基)发言之后发言,批评波克罗夫斯基维护亚·亚·波格丹诺夫的观点。

《无产阶级革命》杂志,1924 年,第 6 期,第 69 页;《伏尔加河上的群星》,雅罗斯拉夫尔,1964 年,第 106 页。

11 月,21 日(12 月 4 日)以前

列宁给被卡普里学校开除的学员讲课,题目是:《目前的形势和我们的任务》和《斯托雷平的土地政策》。

苏共中央马列主义研究院中央党务档案馆,第 377 号全宗,第 1y 号目录,第 35662 号保管单位;第 7 号目录,第 41421 号保管单位,第 2 张—第 2 张背面、第 3 张;第 8 号目录,第 26564 号保管单位;第 13 号目录,第 36544 号保管单位;第 436 号全宗,第 1 号目录,第 34753 号保管单位;《无产者报》,巴黎,1909 年 11 月,第 50 号附刊;《回忆弗·伊·列宁》,第 1 卷,1968 年,第 354 页;《回忆弗·伊·列宁》,1963 年,第 105—106 页;《无产阶级革命》杂志,1924 年,第 6 期,第 70 页;《西伯利亚星火》杂志,新尼古拉耶夫斯克,1922 年,第 2 期,第 69—72 页。

11 月 21 日(12 月 4 日)

列宁收到 1909 年 11 月 17 日(30 日)的莫斯科工业家的报纸

《俄国晨报》，阅读报上刊登的简讯《马克西姆·高尔基被开除》，说这篇简讯“无耻地瞎诌”，说《俄国晨报》“纯粹是一张造谣报，它登出这篇‘访问记’来，只求耸人听闻而已”。

《列宁全集》中文第2版增订版第53卷第354—355页；《俄国晨报》，1909年11月17日(30日)，第35号—2。

列宁写信给在莫斯科的玛·伊·乌里扬诺娃，谈国外和俄国资产阶级报刊凭空捏造的关于阿·马·高尔基被社会民主党开除的谣言；询问家里的情况和母亲的健康；说自己常去图书馆，娜·康·克鲁普斯卡娅在学习法文；请她把列宁留在萨布林诺的书寄来，“如果不能全部寄，就把马克思、恩格斯及杰出的古典作家的书寄来也行”。

《列宁全集》中文第2版增订版第53卷第354—355页；苏共中央马列主义研究院中央党务档案馆，第2号全宗，第1号目录，第2579号保管单位。

列宁出席俄国社会民主工党巴黎第二协助小组的会议，作关于社会党国际局第十一次常会的报告；被选为小组委员会委员。

《列宁全集》俄文第5版第19卷第432页；苏联中央国家十月革命和社会主义建设档案馆，警察司全宗，特别处，1909年，第311号案卷，第45张；《红色文献》杂志，1934年，第1期，第221页。

11月，24日或25日(12月7日或8日)以前

列宁收到玛·亚·乌里扬诺娃和玛·伊·乌里扬诺娃从莫斯科寄来的信。

《列宁全集》中文第2版增订版第53卷第355—356页。

11月，24日或25日(12月7日或8日)

列宁收到玛·伊·乌里扬诺娃从莫斯科寄来的信，信中说他不用再给那个熟人写信了(没有查明这里指的是谁)。

《列宁全集》中文第2版增订版第53卷第355—356页。

列宁写信给在莫斯科的玛·亚·乌里扬诺娃，说收到了她和玛·伊·乌里扬诺娃的信，担心住所寒冷会影响母亲的健康；请求玛·伊·乌里扬诺娃弄到一份1907—1909年的《莫斯科省统计年鉴》，并打听《各县土地规划委员会工作概况（1907—1908年）》一书的价钱。

《列宁全集》中文第2版增订版第53卷第355—356页。

11月24日和28日（12月7日和11日）之间

列宁写短评《资产阶级报界关于高尔基被开除的无稽之谈》。

《列宁全集》中文第2版增订版第19卷第153—154页；《无产者报》，巴黎，1909年11月28日（12月11日），第50号；《新时报》，1909年11月24日（12月7日），第12107号。

11月26日（12月9日）

列宁给俄国各地方自治机关、市政机关和政府机关的统计工作者写吁请书，请求给他寄一些统计资料，以便继续他的“关于土地问题，特别是关于俄国农业中的资本主义问题”的写作。

《列宁全集》中文第2版增订版第45卷第281—282页。

11月26日和12月24日（12月9日和1910年1月6日）之间

列宁写《俄国自由主义的新发明》一文。

《列宁全集》中文第2版增订版第19卷第177—184页；《社会民主党人报》，巴黎，1909年12月24日（1910年1月6日），第10号；《言语报》，1909年11月26日（12月9日），第325号。

11月27日（12月10日）

一封附有俄国社会民主工党雷瓦尔委员会1906—1909年工作报告的信件寄到《无产者报》编辑部列宁处。

苏联中央国家十月革命和社会主义建设档案馆，警察司全宗，

1909 年,第 265 号目录,第 358 号案卷,第 554—565 张。

警察司密报莫斯科保安处处长:卡普里学校彻底解体,学校第二批工人学员去巴黎,列宁将给原卡普里学校学员讲课。

苏共中央马列主义研究院中央党务档案馆,第 436 号全宗,第 1 号目录,第 38954 号保管单位。

警察在哥韦伊诺沃村(莫斯科省)进行搜捕时,发现并没收了列宁的《农村需要什么(告贫苦农民)》和《普列汉诺夫同志是怎样论述社会民主党的策略的?》小册子。

苏联中央国家十月革命和社会主义建设档案馆,警察司全宗,第 7 处,1909 年,第 4311 号案卷。

11 月 27 日或 28 日(12 月 10 日或 11 日)

列宁写信给玛·伊·乌里扬诺娃,请她利用即将在莫斯科召开俄国自然科学家和医生第十二次代表大会的机会(会上将成立一个统计工作者分组),通过熟人弄到他所需要的统计出版物:"(1)关于农民经济和地主经济,特别是目前的统计和按户调查的材料;(2)关于手工业者和工业的材料;(3)关于 1906 年 11 月 9 日的法令和份地分配的材料"。信中列宁附上他写给统计工作者的吁请书,以便散发给他们。

《列宁全集》中文第 2 版增订版第 45 卷第 281—282 页,第 53 卷第 357—358 页;苏共中央马列主义研究院中央党务档案馆,第 2 号全宗,第 1 号目录,第 2584 号保管单位,第 3 张。

11 月 28 日(12 月 11 日)以前

列宁阅读涅·切列万宁的《当前的形势和未来的展望》(1908 年莫斯科版)一书,并在书上作记号、划重点并写批语。列宁在书的封面上写了他在《〈社会民主党人呼声报〉与切列万宁》一文中使用的重要论点汇集。

《列宁全集》中文第 2 版增订版第 19 卷第 150—152 页；《列宁文集》俄文版第 26 卷第 366—412 页；《无产者报》，巴黎，1909 年 11 月 28 日（12 月 11 日），第 50 号；《克里姆林宫的弗·伊·列宁藏书》，1961 年，第 224 页。

11 月，28 日（12 月 11 日）以前

列宁读谢·伊·古谢夫的来信。古谢夫受《无产者报》编辑部的委派，去彼得堡、敖德萨和其他城市向各地的布尔什维克传达《无产者报》扩大编辑部会议的决议。列宁在《论俄国社会民主党内思想上的涣散和混乱》一文中引用了这封信。

《列宁全集》中文第 2 版增订版第 19 卷第 155—157 页；《无产者报》，巴黎，1909 年 11 月 28 日（12 月 11 日），第 50 号；Ф.Д.克列托夫：《弗·伊·列宁在斯托雷平反动年代为保存和巩固俄国社会民主工党而斗争》，1969 年，第 137 页。

列宁写《论俄国社会民主党内思想上的涣散和混乱》一文（这篇文章的结尾部分没有找到）。

《列宁全集》中文第 2 版增订版第 19 卷第 153—154、457 页；《列宁文集》俄文版第 25 卷第 49—51 页。

11 月 28 日（12 月 11 日）

列宁的《论目前思想混乱的某些根源》、《取消派的手法和布尔什维克的护党任务》、《〈社会民主党人呼声报〉与切列万宁》、《资产阶级报界关于高尔基被开除的无稽之谈》等文章发表在《无产者报》第 50 号上。

《列宁全集》中文第 2 版增订版第 19 卷第 133—141、142—149、150—152、153—154 页；《无产者报》，巴黎，1909 年 11 月 28 日（12 月 11 日），第 50 号。

列宁的《可耻的失败》一文以《无产者报》第 50 号抽印本的形式发表。

《列宁全集》中文第 2 版增订版第 19 卷第 130—132 页；《可耻的失败》，《无产者报》第 50 号抽印本，〔巴黎，1909 年 11 月 28

日(12月11日)〕。

11月底—12月

娜·康·克鲁普斯卡娅写信给在达沃斯(瑞士)的尼·叶·维洛诺夫说:“刚刚收到一封寄给您的信。按照您来信的要求,我拆开了这封信并读了有关工作的内容,给伊里奇看过,让他有所了解。”

苏共中央马列主义研究院中央党务档案馆,第377号全宗,第8号目录,第26566号保管单位;《苏共历史问题》杂志,1962年,第5期,第179页。

11月下半月—不晚于12月13日(26日)

列宁写《论〈路标〉》一文。

《列宁全集》中文第2版增订版第19卷第165、167—175页;《新的一日报》,1909年12月13日,第15号;《历史文献》杂志,1955年,第2期,第10页。

11月—12月

列宁经常在国立图书馆里从事研究工作。娜·康·克鲁普斯卡娅在给玛·亚·乌里扬诺娃的一封信中说:“已经第二个星期了,他早晨8点起床,然后去图书馆,下午2点回来。”列宁有时骑自行车去图书馆。

《列宁全集》俄文第5版第55卷第438页;《列宁全集》中文第2版增订版第53卷第354—355页;《回忆弗·伊·列宁》,第1卷,1968年,第354页;让·弗雷维尔:《列宁在巴黎》,1969年,第186—188页。

秋天

列宁积极参加第三届国家杜马社会民主党党团协助小组的工作,为党团写《关于八小时工作制法令主要根据的草案说明书》。

《列宁全集》中文第2版增订版第19卷第158—164页。

12 月，2 日（15 日）以后

列宁收到伊·费·波波夫 1909 年 12 月 15 日（公历）从布鲁塞尔寄来的信，信中请求回答，为什么《无产者报》或《社会民主党人报》没有刊登他在布鲁塞尔交给列宁的关于比利时工人党的内阁主义的文章。

苏共中央马列主义研究院中央党务档案馆，第 2 号全宗，第 5 号目录，第 267 号保管单位，第 2 张。

12 月 3 日（16 日）

列宁复函在彼得堡的伊·伊·斯克沃尔佐夫-斯捷潘诺夫，详细分析俄国现阶段资本主义农业发展两条道路斗争的问题。

《列宁全集》中文第 2 版增订版第 45 卷第 282—288 页。

12 月 4 日（17 日）

特务官员从巴黎向警察司司长报告有关列宁、娜·康·克鲁普斯卡娅以及在国外的布尔什维克派其他俄国社会民主工党党员的密探情报。

苏联中央国家十月革命和社会主义建设档案馆，警察司全宗，特别处，1909 年，第 5 号案卷，第 84 册，第 142 张—第 146a 张。

12 月 5 日（18 日）

特务官员从巴黎向警察司司长报告称，1909 年 11 月 21 日（12 月 4 日）举行了俄国社会民主工党巴黎第二协助小组会议，列宁在会上作了发言。

苏联中央国家十月革命和社会主义建设档案馆，警察司全宗，特别处，1909 年，第 311 号案卷，第 45 张。

12 月 11 日（24 日）

列宁出席欢迎第二批来巴黎的卡普里学校学员的会议。

苏共中央马列主义研究院中央党务档案馆,第142号全宗,第1号目录,第561号保管单位,第34张。

12月12日(25日)

警察在梯弗利斯进行搜捕时,发现了列宁的小册子《修改工人政党的土地纲领》和《社会民主党和杜马选举》。

苏联中央国家十月革命和社会主义建设档案馆,警察司全宗,第7处,1909年,第4537号案卷。

12月12日(25日)—不晚于30日(1910年1月12日)

列宁给第二批来巴黎的卡普里学校学员讲课,题为《论目前形势》和《斯托雷平的土地政策》。

苏共中央马列主义研究院中央党务档案馆,第142号全宗,第1号目录,第561号保管单位,第1—2、34、35张;第377号全宗,第8号目录,第26565号保管单位,第1—2张;第26567号保管单位,第1—2张;苏联中央国家十月革命和社会主义建设档案馆,警察司全宗,特别处,1909年,第271号案卷,第216张;《回忆弗·伊·列宁》,第1卷,1968年,第354—355页;《无产阶级革命》杂志,1924年,第6期,第71—73页;《西伯利亚星火》杂志,新尼古拉耶夫斯克,1922年,第2期,第72—73页。

12月13日(26日)

列宁的《论〈路标〉》一文发表在《新的一日报》第15号上。

《列宁全集》中文第2版增订版第19卷第167—176页;《新的一日报》,1909年12月13日,第15号。

12月15日(28日)

警察在彼得堡进行搜查时,发现并没收了列宁的小册子《普列汉诺夫同志是怎样论述社会民主党的策略的?》、《告贫苦农民(向农民讲解社会民主党人要求什么)》和《土地问题和"马克思的批评家"》。

苏联中央国家十月革命和社会主义建设档案馆,警察司全宗,

第 7 处,1909 年,第 4572 号案卷。

12 月 20 日(1910 年 1 月 2 日)以前

列宁收到从梁赞寄来的关于统计资料的信,这封信是对列宁寄往莫斯科给各地方自治机关、市政机关和政府机关的统计工作者的吁请书的答复。

《列宁全集》中文第 2 版增订版第 53 卷第 359—360 页。

12 月,20 日(1910 年 1 月 2 日)以前

列宁和娜·康·克鲁普斯卡娅一起参观博物馆和蜡像陈列馆并去看戏。

《列宁全集》中文第 2 版增订版第 53 卷第 359 页。

12 月 20 日(1910 年 1 月 2 日)

列宁和娜·康·克鲁普斯卡娅收到玛·亚·乌里扬诺娃的来信和玛·伊·乌里扬诺娃的附笔。

《列宁全集》中文第 2 版增订版第 53 卷第 359 页。

列宁给费多尔·奥杰斯基写信,并将信寄到在莫斯科的玛·伊·乌里扬诺娃处(假名未能查清,这封信没有找到)。

《列宁全集》俄文第 5 版第 19 卷第 434 页;《列宁全集》中文第 2 版增订版第 53 卷第 359—360 页。

列宁写信给在莫斯科的玛·伊·乌里扬诺娃,向她祝贺新年,说自己在学习法语,感谢寄来莫斯科市的统计资料,请求寄来有关莫斯科市的第一、二、三届杜马选举的统计资料。

《列宁全集》中文第 2 版增订版第 53 卷第 359—360 页。

12 月,20 日(1910 年 1 月 2 日)以后

列宁去瑞维西(巴黎附近的一个小城)观看飞行表演。他骑自行车回巴黎时出了事故。

《列宁全集》中文第 2 版增订版第 53 卷第 359—360 页;《回忆弗·伊·列宁》,第 1 卷,1968 年,第 349 页。

12 月,24 日(1910 年 1 月 6 日)以前

列宁阅读约诺夫(费·马·科伊根)《党的统一有可能吗?》一文的手稿,建议作者修改一系列不正确和不准确的观点。在《争论专页》第 1 期发表该文时作者采纳了列宁的全部意见。

《列宁全集》俄文第 5 版第 19 卷第 439 页;《列宁文集》俄文版第 25 卷第 52—53 页;《争论专页》,巴黎,1910 年 3 月 6 日(19 日),第 1 期;《社会民主党人报》,巴黎,1909 年 12 月 24 日(1910 年 1 月 6 日),第 10 号。

12 月 24 日(1910 年 1 月 6 日)

列宁的《俄国自由主义的新发明》和《社会党国际局第十一次常会》等文章发表在《社会民主党人报》第 10 号上。

《列宁全集》中文第 2 版增订版第 19 卷第 177—184、185—189 页;《社会民主党人报》,巴黎,1909 年 12 月 24 日(1910 年 1 月 6 日),第 10 号。

特务官员从巴黎向警察司司长报告称,卡普里学校的学员去巴黎,列宁为他们安排一系列课程。

苏联中央国家十月革命和社会主义建设档案馆,警察司全宗,特别处,1909 年,第 271 号案卷,第 216 张。

12 月,不早于 25 日(1910 年 1 月 7 日)—不晚于 29 日(1910 年 1 月 11 日)

列宁在巴黎轻喜剧院观看保·布尔热的新剧《街垒》。

《列宁全集》中文第 2 版增订版第 53 卷第 361—362 页;C.德列甸:《弗拉基米尔·伊里奇在观众厅——新篇章》,1970 年,第 60 页;让·弗雷维尔:《列宁在巴黎》,1969 年,第 210—211 页。

12 月 30 日(1910 年 1 月 12 日)

列宁收到玛·伊·乌里扬诺娃从莫斯科寄来的信,她请求打听“一个在瑞士德语区的人”。

《列宁全集》中文第2版增订版第53卷第361—362页。

列宁写信给在莫斯科的玛·伊·乌里扬诺娃，说鉴于即将召开俄国社会民主工党中央全会，过几天就要忙起来；答应为她去打听那个人，感谢寄来关于统计资料的书籍，说他对看戏热心起来，看了保·布尔热的新剧《街垒》。

《列宁全集》中文第2版增订版第53卷第361—362页。

俄国社会民主工党伯尔尼协助小组成员巴布什金在给中央委员会国外局的信中请求告知，这学期列宁是否到各小组去作巡回报告。

苏共中央马列主义研究院中央党务档案馆，第377号全宗，第6н号目录，第36764号保管单位。

12月底

列宁同原卡普里学校学员“就党的任务和‘前进’集团在党内的地位”问题进行总结性的讨论。

《列宁全集》中文第2版增订版第19卷第190页；苏共中央马列主义研究院中央党务档案馆，第142号全宗，第1号目录，第561号保管单位，第3张；《回忆弗·伊·列宁》，第1卷，1968年，第354页；《无产阶级革命》杂志，1924年，第6期，第71页。

列宁收到“光荣”号巡洋舰水兵社会民主党人小组从土伦寄来的信，信中请求寄去书刊并派去一个协助在水兵当中开展革命工作的宣传员。不久，列宁就把一位熟悉秘密工作情况的同志派往土伦。

《回忆弗·伊·列宁》，第1卷，1968年，第354—355页。

列宁撰写《论“前进”集团》大纲。

《列宁全集》中文第2版增订版第19卷第190—191页;《无产阶级革命》杂志,1924年,第6期,第71页。

列宁收到玛·伊·乌里扬诺娃从莫斯科寄来的明信片。

《列宁全集》中文第2版增订版第53卷第360页。

列宁复信在莫斯科的玛·伊·乌里扬诺娃,说从瑞维西回来时出了事故;耽心住在寒冷寓所的玛·亚·乌里扬诺娃的健康;请求给他寄去下列两本书:《各县土地规划委员会工作概况(1907—1908年)》和《土地规划和农业管理总署农业司和森林司年鉴》。

《列宁全集》中文第2版增订版第53卷第359—360、360—361页。

12月

列宁为召开俄国社会民主工党中央全会做准备工作,出席布尔什维克和孟什维克每周的联席会议,参加讨论并发言。

苏联中央国家十月革命和社会主义建设档案馆,警察司全宗,特别处,1909年,第311号案卷,第45张;警察司全宗,1909年,第265号目录,第405号案卷,第76张;第424号案卷,第77张。

流放到雷布诺耶村(叶尼塞斯克省)的布尔什维克学习列宁的《唯物主义和经验批判主义》一书。他们在寄往彼得堡的一封信中说:"伊里奇的这本书给这里的马克思主义读者留下深刻的印象。"

苏联中央国家十月革命和社会主义建设档案馆,警察司全宗,特别处,1910年,第5号案卷,第25册,Б类,第1张。

12月—1910年1月

列宁翻阅社会革命党中央机关报《劳动旗帜报》1909年12月份第23—24号合刊,在《布尔什维主义的危机》一文和尼·哈利的《幽灵》一文中作记号、划重点和写简短的批语。

《列宁文集》俄文版第25卷第193—202页。

年底

列宁收到母亲玛·亚·乌里扬诺娃作为礼物送给他的象棋，这副象棋是列宁的父亲伊·尼·乌里扬诺夫制作的。

《列宁全集》中文第 2 版增订版第 53 卷第 366 页；《列宁传》，第 4 版，1970 年，第 194 页；让·弗雷维尔：《列宁在巴黎》，1969 年，第 190 页。

列宁同从巴库来到巴黎的罗·萨·捷姆利亚奇卡谈话，听她讲述关于巴库、关于巴拉哈内工人、关于同取消派进行斗争等情况。

《回忆弗·伊·列宁》，第 2 卷，1969 年，第 84—85 页。

列宁在巴黎会见爱沙尼亚小提琴家——布尔什维克爱·瑟尔姆斯，建议他继续从事音乐工作，以自己的艺术为革命事业服务。

《音乐生活》，1966 年，第 22 期，第 5 页；《星火》杂志，1958 年，第 35 期，第 30 页；Д.鲁德涅夫：《永世不忘》，塔林，1966 年，第 74—76 页。

下半年

列宁积极参加第三届国家杜马社会民主党杜马党团协助委员会的工作。

《列宁全集》中文第 2 版增订版第 19 卷第 19—20、158—164 页，第 45 卷第 246—247 页；《〈无产者报〉扩大编辑部会议记录》，1934 年，第 122 页。

列宁积极参加布尔什维克巴黎支部的工作，出席支部在奥尔良街咖啡馆举行的会议并作报告。

《回忆弗·伊·列宁》，1963 年，第 34—35、96—97 页。

1909 年

列宁和娜·康·克鲁普斯卡娅同伊·费·阿尔曼德在她从布鲁塞尔来巴黎的一次旅行期间相识。从那时起就开始了他们之间的友谊。共同的政治信念、共同从事的党的工作加深了他们之间的友谊。

让·弗雷维尔:《列宁在巴黎》,1969年,第135—136页。

列宁同来到巴黎的莫斯科工人代表苏维埃原代表安·伊·戈尔齐林交谈有关1905年十月罢工和十二月武装起义期间鲁扎耶夫卡管理委员会的活动情况。

Г.科斯托马罗夫:《1905年的莫斯科苏维埃》,1955年,第144页;《莫尔多瓦境内的1905—1907年的革命》,萨兰斯克,1955年,第391页。

列宁读阿·莱伊的《现代哲学》(1908年巴黎版),并在书上写批注和作记号。

《列宁全集》中文第2版增订版第55卷第465—515页;《克里姆林宫的弗·伊·列宁藏书》,1961年,第665页。

列宁参观第一届航空展览会。

让·弗雷维尔:《列宁在巴黎》,1969年,第192页。

列宁和娜·康·克鲁普斯卡娅到巴黎郊区的剧院看戏。列宁对法国革命歌曲很感兴趣,同革命歌曲的作者和演唱者布·加·蒙泰居斯结识,同他进行谈话,去听他的音乐会。

《列宁全集》中文第2版增订版第53卷第514—515页;《回忆弗·伊·列宁》,第1卷,1968年,第356、607—608页。

警察在拉兹多利诺耶村(滨海州)、上乌金斯克(外贝加尔州)、伊万诺沃-沃兹涅先斯克、塔什干、普斯科夫、米塔瓦、哈尔科夫、萨马拉、布柳济什基村(苏瓦乌基省)、科洛姆纳、基斯洛沃茨克、基什尼奥夫、外贝加尔铁路希洛克站和梯弗利斯进行搜查时,发现并没收了列宁的小册子《修改工人政党的土地纲领》。

苏联中央国家十月革命和社会主义建设档案馆,警察司全宗,

第 7 处，1908 年，第 7122 号案卷；1909 年，第 1828、1839、2006、2185、2190、2198、2841、3272、3618、3773 号案卷；1910 年，第 363、4537 号案卷。

警察在弗拉基米尔、卡缅涅茨-波多利斯克、萨拉托夫、伊尔库茨克、科洛姆纳、基斯洛沃茨克、梁赞-乌拉尔斯克铁路线布赞站和基辅进行搜查时，发现并没收了列宁的小册子《土地问题和"马克思的批评家"》。

苏联中央国家十月革命和社会主义建设档案馆，警察司全宗，第 7 处，1909 年，第 962、1816、1986、2945、3064、3618、3666 号案卷；1906 年，第 3334 号案卷。

在马列米亚诺夫卡村（弗拉基米尔省）、伊万诺沃-沃兹涅先斯克、哈尔科夫、科洛姆纳和梯弗利斯进行搜查时，发现并没收了 1905 年在彼得堡出版的列宁的小册子《社会民主党在民主革命中的两种策略》。

苏联中央国家十月革命和社会主义建设档案馆，警察司全宗，第 7 处，1909 年，第 611、1496、2247、3064、4528、4596 号案卷；1910 年，第 23 号案卷。

1909 年—1911 年

列宁在巴黎无政府主义者俱乐部讨论亚历山德罗夫（尼·亚·谢马什柯）的报告时发言。后来谢马什柯在回忆这件事时说，列宁在报告里"不仅在经济和政治方面，而且还在哲学方面对无政府主义和无政府工团主义作了批判"。

《历史文献》杂志，1955 年，第 2 期，第 24 页。

不早于 1909 年

列宁在国立图书馆进行研究工作时，就路·费尔巴哈《宗教本质讲演录》（《费尔巴哈全集》第 8 卷，1851 年维干德版）一书作摘要；阅读路·费尔巴哈《古典的、犹太的和基督教的古代文献中的诸神世系学》(《费尔巴哈全集》第9卷,1857年维干德版)一书,在关于路·费尔巴哈《宗教本质讲演录》一书的笔记本末尾写有关该书的评语。

《列宁全集》中文第2版增订版第55卷第37—59页。

列宁在一张刊登教育出版社广告的剪报上作批注并在哲学和自然科学书目上作批注"注意"和划重点。

苏共中央马列主义研究院中央党务档案馆,第2号全宗,第1号目录,第2596号保管单位。

列宁读莫·希尔奎特《社会主义的理论和实践》(1909年纽约版)一书,在该书第204页上作批注,并在封面前面的空白页上作标记:"第204页(1 000万人当中的3万票)。"

苏共中央马列主义研究院中央党务档案馆,第2号全宗,第1号目录,第2598号保管单位,第108页背面、第188页背面;《克里姆林宫的弗·伊·列宁藏书》,1961年,第631页。

1910 年

1 月 2 日(15 日)—23 日(2 月 5 日)

列宁参加在巴黎召开的俄国社会民主工党中央委员会全体会议的工作,在中央全会上多次发言;提出由他起草的谴责取消主义和召回主义的《关于党内状况》的决议草案,批判全会上孟什维克对这个决议提出的修正,并就此提出一系列的书面声明(弗·伊·列宁的发言记录、决议草案的最初文本以及列宁的一些声明的最初文本没有找到);审阅《关于派别中心》的决议草案,对决议草案提出修改意见。

列宁被全会选为中央机关报《社会民主党人报》编辑部成员和俄国社会民主工党驻社会党国际局的代表。

《列宁全集》中文第 2 版增订版第 19 卷第 249—304 页,第 20 卷第 342—343 页,第 45 卷第 312—313 页;苏共中央马列主义研究院中央党务档案馆,第 2 号全宗,第 1 号目录,第 2599、2606 号保管单位;《社会民主党人报》,巴黎,1910 年 2 月 26 日(13 日),第 11 号;《回忆弗·伊·列宁》,第 1 卷,1968 年,第 357—358 页。

1 月 7 日和 2 月 6 日(20 日和 19 日)

特务官员向警察司司长报告称,将在巴黎举行俄国社会民主工党中央全会。密探情报称,代表布尔什维克出席全会会议的有弗·伊·列宁、约·费·杜勃洛文斯基等。

苏联中央国家十月革命和社会主义建设档案馆,警察司全宗,

特别处，1910 年，第 5 号案卷，第 234—241 张。

1 月 9 日(22 日)以前

列宁收到古斯塔夫·迈尔的来信，信中建议列宁为《社会政治科学手册》写一篇俄国社会民主主义运动史概述。

《列宁全集》中文第 2 版增订版第 45 卷第 293—294 页；古·迈尔：《一位研究德国工人运动史的记者的回忆》，苏黎世—维也纳，1949 年，第 191 页；《社会政治科学手册》，第 7 卷，第 3 版，耶拿，1911 年，第 VIII 页、第 569—601 页。

1 月 9 日(22 日)

列宁复函(用德文)古斯塔夫·迈尔，说由于繁忙，无法写俄国社会民主主义运动史概述；介绍关于这个问题的参考材料，强调指出在撰写概述时可以利用俄国社会民主工党向即将在哥本哈根召开的国际社会党代表大会提交的正式报告；指出俄国社会民主工党内存在着布尔什维克和孟什维克两个派别，而托洛茨基则站在中派立场。

《列宁全集》中文第 2 版增订版第 45 卷第 293—294 页；古·迈尔：《一位研究德国工人运动史的记者的回忆》，苏黎世—维也纳，1949 年，第 191 页。

1 月 17 日或 18 日(30 日或 31 日)以前

列宁收到德·伊·乌里扬诺夫的来信，得知他摔伤腿的不幸消息。

《列宁全集》中文第 2 版增订版第 53 卷第 362—363、365、366—367 页。

1 月,17 日或 18 日(30 日或 31 日)以前

列宁收到玛·伊·乌里扬诺娃从莫斯科寄来的信。

《列宁全集》中文第 2 版增订版第 53 卷第 362—363 页。

列宁收到伊·伊·斯克沃尔佐夫-斯捷潘诺夫的信。

《列宁全集》中文第2版增订版第53卷第361—362、362—363页。

1月17日或18日(30日或31日)

列宁写信给在莫斯科的玛·伊·乌里扬诺娃,告知收到了她的几封来信和莫斯科市的统计资料;讲到巴黎发大水的情况,说许多人因此失去了工作;关心玛·亚·乌里扬诺娃和德·伊·乌里扬诺夫的健康状况。

《列宁全集》中文第2版增订版第53卷第362—363页。

1月17日和3月28日(1月30日和4月10日)之间

列宁写信给伊·伊·斯克沃尔佐夫-斯捷潘诺夫。

《列宁全集》中文第2版增订版第53卷第362—363、368页。

1月19日(2月1日)

列宁写信给在莫斯科的安·伊·乌里扬诺娃-叶利扎罗娃,告知俄国社会民主工党一月中央全会工作的结果,他写道:"……试图更有力地推动统一。且看是否成功";讲自己对巴黎的印象。

《列宁全集》中文第2版增订版第53卷第364页。

1月23日和2月1日(2月5日和14日)之间

列宁出席中央机关报《社会民主党人报》编辑部在俄国社会民主工党一月中央全会后的第一次会议,会议委托列宁写一篇评价中央全会的文章。

苏共中央马列主义研究院中央党务档案馆,第163号全宗,第1号目录,第352号保管单位,第4—6张;《苏共历史问题》杂志,1960年,第5期,第175页。

列宁写《论统一》一文,阐明俄国社会民主工党一月中央全会的工作。

《列宁全集》中文第2版增订版第19卷第194—202页;苏共

中央马列主义研究院中央党务档案馆，第163号全宗，第1号目录，第352号保管单位，第4—5张；《苏共历史问题》杂志，1960年，第5期，第175页。

1月23日和2月17日(2月5日和3月2日)之间

列宁在俄国社会民主工党巴黎第二协助小组会议上作关于一月中央全会的报告；会议就报告展开了热烈的讨论。

苏联中央国家十月革命和社会主义建设档案馆，警察司全宗，特别处，1910年，第5号案卷，第262—263张；《苦役与流放》杂志，1934年，第1期，第144页。

1月23日和4月22日(2月5日和5月5日)之间

列宁致函俄国社会民主工党巴库组织，建议把全体护党派社会民主党人的力量联合起来。

苏联中央国家十月革命和社会主义建设档案馆，警察司全宗，特别处，1910年，第5号案卷，第6册，Б类，第31张背面。

1月25日(2月7日)

尼·叶·维洛诺夫从达沃斯致函列宁和中央机关报(布尔什维克中央)其他编委。维洛诺夫在信中提到一些人，建议向他们募集钱款组建全党的学校。

C.利夫希茨：《米哈伊尔·扎沃茨科伊》(尼基福尔·叶弗列莫维奇·维洛诺夫)，1929年，第128页。

不早于1月28日(2月10日)

列宁抄录关于《俄国和其他一些国家农业经济统计资料汇编》和《财政部年鉴》的书目资料。

苏共中央马列主义研究院中央党务档案馆，第2号全宗，第1号目录，第2603号保管单位。

1月31日(2月13日)以前

列宁会见参加俄国社会民主工党巴黎第二协助小组工作的

奥·巴·涅夫佐罗娃。

《列宁全集》中文第 2 版增订版第 53 卷第 366—367 页;苏共中央马列主义研究院中央党务档案馆,第 124 号全宗,第 1 号目录,第 1369 号保管单位,第 4 张。

1 月 31 日(2 月 13 日)

列宁写信给在莫斯科的玛·亚·乌里扬诺娃,告知收到了她和安·伊·乌里扬诺娃-叶利扎罗娃寄来的信和象棋,建议母亲离开莫斯科去度夏。

《列宁全集》中文第 2 版增订版第 53 卷第 366—367 页;《无产阶级革命》杂志,1930 年,第 4 期,第 127 页。

列宁写信给在米赫涅沃车站(莫斯科省)的德·伊·乌里扬诺夫,告知收到了他寄来的信和《1909 年〈田地〉画报文学、科普每月附刊》第 1 卷第 3 期,这期杂志刊载了德米特里·伊里奇的棋题;询问德米特里·伊里奇的健康情况。

《列宁全集》中文第 2 版增订版第 53 卷第 365 页。

1 月底

列宁在《社会民主党人报》编辑部讨论尔·马尔托夫《在正确的道路上》一文时,坚决反对文章的取消主义的内容,建议在报上刊登这篇文章时要加上编者按或将文章转给《争论专页》。

《列宁全集》中文第 2 版增订版第 19 卷第 203—205 页,第 45 卷第 317—318、362—363 页;《社会民主党人呼声报》,[巴黎],1—2 月,第 19—20 号合刊。

1 月—不晚于 2 月 13 日(26 日)

列宁阅读 B.A.杰戈季从敖德萨寄来的通讯稿,其中包括敖德萨党委会和市区委员会关于同取消主义及召回主义斗争的决议,关于召开全俄党代表会议的决议和组织同党紧密联系的工会的决议。这几份决议刊登在《社会民主党人报》第 11 号上。

B.杰戈季:《在布尔什维主义的旗帜下——一个地下工作者的笔记》,1933年,第102、119—121、122、123页;《社会民主党人报》,巴黎,1910年2月26日(13日),第11号。

1月—10月

警察在图拉、伊万诺沃-沃兹涅先斯克、梯弗利斯、雅罗斯拉夫尔、科洛姆纳、沃罗涅日、敖德萨和塔甘罗格进行搜捕时,发现并没收了列宁的小册子《告贫苦农民》。

苏联中央国家十月革命和社会主义建设档案馆,警察司全宗,第7处,1910年,第194、288、443、944、1129、1737、2056、2238、2304、2345、2367号案卷。

2月1日(14日)

列宁出席《社会民主党人报》编辑部会议,会议在同编辑部取消派激烈冲突的情况下讨论列宁的《论统一》一文。

《列宁全集》中文第2版增订版第45卷第317—318页;苏共中央马列主义研究院中央党务档案馆,第163号全宗,第1号目录,第352号保管单位,第5张;《苏共历史问题》杂志,1960年,第5期,第175页。

2月4日(17日)

列宁写信给在米赫涅沃车站的德·伊·乌里扬诺夫,说他寄来的棋题很容易就解开了,建议德米特里·伊里奇解一盘有趣的排局;询问他的健康情况。

《列宁全集》中文第2版增订版第53卷第367—368页。

2月9日(22日)

列宁同俄国社会民主工党中央委员会和中央机关报编辑部的其他成员一起在祝贺奥古斯特·倍倍尔七十寿辰的信上签名。

《列宁全集》中文第2版增订版第45卷第372—373页。

2月10日(23日)

波兰社会民主党人A.埃克(穆欣)就其恢复党籍的案件久拖

未决致函列宁,列宁在回信中建议埃克去找中央委员会国外局和波兰和立陶宛社会民主党总执行委员会解决这一问题。

《列宁全集》中文第 2 版增订版第 45 卷第 294—295 页。

2 月 13 日(26 日)以前

列宁阅读“前进”集团 1909 年出版的小册子《目前形势和党的任务》,并在小册子上作记号和画着重线。

《列宁全集》中文第 2 版增订版第 19 卷第 190—191、238—245、245—246、246—248 页,第 46 卷第 28—29 页;苏共中央马列主义研究院中央党务档案馆,第 2 号全宗,第 1 号目录,第 2608 号保管单位;《克里姆林宫的弗·伊·列宁藏书》,1961 年,第 127 页。

2 月,13 日(26 日)以前

列宁对娜·康·克鲁普斯卡娅翻译的罗·卢森堡的《奥古斯特·倍倍尔》一文作修改。

苏共中央马列主义研究院中央党务档案馆,第 2 号全宗,第 1 号目录,第 2610 号保管单位;《社会民主党人报》,巴黎,1910 年 2 月 26 日(13 日),第 11 号。

列宁对俄国社会民主工党一月中央全会通过的关于出版不定期争论专集的决议作文字加工。

苏共中央马列主义研究院中央党务档案馆,第 2 号全宗,第 1 号目录,第 2609 号保管单位;《社会民主党人报》,巴黎,1910 年 2 月 26 日(13 日),第 11 号。

2 月 13 日(26 日)

列宁评论俄国社会民主工党一月中央全会决议的文章《论统一》发表在《社会民主党人报》第 11 号上。

《列宁全集》中文第 2 版增订版第 19 卷第 194—202 页;《社会民主党人报》,巴黎,1910 年 2 月 26 日(13 日),第 11 号。

不早于 2 月 24 日(3 月 9 日)

列宁审阅《俄国资本主义的发展》一书的第 2 版(1908 年版),

在正文中画着重线，在书的空白处作记号，在按工人人数划分工厂类别的表格里补充 1908 年的资料，更正一些印刷错误。

《列宁全集》中文第 2 版增订版第 3 卷第 467 页；《图书年鉴》，1910 年 3 月 6 日，第 9 期，第 19 页。

2 月—3 月初

列宁在《给"保管人"(卡·考茨基、弗·梅林和克·蔡特金)的一封信的草稿》中，提到 1906—1909 年党内斗争中的最重要的阶段和事件，说明布尔什维克和孟什维克在一月中央全会后对待党的统一问题所持的立场，提出同孟什维克合作的条件。

《列宁全集》中文第 2 版增订版第 45 卷第 295—298 页。

2 月—3 月 28 日(4 月 10 日)以前

列宁写信给伊·伊·斯克沃尔佐夫-斯捷潘诺夫(这封信没有找到)。

《列宁全集》中文第 2 版增订版第 53 卷第 362、368 页。

3 月 2 日和 11 日(15 日和 24 日)之间

列宁阅读中央委员会俄国局以及中央委员维·巴·诺根从俄国寄来的信，来信说，俄国社会民主工党中央委员会的三个委员——取消派分子拒绝参加中央委员会的工作。

《列宁全集》中文第 2 版增订版第 19 卷第 209—210 页，第 45 卷第 307—308、363—364 页；苏共中央马列主义研究院中央党务档案馆，第 17 号全宗，第 1 号目录，第 2 册，第 851 号保管单位，第 2 张；第 853 号保管单位。

3 月 4 日(17 日)

列宁以俄国社会民主工党参加社会党国际局的代表身份收到社会党国际局书记卡·胡斯曼的来信，信中通知说，俄国政府要求比利时引渡一个叫加伊瓦斯的人，此人被控告在俄国犯了抢劫罪；

来信还强调了加伊瓦斯案件的政治性质。

《列宁全集》中文第 2 版增订版第 45 卷第 298—299 页。

3 月 5 日(18 日)

列宁将卡·胡斯曼的信转寄中央委员会国外局,并写信给中央委员会国外局和巴黎所有的俄国社会民主工党协助小组执委会,要求立即搜集证明 В.И.加伊瓦斯案件属于政治性案件的材料。

《列宁全集》中文第 2 版增订版第 45 卷第 298—299 页;苏共中央马列主义研究院中央党务档案馆,第 17 号全宗,第 1 号目录,第 2 册,第 835 号保管单位,第 28 张。

中央委员会国外局的传单刊印了列宁给中央委员会国外局和巴黎所有的俄国社会民主工党协助小组执委会的信。

《列宁全集》中文第 2 版增订版第 45 卷第 298—299 页;《中央委员会国外局将该局收到的俄国社会民主工党驻社会党国际局代表列宁同志的下列信件通告所有的国外小组》,传单,[巴黎],1910 年 3 月 18 日,第 1 页,(俄国社会民主工党)。

列宁签署布尔什维克机关报《无产者报》撰稿人参加在彼得堡出版合法报纸的合同草案。文件强调指出,这一报纸必须执行党的路线。

苏共中央马列主义研究院中央党务档案馆,第 2 号全宗,第 1 号目录,第 23578 号保管单位。

3 月 6 日(19 日)

列宁的《政论家札记》一文的第一部分《论召回主义的拥护者和辩护人的〈纲领〉》发表在《争论专页》第 1 号上。

《列宁全集》中文第 2 版增订版第 19 卷第 238—302 页;《争论专页》,巴黎,1910 年 3 月 6 日(19 日),第 1 号。

3 月 7 日(20 日)

列宁在俄国社会民主工党巴黎第二协助小组讨论一月中央全

会的会议上，发言批判取消派和召回派分子，主张和孟什维克护党派联合，争取党的统一。

苏联中央国家十月革命和社会主义建设档案馆，警察司全宗，特别处，1910年，第5号案卷，第62—63张。

3月8日(21日)

列宁致函(用法文)在布鲁塞尔的社会党国际局书记卡·胡斯曼，说没有关于B.И.加伊瓦斯的材料，答应打听有关他的消息，并将所得到的情况转告加伊瓦斯的律师。

《列宁全集》中文第2版增订版第45卷第300—301页。

列宁致函在维也纳的列·波·加米涅夫，说在一月中央全会后，由于孟什维克编委的派别行为，在中央机关报编辑部内造成了困难局面，请他尽快写好俄国社会民主工党提交哥本哈根代表大会的报告，告知拟于近期着手出版合法杂志。列宁严厉批判列·达·托洛茨基发表在《真理报》第10号上的文章《走向党的道路》。

《列宁全集》中文第2版增订版第45卷第301—302页。

3月,11日(24日)以前

列宁读格·瓦·普列汉诺夫的《我们中央委员会最近的一次全体会议》一文，该文刊登在1910年《社会民主党人日志》第11期上。

《列宁全集》中文第2版增订版第19卷第204、204—207、207—208页，第45卷第306页；《社会民主党人日志》，日内瓦，1910年3月，第11期，第1—20页。

3月11日(24日)

列宁出席《社会民主党人报》编辑部布尔什维克编委的会议，会议研究关于组织反击孟什维克取消派对中央机关报和党的统一的攻击问题。列宁在这次会议上写《反党的取消派的〈呼声报〉(答

《社会民主党人呼声报》)》一文。编辑部布尔什维克编委对该文进行了详细的讨论。

《列宁全集》中文第2版增订版第19卷第203—211页,第45卷第359—360、360—362页;苏共中央马列主义研究院中央党务档案馆,第163号全宗,第1号目录,第352号保管单位,第16张;《苏共历史问题》杂志,1960年,第5期,第176页。

3月12日(25日)

列宁出席《社会民主党人报》编辑部会议,会议研究他的文章《反党的取消派的〈呼声报〉(答《社会民主党人呼声报》)》。在讨论文章时同孟什维克编委尔·马尔托夫和费·伊·唐恩发生尖锐冲突。

《列宁全集》中文第2版增订版第45卷第360—362页;苏共中央马列主义研究院中央党务档案馆,第28号全宗,第2н号目录,第40865号保管单位;第17号全宗,第1号目录,第2册,第835号保管单位,第50张;《苏共历史问题》杂志,1960年,第5期,第176页。

3月12日—14日(25日—27日)

列宁的《反党的取消派的〈呼声报〉(答《社会民主党人呼声报》)》一文载于《社会民主党人报》第12号的抽印本。

《列宁全集》中文第2版增订版第19卷第203—211页,第45卷第302—303页;弗·伊·列宁:《反党的取消派的〈呼声报〉(答《社会民主党人呼声报》)》,传单,《社会民主党人报》第12号抽印本,俄国社会民主工党中央机关报,[巴黎,1910年3月23日(4月5日)],2页(俄国社会民主工党),未注明作者。

3月14日(27日)以前

列宁阅读一个工人从莫斯科寄来的信(写信人姓名不详),信中告知,格·阿·阿列克辛斯基建议莫斯科的前进派分子办一所自己的派别学校,但是前进派分子倾向于办一所全党的学校。

《列宁全集》中文第2版增订版第45卷第303页;《社会民主

党人报》，巴黎，1910年3月23日(4月5日)，第12号。

3月14日(27日)

列宁致函在达沃斯的尼·叶·维洛诺夫，他满意地指出，“调和主义的统一烟雾开始消散”；认为必须加强布尔什维克同孟什维克护党派联合反对取消派的斗争，因此提出开展宣传鼓动，使普列汉诺夫分子退出取消派(“呼声派”)，并以普列汉诺夫分子代替中央委员会国外局的“呼声派分子”；问他是否收到在卡普里的阿·马·高尔基的消息。

列宁随信给尼·叶·维洛诺夫寄去刊载《反党的取消派的〈呼声报〉(答《社会民主党人呼声报》)》一文的《社会民主党人报》第12号的抽印本。

《列宁全集》中文第2版增订版第45卷第302—303页。

3月15日(28日)以前

列宁同阿·瓦尔斯基一起写信给中央委员会，谈必须更换中央机关报《社会民主党人报》编辑部的成员这件事。

《列宁全集》中文第2版增订版第45卷第304—305页。

列宁收到波兰社会民主党人扬·梯什卡寄来的罗·卢森堡的几篇文章(未能查清这里说的是哪几篇文章)。

《列宁全集》中文第2版增订版第45卷第304—305页。

3月15日(28日)

列宁拜访阿·瓦尔斯基，同他谈话时，念扬·梯什卡赞扬列宁的《反党的取消派的〈呼声报〉(答《社会民主党人呼声报》)》一文的来信。

苏共中央马列主义研究院中央党务档案馆，第163号全宗，第1号目录，第352号保管单位，第22张背面。

列宁致函在柏林的扬·梯什卡，坚决反对波兰社会民主党派另一位代表替换阿·瓦尔斯基任该党驻中央机关报编辑部的代表；告知收到了罗·卢森堡的几篇文章。

《列宁全集》中文第 2 版增订版第 45 卷第 304—305 页。

3 月，15 日（28 日）以后

列宁收到扬·梯什卡的来信。

苏共中央马列主义研究院中央党务档案馆，第 17 号全宗，第 1 号目录，第 2 册，第 852 号保管单位。

3 月 16 日（29 日）

列宁致函在圣雷莫（意大利）的格·瓦·普列汉诺夫，表示赞同普列汉诺夫在《社会民主党人日志》第 11 期中所提出的关于在反对取消主义和召回主义的斗争中一切真正的社会民主党人必须联合起来的主张；建议同普列汉诺夫会面，商谈党内状况。

《列宁全集》中文第 2 版增订版第 45 卷第 306 页。

3 月 16 日和 23 日（3 月 29 日和 4 月 5 日）之间

列宁出席《社会民主党人报》编辑部会议，会议决定把从梯弗利斯收到的文章（指约·维·斯大林的《高加索来信》）和对这篇文章的答复交付《争论专页》刊印。

《列宁全集》中文第 2 版增订版第 45 卷第 360 页；《争论专页》，巴黎，1910 年 5 月 25 日（6 月 7 日）①，第 2 期。

3 月 18 日（31 日）

费·埃·捷尔任斯基致函在柏林的弗·L.列德尔，告知他非常喜欢《社会民主党人报》第 12 号抽印本上的列宁的《反党的取消派的〈呼声报〉（答《社会民主党人呼声报》）》一文，他写道："……这

① 报纸上的日期为 6 月 24/7 日。——俄文编者注

种强有力的声音，有如当初《火星报》抨击‘经济派’时的声音。”

苏共中央马列主义研究院中央党务档案馆，第76号全宗，第1号目录，第244号保管单位。

3月，20日（4月2日）以后

列宁收到格·瓦·普列汉诺夫的来信，他在信中同意与列宁会见，但他提议稍晚些时候会见（由于普列汉诺夫生病，弗·伊·列宁和格·瓦·普列汉诺夫的会见没有举行）。

《列宁文集》俄文版第13卷第176—177页。

3月，23日（4月5日）以前

列宁同《社会民主党人报》编辑部的其他布尔什维克代表共同写信给俄国社会民主工党中央委员会国外局，质询中央委员会国外局有多大权限解决由于孟什维克取消派编委尔·马尔托夫和费·伊·唐恩的派别行为而引起的中央机关报编辑部的内部冲突。

《列宁全集》中文第2版增订版第45卷第359页。

3月23日（4月5日）

列宁签署并寄出致俄国社会民主工党中央委员会国外局的关于中央机关报编辑部内部冲突问题的声明。声明中指出，这份文件的抄件将马上寄给“中央委员会俄国委员会、各‘民族的’中央委员会和我们党的各报刊”。

《列宁全集》中文第2版增订版第45卷第359—366页。

列宁的《反党的取消派的〈呼声报〉（答《社会民主党人呼声报》）》和《为什么而斗争》两篇文章发表在《社会民主党人报》第12号上。

《列宁全集》中文第2版增订版第19卷第203—211、212—217页；《社会民主党人报》，巴黎，1910年3月23日（4月5日），第12号。

3 月 24 日(4 月 6 日)

列宁复函在维也纳的列·波·加米涅夫,说假如他及时提出质疑,就可以得到证实孟什维克取消派中央委员拒绝参加中央委员会工作的那些国内来信的抄件;认为布尔什维克同护党派孟什维克在思想上接近是重要的,谈到同取消派的斗争。列宁在信中对列·波·加米涅夫 3 月 18 日(31 日)在维也纳《真理报》上发表的《为统一而斗争!》一文提出批评意见。

《列宁全集》中文第 2 版增订版第 45 卷第 307—309 页。

3 月 25 日(4 月 7 日)

列宁致函在达沃斯的尼·叶·维洛诺夫,告知给他寄去了巴黎护党派孟什维克根据俄国社会民主工党一月中央全会的决定通过的必须停止出版取消派报纸《社会民主党人呼声报》的决议。列宁对维洛诺夫脱离马赫主义表示高兴。

《列宁全集》中文第 2 版增订版第 45 卷第 309—310 页。

3 月,不晚于 26 日(4 月 8 日)

列宁在俄国社会民主工党巴黎第二协助小组的秘密会议上,提出关于将拒绝参加中央委员会俄国局的三名孟什维克取消派分子开除出党的决议。列宁的决议获得通过(这一文件没有找到)。

《红色文献》杂志,1934 年,第 1 期,第 222 页。

3 月 26 日(4 月 8 日)

特务官员在给警察司司长的报告中称,1910 年 3 月 20 日(公历)在巴黎举行了俄国社会民主工党巴黎第二协助小组会议,讨论了中央委员会一月全会问题,并称列宁在会上作了发言。

苏联中央国家十月革命和社会主义建设档案馆,警察司全宗,特别处,1910 年,第 5 号案卷,第 62—63 张。

3月27日(4月9日)

列宁同波兰王国和立陶宛社会民主党的代表们就捍卫党性和反对取消派的斗争问题交换意见(这次谈话可能是在中央委员会国外局会议期间进行的)。

《列宁全集》中文第2版增订版第45卷第367页。

3月28日(4月10日)以前

列宁收到玛·亚·乌里扬诺娃从莫斯科寄来的信,由于她迁居另一住所,信中写来新的地址。

《列宁全集》中文第2版增订版第53卷第368页。

列宁收到德·伊·乌里扬诺夫的来信。

《列宁全集》中文第2版增订版第53卷第368页。

3月28日(4月10日)

列宁签署给波兰社会民主党总执行委员会的信,信中斥责波兰社会民主党的代表在同中央委员会国外局中的取消派的斗争中所表现的动摇立场。

《列宁全集》中文第2版增订版第45卷第367页。

列宁致函阿·伊·柳比莫夫,批评他自觉或不自觉地在支持中央委员会国外局中的取消派分子。

《列宁全集》中文第2版增订版第45卷第310—311页。

列宁签署给阿·伊·柳比莫夫的信,信中对前一封信不公正地指责他支持中央委员会国外局中的取消派一事表示歉意。

《列宁全集》中文第2版增订版第45卷第311—312页。

列宁写信给在莫斯科的玛·亚·乌里扬诺娃,非常高兴同她以及妹妹玛·伊·乌里扬诺娃在斯德哥尔摩会面,并就去斯德哥尔摩的旅行路线提出建议,同时告知自己在巴黎的生活情况,感谢她们根据他的请求寄信给伊·伊·斯克沃尔佐夫-斯捷潘诺夫。

《列宁全集》中文第2版增订版第53卷第362、368—369页。

3月29日(4月11日)

列宁收到通过M.C.波特金娜转来的阿·马·高尔基和玛·费·安德列耶娃的信。

《列宁全集》中文第2版增订版第45卷第311—312页。

列宁复信给在卡普里岛的阿·马·高尔基,信中谈到党内的情况,认为必须同孟什维克普列汉诺夫派实行党的统一,以便同取消派和召回派进行斗争。列宁在信中强调指出,党正在坚决地继续清除它的危险倾向,清除取消主义和召回主义,并指出,这次清除和"工人运动本身"有密切的联系,工人运动正在"通过否定取消主义和召回主义来走上正轨"。

《列宁全集》中文第2版增订版第45卷第312—316页。

列宁将载有他的《政论家札记》一文第一部分的1910年《争论专页》第1号寄给在卡普里岛的阿·马·高尔基。

《列宁全集》中文第2版增订版第45卷第311—312页;《争论专页》,巴黎,1910年3月6日(19日),第1期。

3月,不晚于29日(4月11日)

列宁同《社会民主党人报》编辑部其他布尔什维克编委致函费·埃·捷尔任斯基(这封信没有找到)。

苏共中央马列主义研究院中央党务档案馆,第76号全宗,第1号目录,第258号保管单位。

3月29日(4月11日)以后—4月初

列宁将书刊寄给在卡普里岛的阿·马·高尔基。

《列宁全集》中文第2版增订版第45卷第311—312页。

3月

列宁写信给扬·梯什卡，谈中央机关报编辑部内的分歧问题。

苏共中央马列主义研究院中央党务档案馆，第270号全宗，第1号目录，第171号保管单位。

3月—10月

警察在彼得堡、梯弗利斯以及莫斯科省科洛姆纳县博布罗沃村进行搜捕时，发现并没收了列宁的《社会民主党在民主革命中的两种策略》一书。

苏联中央国家十月革命和社会主义建设档案馆，警察司全宗，第7处，1910年，第1340、1737、2304号案卷。

4月4日(17日)

列宁出席《社会民主党人报》编辑部会议，会议委托列宁为下一号报纸撰写文章，评论杜马关于根本法第96条的辩论（弗·伊·列宁在《他们在为军队担忧》一文中阐述了这一问题）。

《列宁全集》中文第2版增订版第19卷第223—230页；苏共中央马列主义研究院中央党务档案馆，第28号全宗，第4号目录，第36333号保管单位，第8张；《社会民主党人报》，巴黎，1910年4月26日(5月9日)，第13号。

4月7日(20日)以前

列宁写信给在俄国的玛·伊·乌里扬诺娃，信中通知维·巴·诺根，说很快将以中央机关报编辑部三名编委的名义给俄国社会民主工党中央委员会寄去正式信件，建议改选编辑部，因为孟什维克取消派分子在编辑部内进行反党活动。

苏共中央马列主义研究院中央党务档案馆，第2号全宗，第5号目录，第272号保管单位。

4月7日(20日)以后

列宁收到维·巴·诺根的来信（信是寄给弗·伊·列宁、阿·

伊·柳比莫夫、约·费·杜勃洛文斯基等人的),诺根在信中说,有人告诉他,中央机关报三名编委准备给中央委员会发出正式信件,建议改选编辑部;他就这一问题发表自己的意见。

苏共中央马列主义研究院中央党务档案馆,第2号全宗,第5号目录,第272号保管单位。

4月8日(21日)

列宁出席中央机关报《社会民主党人报》编辑部会议,会议讨论了格·瓦·普列汉诺夫为下一号——第13号报纸所写的文章(大概讨论了格·瓦·普列汉诺夫的《谈琐事,兼谈波特列索夫先生》一文)。

苏共中央马列主义研究院中央党务档案馆,第28号全宗,第4号目录,第36333号保管单位,第12张;第36359号保管单位。

4月9日(22日)

列宁在关于收到阿·伊·柳比莫夫所作的1909年6月1日(14日)—1910年1月27日(2月9日)《无产者报》扩大编辑部的财务报告的证明上签字。

苏共中央马列主义研究院中央党务档案馆,第2号全宗,第1号目录,第2626号保管单位。

4月13日(26日)

列宁出席《社会民主党人报》编辑部会议,会议讨论了他为下一号——第13号报纸所写的一篇文章(文章题目不详)。

苏共中央马列主义研究院中央党务档案馆,第28号全宗,第4号目录,第36333号保管单位,第13张。

4月,14日(27日)以后

列宁阅读扬·梯什卡寄来的罗·卢森堡和安·潘涅库克论总罢工在德国工人运动中的作用的文章。

苏共中央马列主义研究院中央党务档案馆，第 17 号全宗，第 1 号目录，第 2 册，第 864、869、888 号保管单位。

4 月，17 日（30 日）以前

列宁得知尼·叶·维洛诺夫病重的消息后，向俄国社会民主工党中央委员会俄国局提出申请，要求为维洛诺夫的治疗提供物质帮助。

《列宁全集》中文第 2 版增订版第 45 卷第 316—317 页。

4 月 17 日（30 日）

列宁致函在达沃斯的玛·米·佐林娜，告知正在采取各种措施，争取党内补助，以便给她的丈夫尼·叶·维洛诺夫治病；建议维洛诺夫留在达沃斯直到痊愈。

《列宁全集》中文第 2 版增订版第 45 卷第 316—317 页。

4 月 18 日（5 月 1 日）

列宁收到安·伊·乌里扬诺娃-叶利扎罗娃的来信，信中告知萨拉托夫的新地址。

《列宁全集》中文第 2 版增订版第 53 卷第 371 页。

4 月 19 日（5 月 2 日）以前

列宁在巴黎会见布尔什维克米·费·弗拉基米尔斯基。

《列宁全集》中文第 2 版增订版第 53 卷第 372 页。

4 月，19 日（5 月 2 日）前后

列宁以中央机关报三名编委的名义写声明给俄国社会民主工党中央委员会，说编辑部内取消派分子的反党行为给编辑部造成了困难，主张以护党派孟什维克来代替取消派分子，“建立有工作能力的**护党的**编辑委员会”。

《列宁全集》中文第 2 版增订版第 45 卷第 317—321 页。

4月19日(5月2日)

列宁写信给在萨拉托夫的安·伊·乌里扬诺娃-叶利扎罗娃，谈自己在巴黎的生活，说自己的写作工作由于党内斗争尖锐化而大大减慢，指出俄国侨民的贫困状况；请她向阿·巴·斯克利亚连科和阿·安·普列奥布拉任斯基转达问候；他写道："……不然哪怕是偶尔能够听到一些'从俄国内地'……的情况，也是很令人高兴的。"

《列宁全集》中文第2版增订版第53卷第371—372页。

4月22日(5月5日)

高加索保安处向警察司通报称，俄国社会民主工党巴库组织收到弗·伊·列宁号召全体护党的社会民主党人联合起来的信件。

苏联中央国家十月革命和社会主义建设档案馆，警察司全宗，特别处，1910年，第5号案卷，第6册，Б类，第31张背面。

4月23日(5月6日)以前

列宁致函在俄国的维·巴·诺根(马卡尔)，谈党内工作问题。

苏共中央马列主义研究院中央党务档案馆，第17号全宗，第1号目录，第2册，第871号保管单位，第2张；第873号保管单位，第7张。

4月25日(5月8日)

列宁收到原第二届国家杜马代表B.A.阿尼西莫夫从亚历山德罗夫苦役监狱(伊尔库茨克省)寄来的信，信中请求寄去介绍党内状况的书刊。写信人说："……还有您的关于经验批判主义的书，它产生了巨大的影响，我不止听到一个人说，这本书制止了他们在哲学上的摇摆。"

苏共中央马列主义研究院中央党务档案馆，第2号全宗，第

5号目录，第273号保管单位；《第二届国家杜马代表》，传略，第一届杜马代表和第二届杜马代表对照评述，圣彼得堡，1907年，第91页。

4月26日(5月9日)

列宁的《对芬兰的进攻》、《他们在为军队担忧》、《党在国外的统一》、《党的统一的障碍之一》等文章发表在《社会民主党人报》第13号上。

《列宁全集》中文第2版增订版第19卷第218—222、223—230、231—234、235—237页；《社会民主党人报》，巴黎，1910年4月26日(5月9日)，第13号。

4月27日(5月10日)

列宁委托《社会民主党人报》的一名编委，请他写声明交给出席俄国社会民主工党一月中央全会的布尔什维克代表团代表约·费·杜勃洛文斯基、维·巴·诺根、列·波·加米涅夫，声明中揭露孟什维克破坏全会通过的同布尔什维克达成的协议。

《列宁文集》俄文版第25卷第66页。

4月—5月8日以前

列宁和娜·康·克鲁普斯卡娅参加议会竞选活动的集会，听演讲人特别是法国统一社会党活动家让·饶勒斯和爱德华·瓦扬等人的讲演。娜·康·克鲁普斯卡娅回忆说："参加法国的竞选大会使我们清楚地看到了'民主共和国'的选举是怎么一回事。"

《回忆弗·伊·列宁》，第1卷，1968年，第355页；让·弗雷维尔：《列宁在巴黎》，1969年，第212页。

5月13日(26日)

列宁出席《社会民主党人报》编辑部会议，讨论下一号报纸的有关事宜。

苏共中央马列主义研究院中央党务档案馆，第28号全宗，第

4 号目录,第 36333 号保管单位,第 14—15 张;《社会民主党人报》,巴黎,1910 年 6 月 22 日(7 月 5 日),第 14 号。

列宁签署证言记录,证明没有任何根据指控布尔什维克中央成员维·康·塔拉图塔(维克多)是奸细。

《列宁全集》中文第 2 版增订版第 45 卷第 347 页;苏共中央马列主义研究院中央党务档案馆,第 2 号全宗,第 1 号目录,第 25614 号保管单位。

5 月 24 日(6 月 6 日)

列宁致函(用法文)在布鲁塞尔的卡·胡斯曼,告知俄国社会民主工党的报告和就哥本哈根国际社会党第八次代表大会议事日程中的问题的决议案和提案还没有准备好。列宁随信给卡·胡斯曼寄去两份关于举行五一节示威游行的号召书,一份是在俄国出版的,另一份是在国外出版的。

《列宁全集》中文第 2 版增订版第 45 卷第 321—322 页。

5 月 25 日(6 月 7 日)

列宁的《政论家札记》一文的第二部分《我们党内的"统一的危机"》发表在《争论专页》第 2 号上。

《列宁全集》中文第 2 版增订版第 19 卷第 238—302 页;《争论专页》,巴黎,1910 年 5 月 25 日(6 月 7 日),第 2 号。

不早于 5 月—不晚于 6 月 5 日(18 日)

列宁写信给玛·伊·乌里扬诺娃(这封信没有找到)。当天晚上列宁收到她的来信。

《列宁全集》中文第 2 版增订版第 53 卷第 374 页。

6 月 2 日(15 日)

列宁收到卡·胡斯曼的来信,信中建议寄去有关被指控犯有抢劫罪的俄国社会民主党人于 1907 年初在国外被捕的文件和材料。

《列宁全集》中文第2版增订版第45卷第322页；《列宁和卡米耶·胡斯曼通信集。1905—1914》，巴黎，1963年，第84—85页。

列宁致函（用法文）在布鲁塞尔的卡·胡斯曼，告知无法找到有关俄国社会民主党人于1907年初在国外被捕的文件和材料，说已将他的来信交给了一位同志，请他帮助解决这个问题。

《列宁全集》中文第2版增订版第45卷第322页。

6月5日（18日）

列宁写信给在米赫涅沃（莫斯科省）的玛·亚·乌里扬诺娃，问候安·伊·乌里扬诺娃-叶利扎罗娃和德·伊·乌里扬诺夫，说自己和娜·康·克鲁普斯卡娅一起骑自行车到默东森林（巴黎近郊）郊游。

《列宁全集》中文第2版增订版第53卷第373—374页。

列宁写信给在芬兰的玛·伊·乌里扬诺娃，信中告知收到她的来信并将给她写信和寄去新出的书刊。

《列宁全集》中文第2版增订版第53卷第374页。

6月10日（23日）以前

列宁拟定党的中央机关报《社会民主党人报》出席哥本哈根代表大会的代表名单，这个名单经报纸编辑部布尔什维克编委通过，然后交孟什维克编委表决。

苏共中央马列主义研究院中央党务档案馆，第17号全宗，第1号目录，第2册，第894号保管单位，第911号保管单位。

6月15日（28日）

列宁自巴黎启程去卡普里岛会见阿·马·高尔基。

苏共中央马列主义研究院中央党务档案馆，第163号全宗，第

1号目录,第352号保管单位,第92张;第353号保管单位,第1张背面;《苏共历史问题》杂志,1960年,第5期,第177页。

6月15日和18日(6月28日和7月1日)之间

列宁自马赛乘轮船去那波利。

《列宁全集》中文第2版增订版第53卷第375页;《苏共历史问题》杂志,1960年,第5期,第177页。

6月18日(7月1日)

列宁从那波利写信给玛·亚·乌里扬诺娃,讲述自马赛乘船到那波利旅行情况,告知自己要去卡普里岛。

《列宁全集》中文第2版增订版第53卷第375页;《弗·伊·列宁和阿·马·高尔基》,增订第3版,1969年,第490页。

6月18日—30日(7月1日—13日)

列宁在卡普里岛(布拉埃苏斯)别墅住在阿·马·高尔基处,同高尔基谈话,指出马赫主义召回派观点的派别性质;讨论高尔基出版杂志的问题;会见阿·瓦·卢那察尔斯基、亚·亚·波格丹诺夫等人。高尔基写道,列宁对许多社会问题饶有兴趣,详细了解渔民的生活状况、他们的收入和学校的情况以及宗教的影响。高尔基指出:"他兴趣之广泛,使我不能不感到惊奇。"

《列宁全集》中文第2版增订版第45卷第230—231页,第46卷第2、4、5页,第53卷第375—376页;《弗·伊·列宁和阿·马·高尔基》,增订第3版,1969年,第305—309、406—407、490页。

列宁在卡普里岛收到阿·瓦尔斯基的来信,信中说打算再次派雅·斯·加涅茨基和其他两位社会民主党党员去俄国重建俄国社会民主工党中央委员会俄国局。

苏共中央马列主义研究院中央党务档案馆,第163号全宗,第1号目录,第353号保管单位,第12张。

6月20日(7月3日)

雅·斯·加涅茨基的关于派他去俄国重建中央委员会俄国局的报告寄给列宁和中央机关报编辑部的布尔什维克。

苏共中央马列主义研究院中央党务档案馆,第17号全宗,第1号目录,第2册,第898号保管单位;第76号全宗,第1号目录,第368号保管单位,第2张。

7月1日(14日)

列宁自卡普里岛启程返回巴黎。

《弗·伊·列宁和阿·马·高尔基》,增订第3版,1969年,第490页;玛·费·安德列耶娃:《通信、回忆录、文章、文件》,1961年,第140页。

7月6日或7日(19日或20日)

列宁在巴黎出席中央机关报《社会民主党人报》编辑部布尔什维克代表举行的会议,会议讨论俄国社会民主工党中央委员会俄国局由于三名布尔什维克委员在俄国被捕而造成的严重局势。

苏共中央马列主义研究院中央党务档案馆,第17号全宗,第1号目录,第2册,第902、903号保管单位。

7月7日(20日)

列宁致函在柏林的扬·梯什卡,说俄国社会民主工党中央委员会俄国局由于三名布尔什维克委员被捕而形势危急;请求派一个波兰人中央委员和雅·斯·加涅茨基一起到俄国去重建中央委员会俄国局。

《列宁全集》中文第2版增订版第45卷第323页;苏共中央马列主义研究院中央党务档案馆,第270号全宗,第1号目录,第217号保管单位,第4张背面。

7月7日或8日(20日或21日)

列宁写信给在米赫涅沃车站的玛·亚·乌里扬诺娃(这封信

没有找到)。

《列宁全集》中文第 2 版增订版第 53 卷第 375 页。

7 月 7 日(20 日)以后—1911 年 3 月以前

列宁在尤·拉林的文章《论我们社会政治发展的前景问题(答〈复兴〉杂志编辑部)》和弗·米罗夫的文章《政治短评。再论我们政治发展的前景》中作标记和划重点。这两篇文章发表在《复兴》杂志 1910 年第 11 期上。列宁在《关于政权的社会结构、关于前景和取消主义》一文中对这两篇文章作了批判。

《列宁全集》中文第 2 版增订版第 20 卷第 187—208 页;《克里姆林宫的弗·伊·列宁藏书》,1961 年,第 550 页;《复兴》杂志,1910 年 7 月 7 日,第 11 期,第 2—22 页。

列宁在《复兴》杂志 1910 年第 9—10 期合刊上发表的下列文章中作标记和划重点:弗·叶若夫(谢·奥·策杰尔包姆):《工人运动的当前问题》、尤·拉林:《俄国的农业高潮及其社会政治后果》、弗·米罗夫:《论社会的"不作为"的心理(Г.彼舍霍诺夫和作家代表大会)》、编者按:《前景杂谈》。列宁在《关于政权的社会结构、关于前景和取消主义》一文中提到最后一篇文章。

《列宁全集》中文第 2 版增订版第 20 卷第 187—208 页;《克里姆林宫的弗·伊·列宁藏书》,1961 年,第 550 页;《复兴》杂志,1910 年 6 月 15 日,第 9—10 期合刊,第 9—31、50—54 栏。

7 月 9 日—8 月 10 日(7 月 22 日—8 月 23 日)

列宁同家人娜·康·克鲁普斯卡娅和岳母在比斯开湾沿岸小城波尔尼克休养,住在一个海关巡守员的家里(蒙黛西尔街 玫瑰别墅)。

《列宁全集》中文第 2 版增订版第 45 卷第 323 页,第 53 卷第 376、515 页;《回忆弗·伊·列宁》,第 1 卷,1968 年,第 359—360 页;苏共中央马列主义研究院中央党务档案馆,第 28 号全宗，第2н号目录，第19203号保管单位；第163号全宗，第1号目录，第353号保管单位，第9张背面。

7月15日(28日)

列宁写信给在芬兰的玛·伊·乌里扬诺娃，询问玛·亚·乌里扬诺娃的健康情况，询问能否在斯德哥尔摩或哥本哈根同她们会面；告知自己在波尔尼克休养。

《列宁全集》中文第2版增订版第53卷第376页。

7月15日和8月22日(7月28日和9月4日)之间

列宁在同玛·伊·乌里扬诺娃的通信中商量在斯德哥尔摩会面的事。

《列宁全集》中文第2版增订版第53卷第376页。

7月19日(8月1日)

列宁从波尔尼克致函在巴黎的中央机关报《社会民主党人报》发行部主任Д.М.科特利亚连科，请求为该报编辑部预订下列书籍：《人民自由党党团在第三届国家杜马第三次常会。(1909年10月10日—1910年6月5日)上。总结报告和代表发言》(1910年版)和《纪念尼·加·车尔尼雪夫斯基》(1910年版)；询问是否把《19世纪初俄国的社会运动》一书的第2卷给他寄到《社会民主党人报》发行部；指出用平信寄俄国社会民主工党提交哥本哈根代表大会的报告是不谨慎的；询问这个报告的附录的出版情况。

《列宁全集》中文第2版增订版第45卷第324—325页；《列宁文集》俄文版第13卷第179—180页；苏共中央马列主义研究院中央党务档案馆，第18号全宗，第43号目录，第19189号保管单位。

列宁通过Д.М.科特利亚连科给中央委员会国外局寄去一包组织委员会关于召开哥本哈根代表大会的印刷品和一封信，信中请求把代表大会的消息通知崩得中央委员会和拉脱维亚社会民主党人(列宁的这封信没有找到)。

《列宁全集》中文第 2 版增订版第 45 卷第 324—325、326 页。

7 月,不晚于 20 日(8 月 2 日)

列宁收到巴黎国家银行寄来的账单及附信,信中要求列宁作出确认账目无误的书面答复(这件事大概与党筹备参加哥本哈根国际社会党代表大会有关)。

《列宁全集》中文第 2 版增订版第 45 卷第 325—326 页。

列宁收到中央委员会国外局书记的来信,信中谈到同卡·胡斯曼就俄国社会民主工党提交哥本哈根代表大会报告的准备工作进行商谈的情况。

《列宁全集》中文第 2 版增订版第 45 卷第 325—326 页。

7 月 20 日(8 月 2 日)

列宁从波尔尼克致函在巴黎的阿·伊·柳比莫夫,请求转告中央委员会国外局书记:关于准备提交代表大会报告的问题可以直接同卡·胡斯曼联系;列出去哥本哈根所需要的开支。列宁在信中附上给巴黎国家银行的书面答复,并请求把账目核对一下,如果账目无误,再将书面答复寄往指定地址。

《列宁全集》中文第 2 版增订版第 45 卷第 326—327 页。

列宁寄信给奥·阿·皮亚特尼茨基(这封信没有找到)。

《列宁全集》中文第 2 版增订版第 45 卷第 325—326 页。

7 月,23 日(8 月 5 日)以前

列宁审定弗·Д.姆格拉泽(特里亚)的报告,这篇报告将作为俄国社会民主工党提交哥本哈根代表大会的报告的附录。

苏共中央马列主义研究院中央党务档案馆,第 17 号全宗,第

1号目录,第2册,第910号保管单位。

7月,26日(8月8日)以前

列宁从波尔尼克致函在巴黎的Д.М.科特利亚连科,指出务必在8月23日(公历)以前出版俄国社会民主工党提交哥本哈根代表大会的报告的法文本。

《列宁全集》中文第2版增订版第45卷第326—327页。

7月26日(8月8日)

列宁致函在巴黎的Д.М.科特利亚连科,请求给他寄来俄国社会民主工党提交哥本哈根代表大会的报告的校样。列宁随信给Д.М.科特利亚连科寄去自己的《论"前进派分子"的派别组织》一文,以便在下一号《社会民主党人报》上发表。

《列宁全集》中文第2版增订版第19卷第309—316页,第45卷第327页;苏共中央马列主义研究院中央党务档案馆,第2号全宗,第1号目录,第2639号保管单位。

列宁从波尔尼克致函在哥本哈根的米·韦·科别茨基,告知想趁参加代表大会之便在哥本哈根国立图书馆或大学图书馆研究丹麦农业问题的资料;请求弄清楚在开会期间图书馆是否开放,了解一下哥本哈根公寓的租金,并请求回信告知,科别茨基能否为他找一个合适的房间。

《列宁全集》中文第2版增订版第45卷第328页。

7月27日或28日(8月9日或10日)

列宁收到卡·胡斯曼的信,信中提出要尽快把俄国社会民主工党提交给第二国际第八次国际社会党代表大会的报告寄去。

《列宁全集》中文第2版增订版第45卷第328页;《列宁和卡米耶·胡斯曼通信集。1905—1914》,巴黎,1963年,第86页。

7 月,28 日(8 月 10 日)以前

列宁收到卡·胡斯曼寄来的 1910 年《社会党国际局定期公报》第 3 号。

《列宁全集》中文第 2 版增订版第 45 卷第 329 页。

7 月 28 日(8 月 10 日)

列宁复函(用法文)在布鲁塞尔的卡·胡斯曼,告知已采取必要措施及时出版俄国社会民主工党提交给国际社会党代表大会的报告,并在代表大会开会之前将报告寄到哥本哈根,感谢他提供情况并寄来《社会党国际局定期公报》第 3 号。

《列宁全集》中文第 2 版增订版第 45 卷第 329 页。

7 月 28 日(8 月 10 日)以后—8 月 10 日(23 日)以前

列宁致函在巴黎的 Д.М.科特利亚连科,告知没有收到俄国社会民主工党提交给哥本哈根代表大会的报告的条样,请求把报告的校样寄来。

《列宁全集》中文第 2 版增订版第 45 卷第 327、329—300 页,第 53 卷第 515 页。

7 月 30 日和 8 月 10 日(8 月 12 日和 23 日)之间

列宁收到米·韦·科别茨基从哥本哈根寄来的信,科别茨基在信中告知列宁需要的有关哥本哈根图书馆的情况,并提出愿意帮忙。

《列宁全集》中文第 2 版增订版第 45 卷第 328、330—331 页。

列宁致函在哥本哈根的米·韦·科别茨基,感谢他提供的帮助,说自己将于 8 月 26 日(公历)晨抵达哥本哈根并打算同他会见,请他代租一个便宜的房间;还谈到想去斯德哥尔摩。

《列宁全集》中文第 2 版增订版第 45 卷第 328—329、330—

331页,第53卷第515页。

7月底

列宁收到《社会民主党人报》编辑部的来信,信中就列宁关心的弗·Д.姆格拉泽(特里亚)的报告问题通知说,这个报告已经中央机关报编委通过、译成法文,并将作为俄国社会民主工党提交给哥本哈根代表大会的报告的附录刊印出来(在俄国社会民主工党提交给哥本哈根代表大会的报告的附录中没有这一报告,这一报告是后来根据中央机关报的特别决定用俄文刊印的)。

《列宁全集》中文第2版增订版第45卷第331—332页。

列宁收到玛·费·安德列耶娃从卡普里岛寄来的信。

《列宁全集》中文第2版增订版第45卷第331—332页。

7月

列宁的《致〈斗争报〉纪念号》一文发表在拉脱维亚社会民主党机关报《斗争报》第100号上。

《列宁全集》中文第2版增订版第19卷第303—306页;《斗争报》,[布鲁塞尔],1910年7月,第100号。

8月1日(14日)

列宁告知玛·费·安德列耶娃,说中央机关报决定把弗·Д.姆格拉泽的报告作为俄国社会民主工党提交给哥本哈根代表大会的报告的附录刊印出来,询问高尔基在卡普里岛的生活。

《列宁全集》中文第2版增订版第45卷第331—332页。

8月,5日(18日)以后

格·瓦·普列汉诺夫通过Д.М.科特利亚连科转告列宁,请他将俄国社会民主工党参加代表大会的代表在哥本哈根所住旅馆的地址通知普列汉诺夫。

苏共中央马列主义研究院中央党务档案馆,第28号全宗,第2н号目录,第36358号保管单位;普列汉诺夫纪念馆档案,A.36.3。

8月6日和13日(8月19日和26日)之间

列宁在比利时客运公司1910年8月19日(公历)寄给他的信的背面抄写去汉堡、哥本哈根和斯德哥尔摩的火车和轮船时刻表。

苏共中央马列主义研究院中央党务档案馆,第2号全宗,第1号目录,第2646号保管单位。

8月,不晚于10日(23日)

列宁致函在哥本哈根的米·韦·科别茨基,告知准备出发去那里,请他代租一个或两个便宜的房间。列宁在寄此信的同时,大概往哥本哈根按"A.彼得森　克龙博尔加德9号"这一地址给米·韦·科别茨基寄去了一封同样内容的信(后一封信没有找到)。

《列宁全集》中文第2版增订版第45卷第330—331、332页;《列宁文集》俄文版第13卷第184页。

8月10日(23日)

列宁从波尔尼克去哥本哈根出席第二国际第八次代表大会。

《列宁全集》中文第2版增订版第45卷第324、328—329、331—332页,第53卷第515页。

8月11日(24日)

列宁在去哥本哈根的途中,在巴黎奥尔良林荫路110号同格·瓦·普列汉诺夫会见。列宁同俄国社会民主工党出席哥本哈根代表大会的其他代表一起参加另外四名代表的补选。

《列宁全集》中文第2版增订版第45卷第330—331、331—332页,第53卷第515页;苏共中央马列主义研究院中央党务档案馆,第17号全宗,第1号目录,第2册,第912号保管单位,第2—3张;普列汉诺夫纪念馆档案,B.463.1,B.357.15,

Г.5.1;《革命年鉴》杂志,1923年,第5期,第58—59页。

8月13日(26日)

列宁抵达哥本哈根出席第二国际第八次代表大会,住在韦斯特布罗加德街112号,米·韦·科别茨基为他租的房间里。

列宁出席社会党国际局会议,写关于国际局和代表大会工作的札记。

《列宁全集》中文第2版增订版第45卷第330—331页;《列宁文集》俄文版第25卷第245—246页;《回忆弗·伊·列宁》,第1卷,1968年,第360页;《苏联纪实》,哥本哈根,1964年第8期,第20页;《消息报》,1967年4月21日,第95号。

列宁给从俄国来的伊·彼·波克罗夫斯基写(用法文)证明,证明他是第三届杜马社会民主党党团参加社会党国际局的代表。

《列宁全集》中文第2版增订版第45卷第379—380页;《列宁文集》俄文版第25卷第299—300页。

8月13日—15日(26日—28日)

列宁在代表证上填写(用德文)格·瓦·普列汉诺夫的名字,证明他是俄国社会民主工党出席哥本哈根代表大会的代表;列宁给代表大会的其他代表也办了同样的证明。

苏共中央马列主义研究院中央党务档案馆,第2号全宗,第1号目录,第2650、24272、24966号保管单位。

列宁参加俄国社会民主工党分组的工作,审查新提出的委托书,以第二国际第八次代表大会俄国组代表的身份,签署给雷瓦尔党委会出席哥本哈根代表大会代表M.马尔特纳(埃梅梅)的委托书。

苏共中央马列主义研究院中央党务档案馆,第2号全宗,第1号目录,第2649号保管单位;《社会民主党人报》,巴黎,1910年9月25日(10月8日),第17号。

列宁写便函给米·韦·科别茨基,随便函附了两张出席哥本哈根代表大会会议的出入证,一张给米·韦·科别茨基,另一张请他填上伊涅萨·阿尔曼德的姓名。

《列宁文集》俄文版第 13 卷第 184 页;《苏联纪实》,哥本哈根,1964 年,第 8 期,第 20 页。

8 月 13 日和 30 日(8 月 26 日和 9 月 12 日)之间

列宁在哥本哈根皇家公共图书馆进行工作,主要是研究有关丹麦农业生产方面的书刊。

《列宁全集》中文第 2 版增订版第 45 卷第 328 页;《消息报》,1967 年 4 月 21 日,第 95 号。

不早于 1910 年 8 月 14 日(27 日)—不晚于 1913 年

列宁从下列有关丹麦土地统计的书籍中作摘录:《统计表》,第 3 辑,第 3、10、24 卷,1864—1873 年;第 4 辑,C 类,第 1、3、6、8 号,1878—1894 年以及其他书籍。

《列宁全集》中文第 2 版增订版第 56 卷第 488—492 页。

8 月 15 日—21 日(8 月 28 日—9 月 3 日)

列宁参加第二国际哥本哈根代表大会的工作(大会在音乐厅举行),参加代表大会的主要委员会之一合作社问题委员会,出席各次全体会议,参加一系列会议,同大会代表进行交谈。

《列宁全集》中文第 2 版增订版第 45 卷第 307—308、340—348 页;《哥本哈根国际社会党第八次代表大会(1910 年 8 月 28 日—9 月 3 日)》,根特,1911 年,第 28 页;《回忆弗·伊·列宁》,第 1 卷,1968 年,第 360 页;伊·米·马伊斯基:《一位苏联大使回忆录》,第 1 册,1964 年,第 335—355 页。

列宁参加代表大会俄国社会民主工党分组的工作,分组会讨论代表大会全体会议的许多问题(俄国社会民主工党关于合作社的决议、关于工会运动统一的决议的修正案、关于仲裁法庭和裁军的决议等)。社会民主党报刊指出:“分组非常积极地参加了代表大会的工作。”

《社会民主党人报》,巴黎,1910 年 9 月 25 日(10 月 8 日),第 17 号。

不早于 8 月 15 日(28 日)—不晚于 8 月 21 日(9 月 3 日)

列宁同第二国际中的社会民主党左派(茹·盖得、罗·卢森堡、尤·马尔赫列夫斯基、阿·布劳恩、季·布拉戈耶夫、格·瓦·普列汉诺夫)进行磋商,以便团结革命分子同国际机会主义进行斗争。

《列宁全集》中文第 2 版增订版第 26 卷第 28—29 页;《列宁文集》俄文版第 14 卷第 22 页;《第二国际史》,第 2 卷,1966 年,第 331—332 页;A.韦科夫:《列宁和保加利亚(大事记)》,索非亚,1970 年,第 194—195 页。

列宁同格·瓦·普列汉诺夫、尼·古·波列塔耶夫、伊·彼·波克罗夫斯基等人商谈创办《工人报》和《明星报》的问题。

《列宁全集》中文第 2 版增订版第 45 卷第 344—345、370 页;《回忆弗·伊·列宁》,第 1 卷,1968 年,第 360 页;《无产阶级革命》杂志,1923 年,第 4 期,第 3—4 页;苏共中央马列主义研究院中央党务档案馆,第 17 号全宗,第 1 号目录,第 2 册,第 917 号保管单位;第 124 号全宗,第 1 号目录,第 1538 号保管单位。

列宁同代表大会俄国组内机会主义派别的代表进行坚决的斗争。

《回忆弗·伊·列宁》,第 2 册,1925 年,第 48—49 页。

列宁在代表大会期间同丹麦社会民主党左翼领袖之一格·特里尔会见,还会见了芬兰社会民主党著名活动家尤·西罗拉;同瑞典社会民主党左派领导人卡·霍格伦结识。

《列宁全集》中文第 2 版增订版第 47 卷第 24—25 页;《苏联纪实》,哥本哈根,1964 年,第 8 期,第 20 页;《苏共历史问题》杂志,1960 年,第 5 期,第 128—129 页;《同列宁在一起(回忆录和文件)》,彼得罗扎沃茨克,1967 年,第 50—54 页。

列宁在哥本哈根代表大会部分代表给罗马尼亚社会民主党活动家康·多勃罗贾努-格里亚的贺卡上签名(用法文)。

苏共中央马列主义研究院中央党务档案馆,第 2 号全宗,第 1 号目录,第 25151 号保管单位;《罗马尼亚人心目中的列宁(文件和回忆录)》,布加勒斯特,1970 年,第 7—8 页。

列宁参加为大会代表组织的去斯科斯堡疗养地郊游和其他游览活动。

《苏联纪实》,哥本哈根,1964 年,第 8 期,第 20 页;《消息报》,1957 年 4 月 21 日,第 95 号;《苏共历史问题》杂志,1960 年,第 5 期,第 127 页。

8 月 16 日(29 日)

列宁出席哥本哈根代表大会的各国小组代表会议,会议议程包括下列问题:(1)审查代表委托书;(2)任命各委员会。

《列宁文集》俄文版第 25 卷第 245 页。

8 月 16 日—19 日(8 月 29 日—9 月 1 日)

列宁参加代表大会合作社问题委员会及其下设的小组委员会的工作,拟关于合作社的决议草案(列宁的决议是俄国社会民主工党代表团在委员会内提出的草案的基础)。列宁在比利时社会民主党提出的决议中作标记和划重点;发言对代表大会合作社问题委员会的决议提出修改,其中建议指出,“只有在社会主义胜利之后”,才有可能进行真正的“社会主义的和民主的工作”,对决议投反对票。

列宁和阿·瓦·卢那察尔斯基同茹·盖得商谈在代表大会的会议上表决关于合作社的决议的问题。

《列宁全集》中文第 2 版增订版第 19 卷第 307—308、340—

348 页;《列宁文集》俄文版第 25 卷第 248—251 页;《哥本哈根国际社会党第八次代表大会(1910 年 8 月 28 日—9 月 3 日)》,根特,1911 年,第 77、116—117 页;《第二国际史》,第 2 卷,1966 年,第 319—323 页;《列宁为争取革命的国际而斗争》,1970 年,第 172—176 页。

8 月 19 日(9 月 1 日)

列宁在代表大会上参加俄国社会民主工党分组会议,会议通过决议:提请格·瓦·普列汉诺夫作为党的代表之一参加社会党国际局。

《社会民主党人报》,巴黎,1910 年 9 月 25 日(10 月 8 日),第 17 号;《社会民主党人呼声报》,[巴黎],1910 年 11 月,第 23 号。

8 月 20 日(9 月 2 日)

列宁函告社会党国际局:根据 1910 年俄国社会民主工党中央委员会一月全会决定,俄国社会民主工党参加社会党国际局的代表,除列宁外,还有格·瓦·普列汉诺夫。

《列宁全集》中文第 2 版增订版第 45 卷第 333 页。

列宁同格·瓦·普列汉诺夫和阿·瓦尔斯基一起,向德国社会民主党执行委员会发出抗议书,抗议《前进报》第 201 号发表列·达·托洛茨基关于俄国社会民主工党党内情况的诽谤性文章(抗议书是罗·卢森堡草拟的)。

列宁出席俄国社会民主工党参加代表大会的代表举行的会议,参加对这一问题的讨论。

《列宁全集》中文第 2 版增订版第 19 卷第 349—351 页,第 45 卷第 368—369 页,第 46 卷第 1—2 页;《前进报》,柏林,1910 年 8 月 28 日,第 201 号;苏共中央马列主义研究院中央党务档案馆,第 209 号全宗,第 2 号目录,第 692、694 号保管单位。

8 月 21 日(9 月 3 日)

列宁参加在哥本哈根市政大厅内为庆祝代表大会工作结束而

举行的晚宴;同部分马克思主义者代表共同签署致保加利亚社会民主主义妇女运动的女活动家季娜·基尔科娃的贺信。

《列宁全集》中文第 2 版增订版第 45 卷第 374 页;A.韦科夫:《列宁和保加利亚(大事记)》,索非亚,1970 年,第 53 页。

8 月 21 日和 30 日(9 月 3 日和 12 日)之间

列宁读刊登在《莱比锡人民报》第 204 号上的关于哥本哈根代表大会的文章:《第一委员会(合作社问题委员会)》,并在上面作标记。

《列宁文集》俄文版第 25 卷第 252—253 页;《莱比锡人民报》,1910 年 9 月 3 日,第 204 号。

列宁在哥本哈根写《哥本哈根国际社会党代表大会关于合作社问题的讨论》一文,并将文章寄给娜·康·克鲁普斯卡娅,以便发表在《社会民主党人报》第 17 号上。

《列宁全集》中文第 2 版增订版第 19 卷第 340—348 页;苏共中央马列主义研究院中央党务档案馆,第 28 号全宗,第 4 号目录,第 43788 号保管单位;《社会民主党人报》,巴黎,1910 年 9 月 25 日(10 月 8 日),第 17 号。

8 月 22 日(9 月 4 日)

列宁写信给在芬兰的玛·亚·乌里扬诺娃,说哥本哈根代表大会已经结束,告知在斯德哥尔摩会见的时间。

《列宁全集》中文第 2 版增订版第 53 卷第 377 页。

8 月,不晚于 29 日(9 月 11 日)

列宁在启程去斯德哥尔摩之前,收到斯德哥尔摩社会民主党小组一个布尔什维克组员(姓名不详)的地址。列宁利用这个地址同社会民主党小组建立了联系。

苏共中央马列主义研究院中央党务档案馆,第 276 号全宗,第 3 号目录,第 37650 号保管单位。

8月29日和9月2日(9月11日和15日)之间

列宁读刊登在《言语报》1910年第236号上的资产阶级政论家亚·索·伊兹哥耶夫的文章:《在复兴的道路上》,并在文中作标记。

《列宁文集》俄文版第25卷第202—204页;《言语报》,1910年8月29日,第236号;苏共中央马列主义研究院中央党务档案馆,第276号全宗,第3号目录,第37650号保管单位。

8月30日(9月12日)

列宁的《论“前进派分子”的派别组织》一文发表在《社会民主党人报》第15—16号合刊上。

《列宁全集》中文第2版增订版第19卷第309—316页;《社会民主党人报》,巴黎,1910年9月12日(8月30日),第15—16号合刊。

特务官员在给警察司司长的报告中通报第二国际哥本哈根代表大会的开会情况。侦探情报称,俄国代表团中有表决权的代表有弗·伊·列宁、格·瓦·普列汉诺夫等人。

苏联中央国家十月革命和社会主义建设档案馆,警察司全宗,特别处,1910年,第251号案卷,第64—67张。

8月30日—9月12日(9月12日—25日)

列宁住在斯德哥尔摩(地址:卡普坦斯加坦17号Ⅰ　W.贝格小姐转),他来这里是为了同母亲玛·亚·乌里扬诺娃和妹妹玛·伊·乌里扬诺娃会见;同她们一起游览该市名胜古迹和郊区。

《列宁全集》中文第2版增订版第45卷第334页,第53卷第377页;《乌里扬诺夫家书集》,1969年,第232—235页;《回忆弗·伊·列宁》,第1卷,1968年,第360页。

列宁在斯德哥尔摩皇家图书馆从事研究(在图书馆登记簿上签名并注明自己的地址:“卡普坦斯加坦17号　乌里扬诺夫”,到访图书馆 5 次);研究有关农业合作化问题的书籍,编写阅读过的有关这个题目的书单,并就其中一本书写书评。

《列宁文集》俄文版第 25 卷第 307—308 页;《苏共历史问题》杂志,1964 年,第 4 期,第 51 页;《弗·伊·列宁在皇家图书馆》,[斯德哥尔摩],P.A.诺尔斯泰特和索内皇家印刷厂,1970 年,3 页,标题用俄、英、瑞三种文字刊印。

8 月 30 日—9 月 1 日(9 月 12 日—14 日)

列宁在斯德哥尔摩出席俄国社会民主工党协助小组会议,并在会上作关于哥本哈根代表大会的报告。会议请列宁为斯德哥尔摩社会民主党人作关于党内情况的报告和关于哥本哈根代表大会的公开报告。

苏共中央马列主义研究院中央党务档案馆,第 276 号全宗,第 3 号目录,第 37650 号保管单位;《乌里扬诺夫家书集》,1969 年,第 234 页。

8 月 31 日(9 月 13 日)

列宁在码头迎接从奥布(芬兰)坐轮船来斯德哥尔摩的玛·亚·乌里扬诺娃和玛·伊·乌里扬诺娃。玛丽亚·亚历山德罗夫娜在给安·伊·乌里扬诺娃-叶利扎罗娃的信中写道:“轮船误点,到斯德哥尔摩已经 9 点多钟。我和玛尼亚紧靠栏杆站着,很快就看见了沃洛佳……　我觉得他瘦多了,模样也变了,但是他却说,他自我感觉很好。”

《乌里扬诺夫家书集》,1969 年,第 232 页。

夏天

列宁收到马·季·叶利扎罗夫的来信。

《列宁全集》中文第 2 版增订版第 53 卷第 378 页。

9 月 2 日(15 日)

列宁在斯德哥尔摩社会民主党各小组联席会议上作关于党内

状况的报告。他在长达一个多小时的讲话中批判了取消派；他的报告引起热烈的讨论，列宁简要记录讨论的内容。一位与会者写道："应该说，列宁对这一切作了回答，当然也是准确的回答。"出席会议的有 40 人左右。

《列宁文集》俄文版第 25 卷第 255—256 页；苏共中央马列主义研究院中央党务档案馆，第 276 号全宗，第 3 号目录，第 37650 号保管单位；《乌里扬诺夫家书集》，1969 年，第 234 页。

列宁填写借阅哥本哈根皇家图书馆有关丹麦农业生产书籍的借书单：丰赫：《哈维兰德农民奶牛场的农业生产条件》，柏林，1909 年和《丹麦统计。统计表》，哥本哈根，1909 年，第 32 卷。

《列宁文集》俄文版第 25 卷第 306—307 页。

9 月 3 日（16 日）

列宁从斯德哥尔摩致函米·韦·科别茨基，说自己将于 9 月 26 日（公历）抵哥本哈根，请求为他在当天晚上安排一次关于哥本哈根代表大会的公开的或党内的专题报告会。

《列宁全集》中文第 2 版增订版第 45 卷第 334 页。

9 月，8 日（21 日）前后

列宁写信给伊·彼·波克罗夫斯基，寄往彼得堡（这封信没有找到）。

《列宁全集》中文第 2 版增订版第 45 卷第 337 页。

9 月，不晚于 11 日（24 日）

列宁写《哥本哈根国际社会党代表大会及其意义》报告的提纲。

《列宁全集》中文第 2 版增订版第 19 卷第 418 页，第 45 卷第 334 页。

9 月 11 日(24 日)

列宁作《关于哥本哈根国际社会党代表大会》的公开报告。出席报告会的有 60 人左右。报告会所得款项将归入党费。

显然,玛·亚·乌里扬诺娃是在这次报告会上第一次听到自己儿子的公开讲演。

苏共中央马列主义研究院中央党务档案馆,第 276 号全宗,第 3 号目录,第 37650 号保管单位;《列宁文集》俄文版第 25 卷第 254 页;《乌里扬诺夫家书集》,1969 年,第 234 页;《苏共历史问题》杂志,1964 年,第 4 期,第 51 页。

9 月,不晚于 12 日(25 日)

列宁从斯德哥尔摩致函罗·卢森堡,这封信显然涉及到正在德国社会民主党报刊上展开的关于政治总罢工问题的讨论(这封信没有找到)。

《列宁全集》中文第 2 版增订版第 45 卷第 342 页。

9 月 12 日(25 日)

列宁送玛·亚·乌里扬诺娃和玛·伊·乌里扬诺娃乘轮船从斯德哥尔摩去芬兰。列宁同一天启程去哥本哈根。

《乌里扬诺夫家书集》,1969 年,第 234 页。

9 月 13 日(26 日)

列宁清晨抵达哥本哈根,晚上在这里给俄国侨民工人小组作关于第八次国际社会党代表大会的报告。

《列宁全集》中文第 2 版增订版第 19 卷第 418 页,第 45 卷第 334 页;《消息报》,1967 年 4 月 21 日,第 95 号;《苏共历史问题》杂志,1960 年,第 5 期,第 127 页。

9 月 14 日(27 日)

列宁从哥本哈根启程前往巴黎。

《列宁全集》中文第 2 版增订版第 45 卷第 334 页。

9 月 15 日(28 日)

列宁返抵巴黎。

《列宁全集》中文第 2 版增订版第 45 卷第 334 页。

9 月 15 日(28 日)以后

列宁在自己的寓所(玛丽·罗斯街 4 号)同从俄国来的季·巴·克尔日扎诺夫斯卡娅交谈,向她谈了一系列关于国内党的工作任务,请她转告俄国社会民主工党中央委员会。

苏共中央马列主义研究院中央党务档案馆,第 124 号全宗,第 1 号目录,第 980 号保管单位,第 9—10、18—19 张;《回忆弗·伊·列宁》,第 2 册,1925 年,第 49—50 页。

列宁写《从 1907 年 6 月 12 日普查看德国农业的资本主义制度》一文的开头部分(这篇文章没有写成,列宁在《现代农业的资本主义制度》这篇著作中利用了该文的开头部分)。

《列宁全集》中文第 2 版增订版第 19 卷第 317—321 页;《列宁文集》俄文版第 25 卷第 127 页。

列宁利用德国农业统计资料写《现代农业的资本主义制度》一文;为这篇文章作初步的统计计算(这篇文章有一部分没有找到)。

《列宁全集》中文第 2 版增订版第 19 卷第 317—339 页,第 46 卷第 20—22 页;苏共中央马列主义研究院中央党务档案馆,第 2 号全宗,第 1 号目录,第 2664 号保管单位;《俄国经济学者》杂志,1910 年 9 月 11 日(24 日),第 36 期。

列宁拟定进一步加工 1907 年 6 月 12 日德国农业普查资料的提纲。

《列宁全集》中文第 2 版增订版第 56 卷第 484—487 页。

9 月 17 日(30 日)以前

列宁致函卡·考茨基,询问能否在《新时代》杂志上刊登他的一篇批驳尔·马尔托夫和列·达·托洛茨基在报刊上进行诽谤的文章(这封信没有找到)。

《列宁全集》中文第2版增订版第45卷第335—336页。

9月17日(30日)

列宁致函卡·伯·拉狄克,告知收到他的两封来信,答应在《社会民主党人报》编辑部内讨论下一号报纸刊登他的关于哥本哈根代表大会文章的问题,指出拉狄克在《莱比锡人民报》上发表的几篇文章的理论错误。列宁说,打算写一篇文章驳斥尔·马尔托夫和列·达·托洛茨基,回答他们最近在关于俄国革命运动的几篇文章中所进行的无耻诽谤(列宁就这一问题写了《俄国党内斗争的历史意义》一文)。

《列宁全集》中文第2版增订版第19卷第352—370页,第45卷第335—336页。

9月20日(10月3日)

列宁出席俄国社会民主工党巴黎第二协助小组会议,会议讨论同普列汉诺夫派共同出版《工人报》的问题;会议进行得非常活跃。谢·伊·霍普纳尔回忆道:列宁在发言中"号召研究党内斗争的阶级根源"和联合社会民主党的革命力量。以列宁为首的多数会议参加者赞成出版《工人报》。列宁简要记录调和派的发言,他们反对报纸作为布尔什维克机关报出版。

《列宁全集》中文第2版增订版第45卷第336页;《列宁文集》俄文版第25卷第71—72页;《红色文献》杂志,1934年,第1期,第223页;《回忆弗·伊·列宁》,第2卷,1969年,第297—298页。

9月21日(10月4日)

列宁致函在夏提荣(法国)的中央委员会国外局布尔什维克代

表尼·亚·谢马什柯，提议同他会面，商谈尽快召开布尔什维克会议，以便解决出版《工人报》的问题；说调和派反对办报；对“糊涂的人走了”表示高兴。

《列宁全集》中文第2版增订版第45卷第336页。

9月23日(10月6日)

列宁收到尤·马尔赫列夫斯基的来信，信中说布尔什维克必须在《新时代》杂志上发表批驳尔·马尔托夫的文章；当天收到《新时代》杂志编辑艾·武尔姆的来信和他转来的尤·马尔赫列夫斯基准备在杂志上发表的批驳尔·马尔托夫的文章。

《列宁全集》中文第2版增订版第45卷第337—338、342—343页；苏共中央马列主义研究院中央党务档案馆，第2号全宗，第1号目录，第2673号保管单位；第143号全宗，第1号目录，第41号保管单位。

9月23日或24日(10月6日或7日)

列宁在尤·马尔赫列夫斯基的信上对他给《新时代》杂志写的文章拟写补充提纲。

《列宁全集》中文第2版增订版第45卷第338—341页；苏共中央马列主义研究院中央党务档案馆，第2号全宗，第1号目录，第2673号保管单位。

9月,23日(10月6日)以后

列宁收到卡·胡斯曼的来信，信中要求把参加社会党国际局各国议会委员会的社会民主党第三届国家杜马代表的名单寄去，并要求向社会党国际局交纳会费。

《列宁全集》中文第2版增订版第45卷第337页，第46卷第2—3页；《列宁和卡米耶·胡斯曼通信集。1905—1914》，巴黎，1963年，第88页。

列宁将卡·胡斯曼关于向社会党国际局交纳会费的通知转交

中央委员会国外局会计。

《列宁全集》中文第 2 版增订版第 45 卷第 345 页,第 46 卷第 2—3 页。

列宁致函在彼得堡的伊·彼·波克罗夫斯基,告知社会党国际局书记卡·胡斯曼要求把参加社会党国际局各国议会委员会的社会民主党第三届国家杜马代表名单寄去;建议把社会民主党杜马党团秘书的地址告诉胡斯曼。

《列宁全集》中文第 2 版增订版第 45 卷第 337 页;《列宁和卡米耶·胡斯曼通信集。1905—1914》,巴黎,1963 年,第 88 页。

9 月 24 日(10 月 7 日)

列宁致函在柏林的尤·马尔赫列夫斯基,告知收到他的来信和文章;说自己正在写一篇长文(《俄国党内斗争的历史意义》)批驳尔·马尔托夫和列·达·托洛茨基;指出卡·考茨基和埃·武尔姆"都没有看出马尔托夫和托洛茨基那些文章的庸俗和卑劣";说自己打算写一本关于俄国革命及其教训、关于阶级斗争的小册子,问能否在德国出版这本小册子,对马尔赫列夫斯基的文章提出补充意见,激烈批判马尔托夫歪曲无产阶级在 1905 年革命中的历史作用和任务。马尔赫列夫斯基考虑了列宁的意见。

《列宁全集》中文第 2 版增订版第 45 卷第 337—342 页;《新时代》杂志,斯图加特,1910 年,第 29 年卷,第 1 卷,第 4 期,10 月 28 日,第 100—107 页。

9 月 24 日(10 月 7 日)以后

列宁就尔·马尔托夫和列·达·托洛茨基的关于俄国革命运动的几篇荒谬文章致函在柏林的卡·考茨基,说希望能在《新时代》杂志上发表批驳托洛茨基的文章(这封信没有找到)。

《列宁全集》中文第2版增订版第45卷第338页,第46卷第19—20页。

9月25日(10月8日)

列宁的《哥本哈根国际社会党代表大会关于合作社问题的讨论》和《谈谈某些社会民主党人如何向国际介绍俄国社会民主工党的情况》两篇文章发表在《社会民主党人报》第17号上。

《列宁全集》中文第2版增订版第19卷第340—348、349—351页;《社会民主党人报》,巴黎,1910年9月25日(10月8日),第17号。

9月26日(10月9日)

列宁致函(用德文)卡·拉狄克,告知《俄国党内斗争的历史意义》一文已经写了约三分之一或者一半了;询问能否在《莱比锡人民报》发表这篇文章或就这个题目发表几篇小品文。

《列宁全集》中文第2版增订版第45卷第342—343页。

9月底—11月

列宁研究俄国罢工统计;研究瓦·叶·瓦尔扎尔编写的下列书籍:《1895—1904年十年间工厂工人罢工统计资料》(1905年版)、《1905年工厂工人罢工统计》(1908年版)和《1906—1908年三年间工厂工人罢工统计》,作摘录并在书上作标记和作计算。

《列宁全集》中文第2版增订版第45卷第338页;《列宁文集》俄文版第25卷第129—154页;《克里姆林宫的弗·伊·列宁藏书》,1961年,第209—210页。

列宁写《俄国党内斗争的历史意义》和《论俄国罢工统计》两篇文章。

《列宁全集》中文第2版增订版第19卷第352—370、371—398页,第45卷第337—338、342—343页;苏共中央马列主义研究院中央党务档案馆,第2号全宗,第1号目录,第2673号保管单位。

9 月

列宁收到格·李·什克洛夫斯基从柏林寄来的信，信中说格·瓦·普列汉诺夫给当地社会民主党小组作反对孟什维克取消派的报告。

《列宁全集》中文第 2 版增订版第 45 卷第 344 页；《列宁研究院集刊》，第 1 辑，1927 年，第 106 页。

9 月—不晚于 10 月 30 日（11 月 12 日）

列宁在自己的寓所（玛丽·罗斯街 4 号）会见从俄国来的谢·伊·霍普纳尔，向她了解敖德萨、尼古拉耶夫和叶卡捷琳诺斯拉夫党的工作情况和工人革命斗争情况；建议霍普纳尔在布尔什维克报刊上阐述这几个问题。

《回忆弗·伊·列宁》，第 1 卷，1968 年，第 353 页；第 2 卷，1969 年，第 292—294、297 页；《工人报》，巴黎，1910 年 10 月 30 日（11 月 12 日），第 1 号。

9 月—11 月

列宁同瓦·瓦·沃罗夫斯基和伊·伊·斯克沃尔佐夫-斯捷潘诺夫举行谈判，商谈在莫斯科安排出版合法的布尔什维克杂志——《思想》杂志的问题。

《无产阶级革命》杂志，1922 年，第 5 期，第 234 页。

列宁从亚·瓦·波果热夫的《俄国工人的数量和成分统计。劳动统计资料》（1906 年彼得堡版）一书中摘录关于工厂工人和采矿工业工人的人数统计资料。

《列宁全集》中文第 2 版增订版第 57 卷第 657—658 页，第 19 卷第 378 页。

不早于 9 月

列宁对列·波·加米涅夫和格·叶·季诺维也夫给尼·亚·

罗日柯夫的信作补充，批判罗日柯夫在建立合法政党的设想中所反映的取消主义观点。罗日柯夫在他的《必要的开端》一文中阐述了这一设想。

《列宁文集》俄文版第25卷第66—70页。

不早于1910年9月—不晚于1913年

列宁翻阅有关德国农业统计的书籍：《德意志帝国统计》第212卷。《1907年6月12日职业和生产普查。农业生产统计》，第1a；1b；2a分卷1909—1910年柏林版；《德意志帝国统计》第202卷。《1907年6月12日职业和生产普查。职业统计》，1909年柏林版，等等，并从书中作摘录。

《列宁全集》中文第2版增订版第56卷第409—483页。

列宁摘录莱奥·胡施克的《根据中图林根的典型调查作出的关于大中小农户农业生产纯收入的统计》（1902年耶拿版）一书的资料，并加以分析。

《列宁全集》中文第2版增订版第56卷第339—405页。

10月1日（14日）

列宁致函在伯尔尼的格·李·什克洛夫斯基，强调指出，他完全赞成同孟什维克普列汉诺夫派接近；告知同格·瓦·普列汉诺夫商谈出版通俗报纸的情况，说正在竭尽全力在俄国出版合法杂志，以及自己打算到瑞士一些城市去作报告。

《列宁全集》中文第2版增订版第45卷第344—345页。

10月4日（17日）

列宁致函（用法文）卡·胡斯曼，谈俄国社会民主工党和参加国际议会委员会的杜马代表向社会党国际局交纳会费的问题。

《列宁全集》中文第2版增订版第45卷第345页，第46卷第2页。

10 月,11 日(24 日)以前

列宁收到布尔什维克尼・古・波列塔耶夫从彼得堡寄来的信,信中要求寄去出版合法报纸的钱款。

《列宁全集》中文第 2 版增订版第 45 卷第 370 页。

10 月 11 日(24 日)

列宁把尼・古・波列塔耶夫信中关于要求寄款出版合法报纸的一段摘录出来转寄中央委员会国外局。

《列宁全集》中文第 2 版增订版第 45 卷第 370 页。

10 月 13 日(26 日)

列宁签署并寄出给中央委员会国外局的信,声明支持尼・古・波列塔耶夫根据社会民主党杜马党团的委托所提出的关于寄钱办报的要求,并且表示布尔什维克同意为此拨出 1000 卢布。

《列宁全集》中文第 2 版增订版第 45 卷第 370 页。

列宁出席《社会民主党人报》编辑部会议,会议讨论下一号——第 18 号报纸的内容;会议委托列宁写《为穆罗姆采夫去世而举行的游行示威》一文。

苏共中央马列主义研究院中央党务档案馆,第 28 号全宗,第 4 号目录,第 36333 号保管单位,第 16 张;第 163 号全宗,第 1 号目录,第 365 号保管单位,第 48 张;《社会民主党人报》,巴黎,1910 年 11 月 16 日(29 日),第 18 号。

10 月 15 日(28 日)

警察司国外侦探科驻巴黎的特务官员向警察司司长报告,布尔什维克举行会议,讨论关于布尔什维克同普列汉诺夫派共同出版通俗的《工人报》的问题(指的是 1910 年 10 月 3 日(公历)召开的俄国社会民主工党巴黎第二协助小组会议)。秘密报告还指出,大部分与会者特别是列宁,希望把党的力量团结在这一报纸的周围。

《红色文献》杂志,1934年,第1期,第223页。

10月15日和11月7日(10月28日和11月20日)之间

列宁写《两个世界》一文。

《列宁全集》中文第2版增订版第20卷第10—18页;苏共中央马列主义研究院中央党务档案馆,第163号全宗,第1号目录,第366号保管单位,第27张背面;《新时代》杂志,斯图加特,1910—1911年,第29年卷,第1卷,第4期,10月28日,第100—107页。

10月16日和25日(10月29日和11月7日)之间

列宁写《为穆罗姆采夫去世而举行的游行示威》一文。

《列宁全集》中文第2版增订版第20卷第4—9页;《言语报》,1910年10月16日(29日),第284号;苏共中央马列主义研究院中央党务档案馆,第163号全宗,第1号目录,第366号保管单位,第9、10—11张,第28张背面。

10月18日(31日)

季·布拉戈耶夫给列宁和《社会民主党人报》其他编委写信,要求编辑部发表他寄来的关于列·达·托洛茨基错误评价保加利亚工人运动的文章。

苏共中央马列主义研究院中央党务档案馆,第28号全宗,第3y号目录,第36471号保管单位;A.韦科夫:《列宁和保加利亚(大事记)》,索非亚,1970年,第53、197—198页。

10月24日(11月6日)

列宁在巴黎会见从俄国来的社会民主党人A.里亚比宁(彼得罗夫);在同他谈话中注意了解农民的状况和情绪;委托里亚比宁转交给在布鲁塞尔的卡·胡斯曼一封信,信中要求把各党向哥本哈根代表大会提交的报告都给他一份,以便在俄国散发这些报告。

《列宁全集》中文第2版增订版第45卷第346页;《关于伊里奇》,第2版,1926年,第98—100页。

10月25日(11月7日)

列宁出席《社会民主党人报》编辑部会议;会议讨论列宁的《为穆罗姆采夫去世而举行的游行示威》一文;列宁反对尔·马尔托夫和费·伊·唐恩对文章提出的修改。在讨论季·布拉戈耶夫驳斥列·达·托洛茨基的文章《巴尔干的社会主义》时,列宁坚决反对在该文发表前寄给托洛茨基。由于马尔托夫和唐恩的反党行为,列宁退出会场。他在致中央机关报编辑部会议主席弗·尔·列德尔的声明中说,退出会场的原因是马尔托夫发表反党的诽谤性的言论,支持召回派分子。

《列宁全集》中文第2版增订版第45卷第346—347页;苏共中央马列主义研究院中央党务档案馆,第163号全宗,第1号目录,第366号保管单位,第10张—第11张背面、第27张背面;《社会民主党人报》,巴黎,1911年1月13日(26日),第19—20号;《苏共历史问题》杂志,1960年,第5期,第178页。

10月26日(11月8日)

列宁出席《社会民主党人报》编辑部会议,讨论第18号报纸。

苏共中央马列主义研究院中央党务档案馆,第28号全宗,第4号目录,第36333号保管单位,第18张;《社会民主党人报》,巴黎,1910年11月16日(29日),第18号。

列宁收到从彼得堡寄来的一封信,大概是准备出版的布尔什维克新的合法报纸《明星报》一个编委寄来的。来信人问寄去的供发表用的材料是否已过时。

当天列宁收到从彼得堡寄来的第二封信,显然也是该报一个编委寄来的。

《列宁全集》中文第2版增订版第45卷第348、349—350页。

列宁致函在彼得堡的弗·德·邦契-布鲁耶维奇,说听到了关于筹备出版《明星报》的消息,但是没有收到他本人通报的任何信息；坚决主张报纸应该刊登布尔什维克作者从国外寄去的所有材料。他强调说："这可是个原则问题，方向问题。"列宁请求他更加经常地、详细地通报有关出版报纸的消息。

《列宁全集》中文第2版增订版第45卷第348页。

10月27日（11月9日）

列宁写信给尼·古·波列塔耶夫，大概涉及到《明星报》的出版问题（这封信没有找到）。

《列宁全集》俄文第5版第19卷第437页；苏共中央马列主义研究院中央党务档案馆，第2号全宗，第1号目录，第2684号保管单位。

10月28日（11月10日）

列宁收到尼·古·波列塔耶夫的来信。

苏共中央马列主义研究院中央党务档案馆，第2号全宗，第1号目录，第2684号保管单位。

列宁在《社会民主党人报》编辑部给尼·古·波列塔耶夫的信上写附言，告知寄去出版《明星报》的钱款，对出版报纸作了一系列具体指示。

苏共中央马列主义研究院中央党务档案馆，第2号全宗，第1号目录，第2684号保管单位。

列宁致函弗·德·邦契-布鲁耶维奇，对拖延出版《明星报》表示不安，谈编辑部的组成问题；请他协助组织出版《思想》杂志。

《列宁全集》中文第2版增订版第45卷第349—350页。

列宁致函《明星报》编辑部，就编辑部组成问题发表自己的意见。

《列宁全集》中文第2版增订版第45卷第349页。

10月29日（11月11日）

娜·康·克鲁普斯卡娅致函在日内瓦的维·阿·卡尔宾斯基

和索·瑙·拉维奇，告知："列宁同志虽然非常想在近期去日内瓦，但是现在去不了，因为他有很多工作要做。"

苏共中央马列主义研究院中央党务档案馆，第 29 号全宗，第 5 号目录，第 37746 号保管单位。

10 月，30 日(11 月 12 日)以前

列宁写《关于出版〈工人报〉的通告》一文。

《列宁全集》中文第 2 版增订版第 19 卷第 399—407 页；《工人报》，巴黎，1910 年 10 月 30 日(11 月 12 日)，第 1 号。

10 月 30 日(11 月 12 日)

列宁的《革命的教训》一文作为社论发表在《工人报》第 1 号上。

《列宁全集》中文第 2 版增订版第 19 卷第 408—415 页；《工人报》，巴黎，1910 年 10 月 30 日(11 月 12 日)，第 1 号。

10 月 30 日和 1912 年 7 月 30 日(11 月 12 日和 1912 年 8 月 12 日)之间

列宁写(用法文)收到亚·西·沙波瓦洛夫给社会民主党《工人报》50 法郎的收据。

苏共中央马列主义研究院中央党务档案馆，第 2 号全宗，第 1 号目录，第 2686 号保管单位。

10 月—1912 年 7 月 30 日(8 月 12 日)

列宁在巴黎领导出版并编辑布尔什维克秘密通俗机关报《工人报》(第 1—9 号)。该报刊登了弗·伊·列宁的 14 篇文章。

《列宁全集》中文第 2 版增订版第 19 卷第 399—407 页；《回忆弗·伊·列宁》，第 1 卷，1968 年，第 360 页；苏共中央马列主义研究院中央党务档案馆，第 29 号全宗，第 5 号目录，第 37746 号保管单位，第 1—2 张；第 29 号全宗，第 1н 号目录，第 43128 号保管单位，第 1 张。

11 月 1 日(14 日)以前

列宁致函在俄国的瓦·阿·杰斯尼茨基(斯特罗耶夫)，同他建立联系。

《列宁全集》中文第2版增订版第46卷第2页。

列宁收到瓦·阿·杰斯尼茨基从俄国寄来的信，并再次写信给他。

《列宁全集》中文第2版增订版第46卷第2页。

11月1日(14日)

列宁致函在卡普里岛的阿·马·高尔基，告知给他寄去《工人报》第1号以及为报纸募捐的签名簿；告知正在筹备出版合法的《思想》杂志。

《列宁全集》中文第2版增订版第46卷第1—2页。

11月1日和29日(11月14日和12月12日)之间

阿·马·高尔基致函列宁，赞成出版《工人报》，并资助该报500法郎。

《列宁全集》中文第2版增订版第46卷第1—2页；《红色文献》杂志，1936年，第5期，第74页。

11月3日(16日)

列宁出席《社会民主党人报》编辑部会议，会议讨论列宁的《两个世界》一文。编辑部拒绝费·伊·唐恩和尔·马尔托夫提出的关于从列宁的文章中删掉反对机会主义的一段文字的要求。

苏共中央马列主义研究院中央党务档案馆，第163号全宗，第1号目录，第366号保管单位，第27张背面；《苏共历史问题》杂志，1960年，第5期，第179页。

11月,7日(20日)以后

列宁收到《社会民主党人报》编辑部秘书的来信，信中请他写一篇关于列·尼·托尔斯泰的文章；信中还说，已将列宁《论俄国罢工统计》一文的手稿和校样寄给了他。

苏共中央马列主义研究院中央党务档案馆，第 2 号全宗，第 1 号目录，第 2675 号保管单位。

11 月 9 日(22 日)

列宁收到格·瓦·普列汉诺夫的来信，信中请求将社会党国际局的信件寄给他。

《列宁全集》中文第 2 版增订版第 46 卷第 3 页。

列宁给格·瓦·普列汉诺夫回信，说只收到社会党国际局的一封关于俄国社会民主工党给国际局交纳会费的来信，列宁还征求他对《工人报》第 1 号的意见。

《列宁全集》中文第 2 版增订版第 46 卷第 3 页。

列宁阅读《言语报》第 305 号刊登的文学政治杂志《同时代人》的出版广告。

《列宁全集》中文第 2 版增订版第 46 卷第 4 页；《言语报》，1910 年 11 月 6 日(19 日)，第 305 号。

列宁在给阿·马·高尔基的信中表示不赞成他为《同时代人》杂志撰稿，并尖锐批评这本杂志。

《列宁全集》中文第 2 版增订版第 46 卷第 4—6 页。

11 月 9 日和 12 月 21 日(11 月 22 日和 1911 年 1 月 3 日)之间

列宁收到阿·马·高尔基的来信。

《列宁全集》中文第 2 版增订版第 46 卷第 4、14—15 页。

11 月 13 日—15 日(26 日—28 日)

列宁阅读刊登在 1910 年 11 月 11 日和 12 日《俄罗斯新闻报》和《莫斯科呼声报》以及 11 月 11 日《言语报》上的有关俄国学生集会和游行示威的报道。

《列宁全集》中文第 2 版增订版第 20 卷第 1—3 页；《俄罗斯新闻报》，1910 年 11 月 11 日，第 260 号；11 月 12 日，第 261 号；

《莫斯科呼声报》,1910年11月11日,第260号;11月12日,第261号;《言语报》,1910年11月11日,第310号。

11月15日(28日)

列宁撰写《转变不是开始了吗?》一文;第二天该文发表在《社会民主党人报》第18号上。

《列宁全集》中文第2版增订版第20卷第1—3页;《社会民主党人报》,巴黎,1910年11月16日(29日),第18号。

11月16日(29日)

列宁的文章《两个世界》、《为穆罗姆采夫去世而举行的游行示威》、《列·尼·托尔斯泰》发表在《社会民主党人报》第18号上。

《列宁全集》中文第2版增订版第20卷第4—9、10—18、19—24页;《社会民主党人报》,巴黎,1910年11月16日(29日),第18号。

11月,20日(12月3日)以前

列宁收到"前进"集团创办的博洛尼亚学校邀请他去讲课的请柬。

《列宁全集》中文第2版增订版第46卷第6、17页;《社会民主党第二高级宣传鼓动工人党校工作报告》,巴黎,1911年,第13页。

11月20日(12月3日)

鉴于博洛尼亚学校组织者采取反党方针和分裂行为,列宁在《致博洛尼亚学校的学员同志们》的信中拒绝讲课的邀请,打算请这些学员来巴黎,说自己准备给他们就策略问题、党的状况以及土地问题作一系列报告。

《列宁全集》中文第2版增订版第46卷第6—7、17—18页。

列宁在巴黎(雷卡米耶街3号)观看布尔什维克侨民互助会会员演出的阿·马·高尔基的戏剧《怪人》。

《回忆弗·伊·列宁》,第 2 卷,1969 年,第 295—296 页;《巴黎公报》,1910 年 11 月 26 日,第 2 号;12 月 3 日,第 3 号;《弗·伊·列宁和阿·马·高尔基》,增订第 3 版,1969 年,第 491 页。

11 月 21 日(12 月 4 日)

列宁致函在彼得堡的尼·古·波列塔耶夫,告知给《明星报》寄去了自己的《欧洲工人运动中的分歧》一文以及其他作者的文章,请他来信谈谈报纸编辑部内的摩擦是否已经消除。

《列宁全集》中文第 2 版增订版第 46 卷第 8 页;《明星报》,1910 年 12 月 16 日(29 日),第 1 号。

11 月,不晚于 22 日(12 月 5 日)

列宁收到尼·古·波列塔耶夫关于出版《明星报》的两封来信。

《列宁全集》中文第 2 版增订版第 46 卷第 8、9—10 页。

11 月 22 日(12 月 5 日)

列宁致函俄国社会民主工党中央委员会国外局,建议立即再次寄出 1 000 卢布,用于出版《明星报》。

《列宁全集》中文第 2 版增订版第 46 卷第 9 页。

列宁同其他布尔什维克一起向中央委员会国外局提交声明,要求召开中央全会讨论把党的钱款归还布尔什维克的问题,因为取消派破坏了俄国社会民主工党一月中央全会通过的协议。

《列宁全集》中文第 2 版增订版第 20 卷第 27 页,第 46 卷第 535—536 页。

11 月,22 日(12 月 5 日)以后

列宁以《工人报》编辑部的名义写《致全体社会民主党护党派的公开信》,谈党内的状况。

《列宁全集》中文第 2 版增订版第 20 卷第 27—38 页。

11月24日(12月7日)

列宁致函在彼得堡的尼·古·波列塔耶夫，告知将寄去出版《明星报》用的钱款，并表示坚决反对取消派参加报纸工作。

《列宁全集》中文第2版增订版第46卷第9—10页。

11月25日(12月8日)以前

列宁写《我们的取消派(关于波特列索夫先生和弗·巴扎罗夫)》一文。

《列宁全集》中文第2版增订版第20卷第115—135页；苏共中央马列主义研究院中央党务档案馆，第28号全宗，第3н号目录，第35909号保管单位，第14张。

11月26日(12月9日)以前

列宁收到弗·德·邦契-布鲁耶维奇从彼得堡寄来的信。

《列宁全集》中文第2版增订版第46卷第11页。

11月26日(12月9日)

列宁致函在彼得堡的弗·德·邦契-布鲁耶维奇，请他尽快出版《明星报》，并定期报告报纸出版工作的进展情况。

《列宁全集》中文第2版增订版第46卷第11页。

11月28日(12月11日)

列宁的《列·尼·托尔斯泰和现代工人运动》一文发表在《我们的道路报》第7号上。

《列宁全集》中文第2版增订版第20卷第39—41页；《我们的道路报》，1910年11月28日，第7号。

不早于11月

列宁在尼·亚历山德罗夫(尼·亚·谢马什柯)的《第三届国家杜马社会民主党党团》(俄国社会民主工党中央机关报出版，1910年版)一书的封面上题字："列宁藏书"。

《克里姆林宫的弗·伊·列宁藏书》,1961 年,第 139 页;《社会民主党人报》,巴黎,1910 年 11 月 16 日(29 日),第 18 号。

秋天

列宁在巴黎会见维·康·库尔纳托夫斯基,翻阅他带来的 A.Я.布拉伊洛夫斯基关于赤塔 1905 年革命事件的小册子,在一次谈话中向他了解这些事件(库尔纳托夫斯基在这些事件中发挥了领导作用),记录自己同他的谈话。列宁关心维·康·库尔纳托夫斯基,去医院看望他,给他以同志般的支持和帮助。

《列宁文集》俄文版第 25 卷第 300 页;《回忆弗·伊·列宁》,第 1 卷,1968 年,第 377 页;《维·康·库尔纳托夫斯基传略》,1948 年,第 172—174 页;《俄国革命运动的活动家(传记辞典)》,第 5 卷,第 1 册,1931 年,第 469—470 栏。

11 月—12 月 21 日(1911 年 1 月 3 日)以前

列宁给在彼得堡出版的《现代世界》杂志编辑部寄去自己的一篇文章(大概是关于土地问题的文章,篇名不详;列宁的这篇文章没有在杂志上发表,原文没有找到)。

《列宁全集》中文第 2 版增订版第 53 卷第 378 页;《无产阶级革命》杂志,1930 年,第 4 期,第 128 页。

11 月或 12 月

列宁在《工人报》协助小组会上发言,宣读关于对待召回主义的态度的决议草案。

《苦役与流放》杂志,1934 年,第 1 期,第 145 页。

11 月—1911 年 1 月 3 日(16 日)以前

列宁抵达柏林,同卡·考茨基会见,同他就俄国社会民主工党党内状况及其他问题进行交谈。

苏联中央国家十月革命和社会主义建设档案馆,警察司全宗,1912 年,第 10 号案卷,第 156 册,附录,第 112、124—125 张。

12月,1日(14日)以后

列宁收到博洛尼亚前进派学校委员会的来信,信中说只有在中央委员会国外局支付有关活动的全部费用的条件下,学员才能来巴黎学习补充课程。

《社会民主党第二高级宣传鼓动工人党校工作报告》,巴黎,1911年,第25—26页。

12月4日(17日)

列宁收到社会党国际局1910年12月15日(公历)给第二国际各党的通知,通知中要求审议对哥本哈根代表大会关于仲裁法庭和裁减军备问题的决议的一项修正案,该修正案是代表大会移交社会党国际局审议的(由于修正案里说的是关于军事工业工人的罢工是阻止战争的适当手段问题,因此社会党国际局建议各党与相关工会进行联系,并向社会党国际局提出报告)。

《列宁文集》俄文版第25卷第258—261页。

列宁在社会党国际局的通知上作标记,并将通知寄到《社会民主党人报》编辑部发表。他在《致〈社会民主党人报〉编辑部》的附信中,建议把社会党国际局的通知和布尔什维克的声明一起刊登出来,布尔什维克认为只有无产阶级群众的革命进击才能防止战争,而罢工作为孤立反抗的行动是不能阻止战争的(社会党国际局的通知没有在《社会民主党人报》上发表)。

《列宁全集》中文第2版增订版第46卷第12页;《列宁文集》俄文版第25卷第258—261页。

12月5日(18日)

列宁把卡·胡斯曼关于1910年12月15日(公历)社会党国际局给第二国际各党的通知的来信和自己给胡斯曼的回信草稿寄

给格·瓦·普列汉诺夫(列宁的回信草稿没有找到)。

《列宁全集》中文第 2 版增订版第 46 卷第 22 页;《列宁文集》俄文版第 25 卷第 258—261 页。

12 月 9 日(22 日)

列宁在巴黎意大利同盟大厅举行的纪念俄国 1905 年十二月武装起义五周年的群众大会上发言。这次大会是由俄国社会民主工党巴黎第二协助小组组织的。

苏共中央马列主义研究院中央党务档案馆,第 163 号全宗,第 1 号目录,第 367 号保管单位,第 22 张;《巴黎通报》,1910 年 12 月 24 日,第 6 号。

12 月,13 日(26 日)以前

列宁出席《社会民主党人报》编辑部会议,会议委托他写一篇文章,答复尔·马尔托夫于 1910 年 11 月在《社会民主党人呼声报》第 23 号上发表的《到了什么地步?》一文。

苏共中央马列主义研究院中央党务档案馆,第 163 号全宗,第 1 号目录,第 367 号保管单位,第 25 张。

12 月,不晚于 15 日(28 日)

列宁写《论党内状况》一文。

《列宁全集》中文第 2 版增订版第 20 卷第 48—62 页;苏共中央马列主义研究院中央党务档案馆,第 163 号全宗,第 1 号目录,第 367 号保管单位,第 25、30 张。

12 月 15 日(28 日)

列宁出席《社会民主党人报》编辑部会议,会议讨论他的《论党内状况》一文。

苏共中央马列主义研究院中央党务档案馆,第 163 号全宗,第 1 号目录,第 367 号保管单位,第 30 张;《苏共历史问题》杂志,1960 年,第 5 期,第 179 页。

12月16日(29日)

列宁的《欧洲工人运动中的分歧》一文发表在《明星报》第1号上。

《列宁全集》中文第2版增订版第20卷第63—70页;《明星报》,1910年12月16日,第1号。

12月18日(31日)

列宁的文章《托尔斯泰和无产阶级斗争》、《农村发生了什么事情?》、《伊万·瓦西里耶维奇·巴布什金(悼文)》和《游行示威开始了》发表在《工人报》第2号上。列宁在《游行示威开始了》一文中强调指出,无产阶级的俄国“正在觉醒起来投入新的斗争,迎接新的革命”。

《列宁全集》中文第2版增订版第20卷第71—72、77—78、79—83、73—76页;《工人报》,巴黎,1910年12月18日(31日),第2号。

12月20日(1911年1月2日)以前

列宁收到安·伊·乌里扬诺娃-叶利扎罗娃的来信,信中告知同出版人格·费·李沃维奇的谈判没有成功(这里显然指的是出版弗·伊·列宁的土地问题著作的谈判)。

《列宁全集》中文第2版增订版第53卷第378—379页。

12月20日(1911年1月2日)

列宁收到从彼得堡寄来的《明星报》第1号。

《列宁全集》中文第2版增订版第46卷第15—16页,第53卷第378—379页;《明星报》,1910年12月16日,第1号。

12月20日或21日(1911年1月2日或3日)

列宁致函《明星报》编辑部,对发表在该报第1号上的为格·瓦·普列汉诺夫的《政论家札记。由此开始和到此结束》一文所加的按语提出批评。

《列宁全集》中文第2版增订版第46卷第15页,第53卷第378—379页;《明星报》,1910年12月16日,第1号。

12月,21日(1911年1月3日)以前

列宁的《“有保留”的英雄们》一文发表在《思想》杂志第1期上。

《列宁全集》中文第2版增订版第20卷第90—95页,第53卷第378—379页;《思想》杂志,1910年12月,第1期,第69—73页。

列宁收到马·季·叶利扎罗夫的来信。

《列宁全集》中文第2版增订版第53卷第378—379页。

12月,不早于21日(1911年1月3日)和1911年1月,不晚于18日(31日)

列宁的《论俄国罢工统计》一文发表在《思想》杂志第1期和第2期上。

《列宁全集》中文第2版增订版第19卷第371—398页,第53卷第379页;《思想》杂志,1910年12月,第1期,第12—23页;1911年1月,第2期,第19—29、80页。

12月21日(1911年1月3日)

列宁收到从莫斯科寄来的《思想》杂志第1期。

《列宁全集》中文第2版增订版第46卷第15页,第53卷第379页;《思想》杂志,1910年12月,第1期。

列宁致函在萨拉托夫的马·季·叶利扎罗夫,说收到他的来信。弗拉基米尔·伊里奇写道:“……只要听到有人谈到‘来自伏尔加河’(多么想念伏尔加河啊!)的印象和观感,就得到了很大的安慰。”他告诉叶利扎罗夫,说没有找到出版自己关于土地问题的书的出版人,列宁还高兴地告知收到《明星报》和《思想》杂志的创刊号。

《列宁全集》中文第2版增订版第53卷第378—379页。

列宁浏览1910年12月18日(31日)《言语报》,阅读关于出版《同时代人》杂志第1期的广告。

《列宁全集》中文第2版增订版第46卷第15页;《言语报》,1910年12月18日(31日),第347号。

列宁致函阿·马·高尔基,说明对他的来信迟迟未复的原因,谈自己对《同时代人》杂志所持的否定态度,认为孟什维克的《我们的曙光》杂志对列·尼·托尔斯泰的评价是错误的,阐明革命的社会民主党关于资本主义及其殖民政策问题的观点,请高尔基帮助找一个出版人出版自己的土地问题的书,谈了对《明星报》和《思想》杂志的看法。

《列宁全集》中文第2版增订版第46卷第14—18页。

12月23日(1911年1月5日)

列宁的《论马克思主义历史发展中的几个特点》一文发表在《明星报》第2号上。

《列宁全集》中文第2版增订版第20卷第84—89页;《明星报》,1910年12月23日,第2号。

12月29日(1911年1月11日)

一位姓名不详的作者在从巴黎寄往基辅的信中谈到自己对列宁演讲的印象,把列宁和其他讲演人作了比较。信中说:"无论谈论什么问题,他总是坚持深刻的、原则的观点并予以充分论证,其他人根本做不到这一点。"

《红色文献》杂志,1934年,第1期,第225页。

12月31日(1911年1月13日)夜至1911年1月1日(14日)凌晨

列宁同娜·康·克鲁普斯卡娅与朋友们在一起迎接新年。

《苦役与流放》杂志，1934 年，第 1 期，第 145—146 页。

12 月—1911 年 1 月 11 日(24 日)以前

列宁把《我们的取消派(关于波特列索夫先生和弗·巴扎罗夫)》一文的修改意见和几封与出版《思想》杂志有关的信寄往莫斯科《思想》杂志编辑部(信和修改意见都没有找到)。

《红色文献》杂志，1934 年，第 1 期，第 224 页。

12 月—不晚于 1911 年 1 月 15 日(28 日)

列宁就党内状况写信给俄国社会民主工党中央委员会俄国委员会。

《列宁全集》中文第 2 版增订版第 20 卷第 42—47 页。

12 月—1911 年 4 月

列宁领导在莫斯科出版的布尔什维克合法杂志《思想》(第 1—5 期)的出版工作，定期同编辑部通信。该杂志刊载了弗·伊·列宁的 6 篇文章。

《列宁全集》中文第 2 版增订版第 19 卷第 371—398 页，第 20 卷第 90—95、115—135、163—171、187—208、209—212 页，第 46 卷第 14—16、16—17 页，第 53 卷第 379 页；《红色文献》杂志，1934 年，第 1 期，第 224 页；《回忆弗·伊·列宁》，第 1 卷，1968 年，第 363、365 页。

12 月—1911 年 4 月 22 日(5 月 5 日)

列宁领导在彼得堡出版的布尔什维克合法报纸《明星报》的出版工作，同编辑部通信。该报多次发表列宁的文章。

《列宁全集》中文第 2 版增订版第 45 卷第 348—350 页，第 46 卷第 8—9、10—11 页；《回忆弗·伊·列宁》，第 1 卷，1968 年，第 363、365 页。

年底

列宁在自己的寓所(玛丽·罗斯街 4 号)会见从俄国来的布尔

什维克 M.Г.菲利亚；在同他谈话时了解外高加索的工人运动情况和布尔什维克反对取消派的斗争情况。

苏共中央马列主义研究院中央党务档案馆，第 124 号全宗，第 1 号目录，第 2007 号保管单位；第 157 号全宗，第 1 号目录，第 59 号保管单位，第 117 张；В.Г.艾萨伊阿什维利：《弗・伊・列宁和格鲁吉亚》，第比利斯，1970 年，第 220—221 页。

下半年

列宁为一位无名作者的文章加编者按，在纸的背面附上尤・马尔赫列夫斯基的地址。

《列宁文集》俄文版第 25 卷第 301 页。

1910 年

列宁在敖德萨俄国社会民主工党筹建小组的传单《致敖德萨全体工人书》上作标记和划重点。

苏共中央马列主义研究院中央党务档案馆，第 2 号全宗，第 1 号目录，第 2704 号保管单位。

弗・伊・列宁委托娜・康・克鲁普斯卡娅同在伊朗的格・康・奥尔忠尼启则通信，告知列宁和布尔什维克同取消派和召回派进行斗争的情况；寄去党的书刊。

苏共中央马列主义研究院中央党务档案馆，第 85 号全宗，第 3 号目录，第 30 号保管单位；第 124 号全宗，第 1 号目录，第 1426 号保管单位，第 5 张；《回忆弗・伊・列宁》，第 1 卷，1968 年，第 367 页。

警察在莫斯科、彼得堡、萨拉托夫、图拉、维堡、基什尼奥夫、乌法、梯弗利斯、大乌斯秋格（沃洛格达省）、弗拉基高加索铁路古杰尔梅斯站和外贝加尔州纳杰日金斯基矿进行搜捕时，发现了列宁的小册子《关于俄国社会民主工党统一代表大会的报告》。

苏联中央国家十月革命和社会主义建设档案馆，警察司全宗，第 7 处，1910 年，第 264、368、510、633、1180、1310、1327、

1340、1614、1678、1928、2345、2357、2850 号案卷。

不早于 1910 年

列宁致函在日内瓦的维·阿·卡尔宾斯基，请他帮助查找一本属于列宁的关于美国统计的书：《美国第十二次普查概况。1900 年》，1902 年华盛顿版。

《列宁全集》中文第 2 版增订版第 46 卷第 13 页。

不早于 1910 年—不晚于 1912 年

列宁从《奥地利统计手册》（维也纳），1908—1910 年各卷中作摘录。

《列宁全集》中文第 2 版增订版第 56 卷第 493—506 页。

列宁翻阅并摘录有关匈牙利土地统计的书籍：《匈牙利王国各邦农业统计》，第 1—5 卷，1897—1900 年布达佩斯版；《匈牙利统计年鉴》，第 1—17 卷，1893—1909 年布达佩斯版，等等。

《列宁文集》俄文版第 31 卷第 274—297 页。

1911 年

年初

列宁写备忘录：必须就吸收尼・亚・罗日柯夫和普拉东（指谁不详）为中央委员会国外局、中央机关报编辑部和党的其他机构的候补成员一事写信给阿・伊・李可夫；写信给中央委员会，对中央委员会国外局的行为（破坏召开俄国社会民主工党中央全会、将孟什维克的《社会民主党人呼声报》迁往俄国等）提出抗议。

《列宁文集》俄文版第 37 卷第 14 页。

1 月，2 日（15 日）以后

列宁写短评《犹杜什卡・托洛茨基羞红了脸》。

《列宁全集》中文第 2 版增订版第 20 卷第 96 页；《告全体党员书》（关于党内状况和党的代表会议的召开），［传单，巴黎］，"前进"集团出版，［1911 年］，2 页，（社会民主工党）；《关于党代表会议决议》，［布尔什维克巴黎小组会议通过的决议，传单，巴黎］，1911 年 1 月 15 日，1 页。

1 月 5 日（18 日）

列宁在巴黎丹东街 8 号科学家协会大厅给众多听众作题为《列・尼・托尔斯泰和俄国社会》的报告。

《列宁全集》中文第 2 版增订版第 53 卷第 381 页；《巴黎通报》，1911 年 1 月 21 日，第 3 号；《苏共历史问题》杂志，1966 年，第 4 期，第 67—68 页。

1 月 6 日（19 日）

列宁收到玛・亚・乌里扬诺娃从萨拉托夫给列宁寄来的信，

玛丽亚·亚历山德罗夫娜在信中对列宁的经济状况表示担心,列宁回信请她不必寄钱来;告知已寄信给阿·马·高尔基去信谈出版土地问题一书的事,说 1 月 5 日(18 日)他在巴黎作了一个关于列·尼·托尔斯泰的报告;说最近还要到瑞士各地去作这个报告;告知 C.H.斯米多维奇已被捕。

《列宁全集》中文第 2 版增订版第 53 卷第 381 页。

1 月 6 日和 21 日(1 月 19 日和 2 月 3 日)之间

列宁收到尼·古·波列塔耶夫的来信,信中说,由于《明星报》第 4 号发表了尼·伊·约尔丹斯基的短评《矛盾》,取消派采取了新攻势,说他们的攻势已被挡回去了。

《列宁全集》中文第 2 版增订版第 46 卷第 22 页;《明星报》,1911 年 1 月 6 日,第 4 号。

1 月 11 日(24 日)

列宁收到《思想》杂志编辑部的来信,信中告知收到了他的信和《我们的取消派(关于波特列索夫先生和弗·巴扎罗夫)》一文的修改意见,说这篇文章已经排好版,无法修改。信中请求列宁寄去《当前问题》专栏的几篇约稿,并说《思想》杂志很受欢迎,对它的需求正在增加。

《红色文献》杂志,1934 年,第 1 期,第 224 页。

1 月 11 日和 2 月 8 日(1 月 24 日和 2 月 21 日)之间

列宁写《农奴制崩溃五十周年》一文。

《列宁全集》中文第 2 版增订版第 20 卷第 141—144 页;《工人报》,巴黎,1911 年 2 月 8 日(21 日),第 3 号;《新时报》,1911 年 1 月 11 日(24 日),第 12512 号。

1 月 13 日(26 日)

列宁的《俄国恐怖主义者飞黄腾达的一生》一文发表在《社会

民主党人报》第19—20号合刊上。

《列宁全集》中文第2版增订版第20卷第97—99页;《社会民主党人报》,巴黎,1911年1月13日(26日),第19—20号合刊。

1月,14日(27日)以后

列宁收到波·伊·哥列夫(波·伊哥列夫)的信,信中就布尔什维克给中央委员会国外局要求立即召开中央全会解决退还"在保管人手中的"经费问题的声明作了答复,哥列夫的信中援引中央委员会国外局关于不宜召开全会的决议,建议将召开中央全会的问题提交小范围的中央委员会研究,建议在"保管人"亲自解决经费问题以前,从"在保管人手中的"经费中按中央全会批准的数额按月借用。

《列宁全集》中文第2版增订版第46卷第535—536页;《无产阶级革命》杂志,1926年,第11期,第129页。

1月18日(31日)以前

列宁收到卡·考茨基妻子的来信,信中说卡·考茨基病了。

《列宁全集》中文第2版增订版第46卷第21页。

1月18日(31日)

列宁初次会见巴库党组织派到巴黎进党校学习的格·康·奥尔忠尼启则;同他就社会民主党在高加索的工作及其他问题进行谈话。会见是在列宁的寓所进行的。

《苏联历史》杂志,1965年,第5期,第118页;В.Г.艾萨伊阿什维利:《弗·伊·列宁和格鲁吉亚》,第比利斯,1970年,第209—211页。

列宁签署给中央委员会国外局的信(答复中央委员会国外局1911年1月14日(27日)的来信),信中对中央委员会国外局破坏召开中央全会的企图提出抗议,告知同意召开小范围的中央委员会，同意从“在保管人手中的”经费中只借用为进行全党事业开支不足的部分。

苏共中央马列主义研究院中央党务档案馆，第 2 号全宗，第 1 号目录，第 23581 号保管单位。

列宁致函在柏林的卡·考茨基，告知在莫斯科出版了布尔什维克的合法杂志《思想》第 1 期，并告知杂志的内容，请他为这份杂志写一篇文章；说已把自己的《俄国党内斗争的历史意义》一文寄给了他；请求告知能否在《新时代》杂志上发表《论俄国罢工统计》一文或这篇文章的摘录，以及关于 1907 年德国农业生产统计结果的几篇文章。

《列宁全集》中文第 2 版增订版第 46 卷第 19—22 页。

1 月 18 日(31 日)以后—2 月

列宁的《我们的取消派(关于波特列索夫先生和弗·巴扎罗夫)》一文发表在《思想》杂志第 2 期和第 3 期上。

《列宁全集》中文第 2 版增订版第 20 卷第 115—135 页；《思想》杂志，1911 年 1 月，第 2 期，第 37—46、80 页；第 3 期，第 45—53 页。

1 月 18 日(31 日)以后

列宁在格·瓦·普列汉诺夫的《概念的混淆(列·尼·托尔斯泰的学说)》(结尾部分)中作标注(划重点和标线)，该文发表在《思想》杂志第 2 期上。

《列宁文集》俄文版第 25 卷第 204—205 页；《思想》杂志，1911 年 1 月，第 2 期，第 1—10、80 页。

1 月 21 日(2 月 3 日)

列宁收到格·瓦·普列汉诺夫的来信，信中告知保·辛格尔逝世了。

《列宁全集》中文第2版增订版第46卷第22页;《思想》杂志,1911年1月,第2期,第80页。

列宁致函在圣雷莫(意大利)的格·瓦·普列汉诺夫,告知1910年12月5日(18日)已把卡·胡斯曼的信和自己回信的草稿寄给了他;告知在尼·伊·约尔丹斯基的短评《矛盾》在《明星报》第4号上发表后,取消派采取了新的攻势,并说他们遭到失败。

《列宁全集》中文第2版增订版第46卷第22页。

1月21日和2月5日(2月3日和18日)之间

列宁写《立宪民主党人谈"两个阵营"和"合理妥协"》一文。

《列宁全集》中文第2版增订版第20卷第136—139页;《明星报》,1911年2月5日,第8号;《言语报》,1911年1月21日(2月3日),第20号。

1月22日(2月4日)

列宁的《列·尼·托尔斯泰和他的时代》一文发表在《明星报》第6号上。

《列宁全集》中文第2版增订版第20卷第100—104页;《明星报》,1911年1月22日,第6号。

1月22日和4月22日(2月4日和5月5日)之间

列宁写《马克思主义和〈我们的曙光〉杂志》一文。

《列宁全集》中文第2版增订版第20卷第108—113页;《生活事业》杂志,1911年1月22日,第1期;《现代生活》杂志,巴库,1911年4月22日,第3期。

1月22日(2月4日)以后

列宁以在1910年一月全会上同中央委员会签订解散派别的协定并有全权废除这个协定的布尔什维克派代表的名义,写《致中央委员会》的声明,揭露呼声派、前进派和托洛茨基分子的派别的反党活动,揭露他们破坏这个协定;宣布布尔什维克将对他们继续进行无情的斗争。

《列宁全集》中文第 2 版增订版第 20 卷第 105—107 页;《生活事业》杂志,1911 年 1 月 22 日,第 1 期。

1 月 23 日和 2 月 8 日(2 月 5 日和 21 日)之间

列宁写悼念文章《保尔·辛格尔》。

《列宁全集》中文第 2 版增订版第 20 卷第 145—148 页;《工人报》,巴黎,1911 年 2 月 8 日(21 日),第 3 号。

1 月 27 日(2 月 9 日)以前

列宁写他给巴黎社会科学讲习班讲授《政治经济学原理》课程第四讲的讲授提纲——《资本主义生产方式的本质》。

《列宁全集》中文第 2 版增订版第 20 卷第 114 页;苏共中央马列主义研究院中央党务档案馆,第 4 号全宗,第 1 号目录,第 55 号保管单位;《红色文献》杂志,1934 年,第 1 期,第 224 页。

1 月 27 日(2 月 9 日)

列宁出席巴黎社会科学讲习班开学典礼;讲《政治经济学原理》课程的第一讲。

《巴黎通报》,1911 年 2 月 18 日,第 7 号。

1 月 27 日(2 月 9 日)—不晚于 4 月 27 日(5 月 10 日)

列宁在巴黎社会科学讲习班讲授《政治经济学原理》课程。最初是每星期四在圣安托万郊区街一个小咖啡馆的房间里讲授,中间经过短时间的停课,从 4 月 6 日(公历)开始又在戈贝林街拉丁街区 63 号俄国图书馆开讲。讲课非常成功;每次都有 100 多人出席,其中有许多工人。

《列宁全集》中文第 2 版增订版第 20 卷第 114 页;苏共中央马列主义研究院中央党务档案馆,第 4 号全宗,第 1 号目录,第 55 号保管单位;苏联中央国家十月革命和社会主义建设档案馆,警察司全宗,特别处,1911 年,第 5 号案卷,第 25 册,Б类,第 29—31 张;《巴黎通报》,1911 年 2 月 18 日,第 7 号;2 月 25

日,第8号;4月8日,第14号。

1月29日(2月11日)以后

列宁致函阿·伊·李可夫,尖锐批判以波兰社会民主党为一方,以布尔什维克和调和派为另一方于1911年1月29日(2月11日)在巴黎签订的关于党的中央机构的组成和当前任务问题的协议条文。

《列宁全集》中文第2版增订版第46卷第23—25页;《列宁文集》俄文版第18卷第14页。

1月

列宁同来到巴黎的弗·维·阿多拉茨基数次交谈;审阅他的论国家的著作的手稿。

《回忆弗·伊·列宁》,第2卷,1969年,第176—177页。

列宁在给一位姓名不详的作者的文章提的意见中写道,文章的立意很好,但是没有写好,实际上是一些想法的罗列。他建议重新改写这篇文章,提出一些具体的修改意见。

苏共中央马列主义研究院中央党务档案馆,第2号全宗,第1号目录,第2716号保管单位。

弗·萨·沃伊京斯基从西伯利亚流放地来信,请求列宁协助出版他的《要面包,要工作》一书,该书描述俄国失业工人的状况。

伊尔库茨克州国家档案馆,第600号全宗,第1号目录,第581号案卷,第280张。

列宁在巴黎就雅·阿·日托米尔斯基被怀疑是奸细一事同奥·阿·皮亚特尼茨基谈话。

奥·阿·皮亚特尼茨基:《回忆录和文章选编》,1969年,第183页。

2月4日(17日)

列宁同马·尼·利亚多夫交谈,说必须去俄国同中央委员会俄国局成员维·巴·诺根和加·达·莱特伊仁商谈在国外召开中央全会的问题。

《列宁全集》中文第 2 版增订版第 46 卷第 25—26 页;《列宁文集》俄文版第 18 卷第 16—17 页。

列宁致函阿·伊·李可夫,告知给他寄去波·伊·哥列夫 1911 年 2 月 4 日(17 日)给中央委员会国外局的声明的抄件和其他材料,建议立即派马·尼·利亚多夫去俄国同维·巴·诺根和加·达·莱特伊仁商谈在国外召开中央全会的问题;说关于取消派和召回派的宣言的提纲将于第二天寄去。

《列宁全集》中文第 2 版增订版第 46 卷第 25—26 页;《列宁文集》俄文版第 18 卷第 16—17 页。

2 月 5 日(18 日)

列宁的《立宪民主党人谈"两个阵营"和"合理妥协"》一文发表在《明星报》第 8 号上。

《列宁全集》中文第 2 版增订版第 20 卷第 136—140 页;《明星报》,1911 年 2 月 5 日,第 8 号。

2 月 5 日(18 日)以后

列宁在 2 月 5 日《明星报》第 8 号刊载的《立宪民主党人谈"两个阵营"和"合理妥协"》一文的剪报上作批注:"1911 年 2 月 5 日,《明星报》,第 8 号",在标题上划重点,并在文中写补充:"…… 啊,真是一些精明的政治家啊!……"

《列宁全集》中文第 2 版增订版第 20 卷第 140 页;苏共中央马列主义研究院中央党务档案馆,第 2 号全宗,第 1 号目录,第 3211 号保管单位,第 35 张。

2 月 8 日(21 日)

列宁的《农奴制崩溃五十周年》一文和悼念文章《保尔·辛格尔》发表在《工人报》第 3 号上。

《列宁全集》中文第2版增订版第20卷第141—144页;《工人报》,巴黎,1911年2月8日(21日),第3号。

2月10日和23日(2月23日和3月8日)之间

列宁收到尼·古·波列塔耶夫1911年2月10日(23日)从彼得堡寄来的信。

《列宁全集》中文第2版增订版第46卷第32—35页;苏共中央马列主义研究院中央党务档案馆,第2号全宗,第1号目录,第2719号保管单位。

2月12日(25日)

列宁收到阿·伊·李可夫从柏林寄来的信,信中对关于取消派和召回派的宣言提出许多修改意见,说派马·尼·利亚多夫去俄国商谈在国外召开中央全会问题是徒劳无益的,请列宁写信给伊·阿·萨美尔(柳比奇),让他准备好到国外来。

《列宁全集》中文第2版增订版第46卷第27—28页;《列宁文集》俄文版第18卷第22—24页。

列宁致函阿·伊·李可夫,指示伊·阿·萨美尔必须立刻出国参加即将举行的俄国社会民主工党中央全会,严厉批评李可夫对待"前进"集团的调和主义路线,要求坚决同"前进"集团划清界限,主张在全会的决议中着重指出前进派和呼声派的破坏性的反党立场。

《列宁全集》中文第2版增订版第46卷第27—32页。

列宁收到从彼得堡寄来的信,信中说维·巴·诺根(萨莫瓦罗夫)建议第三届国家杜马社会民主党党团出版竞选纲领。

《列宁全集》中文第2版增订版第46卷第31—32页。

2月17日和26日(3月2日和11日)之间

列宁写《评论。缅施科夫、格罗莫博伊和伊兹哥耶夫》一文。

《列宁全集》中文第 2 版增订版第 20 卷第 149—158 页；《明星报》，1911 年 2 月 26 日，第 11 号；《新时报》，1911 年 2 月 17 日(3 月 2 日)，第 12549 号。

2 月 21 日(3 月 6 日)以后

列宁收到圣彼得堡市联合委员会常务委员会 1911 年 2 月 21 日(3 月 6 日)关于学生罢课的宣言书，宣言书提出要求：人身不受侵犯，言论、集会和结社自由，让被开除和被驱逐的同学返校，高等学校自治。

苏共中央马列主义研究院中央党务档案馆，第 2 号全宗，第 5 号目录，第 785 号保管单位。

2 月 22 日或 23 日(3 月 7 日或 8 日)

列宁致函在彼得堡的尼·古·波列塔耶夫，揭露取消派的讹诈策略，指出必须坚决地、持续不断地同他们作斗争，请求告知《明星报》编辑部内的状况，请他立即把社会民主党杜马党团参加莫斯科的国家杜马补选的纲领寄来。

《列宁全集》中文第 2 版增订版第 46 卷第 32—35 页；苏共中央马列主义研究院中央党务档案馆，第 2 号全宗，第 1 号目录，第 2719 号保管单位。

2 月 25 日(3 月 10 日)

列宁致函在柏林的阿·伊·李可夫，告知给他寄去俄国社会民主工党中央委员会国外局成员尼·亚·谢马什柯 1911 年 2 月 25 日(3 月 10 日)的信的抄件，揭露崩得分子在俄国社会民主工党中央委员会内为争取多数票而斗争的情况，提出召开全会和恢复俄国社会民主工党中央委员会的具体措施。

《列宁全集》中文第 2 版增订版第 46 卷第 35—36 页。

2 月 25 日(3 月 10 日)以后—3 月初

列宁收到阿·伊·李可夫的来信，信中建议致电维·巴·诺根和加·达·莱特伊仁,叫他们出国来准备召开俄国社会民主工党中央全会。

《列宁全集》中文第2版增订版第46卷第35—38页。

2月25日和3月19日(3月10日和4月1日)之间

列宁写《"农民改革"和无产阶级-农民革命》一文。

《列宁全集》中文第2版增订版第20卷第172—181页;《社会民主党人报》,巴黎,1911年3月19日(4月1日),第21—22号合刊。

2月26日(3月11日)

列宁的《评论。缅施科夫、格罗莫博伊和伊兹哥耶夫》一文发表在《明星报》第11号上。

《列宁全集》中文第2版增订版第20卷第149—158页;《明星报》,1911年2月26日,第11号。

2月

列宁以在1910年一月全会上同中央委员会签订协定的布尔什维克派代表的名义,写《致中央委员会俄国委员会》的信,揭露呼声派、前进派和列·达·托洛茨基的分裂活动。

《列宁全集》中文第2版增订版第20卷第159—162页;《列宁文集》俄文版第18卷第16—17页。

列宁的《关于纪念日》一文作为社论发表在《思想》杂志第3期上。

《列宁全集》中文第2版增订版第20卷第163—171页;《思想》杂志,1911年2月,第3期,第1—8页。

警察在雅罗斯拉夫尔进行搜查时,发现并没收了列宁的小册子《关于俄国社会民主工党统一代表大会的报告》。

苏联中央国家十月革命和社会主义建设档案馆,警察司全宗,第7处,1911年,第512号案卷,第10张、第22张背面。

2 月—4 月

警察在明斯克、雅罗斯拉夫尔、基辅、下诺夫哥罗德和梯弗利斯进行搜捕时，发现并没收了列宁的小册子《农村需要什么（告贫苦农民）》。

苏联中央国家十月革命和社会主义建设档案馆，警察司全宗，第 7 处，1910 年，第 2437 号案卷，第 6、18 张；1911 年，第 214 号案卷，第 3 张、第 10 张背面；第 512 号案卷，第 10 张、第 23 张背面；第 532 号案卷，第 5 张背面、第 10 张背面；第 861 号案卷，第 1、3 张；第 1029 号案卷，第 27 张、第 70 张背面。

2 月—5 月

警察在雅罗斯拉夫尔、敖德萨、基辅和伊尔库茨克进行搜捕时，发现并没收了列宁的小册子《土地问题和“马克思的批评家”》。

苏联中央国家十月革命和社会主义建设档案馆，警察司全宗，第 7 处，1911 年，第 470 号案卷，第 4 张背面、第 15 张、第 15 张背面；第 512 号案卷，第 10 张、第 21 张背面；第 1029 号案卷，第 27 张、第 72 张背面；第 1204 号案卷。

不早于 2 月

列宁在多莫夫（米·尼·波克罗夫斯基）的小册子《1861 年 2 月 19 日农奴制改革（五十周年纪念）》（“前进”集团出版社，1911 年 2 月巴黎版）的第 1 页上题词、写批注、划重点和作标记。

苏共中央马列主义研究院中央党务档案馆，第 2 号全宗，第 1 号目录，第 2723 号保管单位，第 2 张；《克里姆林宫的弗·伊·列宁藏书》，1961 年，第 213 页。

3 月 5 日（18 日）

列宁在巴黎纪念巴黎公社成立四十周年的群众大会上发表讲话，大会是在劳动总联合会（“劳动介绍所”）所在地进行的。

《苦役与流放》杂志，1934 年，第 1 期，第 146—147 页。

3 月 5 日和 4 月 15 日（3 月 18 日和 4 月 28 日）之间

列宁写《纪念公社》一文。

《列宁全集》中文第2版增订版第20卷第218—224页;《工人报》,巴黎,1911年4月15日(28日),第4—5号。

3月6日(19日)

列宁出席《社会民主党人报》编辑部会议。

苏共中央马列主义研究院中央党务档案馆,第28号全宗,第4号目录,第36333号保管单位,第27张。

3月,不晚于13日(26日)

列宁启程去柏林,同保管党的经费的"保管人"(卡·考茨基、克·蔡特金和弗·梅林)商谈给《明星报》拨款的问题。参加商谈的有《明星报》编委尼·古·波列塔耶夫。

苏共中央马列主义研究院中央党务档案馆,第163号全宗,第1号目录,第401号保管单位,第8张;第538号保管单位,第23张;《苏共历史问题》杂志,1960年,第5期,第179页。

3月上半月

列宁致函在柏林的阿·伊·李可夫,严厉批评他在筹备召开俄国社会民主工党中央全会的工作方面行动迟缓。

《列宁全集》中文第2版增订版第46卷第37—38页。

3月19日(4月1日)

列宁的《"农民改革"和无产阶级-农民革命》(社论)和《党的破坏者扮演着"传说的破坏者"角色》两篇文章发表在《社会民主党人报》第21—22号合刊上。

《列宁全集》中文第2版增订版第20卷第172—186页;《社会民主党人报》,巴黎,1911年3月19日(4月1日),第21—22号合刊。

3月22日和4月6日(4月4日和19日)之间

列宁在巴黎会见阿·马·高尔基。

苏联中央国家十月革命和社会主义建设档案馆,警察司全宗,

1911年,第265号目录,第462号案卷,第180—185张;《弗·伊·列宁和阿·马·高尔基》,增订第3版,1969年,第492页。

3月23日和4月2日(4月5日和15日)之间

列宁写《立宪民主党人和十月党人》一文。

《列宁全集》中文第2版增订版第20卷第213—217页;《明星报》,1911年4月2日,第16号;《言语报》,1911年3月23日(4月5日),第80号。

3月25日(4月7日)

列宁收到《思想》杂志编辑部关于准备刊印第4期杂志的来信和1910年12月份的财务报告。

苏共中央马列主义研究院中央党务档案馆,第2号全宗,第5号目录,第281号保管单位。

3月,26日(4月8日)以前

列宁收到玛·亚·乌里扬诺娃的来信,信中介绍她们在萨拉托夫的生活情况。

《列宁全集》中文第2版增订版第53卷第382页。

3月26日(4月8日)

列宁写信给在萨拉托夫的玛·亚·乌里扬诺娃,问她们打算在哪里度夏;谈自己在巴黎的生活情况。

《列宁全集》中文第2版增订版第53卷第381—382页。

列宁会见米·费·弗拉基米尔斯基。

《列宁全集》中文第2版增订版第53卷第381页。

3月30日和4月16日(4月12日和29日)之间

列宁写《论危机的意义》一文。

《列宁全集》中文第2版增订版第20卷第225—229页;《莫斯科呼声报》,1911年3月30日(4月12日),第72号;《明星报》,1911年4月16日,第18号。

不晚于3月

列宁收到博洛尼亚(意大利)前进派学校一名工人学员的来信,信中批判前进派的"纲领",说他想来巴黎了解布尔什维克的立场。

《列宁全集》中文第2版增订版第46卷第39页;苏共中央马列主义研究院中央党务档案馆,第2号全宗,第5号目录,第278号保管单位;《社会民主党工人宣传鼓动员第二高级党校报告》,巴黎,1911年,扉页。

列宁收到布尔什维克菲尼科夫的来信。

《列宁全集》中文第2版增订版第46卷第40页。

3月

列宁收到阿·伊·李可夫的来信,信中告知已调马·尼·利亚多夫来国外。

《列宁全集》中文第2版增订版第46卷第38页。

列宁致函阿·伊·李可夫,告知收到了他的来信,认为李可夫威胁要退出中央委员会,就是在困难时刻对布尔什维主义的背叛,建议从俄国叫来维·巴·诺根和伊·阿·萨美尔以保证布尔什维克在俄国社会民主工党中央全会上占多数,告诉李可夫已派尼·亚·谢马什柯去博洛尼亚前进派学校,邀请学员来巴黎学习补充课程;随信寄去博洛尼亚前进派学校工人学员、布尔什维克菲尼科夫的信。

《列宁全集》中文第2版增订版第46卷第38—40页;《社会民主党工人宣传鼓动员第二高级党校报告》,巴黎,1911年,第29页。

列宁收到尼·古·波列塔耶夫和尼·伊·约尔丹斯基的来信,信中请求寄去出版《明星报》的钱款。

《列宁全集》中文第 2 版增订版第 46 卷第 40—41 页。

列宁致函某人(可能是阿·伊·李可夫)并随信附上尼·古·波列塔耶夫和尼·伊·约尔丹斯基的信,请求从物质上帮助他们出版《明星报》;建议为此事去找德国社会民主党执行委员会;列宁在信中(向德国社会民主党执行委员会)证实,收信人是中央委员。

《列宁全集》中文第 2 版增订版第 46 卷第 35—36、40—41 页。

列宁的《关于政权的社会结构、关于前景和取消主义》一文和《论战性的短评》发表在《思想》杂志第 4 期上。

《列宁全集》中文第 2 版增订版第 20 卷第 187—212 页;《思想》杂志,1911 年 3 月,第 4 期,第 12—30、57—60 页。

3 月—5 月

警察在基什尼奥夫、米哈伊洛沃村(梯弗利斯省)和穆拉维约沃镇(科夫诺省)进行搜捕时,发现并没收了列宁的小册子《立宪民主党人的胜利和工人政党的任务》。

苏联中央国家十月革命和社会主义建设档案馆,警察司全宗,第 7 处,1911 年,第 591 号案卷,第 3、5 张;第 950 号案卷,第 1、5、8、33 张;第 1273 号案卷,第 1、2、7、10 张。

4 月 2 日(15 日)

列宁的《立宪民主党人和十月党人》一文发表在《明星报》第 16 号上。

《列宁全集》中文第 2 版增订版第 20 卷第 213—217 页;《明星报》,1911 年 4 月 2 日,第 16 号。

莫斯科高等法院决定销毁 1905 年在莫斯科出版的列宁的小册子《告贫苦农民(向农民讲解社会民主党人要求什么)》。

苏联中央国家十月革命和社会主义建设档案馆,莫斯科书报检查委员会全宗,1909 年,第 1061 号案卷,第 14、20 张。

4月6日(19日)以前

列宁抵达柏林,根据杜马党团的委托,同从俄国来的尼·古·波列塔耶夫商谈出版社会民主党第三届国家杜马党团的报告的问题。

《列宁全集》中文第2版增订版第46卷第42—43页。

列宁从尼·古·波列塔耶夫那里收到经社会民主党第三届国家杜马党团讨论过的出版党团的报告的计划。

《列宁全集》中文第2版增订版第46卷第42页。

列宁在寄往彼得堡给社会民主党第三届国家杜马党团的信中,同意党团拟定的关于出版它的工作报告的计划,同时告知编辑委员会的组成人员及其职责。

《列宁全集》中文第2版增订版第46卷第42—43页;《列宁全集》俄文第5版第48卷第362—363页。

不早于4月6日(19日)

列宁作书目札记:"《俄国苦难史》,第7卷,米哈伊尔·阿尔汉格尔俄国人民同盟出版,圣彼得堡,1911年(236页),定价:40戈比"。

《列宁文集》俄文版第25卷第312页;《图书年鉴》,1911年4月23日,第15—16期,第12页。

4月,6日(19日)以后

列宁收到社会民主党第三届国家杜马党团从彼得堡寄来的有关此前提出的起草杜马党团工作报告的条件问题的复信。

《列宁全集》俄文第5版第48卷第362—363页。

列宁收到玛·费·安德列耶娃的信,她在信中说,阿·马·高尔基已从巴黎返回,还谈到高尔基的健康情况。

《列宁全集》中文第 2 版增订版第 46 卷第 44 页;《弗·伊·列宁和阿·马·高尔基》,增订第 3 版,1969 年,第 492 页。

4 月 8 日和 16 日(4 月 21 日和 29 日)之间

列宁写《英国社会民主党代表大会》一文。

《列宁全集》中文第 2 版增订版第 20 卷第 230—235 页;《工人领袖报》,伦敦,1911 年 4 月 21 日,第 16 号。

4 月 12 日(25 日)

列宁参加起草给在柏林的扬·梯什卡、阿·萨·瓦尔斯基和阿·伊·李可夫的信的初稿,信中建议参加中央委员磋商会议,解决立即召开中央全会的问题。

苏共中央马列主义研究院中央党务档案馆,第 2 号全宗,第 1 号目录,第 2730 号保管单位;《列宁文集》俄文版第 25 卷第 78—79 页。

4 月 15 日(28 日)

列宁的《纪念公社》一文发表在《工人报》第 4—5 号上。

《列宁全集》中文第 2 版增订版第 20 卷第 218—224 页;《工人报》,巴黎,1911 年 4 月 15 日(28 日),第 4—5 号合刊。

4 月 16 日(29 日)

列宁的《论危机的意义》和《英国社会民主党代表大会》两篇文章发表在《明星报》第 18 号上。

《列宁全集》中文第 2 版增订版第 20 卷第 225—235 页;《明星报》,1911 年 4 月 16 日,第 18 号。

4 月 17 日(30 日)

列宁致函中央委员会国外局,告知有关出版社会民主党第三届国家杜马党团报告问题的谈判已正式结束,谈判是列宁根据杜马党团的委托同尼·古·波列塔耶夫就报告出版编辑委员会的成员问题在柏林举行的;列宁在信中建议从"保管人手中的"经费中给编辑委员会划拨经费。

《列宁全集》中文第2版增订版第46卷第43页。

梯弗利斯省宪兵局在给警察司的报告中说，在日内瓦的党的最积极的活动家之一、格鲁吉亚布尔什维克M.Г.菲利亚"同列宁和党的其他领袖有联系……　寄过一封信并附有他给列宁的信的抄件和列宁复信的抄件。"(列宁的信没有找到)。

В.Г.艾萨伊阿什维利:《弗·伊·列宁和格鲁吉亚》,第比利斯,1970年,第221—222页。

4月,21日(5月4日)以前

列宁致函尼·亚·罗日柯夫，谈罗日柯夫寄给《社会民主党人报》编辑部的《必要的开端》一文，作者在这篇文章中发挥了取消派关于在斯托雷平制度条件下建立广泛的工人合法政党的设想。

苏联中央国家十月革命和社会主义建设档案馆,警察司全宗,特别处,1911年,第5号案卷,第1册,第40、65张。

4月22日(5月5日)

列宁的《马克思主义和〈我们的曙光〉杂志》一文发表在合法杂志《现代生活》第3期上。

《列宁全集》中文第2版增订版第20卷第108—113页;《现代生活》杂志,巴库,1911年4月22日,第3期,第2—5页。

4月28日和5月7日(5月11日和20日)之间

列宁写《"遗憾"和"羞耻"》一文。

《列宁全集》中文第2版增订版第20卷第248—253页;《明星报》,1911年5月7日,第21号;《言语报》,1911年4月28日(5月11日),第114号。

4月29日(5月12日)

列宁的《合法派同反取消派的对话》(署名勃·弗·库普里安诺夫)和《俄国党内斗争的历史意义》两篇文章发表在《争论专页》

（《社会民主党人报》附刊）第 3 号上。

《列宁全集》中文第 2 版增订版第 20 卷第 236—245 页，第 19 卷第 352—370 页；《争论专页》，巴黎，1911 年 4 月 29 日（5 月 12 日），第 3 号。

列宁在巴黎庆祝五一节的群众大会上发表讲话，谈到新的革命高潮的开始，认为俄国革命是不可避免的。这次集会由布尔什维克和孟什维克护党派召集，在舒瓦西林街 190 号举行，出席集会的约有 300 名俄国政治流亡者。

《历史文献》杂志，1955 年，第 2 期，第 3 页；《巴黎通报》，1911 年 5 月 13 日，第 19 号；5 月 20 日，第 20 号。

不早于 4 月 29 日（5 月 12 日）

列宁在 1911 年 4 月 29 日（5 月 12 日）《争论专页》第 3 号上标注："校订稿"，并对《俄国党内斗争的历史意义》一文进行校改，在普·恩·德涅夫尼茨基（费·奥·策杰尔包姆）的《究竟什么是取消派？》一文上标注"注意"并划重点和作标记。

苏共中央马列主义研究院中央党务档案馆，第 2 号全宗，第 1 号目录，第 2732 号保管单位。

不早于 4 月底—不晚于 5 月

列宁同从俄国来的彼得堡工人、未来的隆瑞莫党校学员谈话，向他们了解彼得堡的情况和他们的工作。据娜·康·克鲁普斯卡娅回忆，列宁"在和他们的谈话中预感到了工人运动高潮的征兆"。

《回忆弗·伊·列宁》，第 1 卷，1968 年，第 366 页；《布尔什维克（原莫斯科保安处关于 1903—1916 年间布尔什维主义发展过程的文件）》，1918 年，第 61 页；《彼得堡人回忆伊里奇》，1970 年，第 205、209—210 页。

不晚于 4 月

列宁为《思想》杂志写对弗·维·阿多拉茨基的文章《论新自

由主义。评帕·诺夫哥罗德采夫的〈现代法律意识的危机〉一书》的意见。

《列宁文集》俄文版第37卷第15—16页;《〈明星报〉和〈真理报〉时期文献专辑》,1923年,第3辑,第35—36页。

4月

彼得堡出版委员会查禁由列宁作序、威·李卜克内西写的《不要任何妥协,不要任何选举协议!》一书。

《列宁全集》中文第2版增订版第14卷第213—219页;苏联中央国家历史档案馆,第776号全宗,第9号目录,第2251/89号案卷,第34张;第777号全宗,第17号目录,第43号案卷,1911年;威·李卜克内西:《不要任何妥协,不要任何选举协议!》,德·列先科译自德文,尼·列宁作序,新杜马出版社,1907年,64页。

警察司复制一封经过秘密检查的信,信中谈到列宁同阿·马·高尔基商谈在巴黎创办社会民主党的"大型的"报纸问题。

《红色文献》杂志,1936年,第5期,第74—75页。

警察在基什尼奥夫进行搜查时,发现了列宁的小册子《关于俄国社会民主工党统一代表大会的报告》。

苏联中央国家十月革命和社会主义建设档案馆,警察司全宗,第7处,1911年,第950号案卷,第1、5、8、33张。

警察在基辅和基什尼奥夫进行搜捕时,没收了列宁的小册子《社会民主党和选举协议》。

苏联中央国家十月革命和社会主义建设档案馆,警察司全宗,第7处,1911年,第950号案卷,第1、5、8、33张;第1029号案卷,第27张、第70张背面。

4月—7月

警察在基什尼奥夫、米哈伊洛沃村(梯弗利斯省)和奥萨(彼尔姆省)进行搜捕时,发现了列宁的小册子《修改工人政党的土地纲领》。

苏联中央国家十月革命和社会主义建设档案馆,警察司全宗,第 7 处,1911 年,第 950 号案卷,第 1、5、8、33 张;第 1273 号案卷,第 1、2、7、10 张;第 1570 号案卷,第 1、2 张,第 9 张背面。

5 月初

列宁拜访尤·米·斯切克洛夫,他是从彼得堡派来同社会民主党党团建立联系的。斯切克洛夫请求列宁协助出版罗·彼利的《北极探险》一书的俄译本。

《列宁全集》中文第 2 版增订版第 46 卷第 45 页;《〈明星报〉和〈真理报〉时期文献专辑》,1923 年,第 3 辑,第 35 — 36 页;罗·埃·彼利:《由彼利北极俱乐部赞助的 1909 年北极探险》,巴黎,1911 年版,第 341 页。

列宁致函阿·马·高尔基,告知《思想》杂志第 5 期被查禁,并禁止该杂志继续出版,请高尔基协助寻找一位出版人,以便在彼得堡创办一个新的杂志;询问能否出版发表在 1911 年 2 月《新时代》杂志第 18、19 和 20 期上发表的卡·考茨基批判彼·巴·马斯洛夫的《马尔萨斯主义和社会主义》一文的俄译文;谈到尤·米·斯切克洛夫请求出版罗·彼利《北极探险》一书的俄译本。

《列宁全集》中文第 2 版增订版第 46 卷第 45 页;《〈明星报〉和〈真理报〉时期文献专辑》,1923 年,第 3 辑,第 35 — 36 页。

5 月 7 日(20 日)

列宁的《"遗憾"和"羞耻"》一文发表在《明星报》第 21 号上。

《列宁全集》中文第 2 版增订版第 20 卷第 248—253 页;《明星报》,1911 年 5 月 7 日,第 21 号。

5 月,14 日(27 日)以前

列宁收到尼·古·波列塔耶夫的来信,信中说他收到阿·马·高尔基有关以某一机关报为中心联合布尔什维克、孟什维克护党派和社会民主党杜马党团的问题的来信。

《列宁全集》中文第 2 版增订版第 46 卷第 46—48 页。

5 月 14 日(27 日)

列宁致函阿·马·高尔基,表示强烈反对同孟什维克取消派联合;告知自己对以某一机关报为中心联合布尔什维克、孟什维克护党派和社会民主党杜马党团持否定态度,因为孟什维克在党团中占优势;批评《明星报》编辑部缺乏一条坚定的政治路线;告知有人说斯托雷平要发布通令,查封所有的社会民主党的机关刊物;说必须加强秘密工作;说巴库的布尔什维克合法杂志《现代生活》已被查封。

《列宁全集》中文第 2 版增订版第 46 卷第 46—48 页。

列宁签署给在国外的俄国社会民主工党中央委员的信,信中邀请他们参加中央委员会议,讨论于 1911 年 6 月 5 日(公历)召开俄国社会民主工党中央全会问题。

《列宁文集》俄文版第 25 卷第 80 页。

不早于 5 月 17 日(30 日)—不晚于 5 月 20 日(6 月 2 日)

列宁致函马·B.奥佐林,谈即将召开的俄国社会民主工党中央委员会议,并请奥佐林作为拉脱维亚社会民主党的代表出席会议(这封信没有找到)。

苏联中央国家十月革命和社会主义建设档案馆,警察司全宗,特别处,1910 年,第 5 号案卷,附录 1,第 227 张。

5 月,不早于 19 日(6 月 1 日)

列宁收到孟什维克呼声派分子波·伊·哥列夫关于召开中央全会问题的来信。

《无产阶级革命》杂志,1926 年,第 11 期,第 131—132 页。

5 月,不早于 19 日(6 月 1 日)—不晚于 23 日(6 月 5 日)

鉴于波·伊·哥列夫 1911 年 5 月 18 日(6 月 1 日)的声明,列宁写信给俄国社会民主工党国外中央委员会议,揭露取消派破坏召开俄国社会民主工党中央全会。

《列宁全集》中文第 2 版增订版第 20 卷第 254—256 页;《列宁文集》俄文版第 25 卷第 80 页;《无产阶级革命》杂志,1926 年,第 11 期,第 131—132 页。

列宁写《三个布尔什维克中央委员向九个中央委员的非正式会议的报告提纲》。

《列宁全集》中文第 2 版增订版第 20 卷第 257—263 页;《列宁文集》俄文版第 25 卷第 80 页;《无产阶级革命》杂志,1926 年,第 11 期,第 131—132 页。

列宁写关于党内状况的报告,提交即将召开的俄国社会民主工党中央委员会议(列宁写的报告原件没有找到。苏共中央马列主义研究院中央党务档案馆保存的是费·埃·捷尔任斯基的手抄件)。

《列宁全集》中文第 2 版增订版第 20 卷第 264—268 页;《列宁文集》俄文版第 25 卷第 80 页;《无产阶级革命》杂志,1926 年,第 11 期,第 131—132 页;苏共中央马列主义研究院中央党务档案馆,第 2 号全宗,第 1 号目录,第 2744 号保管单位。

5 月,不早于 23 日(6 月 5 日)

列宁收到崩得分子米·伊·李伯尔(Л.伯尔)的来信,信中对他受邀参加俄国社会民主工党国外中央委员会议讨论召开中央全会回复说,他可以参加会议,但只是为了了解情况。

《无产阶级革命》杂志,1926 年,第 11 期,第 131—133 页。

5 月,24 日(6 月 6 日)以前

列宁收到原中央委员会国外局 3 名成员起草的关于“在保管

人手中的”党的经费的声明的抄件。

苏共中央马列主义研究院中央党务档案馆，第 2 号全宗，第 1 号目录，第 25567 号保管单位。

5 月 24 日(6 月 6 日)

鉴于原中央委员会国外局 3 名成员发表声明，列宁致函(用德文)卡·考茨基，谈“在保管人手中的”党的经费问题，并说 1911 年 5 月 25 日(6 月 7 日)将召开 9 名中央委员(15 名当中的)的会议。

苏共中央马列主义研究院中央党务档案馆，第 2 号全宗，第 1 号目录，第 25567 号保管单位。

5 月 26 日(6 月 8 日)

列宁出席中央委员会议的预备会议，会议决定将中央委员会议推迟两天开幕。

苏联中央国家十月革命和社会主义建设档案馆，警察司全宗，特别处，1910 年，第 5 号案卷，附录 1，第 227 张。

5 月 28 日(6 月 10 日)

列宁的《谈谈杜马会议的结果。“共同做的事”》一文发表在《明星报》第 24 号上。

《列宁全集》中文第 2 版增订版第 20 卷第 276—280 页；《明星报》，1911 年 5 月 28 日，第 24 号。

5 月 28 日—6 月 4 日(6 月 10 日—17 日)

列宁主持根据他的倡议在巴黎召开的俄国社会民主工党中央委员会议(六月)，这次会议的目的是制定措施，尽快召开俄国社会民主工党中央全会和全党代表会议。

苏共中央马列主义研究院中央党务档案馆，第 17 号全宗，第 1 号目录，第 1035 号保管单位；《苏联共产党决议汇编》，第 8 版，第 1 卷，1970 年，第 300—307 页。

5 月 28 日(6 月 10 日)

列宁在中央委员会议第 1 次会议上就确定会议的性质问题发言 10 次。

列宁就会议进行的程序问题发言。

列宁起草关于确定会议性质的决议草案及其他草案。中央委员会议第 1 次会议通过了这些决议草案。

《列宁全集》中文第 2 版增订版第 20 卷第 269—271 页;苏共中央马列主义研究院中央党务档案馆,第 17 号全宗,第 1 号目录,第 1035 号保管单位,第 1—2、4—8 张;《列宁文集》俄文版第 25 卷第 88—89 页。

5 月 29 日(6 月 11 日)

列宁出席布尔什维克和波兰社会民主党代表举行的非正式会议,会上就必须把呼声派开除出党一事同费·埃·捷尔任斯基交换便条。

《列宁文集》俄文版第 25 卷第 90 页;《费·埃·捷尔任斯基(1877—1926 年)》(画册),莫斯科,1951 年。

5 月 30 日(6 月 12 日)

列宁在中央委员会议第 2 次会议上建议把尼·亚·谢马什柯关于他因退出中央委员会国外局将党的经费和文件交给会议的声明备案存查。

苏共中央马列主义研究院中央党务档案馆,第 17 号全宗,第 1 号目录,第 1035 号保管单位,第 10 张。

列宁出席中央委员会议第 3 次会议,在讨论召开俄国社会民主工党中央全会问题时发言 9 次。

《列宁全集》中文第 2 版增订版第 20 卷第 272—273 页;苏共中央马列主义研究院中央党务档案馆,第 17 号全宗,第 1 号目录,第 1035 号保管单位,第 12、13、17、19 张。

5月30日或31日(6月12日或13日)

会议委托弗·伊·列宁筹措会议参加者所需的路费和伙食费。

苏共中央马列主义研究院中央党务档案馆,第17号全宗,第1号目录,第1035号保管单位,第19张背面。

不早于5月底

列宁从尼·亚·鲁巴金的《书林概述》(第1卷,第2版,1911年莫斯科版)中作关于卡·马克思和弗·恩格斯著作的书目摘录。

《列宁文集》俄文版第25卷第311—312页;《图书年鉴》,1911年5月28日,第21期,第17页。

列宁从尼·亚·鲁巴金的《书林概述》(第1卷,第2版,1911年莫斯科版)中摘录有关民族学、语言学和政论书籍的书目(并注明某些书籍的政治倾向)。

《列宁文集》俄文版第25卷第309—311页;《图书年鉴》,1911年5月28日,第21期,第17页。

不早于5月—不晚于6月

列宁和娜·康·克鲁普斯卡娅迁居隆瑞莫(距巴黎几公里的一个地方)。

《回忆弗·伊·列宁》,第1卷,1968年,第366—367页;《布尔什维克(原莫斯科保安处关于1903—1916年布尔什维主义发展过程的文件)》,1918年,第61、69页;《彼得堡人回忆伊里奇》,1970年,第205—206页;《工人报》,1924年4月22日,第93号。

列宁在隆瑞莫党校正式开学前,同学员一起学习卡·马克思和弗·恩格斯的《共产党宣言》。

苏共中央马列主义研究院中央党务档案馆,第338号全宗,第2号目录,第20944号保管单位;《历史文献》杂志,1962年,第5期,第47页;《布尔什维克(原莫斯科保安处关于1903—1916年布尔什维主义发展过程的文件)》,1918年,第61页;

1911年隆瑞莫党校的入口

地问题(12 讲——18 学时),俄国社会主义的理论和实践(12 讲)。

《历史文献》杂志,1962 年,第 5 期,第 46—47 页;《布尔什维克(原莫斯科保安处关于 1903—1916 年布尔什维主义发展过程的文件)》,1918 年,第 59—70 页;《彼得堡人回忆伊里奇》,1970 年,第 205—206 页;П.波德利亚舒克:《伊涅萨同志》,1965 年,第 89 页。

列宁根据学员的要求,作关于目前形势和党内状况的报告。

《历史文献》杂志,1962 年,第 5 期,第 48 页。

不早于 5 月—夏天

列宁在隆瑞莫,同俄国社会民主工党中央机关报——《社会民主党人报》编辑部中的波兰王国和立陶宛社会民主党代表弗·L.列德尔进行谈话;严厉批判促使让·饶勒斯走上机会主义道路的改良主义观点。

苏共中央马列主义研究院中央党务档案馆,第 70 号全宗,第 2 号目录,第 623 号保管单位,第 56—57 张。

不早于 5 月—不晚于 10 月 18 日(31 日)

列宁在《目前形势和党的任务。一群布尔什维克拟定的纲领》(巴黎,前进出版社版)这本小册子的封面第 3 页上抄录拟定"前进"集团纲领的 8 个撰写人的姓名,以及《前进》文集(1911 年 5 月第 3 期)第 78 页上的一段引文。

苏共中央马列主义研究院中央党务档案馆,第 2 号全宗,第 1 号目录,第 2748 号保管单位。

6 月 1 日(14 日)

列宁在俄国社会民主工党中央委员会议表决关于中央委员会国外局的决议的第二部分时弃权,决议认为应将中央委员会国外局的存在问题转交最近即将召开的中央全会解决。列宁主张立即改组中央委员会国外局。

苏共中央马列主义研究院中央党务档案馆，第 17 号全宗，第 1 号目录，第 1035 号保管单位，第 20 张。

列宁在中央委员会议的上午会议上签署并提出关于不承认中央委员会国外局是党的机关的专门意见。

苏共中央马列主义研究院中央党务档案馆，第 17 号全宗，第 1 号目录，第 1035 号保管单位，第 20 张；《列宁文集》俄文版第 25 卷第 90 页。

列宁在上午会议上提出声明，表示完全赞同尼·亚·谢马什柯在中央委员会国外局的行动，并认为没有把他选入技术委员会是不公正的。

苏共中央马列主义研究院中央党务档案馆，第 17 号全宗，第 1 号目录，第 1035 号保管单位，第 20 张。

列宁在中央委员会议的上午会议上，拒绝对他服从有关党代表会议决议的各个部分作特别说明，因为这是不言而喻的。

苏共中央马列主义研究院中央党务档案馆，第 17 号全宗，第 1 号目录，第 1035 号保管单位，第 20 张背面。

列宁起草关于成立俄国组织委员会的建议，并在讨论关于召开党代表会议的决议草案时提出了这一建议。

《列宁全集》中文第 2 版增订版第 20 卷第 274 页；苏共中央马列主义研究院中央党务档案馆，第 17 号全宗，第 1 号目录，第 1035 号保管单位，第 20 张背面。

列宁起草关于不能邀请呼声派代表和前进派代表参加筹备全俄党代表会议的组织委员会的声明。这一声明是在讨论关于召开党代表会议的决议草案时提出的。

《列宁全集》中文第 2 版增订版第 20 卷第 275 页；苏共中央马列主义研究院中央党务档案馆，第 17 号全宗，第 1 号目录，第 1035 号保管单位，第 20 张背面。

6 月 2 日(15 日)

列宁在俄国社会民主工党六月中央委员会议上提出关于会议

记录办法的声明。

苏共中央马列主义研究院中央党务档案馆，第 17 号全宗，第 1 号目录，第 1035 号保管单位，第 22 张。

谢马什柯为了抗议中央委员会国外局中的孟什维克多数拒绝他的关于召开中央全会的建议，于 5 月 14 日(27 日)退出中央委员会国外局，并就这一问题向中央委员会议提出书面声明，列宁起草声明支持尼·亚·谢马什柯并在会议上提出了自己的声明。

《列宁文集》俄文版第 25 卷第 93 页；苏共中央马列主义研究院中央党务档案馆，第 17 号全宗，第 1 号目录，第 1035 号保管单位，第 22 张。

6 月，4 日(17 日)以后

列宁在有波兰社会民主党人费·埃·捷尔任斯基和扬·梯什卡参加的布尔什维克会议上，作关于俄国社会民主工党六月中央委员会议的报告。

苏共中央马列主义研究院中央党务档案馆，第 14 号全宗，第 1 号目录，第 127 号保管单位，第 21 张；第 70 号全宗，第 2 号目录，第 623 号保管单位，第 56 张；《苦役与流放》杂志，1934 年，第 1 期，第 154—155 页。

列宁赞同隆瑞莫党校 3 名学员——格·康·奥尔忠尼启则、伊·伊·施瓦尔茨和波·阿·布列斯拉夫关于在学校课程结束前返回俄国进行全俄党代表会议筹备工作的决定。

《苏联共产党决议汇编》，第 8 版，第 1 卷，1970 年，第 300 页；《苦役与流放》杂志，1934 年，第 1 期，第 155 页；《格·康·奥尔忠尼启则文章和讲话》，第 1 卷，1956 年，第 4 页。

6 月 4 日(17 日)以后—不晚于 7 月上半月

鉴于隆瑞莫党校学员格·康·奥尔忠尼启则，波·阿·布列斯拉夫和伊·伊·施瓦尔茨将去俄国进行全俄党代表会议的筹备工作，列宁多次会见他们并同他们进行谈话。

《苦役与流放》杂志，1934 年，第 1 期，第 155—156 页；《格·康·奥尔忠尼启则文章和讲话》，第 1 卷，1956 年，第 4 页。

格·康·奥尔忠尼启则、波·阿·布列斯拉夫和伊·伊·施瓦尔茨在启程回俄国时，根据列宁的指示，写抗议书交国外组织委员会，抗议组织委员会内的调和派进行派别活动和阻挠派遣党的工作者去俄国筹备全俄党代表会议。列宁对这份抗议书的文字进行修改。

《苦役与流放》杂志，1934 年，第 1 期，第 156 页；《格·康·奥尔忠尼启则文章和讲话》，第 1 卷，1956 年，第 4 页。

6 月，不晚于 6 日（19 日）

列宁就国外组织委员会的组成问题致函国外组织委员会（这封信没有找到）。

苏共中央马列主义研究院中央党务档案馆，第 17 号全宗，第 1 号目录，第 1045 号保管单位。

6 月，6 日（19 日）以后

列宁签署给波兰王国和立陶宛社会民主党总执行委员会的抗议书，抗议扬·梯什卡破坏俄国社会民主工党六月中央委员会议决议的行动，要求采取措施制止此类行动。

《列宁文集》俄文版第 25 卷第 94—95 页；苏共中央马列主义研究院中央党务档案馆，第 17 号全宗，第 1 号目录，第 1045 号保管单位。

6 月 11 日（24 日）以前

列宁就《明星报》的财务问题致函该报编辑部（这封信没有找到）。

苏共中央马列主义研究院中央党务档案馆，第 17 号全宗，第 1 号目录，第 1052 号保管单位。

6月11日(24日)

列宁的《关于旧的但又万古常新的真理》一文发表在《明星报》第25号上。

《列宁全集》中文第2版增订版第20卷第281—285页;《明星报》,1911年6月11日,第25号。

6月,不晚于14日(27日)

列宁启程前往斯图加特,就“在保管人手中的”经费问题同克·蔡特金进行商谈。

苏共中央马列主义研究院中央党务档案馆,第70号全宗,第2号目录,第623号保管单位,第44张;第270号全宗,第1号目录,第331号保管单位,第1张;《苏共历史问题》杂志,1960年,第5期,第179页。

6月18日(7月1日)

列宁出席俄国社会民主工党巴黎第二协助小组会议,提出关于党内状况的决议草案。小组通过了这一决议。

《列宁全集》中文第2版增订版第20卷第286—295页,第46卷第70—71页。

不早于6月18日(7月1日)—7月

列宁为7月出版的俄国社会民主工党巴黎第二协助小组关于党内状况的决议的传单写序言。

《列宁全集》中文第2版增订版第20卷第286—295页,第46卷第70—71页。

6月20日(7月3日)

列宁致函阿·伊·柳比莫夫和米·康·弗拉基米罗夫,认为布尔什维克不能同调和派采取一致行动,因为他们同呼声派、托洛茨基和前进派结成了同盟,说如果调和派继续进行破坏活动,那么布尔什维克就要退出技术委员会和组织委员会。

《列宁全集》中文第 2 版增订版第 46 卷第 70—71 页;苏共中央马列主义研究院中央党务档案馆,第 2 号全宗,第 1 号目录,第 2754 号保管单位。

列宁出席《社会民主党人报》编辑部会议,讨论下一号的内容以及尔·马尔托夫和费·伊·唐恩关于他们退出中央机关报编辑部的声明。列宁建议在《社会民主党人报》上发一通告,说明唐恩和马尔托夫退出编辑部,并在一篇短评中对他们的行动予以评论。

苏共中央马列主义研究院中央党务档案馆,第 28 号全宗,第 4 号目录,第 36333 号保管单位,第 31 张;《无产阶级革命》杂志,1926 年,第 11 期,第 138 页。

6 月,20 日(7 月 3 日)以后

列宁参加(征询意见的方式)表决,赞成必须召开中央机关报编辑部同中央机关报撰稿人的联席会议,讨论为第四届国家杜马选举而进行的选举运动出版传单和小册子的问题。

苏共中央马列主义研究院中央党务档案馆,第 28 号全宗,第 4 号目录,第 36333 号保管单位,第 31、40 张;《无产阶级革命》杂志,1926 年,第 11 期,第 138 页。

6 月 20 日和 12 月 8 日(7 月 3 日和 12 月 21 日)之间

列宁写信(收信人不详),谈党中央机关报编辑部的事务问题(这封信没有找到)。

《列宁全集》俄文第 5 版第 20 卷第 419 页;《无产阶级革命》杂志,1926 年,第 11 期,第 138 页;《社会民主党人报》,巴黎,1911 年 12 月 8 日(21 日),第 25 号。

6 月 21 日(7 月 4 日)

列宁收到克·蔡特金的来信。

苏共中央马列主义研究院中央党务档案馆,第 2 号全宗,第 1 号目录,第 25569 号保管单位。

6 月 22 日(7 月 5 日)

列宁从隆瑞莫致函(用德文)克·蔡特金,说将于 7 月 5 日(公历)去巴黎银行,近日就把给克·蔡特金的钱款寄出。

苏共中央马列主义研究院中央党务档案馆,第 2 号全宗,第 1 号目录,第 25569 号保管单位。

6 月,25 日(7 月 8 日)以前

列宁收到技术委员会关于预算问题的来信。

苏共中央马列主义研究院中央党务档案馆,第 2 号全宗,第 1 号目录,第 23582 号保管单位。

6 月 25 日(7 月 8 日)

列宁致函技术委员会,谈该委员会增加 1911 年 6—7 月的预算问题。

苏共中央马列主义研究院中央党务档案馆,第 2 号全宗,第 1 号目录,第 23582 号保管单位。

彼得堡高等法院决定销毁 1906 年在莫斯科出版的列宁的小册子《关于俄国社会民主工党统一代表大会的报告》。

苏联中央国家历史档案馆,警察司全宗,特别处,1910 年,第 5 号案卷,第 3 卷,附录 2,第 422 张。

6 月

警察在巴库进行搜查时,发现并没收了列宁的著作《彼得堡的选举和 31 个孟什维克的伪善行为》和《普列汉诺夫同志是怎样论述社会民主党的策略的?》

苏联中央国家十月革命和社会主义建设档案馆,警察司全宗,第 7 处,1911 年,第 1551 号案卷,第 2 张、第 36 张背面。

警察在彼得堡进行搜查时,没收了列宁的小册子《杜马的解散和无产阶级的任务》。

苏联中央国家十月革命和社会主义建设档案馆,警察司全宗,1911 年,第 5 号案卷,第 46 册,Б类(莫斯科部分),第 3 张。

7 月 4 日(17 日)

列宁收到社会党国际局给各国社会党总书记和代表的信,信中征询是否有必要召开各社会党代表磋商会议,研究德国政府决定派遣巡洋舰去摩洛哥的问题,并附有各党的代表对这一征询的答复;列宁在信中作批注、划重点和标线。

列宁写便条(收件人不详),告知说,寄去收到的文件,请阅后退回。

苏共中央马列主义研究院中央党务档案馆,第 2 号全宗,第 1 号目录,第 2755 号保管单位;《列宁文集》俄文版第 25 卷第 262—267、301 页。

7 月 14 日(27 日)

列宁签署给俄国社会民主工党六月中央会议成员的信,信中提议表决一项决议案:认定技术委员会决定自己截留拨给组织委员会的 1 万法郎是不合法的,建议技术委员会立即把钱交给组织委员会全权处理。

《列宁文集》俄文版第 25 卷第 97 页。

7 月 17 日(30 日)

列宁以俄国社会民主工党六月中央会议成员的名义写声明,抗议技术委员会拒绝给隆瑞莫党校拨款;提议表决通过关于从现有的款项或从"保管人那里的"款项中拨出党校所必需的经费的决定。

《列宁全集》中文第 2 版增订版第 20 卷第 296 页。

7 月 20 日(8 月 2 日)

列宁给列·波·加米涅夫的小册子《两个政党》写序言。

《列宁全集》中文第 2 版增订版第 20 卷第 297—300 页。

7月,20日(8月2日)以后

列宁审阅列·波·加米涅夫的小册子《两个政党》的校样;对小册子作了补充(第2章第6节),谈反对同取消派划清界线的人的反党行为,谈在1910年俄国社会民主工党中央一月全会以后反对同合法派完全划清界线的调和派和妥协派所犯的重大错误。

《列宁全集》中文第2版增订版第20卷第297—301页,第46卷第72页。

列宁致函列·波·加米涅夫,告知给他寄去了他的小册子《两个政党》的校样,说必须对《两个政党》的各章节作一系列原则性的修改,寄去了加写的一段话,要他务必把修改过的关于调和派的一节的校样寄来。

《列宁全集》中文第2版增订版第20卷第297—300页,第46卷第72页。

7月21日(8月3日)

列宁和其他中央委员,作为六月会议的多数,决定向其余有表决权的委员(费·埃·捷尔任斯基和扬·梯什卡),就技术委员会将钱款移交组织委员会全权处理的问题征求意见。

苏共中央马列主义研究院中央党务档案馆,第17号全宗,第1号目录,第1086号保管单位,第3—6张。

7月29日(8月11日)以后

列宁收到被流放的社会民主党人Г.Е.别洛乌索夫从乌索利耶(伊尔库茨克省)寄来的信,信中请求给他寄去《工人报》和党的其他刊物,告知服苦役期限已满,征求对他未来的工作的建议。

苏共中央马列主义研究院中央党务档案馆,第2号全宗,第5号目录,第285号保管单位。

不早于7月底—9月上半月

列宁在调和派《告俄国社会民主工党全体党员书》的传单上划

重点和作标记。列宁后来在《论调和分子或道德高尚的人的新派别》一文中利用了这些标记的内容。

《列宁全集》中文第2版增订版第20卷第334—354页;《列宁文集》俄文版第25卷第98—101页。

7月

列宁同马·亚·萨韦利耶夫就出版合法的布尔什维克杂志《启蒙》以及自己参加该杂志的编辑工作问题进行谈话。

《回忆弗·伊·列宁》,第1卷,1968年,第365页;《〈明星报〉和〈真理报〉时期文献专辑》,第3卷,1923年,第39、45—46页。

列宁拟定的俄国社会民主工党巴黎第二小组关于党内状况的决议及其序言印成单页发表。

《列宁全集》中文第2版增订版第20卷第286—295页;弗·伊·列宁:《俄国社会民主工党巴黎第二小组的决议》,[单页,巴黎,1911年7月],2页,(俄国社会民主工党),未注明作者。

列宁写《党内状况》一文。

《列宁全集》中文第2版增订版第20卷第302—306页;《历史问题》杂志,1956年,第4期,第107—115页。

8月7日(20日)

列宁和娜·康·克鲁普斯卡娅去枫丹白露(法国塞纳-马恩省)休息一天。

《列宁全集》中文第2版增订版第53卷第382—383页;苏共中央马列主义研究院中央党务档案馆,第2号全宗,第1号目录,第2760号保管单位。

列宁从枫丹白露给玛·亚·乌里扬诺娃写信,寄往别尔江斯克。

《列宁全集》中文第2版增订版第53卷第382—383页。

列宁给在泰里约基(芬兰)的玛·伊·乌里扬诺娃写信,从枫丹白露向她问好。

《列宁全集》中文第2版增订版第53卷第383页；苏共中央马列主义研究院中央党务档案馆，第2号全宗，第1号目录，第2760号保管单位。

8月10日和23日(8月23日和9月5日)之间

列宁收到第二国际社会党国际局书记卡·胡斯曼从布鲁塞尔寄来的一份第三届国家杜马代表的名单，胡斯曼请列宁审阅名单并加以修改。

《列宁全集》中文第2版增订版第46卷第73页；《列宁和卡米耶·胡斯曼通信集。1905—1914》，巴黎，1963年，第89页。

8月11日(24日)以前

列宁写《俄国社会民主主义运动中的改良主义》和《来自斯托雷平"工"党阵营的议论(献给我们的"调和派"和"妥协派")》等两篇文章。

《列宁全集》中文第2版增订版第20卷第307—322页；苏共中央马列主义研究院中央党务档案馆，第163号全宗，第1号目录，第541号保管单位，第18张、第20张背面。

8月，不晚于17日(30日)

由于格·瓦·普列汉诺夫不能来隆瑞莫党校讲哲学课，列宁根据学员的请求，讲了三讲唯物史观。

《历史文献》杂志，1956年，第6期，第21页；1962年，第5期，第47页。

8月23日(9月5日)

列宁回复卡·胡斯曼8月10日(23日)的来信，告知给他往布鲁塞尔寄去第三届国家杜马人员组成的表格以及根据1910年杜马的官方年鉴(第2分册)所作的修改。

《列宁全集》中文第2版增订版第46卷第73页。

8 月 30 日(9 月 12 日)以前

列宁以中央机关报——《社会民主党人报》编辑部的名义,写信给即将召开的拉脱维亚边疆区社会民主党代表大会,信中特别强调同取消派进行斗争(这封信没有找到)。

苏共中央马列主义研究院中央党务档案馆,第 163 号全宗,第 1 号目录,第 541 号保管单位,第 30 张。

8 月

列宁作序的列·波·加米涅夫的小册子《两个政党》在巴黎由《工人报》编辑部出版。

《列宁全集》中文第 2 版增订版第 20 卷第 297—300 页,第 46 卷第 74—75 页;列·波·加米涅夫:《两个政党》,附尼·列宁序言及 B.威廉莫夫、阿列·弗拉索夫、Э.英诺森耶夫同志及工人小组的信件及声明,《工人报》编辑部出版,[巴黎],1911 年,XII、155、XIII 页,(俄国社会民主工党),书名前署名:尤·加米涅夫;《社会民主党人报》,巴黎,1911 年 9 月 14 日(1 日),第 23 号。

警察在彼得堡进行搜查时,没收了列宁的小册子《关于俄国社会民主工党统一代表大会的报告》。

苏联中央国家十月革命和社会主义建设档案馆,警察司全宗,特别处,1911 年,第 5 号案卷,第 57 册,Б类,II,第 156 张。

9 月 1 日(14 日)

列宁的《俄国社会民主主义运动中的改良主义》、《来自斯托雷平"工"党阵营的议论(献给我们的"调和派"和"妥协派")》和《〈社会民主党人报〉编辑部对俄国社会民主工党中央全会召集委员会的声明加的附注》等文章发表在《社会民主党人报》第 23 号上。

《列宁全集》中文第 2 版增订版第 20 卷第 307—319、320—322、323—324 页;《社会民主党人报》,巴黎,1911 年 9 月 14 日(1 日),第 23 号。

9月2日(15日)

列宁收到从彼得堡寄来的信,信中说,取消派打算买下资产阶级报纸《基辅戈比报》,并将它迁往彼得堡。

《列宁全集》中文第2版增订版第46卷第74页。

列宁致函阿·马·高尔基,赞成他出版杂志、大型的报纸和戈比报的计划,说取消派也打算在彼得堡出版戈比报,说必须组织对他们的反击;鉴于《明星报》复刊,请求高尔基给报纸寄文章;谈党内状况,说卡·考茨基和克·蔡特金严厉地批评了尔·马尔托夫的小册子《拯救者还是毁灭者?》。

《列宁全集》中文第2版增订版第46卷第74—75页。

9月,7日(20日)以后

列宁收到社会党国际局书记卡·胡斯曼的电报,电报说,拟定在苏黎世举行社会党国际局会议。

《列宁和卡米耶·胡斯曼通信集。1905—1914》,巴黎,1963年,第92页。

不晚于9月8日(21日)

列宁从隆瑞莫给在德国的安·伊·乌里扬诺娃-叶利扎罗娃写信,说由于娜·康·克鲁普斯卡娅的母亲伊丽莎白·瓦西里耶夫娜生病,他不能去意大利,而要返回巴黎。

《列宁全集》中文第2版增订版第53卷第517—518页;《乌里扬诺夫家书集》,1969年,第248—249页。

9月8日(21日)

列宁和娜·康·克鲁普斯卡娅从隆瑞莫迁回巴黎。

《列宁全集》中文第2版增订版第53卷第517—518页。

列宁从巴黎致函列·波·加米涅夫,说他打算9月10日(23

日）星期六去苏黎世；请加米涅夫了解清楚能否会见“匿名公民”（没有查明“匿名公民”指谁），附上自己在苏黎世的住址，以便同后者联系。

苏共中央马列主义研究院中央党务档案馆，第 2 号全宗，第 1 号目录，第 2764 号保管单位。

9 月 9 日（22 日）以前

列宁收到米·费·弗拉基米尔斯基（卡姆斯基）的便函，便函里说格·瓦·普列汉诺夫要求寄去赴苏黎世出席社会党国际局会议的路费，询问弗拉基米尔·伊里奇是否需要去开会的路费。

苏共中央马列主义研究院中央党务档案馆，第 2 号全宗，第 5 号目录，第 286 号保管单位。

9 月 9 日（22 日）

列宁致函克·蔡特金，要求从“在保管人手中的”党的经费中拨出 1 万法郎，转交俄国组织委员会会计处，作筹备和召开党代表会议用。

苏共中央马列主义研究院中央党务档案馆，第 2 号全宗，第 1 号目录，第 25571 号保管单位。

9 月 9 日或 10 日（22 日或 23 日）

列宁启程去瑞士参加在苏黎世举行的社会党国际局会议。

《列宁全集》中文第 2 版增订版第 53 卷第 517—518 页。

9 月 10 日—11 日（23 日—24 日）

列宁在苏黎世出席社会党国际局会议，发言支持罗·卢森堡的立场，反对德国社会民主党人的机会主义。

《回忆弗·伊·列宁》，第 1 卷，1968 年，第 371 页；《无产阶级革命》杂志，1929 年，第 2—3 期，第 35—36 页；《社会党国际局定期公报》，布鲁塞尔，1912 年，第 8 号，第 5 页，正文用德、英两种文字；《红色文献》杂志，1934 年，第 1 期，第 226 页；苏共中央马列主义研究院中央党务档案馆，第 14 号全宗，第 1 号目录，第 127 号保管单位，第 22 张；第 276 号全宗，第 2 号目录，第 295 号保管单位，第 29 张。

9 月 12 日(25 日)

列宁致函格·李·什克洛夫斯基，告知在苏黎世将作题为《斯托雷平与革命》的报告；说打算去日内瓦和伯尔尼；询问能否在伯尔尼会见布尔什维克小组的成员。

《列宁全集》中文第 2 版增订版第 46 卷第 75—76 页。

列宁在苏黎世俄国社会民主工党地方小组会议上就党内状况问题发表讲话。

《红色文献》杂志，1934 年，第 1 期，第 226 页。

9 月，13 日(26 日)以前

列宁从苏黎世致电在伯尔尼的格·李·什克洛夫斯基，答复他的来信并请他给安排题为《斯托雷平与革命》的公开报告会(这封电报没有找到)。

《列宁全集》中文第 2 版增订版第 46 卷第 76—77 页。

9 月 13 日(26 日)

列宁在苏黎世民众文化馆俄国侨民会议上作题为《斯托雷平与革命》的报告。

《列宁全集》中文第 2 版增订版第 46 卷第 75—77 页；《列宁研究院集刊》，第 1 辑，1927 年，第 108 页；苏共中央马列主义研究院中央党务档案馆，第 14 号全宗，第 1 号目录，第 127 号保管单位，第 87 张；第 142 号保管单位，第 4 张。

9 月，不早于 13 日(26 日)—不晚于 15 日(28 日)

列宁致函格·李·什克洛夫斯基，谈在伯尔尼和日内瓦组织的题为《斯托雷平与革命》的报告的收入归《工人报》的问题，请求弄到报告所需要的材料，说自己同意与布尔什维克和孟什维克护党派举行座谈会。

《列宁全集》中文第 2 版增订版第 46 卷第 76—77 页。

9 月 14 日—15 日(27 日—28 日)

列宁在去伯尔尼途中到达卢塞恩(瑞士),登上海拔 2122 米的皮拉特山。

《列宁全集》中文第 2 版增订版第 53 卷第 384 页;《列宁研究院集刊》,第 1 辑,1927 年,第 108—109 页。

9 月 15 日(28 日)

列宁从卢塞恩写信给在萨拉托夫的玛·亚·乌里扬诺娃,说他要去参加在苏黎世举行的社会党国际局会议并在瑞士一些城市作《斯托雷平与革命》的报告。

《列宁全集》中文第 2 版增订版第 53 卷第 384 页。

9 月中旬

列宁写《论调和分子或道德高尚的人的新派别》一文。

《列宁全集》中文第 2 版增订版第 20 卷第 334—354 页。

9 月,不早于 15 日(28 日)

列宁研究 C.T.阿尔科梅德的《高加索的工人运动和社会民主党》(第 1 册,1910 年版)一书,该书附有格·瓦·普列汉诺夫写的序言;列宁在书的第 11—13、15 页上作批注、划标线和重点,在封面上写:"C.Ⅺ—阿恩[诺·饶尔丹尼亚]的提纲"。

《列宁全集》中文第 2 版增订版第 46 卷第 76—77 页;苏共中央马列主义研究院中央党务档案馆,第 2 号全宗,第 1 号目录,第 2769 号保管单位;《克里姆林宫的弗·伊·列宁藏书》,1961 年,第 139—140 页。

列宁在伯尔尼作题为《斯托雷平与革命》的报告。

《列宁全集》中文第 2 版增订版第 46 卷第 75—76、76—77 页;

《列宁研究院集刊》,第1辑,1927年,第108—109页。

列宁在伯尔尼同俄国社会民主工党地方小组谈党内的状况。

《列宁全集》中文第2版增订版第46卷第76—77页。

9月16日(29日)

特务官员从巴黎向警察司报告:1911年9月10日和11日(23日和24日)在苏黎世举行了社会党国际局会议,弗·伊·列宁和格·瓦·普列汉诺夫代表俄国社会民主工党出席会议。

《红色文献》杂志,1934年,第1期,第226页。

9月17日(30日)

在巴黎的特务官员向警察司司长报告:9月12日(25日)在苏黎世举行俄国社会民主工党地方小组会议,列宁在会上作了关于党内状况的报告。

《红色文献》杂志,1934年,第1期,第226页。

9月19日(10月2日)

列宁于晚8点半在日内瓦人民之家大厅(杜布瓦-梅利街)作题为《斯托雷平与革命》的报告。约有150人出席报告会。

《列宁全集》中文第2版增订版第46卷第75—76、76—77页;苏共中央马列主义研究院中央党务档案馆,第4号全宗,第1号目录,第55号保管单位,第16张;苏联中央国家十月革命和社会主义建设档案馆,警察司全宗,特别处,第5号案卷,第1—P册,1910年,第36张。

不晚于9月20日(10月3日)

警察在彼得堡大波德亚切沃街39号进行搜查时,发现并没收了列宁的著作《立宪民主党人的胜利和工人政党的任务》(1906年版)和《告贫苦农民。向农民讲解社会民主党人要求什么》(1903年版)。

苏联中央国家历史档案馆,第 766 号全宗,第 9 号目录,第 2372 号保管单位,第 23、24 张。

9 月 24 日(10 月 7 日)

列宁致函列·波·加米涅夫,信中对没有同"匿名公民"在日内瓦举行会见表示遗憾,请加米涅夫打听他的地址,建议加米涅夫去同弗·菲·哥林和维·阿·卡尔宾斯基商量组织报告会事宜。

苏共中央马列主义研究院中央党务档案馆,第 2 号全宗,第 1 号目录,第 2771 号保管单位。

在巴黎的特务官员就列宁于 9 月 19 日(10 月 2 日)在日内瓦作题为《斯托雷平与革命》的报告一事给警察司司长写报告。

苏联中央国家十月革命和社会主义建设档案馆,警察司全宗,特别处,第 5 号案卷,第 1—P 册,1910 年,第 36 张。

9 月 26 日(10 月 9 日)以前

列宁写信给在美因河畔法兰克福的安·伊·乌里扬诺娃-叶利扎罗娃。

《乌里扬诺夫家书集》,1969 年,第 249 页。

9 月 26 日(10 月 9 日)

俄国社会民主工党中央机关报——《社会民主党人报》编辑部会议决定委托列宁写《斯托雷平与革命》一文。

《列宁全集》中文第 2 版增订版第 20 卷第 325—333 页;苏共中央马列主义研究院中央党务档案馆,第 28 号全宗,第 4 号目录,第 36333 号保管单位,第 41 张。

9 月 26 日和 10 月 18 日(10 月 9 日和 31 日)之间

列宁写《斯托雷平与革命》一文。

《列宁全集》中文第 2 版增订版第 20 卷第 325—333 页;《社会民主党人报》,巴黎,1911 年 10 月 18 日(31 日),第 24 号。

9月30日和10月23日(10月13日和11月5日)之间

列宁写《总结》一文。

《列宁全集》中文第2版增订版第20卷第369—373页;《明星报》,1911年10月23日,第26号。

9月

列宁以社会党国际局代表的身份给社会党国际局书记卡·胡斯曼寄去波斯民主党中央委员会致国际无产阶级的贺信的法译文,请求发表这一贺信并转发给参加社会党国际局的各个政党。

《列宁和卡米耶·胡斯曼通信集。1905—1914》,巴黎,1963年,第90页。

莫斯科保安处编写有关弗·伊·列宁在1907—1911年期间革命活动的情报。

苏联中央国家十月革命和社会主义建设档案馆,莫斯科保安处全宗,侦探科,1911年,第326/54号案卷,第5张—第5张背面。

10月5日(18日)

列宁的姐姐安·伊·乌里扬诺娃-叶利扎罗娃来巴黎列宁这里住了两星期。

《乌里扬诺夫家书集》,1969年,第250—253页;《回忆弗·伊·列宁》,第1卷,1968年,第77、79页。

10月,5日(18日)以后

列宁编写有关仲裁法庭问题的书目,作关于这些书的批注,抄录某些引文。

苏共中央马列主义研究院中央党务档案馆,第2号全宗,第1号目录,第24683号保管单位。

10月6日(19日)

彼得堡出版委员会作出关于销毁1906年在彼得堡出版的列宁的小册子《普列汉诺夫同志是怎样论述社会民主党的策略的?》

的决定。

根据彼得堡高等法院的决定，列宁的小册子连同铅版及其他印刷配件于 1912 年 8 月 21 日（9 月 3 日）销毁。

《红色史料》杂志，1924 年，第 2 期，第 28 页；苏联中央国家历史档案馆，第 776 号全宗，第 9 号目录，第 244 号案卷，第 1—8 张，第 2196 号案卷，第 97 张背面；第 777 号全宗，第 17 号目录，第 103 号案卷，第 2—4、7—8 张。

10 月 9 日（22 日）

安·伊·乌里扬诺娃-叶利扎罗娃从巴黎给在萨拉托夫的玛·伊·乌里扬诺娃和玛·亚·乌里扬诺娃写信，说弗拉基米尔·伊里奇身体很好，由于“在赶写一篇文章”，常去图书馆；描述列宁家中作息时间的安排情况。

《乌里扬诺夫家书集》，1969 年，第 251—253 页。

10 月 10 日（23 日）

列宁致函卡·胡斯曼，请求寄来国际工会代表大会的报告和第二国际代表大会的决议，以便参阅，说如果有必要，他也可以去社会党国际局阅读这些文件（这封信没有找到）。

《列宁全集》俄文第 5 版第 48 卷第 342—343 页；《俄罗斯和苏维埃世界手册》，巴黎，1962 年，第 4 期，第 663 页。

在搜查格卢博科沃村（莫斯科省）时，发现了列宁的《社会民主党在民主革命中的两种策略》（1905 年版）一书。

苏联中央国家十月革命和社会主义建设档案馆，警察司全宗，第 7 处，1911 年，第 2158 号案卷，第 1、5、6 张。

10 月 12 日（25 日）

娜·康·克鲁普斯卡娅致函在哥本哈根的米·韦·科别茨基，请他给弗·伊·列宁寄书。

苏共中央马列主义研究院中央党务档案馆，第 29 号全宗，第

7号目录，第43109号保管单位。

列宁委托娜·康·克鲁普斯卡娅写信给俄国社会民主工党彼得堡组织，建议同莫斯科组织取得联系，说尼·古·波列塔耶夫受到警察监视，请求另外寄一个通信地址来，答应使彼得堡组织同决定经费领取的中央委员会俄国委员会成员取得联系，信中还附上了寄信地址。

《苏共历史问题》杂志，1964年，第10期，第74—75页。

10月13日（26日）

列宁致函格·叶·季诺维也夫，告知收到了关于组织委员会代表即将到达的电报，对下一步如何进行关于"在保管人手中的"经费问题的谈判作指示。

苏共中央马列主义研究院中央党务档案馆，第2号全宗，第1号目录，第2772号保管单位。

10月18日（31日）

列宁于晚9时在巴黎丹东街8号科学家协会大厅作题为《斯托雷平与革命》的报告。收入用于出版社会民主党竞选（第四届杜马）的资料。

苏共中央马列主义研究院中央党务档案馆，第4号全宗，第1号目录，第55号保管单位，第17和18张；第14号全宗，第1号目录，第135号保管单位，第43—47张；第142号保管单位，第4张。

列宁的《斯托雷平与革命》、《论调和分子或道德高尚的人的新派别》、《关于选举运动和选举纲领》、《来自斯托雷平"工"党阵营的议论》等文章发表在《社会民主党人报》第24号上。

《列宁全集》中文第2版增订版第20卷第325—333、334—354、355—363、364—368页；《社会民主党人报》，巴黎，1911年10月18日（31日），第24号。

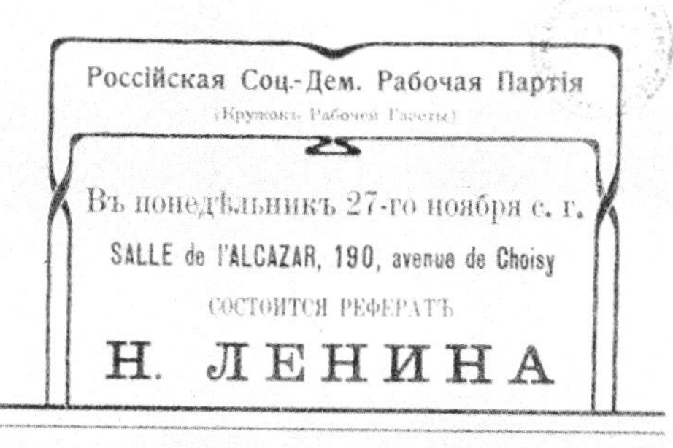

1911年列宁关于《斯托雷平与革命》和《自由派工党的宣言》
专题报告的公告

不早于10月18日(31日)

列宁阅读筹备俄国社会民主工党全党代表会议的俄国组织委员会的传单,传单宣布俄国组织委员会成立并引用该委员会通过的决议原文;在传单上填写页码。

苏共中央马列主义研究院中央党务档案馆,第2号全宗,第1号目录,第2762号保管单位。

10月19日(11月1日)

列宁致函在莱比锡的奥·阿·皮亚特尼茨基,建议他去布拉格筹备党的代表会议(这封信没有找到)。

《列宁全集》俄文第5版第20卷第420页;奥·皮亚特尼茨基:《一个布尔什维克的笔记》,第5版,1956年,第157页。

列宁致函(用德文)在布拉格的捷克社会民主党驻社会党国际局代表安·涅梅茨,询问能否在布拉格召开俄国社会民主工党代表会议,并请他协助筹备这次代表会议。

《列宁全集》中文第2版增订版第46卷第79—80页。

10月20日(11月2日)

列宁致函卡·考茨基,谈交出"在保管人手中的"党的经费问题,指出在仲裁法庭解散和弗·梅林、卡·考茨基退出仲裁法庭之后,布尔什维克将不再重建法庭。

苏共中央马列主义研究院中央党务档案馆,第2号全宗,第1号目录,第25570号保管单位。

列宁出席国外组织委员会会议并作报告。

苏共中央马列主义研究院中央党务档案馆,第17号全宗,第1号目录,第1157号保管单位,第4张。

10月21日(11月3日)

列宁委托娜·康·克鲁普斯卡娅写信给在彼得堡的伊·施瓦

尔茨，信中说明调和派在服从俄国组织委员会决议的问题上摇摆不定和仲裁法庭解散的详情，简要复述给“保管人”的信的草稿，草稿中要求把钱移交给俄国组织委员会并请他来信详细谈谈俄国组织委员会会议情况。

《红色文献》杂志，1939 年，第 6 期，第 94、107—108 页。

10 月 22 日(11 月 4 日)

列宁以俄国社会民主工党驻社会党国际局代表的身份，从巴黎致函在布加勒斯特的罗马尼亚社会民主党人伊·弗里穆，请他帮助两个政治流亡者尼·帕舍夫和伊·杰米多夫斯基。

《列宁全集》中文第 2 版增订版第 46 卷第 81 页。

10 月 23 日(11 月 5 日)

列宁的《总结》一文发表在《明星报》第 26 号上。

《列宁全集》中文第 2 版增订版第 20 卷第 369—373 页；《明星报》，1911 年 10 月 23 日，第 26 号。

10 月 23 日或 24 日(11 月 5 日或 6 日)

列宁抵达布鲁塞尔，在那里作题为《斯托雷平与革命》的报告。出席报告会的约 100 人。

苏共中央马列主义研究院中央党务档案馆，第 2 号全宗，第 1 号目录，第 26057 号保管单位；第 276 号全宗，第 2 号目录，第 140 号保管单位，第 12 张。

10 月 23 日和 11 月 5 日(11 月 5 日和 18 日)之间

列宁写《旧的和新的(一个报纸读者的短评)》一文。

《列宁全集》中文第 2 版增订版第 20 卷第 377—380 页；《言语报》，1911 年 10 月 23 日(11 月 5 日)，第 291 号；《明星报》，1911 年 11 月 5 日，第 28 号。

10 月 24 日或 25 日(11 月 6 日或 7 日)

列宁抵达安特卫普；在俄国社会民主党人、布尔什维克安特卫普小组书记 A.H.马卡连科的寓所停留。

《拉脱维亚革命者回忆列宁》,里加,1959 年,第 84—85 页;《真理报》,1926 年 1 月 29 日,第 23 号;苏联中央国家十月革命和社会主义建设档案馆,警察司全宗,特别处,1911 年,第 5—56—Б号案卷,第 135 张。

10 月 25 日(11 月 7 日)

列宁参观安特卫普博物馆和港口。

《真理报》,1926 年 1 月 29 日,第 23 号。

晚上,列宁在安特卫普作题为《斯托雷平与革命》的报告。出席报告会的有 200 余人。从与会者那里收到的钱款交给了列宁,作为布尔什维克《工人报》的经费。

报告之后,列宁同会议的组织者和参加者座谈。

苏联中央国家十月革命和社会主义建设档案馆,警察司全宗,特别处,1911 年,第 5—56—Б号案卷,第 135 张;《真理报》,1926 年 1 月 29 日,第 23 号;《拉脱维亚革命者回忆列宁》,里加,1959 年,第 84—87 页。

10 月 25 日或 26 日(11 月 7 日或 8 日)

列宁自安特卫普启程去伦敦。

《真理报》,1926 年 1 月 29 日,第 23 号;《拉脱维亚革命者回忆列宁》,里加,1959 年,第 87 页。

10 月 25 日和 11 月 5 日(11 月 7 日和 18 日)之间

列宁写《两个中派》一文。

《列宁全集》中文第 2 版增订版第 20 卷第 374—376 页;《言语报》,1911 年 10 月 25 日(11 月 7 日),第 293 号;《明星报》,1911 年 11 月 5 日,第 28 号。

10 月 26 日和 28 日(11 月 8 日和 10 日)之间

列宁抵达伦敦。

《列宁全集》中文第 2 版增订版第 46 卷第 82 页。

10月28日(11月10日)

列宁致函列·波·加米涅夫,说他很喜欢在英国博物馆图书馆工作,研究斐·拉萨尔的追随者、德国作家约·施韦泽的作品;请加米涅夫了解一下巴黎国立图书馆有些什么60年代社会主义者的著作。

《列宁全集》中文第2版增订版第46卷第82页。

警察在莫斯科搜查时发现并没收了列宁的《关于俄国社会民主工党统一代表大会的报告(给彼得堡工人的信)》(1906年版)、《普列汉诺夫同志是怎样论述社会民主党的策略的?》(1906年版)、《社会民主党和选举协议》(1906年版)等著作。

苏联中央国家十月革命和社会主义建设档案馆,警察司全宗,第7处,1912年,第251号案卷,第1、3张,第3张背面。

10月29日(11月11日)

列宁于晚上7时在伦敦新国王大厅(商业路E.号)作题为《斯托雷平与革命》的报告。

苏共中央马列主义研究院中央党务档案馆,第4号全宗,第1号目录,第55号保管单位,第19张。

10月30日(11月12日)以前

列宁写关于瑞典农民状况的文章(这篇文章没有找到)。

《列宁全集》中文第2版增订版第20卷第420页;苏共中央马列主义研究院中央党务档案馆,第28号全宗,第3н号目录,第36483号保管单位,第7张。

10月31日(11月13日)

伊·施瓦尔茨从彼得堡寄信给娜·康·克鲁普斯卡娅,请求弗·伊·列宁为俄国社会民主工党彼得堡委员会写一篇关于审判第二届国家杜马社会民主党代表的文章,因为《明星报》于10月

29 日(11 月 11 日)已经提出修改判决的问题。

列宁写《关于第二届杜马的社会民主党党团。对整个案件的介绍》一文，可能就是为了回应这一请求的。

《列宁全集》中文第 2 版增订版第 20 卷第 381—386 页;《明星报》,1911 年 10 月 29 日,第 27 号;苏联中央国家十月革命和社会主义建设档案馆,警察司全宗,1911 年,第 265 号目录,第 469 号案卷,第 23 张。

11 月 3 日(16 日)

警察在梯弗利斯进行搜查时发现了列宁的著作《告贫苦农民》和《修改工人政党的土地纲领》(1906 年版)。

苏联中央国家十月革命和社会主义建设档案馆,警察司全宗,第 7 处,1911 年,第 2381 号案卷,第 2、6 张。

梯弗利斯省宪兵局局长向出版总署报告说，梯弗利斯发现一处非法书库，其中有列宁的著作《土地问题和"马克思的批评家"》。

苏联中央国家历史档案馆,第 776 号全宗,第 2 号目录,第 2 册,第 264 号案卷,第 1 张、第 3 张背面、第 35 张、第 36 张背面。

11 月 5 日(18 日)

列宁的《两个中派》和《旧的和新的(一个报纸读者的短评)》两篇文章发表在《明星报》第 28 号上。

《列宁全集》中文第 2 版增订版第 20 卷第 374—376、377—380 页;《明星报》,1911 年 11 月 5 日,第 28 号。

11 月,6 日(19 日)以后

列宁写《关于第二届杜马的社会民主党党团。对整个案件的介绍》(报告)一文。该文于 12 月用德、法、英三种文字发表在《社会党国际局定期公报》第 8 期上。

《列宁全集》中文第 2 版增订版第 20 卷第 381—385 页;《社会党国际局定期公报》,布鲁塞尔,1912 年,第 8 期,第 117—120

页;《未来报》,巴黎,1911 年 11 月 19 日,第 5 号。

11 月,不晚于 7 日(20 日)

列宁自伦敦返回安特卫普。

《真理报》,1926 年 1 月 29 日,第 23 号。

11 月 7 日(20 日)

列宁抵达列日。

苏联中央国家十月革命和社会主义建设档案馆,警察司全宗,特别处,1910 年,第 5 号案卷,第 1 册,Б、К、Л、М、О、П 类,第 86 张—第 86 张背面。

列宁在列日作题为《斯托雷平与革命》的报告。

苏联中央国家十月革命和社会主义建设档案馆,警察司全宗,特别处,1910 年,第 5 号案卷,第 1 册,Б、К、Л、М、О、П 类,第 86 张—第 86 张背面;1911 年,第 20 号案卷,第 1 册,Б 类,第 107 张。

11 月 8 日(21 日)

列宁在列日同俄国社会民主工党地方小组成员交谈。

苏联中央国家十月革命和社会主义建设档案馆,警察司全宗,特别处,1910 年,第 5 号案卷,第 1 册,Б、К、Л、М、О、П 类,第 86 张—第 86 张背面。

彼尔姆省宪兵局局长向警察司报告说,10 月 25 日(11 月 7 日)在安特卫普举行了列宁的题为《斯托雷平与革命》的报告会。

苏联中央国家十月革命和社会主义建设档案馆,警察司全宗,特别处,1911 年,第 5—56—Б 号案卷,第 135 张。

不早于 11 月 9 日(22 日)

列宁在国外组织委员会 1911 年 10 月 31 日(11 月 13 日)关于对俄国组织委员会态度的决议的专页上注明:"11 月 22 日出版"。

苏共中央马列主义研究院中央党务档案馆,第 2 号全宗,第 1

号目录,第2778号保管单位;《克里姆林宫的弗·伊·列宁藏书》,1961年,第150页。

11月11日(24日)

列宁在曾经组织过弗拉基米尔·伊里奇的《斯托雷平与革命》报告会的《工人报》小组支部委员会发表的声明上作批注:"1911年11月24日收到。"由于发表了格·阿·阿列克辛斯基报告会的广告,因此支部委员会提请大家注意列宁的公开声明,他认为不必同"前进"集团争论,也不准备同它争论,因为不能把它看成是一个什么严肃的集团。

《列宁文集》俄文版第25卷第77页。

11月12日和12月10日(11月25日和12月23日)之间

列宁写《旧的和新的》一文。

《列宁全集》中文第2版增订版第21卷第58—62页;《明星报》,1911年11月12日,第29号;12月10日,第33号。

11月13日(26日)

在维亚特卡(现基洛夫)进行搜查时,发现了刊载列宁的《国家杜马和社会民主党的策略》一文的小册子《国家杜马和社会民主党》(1906年版)。

苏联中央国家十月革命和社会主义建设档案馆,警察司全宗,第7处,1911年,第2357号案卷,第2、7张。

11月,不晚于14日(27日)

列宁起草《自由派工党的宣言》的报告提纲。

《列宁全集》中文第2版增订版第20卷第411—412页。

11月14日(27日)

列宁在巴黎阿尔卡萨大厅作题为《自由派工党的宣言》的报告。报告是由《工人报》协助小组组织的。

《列宁全集》中文第 2 版增订版第 20 卷第 397 页；苏共中央马列主义研究院中央党务档案馆，第 2 号全宗，第 3 号目录，第 179 号保管单位；第 14 号全宗，第 1 号目录，第 142 号保管单位，第 4 张。

11 月 16 日(29 日)以后

列宁收到社会党国际局书记卡·胡斯曼的来信，信中请求寄去曾经答应过的关于俄国第二届国家杜马社会民主党人代表受审判的文件，他还随信附上致社会党议员沙尔·迪马的信的抄件，迪马曾经公开抗议迫害第二届杜马社会民主党代表。

《列宁和卡米耶·胡斯曼通信集。1905—1914》，巴黎，1963 年，第 93 页。

11 月 17 日(30 日)

列宁自巴黎致函在伦敦的费·阿·罗特施坦，告知给他寄回了亨利·迈尔斯·海德门的《冒险生活记事》一书。列宁根据这本书写了《海德门谈马克思》一文。

《列宁全集》中文第 2 版增订版第 20 卷第 388—394 页，第 46 卷第 85 页；亨·迈·海德门：《冒险生活记事》，伦敦，麦克米伦书局出版，1911 年，X 页，460 页。

11 月 18 日(12 月 1 日)

在巴黎的特务官员向警察司报告：列宁于 11 月 7 日(20 日)来列日，举行题为《斯托雷平与革命》的报告会，并参加俄国社会民主工党列日小组 11 月 8 日(21 日)会议。

苏联中央国家十月革命和社会主义建设档案馆，警察司全宗，特别处，1910 年，第 5 号案卷，第 1 册，Б、К、Л、М、О、П 类，第 86 张—第 86 张背面。

11 月 19 日(12 月 2 日)

列宁访问法国社会党报纸《人道报》编辑部，表示愿意在保尔·拉法格和劳拉·拉法格的葬礼上代表俄国社会民主工党发表演说。

《回忆弗·伊·列宁》,第 2 卷,1969 年,第 301 页。

11 月 20 日(12 月 3 日)

列宁代表俄国社会民主工党在保尔·拉法格和劳拉·拉法格的葬礼上发表演说。演说发表在 12 月 8 日(21 日)《社会民主党人报》第 25 号上。

《列宁全集》中文第 2 版增订版第 20 卷第 386—387 页;《社会民主党人报》,巴黎,1911 年 12 月 8 日(21 日),第 25 号;《回忆弗·伊·列宁》,第 2 卷,1969 年,第 301 页。

11 月 21 日(12 月 4 日)

伊尔库茨克省宪兵局局长签署的 1911 年 10 月侦探情报汇编报告,在伊尔库茨克出版了社会民主党的报纸《西伯利亚明星报》以及在尼·亚·罗日柯夫处发现了准备刊登在该报上的弗·伊·列宁的四篇文章(这些文章没有找到)。

苏联中央国家十月革命和社会主义建设档案馆,警察司全宗,特别处,1911 年,第 5 号案卷,第 27 册,Б类,第 199—204 张。

11 月 22 日(12 月 5 日)

列宁致函社会党国际局书记卡·胡斯曼,告知给他寄去了自己的文章(报告)《关于第二届杜马的社会民主党党团。对整个案件的介绍》、社会民主党人在 11 月 16 日(29 日)杜马会议上的质询的译文和 1907 年作出的判决的译文。

《列宁和卡米耶·胡斯曼通信集。1905—1914》,巴黎,1963 年,第 93 页。

11 月 23 日(12 月 6 日)

敖德萨高等法院作出关于销毁卡·马克思的小册子《法兰西内战(1870—1871)》的判决,这本书的俄译本是列宁于 1905

年校订的。

《列宁全集》俄文第5版第11卷第435—436页；苏联中央国家历史档案馆，第253号全宗，第3号目录，第413号案卷，第107张。

11月24日(12月7日)

列宁收到波斯民主党中央委员会1911年12月5日(公历)的来电，电报中抗议沙皇俄国和英帝国主义干涉波斯人民的内政。

《列宁全集》中文第2版增订版第46卷第85—86页；《列宁全集》俄文第5版第48卷第365页。

列宁把俄国社会民主工党中央委员会收到的波斯民主党中央委员会的电报寄给社会党国际局书记卡·胡斯曼。

列宁在给卡·胡斯曼的附信中说，这份电报将在俄国社会民主工党中央机关报——《社会民主党人报》上发表，并希望将电报内容通知参加第二国际的各个政党。

《列宁全集》中文第2版增订版第46卷第85—86页。

11月26日(12月9日)以前

列宁写《第四届国家杜马选举运动》一文。

苏共中央马列主义研究院中央党务档案馆，第17号全宗，第1号目录，第1194号保管单位，第1—3张。

11月26日(12月9日)

列宁的《海德门谈马克思》一文发表在《明星报》第31号上。

《列宁全集》中文第2版增订版第20卷第388—394页；《明星报》，1911年11月26日，第31号。

11月26日(12月9日)以后

列宁收到伊万·格拉德涅夫(萨·马·扎克斯)从彼得堡寄来的信，信中说《明星报》资金很困难，读者同情《明星报》的政治立场，《明星报》就第二届国家杜马的社会民主党党团案件所采取的行动很成功，打算在该报第 31 号上发表列宁关于自由派工党的文章，编辑部对列宁的《第四届国家杜马选举运动》一文给予很好的评价，国内警察专横行为日益猖獗，编辑部打算就此问题发表一系列文章。

苏共中央马列主义研究院中央党务档案馆，第 17 号全宗，第 1 号目录，第 1194 号保管单位，第 1—3 张。

不早于 11 月—不晚于 1912 年 3 月

列宁翻阅《我们的曙光》杂志 1911 年第 11 期，在弗·列维茨基(弗·奥·策杰尔包姆)的《我国的“宪法”和争取权利的斗争》一文中和《编者的话》一栏里写批注和划重点。

苏共中央马列主义研究院中央党务档案馆，第 2 号全宗，第 1 号目录，第 2779 号保管单位；《克里姆林宫的弗·伊·列宁藏书》，1961 年，第 569 页。

秋天

列宁和尼·古·波列塔耶夫在柏林国会大厦会见奥·倍倍尔，请他在资金方面支援《明星报》。

《十月》杂志，1928 年，第 5 期，第 168 页。

12 月 3 日(16 日)

列宁的《自由派工党的宣言》一文发表在《明星报》第 32 号上。

《列宁全集》中文第 2 版增订版第 20 卷第 395—409 页；《明星报》，1911 年 12 月 3 日，第 32 号。

12 月 8 日(21 日)

列宁的《党内危机的结局》、《论社会民主党在杜马内外的行动口号和工作方法》、《自由派资产阶级的走狗》、《来自斯托雷平“工”党阵营的议论》、《论托洛茨基的外交和护党分子的一个纲领》和《“保管人”仲裁法庭的总结》等文章发表在《社会民主党人报》第

25号上。

《列宁全集》中文第2版增订版第21卷第1—11、12—22、23、24—29、30—34、35—37页;《社会民主党人报》,巴黎,1911年12月8日(21日),第25号。

12月10日(23日)

列宁的《旧的和新的》一文发表在《明星报》第33号上。

《列宁全集》中文第2版增订版第21卷第58—62页;《明星报》,1911年12月10日,第33号。

列宁的总标题为《第四届国家杜马选举运动》的一组文章中的第一篇《一些基本原则问题》发表在《明星报》上。

《列宁全集》中文第2版增订版第21卷第38—43页;《明星报》,1911年12月10日,第33号。

12月,不晚于14日(27日)

列宁筹备在巴黎举行布尔什维克国外小组会议;起草关于党内状况的报告的提纲和《把国外社会民主党护党派力量组织起来和布尔什维克的任务》的决议草案。

《列宁全集》中文第2版增订版第21卷第65—67页;《列宁全集》俄文第5版第21卷第477—478页。

12月14日—17日(27日—30日)

列宁在巴黎主持布尔什维克国外小组会议。列宁是作为《工人报》编委出席会议的。

《列宁全集》中文第2版增订版第21卷第65—69页;《列宁文集》俄文版第25卷第107—110页;《苏联共产党决议汇编》,第8版,第1卷,1970年,第313—321页;《苏共历史问题》杂志,1964年,第12期,第44页;《苏联共产党历史》,第2卷,1966年,第354页;А.П.雅库希娜:《俄国社会民主工党的国外组织(1905—1917年)》,1967年,第57页。

12月14日(27日)

列宁宣布会议开幕,致欢迎词,提议选举会议主席团。

《列宁文集》俄文版第 25 卷第 107 页;《列宁研究院集刊》,第 1 辑,1927 年,第 113—114 页。

列宁在布尔什维克国外小组会议的下午会议上作《关于党内状况》的报告并回答问题。

列宁在回答索·瑙·拉维奇提出的、自上次全会以后外部条件发生了哪些变化的问题时说:"现在同取消派分裂了,他们没有执行全会的任何一条规定。他们在全会以后明确地表示了观点。出版了《我们的曙光》……。"

《列宁文集》俄文版第 25 卷第 108 页;《红色文献》杂志,1934 年,第 1 期,第 227 页。

12 月 15 日(28 日)

列宁出席布尔什维克国外小组会议的上午会议,提议"在听取三个报告之后,对所有问题展开全面讨论"。这三个报告是:列宁《关于党内状况》的报告、尼·亚·谢马什柯《关于六月中央委员会议以前国外状况》的报告和米·费·弗拉基米尔斯基关于六月会议以后的国外状况的报告。

列宁根据中央机关报——《社会民主党人报》第 25 号的材料,回答会议主席巴布什金(格·李·什克洛夫斯基)提出的关于"在保管人手中的"经费问题。

《列宁文集》俄文版第 25 卷第 108 页;А.П.雅库希娜:《俄国社会民主工党的国外组织(1905—1917 年)》,1967 年,第 57 页。

列宁出席布尔什维克国外小组会议的下午会议,作总结发言;被选入决议起草委员会。

《列宁文集》俄文版第 25 卷第 108 页;А.П.雅库希娜:《俄国社会民主工党的国外组织(1905—1917 年)》,1967 年,第 57 页。

12 月 16 日(29 日)

列宁出席布尔什维克国外小组会议的上午会议,提出就《把国外社会民主党护党派力量组织起来和布尔什维克的任务》的决议展开全面讨论；在讨论关于国外布尔什维克的作用问题、关于支持俄国组织委员会问题和关于即将举行的俄国社会民主工党第六次（布拉格）全国代表会议问题时发言。

《列宁文集》俄文版第 25 卷第 108—109 页。

列宁出席布尔什维克国外小组会议的下午会议，将《把国外社会民主党护党派力量组织起来和布尔什维克的任务》的决议及其修正案交付表决；该决议被通过。

会议选举国外组织委员会，根据列宁的建议，委托该委员会最后审定并通过国外组织章程。

列宁在讨论关于国外组织委员会的代表参加《工人报》编辑部的问题时发言。

《列宁全集》中文第 2 版增订版第 21 卷第 68 页；《列宁文集》俄文版第 25 卷第 109—110 页；苏共中央马列主义研究院中央党务档案馆，第 351 号全宗，第 1 号目录，第 70 号保管单位，第 11 张—第 12 张背面。

12 月 17 日（30 日）以前—1912 年 6 月

列宁出席在彼得堡出版的布尔什维克合法杂志《启蒙》的前 7 期的编辑工作。

《回忆弗・伊・列宁》，第 1 卷，1968 年，第 365 页；娜・康・克鲁普斯卡娅：《论列宁》，1971 年，第 157 页；苏共列宁格勒州委党史研究院党务档案馆，第 4000 号全宗，第 5 号目录，第 1054 号保管单位，第 1 张；《明星报》，1911 年 12 月 17 日，第 34 号。

12 月，17 日（30 日）以前

布尔什维克的合法杂志《启蒙》第 1 期在彼得堡出版，列宁的《选举运动的几个原则问题》（文章的结尾部分发表在 1912 年 1 月

《启蒙》杂志第 2 期上)、《对立宪民主党和大臣们谈判的揭露开始了》和《三项质询》。

《列宁全集》中文第 2 版增订版第 21 卷第 96—123、74—82、83—95 页;《启蒙》杂志,1911 年 12 月,第 1 期,第 3—13、24—29、64—72 页;1912 年 1 月,第 2 期,第 21—29 页;《明星报》,1911 年 12 月 17 日,第 34 号。

12 月 17 日(30 日)

列宁出席布尔什维克国外小组会议的最后一次会议,提出关于同意成立召集全国代表会议的俄国组织委员会的决议。决议被一致通过。

《列宁全集》中文第 2 版增订版第 21 卷第 69 页;《苏联共产党决议汇编》,第 8 版,第 1 卷,1970 年,第 320 页。

列宁在会议上就各民族社会民主党组织代表对召开党代表会议的态度问题发言。他提出的问题在俄国社会民主工党第六次(布拉格)全国代表会议《关于各民族中央机关没有代表出席全党代表会议的问题》的决议中得到反映。

苏共中央马列主义研究院中央党务档案馆,第 351 号全宗,第 7 号目录,第 245 号保管单位,第 21 张;K.A.奥斯特罗乌霍娃:《俄国社会民主工党第六次(布拉格)全国代表会议》,1961 年,第 33 页。

列宁在布尔什维克国外小组会议上被推选参加了解布尔什维克派财务状况的委员会。委员会工作结果确认党的各项开支票据齐全,账目清楚。该委员会还认为,“由于仲裁人自动拒绝执行仲裁职责,致使仲裁法庭解散,因此协议作废,‘在保管人手中的’款项必须立即归还原来把钱交给‘保管人’的人”。

苏共中央马列主义研究院中央党务档案馆,第 351 号全宗,第 1 号目录,第 76 号保管单位,第 1 张背面—第 2 张。

列宁的总标题为《第四届国家杜马选举运动》的一组文章中的

第二篇文章《工人复选人在选举运动中的作用》发表在《明星报》上。

《列宁全集》中文第2版增订版第21卷第43—49页;《明星报》,1911年12月17日,第34号。

12月,19日(1912年1月1日)以前

列宁致函在莱比锡的奥·阿·皮亚特尼茨基,谈出席布拉格代表会议的莫斯科代表可能被捕,请他安排选举另一名代表(这封信没有找到)。

奥·皮亚特尼茨基:《一个布尔什维克的笔记》,第5版,1956年,第159页。

12月22日(1912年1月4日)

列宁的《饥饿和黑帮杜马》一文发表在《工人报》第7号上。

《列宁全集》中文第2版增订版第21卷第70—73页;《工人报》,巴黎,1911年12月22日(1912年1月4日),第7号。

12月28日(1912年1月10日)

在巴黎的特务官员向警察司报告:12月14—17日(27—30日)举行了布尔什维克国外小组会议,列宁作了关于党内状况的报告。

《红色文献》杂志,1934年,第1期,第227页。

12月31日(1912年1月13日)

列宁的总标题为《第四届国家杜马选举运动》的一组文章中的第三篇文章《选举运动中的农民和农民复选人》发表在《明星报》上。

《列宁全集》中文第2版增订版第21卷第38—57页;《明星报》,1911年12月31日,第36号。

巴黎的特务官员向警察司司长报告称,《明星报》刊载了列宁的几篇文章，署名“威廉・弗雷”和“弗・伊林”，说给警察司寄去刊载列宁的《第四届国家杜马选举运动》和《旧的和新的》两篇文章的《明星报》第 33 号。

苏联中央国家十月革命和社会主义建设档案馆，警察司全宗，特别处，1910 年，第 5 号案卷，第 3л.л.卷，第 185 张。

12 月

《工人报》下一号——第 8 号发稿记录记载：《饥荒》和《农民和第四届杜马的选举》这两篇文章的作者是列宁。

《列宁全集》中文第 2 版增订版第 21 卷第 216—217、218—220 页；苏共中央马列主义研究院中央党务档案馆，第 29 号全宗，第 1 号目录，第 35836 号保管单位。

列宁致函在彼得堡的《明星报》编辑部，说“我们的路线是不妥协的”，即报纸必须贯彻无产阶级政党独立的政治路线（这封信没有找到）。

苏共中央马列主义研究院中央党务档案馆，第 17 号全宗，第 1 号目录，第 1211 号保管单位，第 1—5 张。

1911 年 12 月—1912 年 1 月 5 日（18 日）以前

列宁领导俄国社会民主工党第六次（布拉格）全国代表会议的筹备工作。

《回忆弗・伊・列宁》，第 1 卷，1968 年，第 372—374 页；第 2 卷，1969 年，第 303—304 页。

年底

列宁写关于政治形势的报告大纲。可以推断，这个大纲成了列宁在俄国社会民主工党第六次（布拉格）全国代表会议上所作的关于目前形势和党的任务报告的基础。

《列宁全集》俄文第 5 版第 21 卷第 479—480 页；K.A.奥斯特罗乌霍娃：《俄国社会民主工党第六次（布拉格）全国代表会

议》,1961年,第50页。

1911年

列宁在《前进。目前问题论文集》小册子第2期第71、83页上作记号。

苏共中央马列主义研究院中央党务档案馆,第2号全宗,第1号目录,第25452号保管单位。

列宁在布尔什维克、普列汉诺夫派、波兰社会民主党组织的代表在巴黎共同举行的联席会议上发表讲话,谈布尔什维克同孟什维克以及前进派之间发生分歧的原因,还谈了《前进》文集的立场及其他问题。

苏共中央马列主义研究院中央党务档案馆,第127号全宗,第1号目录,第24号保管单位。

不早于1911年

列宁(在巴黎)用德文写借阅魏斯的《巴登小城杜尔巴赫的经济发展》(1911年版)一书的图书借阅单。

苏共中央马列主义研究院中央党务档案馆,第2号全宗,第1号目录,第2783号保管单位。

列宁研究 П.维涅·奥克通《第三共和国的殖民罪行》(1911年巴黎版)一书,在封面和第一页(空白页)上题名"列宁"并作了许多标注。

苏共中央马列主义研究院中央党务档案馆,第2号全宗,第1号目录,第2784号保管单位;《克里姆林宫的弗·伊·列宁藏书》,1961年,第680页。

列宁研究弗朗西斯·德莱齐《未来的战争》(1911年巴黎版)一书;在封面上题名"列宁"并注明"注意",在书的正文中作许多标注和划着重号。

苏共中央马列主义研究院中央党务档案馆,第2号全宗,第1

号目录,第 2785 号保管单位;《克里姆林宫的弗·伊·列宁藏书》,1961 年,第 618 页。

列宁作关于丹麦统计表的批注。

苏共中央马列主义研究院中央党务档案馆,第 2 号全宗,第 1 号目录,第 2786 号保管单位。

1912 年

1 月 3 日(16 日)以前

列宁给负责把社会民主工党中央机关报——《社会民主党人报》从丹麦运到俄国和安排把信件从俄国转寄给弗拉基米尔·伊里奇的米·韦·科别茨基写过几封信(这几封信没有找到)。

《列宁全集》俄文第 5 版第 48 卷第 343 页;《列宁文集》俄文版第 37 卷第 16 页。

1 月 3 日(16 日)

列宁致函(用德文)一位姓名不详的人,询问米·韦·科别茨基的健康状况。

《列宁文集》俄文版第 37 卷第 16 页。

1 月 5 日(18 日)以前

列宁在给布拉格代表会议的部分代表的信中,祝他们平安到达莱比锡,并希望能就代表会议议事日程以及其他问题初步交换意见(这封信没有找到)。

叶·奥努夫里耶夫:《同列宁会见》,1966 年,第 11 页。

列宁抵达布拉格;住在"观景殿"旅馆,后来同俄国社会民主工党彼得堡组织的代表、工人叶·彼·奥努夫里耶夫一起搬到一个捷克工人的家里。

叶·奥努夫里耶夫:《同列宁会见》,1966 年,第 13—16 页;

1912年1月召开俄国社会民主工党第六次(布拉格)全国代表会议的布拉格吉别恩街民众文化馆的房间

《布尔什维克(原莫斯科保安处关于1903—1916年布尔什维主义发展过程的文件)》,1918年,第89页;K.A.奥斯特罗乌霍娃:《俄国社会民主工党第六次(布拉格)全国代表会议》,1961年,第35、38、39、40页;《苏联共产党决议汇编》,第8版,第1卷,1970年,第322页;《列宁在捷克斯洛伐克》,[布拉格],1969年,第6页(俄文)。

列宁经常同代表会议的代表进行交谈,同他们一起度过休息时间。

《苏共历史问题》杂志,1967年,第1期,第119页。

1月5日(18日)

列宁在代表会议开幕时致开幕词,并就确定代表会议的性质问题发言。

代表会议通过了《关于召集代表会议的俄国组织委员会》的决议及列宁的修正案。

《列宁全集》中文第2版增订版第21卷第141、485、486—487页;苏共中央马列主义研究院中央党务档案馆,第2号全宗,第1号目录,第2790、2791号保管单位;《护党报》,1912年,第1号,第2页;叶·奥努夫里耶夫:《同列宁会见》,1966年,第20页;K.A.奥斯特罗乌霍娃:《俄国社会民主工党第六次(布拉格)全国代表会议》,1961年,第40—42页。

列宁就叶卡捷林诺斯拉夫代表萨瓦(雅·达·捷文)的发言写提要并发言。

苏共中央马列主义研究院中央党务档案馆,第2号全宗,第1号目录,第2793号保管单位;《无产阶级革命》杂志,1941年,第1期,第143页。

列宁提出讨论关于确定代表会议性质的决议草案。在1月5日(18日)和6日(19日)讨论这一草案时,列宁就草案的修正案发言9次。

关于确定代表会议性质的决议草案于1月6日(19日)以10

票对 1 票通过。

《列宁全集》中文第 2 版增订版第 21 卷第 126—127、141—142 页；苏共中央马列主义研究院中央党务档案馆，第 37 号全宗，第 1н 号目录，第 1050 号保管单位，第 7、10、11、12、13、15、18—19、22、24、27 张；K.A.奥斯特罗乌霍娃：《俄国社会民主工党第六次（布拉格）全国代表会议》，1961 年，第 44—45 页。

不早于 1 月 5 日（18 日）

列宁在俄国社会民主工党第六次（布拉格）全国代表会议的会议规程记录上注明："规程"。

苏共中央马列主义研究院中央党务档案馆，第 2 号全宗，第 1 号目录，第 23884 号保管单位；第 37 号全宗，第 1н 号目录，第 1050 号保管单位，第 1 张；K.A.奥斯特罗乌霍娃：《俄国社会民主工党第六次（布拉格）全国代表会议》，1961 年，第 39 页。

1 月 5 日（18 日）以后

列宁收到伊万·格拉德涅夫（萨·马·扎克斯）从彼得堡寄来的信，信中告知《明星报》第 36 号发表了列宁的关于农民复选人的文章，编辑部通过了关于吸收瓦·瓦·沃罗夫斯基、阿·马·高尔基、格·瓦·普列汉诺夫、普·恩·德涅夫尼茨基等人撰稿的办法，信中说收到了列宁的谈"我们的路线是不妥协的"信件，信中还谈到《明星报》编辑部由于选举第四届国家杜马而产生的情绪及其他问题。

苏共中央马列主义研究院中央党务档案馆，第 17 号全宗，第 1 号目录，第 1211 号保管单位，第 1—5 张。

1 月 6 日（19 日）

列宁审阅并修改 7 位代表关于全俄组织其中包括各民族组织必须遵守代表会议的一切决议的声明，用"最高的"一词代替"主要的"一词。

苏共中央马列主义研究院中央党务档案馆，第 2 号全宗，第 1 号目录，第 2795 号保管单位；第 37 号全宗，第 1н 号目录，第 1050 号保管单位，第 9 张。

列宁在代表会议第 3 次会议上记录萨瓦(雅·达·捷文)提出的关于确定性质的决议草案的第三修正案。

苏共中央马列主义研究院中央党务档案馆，第 2 号全宗，第 1 号目录，第 2796 号保管单位。

列宁修改维克多(Д.施瓦尔茨曼)对关于确定代表会议的性质的决议草案提出的修正案。

苏共中央马列主义研究院中央党务档案馆，第 2 号全宗，第 1 号目录，第 2797 号保管单位。

列宁在某人写的请求秘书处把关于确定代表会议的性质的决议交给他复制一份的纸条上注明："应该交给他**复制一份**……"

苏共中央马列主义研究院中央党务档案馆，第 2 号全宗，第 1 号目录，第 2798 号保管单位。

列宁提出讨论《关于各民族中央机关没有代表出席全党代表会议的问题》的决议草案。决议以 10 票对 1 票通过。

《列宁全集》中文第 2 版增订版第 21 卷第 143—144 页；苏共中央马列主义研究院中央党务档案馆，第 2 号全宗，第 1 号目录，第 2799 号保管单位；第 37 号全宗，第 1н 号目录，第 1050 号保管单位，第 25—26、27—39 张；K.A.奥斯特罗乌霍娃：《俄国社会民主工党第六次(布拉格)全国代表大会》，1961 年，第 42—43 页。

列宁在谢尔戈(格·康·奥尔忠尼启则)和维克多(Д.施瓦尔茨曼)的声明上注明："在 1912 年 1 月 19 日第四次会议上提出。"

苏共中央马列主义研究院中央党务档案馆，第 2 号全宗，第 1 号目录，第 2800 号保管单位；第 37 号全宗，第 1н 号目录，第 1050 号保管单位，第 46 张—第 46 张背面。

列宁的总标题为《第四届国家杜马选举运动》一组文章中的第

四篇文章《从第三届杜马选举的实践得出的结论》发表在《明星报》第 1 号上。

《列宁全集》中文第 2 版增订版第 21 卷第 54—57 页;《明星报》,1912 年 1 月 6 日,第 1 号。

1 月 6 日、7 日和 10 日(19 日、20 日和 23 日)

列宁在代表会议第 5 次会议上记录各地的报告。他特别注意有关各组织的人数和成分、各组织存在时间、组织中是否有专职党的工作人员、党组织是否同各工人区有联系、怎样散发布尔什维克机关刊物《社会民主党人报》、《明星报》和《思想》杂志等情况。代表会议听取了 37 个城市的党的工作情况。

苏共中央马列主义研究院中央党务档案馆,第 2 号全宗,第 1 号目录,第 2801 号保管单位;第 37 号全宗,第 1н 号目录,第 1050 号保管单位,第 39—40、48、54、59 张,第 64 张背面,第 137 张;《无产阶级革命》杂志,1941 年,第 1 期,第 50—51、146—152 页;《俄国社会民主工党 1912 年全国代表会议》,中央委员会出版,巴黎,1912 年,第 7、8 页;K.A.奥斯特罗乌霍娃:《俄国社会民主工党第六次(布拉格)全国代表会议》,1961 年,第 46—50 页。

1 月 6 日和 12 日(19 日和 25 日)之间

列宁作《关于目前形势和党的任务》的报告。尼·亚·谢马什柯回忆说:"……这是一篇出色的报告,它是这样的有力量并使人心悦诚服,甚至动摇的人们也无法反驳弗拉基米尔·伊里奇的论据,虽然他照例不掩盖分歧,而是相反,极其深刻地揭露了这些分歧。"(报告原文没有找到)。

《列宁全集》俄文第 5 版第 21 卷第 491 页;《护党报》,1912 年,第 1 号,第 2 页;K.A.奥斯特罗乌霍娃:《俄国社会民主工党第六次(布拉格)全国代表会议》,1961 年,第 50—52 页;《回忆弗·伊·列宁》,第 2 卷,1969 年,第 305 页;叶·奥努夫里耶夫:《同列宁会见》,1966 年,第 14 页。

1 月 6 日和 17 日(19 日和 30 日)之间

列宁对《关于前保管人掌管的财产和关于账目》的决议进行修改。

《列宁全集》中文第 2 版增订版第 161—162 页;苏共中央马列主义研究院中央党务档案馆,第 2 号全宗,第 1 号目录,第 2802 号保管单位。

列宁和其他中央委员一起签署关于将布尔什维克的财产移交给被确定为党的最高机构的俄国社会民主工党第六次(布拉格)全国代表会议和经它选出的中央委员会支配的声明。

苏共中央马列主义研究院中央党务档案馆,第 2 号全宗,第 1 号目录,第 2802 号保管单位;《苏联共产党决议汇编》,第 8 版,第 1 卷,1970 年,第 297—298 页。

1 月 7 日(20 日)

列宁在萨瓦(雅·达·捷文)的声明上注明:“1912 年 1 月 20 日早晨在第 5 次会议上提出”。

苏共中央马列主义研究院中央党务档案馆,第 2 号全宗,第 1 号目录,第 2803 号保管单位;第 37 号全宗,第 1н 号目录,第 1050 号保管单位,第 64 张—第 64 张背面。

列宁在代表会议第 5 次会议上发言,谈党的中央机关报——《社会民主党人报》的工作,论证中央机关报编辑部的政治路线,谈同孟什维克护党派和格·瓦·普列汉诺夫的相互关系。弗拉基米尔·伊里奇说:“我在苏黎世见过普列汉诺夫,并且交谈过。他说他将保持友好的中立。我要说的是,您的每一行字、每一句话都没有离开普列汉诺夫派的立场。”

代表会议通过了《关于中央机关报》——《社会民主党人报》的决议,赞成中央机关报的原则路线。

列宁被选入中央机关报编辑部。

《列宁全集》中文第 2 版增订版第 21 卷第 169—170 页；苏共中央马列主义研究院中央党务档案馆，第 37 号全宗，第 1н 号目录，第 1050 号保管单位，第 48、66、70—74 张；K.A.奥斯特罗乌霍娃：《俄国社会民主工党第六次（布拉格）全国代表会议》，1961 年，第 58—60 页。

列宁在代表会议第 5 次会议上作关于社会党国际局的工作报告，并回答代表们提出的问题。

列宁在回答波里斯（戈洛晓金）提出的“东方革命对国际关系有何影响?”的问题时说：“在亚洲是民主主义革命的开始，在欧洲则是民主主义革命的结束，并且将会是社会主义革命的开始。”

《列宁全集》俄文第 5 版第 54 卷第 357—358 页；苏共中央马列主义研究院中央党务档案馆，第 37 号全宗，第 1н 号目录，第 1050 号保管单位，第 48—54 张。

列宁出席代表会议第 6 次会议，宣布开始讨论关于社会党国际局的工作报告，就任命俄国社会民主工党中央委员会驻社会党国际局代表的程序问题及其他问题发言。

苏共中央马列主义研究院中央党务档案馆，第 37 号全宗，第 1н 号目录，第 1050 号保管单位，第 66、68—69 张。

列宁出席代表会议第 6 次会议，提出讨论《关于各地的报告》的决议草案，在讨论中作了解释性发言。决议经代表会议通过。

《列宁全集》中文第 2 版增订版第 21 卷第 144—145 页；苏共中央马列主义研究院中央党务档案馆，第 37 号全宗，第 1н 号目录，第 1050 号保管单位，第 59—62、177 张；K.A.奥斯特罗乌霍娃：《俄国社会民主工党第六次（布拉格）全国代表会议》，1961 年，第 49—50 页。

1 月，不晚于 8 日（21 日）

列宁起草《关于社会民主党人同饥荒斗争的任务》的决议草案。

《列宁全集》中文第 2 版增订版第 21 卷第 131—132 页；苏共

中央马列主义研究院中央党务档案馆，第 37 号全宗，第 1н 号目录，第 1050 号保管单位，第 86—87 张。

1 月 8 日(21 日)

列宁出席代表会议第 8 次会议，参加讨论关于社会民主党人同饥荒斗争的任务的决议草案。就党在赈济饥民工作中的任务问题发言，并且反对从决议部分中取消关于必须散发黑帮分子马尔柯夫第二在杜马中的发言，他指出，这些发言中毫不掩饰的蛮横无礼和厚颜无耻是揭露沙皇制度的最好的宣传材料。弗拉基米尔·伊里奇在谈到马尔柯夫第二时说："沙皇有很多朋友，但并不是所有的人都这样厚颜无耻。"

代表会议一致通过了关于这一问题的决议。

《列宁全集》中文第 2 版增订版第 21 卷第 153—154、138 页；苏共中央马列主义研究院中央党务档案馆，第 2 号全宗，第 1 号目录，第 2804 号保管单位；第 37 号全宗，第 1н 号目录，第 1050 号保管单位，第 84 张，第 84 张背面，第 86—87 张，第 89 张—第 89 张背面，第 92 张背面，第 95、96 张；《无产阶级革命》杂志，1941 年，第 1 期，第 54—55 页；К.А.奥斯特罗乌霍娃：《俄国社会民主工党第六次(布拉格)全国代表会议》，1961 年，第 62—63 页。

1 月 9 日(22 日)以前

列宁就工人失业保险法案问题写批语和作摘录，并加标题《法案的最后一项》。

苏共中央马列主义研究院中央党务档案馆，第 2 号全宗，第 1 号目录，第 2805 号保管单位。

列宁审定尼·亚·谢马什柯起草的《关于对杜马的工人国家保险法案的态度》的决议草案。

《列宁全集》中文第 2 版增订版第 21 卷第 154—157 页；苏共中央马列主义研究院中央党务档案馆，第 2 号全宗，第 1 号目录，第 2806 号保管单位；《回忆弗·伊·列宁》，第 2 卷，1969

年，第 305 页。

1 月 9 日(22 日)

列宁出席代表会议第 9 次会议，在讨论奥·阿·皮亚特尼茨基关于代表会议会址必须保密和对代表会议工作进程不做任何报道的声明时发言。弗拉基米尔·伊里奇说："建议在通信时不要讲关于代表会议的任何情况。"

苏共中央马列主义研究院中央党务档案馆，第 37 号全宗，第 1н 号目录，第 1050 号保管单位，第 96 张。

代表会议第 10 次会议委托列宁起草给德国社会民主党的贺信，祝贺它在德国国会选举中的胜利。

苏共中央马列主义研究院中央党务档案馆，第 37 号全宗，第 1н 号目录，第 1050 号保管单位，第 102—103 张。

1 月 9 日和 10 日(22 日和 23 日)

列宁参加讨论关于社会民主党对杜马提出的工人的国家保险法案的态度的决议。

苏共中央马列主义研究院中央党务档案馆，第 37 号全宗，第 1н 号目录，第 1050 号保管单位，第 97、98、101、126—132 张。

1 月 9 日和 13 日(1 月 22 日和 26 日)之间

列宁受代表会议的委托，草拟给德国社会民主党的贺信，祝贺它在德国国会选举中的胜利。贺信发表在 1912 年 1 月 27 日(公历)《前进报》第 22 号上。

《列宁全集》中文第 2 版增订版第 21 卷第 164 页；苏共中央马列主义研究院中央党务档案馆，第 37 号全宗，第 1н 号目录，第 1050 号保管单位，第 102—103 张；《前进报》，柏林，1912 年 1 月 27 日，第 22 号，《前进报》附刊 1。

1 月 10 日(23 日)

列宁出席代表会议第 11 次会议，在讨论关于党在国外的工作问题时批评格·康·奥尔忠尼启则和苏·斯·斯潘达良的错误发言，他们否定俄国社会民主工党国外组织在革命斗争中的积极作用。列宁指出："有人说，应当同国外的人进行斗争。但是应该弄清楚，为反对什么而斗争……　需要的是胜利。只要还是斯托雷平的俄国，就会存在国外侨民，他们同俄国有着任何刀剪也割不断的千丝万缕的联系。"

代表会议通过了《关于国外的党组织》的决议。

《列宁全集》中文第2版增订版第21卷第162—163页；苏共中央马列主义研究院中央党务档案馆，第37号全宗，第1н号目录，第1050号保管单位，第137、139张，第141张背面、第142张背面、第143张、第144张背面、第145张—第145张背面。

1月，不晚于11日(24日)

列宁起草对党的组织章程的修改草案。

《列宁全集》中文第2版增订版第21卷第488页；苏共中央马列主义研究院中央党务档案馆，第2号全宗，第1号目录，第2808号保管单位。

1月11日(24日)

列宁出席代表会议第12次会议，就组织问题发言。

《列宁全集》中文第2版增订版第21卷第139—140页；苏共中央马列主义研究院中央党务档案馆，第37号全宗，第1н号目录，第1050号保管单位，第146、153—157张；K.A.奥斯特罗乌霍娃：《俄国社会民主工党第六次(布拉格)全国代表会议》，1961年，第56—58页。

列宁对《关于党的工作的性质和组织形式》的决议草案提出修改意见。

《列宁全集》中文第2版增订版第21卷第151—152、489页；苏共中央马列主义研究院中央党务档案馆，第2号全宗，第1号目录，第2807号保管单位。

代表会议批准列宁提出的对党的组织章程的修改草案。

《列宁全集》中文第 2 版增订版第 21 卷第 161 页；苏共中央马列主义研究院中央党务档案馆，第 37 号全宗，第 1н 号目录，第 1050 号保管单位，第 146 张；K.A.奥斯特罗乌霍娃：《俄国社会民主工党第六次（布拉格）全国代表会议》，1961 年，第 57—58 页。

1 月 12 日（25 日）

代表会议第 15 次会议一致通过了列宁起草的关于目前形势和党的任务的决议草案。

《列宁全集》中文第 2 版增订版第 21 卷第 128—130、145—147 页；苏共中央马列主义研究院中央党务档案馆，第 2 号全宗，第 1 号目录，第 2810 号保管单位；第 37 号全宗，第 1н 号目录，第 1050 号保管单位，第 171 张—第 175 张背面。

1 月 12 日和 17 日（1 月 25 日和 30 日）之间

列宁审定俄国社会民主工党第六次（布拉格）全国代表会议《关于社会民主党杜马党团》的决议草案。

《列宁全集》中文第 2 版增订版第 21 卷第 150—151 页；苏共中央马列主义研究院中央党务档案馆，第 2 号全宗，第 1 号目录，第 2811 号保管单位。

布拉格代表会议把列宁选进中央委员会，并推选他担任俄国社会民主工党驻社会党国际局的代表。

《列宁全集》中文第 2 版增订版第 21 卷第 169—170 页；《回忆弗·伊·列宁》，第 1 卷，1968 年，第 374 页；叶·德·斯塔索娃：《生活和斗争的篇章》，1960 年，第 68 页；《布尔什维克（原莫斯科保安处关于 1903—1916 年布尔什维主义发展过程的文件）》，1918 年，第 97—99、100 页。

在代表会议开会期间，列宁多次出席新选出的俄国社会民主工党中央委员会会议。

《布尔什维克（原莫斯科保安处关于 1903—1916 年布尔什维主义发展过程的文件）》，1918 年，第 100—102 页。

1月13日(21日)

在阿斯特拉罕进行搜查时,发现并没收了列宁的《俄国资本主义的发展》一书。

苏联中央国家十月革命和社会主义建设档案馆,警察司全宗,第7处,1911年,第132号案卷,第2—3张、第32张背面。

1月,不晚于17日(30日)

列宁起草《关于"请愿运动"》的决议草案。

代表会议通过了列宁提出的决议草案。

《列宁全集》中文第2版增订版第21卷第157—158、490—491页。

列宁起草关于取消主义和取消派集团的决议草案。代表会议通过这一决议草案。

《列宁全集》中文第2版增订版第21卷第133—134、159—160页;K.A.奥斯特罗乌霍娃:《俄国社会民主工党第六次(布拉格)全国代表会议》,1961年,第64—65页。

代表会议通过了列宁提出的《关于第四届国家杜马的选举》、《关于〈工人报〉》、《关于〈真理报〉》、《关于"红十字会"》、《关于俄国政府对波斯的进攻》、《关于中国革命》和《关于沙皇政府对芬兰的政策》等决议草案。

《列宁全集》中文第2版增订版第21卷第147—150、160—161、161—165页。

1月17日(30日)

列宁在代表会议上致闭幕词。叶·彼·奥努夫里耶夫回忆道:"这是一篇令我们大家欢欣鼓舞、难以忘怀的讲话。讲话中充满了喜悦和乐观主义,充满了对党的力量、对工人阶级的力量的坚定信心。"

叶·奥努夫里耶夫:《同列宁会见》,1966年,第25页;《布尔

1912年1月列宁为布拉格代表会议拟的《关于取消主义和取消派集团》的决议草案的手稿

列宁在莱比锡会见尼·古·波列塔耶夫，同他讨论在春季以前出版工人日报《真理报》的问题。

苏共列宁格勒州委党史研究院党务档案馆，第 4000 号全宗，第 5 号目录，第 1027 号保管单位，第 2 张；《回忆弗·伊·列宁》，第 1 卷，1968 年，第 375 页；《真理报》，1927 年 5 月 6 日，第 100 号。

1 月，19 日（2 月 1 日）以后

列宁自莱比锡去柏林，根据布拉格代表会议的决定，向前“保管人”取回党的钱款。

列宁在柏林弗·维·阿多拉茨基处停留，去赖因哈特话剧院看剧。

《列宁全集》中文第 2 版增订版第 21 卷第 161—162 页；《回忆弗·伊·列宁》，第 1 卷，1968 年，第 375 页；奥·皮亚特尼茨基：《一个布尔什维克的笔记》，第 5 版，1956 年，第 164 页；《回忆弗·伊·列宁》，第 2 卷，1969 年，第 177—178 页；苏共中央马列主义研究院中央党务档案馆，第 14 号全宗，第 1 号目录，第 219 号保管单位。

列宁在柏林四次会见罗·卢森堡。

《苏共历史问题》杂志，1971 年，第 3 期，第 110 页。

1 月 23 日（2 月 5 日）夜间

在彼得堡进行搜查时，列宁的《社会民主党在民主革命中的两种策略》、《关于俄国社会民主工党统一代表大会的报告（给彼得堡工人的信）》和《修改工人政党的土地纲领》等著作被没收。

苏联中央国家十月革命和社会主义建设档案馆，警察司全宗，第 7 处，1911 年，第 2095 号案卷，第 5、52 张。

1 月底—2 月 26 日（3 月 10 日）以前

列宁审定《俄国社会民主工党 1912 年全国代表会议》小册子。小册子于 2 月下半月在巴黎由俄国社会民主工党中央委员会出版。

《列宁全集》中文第 2 版增订版第 46 卷第 97 页；苏共中央马列主义研究院中央党务档案馆，第 2 号全宗，第 1 号目录，第 2820 号保管单位。

2 月初

列宁返回巴黎。

《回忆弗·伊·列宁》，第 1 卷，1968 年，第 375 页。

列宁在巴黎同来自芬兰的亚·瓦·绍特曼就芬兰社会民主党组织的工作问题进行谈话，指出目前在芬兰发动武装起义是不合时宜的。

《回忆弗·伊·列宁》，第 1 卷，1968 年，第 375 页。

不早于 2 月初

列宁出席巴黎布尔什维克小组会议；发言反对同孟什维克进行辩论，拒绝作报告，理由是“这种想法是毫无意义的。”

谢·霍普纳尔：《回忆弗·伊·列宁》，叶卡捷林诺斯拉夫，1925 年，第 12—13 页；《回忆弗·伊·列宁》，第 2 卷，1969 年，第 298 页。

列宁致函布尔什维克巴黎党小组成员，说明拒绝在有孟什维克参加的联席会议上作关于俄国社会民主工党布拉格代表会议的报告的原因，讲述国外侨民无休止的争论的历史，他指出，同取消派及其追随者进行对话的任何企图都是毫无意义的。

谢·霍普纳尔：《回忆弗·伊·列宁》，叶卡捷林诺斯拉夫，1925 年，第 13—16 页；《回忆弗·伊·列宁》，第 2 卷，1969 年，第 298—299 页。

2 月 2 日(15 日)

列宁签署《工人报》编辑部给党的委员会的决议，决议中认为安东诺夫(阿·弗·卡扎科夫)“作为一个革命者，他的名誉从未因任何事情受到过丝毫的玷污。”(安东诺夫被格·阿·阿列克辛斯基诬告为奸细。)

苏共中央马列主义研究院中央党务档案馆,第 2 号全宗,第 1 号目录,第 2813 号保管单位。

在巴黎的特务官员向警察司报告说,列宁于 1912 年 1 月 18 日(31 日)在莱比锡作了《列·尼·托尔斯泰的历史意义》的报告。

苏共中央马列主义研究院中央党务档案馆,第 14 号全宗,第 1 号目录,第 135 号保管单位,第 15 张;苏联中央国家十月革命和社会主义建设档案馆,警察司全宗,特别处,1910 年,第 5 号案卷,第 1 册,Ц 类,第 67 张;《红色文献》,1934 年,第 1 期,第 228 号。

2 月 5 日(18 日)以后

娜·康·克鲁普斯卡娅收到格·康·奥尔忠尼启则从彼得堡寄来的信,信中告知没有收到弗·伊·列宁给《明星报》写的几篇文章。

苏共中央马列主义研究院中央党务档案馆,第 17 号全宗,第 1 号目录,第 1219 号保管单位,第 6 张。

2 月 9 日(22 日)

莫斯科保安处的情报记录有关代表们前往国外出席俄国社会民主工党全国代表会议的行踪和过境的方法,以及一致推选列宁为代表会议主席;列出代表会议的成员、期限、会议程序、代表会议的工作成果以及俄国社会民主工党新的中央委员会的活动。

苏共中央马列主义研究院中央党务档案馆,第 37 号全宗,第 1н 号目录,第 35326 号保管单位;《布尔什维克(原莫斯科保安处关于 1903—1916 年布尔什维主义发展过程的文件)》,1918 年,第 85—103 页。

列宁委托娜·康·克鲁普斯卡娅写信给格·康·奥尔忠尼启则,介绍俄国社会民主工党布拉格代表会议前后国外局势和国内一些党组织的情况，说拉脱维亚社会民主党可能承认代表会议的决议；愤怒地提到列·达·托洛茨基正在网罗代表参加取消派八月代表会议。

《苏共历史问题》杂志，1964 年，第 10 期，第 78—79 页。

2 月 12 日（25 日）

列宁致函阿·萨·叶努基泽，告知收到他的来信，希望他待在巴库中央监狱的时间不会太长了，请他向共同的熟人转达自己和娜·康·克鲁普斯卡娅的问候。

《列宁全集》中文第 2 版增订版第 46 卷第 87 页。

2 月 13 日（26 日）

列宁在巴黎致函在伯尔尼的卡尔·茨格拉根，谈“保管人”卡·考茨基和克·蔡特金保管的党的钱款问题；说俄国社会民主工党全国代表会议已于 1 月举行，并选出了党中央委员会。

《列宁。未发表的书信（1912—1914 年）》，莱昂哈德·哈斯出版，苏黎世—科隆，1967 年，第 35—39 页。

2 月 13 日（26 日）以后

列宁收到地方社会民主党组织成员从秋明寄来的信，信中说给俄国社会民主工党中央委员会寄了 14 法郎，并请求寄去布拉格代表会议记录、《工人报》和《社会民主党人报》。

苏联中央国家十月革命和社会主义建设档案馆，警察司全宗，1912 年，第 265 号目录，第 522 号案卷，第 194 张。

2 月 18 日（3 月 2 日）

在日托米尔进行搜查时，发现并没收了列宁的小册子《关于俄国社会民主工党统一代表大会的报告（给彼得堡工人的信）》。

苏联中央国家十月革命和社会主义建设档案馆，警察司全宗，第 7 处，1912 年，第 394 号案卷，第 3、8 张。

2月19日(3月3日)

列宁的《执行自由派工人政策的机关报》一文发表在《明星报》第11号上。

《列宁全集》中文第2版增订版第21卷第165—168页;《明星报》,1912年2月19日,第11号。

2月24日或25日(3月8日或9日)

列宁从巴黎给在萨拉托夫的玛·亚·乌里扬诺娃写信,感谢她寄来食品,介绍郊游的印象,询问她度夏的打算。

《列宁全集》中文第2版增订版第53卷第385—386页。

2月25日(3月9日)

列宁和娜·康·克鲁普斯卡娅一起在巴黎去话剧院观看索福克勒斯的悲剧《厄勒克特拉》。

《列宁全集》中文第2版增订版第53卷第518页。

2月,26日(3月10日)以前

列宁给第二国际社会党国际局写关于俄国社会民主工党全国代表会议的报告。

《列宁全集》中文第2版增订版第21卷第169—170页,第46卷第96页。

列宁致函(用法文)社会党国际局书记卡·胡斯曼,告知寄去关于俄国社会民主工党全国代表会议的报告,希望能在社会党国际局的通报上发表这篇报告,还谈到自己被推选为俄国社会民主工党驻社会党国际局代表。

《列宁全集》中文第2版增订版第46卷第96—97页。

列宁领导布尔什维克合法报纸《涅瓦明星报》的出版工作,是该报的经常撰稿人。

《涅瓦明星报》,1912 年 5 月 6 日,第 3 号;《苏联共产党历史》,第 2 卷,1966 年,第 726 页。

2 月 28 日(3 月 12 日)以前

列宁出席巴黎国外组织委员会召集的会议,在讨论关于布拉格代表会议的总结报告时发言。

《列宁全集》中文第 2 版增订版第 46 卷第 96—97 页;苏共中央马列主义研究院中央党务档案馆,第 37 号全宗,第 1н 号目录,第 36393 号保管单位;苏联中央国家十月革命和社会主义建设档案馆,警察司全宗,特别处,1911 年,第 5 号案卷,附录 1,第 156—160 张;《列宁研究院集刊》,第 1 辑,1927 年,第 115—116 页;《无产阶级革命》杂志,1941 年,第 1 期,第 64—65 页。

2 月 28 日(3 月 12 日)

列宁致函在伯尔尼的格·李·什克洛夫斯基,说必须到瑞士各城市去作关于布拉格代表会议的报告;谈到这次代表会议的成员和会议进程,告知在俄国开展了向各党组织传达代表会议各项决议的工作,谈到同取消派的分裂,说崩得和拉脱维亚社会民主党打算召开一次有取消派参加的代表会议以及杜马社会民主党团的立场等问题。

《列宁全集》中文第 2 版增订版第 46 卷第 97—99 页。

2 月 28 日(3 月 12 日)以后

列宁收到一些政治流放者——曼祖尔卡村(伊尔库茨克省)的马克思主义者请求寄去《社会民主党人报》的来信。

苏共中央马列主义研究院中央党务档案馆,第 28 号全宗,第 4 号目录,第 34219 号保管单位。

2 月 29 日(3 月 13 日)

列宁致函在伯尔尼的格·李·什克洛夫斯基,谈他要作的关于布拉格代表会议的报告;告知取消派在巴黎召开会议的情况和这次会议通过的抗议布拉格代表会议的决议；表示坚信取消派及其拥护者不可能联合起来。

《列宁全集》中文第2版增订版第46卷第98—99页。

2月底—3月初

列宁在两个星期内经常同格·李·什克洛夫斯基通信，就什克洛夫斯基作关于俄国社会民主工党布拉格代表会议的报告问题作指示（这些信件没有找到）。

《列宁研究院集刊》，第1辑，1927年，第114页。

2月

列宁致函在卡普里岛（意大利）的阿·马·高尔基，答应寄去布拉格代表会议的决议，请他写一张五一传单；告知出版《明星报》所遇到的种种困难情况。

《列宁全集》中文第2版增订版第46卷第94页。

2月—3月

列宁致函在卡普里岛的阿·马·高尔基，告知寄去布拉格代表会议的决议；谈到《明星报》，认为该报发表的高尔基的《童话》非常精彩；抨击取消派的报纸《现代事业报》和尼·亚·罗日柯夫。

《列宁全集》中文第2版增订版第46卷第95—96页。

列宁收到阿·马·高尔基的来信。

《弗·伊·列宁和阿·马·高尔基》，第3版，1969年，第81—82页。

3月初

列宁写《俄国社会民主工党的选举纲领》。纲领以中央委员会名义于1912年3月在俄国印成单页出版，4月作为《社会民主党人报》第26号附刊在国外出版。

《列宁全集》中文第 2 版增订版第 21 卷第 184—190 页，第 46 卷第 101—102 页；《社会民主党人报》，巴黎，1912 年 4 月 25 日(5 月 8 日)，第 26 号；苏共中央马列主义研究院中央党务档案馆，第 2 号全宗，第 1 号目录，第 2826 号保管单位。

3 月，2 日(15 日)以后

列宁写《反对同取消派的联合》一文。

《列宁全集》中文第 2 版增订版第 21 卷第 171—177 页；《启蒙》杂志，1912 年 2—3 月，第 3—4 期，第 52—56 页；《事业报》，1912 年 3 月 2 日，第 7 号。

3 月 4 日(17 日)

列宁的《第三届杜马五年来的各政党》一文发表在《明星报》第 14 号上。

《列宁全集》中文第 2 版增订版第 21 卷第 178—183 页；《明星报》，1912 年 3 月 4 日，第 14 号。

3 月 5 日(18 日)

列宁给社会党国际局的关于俄国社会民主工党全国代表会议的报告由社会党国际局书记卡·胡斯曼随通报第 4 期分寄各社会党，以便在各社会党报刊上发表。报告分别发表在 1912 年 3 月 23 日(公历)比利时工人党机关报《人民报》、3 月 25 日(公历)社会民主党报纸《莱比锡人民报》、3 月 26 日(公历)德国社会民主党中央机关报《前进报》和 4 月 6 日(公历)英国社会民主党人《正义报》上。

《列宁全集》中文第 2 版增订版第 21 卷第 169—170 页；苏共中央马列主义研究院中央党务档案馆，第 2 号全宗，第 1 号目录，第 2822 号保管单位；《工人报》，巴黎，1912 年 3 月 17 日(30 日)，第 8 号；《前进报》，柏林，1912 年 3 月 26 日，第 72 号；《人民报》，布鲁塞尔，1912 年 3 月 23 日；《莱比锡人民报》，莱比锡，1912 年 3 月 25 日，第 70 号；《正义报》，伦敦，1912 年 4 月 6 日。

3月9日(22日)

娜·康·克鲁普斯卡娅致函格·李·什克洛夫斯基,说列宁非常忙,主要是忙于党内事务。

苏共中央马列主义研究院中央党务档案馆,第17号全宗,第1号目录,第1226号保管单位。

3月9日和4月1日(3月22日和4月14日)之间

列宁在《关于代表会议的召开》和《社会民主党和选举》两篇文章中作批注、划重点和标线。这两篇文章刊登在《现代事业报》第8号《社会生活》栏目。列宁在《为自由派工人政策作的拙劣辩护》一文中利用了第一篇文章。

《列宁全集》中文第2版增订版第21卷第230—236页;苏共中央马列主义研究院中央党务档案馆,第2号全宗,第1号目录,第2823号保管单位;《克里姆林宫的弗·伊·列宁藏书》,1961年,第553页。

3月11日(24日)

列宁从巴黎致函在萨拉托夫的安·伊·乌里扬诺娃-叶利扎罗娃,谈到国外一些反党小组反对俄国社会民主工党布拉格代表会议及其决议的活动。

《列宁全集》中文第2版增订版第53卷第386—387页。

3月12日或13日(25日或26日)

列宁写《把牌摊到桌面上来》一文。

《列宁全集》中文第2版增订版第21卷第191—197页。

列宁致函《明星报》编辑部,请求寄来有关1907年6月3日(16日)选举法的书籍和其他编写《选民手册(我们的选举法)》所必需的材料;指示报纸编辑部不应当批准任何选举纲领;询问出版工人日报的筹备工作情况、报纸的版面等方面的问题;主张必须同取消派报纸《现代事业报》展开尖锐的论争。

《列宁全集》中文第 2 版增订版第 46 卷第 100—101 页。

3 月 13 日(26 日)

列宁给《明星报》编辑部寄去俄国社会民主工党中央委员会批准的选举纲领抄件，同时写附言，建议不应当批准取消派拟定的任何选举纲领草案，而只遵循中央委员会批准的纲领草案。

《列宁全集》中文第 2 版增订版第 46 卷第 101—102 页。

列宁的《关于捷·奥·别洛乌索夫代表退出社会民主党杜马党团的问题》一文发表在《明星报》第 17 号上。

《列宁全集》中文第 2 版增订版第 21 卷第 198—203 页；《明星报》，1912 年 3 月 13 日，第 17 号。

3 月，13 日(26 日)以后

列宁写《〈前进报〉上的匿名作者和俄国社会民主工党的党内状况》小册子。该小册子于 1912 年在巴黎由俄国社会民主工党中央机关报——《社会民主党人报》编辑部以单行本印行出版。

《列宁全集》中文第 2 版增订版第 21 卷第 204—215 页；弗·伊·列宁：《〈前进报〉上的匿名作者和俄国社会民主工党的党内状况》，巴黎，[1912]，未注明作者；《红色文献》杂志，1934 年，第 1 期，第 232 页。

3 月 14 日(27 日)

在库塔伊西进行搜查时，发现并没收了列宁的《游行示威开始了》(1910 年版)一文。

苏联中央国家十月革命和社会主义建设档案馆，警察司全宗，第 7 处，1912 年，第 561 号案卷，第 2 张。

3 月，15 日(28 日)以前

列宁致函(用法文)社会党国际局书记卡·胡斯曼，感谢他寄来 1912 年 3 月 12 日(公历)取消派巴黎会议的决议并告知，布拉格代表会议谴责了取消派和瓦解党的工作的各种国外集团，说取消派企图召开自己的代表会议，说格·瓦·普列汉诺夫对给他寄去的布拉格代表会议的决议不予置答；如果社会党国际局收到普列汉诺夫的答复，请告知为盼。

《列宁全集》中文第2版增订版第46卷第102—103页。

3月15日(28日)

列宁致函在梯弗利斯的俄国社会民主工党中央委员会俄国局成员格·康·奥尔忠尼启则、苏·斯·斯潘达良和叶·德·斯塔索娃，指示必须加强各地方党组织同国外中央的联系，说缺少关于布拉格代表会议报告的材料和各地通过的拥护代表会议各项决定的决议的材料；坚决主张尽快巡视各组织，并作关于代表会议的报告；询问关于俄国出版代表会议的《通报》和《俄国社会民主工党的选举纲领》的情况；告知有关财务的问题、有关国外代表会议的斗争情况；对1912年3月26日(公历)《前进报》第72号发表列·托洛茨基的诽谤性文章感到愤怒。

《列宁全集》中文第2版增订版第46卷第102—103页；《历史文献》杂志，1961年，第5期，第170页。

3月，15日(28日)以后

列宁收到格·康·奥尔忠尼启则对3月15日(28日)的去信的复信，信中报告了布拉格代表会议以后俄国党组织内的状况。

《红色文献》杂志，1938年，第1期，第178页。

3月16日(29日)

列宁根据俄国社会民主工党中央委员会的授权，致函巴黎屠格涅夫图书馆管理委员会，要求将它保存的党的图书交给中央委员会；提出讨论移交图书的条件和手续。

苏共中央马列主义研究院中央党务档案馆，第 2 号全宗，第 1 号目录，第 25573 号保管单位；《苏维埃俄罗斯报》，1965 年 8 月 7 日，第 185 号。

3 月 17 日(30 日)

列宁的《饥荒》和《农民和第四届杜马的选举》两篇文章发表在《工人报》第 8 号上。

《列宁全集》中文第 2 版增订版第 21 卷第 216—217、218—220 页；《工人报》，巴黎，1912 年 3 月 17 日(30 日)，第 8 号。

3 月 17 日和 23 日(3 月 30 日和 4 月 5 日)之间

鉴于国外反党集团反对布拉格代表会议的决议，列宁写抗议声明交社会党国际局书记卡·胡斯曼。

列宁 1912 年 4 月 12 日(公历)的声明由社会党国际局随第 7 期通报发给各社会党，以便发表在各党的报刊上。

《列宁全集》中文第 2 版增订版第 21 卷第 221—224 页；苏共中央马列主义研究院中央党务档案馆，第 2 号全宗，第 1 号目录，第 2831 号保管单位。

3 月 17 日和 4 月 5 日(3 月 30 日和 4 月 18 日)之间

列宁在给阿·马·高尔基的便函中说，星期六有空在家，约他下午 2 点 30 分或晚上来。

《列宁文集》俄文版第 1 卷第 121 页；《弗·伊·列宁和阿·马·高尔基》，第 3 版，1969 年，第 83、549 页。

列宁同高尔基在巴黎会见。

《列宁文集》俄文版第 1 卷第 121 页；《弗·伊·列宁和阿·马·高尔基》，第 3 版，1969 年，第 83、494、549 页。

3 月 18 日(31 日)

在巴库进行搜查时，发现并没收了列宁的《十二年来》文集第 1 卷。

苏联中央国家十月革命和社会主义建设档案馆，警察司全宗，第7处，1912年，第560号案卷，第5张背面，第35、36张。

3月21日和29日(4月3日和11日)之间

列宁在《现代事业报》第10号《庸人政策》一文中作批注、划重点和作标记。他在《立宪民主党人同进步派的联盟及其意义》一文中引用了这篇文章。

《列宁全集》中文第2版增订版第21卷第228—229页；苏共中央马列主义研究院中央党务档案馆，第2号全宗，第1号目录，第2823号保管单位；《克里姆林宫的弗·伊·列宁藏书》，1961年，第553页。

列宁写《立宪民主党人同进步派的联盟及其意义》一文。

《列宁全集》中文第2版增订版第21卷第225—229页；《明星报》，1912年3月29日，第23号。

3月23日(4月5日)

列宁致函(用法文)社会党国际局书记卡·胡斯曼，告知收到社会党国际局第5期通报，请求将俄国社会民主工党参加社会党国际局的代表的正式抗议声明转交第二国际各党书记，反对不代表党的国外集团同社会党国际局直接联系。

《列宁全集》中文第2版增订版第46卷第106—107页。

3月25日(4月7日)

列宁写信给在萨拉托夫的玛·亚·乌里扬诺娃，说自己打算在夏天迁居巴黎近郊。列宁未能实现这次迁居；1912年6月迁至克拉科夫。

《列宁全集》中文第2版增订版第53卷第387—388页。

3月,28日(4月10日)以前

列宁起草的《俄国社会民主工党的选举纲领》在梯弗利斯印成单页发行。

《红色文献》杂志，1938 年，第 1 期，第 177—178、179—180 页；费·尼·萨莫伊洛夫：《追忆往事》，1954 年，第 200 页；弗·伊·列宁：《俄国社会民主工党的选举纲领》，单页，[俄国社会民主工党中央委员会俄国局出版，梯弗利斯]，中央委员会印刷所，[1912 年 3 月]，4 页，未注明作者。

3 月 28 日(4 月 10 日)

列宁收到中央委员会印刷所印好的《俄国社会民主工党的选举纲领》单页并作批注："1912 年 4 月 10 日收到。"

苏共中央马列主义研究院中央党务档案馆，第 2 号全宗，第 1 号目录，第 2830 号保管单位；《克里姆林宫的弗·伊·列宁藏书》，1961 年，第 78 页。

3 月,29 日(4 月 11 日)以前

列宁出席社会党国际局会议。

《红色文献》杂志，1934 年，第 1 期，第 232 页。

3 月 29 日(4 月 11 日)

列宁的《立宪民主党人同进步派的联盟及其意义》一文发表在《明星报》第 23 号上。

《列宁全集》中文第 2 版增订版第 21 卷第 225—229 页；《明星报》，1912 年 3 月 29 日，第 23 号。

莫斯科保安处写暗探情报向警察司报告了布拉格代表会议的举行，评论俄国社会民主工党中的布尔什维克派和孟什维克派并确认，俄国大部分工人赞同列宁的观点，说社会党国际局承认布拉格代表会议新选出的俄国社会民主工党中央委员会，并且承认列宁作为驻社会党国际局的代表。

苏联中央国家十月革命和社会主义建设档案馆，莫斯科保安处全宗，侦探科，1912 年，第 346/3 号案卷，第 83—84 张；《红色文献》杂志，1934 年，第 1 期，第 232—233 页。

3 月

列宁的《反对同取消派的联合》一文发表在《启蒙》杂志第 3—

4 期上。

《列宁全集》中文第 2 版增订版第 21 卷第 171—177 页;《启蒙》杂志,1912 年 2—3 月,第 3—4 期,第 52—56 页。

不早于 3 月

列宁在《启蒙》杂志第 3—4 期上刊登的《反对同取消派的联合》和《在光荣的岗位上》两篇文章中作标记和划重点。

苏共中央马列主义研究院中央党务档案馆,第 2 号全宗,第 1 号目录,第 23588 号保管单位;《克里姆林宫的弗·伊·列宁藏书》,1961 年,第 574—575 页。

4 月初

列宁致函在梯弗利斯的中央委员会俄国局成员格·康·奥尔忠尼启则、苏·斯·斯潘达良、叶·德·斯塔索娃,指出必须对国外取消派展开顽强和有条不紊的斗争,建议巡视各地方组织并揭露取消派,建议用传单形式翻印俄国社会民主工党布拉格代表会议的所有重要决议并强调指出,办《消息报》要非常小心(这份报纸没有出版)。

《列宁全集》中文第 2 版增订版第 46 卷第 107—108 页。

4 月 1 日(14 日)

列宁的《为自由派工人政策作的拙劣辩护》一文发表在《明星报》第 24 号上。

《列宁全集》中文第 2 版增订版第 21 卷第 230—236 页;《明星报》,1912 年 4 月 1 日,第 24 号。

4 月 2 日(15 日)以前

据一则海报说,列宁将在 4 月 2 日(15 日)纪念亚·伊·赫尔岑的晚会上发表讲话(没有关于讲话的确切资料)。

苏共中央马列主义研究院中央党务档案馆,第 14 号全宗,第 1 号目录,第 136 号保管单位,第 11—12 张;第 142 号保管单位，第 5 张；第 4 号全宗，第 1 号目录，第 55 号保管单位，第 20 张；《俄国文学》杂志，1970 年，第 3 期，第 83—88 页。

4 月 2 日（15 日）

在叶卡捷琳诺达尔进行搜查时，发现并没收了列宁的小册子《致贫苦农民》。

苏联中央国家十月革命和社会主义建设档案馆，警察司全宗，第 7 处，1912 年，第 706 号案卷，第 1、3 张。

4 月 3 日（16 日）

列宁致函中央委员会俄国局成员，指出必须巩固同国外布尔什维克中央的联系，建立同中央联系的区域委员会（或者就只成立受委托的代办员小组）；建议翻印布拉格代表会议关于第四届国家杜马选举的决议，同时以传单形式印发刊登在《工人报》上的列宁的《农民和第四届杜马的选举》一文；说托洛茨基在《前进报》上进行反对布拉格代表会议及其决议的诽谤性宣传。

《列宁全集》中文第 2 版增订版第 46 卷第 108—109 页。

列宁的《俄国的决选投票和工人阶级的任务》一文发表在《明星报》第 25 号上。

《列宁全集》中文第 2 版增订版第 21 卷第 237—242 页；《明星报》，1912 年 4 月 3 日，第 25 号。

4 月 3 日（16 日）夜

在敖德萨搜查俄国社会民主工党地方小组案件被告人时，发现了列宁的小册子《关于俄国社会民主工党统一代表大会的报告（给彼得堡工人的信）》。

苏联中央国家十月革命和社会主义建设档案馆，警察司全宗，第 7 处，1912 年，第 694 号案卷，第 4 张背面、第 71 张、第 77 张背面。

4月4日(17日)

在克列先纳亚谢尔达村(喀山省)发现并没收了列宁的小册子《土地问题和"马克思的批评家"》。

苏联中央国家十月革命和社会主义建设档案馆,警察司全宗,第7处,1912年,第637号案卷,第1张、第3张背面。

4月,6日(19日)以前

列宁致函(用法文)卡·胡斯曼,对并不代表党的俄国社会民主党人的国外集团直接同社会党国际局联系提出抗议,旨在通过第二国际各党的社会党国际局说明俄国社会民主工党内的分歧,同时对胡斯曼提出的召开俄国社会民主工党"共同的"代表会议的建议表示了否定的态度。

《列宁全集》中文第2版增订版第46卷第109—110页。

4月8日和19日(4月21日和5月2日)

列宁的《自由派和民主派》一文发表在《明星报》第27号和第32号上。

《列宁全集》中文第2版增订版第21卷第243—252页;《明星报》,1912年4月8日,第27号;4月19日,第32号。

4月,9日(22日)以前

列宁对小册子《选民手册(我国的选举法)》进行编辑加工。

《列宁全集》中文第2版增订版第46卷第111—112页。

4月9日(22日)

列宁致函《明星报》编辑部,告知寄去了《选民手册》的材料,并建议在小册子中翻印他的《第四届国家杜马选举运动》一文的第二、三部分;对如何出版小册子提出建议;指出必须对取消派的攻击进行回击;鉴于合法报纸编辑部不能写拥护代表会议的文章,请

СОЦІАЛЬДЕМОКРАТЪ

Развязка партійнаго кризиса.

Два года тому назадъ въ с.-д. печати можно было встрѣтить рѣчи объ „объединительномъ кризисѣ“ партіи.

РАБОЧАЯ ГАЗЕТА

Начало демонстрацій.

ЗВѢЗДА

Разногласія въ европейскомъ рабочемъ движеніи.

I.

Основныя тактическія разногласія въ современномъ рабочемъ движеніи Европы и Америки сводятся къ борьбѣ съ двумя

МЫСЛЬ

№ 2.

1911.

1910—1912年布尔什维克报刊上登载的列宁的文章

4月,22日(5月5日)以前

列宁和娜·康·克鲁普斯卡娅一起在巴黎拜访苏·斯·斯潘达良的父亲,了解苏·斯·斯潘达良在巴库被捕的详细情况。

《列宁全集》中文第2版增订版第46卷第113—114页;《回忆弗·伊·列宁》,第1卷,1968年,第374页。

4月22日(5月5日)

列宁致函在柏林的沃·阿·捷尔-约翰尼相,告知苏·斯·斯潘达良在巴库被捕,请求给斯潘达良和他的父亲以物质帮助。

《列宁全集》中文第2版增订版第46卷第113—114页。

列宁的笔名和党内化名索引

人 名 索 引

A

B

C

D

G

H

J

K

M

N

P

Q

R

S

X

Y

Z

地 名 索 引

A

B

C

D

E

F

G

H

J

K

L

M

N

O

P

Q

R

S

T

W

X

Y

Z

组织机构索引

A

B

C

D

E

F

G

H

J

K

L

M

N

P

Q

R

S

T

W

X

Y

Z

《列宁年谱》第二卷编译人员

本卷编译人员：彭晓宇　邢艳琦　戢炳惠

本卷审定人员：赵国顺　张海滨　戴隆斌

本卷俄文版由苏共中央马克思列宁主义研究院研究人员Г.Н.戈利科夫(负责人)、С.Ф.布托奇尼科娃、М.Г.弗拉索娃、В.А.叶列明娜、С.П.基留欣、В.Н.科先科、В.П.库库什金娜、Л.Ф.尼科利斯卡娅、Е.Б.斯特鲁科娃、А.Г.霍缅科、Я.С.齐鲁利尼科夫、Н.Д.沙赫诺夫斯卡娅、Б.М.雅科夫列夫(编辑)编写。

А.И.戈尔巴乔娃、Л.Д.古泽耶娃、А.П.茹科娃、Д.Л.库德里亚奇娜、Н.П.马迈、Е.Ф.波尔科夫尼科娃、К.Г.列米佐娃、Р.З.尤尼茨卡娅参加史料核实工作。

Л.П.切列什涅娃编制人名、地名和组织机构索引。

А.И.戈尔巴乔娃和А.П.茹科娃进行技术加工和校对工作。

在编写部分条目时曾利用М.А.瑟罗米特尼科娃的材料。

由Г.Н.戈利科夫、В.Я.泽温、Г.Д.奥比奇金、А.А.索洛维约夫主编。

项目统筹：崔继新
责任编辑：李　航
封面设计：石笑梦
版式设计：汪　阳
责任校对：张　彦　陈艳华

图书在版编目(CIP)数据

列宁年谱.第二卷/苏共中央马克思列宁主义研究院编；中共中央党史和文献研究院编译.—北京：人民出版社，2022.12

ISBN 978-7-01-024915-5

Ⅰ.①列… Ⅱ.①苏…②中… Ⅲ.①列宁(Lenin，Vladimir Ilich 1870—1924)-年谱 Ⅳ.①A733

中国版本图书馆 CIP 数据核字(2022)第 131554 号

书　　名　列宁年谱
　　　　　LIENING NIANPU
　　　　　第二卷
编 译 者　中共中央党史和文献研究院
出版发行　人民出版社
　　　　　(北京市东城区隆福寺街 99 号　邮编 100706)
邮购电话　(010)65250042　65289539
经　　销　新华书店
印　　刷　北京新华印刷有限公司
版　　次　2022 年 12 月第 1 版　2022 年 12 月北京第 1 次印刷
开　　本　880 毫米×1230 毫米 1/32
印　　张　28.5
插　　页　16
字　　数　640 千字
印　　数　0,001—3,000 册
书　　号　ISBN 978-7-01-024915-5
定　　价　68.00 元

ISBN 978-7-01-024915-5
9 787010 249155 >